# A Lei Geral de Proteção de Dados Brasileira

# A Lei Geral de Proteção de Dados Brasileira

ANÁLISE SETORIAL (VOLUME II)

**2021**

Coordenação: Eduardo Tomasevicius Filho

ALMEDINA

**A LEI GERAL DE PROTEÇÃO DE DADOS BRASILEIRA**
ANÁLISE SETORIAL (VOLUME II)

COORDENAÇÃO: Eduardo Tomasevicius Filho

DIRETOR ALMEDINA BRASIL: Rodrigo Mentz
EDITORA JURÍDICA: Manuella Santos de Castro
EDITOR DE DESENVOLVIMENTO: Aurélio Cesar Nogueira
ASSISTENTES EDITORIAIS: Isabela Leite e Larissa Nogueira

DIAGRAMAÇÃO: Almedina
DESIGN DE CAPA: FBA

ISBN: 9786556273877
Dezembro, 2021

Dados Internacionais de Catalogação na Publicação (CIP)
(Câmara Brasileira do Livro, SP, Brasil)

---

A Lei Geral de Proteção de Dados Brasileira : análise setorial, volume 2
coordenação Eduardo Tomasevicius Filho. -- São Paulo : Almedina, 2021.

Vários autores.
Bibliografia.
ISBN 978-65-5627-387-7

1. Direito à privacidade 2. Direito à privacidade – Brasil 3. Proteção de dados – Leis e legislação
4. Proteção de dados pessoais I. Tomasevicius Filho, Eduardo..

21-85770 CDU-342.721(81)

---

Índices para catálogo sistemático:
1 Brasil : Lei Geral de Proteção de Dados : Direito à privacidade 342.721(81)
Cibele Maria Dias - Bibliotecária - CRB-8/9427

Este livro segue as regras do novo Acordo Ortográfico da Língua Portuguesa (1990).



EDITORA: Almedina Brasil
Rua José Maria Lisboa, 860, Conj.131 e 132, Jardim Paulista | 01423-001 São Paulo | Brasil
editora@almedina.com.br
www.almedina.com.br

## SOBRE O COORDENADOR

**Eduardo Tomasevicius Filho**
Livre-Docente, Doutor e Bacharel em Direito pela Universidade de São Paulo (USP). Mestre em História Social pela Faculdade de Filosofia, Letras e Ciências Humanas da Universidade de São Paulo (USP). Professor Associado do Departamento de Direito Civil da Faculdade de Direito da Universidade de São Paulo (USP). Professor do Curso de Direito das Faculdades Integradas Campos Salles. Líder do Grupo de Pesquisa "Direito Civil na Sociedade em Rede", vinculado ao Departamento de Direito Civil da Faculdade de Direito da Universidade de São Paulo (USP).

## SOBRE OS AUTORES

**Airton José da Silva**
Mestrando em Direito do Trabalho e da Seguridade Social pela Faculdade de Direito da USP. Especialista em Direito do Trabalho pela PUC-SP. Advogado.

**Alaís Aparecida Bonelli da Silva**
Mestranda do projeto Ética e Desenvolvimento pela Faculdade de Direito de Ribeirão Preto – USP. Bacharel em Direito pelo Centro Universitário UNI-FAFIBE. Advogada.

**Aline Klayse dos Santos Fonseca**
Doutoranda em Direito Civil pela Faculdade de Direito da USP. Mestra e Bacharela em Direito pela Universidade Federal do Pará – UFPA. Advogada.

**Ali Mustafa Smaili**
Mestrando em Direito Civil pela Faculdade de Direito da USP. Bacharel em Direito pela Universidade Anhembi Morumbi e em Sociologia e Política pela Fundação Escola de Sociologia e Política de São Paulo. Advogado.

**Amanda Celli Cascaes**
Doutoranda em Direito Civil pela Faculdade de Direito da USP. Mestre em Direito Privado pela Universidade Federal do Rio Grande do Sul (UFRGS). Pós-graduada em Direito e Economia da Saúde e do Medicamento pela Faculdade de Direito da Universidade de Lisboa (FDUL). Pós-graduada em Direito Processual Civil pela Pontifícia Universidade Católica do Rio Grande do Sul (PUCRS) e Bacharel pela mesma instituição. Advogada.

**Ana Flávia Paiffer dos Santos**
Mestranda em Direito Civil pela Faculdade de Direito da USP. Bacharela em Direito pela mesma instituição. Advogada.

**Ana Luisa Pereira Agudo Romão**
Doutoranda em Direitos Humanos pela Faculdade de Direito da USP. Bacharela em Direito pela mesma instituição. Pesquisadora do Centro de Pesquisas em Direito Sanitário, Cepedisa – USP. Assessora Jurídica da Secretaria Municipal de Assistência e Desenvolvimento Social de São Paulo.

**Ana Paula Lopes Palacini dos Santos**
Mestranda em Direito Civil pela FDUSP. Bacharel em direito pela Faculdade de Direito de Ribeirão Preto – USP. Advogada.

**Ariel Bolzan Witczak**
Mestrando em Administração na Faculdade de Economia, Administração e Contabilidade da USP com foco na inovação no setor público – Laboratórios de Inovação da Receita Federal. Bacharel em Tecnologia de Informação. Auditor-Fiscal da Receita Federal do Brasil.

**Arlei Wiclif Leal da Silva**
Doutor e Mestre em Filosofia e Teoria Geral do Direito pela Faculdade de Direito da USP. Especialista em Direito Público pela Escola Paulista da Magistratura (EPM). Graduado em Gestão Financeira. Bacharel em Direito. Assistente Jurídico em Segundo Grau do Tribunal de Justiça do Estado de São Paulo.

**Bárbara Gomes Navas da Franca**
Doutoranda em Direito Civil pela Faculdade de Direito da USP. Mestre em Direito Civil e Bacharel em Direito pela mesma instituição. Advogada.

**Carlos Frederico Barbosa Bentivegna**
Doutorando em Direito pela Faculdade de Direito da USP. Mestre em Direito Civil e Bacharel em Direito pela mesma instituição. Advogado.

**Carolina Lopes Scodro**
Mestranda em Direito pela Faculdade de Direito de Ribeirão Preto – USP. Especialista em Direito Processual Civil pela Universidade Presbiteriana Mackenzie. Advogada.

**Catherine Ruriko Sato**
Doutoranda e Mestre em Direito Penal pela Faculdade de Direito da USP. Bacharel em Direito pela mesma instituição, com especialização em Direito Penal, Medicina Forense e Criminologia. Advogada em São Paulo.

**Cesar Augusto Rodrigues de Carvalho**
Doutorando em Teoria Geral do Direito pela Faculdade de Direito da USP. Mestre em Direito Comercial pela Faculdade de Direito da PUC-SP. Bacharel em Direito pela PUC-SP e em Filosofia pela USP. Advogado.

**Cícero Dantas Bisneto**
Doutorando em Direito Civil pela Faculdade de Direito da USP. Mestre em Direito Civil pela Faculdade de Direito da UFBA. Bacharel em Direito pela Faculdade de Direito da UFBA. Juiz de Direito do Tribunal de Justiça do Estado da Bahia.

**Daniel Nogueira Chignoli**
Doutorando e Mestre em Direito Civil – sub-área de História do Direito – pela Faculdade de Direito da USP. Bacharel em direito pela mesma instituição. Servidor público e advogado.

**Daniela Duarte Murayama**
Mestranda em Direito do Trabalho e Seguridade Social pela Faculdade de Direito da USP. Especialista em Direito e Relações do Trabalho pela Faculdade de Direito de São Bernardo do Campo. Advogada trabalhista corporativa.

**Edson Silva dos Santos**
Mestrando em Gerenciamento de Enfermagem na USP. Enfermeiro Especialista Lato Sensu em Oncologia pela UNIFESP. Monitor de Pesquisas Clínicas Sênior.

**Eduardo Gomes Cañada**
Mestrando em Direito Civil pela Faculdade de Direito da USP. Bacharel em Direito pela Faculdade de Direito de Ribeirão Preto – USP.

**Eduardo Telles de Lima Rala**
Doutorando em Ciências pelo Centro de Pós-graduação do Hospital de Reabilitação de Anomalias Craniofaciais da USP. Mestre em Direito, pelo Núcleo de Pós-graduação, e Bacharel em Direito, pela Faculdade de Direito, ambos os cursos do Centro Universitário de Bauru, mantidos pela Instituição Toledo de Ensino. Advogado.

**Eduardo Roveri**
Mestrando em Direito Comercial pela Faculdade de Direito da USP. Engenheiro pela Escola Politécnica da USP. Bacharel em Direito pela Faculdade de Direito da USP. Analista de C,T&I na Finep/MCTI.

**Enrico Roberto**
Doutorando em Filosofia do Direito pela Faculdade de Direito da USP. LL.M. pela Ludwig-Maximilians-Universität de Munique. Bacharel em direito pela Faculdade de Direito da USP. Sócio do Reggi & Roberto Advogados.

**Éverton Willian Pona**
Doutorando em Direito Civil pela Faculdade de Direito da USP. Mestre em Direito Negocial e Bacharel em Direito pela Universidade Estadual de Londrina. Juiz de Direito no Tribunal de Justiça no Estado de São Paulo.

**Fabiano Zavanella**
Doutorando em Direito pela Faculdade de Direito da USP. Mestre em Direito pela PUC-SP. Pós-graduação em Direito do Trabalho pela PUC-SP e em Direito empresarial pela FGV. Advogado e professor.

**Fábio Calheiros do Nascimento**
Doutorando em Direito Civil pela Faculdade de Direito da USP. Bacharel em Direito pela Universidade Presbiteriana Mackenzie. Juiz de Direito do Tribunal de Justiça do Estado de São Paulo e Professor de Direito Civil da Faculdade Estácio de Sá.

**Felipe Almgren**
Mestrando em Direito Processual Civil pela Faculdade de Direito da USP. Bacharel em Direito pela mesma instituição. Advogado.

**Fernando Speck de Souza**
Doutorando e Mestre em Direito Civil pela Faculdade de Direito da USP. Juiz de Direito do Tribunal de Justiça de Santa Catarina.

**Gabriel Campos Soares da Fonseca**
Mestrando em Direito Econômico, Financeiro e Tributário pela Faculdade de Direito da USP. Bacharel em Direito pela Universidade de Brasília (UnB). Assessor Especial da Presidência do Supremo Tribunal Federal.

**Hélio Salomão Silva Cordoeira**
Mestrando em Ciência da Informação ECA-USP. Graduado em Defesa e Gestão estratégica Internacional – UFRJ.

**Isabela Canesin Dourado Figueiredo Costa**
Mestranda em Direito Civil pela Faculdade de Direito da USP. Bacharel em Direito pela USP e pela Faculté de Droit de l'Université Jean Monnet de Saint-Etiènne (Programme PITES). Advogada.

**Isabela Maria Pereira Lopes**
Mestranda em Direito Civil pela Faculdade de Direito da USP. Bacharel em direito pela Faculdade de Direito da Universidade Federal de Minas Gerais. Assessora do Superior Tribunal de Justiça.

**Jerônimo Romanello Neto**
Doutorando e Mestre pela Faculdade de Direito da USP. Bacharel em Direito e Ciências Sociais pela Universidade Presbiteriana Mackenzie. Advogado.

**José Pedro Rebello Giannini**
Mestrando em Direito Civil pela Faculdade de Direito da USP. Bacharel em Direito pela Pontifícia Universidade Católica de São Paulo. Juiz de Direito do Tribunal de Justiça do Estado de São Paulo.

**Joyre Cunha Sobrinho**
Mestranda em Direito do Estado pela Faculdade de Direito da USP. Bacharel em Direito pela Universidade Federal do Maranhão. Juíza de Direito do Tribunal de Justiça do Estado de Goiás.

**Leticia Becker Tavares**
Mestranda em Direito Civil pela Faculdade de Direito da USP. Pós-graduada em Direito dos Contratos pela FGV-SP. Bacharel em Direito pela UFRJ. Data Protection Officer.

**Leonardo Relvas**
Mestrando em Direito Civil pela Faculdade de Direito da USP. Bacharel em Direito pela mesma instituição. Advogado.

**Manouk Ekkerman Cesário de Souza**
Master em Direito Privado pela Universidade de Amsterdã. Bacharel em Direto e em Letras pela mesma instituição. Analista de T.I.

**Maria Cláudia Bedotti**
Mestranda em Direito Civil pela Faculdade de Direito da USP e Bacharel em Direito pela mesma Universidade. Juíza de Direito do Tribunal de Justiça do Estado de São Paulo.

**Marinho Dembinski Kern**
Doutorando em Direito Civil – História do Direito, pela Faculdade de Direito da USP. Mestre em Direito pela Escola Paulista de Direito – EPD. Bacharel em direito pela Universidade Federal de Santa Catarina – UFSC. 2º Oficial de Registro de Imóveis, Títulos e Documentos e Civil de Pessoa Jurídica da Comarca de Jundiaí/SP.

**Matheus Disraeli de Souza Amado**
Mestrando em Humanidades, Direitos e Outras Legitimidades, pela FFLCH-USP. Estudante de Direito pela Universidade Presbiteriana Mackenzie e Graduado em Comunicação Social pela USP. Professor.

**Natália Marques de Oliveira**
Mestranda em Direito Comercial pela Faculdade de Direito da USP. Bacharel em Direito pela Faculdade de Direito de Ribeirão Preto da USP. Advogada.

**Otto Eduardo F. de Albuquerque Lobo**
Doutorando em Direito pela Faculdade de Direito da USP. Mestre em Direito pela University of Miami School of Law. Bacharel em Direito pela Pontifícia Universidade Católica do Rio de Janeiro . Advogado.

**Pamela Krug**
Mestranda em Direito do Trabalho pela Faculdade de Direito da USP. Especialista em Direito e Processo do Trabalho pela Faculdade Damásio. Bacharel em Direito pela Faculdade Damásio. Advogada.

**Patricia Oliveira Castro e Serpa**
Mestranda em Direito do Trabalho pela Faculdade de Direito da USP. Pós-Graduada em Direito e Processo do Trabalho pelo IICS. Bacharel em Direito pela FMU. Advogada.

**Rafael Jabur Carneiro**
Doutorando em Direito Civil na Faculdade de Direito da USP. Bacharel em Direito e Mestre em Direito Civil pela mesma instituição. Advogado.

**Ramon Alberto dos Santos**
Doutorando em Direito Internacional e Comparado pela Faculdade de Direito da USP. Bacharel em Direito pela Universidade Estadual de Maringá. Advogado.

**Raquel Marangon Duffles Neves**
Mestranda em Direito Processual Civil pela Faculdade de Direito da USP. Bacharel em direito pela Pontifícia Universidade Católica de Minas Gerais. Advogada.

**Renata Capriolli Zocatelli Queiroz**
Doutoranda em Direito Civil pela Faculdade de Direito da USP. Mestre pela Universidade Estadual de Londrina. Bacharel em direito pela Universidade Estadual de Londrina. Advogada.

**Renato Kim Barbosa**
Doutorando em Direito pela Faculdade de Direito da USP. Bacharel em Direito pela Pontifícia Universidade Católica de São Paulo – PUC-SP. Promotor de Justiça do Ministério Público do Estado de São Paulo.

**Ricardo Maffeis Martins**
Mestrando em Direito Processual Civil pela Faculdade de Direito da USP. Bacharel em Direito pela mesma instituição. Advogado.

**Roberta Maria Rangel**
Doutoranda em Direito Civil pela Faculdade de Direito da USP. Mestre em Direito Tributário (área de concentração, Direito do Estado) pela Pontifícia Universidade Católica de São Paulo – PUC/SP. Graduada em Direito no Centro Universitário de Brasília-UniCeub. Advogada.

**Rodrigo Serra Pereira**
Doutorando e Mestre pela Faculdade de Direito da USP. Bacharel em Direito pela Pontifícia Universidade Católica de São Paulo. Defensor Público do Estado de São Paulo.

**Sirley Claus Prado Tonello**
Mestranda pela Faculdade de Direito da USP. Bacharel em Direito pela mesma instituição. Juíza de Direito do Tribunal de Justiça do Estado de São Paulo.

**Victor Gabriel Rico Sadano**
Mestrando em Direito pela Faculdade de Direito de Ribeirão Preto – FDRP-USP. Bacharel em Direito mesma instituição. Advogado.

**Victor Auilo Haikal**
Doutorando e Mestre em Direito Civil pela Faculdade de Direito da USP. Master of Science em Segurança Cibernética pela University of Maryland Global Campus. Bacharel em Direito pela Universidade Presbiteriana Mackenzie. Advogado militante em Direito Civil e Digital.

**Viviane Lícia Ribeiro**
Mestranda em Direito do Trabalho e Seguridade Social pela USP. Pós-graduada pela Fundação Getúlio Vargas. Bacharel em Direito pela Universidade Presbiteriana Mackenzie. Advogada.

**Yasmin Saba Relvas**
Doutoranda em Direito Civil pela Faculdade de Direito da USP. Bacharel em Direito pela mesma instituição. Pesquisadora.

# APRESENTAÇÃO

O tema da proteção de dados pessoais vem despertando o crescente interesse dos juristas no Brasil desde a promulgação da Lei nº 13.709, de 14 de agosto de 2018, renomeada em 2019 para Lei Geral de Proteção de Dados – LGPD. Até então, as atenções para com essa questão cingiam-se a invasões de sistemas informáticos, que resultaram na promulgação da "Lei Carolina Dieckmann" em 2012, e do Marco Civil da Internet em 2014, o qual, embora reafirme os direitos à privacidade, honra e imagem dos usuários da rede, visava à regulação legislativa de aspectos disciplinados por conta da formação de jurisprudência sobre identificação de usuários na rede. No mais, problemas relativos a danos causados por tratamento irregular de dados eram resolvidos pelo Código de Defesa do Consumidor. De um modo ou de outro, o ordenamento jurídico brasileiro era apto a dar respostas jurídicas a problemas que colocassem em risco os direitos fundamentais das pessoas na Internet.

Porém, em relação ao tratamento de dados pessoais, essa preocupação existe desde a década de 1960 nos Estados Unidos. Na década de 1970, promulgaram-se leis em países europeus sobre essa matéria, o que levou, posteriormente, à adoção da Diretiva 95/46/EC, a qual foi substituída pela Resolução 2016/679, denominada de Regulamento Geral de Proteção de Dados ou, em inglês, GDPR. Esta nova diretiva exigiu ajustes legislativos entre os estados-membros, e estimulou mudanças legislativas em outros países, entre os quais o Brasil, por meio da LGPD, sob o argumento bastante ventilado à época de que seria fechado o acesso ao mercado europeu aos países que não garantissem o mesmo nível oferecido dentro da comunidade europeia. Embora seja uma preocupação relevante, é inegável o uso desse tema como barreira ao comércio internacional.

Com o intuito de contribuir com a interpretação dessa importante lei, e proporcionar um *locus* de pesquisa e discussão, ofereceu-se em 2020 no Programa de Pós-Graduação da Faculdade de Direito da Universidade de São Paulo a disciplina DCV 5953 – A Lei Geral de Proteção de Dados brasileira.

A primeira turma, que cursou a disciplina no 1º semestre letivo, chegou a participar de uma aula presencial no prédio histórico do Largo de São Francisco. As demais aulas transformaram-se em remotas por conta da decretação da pandemia de COVID-19. No tocante ao estudo do tema da proteção de dados naquele momento, havia muitas dúvidas e incertezas, porque a LGPD estava em *vacatio legis* e a produção bibliográfica ainda era incipiente. Os temas discutidos foram aqueles de mais fácil percepção, como o das redes sociais e aplicativos de celulares, mas também seu impacto no comércio e no mercado de trabalho, assim como nos setores bancário e da saúde.

Já a segunda turma, que cursou a disciplina no 2º semestre letivo todo em formato remoto e contou com o dobro de estudantes, acompanhou a confusa entrada em vigor da LGPD no Brasil em razão das alterações decorrentes de medidas provisórias editadas por conta da pandemia. Houve também no período uma onda de webinários e outra intensa atividade de produção doutrinária sobre o tema. Os temas abordados neste semestre voltaram-se ao direito público, como o caso do uso de dados nas eleições, na segurança pública e administração tributária. Retomaram-se temas já explorados no semestre anterior, entre os quais o tratamento de dados pessoais pela administração pública, bem como em matéria de saúde e relações de trabalho, na advocacia e pelo Poder Judiciário. Foram analisados temas menos explorados, como os de inovação tecnológica, e uso de dados pessoais de crianças, idosos e pessoas com deficiência. Outros dois temas mereceram destaque na disciplina: a transferência internacional de dados e um estudo comparativo das autoridades de dados em outros países, em razão de que a Autoridade Nacional de Proteção de Dados estava sendo instalada e nomeados seus diretores.

Para que as pesquisas e debates não ficassem restritos aos mestrandos e doutorandos, firmou-se o compromisso com os discentes de que se produziriam textos de maior profundidade sobre cada um desses temas estudados ao longo de 2020 durante essas aulas. Em fevereiro de 2021, a Editora Almedina publicou a obra "A Lei Geral de Proteção de Dados brasileira – análise setorial (volume I)", com os textos relativos aos conteúdos da disciplina no

1º semestre de 2020. Agora, vem a público este livro, intitulado "A Lei Geral de Proteção de Dados brasileira – análise setorial (volume II)", com os textos dos participantes da disciplina no 2º semestre de 2020. Dessa forma, a Universidade de São Paulo, que é uma universidade pública custeada com recursos de todos, tem a possiblidade de compartilhar com a comunidade os resultados dos estudos desenvolvidos durante o ano letivo.

Mais uma vez, agradeço à Editora Almedina por todo o apoio à pesquisa na área do direito no Brasil, e destaco o cumprimento dessa importante função social de contribuir para com a doutrina brasileira. É, realmente, uma iniciativa louvável e corajosa, que merece o aplauso de todos.

**Eduardo Tomasevicius Filho**
Professor Associado da Faculdade de Direito da Universidade de São Paulo (USP). Responsável pela disciplina "DCV 5953 – A Lei Geral de Proteção de Dados brasileira".

# SUMÁRIO

# 1.
# Dados Pessoais, Justiça Eleitoral e Eleições: Considerações sobre os Efeitos da Lei Geral de Proteção de Dados no Processo Eleitoral

*Fábio Calheiros do Nascimento*
*Gabriel Campos Soares da Fonseca*
*Isabela Maria Pereira Lopes*
*Joyre Cunha Sobrinho*
*Roberta Maria Rangel*

## Introdução

Sobretudo a partir da década de 1990, a Internet e as novas tecnologias da informação e da comunicação (TICs) difundiram-se nas dinâmicas culturais, econômicas e políticas de parcela considerável das sociedades ao redor do globo.[1] Esse cenário tecnológico trouxe consigo novas formas de produção de

[1] "Considerável" na medida em que atualmente 4,1 bilhões de pessoas utilizam a Internet, perfazendo 53,6% da população mundial. Entretanto, não só 3,6 bilhões de pessoas permanecem "off-line" como também os estudos sugerem que esse cenário permanece marcado por desigualdades. Por exemplo, segundo a União Internacional de Telecomunicações e a Organização das Nações Unidas, a maior parcela desses indivíduos "desconectados" reside nos países considerados menos desenvolvidos, nos quais somente 20% da população possui

conteúdo, bem como a coexistência dos veículos de comunicação de massa, tais como jornais, canais de televisão e emissoras de rádio, com meios digitais de disseminação, de circulação e de consumo de informação. Em verdade, especialmente a partir dos anos 2000, os fluxos de comunicação e de informação deslocaram-se significativamente – porém, não integralmente – para as plataformas de conteúdo e de mídia social cujo modelo de negócios e cuja arquitetura de uso impactaram sensivelmente a "*dieta de mídia*"[2] da população.

Com a considerável aderência popular a essas novas aplicações on-line, a posição anteriormente ocupada pela televisão como "*centro gravitacional*" da comunicação política foi apaziguada. Consequentemente, assistiu-se também a uma reprogramação das estratégias de propaganda eleitoral conduzidas por campanhas políticas, deslocando-as para esse "novo" horizonte ocupado, de caráter digital e interativo. Dessa forma, reconfiguraram-se "*os padrões de intervenção dos diferentes atores políticos*" para influenciar o comportamento dos eleitores e, em alguma medida, interferir no resultado final (*outcome*) das eleições.[3]

Principalmente ao fim da década de 2010, a intensificação do papel exercido pela Internet e pelas redes sociais nos processos eleitorais veio acompanhada de técnicas de tratamento de dados pessoais. Essas se destinam especialmente para a personalização da comunicação política e para o direcionamento de propaganda eleitoral e de notícias a públicos segmentados de acordo com perfis de audiência, tais como: "jovens liberais do Estado X", "conservadores ainda indecisos localizados na região Y", "mulheres negras de condição socioeconômica Z" etc. Esse panorama acentuou-se em razão

acesso à Internet. ORGANIZAÇÃO DAS NAÇÕES UNIDAS. Estudo da ONU revela que o mundo tem abismo digital de gênero. ONU News, 6 de novembro de 2019. Disponível em: https://news.un.org/pt/story/2019/11/1693711#:~:text=O%20uso%20da%20Internet%20continua,popula%C3%A7%C3%A3o%20de%20todos%20o%20mundo. Acesso em: 10 jan. 2021.

[2] O termo diz respeito "aos hábitos de consumo de mídia de uma população ou de um indivíduo em um determinado espaço de tempo (...) fornecendo um mapa geral sobre como e onde essa população ou esse indivíduo se informam, se comunicam, se entretêm, acessam cultura etc." CRUZ, Francisco Brito; MASSARO, Heloísa. Dados pessoais em campanhas políticas: a construção de uma ponte entre proteção de dados pessoais e regulação eleitoral. *In*: MENDES, Laura Schertel; DONEDA, Danilo; BIONI, Bruno; RODRIGUES JR., OCTÁVIO LUIZ (Coords.). **Tratado de Proteção de Dados Pessoais**. Rio de Janeiro: Forense (GEN), 2020. p. 557.

[3] CRUZ, Francisco Brito. **Novo Jogo, Velhas Regras**: Democracia e Direito na Era da Nova Propaganda Política. Belo Horizonte: Letramento, 2020. p. 144.

dos próprios imperativos do capitalismo de vigilância,[4] *uma vez que o modelo de negócios das plataformas de aplicações*[5] *e de mídia social (v.g.* Facebook, Twitter e Youtube) é marcado essencialmente pela coleta e pela análise dos dados pessoais de seus usuários.

Em troca da "gratuidade" dos serviços oferecidos e da disponibilização de ferramentas para interação entre seus usuários (*v.g.* publicações e "curtidas"), essas empresas conseguem coletar e analisar uma vasta quantidade de dados a respeito dos hábitos, das predileções e dos comportamentos desses. Por conseguinte, esses dados pessoais se tornam informações, as quais servem de (i) insumo para maior personalização dos próprios serviços por elas oferecidos e de (ii) campo fértil para a formação de perfis e de inferências comportamentais, construídos com base nos dados coletados, potencializando comercialmente a plataforma como espaço propício para as práticas anteriormente mencionadas (*v.g.* venda de publicidade segmentada e direcionamento de mensagens).[6]

Nesse sentido, Francisco Brito Cruz e Heloísa Massaro[7] indicam que a regulação eleitoral brasileira parece estar "em xeque". Gestada precipuamente para lidar com campanhas na televisão, no rádio e nas ruas, os regramentos eleitorais apresentam "limitações estruturais, conceituais e operacionais para lidar com um novo cenário de ferramentas de marketing político digital baseado na coleta, tratamento, análise e uso de dados pessoais". Afinal, segundo os autores, mesmo os dispositivos voltados à propaganda eleitoral na Internet, majoritariamente incluídos na Lei das Eleições (Lei nº 9.504/1997)

[4] Segundo Shoshana Zuboff, o termo capitalismo de vigilância representa uma nova forma de "capitalismo informacional", o qual pretende prever e modificar o comportamento humano como meio de gerar lucro e produzir melhores resultados em questões de marketing. ZUBOFF, Shoshana. Big other: surveillance capitalism and the prospects of an information civilization. **Journal of Information Technology**, v. 30, p. 75-89, 2015. Disponível em: https://journals.sagepub.com/doi/10.1057/jit.2015.5 . Acesso em: 10 jan. 2021. p. 75.

[5] Segundo a dicção do art. 5º, VII, do Marco Civil da Internet (Lei nº 12.965/2014), as aplicações de internet são "o conjunto de funcionalidades que podem ser acessadas por meio de um terminal conectado à Internet".

[6] FONSECA, Gabriel Campos Soares da. **O Mercado de Ideias:** Liberdade de Expressão, Plataformas Digitais e Regulação da Internet. 2019. Monografia de Final de Curso (Bacharelado em Direito), Faculdade de Direito, Universidade de Brasília, Brasília, DF, 105f, 2019. p. 56-57.

[7] CRUZ, Francisco Brito; MASSARO, Heloísa. *Id.* p. 554. Esta referência se aplica ao parágrafo inteiro.

pela Lei nº 12.034/2009 e revisitados pela Lei nº 13.488/2017, foram elaborados em contextos virtual e político bastante distintos do atual. O resultado é, portanto, um perigoso "déficit na tutela da privacidade e da proteção de dados pessoais do eleitor".

Como decorrência dessa crescente tendência de coleta e de tratamento de dados pessoais para fins político-eleitorais e os riscos a ela inerentes, Laura Schertel Mendes, Danilo Doneda e João Paulo Bachur também ressaltam a necessidade de modernização do atual quadro jurídico a fim de conferir "maior sinergia entre legislação eleitoral e o marco regulatório de proteção de dados pessoais".[8] É que, por exemplo, as implicações da Lei Geral de Proteção de Dados (Lei nº 13.709/2018 – LGPD) nas campanhas político-eleitorais ainda se encontram em "zona cinzenta", sendo necessária a construção de "uma ponte que traduza as regras e garantias da LGPD para a lógica e espaço de atuação da justiça eleitoral".[9]

Em meio a esse contexto desafiador e à identificação dessa lacuna regulatória, o presente artigo possui como objetivo central a análise de possíveis interações entre a LGPD e o arcabouço de normas constitucionais e infraconstitucionais aplicáveis ao processo eleitoral. Isso, especialmente sob a óptica de sua execução pela Justiça Eleitoral brasileira, a qual exerce um plexo complexo de competências, variando entre funções de natureza administrativa, regulamentar,[10] consultiva,[11] e jurisdicional.[12]

[8] MENDES, Laura Schertel; DONEDA, Danilo; BACHUR, João Paulo. Manipulação da informação, fake news e os novos desafios para a democracia. *In:* **Fake News e as Eleições 2018**. Cadernos Adenauer, São Paulo, ano XIX, v. 4, 2018. p. 151.

[9] CRUZ, Francisco Brito; MASSARO, Heloísa. *Id.* p. 553-555.

[10] A função regulamentar da Justiça Eleitoral está prevista no artigo 23, IX, do Código Eleitoral e no artigo 105, caput, da Lei nº 9.504/97. Segundo o primeiro dispositivo, compete privativamente ao Tribunal Superior Eleitoral (TSE) "expedir as instruções que julgar convenientes à execução" do Código Eleitoral. Já o segundo dispositivo estabelece que o TSE tem o prazo de até o dia 5 de março do ano da eleição para expedir "todas as instruções necessárias para sua fiel execução, ouvidos, previamente, em audiência pública, os delegados ou representantes dos partidos políticos".

[11] A função consultiva da Justiça Eleitoral está prevista nos artigos 23, XII, e 30, VIII, do Código Eleitoral. No primeiro caso, confere-se competência privativa ao TSE para "responder, sobre matéria eleitoral, às consultas que lhe forem feitas em tese por autoridade com jurisdição, federal ou órgão nacional de partido político". O segundo dispositivo, por sua vez, confere aos Tribunais Regionais a competência de "responder, sobre matéria eleitoral, às consultas que lhe forem feitas, em tese, por autoridade pública ou partido político".

Para examinar essa interação, além desta introdução e da conclusão, o texto está estruturado em duas grandes partes.[13] Para tanto, empreendeu-se estudo bibliográfico de parcela da literatura brasileira e internacional sobre o tema, em conjunto com análise documental[14] de decisões proferidas pelo Tribunal Superior Eleitoral (TSE), da Lei de Eleições, da LGPD, de Resoluções do TSE pertinentes, bem como de notícias selecionadas na mídia digital.

Na primeira parte, aborda-se a relação da LGPD com o aspecto "interno" do processo eleitoral, aqui entendido como as suas etapas desenvolvidas no bojo da Justiça Eleitoral. Inicialmente, são expostas noções essenciais relativas ao funcionamento do processo eleitoral para, em seguida, adentrar nas práticas dos órgãos eleitorais que envolvem a coleta, a análise e o tratamento de dados. Ao fim, avaliam-se as respectivas políticas públicas estruturadas pela Justiça Eleitoral no sentido de garantia da segurança da informação e da proteção de dados nessas etapas "internas" do processo eleitoral.

A segunda parte, atinente ao aspecto "externo" do processo eleitoral, está voltada para a atuação dos partidos, candidatos, coligações e até agências de

[12] No exercício da função jurisdicional, a Justiça Eleitoral soluciona diversos conflitos eleitorais, a exemplo *(i)* da ação de impugnação de mandato eletivo, por abuso do poder econômico, corrupção ou fraude (art. 14, § 10, da Constituição Federal); *(ii)* do recurso contra expedição de diploma, por inelegibilidade superveniente ou de natureza constitucional, além de ausência de condição de elegibilidade (art. 262, do Código Eleitoral); *(iii)* da ação de investigação eleitoral, processadas junto às Corregedorias Eleitorais, por uso indevido, desvio ou abuso do poder econômico ou do poder de autoridade, ou utilização indevida de veículos ou meios de comunicação social (Lei Complementar nº 64, de 18 de maio de 1990); *(iv)* da representação por violação a dispositivos da Lei nº 9.504, de 30 de setembro de 1997, tais como publicidade e propaganda em desacordo com a lei, condutas vedadas aos administradores públicos candidatos, arrecadação e gastos de recursos em desacordo com a legislação, captação ilícita de sufrágio, dentre outros.

[13] Para fins de integridade acadêmica, responsabilização e utilização autoral futuras, cumpre esclarecer que a redação do texto foi dividida entre os autores de maneira equânime, perfazendo em torno de 5 a 8 páginas por discente. Ao fim, um dos discentes foi também responsável por uniformização do estilo de escrita e de sistematização do conteúdo, redigindo ainda a introdução e a conclusão do texto.

[14] Análise documental é o método de pesquisa que, a partir de certo referencial teórico e de determinado recorte de análise, explora "*materiais que não receberam ainda um tratamento analítico, ou que ainda podem ser reelaborados de acordo com os objetos da pesquisa*". GIL, Antônio Carlos. **Como elaborar projetos de pesquisa.** 4.ed. São Paulo: Editora Atlas, 2008. p. 45. Entre vários exemplos de "documento" passíveis de serem explorados, legislações, normas infralegais e decisões judiciais representam material crucial para estudos jurídicos.

*marketing* político, abordando abordam respectivamente: (a) ferramentas de *marketing* político que envolvem técnicas contemporâneas de tratamento de dados pessoais, ilustrando seu potencial no caso "Cambridge Analytica"; (b) inquietações necessárias para a construção de diálogo recíproco entre o marco regulatório de proteção de dados e o regime jurídico-regulatório das eleições brasileiras. Confere-se destaque para as disposições trazidas pela Resolução TSE nº 23.610/2019, a qual pioneiramente faz referência à aplicação da LGPD na regulação de propagandas eleitorais.

## 1. O aspecto "interno" do processo eleitoral e sua relação com a LGPD

### 1.1. Fases do processo eleitoral e estrutura da Justiça Eleitoral brasileira: noções essenciais

Segundo Gilmar Ferreira Mendes,[15] o processo eleitoral brasileiro consiste em conjunto "de atos que visam a receber e a transmitir a vontade do povo". Nesse diapasão, alguns exemplos desses atos ou "etapas" do processo eleitoral brasileiro são o alistamento eleitoral, a regulamentação do pleito vindouro pelo TSE, os registros de candidaturas, as prestações parciais e totais das contas de candidatos e de partidos políticos, os atos preparatórios das eleições, a propaganda e os debates político-partidários nos diferentes *media* (*v.g.* mídia impressa, televisiva e radiofônica, espaços públicos, Internet e redes sociais), a contagem dos votos, a divulgação dos resultados do pleito e a diplomação dos eleitos. Posteriormente, porém, podem ainda ocorrer sucessivas judicializações dessas etapas.

Como se vê, há etapas desenvolvidas essencialmente no seio da Justiça Eleitoral (*v.g.* o alistamento eleitoral e o registro de candidatura), compondo o aqui denominado aspecto interno de análise do processo eleitoral. Não obstante, outras etapas se desenrolam precipuamente por meio da atuação dos demais atores envolvidos (*v.g.* agências de *marketing* político, candidatos, elei-

[15] MENDES, Gilmar Ferreira. O princípio constitucional da anterioridade eleitoral. *In:* CARVALHO NETO, Tarcísio Vieira; FERREIRA, Talson Luís Cavalcante (Coords). **Direito eleitoral:** aspectos materiais e processuais. São Paulo: Migalhas, 2016. p. 505.

tores), abarcando o dito aspecto externo do processo eleitoral, o qual abarca etapas como as prévias e os debates político-partidários, assim como o período de propaganda eleitoral.

Em apertada síntese, portanto, é possível didaticamente subdividir o processo eleitoral em três grandes fases. A primeira delas é a fase pré-eleitoral, a qual compreende o período desde a escolha e apresentação das candidaturas até a realização da propaganda eleitoral. Por sua vez, a segunda é chamada de fase eleitoral propriamente dita. Essa fase engloba o início, a realização e o encerramento do processo de votação em si. Por derradeiro, a terceira é a fase pós-eleitoral, a qual se inicia "com a apuração e a contagem de votos" e se encerra "com a diplomação dos candidatos".[16]

No que diz respeito aos órgãos que integram a estrutura da Justiça Eleitoral, a Constituição Federal de 1988, em seus artigos 118 a 121, estabelece arranjo institucional composto por (a) um Tribunal Superior Eleitoral para a nação, (b) um Tribunal Regional Eleitoral situado na capital de cada Estado-membro e no Distrito Federal e, por fim, (c) diversos juízes e juntas eleitorais, distribuídos pelas zonas eleitorais do país. Apesar de parte integrante do Poder Judiciário brasileiro, a Justiça eleitoral possui características *sui generis* quanto à sua estrutura, exercendo "uma série de funções incomuns, que ilustram sua arquitetura acoplada à competição eleitoral, mas distante do Legislativo".[17]

Essa característica peculiar pode ser vista na própria perpetuidade dos órgãos eleitorais enquanto instituição, ao lado da temporariedade do exercício de seus magistrados, os quais não ultrapassam quatro anos de jurisdição. Ligada à preocupação com a "captura" do órgão julgador por interesses políticos passíveis de prejudicar a competividade eleitoral, essa medida pretende oxigenar "a Justiça Eleitoral, evitando excesso de poder pessoal ou relações políticas ilegítimas".[18] Mais do que isso, entretanto, as funções administrativa, regulamentar e consultiva da Justiça Eleitoral não costumam constar do rol de competências de órgãos do Poder Judiciário brasileiro.

[16] MENDES, Gilmar Ferreira. *Id.* p. 505.

[17] CRUZ, Francisco Brito; MASSARO, Heloísa. *Id.* p. 227-228.

[18] TOFFOLI, José Antonio Dias. Temas atuais e polêmicos de Direito Eleitoral. Funções e desafios dos órgãos eleitorais para garantir a integridade das eleições: controle de gestão e transparência da informação e as novas tecnologias. *In:* CARVALHO NETO, Tarcísio Vieira; FERREIRA, Talson Luís Cavalcante (Coords). *Id.* p. 537.

A *função administrativa* da Justiça Eleitoral confere-lhe competência para praticar "todas as ações necessárias para o acontecimento das eleições", incluindo "poder de polícia relativo às normas eleitorais". Por meio desse, por exemplo, juízes eleitorais podem fiscalizar ativamente (e não reativamente) propagandas irregulares e, assim, tomar as providências que entenderem cabíveis para expurga-las. Já a *função regulamentar* da Justiça Eleitoral permite que se expeçam diplomas normativos de natureza infralegal, como regulamentos e resoluções, disciplinando a legislação eleitoral aprovada pelo Poder Legislativo. Por fim, a sua *função consultiva* faz com que a Justiça Eleitoral possa ser previamente consultada por certos atores legitimados com o fito de emitir balizas interpretativas, antes mesmo da chegada das controvérsias pelas vias judiciais.[19]

## 1.2. Intersecções entre a LGPD e o "aspecto interno" do processo eleitoral brasileiro: considerações iniciais

No tema da proteção de dados, constatação central é a de que a Justiça e o processo eleitorais do Brasil têm posição de vanguarda no tocante ao processo de informatização, iniciado ainda nos idos de 1985 com o cadastro eletrônico.[20] Apesar de criticada por vozes dissonantes,[21] a votação por urna eletrônica (projeto iniciado em 1996)[22] e a biometria do eleitor (projeto materializado no ano de 2008) são exemplos passíveis de menção.

[19] CRUZ, Francisco Brito. *Id.* p. 228-229. Esta referência se aplica ao parágrafo inteiro.

[20] Nas palavras de Carlos Mário da Silva Velloso, o cadastro eletrônico foi "implantado em 1985/1986, na presidência do ministro Néri da Silveira. Foi uma tarefa hercúlea, na qual o ministro Néri foi o grande comandante. Na época, integrava o TSE, na representação do antigo Tribunal Federal de Recursos como Corregedor-Geral da Justiça Eleitoral, e pude testemunhar o notável trabalho do ministro José Néri da Silveira, que percorreu praticamente todo o Brasil, tornando realidade o recadastramento dos eleitores em meio eletrônico. Hoje, o maior cadastro do continente, com mais de 140 milhões de eleitores, é de grande importância para a realização da verdade eleitoral" (VELLOSO, Carlos Mário da Silva. Urnas eletrônicas: um pouco de sua história. Disponível em: https://www.conjur.com.br/dl/artigo-carlos-velloso.pdf . Acesso em: 4 jan. 2021.

[21] Exemplo de crítico à segurança das urnas eletrônicas de votação é Diego Aranha professor de Ciência da Computação da Universidade de Aarhus, na Dinamarca.

[22] "E porque o voto informatizado tornara-se o meu ideal maior? É que, nas apurações manuais com as cédulas de papel, campeava o mapismo, fraude abominável que elegia e deselegia

Na execução do supracitado emaranhado de competências e de funções, a Justiça Eleitoral acaba por manusear os dados pessoais de milhões de eleitores brasileiros,[23] os quais posteriormente, em atendimento a finalidades públicas e ao exercício de competências legais, podem ser franqueados aos demais atores do processo eleitoral, às instituições e à sociedade. Nessa situação, inicialmente, visualiza-se aparente tensão entre os princípios constitucionais que sobrepairam fases do processo eleitoral como o alistamento eleitoral e o registro de candidaturas (*v.g.* legalidade, publicidade e finalidade) com os veiculados na LGPD, em especial a necessidade do consentimento do titular dos dados, por ela entendido como "*manifestação livre, informada e inequívoca pela qual o titular concorda com o tratamento de seus dados pessoais para uma finalidade determinada*" (art. 5º, XII).

Entretanto, trata-se de conflito meramente aparente. Em verdade, a própria LGPD, nas alíneas do inciso II de seu art. 11, afasta a necessidade de consentimento do titular dos dados quando o tratamento ocorrer em "*cumprimento de obrigação legal ou regulatória*", no "*exercício regular de direitos*", bem como para "*execução de políticas públicas previstas em leis ou regulamentos*" etc. Nas etapas mencionadas a título de ilustração, os bens jurídicos tutelados são a integridade do eleitor e do candidato, assim como a transparência dos atos preparatórios às eleições, enquadrando-se nessa "relativização" prevista pela própria LGPD. Isso, sobretudo ante a necessidade de ampla fiscalização da lisura do processo eleitoral pelas autoridades e pela própria sociedade.

Essas constatações, contudo, não impedem que a Justiça Eleitoral incorpore regras veiculadas pela LGPD. Em especial, é importante internalizar os princípios que regem a atividade de tratamento de dados pessoais como: (i) o

candidatos. Acabávamos de tomar conhecimento de extensa fraude eleitoral nas eleições de 1994, no Rio de Janeiro. Parte delas chegou a ser anulada. Se isso ocorria no Rio de Janeiro, tambor do Brasil – o que lá ocorre repercute no Brasil inteiro – o que não estaria ocorrendo nos Estados mais distantes? Era preciso, portanto, afastar a mão humana das apurações, tema de conversas intermináveis entre o ministro Pertence, então presidente do TSE, alguns juízes e eu" (VELLOSO, Carlos Mário da Silva. *Id.*)

[23] O repositório de dados eleitorais do TSE oferece informações sobre o eleitorado, candidaturas, resultados e prestações de contas desde as eleições de 1945. BRASIL, Tribunal Superior Eleitoral. **Repositório de Dados Eleitorais**. Disponível em: https://www.tse.jus.br/eleicoes/estatisticas/repositorio-de-dados-eleitorais-1/repositorio-de-dados-eleitorais. Acesso em: 15 set. 2020.

princípio da segurança (art. 6º, VII) a partir da "*utilização de medidas técnicas e administrativas aptas a proteger os dados pessoais de acessos não autorizados e de situações acidentais ou ilícitas de destruição, perda, alteração, comunicação ou difusão*"; e (ii) o princípio da prevenção (art. 6º, VIII), adotando "*medidas para prevenir a ocorrência de danos em virtude do tratamento de dados pessoais*".

Esses princípios podem e devem incidir, por exemplo, na etapa de alistamento eleitoral, feita "*mediante processamento eletrônico de dados*"[24] e na qual o "Requerimento de Alistamento Eleitoral (RAE)" contém dados pessoais e até mesmo dados pessoais sensíveis (*v.g.* dados biométricos e eventual nome social e/ou relativos à identidade de gênero adotados pelo eleitor),[25] nos termos do art. 5º, incisos I e II, da LGPD.[26] Não por acaso, em linha com a Recomendação nº 73, de 20 de agosto de 2020, do Conselho Nacional de Justiça, os órgão da Justiça Eleitoral terão de nomear as figuras dos controladores,[27] operadores[28] e encarregados[29] de tratamento de dados em seu âmbito de atuação.[30]

[24] Art. 1º da Lei nº 7.444, de 20 de dezembro de 1985.

[25] Como autoriza o art. 9º-A a 9º-D da Resolução TSE nº 23.562, de 22 de março de 2018.

[26] É importante consignar ainda que, a despeito do teor do art. 17 e do art. 29, *caput*, ambos da Resolução TSE nº 21.538/2003, no sentido de que os RAEs sejam disponibilizados aos partidos políticos e que as informações do cadastro eleitoral sejam franqueadas às instituições públicas, privadas e pessoas físicas, o próprio art. 29, § 3º, da Resolução estabelece limites de acesso a "informações pessoais relativas à intimidade, à vida privada, à honra e à imagem, aí considerados ocupação, estado civil, escolaridade, telefone, impressões digitais, fotografia, assinatura digitalizada, endereço e nome civil dissonante da identidade de gênero declarada".

[27] Segundo o art. 5º, VI, da LGPD, controlador é a "pessoa natural ou jurídica, de direito público ou privado, a quem competem as decisões referentes ao tratamento de dados pessoais".

[28] Segundo o art. 5º, VIII, da LGPD, operador é a "pessoa natural ou jurídica, de direito público ou privado, que realiza o tratamento de dados pessoais em nome do controlador".

[29] Segundo o art. 5º, VIII, da LGPD, encarregado é a "pessoa indicada pelo controlador e operador para atuar como canal de comunicação entre o controlador, os titulares dos dados e a Autoridade Nacional de Proteção de Dados (ANPD)".

[30] Cumpre ressaltar que a própria LGPD disciplina eventual compartilhamento dos dados pessoais coletados e tratados pela Justiça Eleitoral com outros órgãos públicos e, em casos muito específicos, com entidades privadas (sendo essa prática, no entanto, vedada como regra). A ANPD poderá também fixar "normas complementares para as atividades de comunicação e de uso compartilhado de dados pessoais". Sobre o tema, ver a Seção I do Capítulo IV da LGPD.

## 2. O tratamento de dados na Justiça Eleitoral brasileira

### 2.1. Proteção de dados e segurança da informação na Justiça Eleitoral

A necessidade de proteção de dados no Poder Público e os debates relativos à matéria são anteriores à LGPD, a qual foi gestada após longo processo deliberativo *multissetorial*, consolidando princípios, diretrizes e medidas indispensáveis sobre o tema.[31] No tocante especificamente aos órgãos da Justiça Eleitoral, também já existiam consequências jurídicas previstas para práticas indevidas de "*coleta, classificação, armazenamento, divulgação, transferência e processamento de dados pessoais*". Como consequência, a Justiça Eleitoral já vinha adotando medidas de segurança da informação e de proteção do fluxo de dados abarcados por sua seara de atuação.

A Lei nº 8.868/1994, por exemplo, já estabelecia que as atividades relacionadas ao planejamento de eleições, informática, recursos humanos, orçamento, administração financeira e controle interno de material e de patrimônio fossem organizadas em sistemas, orientados pelos órgãos correspondentes no TSE. Posteriormente, o Decreto nº 3.505/2000 instituiu a Política de Segurança da Informação dos Órgãos e das Entidades da Administração Pública Federal. Porém, o Poder Judiciário somente começou a desenvolver política semelhante com a Resolução nº 90/2009 do CNJ, voltada para o nivelamento dos serviços de tecnologia da informação e da comunicação dos órgãos jurisdicionais, como decorrência natural da Lei nº 11.419/2006 relativa à informatização do processo judicial.

Esse cenário passou a exigir uma estrutura informática mais robusta nas unidades do Poder Judiciário. Desse modo, o art. 13 da referida Resolução CNJ nº 90/2009 determinou que cada Tribunal elaborasse e aplicasse sua própria "Política de Segurança da Informação", conduzida por meio de comitê gestor. No entanto, antes mesmo da Resolução, o TSE já havia regulamentado a

[31] OLIVEIRA, Marco Aurélio Bellizze; LOPES, Isabela Maria Pereira. Os princípios norteadores da proteção de dados pessoais no Brasil e sua otimização pela Lei 13.709/2018. *In:* TEPEDINO, Gustavo; FRAZÃO, Ana; OLIVA, Milena Donato (Coords.) **Lei Geral de Proteção de Dados Pessoais e suas repercussões no Direito Brasileiro.** São Paulo: Revista dos Tribunais, 2019. p. 53-83.

Política de Segurança da Informação da Justiça Eleitoral por meio da Resolução TSE nº 22.780/2008.

Essa Política de Segurança foi implementada essencialmente para a preservação da integridade, da confidencialidade e da credibilidade dos ativos de informação eleitoral. Não por acaso, o seu escopo de aplicação era amplo, perpassando até mesmo por servidores, estagiários e prestadores de serviço, todos considerados corresponsáveis pela segurança da informação no âmbito da Justiça Eleitoral. Além disso, a Política determinava a constituição de "Comissão de Segurança da Informação" em cada um dos Tribunais Regionais Eleitorais brasileiros, vinculadas às diretrizes estabelecidas pela Comissão interna do próprio TSE e competentes para delimitar o que seria permitido em termos de segurança da informação no âmbito de cada Corte.

Em consideração às diretrizes estabelecidas pela Resolução nº 211/2015 do CNJ e ao Programa de Gestão Documental, criado pela Resolução TSE nº 23.379/2012,[32] no entanto, a Política de Segurança da Informação da Justiça Eleitoral foi reformulada pela Resolução TSE nº 23.501/2016, ainda em vigor. Nas tabelas abaixo, são comparados os conceitos (art. 2º) e os princípios (art. 3º) da Resolução com os estabelecidos pela LGPD (respectivamente, artigos 5º e 6º), aprovada cerca de dois anos após a edição da Resolução:

[32] Em 2012, o TSE editou a Resolução nº 23.379/2012, dispondo sobre o Programa de Gestão Documental, o Sistema de Arquivos, o Fundo Histórico Arquivístico e o Comitê de Gestão Documental no âmbito da Justiça Eleitoral. Para o tema da proteção de dados e da segurança da informação, importa destacar a atenção dispensada aos documentos digitais no capítulo VII da Resolução. Esse determina que os sistemas informatizados de gestão de processos tenham estruturas de classificação dos documentos digitais e rotinas de descarte de documentos inativos, com indisponibilidade das informações, destruição das cópias e preservação de conjuntos amostrais, assim como a destinação de proteção especial àqueles documentos classificados como de guarda permanente.

**Tabela 1** – Correlação entre os conceitos da Resolução TSE nº 23.501/2016 e da LGPD

| Resolução 23.501/2016 TSE – art. 2º | LGPD – art. 5º |
|---|---|
| V – ativo de informação: patrimônio composto por todos os dados e informações gerados, adquiridos, utilizados ou armazenados pela Justiça Eleitoral; | IV – banco de dados: conjunto estruturado de dados pessoais, estabelecido em um ou em vários locais, em suporte eletrônico ou físico |
| XVII – informação: conjunto de dados, textos, imagens, métodos, sistemas ou quaisquer formas de representação dotadas de significado em determinado contexto, independentemente do suporte em que resida ou da forma pela qual seja veiculado; | I – dado pessoal: informação relacionada a pessoa natural identificada ou identificável;<br>II – dado pessoal sensível: dado pessoal sobre origem racial ou étnica, convicção religiosa, opinião política, filiação a sindicato ou a organização de caráter religioso, filosófico ou político, dado referente à saúde ou à vida sexual, dado genético ou biométrico, quando vinculado a uma pessoa natural; |
| XXVI – tratamento da informação: recepção, produção, reprodução, utilização, acesso, transporte, transmissão, distribuição, armazenamento, eliminação e controle da informação, inclusive as sigilosas; | X – tratamento: toda operação realizada com dados pessoais, como as que se referem a coleta, produção, recepção, classificação, utilização, acesso, reprodução, transmissão, distribuição, processamento, arquivamento, armazenamento, eliminação, avaliação ou controle da informação, modificação, comunicação, transferência, difusão ou extração; |
| XXVII – usuário: aquele que utiliza, de forma autorizada, recursos inerentes às atividades precípuas da Justiça Eleitoral; | IX – agentes de tratamento: o controlador e o operador; |
| XIII – disponibilidade: propriedade da informação que garante que ela será acessível e utilizável sempre que demandada; | XVI – uso compartilhado de dados: comunicação, difusão, transferência internacional, interconexão de dados pessoais ou tratamento compartilhado de bancos de dados pessoais por órgãos e entidades públicos no cumprimento de suas competências legais, ou entre esses e entes privados, reciprocamente, com autorização específica, para uma ou mais modalidades de tratamento permitidas por esses entes públicos, ou entre entes privados; |

**Fonte:** Elaboração própria.

**Tabela 2** – Correlação entre os princípios da Resolução TSE nº 23.501/2016 e da LGPD

| Resolução TSE nº23.501/2016 – art. 3º | LGPD – art. 6º |
|---|---|
| garantia da integridade | V – qualidade dos dados: garantia, aos titulares, de exatidão, clareza, relevância e atualização dos dados, de acordo com a necessidade e para o cumprimento da finalidade de seu tratamento; |
| garantia da autenticidade | V – qualidade dos dados: garantia, aos titulares, de exatidão, clareza, relevância e atualização dos dados, de acordo com a necessidade e para o cumprimento da finalidade de seu tratamento; |
| garantia da confidencialidade | VII – segurança: utilização de medidas técnicas e administrativas aptas a proteger os dados pessoais de acessos não autorizados e de situações acidentais ou ilícitas de destruição, perda, alteração, comunicação ou difusão;<br>VIII – prevenção: adoção de medidas para prevenir a ocorrência de danos em virtude do tratamento de dados pessoais; |
| garantia da disponibilidade | I – finalidade: realização do tratamento para propósitos legítimos, específicos, explícitos e informados ao titular, sem possibilidade de tratamento posterior de forma incompatível com essas finalidades;<br>II – adequação: compatibilidade do tratamento com as finalidades informadas ao titular, de acordo com o contexto do tratamento;<br>IV – livre acesso: garantia, aos titulares, de consulta facilitada e gratuita sobre a forma e a duração do tratamento, bem como sobre a integralidade de seus dados pessoais; |
| garantia da irretratabilidade | VI – transparência: garantia, aos titulares, de informações claras, precisas e facilmente acessíveis sobre a realização do tratamento e os respectivos agentes de tratamento, observados os segredos comercial e industrial; |

**Fonte:** Elaboração própria.

Atualmente, a aludida Política de Segurança da Informação apresentada na Resolução TSE nº. 23.501/2016 se encontra em fase de atualização, sobretudo a fim de se adequar à LGPD. A minuta elaborada para a consecução desse objetivo e a possível Portaria com os termos e as definições em consonância com a LGPD, todavia, ainda estão pendentes de aprovação pelo Plenário do TSE (Processo SEI/TSE nº 2019.00.000008616-8).

### 2.2. Da biometria ao documento de identidade único: o uso dos dados para além das eleições

Em segundo lugar, importante atividade exercida pela Justiça Eleitoral e que demanda especial atenção às novas diretrizes da LGPD consiste na implantação do "Programa de Identificação Biométrica", iniciado no ano de 2008. Desde então, o projeto se expandiu a cada eleição de modo que, até maio de 2020, 119.717.413 eleitores já tinham identificação biométrica, perfazendo cerca de 79,54% do total do eleitorado.[33] Esse método tornou mais precisa a identificação do eleitor pela seção eleitoral, auxiliando a Justiça na detecção de fraudes na votação, bem como de eventuais incongruências (*v.g.* a duplicidade de inscrições no cadastro). O processo ocorre por meio de "Sistema Automatizado de Identificação por Impressões Digitais" (*Automated Fingerprint Identification System* – AFIS), o qual compara todas as impressões digitais já cadastradas.

A integração das bases de dados para criação de um cadastro único de identificação dos brasileiros é também outro tema de relevo para a proteção de dados pessoais na Justiça Eleitoral. A medida já era discutida desde a década de 1970, com o fito de favorecer o planejamento e a fiscalização dos sistemas de informação, de facilitar a implementação de políticas públicas, mas também de proteger e de assegurar os dados dos cidadãos nacionais.[34] Nesse diapasão, a Lei nº 9.454/97 foi editada com o objetivo central de institucio-

[33] BRASIL. Tribunal Superior Eleitoral. **Biometria.** Disponível em: https://www.tse.jus.br/eleitor/biometria/biometria. Acesso em: 7 dez. 2020. Esta referência se aplica ao parágrafo inteiro.

[34] CHAVES, Antonio. A esperada evolução do registro civil das pessoas naturais no Brasil. **Revista de Direito Civil, Imobiliário, Agrário e Empresarial**, São Paulo, v. 8, n. 28, abr.-jun. 1984, p.7-16.

nalizar novo documento de identificação civil, regulamentada pelo Decreto nº 7.166/2010, responsável pela criação do "Sistema Nacional de Registro de Identificação Civil (SINRIC)", ligado ao Ministério da Justiça. Demais disso, o Decreto também estabeleceu critérios para a instalação e para o controle do "Registro de Identidade Civil (RIC)", o qual se utilizaria da biometria eleitoral para identificação civil dos indivíduos.

O Ministério da Justiça chegou a firmar, em 2012, convênio com o TSE para a transferência dos dados biométricos já cadastrados, além de Termo de Cooperação Técnica com a Fundação Universidade de Brasília (FUB) para estudar e desenvolver os processos e a infraestrutura necessários para implantação do RIC.[35] Entretanto, os estudos foram interrompidos em 2015, quando o Poder Executivo e o TSE apresentaram, em conjunto, o Projeto de Lei nº 1.775/2015. Por meio desse, ambos propuseram a criação do "Registro Civil Nacional (RCN)". O TSE, portanto, seria a instituição responsável por implementá-lo e por geri-lo, mantendo-o atualizado, íntegro, disponível, autêntico e confiável, bem como assegurando a interoperabilidade entre os sistemas eletrônicos governamentais, observadas as recomendações da arquitetura dos Padrões de Interoperabilidade de Governo Eletrônico (*e-Ping*).

Após tramitação e aprovação nas duas Casas legislativas, o projeto foi sancionado pela Presidência da República, dando origem à Lei nº 13.444/2017. Como consequência, criou-se a "Identificação Civil Nacional" a partir da base de dados biométricos da Justiça Eleitoral, da base de dados do SINRIC e da Central Nacional de Informações do Registro Civil, criada pelo CNJ em 2009.

## 3. O aspecto "externo" do processo eleitoral e sua relação com a LGPD

Já avaliada a questão pelo aspecto "interno" do processo eleitoral, atinente, sobretudo, às etapas que se desenrolam no âmbito interno da Justiça Eleitoral, cabe agora verificar o aspecto "externo" desse processo e sua relação com o marco regulatório da proteção de dados pessoais. Nesse sentido, o intuito é

[35] Os resultados dessa parceria foram apresentados em cinco relatórios assim divididos: Projeto Biometria e Controle, Projeto de Infraestrutura Tecnológica, Projeto de Gestão Integrada, Projeto de Estrutura Documental e Escritório de Projetos e Processos RIC- EPP.

avaliar os impactos da utilização de técnicas de *marketing* político lastreadas na coleta, no uso e no tratamento de dados pessoais, por parte dos partidos, dos candidatos e das agências publicitárias do ramo.

### 3.1. Ferramentas de marketing político digital, propaganda eleitoral e campanhas políticas

Conforme mais bem detalhado na introdução do texto, a considerável adesão popular às redes sociais alterou sensivelmente os fluxos de informação e as dinâmicas de comunicação ao redor de diversas nações. Por certo, esse novo horizonte também remodelou a comunicação política e a propaganda eleitoral produzindo pelo menos três efeitos.[36]

Em primeiro lugar, plataformas de mídia social (*v.g.* Facebook e Twitter), como regra, não são responsáveis pela produção do conteúdo que é "postado" em seu ambiente. Em vez disso, apresentam-se como espaço de interatividade no qual "*os seus próprios usuários* [são os] *vetores na disseminação de conteúdo*".[37] Assim, compartilham o que lhes interessa e distribuem informações que julgam relevantes. Na linha de Francisco Brito Cruz e Heloísa Massaro,[38] essas alterações no horizonte de mídia potencializaram o surgimento do que denominam de "*estruturas de campanha em rede*". É dizer: novo formato de campanhas políticas marcado por dinâmicas mais descentralizadas, abertas e interativas, caso comparadas com as anteriormente existentes. Segundo eles, os atores estão "em rede", pois, apesar de envolvidos com a campanha em graus distintos de relacionamento e de engajamento, articulam-se em sinergia e em aliança com a candidatura e com seu entorno, podendo tanto serem controlados pelas máquinas oficiais de campanha, quanto simplesmente atuarem de forma espontânea.

Em segundo lugar, vertente central para a atratividade dessas empresas são seus algoritmos de curadoria, os quais apresentam aos usuários um compilado de conteúdo que ressoa relevante de acordo com a análise computacional de seus padrões de comportamento. A sua formatação, portanto, é medida crucial

[36] Os efeitos foram sistematizados a partir da leitura do Capítulo 2 de CRUZ, Francisco Brito. *Id.*

[37] CRUZ, Francisco Brito; MASSARO, Heloísa. *Id.* p. 92.

[38] CRUZ, Francisco Brito; MASSARO, Heloísa. *Id.* p. 560.

para que os usuários permaneçam utilizando os serviços por elas disponibilizados na medida em que, em terceiro lugar, o seu modelo de negócios é viabilizado pela venda de espaços publicitários. Nesse último ponto, tem-se questão central para este trabalho, a saber: o uso de publicidade comportamental e de ferras de marketing baseadas em dados pessoais nas campanhas político-eleitorais.

A tarefa de persuasão dos eleitores é componente fundamental do processo eleitoral e do sucesso de uma candidatura (apesar de não ser elemento exclusivo, é claro). Com orçamentos limitados, campanhas políticas precisam otimizar suas estratégias de acesso e de convencimento. Por isso, não é novidade que dados pessoais podem auxiliar nessa tarefa. Entretanto, a escala atual de importância recebida por esse "ativo" é bastante diferenciada. Primeiro, tendo em vista as largas audiências produzindo vasto volume de dados e em intensa velocidade, por exemplo, ao longo de redes sociais. Segundo, porque esse contexto está inserindo em movimento histórico de aumento do poder computacional e das técnicas de análise desse "oceano" de dados (*v.g. Big Data Analytics*).

Como resultado, os dados pessoais se tornaram ativo crucial não só para a publicidade comercial, mas também para o próprio *marketing* político. Tornaram-se insumo para mecanismos de inferências, de predições e de modulações de comportamentos eleitorais. Portanto, o avanço da publicidade comportamental, lastreada precipuamente em dados pessoais, afetou não só as relações entre empresas, governos e consumidores. Afetaram-se também as dinâmicas de propaganda entre candidaturas e eleitores.[39] É que, quanto mais se sabe sobre os hábitos, as preferências, as aspirações e as opiniões dos indivíduos e dos grupos sociais que compõem o eleitorado, ao menos em tese, mais eficiente se torna o direcionamento publicitário de uma campanha política. Essa constatação afeta questões cruciais como: (i) onde realizar comícios, (ii) que tipo de mensagem deve ser enviada, para qual grupo e em qual momento, (iii) como atingir eleitores indecisos ou indiferentes etc.[40]

[39] "Campaigns need accurate predictions about the preferences of voters, their expected behaviors, and their responses to campaign outreach. In addition, campaigns may use data to construct predictive models to make targeting communication more efficient". MAVRIKI, Paola; KARYDA, Maria. Big Data Analytics: from threatening privacy to challenging democracy. *In:* KATSIKAS, S; ZORKADIS, V. (Eds.). **e-Democracy**. Berlin: Springer, 2020. p. 9.

[40] BENNETT, C. J.; LYON, D. Data-driven elections: implications and challenges for democratic societies. **Internet Policy Review**, Berlin, v. 8, n. 4, 2019. Disponível em: https://policyreview.info/data-driven-elections . Acesso em: 7 dez. 2020.

A importância da coleta de dados para essa tarefa não é novidade. Ocorre que a possibilidade de segmentarem-se grupos e perfilharem-se populações, conferiram maior eficiência e acurácia para a atividade de propaganda político-eleitoral, guiando-as a partir de métricas geradas pela coleta e pela análise desses dados a respeito de audiências-alvo, categorizadas a partir de critérios demográficos, socioeconômicos, territoriais, raciais etc. Em resumo, várias são as ferramentas de *marketing* político que se utilizam de dados pessoais e hoje são utilizadas por campanhas eleitorais.

### 3.2. Técnicas utilizadas

Em seu recente livro, observando fatos ocorridos nos Estados Unidos da América, na Índia e no Brasil, a jornalista Patrícia Campos Mello indica duas práticas de *marketing* político alicerçadas na adesão maciça de aplicações de internet e do uso de dados pessoais, quais sejam: (i) *firehosing* e (ii) *micro-targeting* (microdirecionamento).

*Firehosing* é termo derivado de *fire hose*, que significa "mangueira de incêndio" em inglês. No âmbito político, o termo se originou em artigo acadêmico destinado a avaliar as estratégias de propaganda política alegadamente utilizadas pelo Presidente da Rússia, Vladimir Putin.[41] Em linhas gerais, o método consiste na disseminação de informações em fluxo constante, repetitivo, rápido e em larga escala. Dessa maneira, segundo a autora, "*as pessoas são bombardeadas de todos os lados por uma notícia – sites de notícias, grupos de Whatsapp, Facebook, Instagram – e essa repetição lhes confere a sensação de familiaridade com determinada mensagem*", consequentemente dominando a "primeira impressão" da opinião pública em benefício de determinado político.[42]

*Microtargeting*, por sua vez, diz respeito ao direcionamento de, por exemplo, anúncios políticos, informações ligadas ao pleito eleitoral e mensagens específicas para grupos de pessoas com determinadas características, interesses,

[41] PAUL, Christopher; MATTHEWS, Miriam. The Russian "Firehose of Falsehood" Propaganda Model: Why it might work and Options to Counter it. **RAND Corporation**, Santa Monica CA, 2016. Disponível em: https://www.rand.org/pubs/perspectives/PE198.html . Acesso em: 7 dez. 2020.

[42] MELLO, Patrícia Campos. **A Máquina do Ódio:** notas de uma repórter sobre *fake news* e violência digital. São Paulo: Companhia das Letras, 2020. p. 24-25.

preferências e comportamentos. Tratando das eleições brasileiras de 2018, a referida autora afirma que "com a venda de cadastros que reuniam os nomes, CPFs, idade, localização geográfica, faixa de renda e outras informações, era possível identificar temas relevantes para cada [um desses] grupo[s] e enviar mensagens que tivessem maior impacto entre essas pessoas". Ou seja, calibrando o tom utilizado nas mensagens direcionadas e customizando a propaganda político-eleitoral entregue para audiências segmentadas.[43]

Como destaca a Comissão Europeia[44], o perfilhamento (*profiling*) é técnica automatizada de tratamento de dados utilizada para análise ou predição de aspectos concernentes aos já referidos elementos sociais e individuais, tais como: preferências pessoais, interesses, características socioeconômicas etc. Assim, o perfilhamento se utiliza dos dados pessoais produzidos por indivíduos on-line (*v.g.* histórico de buscas no Google e curtidas no Facebook) para categorizá-los em grupos ou em categorias, tornando-se aliado do microdirecionamento de anúncios e de mensagens. Não por acaso, a Comissão faz duas pontuações que podem servir de base para futuras interpretação e aplicação dos preceitos normativos da LGPD quanto ao tema, guardadas as devidas especificidades entre essa e o Regulamento Geral de Proteção de Dados (GDPR, em inglês):

- Os controladores de dados, como partidos políticos ou analistas de dados, são obrigados a informar as pessoas quando são usadas técnicas como o "*profiling*" e suas consequências, a teor do artigo 13, item 2, da GDPR; e
- O artigo 22 da GDPR reconhece o direito das pessoas de não se sujeitarem a essa prática, a não ser que ela seja realizada sob condições restritas, nomeadamente quando haja consentimento explícito delas, salvo se a lei do Estado-membro estabelecer regime diverso que contenha as salvaguardas necessárias para esse direito.

[43] MELLO, Patrícia Campos. *Id.* p.31-32.

[44] COMISSÃO EUROPEIA. **Free and Fair elections – Guidance Document. Commission guidance on the application of Union data protection law in the electoral context: A contribution from the European Commission to the Leaders' meeting in Sazburg on 19-20 September 2018**. Brussels, 12 de setembro de 2018. Disponível em: https://ec.europa.eu/commission/sites/beta-political/files/soteu2018-data-protection-law-electoral-guidance-638_en.pdf . Acesso em: 1 set. 2020.

No caso brasileiro, pesquisas vêm indicando o ganho de relevância por parte de aplicativos de mensagens instantâneas de caráter interpessoal como ferramenta de propaganda política, nomeadamente o Whatsapp, no qual a comunicação é particular ou ocorre em grupos fechados. Esse aplicativo de mensageria conta ainda com a proteção de criptografia ponta a ponta. Para Caio Machado, Fabro Steibel e Marco Konopacki, diferentemente do pleito de 2016 nos EUA no qual o Twitter teria despontado como "*principal meio de circulação de notícias*", o Whatsapp foi o meio que desempenhou papel de relevo nas eleições presidenciais de 2018 no Brasil, havendo evidências de seu "*uso profissional (...) para difusão de notícias*".[45]

Já Patrícia Campos Mello, baseando-se em pesquisa da consultoria *Ideia Big Data*, realizada em 2019 no Brasil, adverte que 52% das pessoas confiam em notícias enviadas pela família em mídias sociais, e 43% nas notícias mandadas por amigos.[46] Embora, em princípio, o Whatsapp seja aplicativo de envio e de recebimento de mensagens instantâneas e privadas, algumas pessoas podem servir como pontes nessa comunicação. Na realidade, até mesmo grandes centrais (*hubs*) podem ser criadas com a finalidade de conectar múltiplos grupos de Whatsapp simultaneamente.[47]

## 3.3. O caso "*Cambridge Analytica*"

O escândalo envolvendo a consultoria do marketing político, *Cambridge Analytica Ltd*, talvez tenha se tornado o exemplo mais difundido internacionalmente quanto aos riscos existentes entre tratamento de dados pessoais e processo eleitoral. Inicialmente, a empresa atuava no Reino Unido, tendo ganhado notoriedade pela atuação no referendo do "Brexit". Todavia, desem-

[45] MACHADO, Caio; STEIBEL, Fabro; KONOPACKI, Marco. O uso das redes sociais em campanhas políticas no Brasil: a transição de estratégias de plataformas abertas para mensageiros interpessoais. *In:* **Fake News e as Eleições 2018**. Cadernos Adenauer, São Paulo, ano XIX, v. 4, 2018. p. 68. Disponível em: https://konopacki.com.br/wp-content/uploads/2019/12/PUBLICACAO-2019-KA-Cadernos-2018.4-site.pdf Acesso em: 7 dez. 2020.

[46] MELLO, Patrícia Campos. *Id.* p.33.

[47] EVANGELISTA, R.; BRUNO, F. WhatsApp and political instability in Brazil: targeted messages and political radicalisation. **Internet Policy Review**, Berlin, v. 8, n. 4, 2019. Disponível em: https://policyreview.info/articles/analysis/whatsapp-and-political-instability-brazil-targeted-messages-and-political . Acesso em: 7 dez. 2020.

penhou atividades internacionalmente, ganhando evidência pelo trabalho desenvolvido nos Estados Unidos da América, na campanha política que elegeu o Presidente Donald J. Trump.

Em 17 de março de 2018, foram publicadas reportagens nos jornais *The New York Times*[48] e *The Guardian*[49] relatando a celeuma envolvendo a empresa. O ocorrido se iniciou por meio de questionário a respeito da personalidade dos participantes envolvidos, cunhado de "*#thisisyourdigitallife*". Cerca de 300 mil pessoas participaram desse teste de personalidade desenvolvido para uso acadêmico, em pesquisas psicométricas da Universidade de Cambridge. No entanto, foi possível agregar informações de mais de 50 milhões de usuários do Facebook, pois, ao aceitarem a cessão de dados pessoais, os participantes estavam também cedendo os dados pessoais de seus amigos, contudo, sem que estes soubessem.

A análise de dados curtidas no Facebook oferecia altos índices de precisão na inferência de características de personalidades dos indivíduos. No caso da empresa, ela ofertava serviços de customização de mensagens de marketing fundamentados nessas técnicas de modelagem psicométrica, utilizando dados de milhões de usuários do Facebook. Essa técnica permitia a segmentação de audiência, possibilitando atingir usuários com determinados perfis que seriam suscetíveis a tipos específicos de mensagens e de conteúdo. A entrega desses anúncios, por sua vez, era feita por meio das ferramentas de impulsionamento de conteúdo, oferecidas por plataformas como Google e Facebook, que permitem microdirecionar anúncios.[50]

Depois do caso *Cambridge Analytica*, restou claro que organizações podem minerar dados através de mídias sociais para criar perfis de eleitores e então buscar influenciá-los gerando algum tipo de impacto no comportamento eleitoral. Se, por um lado, essas ferramentas podem conferir oportunidades

[48] ROSENBERG, Matthew; CONFESSORE, Nicholas; CADWALLADR, Carole. How Trump Consultants Exploited the Facebook Data of Millions. **The New York Times**, Nova Iorque, 17 de março de 2018. Disponível em: https://www.nytimes.com/2018/03/17/us/politics/cambridge-analytica-trump-campaign.html. Acesso em: 14 set. 2020.

[49] CADWALLARD, Carole. 'I made Steve Bannon's psychological warfare tool': meet the data war whistleblower. **The Guardian,** 18 de março de 2018. Disponível em: https://www.theguardian.com/news/2018/mar/17/data-war-whistleblower-christopher-wylie-faceook-nix-bannon-trump. Acesso em: 14 set. 2020.

[50] CRUZ, Francisco Brito; MASSARO, Heloísa. *Id.* p. 562.

a campanhas políticas com menos recursos, tornando a sua "*comunicação mais porosa, diversa e relevante para os interesses dos eleitores*", por outro lado, elas produzem riscos não só a direitos fundamentais dos eleitores, como também a valores centrais de uma democracia.[51]

A compreensão dessas práticas de *marketing* político evidencia que possíveis problemas envolvendo o tratamento de dados no ambiente eleitoral são complexos e multifacetados, afastando soluções simplistas e demandando alto grau de pesquisa e de discussão. Seus efeitos perpassam por problemáticas que vão desde processos de desinformação social, manipulação da autonomia de escolha eleitoral e até o desequilíbrio da paridade de forças entre os atores envolvidos nos pleitos.

## 4. Impactos da LGPD no aspecto "externo" do processo eleitoral

Por certo, a entrada em vigor da LGPD exigirá aplicação concertada desse diploma normativo com as normas existentes em diferentes "ramos" do Direito impactados. Por essa razão, em verdadeiro "*diálogo das fontes*",[52] cumpre investigar os desdobramentos desse recém-aprovado marco regulatório da proteção de dados no âmbito específico do processo eleitoral brasileiro, com enfoque no seu aspecto externo.

Nesta seção, apesar de não apresentar respostas definitivas para os problemas levantados, ainda carentes de avaliação pela jurisprudência e com escassas análises doutrinárias devido à sua novidade, serão evidenciados três conjuntos de questionamentos. O objetivo, portanto, é o de estimular a construção

[51] CRUZ, Francisco Brito; MASSARO, Heloísa. *Id.* p. 563. Esta referência se aplica ao parágrafo inteiro.

[52] Como bem ressaltaram Laura Schertel Mendes e Danilo Doneda, permanece o desafio de interpretação sistemática das diversas legislações referentes ao tratamento de dados pessoais no Brasil, em especial, da LGPD com outras leis que tratam de setores específicos, a exemplo do Marco Civil da Internet e a Lei do Cadastro Positivo. Destacam também os autores a importância da utilização do diálogo das fontes desenvolvido por Claudia Lima Marques como técnica de interpretação e solução dos dilemas atuais, por meio da aplicação "*simultânea, coerente e coordenada das plúrimas fontes legislativas*". (MENDES, Laura Schertel; DONEDA, Danilo. Reflexões iniciais sobre a nova lei geral de proteção de dados. **Revista de Direito do Consumidor,** São Paulo, v. 27, n. 120, p. 469-483, nov./dez. 2018).

das "*pontes*"[53] entre regulação eleitoral e a Lei Geral de Proteção de Dados. São eles: (i) as relações entre responsabilidade civil por violação à LGPD e a responsabilização por prática de ilícito eleitoral; (ii) a necessária coordenação institucional entre Autoridade Nacional de Proteção de Dados e a Justiça Eleitoral, em especial o TSE; e (iii) o diálogo entre as racionalidades que constituem o marco regulatório da proteção de dados e o quadro regulatório-eleitoral, com especial destaque para a Resolução nº 23.610/2019, elaborada pelo Tribunal Superior Eleitoral.

### 4.1. Responsabilidade civil na LGPD e responsabilização eleitoral

Em primeiro lugar, especial atenção deve ser destinada para a responsabilidade por tratamento irregulares de dados pessoais capazes de gerar danos tanto para os titulares desses dados (*v.g.* eleitores e candidatos) quanto para a própria lisura democrática do pleito. Em matéria eleitoral, o principal foco da responsabilização é o de resguardar a higidez e a normalidade das eleições. Em última análise, pretende-se assegurar a legitimidade do exercício do poder político e a observância da soberania popular, consequentemente, resguardando o sistema democrático. Em suma, o bem jurídico tutelado é o adequado funcionamento do regime democrático.

Como consequência, a jurisprudência do Tribunal Superior Eleitoral tem se firmado no sentido de que eventual responsabilização eleitoral do candidato beneficiário de ato ilícito não tem como fundamento precípuo as ideias de dolo, de culpa, de prévio conhecimento ou de participação concreta do candidato beneficiado. Ao revés, ela se encontra lastreada na regularidade/lisura do pleito, existindo inclusive julgados no sentido de que essa responsabilidade teria caráter objetivo.[54] Portanto, a despeito das críticas formuladas por parcela da doutrina,[55] a atual jurisprudência dessa Corte Superior é a de

[53] CRUZ, Francisco Brito; MASSARO, Heloísa. *Id.*

[54] "10. As condutas vedadas são cláusulas de responsabilidade objetiva, dispensando a comprovação de dolo ou culpa do agente. Dispensam, por igual razão, a análise da potencialidade lesiva para influenciar no pleito." (BRASIL, Tribunal Superior Eleitoral. Recurso Especial Eleitoral nº 38704. Min. Rel. Edson Fachin. Brasília, 13 de agosto de 2019).

[55] Marilda Silveira formula, por exemplo, posição crítica quanto à essa jurisprudência. Para ela, em última análise, o entendimento do TSE acaba por "dispensar o nexo de causalidade, consequentemente tornando "desnecessária qualquer participação ou ciência do beneficiário

que a responsabilidade eleitoral está precipuamente voltada para o reestabelecimento da legitimidade do processo eleitoral, viciado pelos atos ilícitos de candidatos ou de terceiros em seu benefício.[56]

Em verdade, na hipótese de atos praticados por terceiro enquadrados como abuso de poder ou de conduta vedada, cuja grave consequência é a imposição da cassação de mandato eletivo do candidato beneficiário, o Tribunal Superior Eleitoral, nos termos do art. 22, XIV, da Lei nº 64/90, consagrou entendimento no sentido de que o candidato beneficiário responde *independentemente* do seu prévio conhecimento ou de sua anuência em relação à conduta abusiva, sendo suficiente a comprovação de que tenha auferido algum tipo de vantagem em razão da pratica do ilícito.[57]

No ponto, a LGPD erigiu sistema *especial*[58] *de responsabilidade civil*,[59] sem se descuidar, contudo, dos princípios e dos conceitos gerais consagrados pelo

para cassação de seu mandato em casos de abuso e condutas vedadas graves". (SILVEIRA, Marilda de Paula. Conduta Vedada e Abuso de Poder: como lidar com o nexo de causalidade em ato praticado por terceiro. **Resenha Eleitoral,** Florianópolis, v. 21, n. 1, p. 29-42, nov. 2017. Disponível em: https://revistaresenha.emnuvens.com.br/revista/article/view/88 . Acesso em: 20 set. 2020).

[56] Segundo Victor Amorim, seriam duas as premissas adotadas pelo TSE: (a) os candidatos beneficiados são juridicamente responsáveis por ato de terceiros, ainda que não tenha qualquer participação comprovada; (b) para imputar a responsabilidade ao beneficiário e, assim, aplicar-lhe as sanções cabíveis (multa, cassação do registro e do mandato e inelegibilidade), o TSE dispensa a necessidade de demonstração do **nexo de causalidade material** ou **físico** entre a conduta e o resultado (mácula do pleito e/ou vontade do eleitor), bastando apenas o **nexo de causalidade lógico-argumentativo**. (AMORIM, Victor Aguiar Jardim de. Responsabilidade eleitoral: definição e problemática. **Revista Consultor Jurídico,** São Paulo, 28 de maio de 2017. Disponível em: https://www.conjur.com.br/2017-mai-28/victor-amorim-criticas-posicao-tse-responsabilidade-beneficiario . Acesso em: 10 jan.2021).

[57] Vide: BRASIL, Tribunal Superior Eleitoral. RESPE n. 958 – SABINO – SP. Min. Rel. Luciana Christina Guimarães Lóssio. Brasília, 3 de novembro de 2016.

[58] MORAES, Maria Celina Bodin de; QUEIROZ, João Quinelato de. Autodeterminação informativa e responsabilização proativa: novos instrumentos de tutela da pessoa humana na LGPD. *In:* **CADERNOS ADENAUER. Proteção de Dados Pessoais: privacidade versus avanço tecnológico**. São Paulo, ano XX, n. 3, p. 125-126, out. 2019. Disponível em: https://www.kas.de/documents/265553/265602/Caderno+Adenauer+3+Schutz+von+pers%C3%B6nlichen+Daten.pdf/476709fc-b7dc-8430-12f1-ba21564cde06?version=1.0&t=1571685012573. Acesso em 7 dez. 2020.

[59] Conforme lição de Manuel Andrade, a responsabilidade civil é instituto que resguarda a "*totalidade das relações jurídicas*" de determinada pessoa contra interferências não autorizadas de outrem. Trata-se de consequência jurídico patrimonial relativa à violação dos direitos e

Direito Civil, tampouco das especialidades atinentes ao Direito do Consumidor (art. 45 da LGPD). Além do seu rol de princípios, de direitos e de deveres aplicáveis, a LGPD destinou considerável atenção ao eixo denominado de "*responsabilização dos agentes*".[60] Presente na Seção III do Capítulo VI ("*Dos Agentes de Tratamento de Dados Pessoais*"), esse eixo está calcado na somatória de "*três noções fundamentais*" extraídas do *caput* do art. 42: (i) *dano* (patrimonial, moral, individual ou coletivo), *"(ii) violação da legislação de proteção dos dados por parte do controlador e/ou operador e (iii) reparação"* à(s) vítima(s) ("*outrem*").[61-62]

A própria LGPD, no entanto, estabelece exceções a esse regime. Primeiramente, haverá responsabilidade solidária entre controlador e operador, caso esse último "descumprir as obrigações da legislação de proteção de dados" ou não seguir "as instruções lícitas do controlador" (art. 44, parágrafo único). Em segundo lugar, existindo mais de um controlador, esses serão solidariamente responsáveis pelo ressarcimento do titular dos dados, caso "diretamente envolvidos no tratamento do qual decorreram danos ao titular dos dados" (art. 42, § 1º, II), assegurado o direito de regresso contra os demais responsáveis, na medida de sua participação no evento danoso, àquele que

das obrigações de que seja essa pessoa "*titular ou sujeito*". ANDRADE, Manuel A. Domingues de. **Teoria geral da relação jurídica.** Coimbra: Almedina, 1983. p. 210.

60 Segundo Laura Mendes e Danilo Doneda, é possível identificar cinco eixos principais na LGPD, os quais norteiam a proteção do titular dos dados no Brasil: i) unidade e generalidade na aplicação da Lei; ii) legitimação para o tratamento de dados (hipóteses autorizativas); iii) princípios e direitos do titular; iv) obrigações dos agentes de tratamento de dados; v) responsabilização dos agentes. Vide: MENDES, Laura Schertel; DONEDA, Danilo. Reflexões iniciais sobre a nova lei geral de proteção de dados. *Id.*

61 MORAES, Maria Celina Bodin de; QUEIROZ, João Quinelato de. *Id.* p. 126.

62 Afastadas as hipóteses de excludentes do art. 43 da LGPD e estabelecido o dever de indenizar, Walter Capanema aponta ainda possíveis critérios para a fixação do quantum debeatur dessas responsabilizações, a saber: "a) a quantidade de dados pessoais afetados; b) a natureza dos dados pessoais afetados [...]; c) a reincidência da conduta; d) a omissão em tomar medidas de segurança e técnicas para minorar o dano ou em colaborar com a Autoridade Nacional de Proteção de Dados; e) a ausência de notificação dos usuários da ocorrência do incidente; f) a comprovada utilização dos dados pessoais vazados de titulares por terceiros". (CAPANEMA. Walter Aranha. A responsabilidade civil na Lei Geral de Proteção de Dados. **Cadernos Jurídicos**, São Paulo, ano 21, n. 53, p. 163-170, jan./mar. 2020. Disponível em: https://www.tjsp.jus.br/download/EPM/Publicacoes/CadernosJuridicos/ii_6_a_responsabilidade_civil.pdf?d=637250347559005712. Acesso em: 10 jan. 2021. p. 168).

reparar o dano ao titular (art. 42, §4º). Por fim, em terceiro lugar, consoante leitura do parágrafo único do art. 44 da LGPD, a cristalização do ato ilícito também pode ocorrer em razão de conduta omissiva, caso o agente *deixar* de adotar as normas técnicas voltadas à segurança e à proteção de dados pessoais.

Com efeito, no que tange à definição da natureza jurídica da responsabilidade civil prevista pelo referido art. 42, *caput*, da LGPD, firmou-se controvérsia considerável na doutrina assim traduzida: o critério de imputação seria objetivo ou subjetivo? Haveria espaço para algo híbrido?[63]

De um lado, há quem sustente que o art. 42 da Lei indica a adoção de um regime de responsabilidade objetiva, firmado no risco intrínseco oferecido pela atividade desenvolvida pelos agentes de tratamento de dados pessoais aos seus titulares, sobretudo pela potencialidade de lesar direitos de personalidade, com força inclusive no art. 927, parágrafo único, do Código Civil. De outro, há quem se alinhe ao entendimento de que a falta de um dever de conduta expresso e a necessidade de violação explícita à legislação (art. 43, II) são elementos indicativos da natureza subjetiva da responsabilidade civil delineada na LGPD.[64] Por derradeiro, com base no art. 6º, inciso X, da LGPD, Maria Celina Bodin de Moraes e João Quinelato[65] defendem que a responsabilização prevista na Lei possui caráter "ativo" ou "proativo", vez que não basta aos agentes de tratamento "simplesmente" não descumprirem a lei. Ao revés, precisam também comprovar "*a adoção de medidas eficazes*" no sentido da observância e do cumprimento "*das normas de proteção de dados pessoais*".

É dizer: além de definir critérios de responsabilização, não se pode olvidar que a LGPD também se ocupa em fixar sistema mais amplo do que a de "mera" recomposição do dano. A legislação se preocupa igualmente com a dissuasão e a prevenção de condutas lesivas, tomando como critério o risco

[63] Válida, entretanto, a ressalva feita por Bruno Bioni e por Daniel Dias no sentido de que essa tentativa de classificação binária da responsabilidade civil na LGPD não deve nortear o tema em estudo. Para o autor, o mais importante é examinar os elementos normativos que podem restringir ou alargar a discussão de culpabilidade para fins de responsabilização (BIONI, Bruno; DIAS, Daniel. Responsabilidade civil na proteção de dados pessoais: construindo pontes entre a Lei Geral de Proteção de Dados Pessoais e o Código de Defesa do Consumidor. **Civilistica.com,** Rio de Janeiro, v. 9, n. 3, p. 1-23, 22 dez. 2020).

[64] A sistematização dessas posições foi extraída de MORAES, Maria Celina Bodin de; QUEIROZ, João Quinelato de. *Id.* p. 126-130.

[65] MORAES, Maria Celina Bodin de; QUEIROZ, João Quinelato de. *Id.* p. 129.

da atividade desempenhada.[66] Nessa linha, não somente o descumprimento é punido, como também o cumprimento das suas disposições é "premiado" e estimulado (art. 46 e seguintes da Lei), por exemplo, a partir do reconhecimento institucional de boas práticas e de padrões de conduta por parte dos agentes de tratamento de dados.

Nesse diapasão, conclui-se que o primeiro conjunto de questionamentos diz respeito à tentativa de construção de *pontes* entre a responsabilização eleitoral e a responsabilidade civil por violação à LGPD. Noutras palavras, como se dará a incidência da responsabilização civil em decorrência do tratamento indevido de dados por partidos, candidatos e pela própria Justiça Eleitoral? No caso dos candidatos, poderia esse tratamento ser configurado como abuso de poder político ou econômico, nos termos da legislação e da jurisprudência vigentes?

### 4.2. Coordenação institucional entre a Autoridade Nacional de Proteção de Dados e a Justiça Eleitoral

Em segundo lugar, outro grupo relevante de inquietações está situado em dimensão mais ampla, localizada nas discussões sobre coordenação institucional. É dizer: como ocorrerá a própria coordenação de competências entre a Autoridade Nacional de Proteção de Dados e a Justiça Eleitoral, sobretudo com o Tribunal Superior Eleitoral? Em situações limítrofes, a decisão de quem prevalecerá?

A bem da verdade, essa dificuldade não é exclusividade do diálogo entre proteção de dados e processo eleitoral. Possíveis conflitos de atribuições "*entre a ANPD e outros órgãos e entidades públicos*" com competências correlatas "*regidas por lei ordinária*"[67] podem ocorrer, por exemplo, na seara concorrencial. Isto é, entre a ANPD e o Conselho Administrativo de Defesa Econômica (CADE).

[66] Sobre o tema, vide: MENDES, Laura Schertel; FONSECA, Gabriel Campos Soares da. Proteção de dados para além do consentimento: tendências contemporâneas de materialização. **Revista Estudos Institucionais,** Rio de Janeiro, v. 6, n. 2, p. 507-533, maio/ago. 2020, p. 519-524. Disponível em: https://www.estudosinstitucionais.com/REI/article/view/521 . Acesso em: 10 jan. 2021.

[67] PARENTONI, Leonardo. Autoridade Nacional de Proteção de Dados brasileira: uma visão otimista. **Revista do Advogado,** São Paulo, n. 144, nov. 2019, p. 216-217. A referência se aplica para ambas as citações feitas.

De outra sorte, essa situação pode se desenvolver também entre a ANPD e agências reguladoras setoriais, a exemplo da Agência Nacional de Telecomunicações (ANATEL).

Esses conflitos se acentuam na medida em que, de um lado, o art. 55-K, *caput*, da LGPD apresenta a seguinte previsão: "*suas competências prevalecerão, no que se refere à proteção de dados pessoais, sobre as competências correlatas de outras entidades ou órgão da administração pública*". De outro, o parágrafo único do mesmo artigo determina que a "*ANPD articulará sua atuação com outros órgãos e entidades com competências sancionatórias e normativas afetas ao tema de proteção de dados pessoais*", atuando como "*órgão central de interpretação*" da LGPD "*e do estabelecimento de normas e diretrizes para a sua implementação*". Em igual sentido, o art. 55-J, inciso XXIII, estabelece que a ANPD deverá se articular "*com as autoridades reguladoras públicas para exercer suas competências em setores específicos de atividades econômicas e governamentais sujeitas à regulação*".

No âmbito eleitoral, todavia, esse esforço de equacionamento das funções institucionais exercidas por ANPD e por Justiça Eleitoral se torna ainda mais complexo. É que, em virtude do veto do Presidente Michel Temer à estrutura original da ANPD nos moldes de autarquia federal em regime especial, a Lei nº 13.853/2019 estruturou a ANPD como "*órgão da administração pública federal, integrante da Presidência da República*" (art. 55-A, *caput*, da LGPD), convertendo a Medida Provisória nº 869/2018.[68] Nesse sentido, apesar da existência de garantias de imparcialidade para a composição da ANPD, cuida-se de órgão vinculado à estrutura da Presidência da República, ator diretamente interessado no resultado de pleitos eleitorais. Desse modo, ficam as dúvidas: a Justiça Eleitoral será competente para julgar casos em que oponentes políticos questionem eventual beneficiamento da candidatura apoiada pelo Poder Executivo federal pela ANPD? Como proceder nessa situação?[69]

Em resumo, a resolução dessas inquietações de ordem institucional demandarão "*esforços estruturais*" por parte dos dois atores envolvidos. Da ANPD, para

[68] Cumpre mencionar, entretanto, que o §1º do mesmo dispositivo da LGPD aduz que "a natureza jurídica da ANPD é transitória e poderá ser transformada pelo Poder Executivo em entidade da administração pública federal indireta, submetida a regime autárquico especial e vinculada à Presidência da República".

[69] CRUZ, Francisco Brito; MASSARO, Heloísa. *Id.* p. 575.

lidar com temas eleitorais.[70] Da Justiça Eleitoral, para "*compreender e se movimentar no tema da proteção de dados.*".[71]

### 4.3. Construindo pontes: a racionalidade da proteção de dados e a Resolução TSE nº 23.610/2019 sobre propaganda eleitoral

Em terceiro lugar, há que se questionar sob quais hipóteses e em que condições dados pessoais podem ser tratados para fins político-eleitorais. Nessa linha, emergem questionamentos mais específicos, como exemplo: *Quando será necessário obter consentimento mais rígido ou mais relaxado?*" (ii) "*há alguma hipótese na qual o legítimo interesse poderia ser considerado para tratamento de dados pessoais?*" (iii) "*as bases de dados que partidos e candidatos já possuem precisam ser revalidadas através da obtenção do consentimento do titular?*" (iv) como se dará o consentimento específico quando se tratar de dados pessoais sensíveis do eleitor, tais como origem racial ou étnica, convicção religiosa, opinião política, filiação a organização política, sindical, religiosa ou filosófica, dados biométricos? (v) o consentimento será igual quando o tratamento de dados triviais resultar em *inferências* sensíveis de um indivíduo?[72]

Desse modo, percebe-se que o cenário normativo permanece ainda bastante incerto. No arcabouço de normas eleitorais, não há regulações específicas endereçadas à coleta, ao uso e ao tratamento de dados pessoais. No plano da proteção de dados, também é incerto o modo pelo qual a LGPD pode ser aplicada às práticas de comunicação e de *marketing* políticos, bem como o grau de competência de sua Autoridade para fiscalizar eventuais desvios na seara político-eleitoral.

[70] Guilherme Hermes Hennemann, por exemplo, propõe "*a criação de uma unidade especializada* [dentro da estrutura formal da ANPD], *lastreada no art. 55-C, VI, da LGPD, com a atribuição de zelar pela aplicação da legislação de proteção de dados*" no campo eleitoral. (HENNEMANN, Guilherme Hermes. Impacto Potencial da Lei Geral de Proteção de Dados Nas Eleições. **Revista do TRE-RS**, ano 25, n. 48, p. 155-187, jan./jul. 2020. Disponível em: https://bibliotecadigital.tse.jus.br/xmlui/handle/bdtse/7315. Acesso em: 10 jan. 2021. p. 177-178).

[71] CRUZ, Francisco Brito; MASSARO, Heloísa. *Id*. p. 575.

[72] MASSARO, Heloisa; BIONI, Bruno; RIELLI, Mariana; VIEIRA, Rafael Sonda. A proteção de dados pessoais em processos eleitorais. **GEN Jurídico.com.br**. Disponível em: http://genjuridico.com.br/2020/08/27/protecao-dados-pessoais-campanhas/. Acesso em: 14 set. 2020.

Além das questões de segurança jurídica para o desempenho de atividades econômicas e do fomento ao desenvolvimento tecnológico nacional, a racionalidade do regime jurídico de proteção de dados pessoais brasileiro está lastreada principalmente no livre desenvolvimento da personalidade e na autodeterminação informativa do titular dos dados (arts. 1º, caput, e 2º, II, da LGPD). Diferentemente, a regulação eleitoral de campanhas políticas, consolidada sobretudo pela Lei de Eleições (Lei nº 9.504/97), está voltada à "*garantia de direitos políticos e da igualdade de chances e paridade de armas*", bem como à "*proteção da ordem pública*". Dessa forma, mesmo os seus dispositivos que proíbem a venda de cadastro de endereços eletrônicos (art. 57-E, §1º, da Lei nº 9.504/97) ou que vedam o uso, cessão e doação de cadastros eletrônicos por determinados atores privados[73] a partidos e a candidatos (art. 57-E, *caput*, da Lei nº 9.504/97) não tem como racionalidade precípua a "*tutela da privacidade e dos dados pessoais dos eleitores, pelo menos não nos termos contemporâneos*" expressados pela LGPD.[74]

Nessa linha, a multa no valor de R$ 5.000,00 (cinco mil reais) a R$ 30.000,00 (trinta mil reais) aplicada ao responsável pela divulgação da propaganda e ao beneficiário de comprovado conhecimento prévio dessas condutas (art. 57-E, §2º, da Lei nº 9.504/97) não está embasada em punição pela violação à autonomia informativa e aos direitos de personalidade do eleitor. Na realidade, o seu intuito é outro: o de manter a higidez do processo político, dissuadindo práticas capazes de afetar a competitividade entre candidaturas. Portanto, é por essa razão que são impostas as referidas vedações e multas: "*para garantir a paridade de armas entre os candidatos, evitando que alguns tirem benefícios de recursos*

[73] "Art. 24. É vedado, a partido e candidato, receber direta ou indiretamente doação em dinheiro ou estimável em dinheiro, inclusive por meio de publicidade de qualquer espécie, procedente de: I – entidade ou governo estrangeiro; II – órgão da administração pública direta e indireta ou fundação mantida com recursos provenientes do Poder Público; III – concessionário ou permissionário de serviço público; IV – entidade de direito privado que receba, na condição de beneficiária, contribuição compulsória em virtude de disposição legal; V – entidade de utilidade pública; VI – entidade de classe ou sindical; VII – pessoa jurídica sem fins lucrativos que receba recursos do exterior. VIII – entidades beneficentes e religiosas; IX – entidades esportivas; X – organizações não-governamentais que recebam recursos públicos; XI – organizações da sociedade civil de interesse público."

[74] CRUZ, Francisco Brito; MASSARO, Heloísa. *Id*. p. 568. Esta referência se aplica a todo o parágrafo.

*não disponíveis a outros*" [75]-[76]. Nesse diapasão, mesmo na perspectiva macro, o diagnóstico se mantém. É dizer: na regulação eleitoral vigente, a autodeterminação informativa, a qual norteia a racionalidade do regime de proteção de dados instaurado pela LGPD, "*é apenas protegida por tabela, e de forma limitada*".[77]

Diante desse cenário, chegou em boa hora a Resolução TSE nº 23.610/2019, relativa à disciplina da propaganda eleitoral e das condutas ilícitas em campanha eleitoral. Trata-se de iniciativa pioneira nesse processo de incorporação da *ratio* da proteção de dados à disciplina jurídica do processo eleitoral brasileiro.

Em primeiro lugar, o art. 28, III, da Resolução permite a propaganda eleitoral disponibilizada na internet "*por meio de mensagem eletrônica para endereços cadastrados gratuitamente pelo candidato, pelo partido político ou pela coligação*", desde que (i) ocorra a partir do dia 16 de agosto de 2020 e (ii) observe as disposições da LGPD relativas ao consentimento do titular. Esse segundo requisito produz consequências importantes. A primeira delas é a necessidade de que campanhas e partidos galguem uma "*manifestação livre, informada e inequívoca*" do eleitor, concordando "*com o tratamento de seus dados pessoais*", sendo este dirigido "*para uma finalidade determinada*" (art. 5º, XII, da LGPD). Além disso, nos casos de dados pessoais considerados como sensíveis (art. 5º, II, da LGPD), fica afastada a base legal de tratamento pelo "*legítimo interesse do controlador*" desses dados, como um partido político ou a própria Justiça Eleitoral (art. 10, *caput*, da LGPD).

Em segundo lugar, além de replicar as vedações mencionadas no art. 57-E da Lei das Eleições, o seu artigo 31, *caput*, incluiu as pessoas jurídicas de direito privado no rol de atores "impedidos" de utilizarem, de doarem e de cederem "*dados pessoais de seus clientes, em favor de candidatos, de partidos políticos ou de coli-*

[75] CRUZ, Francisco Brito; MASSARO, Heloísa. *Ibid.*

[76] "Eleições 2014. Recurso. Representação. Propaganda eleitoral. Utilização de cadastros eletrônicos de filiados a conselho profissional para manifestar opinião política contrária a candidato, partido ou coligação. Conduta que afronta o art. 24, VI, c/c art. 57-E da lei nº 9.504/1997. (...) "O Conselho Regional de Medicina do Estado de Goiás (Cremego), que utilizou seu cadastro de associados para, via mensagem eletrônica, manifestar posição política contrária à candidata Dilma Vana Rousseff, está sujeito às vedações da Lei nº 9.504/1997, na parte em que impede o uso ou a cessão de seus cadastros eletrônicos em favor de candidatos, partidos ou coligações. É a dicção do art. 24, VI, c/c art. 57-E da Lei nº 9.504/1997. (...)". [BRASIL. Tribunal Superior Eleitoral. Recurso na Representação nº 115714. Relator: Min. Herman Benjamin. Brasília, 3 de outubro de 2014.

[77] CRUZ, Francisco Brito; MASSARO, Heloísa. *Id.* p. 569.

*gações"*. Como se percebe, o dispositivo infralegal ainda atualizou a redação legal da Lei das Eleições em consonância com a LGPD. Nesse sentido, inseriu o conceito de "dados pessoais" na vedação. Ademais, o seu §1º acresceu também as "pessoas naturais" no rol de atores "impedidos" de venderem cadastros eletrônicos, mantendo a sanção de multa para quem descumpra essa previsão normativa, nos termos do art. 57-E, §2º, da Lei nº 9.504/97. Finalmente, o § 4º do art. 31, da Resolução nº 23.610/2019, fixa uma espécie de regra geral de aplicação ao dispor que *"o tratamento de dados pessoais, inclusive a utilização, doação ou cessão destes por pessoa jurídica ou natural"*, deverão observar as regras e os princípios presentes na LGPD.

Em terceiro lugar, na mesma linha, o art. 41, *caput*, da Resolução prevê a aplicação subsidiária (*"no que couber"*) da Lei Geral de Proteção de Dados na disciplina da propaganda eleitoral na internet, conferindo-lhe importância e caminhando em direção à construção da referida ponte capaz de integrar esses dois "campos" jurídico-regulatórios.

Por fim, seguindo a lógica adotada pelo próprio Plenário do Supremo Tribunal Federal ao reconhecer a existência de um direito fundamental à proteção de dados no julgamento do referendo da Medida Cautelar nas ADIs 6.387, 6.388, 6.389, 6.390 e 6.393,[78] ainda é necessário lembrar que a Lei Geral de Proteção de Dados estabelece uma série de princípios autoaplicáveis que balizam o regime de proteção de dados brasileiro, consagrados no artigo 6º da LGPD.

Nesse diapasão, tal marco principiológico deve ser observado por partidos, por candidaturas e por agências de marketing na realização de suas atividades durante o processo eleitoral. O princípio da finalidade (art. 6º, I), por exemplo, deve guiar não só a obtenção de consentimento do titular dos dados, mas também pode incidir como vetor interpretativo de *"questões envolvendo o uso de bancos de dados de filiados para envio de propaganda eleitoral"*. Já o princípio da transparência (art. 6º, VI) pode acabar trazendo para partidos políticos e para candidatos o "ônus" de (a) instaurarem *"programa de governança que seja parte integrante do plano de campanha eleitoral"*, (b) instituir sistema de *"registro das ati-*

[78] Cf. MENDES, Laura Schertel; FONSECA, Gabriel Campos Soares da. STF reconhece direito fundamental à proteção de dados: comentários sobre o referendo da Medida Cautelar nas ADIs 6387, 6388, 6389, 6390 e 6393. **Revista de Direito do Consumidor**, São Paulo, v. 130, p. 471-478, jul./ago, 2020.

*vidades de tratamento de dados, especialmente para que futuras diligências e prestação de contas da campanha se dê também sobre eventual abuso de poder no uso de dados"*.[79]

## Conclusões

Cada um dos atores envolvidos no processo eleitoral tem papéis diversos. Todavia, todos eles são corresponsáveis pelo fortalecimento democrático de uma nação e pela garantia de lisura e de higidez das etapas do processo eleitoral. Atualmente, não é exagero afirmar que a má utilização de dados pessoais para fins político-eleitorais constitui uma das principais preocupações de nações democráticas em relação à garantia de integridade dos seus processos eleitorais. Em países de variados sistemas eleitorais e com graus diversos de desenvolvimento da "cultura de proteção de dados", debatem-se os efeitos das eleições movidas a dados (*data-driven elections*).[80]

Com a ascensão dos relatos internacionais sobre usos indevidos (ou ao menos pouco transparentes) de ferramentas de *marketing* político envolvendo técnicas contemporâneas para coleta, análise e tratamento de dados pessoais, ganhou importância o tema da aplicação das regras e dos princípios dos regimes de proteção de dados nos processos eleitorais. Entretanto, essa discussão não demanda somente esforços teóricos e políticos no sentido de demonstrar a correlação existente entre o tema da proteção de dados e a sustentabilidade do regime democrático. Tornou-se urgente repensar marcos regulatórios e arranjos institucionais a fim de que sejam capazes de entrelaçar (a) a racionalidade que norteia esses regimes jurídicos de proteção de dados pessoais, de um lado, com (b) as normas, a lógica e a atuação de órgãos envolvidos com a regulação do processo eleitoral, de outro.[81]

Em meio a esse cenário ainda bastante árido, no horizonte pairam mais incertezas do que conclusões. Como exposto ao longo do texto, até mesmo pela recente entrada em vigor da LGPD, várias das inquietações sobre como essa legislação se aplicará no direito eleitoral e de que modo será traduzida

[79] MASSARO, Heloisa; BIONI, Bruno; RIELLI, Mariana; VIEIRA, Rafael Sonda. *Id.*
[80] BENNETT, C. J.; LYON, D. *Id.* p. 7-10.
[81] MASSARO, Heloisa; BIONI, Bruno; RIELLI, Mariana; VIEIRA, Rafael Sonda. *Id.*

para a lógica da Justiça Eleitoral ainda não encontram esforço doutrinário robusto e carecem de respostas jurisprudenciais e legislativas. Longe de oferecer soluções definitivas para essas questões, o presente artigo buscou contribuir com a construção dessa ponte entre regulação eleitoral brasileira e Lei Geral de Proteção de Dados, partindo-se de três objetivos centrais. Primeiro, sistematizar parcela das contribuições já existentes na literatura sobre o tema, ainda relativamente incipiente em solo brasileiro. Segundo, mapear problemáticas e lacunas que devem ser endereçadas durante a construção dessa "*ponte*" entre proteção de dados e regulação eleitoral. Terceiro, identificar iniciativas institucionais que estejam sedimentando as "vigas" e as "estruturas" para sua construção.

Quanto ao primeiro objetivo, apesar da existência de dispositivos pontuais endereçados ao uso, à cessão e à doação de cadastros eletrônicos privados em favor de candidatos, de partidos ou de coligações (art. 54-E, caput e §1º, da Lei nº 9.504/1997), observou-se certa movimentação doutrinária pela modernização da legislação eleitoral, sobretudo a Lei nº 9.504/1997, com o objetivo de integrar a racionalidade dos regimes de proteção de dados (*v.g.* autodeterminação informativa) com a lógica substancial da regulação eleitoral, qual seja: a de garantia da higidez do processo eleitoral e de manutenção da competitividade entre candidaturas.

Quanto ao segundo objetivo, o texto destacou duas problemáticas. A primeira relativa à harmonização entre os regimes de responsabilidade civil pela violação das normas da LGPD e o de responsabilização eleitoral. A segunda, por sua vez, atinente à necessidade de coordenação das funções e das competências institucionais entre Autoridade Nacional de Proteção de Dados (ANP) e Justiça Eleitoral, com destaque para o papel do Tribunal Superior Eleitoral (TSE) nessa relação.

Por fim, no tocante ao terceiro objetivo, o artigo analisou a recente Resolução TSE nº 23.610/19, especialmente no que diz respeito ao seu "Capítulo IV" sobre propaganda eleitoral na internet e os seus artigos 28, III; 31, *caput* e demais parágrafos; 41, *caput*. A partir dessa análise, concluiu-se que essa Resolução foi pioneira e positiva, pois pavimentou o caminho para a construção do almejado diálogo entre proteção de dados e regulação eleitoral.

## Referências

AMORIM, Victor Aguiar Jardim de. Responsabilidade eleitoral: definição e problemática. **Revista Consultor Jurídico,** São Paulo, 28 de maio de 2017. Disponível em: https://www.conjur.com.br/2017-mai-28/victor-amorim-criticas-posicao-tse-responsabilidade-beneficiario . Acesso em: 10 jan.2021.

ANDRADE, Manuel A. Domingues de. **Teoria geral da relação jurídica.** Coimbra: Almedina, 1983.

BENNETT, C. J.; LYON, D. Data-driven elections: implications and challenges for democratic societies. **Internet Policy Review**, Berlin, v. 8, n. 4, 2019. Disponível em: https://policyreview.info/data-driven-elections . Acesso em: 7 dez. 2020.

BIONI, Bruno; DIAS, Daniel. Responsabilidade civil na proteção de dados pessoais: construindo pontes entre a Lei Geral de Proteção de Dados Pessoais e o Código de Defesa do Consumidor. **Civilistica.com,** Rio de Janeiro, v. 9, n. 3, p. 1-23, 22 dez. 2020.

BRASIL, Tribunal Superior Eleitoral. **Biometria.** Disponível em: https://www.tse.jus.br/eleitor/biometria/biometria. Acesso em: 7 dez. 2020.

______. Recurso Especial Eleitoral nº 38704. Min. Rel. Edson Fachin. Brasília, 13 de agosto de 2019.

______. RESPE n. 958 – SABINO – SP. Min. Rel. Luciana Christina Guimarães Lóssio. Brasília, 3 de novembro de 2016.

______. **Repositório de Dados Eleitorais**. Disponível em: https://www.tse.jus.br/eleicoes/estatisticas/repositorio-de-dados-eleitorais-1/repositorio-de-dados-eleitorais. Acesso em: 15 set. 2020.

CADWALLARD, Carole. 'I made Steve Bannon's psychological warfare tool': meet the data war whistleblower. **The Guardian,** 18 de março de 2018. Disponível em: https://www.theguardian.com/news/2018/mar/17/data-war-whistleblower-christopher-wylie-faceook-nix-bannon-trump. Acesso em: 14 set. 2020.

CAPANEMA. Walter Aranha. A responsabilidade civil na Lei Geral de Proteção de Dados. **Cadernos Jurídicos**, São Paulo, ano 21, n. 53, p. 163-170, jan./mar. 2020. Disponível em: https://www.tjsp.jus.br/download/EPM/Publicacoes/CadernosJuridicos/ii_6_a_responsabilidade_civil.pdf?d=637250347559005712. Acesso em: 10 jan. 2021.

CHAVES, Antonio. A esperada evolução do registro civil das pessoas naturais no Brasil. **Revista de Direito Civil, Imobiliário, Agrário e Empresarial**, São Paulo, v. 8, n. 28, abr.-jun. 1984, p.7-16.

COMISSÃO EUROPEIA. **Free and Fair elections – Guidance Document. Commission guidance on the application of Union data protection law in the electoral context: A contribution from the European Commission to the Leaders' meeting in Sazburg on 19-20 September 2018**. Brussels, 12 de setembro de 2018. Disponível em: https://ec.europa.eu/commission/sites/beta-political/files/soteu2018-data-protection-law-electoral-guidance-638_en.pdf . Acesso em: 1 set. 2020.

CRUZ, Francisco Brito. **Novo Jogo, Velhas Regras**: Democracia e Direito na Era da Nova Propaganda Política. Belo Horizonte: Letramento, 2020.

______; MASSARO, Heloísa. Dados pessoais em campanhas políticas: a construção de uma ponte entre proteção de dados pessoais e regulação eleitoral. *In*: MENDES,

Laura Schertel; DONEDA, Danilo; BIONI, Bruno; RODRIGUES JR., OCTÁVIO LUIZ (Coords.). **Tratado de Proteção de Dados Pessoais**. Rio de Janeiro: Forense (GEN), 2020.

EVANGELISTA, R.; BRUNO, F. WhatsApp and political instability in Brazil: targeted messages and political radicalisation. Internet Policy Review, Berlin, v. 8, n. 4, 2019. Disponível em: https://policyreview.info/articles/analysis/whatsapp-and-political-instability-brazil-targeted-messages-and-political . Acesso em: 7 dez. 2020.

FONSECA, Gabriel Campos Soares da. **O Mercado de Ideias:** Liberdade de Expressão, Plataformas Digitais e Regulação da Internet. 2019. Monografia de Final de Curso (Bacharelado em Direito), Faculdade de Direito, Universidade de Brasília, Brasília, DF, 105f, 2019.

GIL, Antônio Carlos. **Como elaborar projetos de pesquisa**. 4.ed. São Paulo: Editora Atlas, 2008.

HENNEMANN, Guilherme Hermes. Impacto Potencial da Lei Geral de Proteção de Dados Nas Eleições. **Revista do TRE-RS**, ano 25, n. 48, p. 155-187, jan./jul. 2020. Disponível em: https://bibliotecadigital.tse.jus.br/xmlui/handle/bdtse/7315. Acesso em: 10 jan. 2021.

MACHADO, Caio; STEIBEL, Fabro; KONOPACKI, Marco. O uso das redes sociais em campanhas políticas no Brasil: a transição de estratégias de plataformas abertas para mensageiros interpessoais. *In:* **Fake News e as Eleições 2018**. Cadernos Adenauer, São Paulo, ano XIX, v. 4, 2018. p. 68. Disponível em: https://konopacki.com.br/wp-content/uploads/2019/12/PUBLICACAO-2019-KA-Cadernos-2018.4-site.pdf Acesso em: 7 dez. 2020.

MASSARO, Heloisa; BIONI, Bruno; RIELLI, Mariana; VIEIRA, Rafael Sonda. A proteção de dados pessoais em processos eleitorais. **GEN Jurídico.com.br**. Disponível em: http://genjuridico.com.br/2020/08/27/protecao-dados-pessoais-campanhas/. Acesso em: 14 set. 2020.

MAVRIKI, Paola; KARYDA, Maria. *Big Data Analytics:* from threatening privacy to challenging democracy. *In:* KATSIKAS, S; ZORKADIS, V. (Eds.). **e-Democracy**. Berlin: Springer, 2020.

MELLO, Patrícia Campos. **A Máquina do Ódio:** notas de uma repórter sobre *fake news* e violência digital. São Paulo: Companhia das Letras, 2020.

MENDES, Gilmar Ferreira. O princípio constitucional da anterioridade eleitoral. *In:* CARVALHO NETO, Tarcísio Vieira; FERREIRA, Talson Luís Cavalcante (Coords). **Direito eleitoral:** aspectos materiais e processuais. São Paulo: Migalhas, 2016.

MENDES, Laura Schertel; DONEDA, Danilo. Reflexões iniciais sobre a nova lei geral de proteção de dados. **Revista de Direito do Consumidor,** São Paulo, v. 27, n. 120, p. 469-483, nov./dez. 2018.

______; ______; BACHUR, João Paulo. Manipulação da informação, fake news e os novos desafios para a democracia. *In:* **Fake News e as Eleições 2018**. Cadernos Adenauer, São Paulo, ano XIX, v. 4, 2018.

MENDES, Laura Schertel; FONSECA, Gabriel Campos Soares da. Proteção de dados para além do consentimento: tendências contemporâneas de materialização. **Revista Estudos Institucionais,** Rio de Janeiro, v. 6, n. 2, p. 507-533, maio/ago. 2020, p. 519-

524. Disponível em: https://www.estudosinstitucionais.com/REI/article/view/521 . Acesso em: 10 jan. 2021.

______; ______. STF reconhece direito fundamental à proteção de dados: comentários sobre o referendo da Medida Cautelar nas ADIs 6387, 6388, 6389, 6390 e 6393. **Revista de Direito do Consumidor**, São Paulo, v. 130, p. 471-478, jul./ago, 2020.

MORAES, Maria Celina Bodin de; QUEIROZ, João Quinelato de. Autodeterminação informativa e responsabilização proativa: novos instrumentos de tutela da pessoa humana na LGPD. *In:* **CADERNOS ADENAUER. Proteção de Dados Pessoais: privacidade versus avanço tecnológico**. São Paulo, ano XX, n. 3, p. 125-126, out. 2019. Disponível em: https://www.kas.de/documents/265553/265602/Caderno+Adenauer+3+Schutz+von+pers%C3%B6nlichen+Daten.pdf/476709fc-b7dc-8430-12f1-ba21564cde06?version=1.0&t=1571685012573. Acesso em 7 dez. 2020.

OLIVEIRA, Marco Aurélio Bellizze; LOPES, Isabela Maria Pereira. Os princípios norteadores da proteção de dados pessoais no Brasil e sua otimização pela Lei 13.709/2018. *In:* TEPEDINO, Gustavo; FRAZÃO, Ana; OLIVA, Milena Donato (Coords.) **Lei Geral de Proteção de Dados Pessoais e suas repercussões no Direito Brasileiro.** São Paulo: Revista dos Tribunais, 2019.

ORGANIZAÇÃO DAS NAÇÕES UNIDAS. Estudo da ONU revela que o mundo tem abismo digital de gênero. ONU News, 6 de novembro de 2019. Disponível em: https://news.un.org/pt/story/2019/11/1693711#:~:text=O%20uso%20da%20Internet%20continua,popula%C3%A7%C3%A3o%20de%20todos%20o%20mundo. Acesso em: 10 jan. 2021.

PARENTONI, Leonardo. Autoridade Nacional de Proteção de Dados brasileira: uma visão otimista. **Revista do Advogado,** São Paulo, n. 144, nov. 2019, p. 216-217.

PAUL, Christopher; MATTHEWS, Miriam. The Russian "Firehose of Falsehood" Propaganda Model: Why it might work and Options to Counter it. **RAND Corporation**, Santa Monica CA, 2016. Disponível em: https://www.rand.org/pubs/perspectives/PE198.html . Acesso em: 7 dez. 2020.

ROSENBERG, Matthew; CONFESSORE, Nicholas; CADWALLADR, Carole. How Trump Consultants Exploited the Facebook Data of Millions**. The New York Times**, Nova Iorque, 17 de março de 2018. Disponível em: https://www.nytimes.com/2018/03/17/us/politics/cambridge-analytica-trump-campaign.html. Acesso em: 14 set. 2020.

SILVEIRA, Marilda de Paula. Conduta Vedada e Abuso de Poder: como lidar com o nexo de causalidade em ato praticado por terceiro. **Resenha Eleitoral,** Florianópolis, v. 21, n. 1, p. 29-42, nov. 2017. Disponível em: https://revistaresenha.emnuvens.com.br/revista/article/view/88 . Acesso em: 20 set. 2020.

TOFFOLI, José Antonio Dias. Temas atuais e polêmicos de Direito Eleitoral. Funções e desafios dos órgãos eleitorais para garantir a integridade das eleições: controle de gestão e transparência da informação e as novas tecnologias. *In:* CARVALHO NETO, Tarcísio Vieira; FERREIRA, Talson Luís Cavalcante (Coords). *Id.*

VELLOSO, Carlos Mário da Silva. Urnas eletrônicas: um pouco de sua história. Disponível em: https://www.conjur.com.br/dl/artigo-carlos-velloso.pdf . Acesso em: 4 jan. 2021.

ZUBOFF, Shoshana. Big other: surveillance capitalism and the prospects of an information civilization. **Journal of Information Technology**, v. 30, p. 75-89, 2015. Disponível em: https://journals.sagepub.com/doi/10.1057/jit.2015.5 . Acesso em: 10 jan. 2021.

# 2.
# LGPD na Perspectiva do Administrador Público

*Ana Flávia Paiffer dos Santos*
*Isabela Canesin Dourado Figueiredo Costa*
*Leonardo Relvas dos Santos*
*Marinho Dembinski Kern*
*Yasmin Bewiahn Saba Relvas*

## Introdução

O problema da proteção de dados pessoais pelo Poder Público por vezes é ocultado pelas preocupações com o setor privado, objeto de maior destaque no Brasil.[1] Apesar disso, não se pode ignorar que a Administração Pública é

[1] BLUM, Renato Opice; LÓPEZ, Nuria. Lei Geral de Proteção de Dados no setor público: transparência e fortalecimento do Estado Democrático de Direito. **Cadernos Jurídicos**, ano 21, n. 53, p. 1-202, jan./mar. 2020. Disponível em: http://www.mpsp.mp.br/portal/page/portal/documentacao_e_divulgacao/doc_biblioteca/bibli_servicos_produtos/bibli_boletim/bibli_bol_2006/Cad-Juridicos_n.53.pdf . Acesso em: 15 out. 2020. p. 171: "O volume do esperado debate na iniciativa privada abafa uma narrativa mais discreta, mas crucial: o desenvolvimento da proteção de dados no Poder Público. Para os europeus, em particular os alemães, trata-se da principal linha de desenvolvimento da proteção de dados. Desde a Lei de Proteção de Dados de Hesse (Hessisches Datenschutzgesetz) em 1970, e de forma muito incipiente, o intuito era evitar quaisquer excessos no uso de dados pessoais pelo Poder Público. As leis que vieram posteriormente delimitariam, cada vez mais, um espaço de liberdade

um dos principais gestores de dados pessoais, principalmente se considerado o cenário de desenvolvimento tecnológico: trata-se de atuação que vai além do simples acesso aos dados pessoais dos administrados, assumindo por vezes a própria responsabilidade pela manutenção e guarda desses dados.

Nesse contexto, e tendo-se em vista que o tratamento de dados no âmbito público assume um caráter instrumental[2] – *i.e.*, é fundamental na tomada de decisões eficientes e execução de políticas públicas satisfatórias – a regulação de critérios e a imposição de limites jurídicos ao processamento de dados pelo Poder Público têm se revelado indispensável. Para a compreensão acerca da real importância da contemplação do setor público pela LGPD, deve-se, inicialmente, analisar certas normas jurídicas que integram o chamado regime jurídico administrativo e cujos efeitos podem estar relacionados à proteção de dados.

Em nossa tradição jurídica, a proteção de dados era tratada por normas esparsas e setoriais desde a década de 1960,[3] período em que se destacara o Código Brasileiro de Telecomunicações (Lei nº 4.117/1962). Mais recentemente, cite-se o Código de Defesa do Consumidor (Lei nº 8.078/1990) e a Lei do Cadastro Positivo (Lei nº 12.414/2011),[4] que integram o mosaico legislativo de proteção de dados pessoais.[5]

A Constituição Federal (CF/88) arrolou expressamente uma série de direitos e garantias relacionados ao tema, a exemplo da intimidade, vida privada, honra e imagem, acesso à informação e *habeas data* (art. 5º, incisos X, XXXIII

individual. É o fundamento da autodeterminação informativa ou informacional, que chegou à nossa Lei Geral de Proteção de Dados (art. 2º, II), vinda de um conhecido julgado da Corte Constitucional alemã, que garante a extensão do direito geral de personalidade aos dados pessoais, para que o indivíduo possa se determinar sobre eles.".

[2] CARDOSO, André Guskow. O regime do uso e compartilhamento de dados pessoais pela Administração Pública no âmbito da LGPD. **Informativo Justen, Pereira, Oliveira e Talamini**, Curitiba, n. 163, p. 1-6, set. 2020. Disponível em: https://justen.com.br/pdfs/IE163/IE163-Andre-Uso-Compart-Dados-pela-Adm-LGPD.pdf. Acesso em: 15 out. 2020. p. 2.

[3] CRESPO, Danilo Leme; FILHO, Dalmo Ribeiro. A evolução legislativa brasileira sobre a proteção de dados pessoais: a importância da promulgação da lei geral de proteção de dados pessoais. **Revista de Direito Privado,** São Paulo, v. 98, p. 161-186, mar./abr. 2019. p. 162.

[4] PARENTONI, Leonardo. Autoridade nacional de Proteção de Dados brasileira: uma visão otimista. **Revista do Advogado,** São Paulo, n. 144, p. 209-218, nov. 2019. p. 210.

[5] WIMMER, Miriam. Proteção de dados no poder público: incidência, bases legais e especificidades. **Revista do Advogado**, São Paulo, n. 144, p. 126-133, nov. 2019. p. 127.

e LXVII), e a Proposta de Emenda Constitucional nº 17/2019 previu a inclusão da proteção de dados pessoais como direito fundamental no inciso XII do art. 5º. O art. 37, §3º, por sua vez, determina que o legislador regule o acesso dos usuários dos serviços públicos a registros e informações da Administração, o que é reforçado pelo art. 216, §2º, pelo qual cabe à Administração a gestão da documentação e da consulta à informação governamental. Fato é que, quando da elaboração da carta de 1988, o País superava o regime militar, o que explica os anseios por um Estado transparente naquele momento. Os instrumentos normativos seguintes à CF/88 vêm ao encontro desse propósito de facilitação do acesso à informação pública por parte dos cidadãos.

A Lei nº 9.507/1997, por sua vez, estabelecera procedimento para requerimento de acesso e retificação de dados pessoais constantes de registros públicos através do *habeas data* – garantias que, inclusive, foram replicadas nos incisos II e III do art. 18 da LGPD. Verifica-se, pois, que o titular de dados que pretendesse exercer tais direitos poderia se valer dos procedimentos previstos na lei do *habeas data*, na Lei de Acesso à Informação (Lei nº 12.527/2011) (LAI) ou em leis gerais de processo administrativo. Não obstante, foi a LAI que tornou institucional o caminho de acesso aos dados pessoais,[6] considerando que, até aquele momento, não havia diploma legal que normatizasse expressamente as condições para acesso à informação produzida ou detida pelo Estado.[7]

O equilíbrio entre a transparência e a proteção de dados pessoais é considerado imprescindível às democracias do século XXI. A proteção de dados é princípio inspirador da transparência em sua concepção mais atual, de modo que esses dois direitos não podem ser entendidos como incompatíveis.[8]

[6] BLUM, Renato Opice; LÓPEZ, Nuria. *Id.* p. 175-176.

[7] BARROS, Gabriel da Silva; SILVA, Lorena dos Santos; SCHMIDT, Clarissa. Documentos públicos e dados pessoais: o acesso sob a ótica da lei geral de proteção de dados pessoais e da lei de acesso à informação. **Revista do Arquivo**, São Paulo, v. 5, n. 9, p. 22-39, out. 2019. Disponível em: http://www.arquivoestado.sp.gov.br/revista_do_arquivo/09/artigo_01.php. Acesso em: 15 out. 2020. p. 25.

[8] RODRIGUEZ-ARANA MUÑOZ, Jaime; HERCE MAZA, Jose Ignacio. La protección de datos personales como límite de acceso a la información pública: una mirada desde la buena administración para el control de las agendas políticas. *In*: DAL POZZO, Augusto Neves; MARTINS, Ricardo Marcondes (Coords.). **LGPD e administração pública:** uma análise ampla dos impactos. São Paulo: Thomson Reuters, 2020. p. 47 e 50.

A transparência é inerente às democracias por permitir o compartilhamento do poder e o fortalecimento das relações democráticas do Poder Público com os cidadãos: "[s]e em uma sociedade de informação, como a nossa, saber é poder, a transparência sobre os dados pessoais sobre os quais se sabe implica o compartilhamento do poder detido, haja vista que comprova pela clareza a legalidade de suas ações". O adequado tratamento dos dados pessoais por parte do Poder Público viabiliza que os cidadãos exerçam parcela do poder através do controle sobre suas informações. Em outras palavras, a LAI protege os dados pessoais, mas deve respeitar a transparência intrínseca às democracias.[9]

Nos últimos anos, tanto a proteção de dados quanto a transparência se desenvolveram, avançando paralelamente, mas a proteção de dados pessoais ainda é a principal causa de negativa de acesso a informações.[10] É preciso encontrar a justa medida entre esses valores. A LGPD pode ser entendida, pois, como condição para que o Poder Público possa cumprir a LAI, viabilizando o controle dos cidadãos sobre o cumprimento dos deveres da administração como a finalidade pública e a legalidade na gestão de seus dados,[11] por meio de critérios específicos de tratamento de dados pessoais pelo Poder Público.[12]

A LAI regula e prestigia a transparência das instituições públicas, impondo ao gestor público a obrigação de dar ampla e efetiva publicidade dos dados a respeito da pessoa jurídica por ele representada, e a LGPD visa a impor essa mesma transparência ao tratamento de dados pessoais do cidadão pelo Estado. Os dois diplomas se inspiram na transparência da atuação estatal, pela qual o indivíduo tem a possibilidade de exercer seus direitos contra o Estado e de controlar a atividade pública, com vistas a reduzir a assimetria que marca essas relações. Regular não significa impedir a coleta de dados para benefícios aos próprios cidadãos nem tampouco se confunde com censura, e a proteção de dados pessoais também não pode inviabilizar o desenvolvimento e a inovação.[13] Com a aplicação da regulação do tratamento de dados ao Poder

[9] BLUM, Renato Opice; LÓPEZ, Nuria. *Id.* p. 173 e p. 177.

[10] RODRIGUEZ-ARANA MUÑOZ, Jaime; HERCE MAZA, Jose Ignacio. *Id.* p. 48.

[11] BLUM, Renato Opice; LÓPEZ, Nuria. *Id.* p. 177.

[12] BARROS, Gabriel da Silva; SILVA, Lorena dos Santos; SCHMIDT, Clarissa. *Id.* p. 28.

[13] MOTTA, Fabrício; SANTOS, Marcela de Oliveira. Regulação do tratamento de dados pessoais no Brasil – o estado da arte. *In:* DAL POZZO, Augusto Neves; MARTINS, Ricardo

Público, a LGPD buscou estabelecer o referido equilíbrio entre o acesso à informação nas mãos do Estado e a proteção de dados pessoais,[14] prevendo que a disciplina de dados pessoais tem como fundamentos alguns dos interesses listados pela LAI como hipóteses de sigilo, estabelecendo alguns dos limites à LAI no que se refere aos dados pessoais e, desse modo, permitindo o acesso sem aniquilar a proteção de dados.[15]

As duas leis trazem alguns conceitos aproximados, como informação pessoal da LAI e dado pessoal a LGPD. Ademais, a LAI garante acesso restrito aos agentes públicos legalmente autorizados e à pessoa a quem se referem as informações pessoais, de modo que é possível relacionar o art. 31, §1º, I da LAI ao art. 7º, IX da LGPD: os dados ou informações pessoais são de interesse exclusivo dos agentes envolvidos, que são o órgão ou a entidade do Poder Público que os produziu, bem como do titular desses dados.[16] Elas também preveem obrigações semelhantes aos agentes de tratamento, e a LAI caracteriza como ilícitas, entre outras, as condutas de acessar e permitir o acesso indevido a informações sigilosas ou pessoais e divulgar ou permitir que elas sejam divulgadas (art. 32), prevendo responsabilidade objetiva do Poder Público pelo uso indevido de informações pessoais (art. 34). Também quanto às sanções a LGPD é expressa, no seu art. 52, §3º, acerca da possibilidade de interação com aquelas previstas pelas demais leis, à luz do art. 37, §6º da Constituição.

Existem, ainda, bases legais de tratamento que são comuns à LAI e à LGPD, mas a LGPD vai além das hipóteses da LAI de previsão legal e de consentimento, instituindo a possibilidade de aplicação de outras bases legais para o tratamento pelo Poder Público.[17] Com efeito, grande parte dos direitos dos titulares perante o Poder Público é garantida por meio do acesso à informação. A LGPD reconhece, pois, o legado da LAI, que já previa diretrizes bási-

Marcondes (Coords.). **LGPD e administração pública:** uma análise ampla dos impactos. São Paulo: Thomson Reuters, 2020. p. 87.

14 RODRIGUEZ-ARANA MUÑOZ, Jaime; HERCE MAZA, Jose Ignacio. *Id.* p. 50.

15 CANHADAS, Fernando Augusto Martins. A Lei de Acesso à Informação e a Lei Geral de Proteção de Dados: a transparência proibida. *In*: DAL POZZO, Augusto Neves; MARTINS, Ricardo Marcondes (Coord.). *Id.* p. 428.

16 BARROS, Gabriel da Silva; SILVA, Lorena dos Santos; SCHMIDT, Clarissa. *Id.* p. 29 e p. 36.

17 BLUM, Renato Opice; LÓPEZ, Nuria. *Id.* p. 177 e p. 174.

cas para o tratamento de dados pessoais pelo setor público.[18] Não obstante, até então, os dados pessoais em poder do Estado se encontravam num limbo legislativo para o agente de tratamento desses dados, considerando as divergências entre os diplomas, "abrindo espaço para um dúbio entendimento entre o direito de acesso aos documentos públicos e o direito à privacidade da pessoa sobre a qual os dados e informações registrados em documentos públicos se referem".[19]

Os conceitos de dados pessoais e dados pessoais sensíveis da LGPD e a noção de informação pessoal da LAI "nos permitem inferir que, enquanto a preocupação da primeira tende a abranger os dados pessoais de forma geral, a preocupação da segunda tende a ser mais conservadora e restrita, principalmente por este não ser o único enfoque da LAI".[20] Os direitos previstos pela LGPD incidem sobre todas as espécies de dados pessoais, observadas as disposições de outros diplomas sobre transparência e acesso à informação.[21] Ainda, pode-se considerar que a relação sujeito-objeto estabelecida pela LAI foi inversa àquela criada pela LGPD: a LAI tutela primordialmente o acesso às informações do Poder Público pelos cidadãos, e a LGPD o acesso às informações dos cidadãos pelo Poder Público.[22] A LAI regula os meios e o acesso pelo cidadão e a divulgação de sua informação pessoal que esteja à disposição do Poder Público, o modo pelo qual ela será acessada ou disponibilizada; ao passo que a LGPD condiciona o tratamento de dados pessoais pelo Poder Público, limitando a atuação governamental desde o início do ciclo de vida dos dados.[23]

[18] BRASIL. **Guia da boas práticas – Lei Geral de Proteção de Dados (LGPD).** Disponível em: https://www.gov.br/governodigital/pt-br/governanca-de-dados/guia-de-boas-praticas-lei-geral-de-protecao-de-dados-lgpd. Acesso em: 11 out. 2020. p. 17.

[19] BARROS, Gabriel da Silva; SILVA, Lorena dos Santos; SCHMIDT, Clarissa. *Id.* p. 37.

[20] BARROS, Gabriel da Silva; SILVA, Lorena dos Santos; SCHMIDT, Clarissa. *Ibid.*

[21] BRASIL. **Guia de boas práticas – Lei Geral de Proteção de Dados (LGPD).** *Id.* p. 17.

[22] BASSO, Bruno Bartelle. Direito à privacidade e o tratamento de dados pessoais pelo poder público. In: DAL POZZO, Augusto Neves; MARTINS, Ricardo Marcondes (Coords.). *Id.* p. 188.

[23] BARROS, Gabriel da Silva; SILVA, Lorena dos Santos; SCHMIDT, Clarissa. *Id.* p. 37. Ainda, destaca-se a limitação da proteção às informações pessoais no tempo: "O que podemos concluir, então, é que o acesso a tais documentos é permitido em qualquer momento apenas diante do consentimento da pessoa (do titular) a (o) qual esses se referem (salvas as exceções expressas no art. 31, §3º, da LAI e no art. 7° da LGPD). Porém, na forma do que é declarado na

A LGPD também interage com outros diplomas. Para além das leis gerais de processo administrativo, podem-se exercer os direitos previstos na LGPD por meio do procedimento mais célere previsto no Código de Defesa dos Usuários dos Serviços Públicos (Lei nº 13.460/2017). O Código Civil regula a proteção aos direitos da personalidade do indivíduo; e o Marco Civil da Internet, de 2014, determina expressamente que as operações que envolvam tratamento de dados pessoais na internet devem respeitar a legislação brasileira de proteção de dados pessoais.[24-25] Em âmbito federal, alguns outros atos normativos foram editados com vistas ao aumento da transparência do governo, governança digital e segurança da informação, abrangendo também aspectos do tratamento de dados pessoais pelo Poder Público.[26]

Em suma, a LGPD representa um avanço nas relações democráticas entre o Poder Público e os cidadãos, prevendo diversos direitos além do acesso e retificação de informações.[27] Sugere-se interpretação conjunta das referidas leis para que se possa alcançar esse avanço,[28] o que se depreende das próprias referências expressas da LGPD aos demais diplomas.[29] Em outros termos, "[s]e o manejo pelo Estado dos dados pessoais dos cidadãos pode, por um lado, resultar em maior eficiência em serviços e políticas públicas, o desvio

LAI, os documentos aqui abordados só podem, de fato, estar completamente acessíveis após 100 (cem) anos de produção. Tal fato, portanto, não se repete na LGPD, onde os documentos que registram dados pessoais nunca poderão estar acessíveis, a não ser pelas hipóteses expressas no já citado art. 7º da lei.".

24 BARROS, Gabriel da Silva; SILVA, Lorena dos Santos; SCHMIDT, Clarissa. *Id.* p. 28.

25 O Marco Civil da Internet confere ao consentimento posição central no tratamento de dados, enquanto a LGPD institui outras bases jurídicas para tanto. A esse respeito, Cf. ABREU, Jacqueline de Souza; LAGO, Lucas; MASSARO, Heloisa. Especial: Por que se preocupar com o que o Estado faz com os nossos dados pessoais? **Portal InternetLab.** Disponível em: https://www.internetlab.org.br/pt/privacidade-e-vigilancia/especial-apps-do-governo/. Acesso em 11 out. 2020.

26 A título de exemplo, Cf. Decretos nº 8.777/16, nº 10.332/20, nº 9.637/18 e nº 10.046/19.

27 FLÔRES, Mariana Rocha; SILVA, Rosane Leal da. Desafios e perspectivas da proteção de dados pessoais sensíveis em poder da administração pública: entre o dever público de informar e o direito do cidadão de ser tutelado. **Revista de Direito,** Viçosa, v.12, n. 2, p. 1-34, 2020. Disponível em: https://periodicos.ufv.br/revistadir/article/view/10327 . Acesso em: 11 out. 2020. p. 20.

28 BLUM, Renato Opice; LÓPEZ, Nuria. *Id.* p. 171 e p. 176.

29 A título de exemplo, Cf. art. 23 da LGPD.

de poder, a partir do tratamento em larga escala desses dados, pode resultar no fim daquilo que conhecemos hoje como democracia".[30]

A então vigente regulação da proteção de dados pessoais em atividades administrativas pode nos levar a questionar a necessidade ou conveniência de uma regulamentação específica do tratamento de dados pessoais pelo Poder Público dentro da LGPD. O panorama atual desse tratamento, no entanto, fornece-nos argumentos para melhor compreensão do problema.

Em 2018, examinando aplicativos governamentais, o InternetLab constatou que muitas das permissões para ações mais perigosas não eram solicitadas, que elas eram demasiado abrangentes e que suas finalidades eram pouco claras. Ademais, poucos aplicativos tinham políticas de privacidade, além de não haver uma política comum a todos eles. Também foram identificados coleta excessiva de dados sem relação com as finalidades dos aplicativos e vazamentos de dados entre servidores do governo. Além disso, nenhum dos aplicativos obtinha consentimento expresso dos usuários sequer para seu *download*.[31]

Similares são as conclusões de pesquisa de 2016 acerca dos programas de nota fiscal dos governos estaduais: falta de delimitação clara dos propósitos do tratamento de dados e desrespeito ao princípio da necessidade, servindo as autorizações solicitadas como "cheques em branco" ao governo. Destacou-se a busca excessiva pela eficiência da arrecadação e, em sentido oposto, a despreocupação com a proteção de dados dos administrados. A privacidade tinha relevância, segundo os pesquisadores, apenas principiológica: os governos investem em inteligência para coleta de dados e negligenciam quanto à proteção deles.[32] Conforme o CTIR Gov,[33] o número de notificações de vulnerabilidades em computadores do governo passou de 1.201 em 2019 para 2.269

[30] PEREZ, Marcos A. Invasão de privacidade chancelada por lei. **Revista Piauí,** São Paulo, 29 de setembro de 2020. Disponível em: https://piaui.folha.uol.com.br/invasao-de-privacidade-chancelada-por-lei/. Acesso em: 11 out. 2020.

[31] ABREU, Jacqueline de Souza; LAGO, Lucas; MASSARO, Heloisa. *Id*

[32] MACHADO, Jorge; BIONI, Bruno. A proteção de dados pessoais nos programas de Nota Fiscal: um estudo de caso do "Nota Fiscal paulista". **Liinc em Revista,** v. 12, n. 2, p. 350-364, nov. 2016. Disponível em: http://revista.ibict.br/liinc/article/view/3734. Acesso em: 11 out. 2020.

[33] O CTIR Gov faz parte do Departamento de Segurança de Informação (DSI), integrando o Gabinete de Segurança Institucional da Presidência da República (GSI/PR), e disponibiliza informações sobre incidentes cibernéticos do governo do Brasil.

em 2020.[34] Por sua vez, o índice de segurança da Unisys demonstra que, em 2020, no Brasil, na contramão de outros países, houve aumento da preocupação da população com segurança digital.[35]

Ainda em 2020, ano da entrada em vigor da LGPD, o CETIC apontou que cerca de metade dos usuários de aplicativos da área de saúde – em sua maioria aplicativos do governo – acredita que os riscos de disponibilizar dados pessoais superam os benefícios que poderiam advir desse compartilhamento, em que pese o contexto pandêmico subjacente.[36] Também quanto aos aplicativos de saúde, o InternetLab apontou a aceitação integral de políticas de privacidade e o consentimento como condições ao uso dos aplicativos e que, mesmo quando solicitadas, as permissões raramente são específicas.[37] Diante desse cenário, o Poder Público, que trata dados pessoais desde antes do nascimento até depois da morte do indivíduo, é também aquele que deve ter o maior cuidado na gestão desses dados, como guardião dos diretos fundamentais dos seus cidadãos.[38]

## 1. Tratamento e uso compartilhado de dados pelo Poder Público

Analisando-se propriamente o conteúdo da LGPD, depreende-se que o legislador, em conformidade com o princípio da legalidade, dedicou um capítulo específico – capítulo IV – ao tratamento de dados pessoais pelo Poder Público. Precisamente no art. 23 do diploma legal estão definidas as pessoas jurídicas de direito público interno que se submetem ao regime de tratamento de dados definido pela lei.

[34] CTIR GOV. Notificações Reportadas e Incidentes/Vulnerabilidades Confirmados pelo CTIR Gov ao longo do tempo. CTIR Gov Em números. Disponível em: https://emnumeros.ctir.gov.br. Acesso em: 11 out. 2020.

[35] UNISYS. **Unisys security Index: global edition.** Disponível em: https://assets.unisys.com/Documents/Microsites/USI2020/UnisysSecurityIndexReport2020.pdf?v=1. Acesso em: 11 out. 2020.

[36] CETIC. **Painel TIC COVID-19.** Disponível em: https://cetic.br/pt/pesquisa/tic-covid-19/. Acesso em: 11 out. 2020.

[37] GOMES, Alessandra. et. al. COVID19: apps do governo e seus riscos à privacidade. **Portal InternetLab**, 30 de abril de 2020. Disponível em: https://www.internetlab.org.br/pt/privacidade-e- vigilancia/covid-19-apps-do-governo-e-seus-riscos/. Acesso em: 11 out. 2020.

[38] TASSO, Fernando Antonio. Compartilhamento de dados entre o setor público e privado – possibilidades e limites. **Revista do Advogado**, São Paulo, n. 144, p. 107-116, nov. 2019. p. 107.

Como já observamos, a LGPD estabeleceu "relação de interação e complementariedade" com a LAI,[39] na medida em que referenciou expressamente as pessoas jurídicas de direito público contidas no §1º do art. 1º desta lei, quais sejam: (i) "os órgãos integrantes da administração direta dos poderes Executivo, Legislativo, incluindo os Tribunais de Contas, e Judiciário e do Ministério Público"; e (ii) "as autarquias, as fundações públicas, as empresas públicas, as sociedades de economia mista e demais entidades controladas direta ou indiretamente pela União, Estados, Distrito Federal e Municípios".[40]-[41]

Importante, contudo, ressaltar alguns aspectos controvertidos acerca da classificação adotada. Primeiramente, apesar da sua disposição topográfica nos artigos mencionados, tem-se que o Ministério Público não integra a administração direta. À luz da CF/88 (art. 127, §§2º e 3º), o Ministério Público é dotado de autonomia funcional, administrativa e financeira, não estando subordinado a nenhum outro órgão, poder ou autoridade.[42]

Com relação aos Tribunais de Contas, identificaram-se posições doutrinárias antagônicas acerca da sujeição das suas atividades às disposições legais da LGPD. Por um lado, argumenta-se, *inter alia*, que a natureza das atividades desempenhadas pelos Tribunais de Contas seria incompatível com tratamento de dados exigido pela LGPD.[43] Nada obstante, tem-se que a LGPD foi

[39] MALDONADO, Viviane Nóbrega; BLUM, Renato Opice. **LGPD: Lei Geral de Proteção de Dados comentada**. 2. ed. São Paulo: Thomson Reuters, 2019.

[40] Nesta classificação estão também incluídos os serviços notariais e de registro, os quais serão pormenorizadamente analisados *infra*.

[41] Considerando-se que os consórcios públicos podem ser constituídos como pessoas jurídicas de direito privado ou como pessoas de direito público, integrando-se, nesta segunda hipótese, à estrutura da administração pública indireta, estariam, por via de consequência, subordinados ao enquadramento jurídico da LGPD. Sobre a natureza jurídica dos consórcios públicos: ALEXANDRINO, Marcelo; PAULO, Vicente. **Direito administrativo descomplicado**. 28. ed. Rio de Janeiro: Forense; São Paulo: Método, 2020. p. 138-139. Sobre a construção argumentativa no sentido dos consórcios públicos estarem submetidos às disposições da LGPD: MALDONADO, Viviane Nóbrega; BLUM, Renato Opice. *Id.*

[42] MALDONADO, Viviane Nóbrega; BLUM, Renato Opice. *Id.* O mesmo raciocínio deve ser empregado para se contemplar a Defensoria Pública no rol descrito acima. Considerando-se a sua função jurisdicional e autonomia institucional, a interpretação mais adequada parece ser o de ter havido um equívoco legislativo diante da ausência de referência às defensorias públicas.

[43] DINIZ LIMA, Diego Antonio. A inaplicabilidade da lei de proteção de dados pessoais no âmbito dos tribunais de contas. **Revista do TCE: Tribunal de Contas do Estado do Estado do Rio Grande do Norte**, Natal, v. 21, n. 1, p. 110-113, nov. 2019. Disponível em: https://rev-context.tce.go.gov.br/index.php/context/article/view/41 . Acesso em: 15 out. 2020. p. 114-115.

expressa quanto à inclusão das Cortes de Contas no rol de pessoas jurídicas de direito público interno, aplicando-se, por conseguinte, o regime jurídico previsto nesta lei ao exercício das suas atividades finalísticas e administrativas.[44]

Outrossim, cumpre analisar as questões atinentes às empresas públicas e sociedades de economia mista. Embora sujeitas ao regime jurídico das pessoas jurídicas de direito privado, tais entidades sofrem influências do direito público, notadamente tendo em vista a atividade desempenhada – *i.e.*, se prestação de serviços públicos ou exploração de atividade econômica.[45] Essa é exatamente a lógica refletida no art. 24 da LGPD – as normas relativas ao tratamento de dados não dependem do regime jurídico da pessoa jurídica (se de direito público ou privado), senão da natureza jurídica da atividade exercida.[46]

"A aparente simplicidade da regra, no entanto, esconde muitos pontos de reflexão e problematização possíveis".[47] A nível interpretativo, em nada faci-

Isso não significa, segundo este autor, reconhecer que não se deve ter cautela em relação à divulgação de informações pelos Tribunais de Contas, mas sim que "não há aqui margem para que se proceda com a abrangência de aplicação da recente LGPD às Cortes de Controle de nosso país, notadamente porque aceitar a sua incidência seria anuir à diminuição, realizada de modo infraconstitucional, dos poderes conferidos pelo constituinte originário aos TCs."

[44] INSTITUTO RUI BARBOSA. **Nota Técnica nº 01/2019**, elaborada pelo Grupo de Estudos sobre a Lei Geral de Proteção de Dados Pessoais, criado pela Portaria nº 21/2019-IRB, de 06/09/2019, retificada em 16/09/2019, e pela Portaria nº 23/2019-IRB, de 26/10/2019, tendo como objetivo apoiar o Instituto Rui Barbosa e os Tribunais de Contas sobre o conteúdo da Lei nº 13.709, de 14 de agosto de 2018 e seus desdobramentos, p. 1-2. Disponível em: https://www.atricon.org.br/documentos/nota-tecnica-no-012019-instituto-rui-barbosa/. Acesso em: 11 out. 2020.

[45] PEREIRA, Ana Paula Martins Regiolli. O tratamento de dados pessoais pelo poder público a partir da perspectiva da LGPD. *In:* TEIXEIRA, Tarcisio; MAGRO, Américo Ribeiro (Coords.). **Proteção de dados: fundamentos jurídicos.** Salvador: JusPodivm, 2020. p. 130.

[46] "[N]a verdade, o fator de diferenciação entre os regimes não é a espécie da entidade – empresa estatal ou autárquica – mas sim a atividade exercida – atividade econômica ou serviço público." LEVIN, Alexandre. Tratamento de Dados pessoais pelo poder público – particularidades previstas na LGPD (Lei 13.709/2018). *In:* DAL POZZO, Augusto Neves; MARTINS, Ricardo Marcondes (Coords.). DAL POZZO, Augusto Neves; MARTINS, Ricardo Marcondes (Coords.). **LGPD e administração pública:** uma análise ampla dos impactos. São Paulo: Thomson Reuters, 2020. p. 236. Ainda com relação à vinculação do regime jurídico à natureza da atividade desempenhada, ver o caso da inclusão dos notários e registradores no capítulo relativo ao tratamento de dados pelo poder público (capítulo 6, *infra*).

[47] MENEGAT, Fernando. Tratamento de dados por empresas estatais no regime da LGPD: incertezas, desafios práticos e soluções possíveis. *In:* DAL POZZO, Augusto Neves; MARTINS, Ricardo Marcondes (Coords.). *Id.* p. 545.

lita a lei ter previsto que "[a]s empresas públicas e as sociedades de economia mista, *quando estiverem operacionalizando políticas públicas e no âmbito da execução delas*, terão o mesmo tratamento dispensado aos órgãos e às entidades do Poder Público". Propositalmente ou não, a recorrente abrangência terminológica da LGPD anuncia dificuldades na classificação das empresas públicas que executam políticas públicas. Do ponto de vista prático, os termos legais também não resolvem hipóteses peculiares, tais como o caso da Petrobrás, dos Correios, da Caixa Econômica Federal, dos grandes conglomerados de empresas estatais, bem como dos contratos administrativos.

Em uma análise *prima facie*, Fernando Menegat identifica que a Petrobrás não se insere nos regimes elencados na LGPD, visto que não atua em um setor dotado propriamente de competitividade nem tampouco pode lhe ser facilmente atribuída a exploração de uma política pública em específico.[48] Para o caso em que a mesma empresa exerce concomitantemente atividades econômicas em regime de concorrência e presta serviços públicos, como os Correios, tem sido aventada a possibilidade de um regime jurídico híbrido[49] – "no sentido de se proceder ao mapeamento e à clara segregação de base de dados, dispensando-se tratamento específico àquelas que sustentam uma ou outra atividade".[50]

Na mesma esteira, pela própria complexidade da estrutura organizacional e societária dos grupos de empresas estatais, não surpreende que a dicotômica classificação legal possa vir a promover obstáculos na estruturação do regime de tratamento de dados pelas diferentes empresas estatais integrantes desses conglomerados.[51]

Se não pelos desafios hermenêuticos, constatou-se que a LGPD não tratou especificamente dos impactos legais em relação aos contratos administrativos. Tomando por base o caso das concessões de serviços públicos, Rafael Véras

[48] Fernando Menegat (*Id.* p. 548) pondera, ainda, a possibilidade de se atribuir à Petrobrás a execução de uma política pública energética, mas ao mesmo tempo considera que a abrangência dessa classificação "permitiria também enquadrar estatais que atuam em regime de competição no mercado de geração e comercialização de energia elétrica, por exemplo, o que não parece apropriado ao desiderato do legislador."

[49] MALDONADO, Viviane Nóbrega; BLUM, Renato Opice. *Id.*

[50] MENEGAT, Fernando. *Ibid.* Ainda no contexto de pessoas jurídicas dotadas de atividades mistas, Fernando Menegat aborda o exemplo da Caixa Econômica Federal, em que não apenas "atua no setor bancário de varejo, competindo com diversos outros prestadores", como também "é responsável pela implementação de políticas públicas".

[51] MENEGAT, Fernando. *Ibid.*

Freitas e Felipe Salathê constatam ao menos três possíveis reflexos – (i) não obstante os concessionários não possam, sem prévia anuência, comercializar os dados pessoais dos seus usuários, poderão compartilhá-los se demonstrada a finalidade de execução de políticas públicas; e (ii) atribuição de "ônus argumentativo" ao poder concedente no caso de requisição de dados à concessionária a partir da LGPD, a fim de demonstrar a presença de propósitos legítimos e específicos.[52]

Além dos órgãos e entes sujeitos à LGPD, é imprescindível a análise quanto à base legal e legitimadora do tratamento de dados pelo Poder Público. Com efeito, não estão sujeitos às disposições da LGPD o tratamento de dados pessoais realizados para fins exclusivos de segurança pública; defesa nacional; segurança do Estado; ou atividades de investigação e repressão de infrações penais – art. 4º, III, LGPD. São os chamados "acessos exclusivamente administrativos", na medida em que, em regra, está vedado o tratamento desses por pessoas jurídicas de direito privado – art. 4º, §§2º e 4º, da LGPD.[53]

Em razão do seu "caráter puramente estatal", pretende a lei prevenir a Administração Pública de qualquer responsabilidade quanto a eventual tratamento de dados pessoais no âmbito das atividades listadas. Deve-se ter cautela, contudo, para que essa imunidade não sirva como escudo para a prática de violações de privacidade,[54] notadamente porque a falha no uso desses bancos de dados pode vir a causar danos a terceiros. Deveras, o referido dispositivo

[52] Ademais, (iii) "a LGPD poderá importar o direito ao reequilíbrio econômico-financeiro de contratos de concessão para os concessionários, caso os riscos do advento de novas tecnologias e de eventos albergados pela Teoria da Imprevisão sejam alocados ao Poder Público." FREITAS, Rafael Véras; ROGOGINSKY, Felipe Salathê. A lei geral de proteção de dados pessoais (LGPD) e as concessões de serviço público. *In:* DAL POZZO, Augusto Neves; MARTINS, Ricardo Marcondes (Coords.). *Id.* p. 486.

[53] MARTINS, Ricardo Marcondes. Lei Geral de Proteção de Dados Pessoais e o direito administrativo: questões polêmicas. *In:* DAL POZZO, Augusto Neves; MARTINS, Ricardo Marcondes (Coords.). *In:* DAL POZZO, Augusto Neves; MARTINS, Ricardo Marcondes (Coords.). *Id.* p. 21. Depreende-se da leitura da lei que as exceções legais a essa vedação envolvem algum tipo de vinculação ao Poder Público – "procedimentos sob tutela de pessoa jurídica de direito público"; "capital integralmente constituído pelo poder público" -, bem como estão condicionadas a requisitos específicos.

[54] ROSSO, Angela Maria. LGPD e setor público: aspectos gerais e desafios. **Portal Migalhas,** São Paulo, 18 de abril de 2019. Disponível em: https://migalhas.uol.com.br/depeso/300585/lgpd-e-setor-publico--aspectos-gerais-e-desafios. Acesso em: 20 out. 2020.

legal não apenas exige a elaboração de uma legislação específica e o respeito aos relacionados direitos e princípios gerais (art. 4º, §1º, da LGPD), como também veda o tratamento de dados por pessoas jurídicas de direito privado.[55]

Feitas essas ressalvas, passa-se a analisar a base legal para o tratamento de dados pessoais nos demais setores de atuação do Poder Público. Dentre as hipóteses de tratamento de dados elencadas pela LGPD (art. 7º), destaca-se aquela que especificamente atribui à Administração Pública "o tratamento e uso compartilhado de dados necessários à execução de políticas públicas previstas em leis e regulamentos ou respaldadas em contratos, convênios ou instrumentos congêneres".

Não obstante essa seja a principal hipótese (a qual, frise-se, faz referência expressa à competência da Administração Pública), não se pode descartar de imediato a incidência das demais situações no âmbito do tratamento de dados pelo Poder Público. Com efeito, parece plenamente possível a atuação do Poder Público no tratamento de dados "para o cumprimento de obrigação legal ou regulatória" (inciso II), e ainda que pontual e excepcionalmente, em relação às demais hipóteses descritas no rol do art. 7º da LGPD.[56]

Esse dispositivo legal deve ser analisado conjuntamente com o art. 23 da LGPD, o qual, por seu turno, estabelece os pressupostos para o tratamento de dados pelo Poder Público: (i) "deverá ser realizado para o atendimento de sua finalidade pública", (ii) "na persecução do interesse público",[57] (iii) "com o objetivo de executar as competências legais ou cumprir as atribuições legais do serviço público". Em outros termos, o tratamento de dados deverá ser realizado não apenas à luz das competências e atribuições legais dos órgãos e

[55] LEVIN, Alexandre. Tratamento de Dados pessoais pelo poder público – particularidades previstas na LGPD (Lei 13.709/2018). *In:* DAL POZZO, Augusto Neves; MARTINS, Ricardo Marcondes (Coords.). *Id.* p. 238-239.

[56] BLUM, Renato Opice; LÓPEZ, Nuria. *Id.* p. 174-175.

[57] Note-se que o regime jurídico administrativo é caracterizado, entre outras normas, por princípios que regem a atuação dos gestores públicos. Entre eles, destacam-se a supremacia do interesse público e a indisponibilidade do interesse público, conhecidos como "superprincípios" e dos quais emana todo o regramento da atuação administrativa. Pela supremacia do interesse público, à administração, em relações de império face aos administrados, são outorgadas determinadas prerrogativas que lhe conferem posição de superioridade nessas relações. De outra parte, a indisponibilidade do interesse público impõe que o administrador tenha sempre em mente sua condição de gestor de coisa alheia, de que, portanto, não pode dispor livremente. ALEXANDRINO, Marcelo; PAULO, Vicente. *Id.* p. 11-13.

entidades públicas envolvidos,[58] como também em conformidade com a execução da política pública almejada ou atividade institucional prevista em lei, garantindo-se a proteção dos dados pessoais e direitos personalíssimos dos administrados. E, assim como qualquer outro ato administrativo, deve este estar atrelado à persecução do interesse público.[59]

Conclui-se, portanto, que, seja para a execução de políticas, seja em outro contexto, o tratamento de dados deve estar atrelado a um propósito legítimo e, especialmente, em consonância com os princípios da finalidade (tratamento atual e vinculado ao objetivo final pretendido), necessidade (coleta de dados estritamente necessários e proporcionais à execução da política pública e cumprimento da finalidade vislumbrada) e adequação (compatibilidade entre as alegadas finalidades e as condutas efetivamente tomadas no âmbito do tratamento de dados)[60] – art. 6º, I, II e III, LGPD. Não se pode olvidar que, em se tratando da Administração Pública, a transparência é só um primeiro passo para controle do respeito às normas do regime jurídico administrativo.[61]

Apesar de os princípios norteadores do tratamento de dados e pressupostos descritos demonstrarem a preocupação do legislador com a atuação do Poder Público no tratamento e uso compartilhado de dados, não é demais ressaltar a amplitude das terminologias e a vagueza dos conceitos empregados nos dispositivos legais analisados.[62] Esta opção do legislador, de certa forma até

[58] A título elucidativo, Alexandre Levin (*Id.* p. 239) exemplifica: "Caso a finalidade do órgão público seja a prestação de serviço público, o tratamento de dados deve ser realizado com o intuito de incrementar a prestação do serviço à população; se a finalidade legal for o exercício do poder de polícia, o tratamento deve visar ao respeito ao devido processo legal sancionatório; se o objetivo for fomentar entidades privadas para execução de serviços de cunho social – por meio de termos de parceria (Lei nº 9.790/99), contratos de gestão (Lei nº 9.637/98), convênios (Lei nº 8.666/93, art. 116) – o tratamento de dados deve visar ao atingimento das metas definidas nesses instrumentos."

[59] MALDONADO, Viviane Nóbrega; BLUM, Renato Opice. *Id.* Conforme o art. 37 da CF, a Administração deve obediência também à impessoalidade, aqui compreendida no seu sentido de finalidade pública da atuação administrativa, de modo que todo ato administrativo deve atender ao interesse e a finalidade públicos conforme definidos em lei. BASSO, Bruno Bartelle. *Id.* p. 189-190.

[60] MALDONADO, Viviane Nóbrega; BLUM, Renato Opice. *Id.*

[61] ABREU, Jacqueline de Souza; LAGO, Lucas; MASSARO, Heloisa. *Id.*

[62] Assumindo que a execução de políticas públicas é inerente à atividade do Estado, essa finalidade acaba sendo o melhor fundamento para os entes públicos empregarem toda sorte de tratamento de dados – trata-se de conceito aberto, com abertura para a manipulação dos dados

redundante,[63] apesar de revelar a intenção de estimular o necessário e adequado tratamento e compartilhamento dos dados pessoais dos administrados, pode, na prática, vir a surtir efeitos indesejados.[64]

Em paralelo, o Poder Público tem por atribuições (iv) informar, preferencialmente em suas plataformas digitais, as hipóteses em que, no exercício de suas competências, operam o tratamento de dados pessoais, notadamente por meio de esclarecimentos claros e atualizados acerca da "previsão legal, a finalidade, os procedimentos e as práticas utilizadas para a execução dessas atividades" – art. 23, I, da LGPD; e (v) indicar um encarregado, que deverá ter conhecimento do tratamento de dados realizado e exercerá a interlocução/comunicação entre o controlador, os titulares dos dados e a Autoridade Nacional de Proteção de Dados (ANPD) – art. 23, III, da LGPD.[65]

pessoais. Conforme bem definido por Francisco Gabriel Pacheco Júnior, "Evidentemente que o legislador pátrio trouxe um 'cheque em branco' ao redigir o citado artigo, posto que em homenagem aos referidos princípios inúmeras aberrações no que se refere ao tratamento de dados pessoais serão justificadas deixando o cidadão à míngua de segurança jurídica." PACHECO JUNIOR, Francisco Gabriel. O tratamento de dados pelo setor público e o alcance da LGPD. *In:* DAL POZZO, Augusto Neves; MARTINS, Ricardo Marcondes (Coords.). *Id.* p. 315.

[63] Sobre a aparente redundância da lei: MALDONADO, Viviane Nóbrega; BLUM, Renato Opice. *Id.* Ainda com relação à incompletude da LGPD, Sofia Carbonell e Mario Saad concluem no sentido de o regime de proteção de dados no Brasil ainda não estar "propriamente dado, em termos jurídicos", destacando, de forma bastante didática, a imprecisão de vários dispositivos da lei e suas correspondentes implicações práticas. Considerando-se especificamente o regime jurídico de tratamento de dados pessoais pelo Poder Público, pode-se extrair do levantamento dos autores que, possivelmente, os arts. 4º, §1º, 23, §1º, 27, §único e 30, dependerão de ulterior regulação. CARBONELL, Sofia; SAADI, Mario. Nos labirintos da LGPD: entre imprevisibilidade regulatória e incerteza institucional. *In:* DAL POZZO, Augusto Neves; MARTINS, Ricardo Marcondes (Coords.). *Id.* p. 112-113.

[64] Ressalte-se que, diferentemente do caso de uma empresa do setor privado, o processamento irregular de dados no âmbito do Poder Público tem consequências que vão além da redução de lucros, danos à reputação e/ou aos interesses comerciais. Na realidade, eventual equívoco no tratamento e uso compartilhado de dados pelo Poder Público irá afetar não apenas o órgão/entidade em si, mas principalmente a sociedade. Nesse sentido: BLACK, G.; STEVENS, L. Enhancing Data Protection and Data Processing in the Public Sector: The Critical Role of Proportionality and the Public Interest. **Scripted,** v. 10, n. 1, Apr. 2013. Disponível em: https://script-ed.org/article/enhancing-data-protection-data-processing-public-sector-critical-role-proportionality-public-interest/. Acesso em: 18 out. 2020.

[65] ROSSO, Angela Maria. *Id.*

Trata-se, especialmente a primeira dessas atribuições, da imposição de parâmetros específicos de transparência ao Poder Público (art. 6º, VI, da LGPD), o qual está obrigado a esclarecer através de veículos de informação de fácil acesso as condições em que o tratamento é executado e para quais finalidades serão coletados, tratados e utilizados os dados pessoais dos administrados.[66]

No que concerne ao requisito do consentimento, tem-se que o tratamento de dados pelo Poder Público ou o uso compartilhado de dados entre pessoas jurídicas de direito público, em regra, não depende de decisão voluntária do titular, especialmente tendo em vista a ponderação entre a garantia constitucional de privacidade dos dados pessoais *versus* os mencionados pressupostos de atendimento das finalidades públicas e persecução do interesse público.[67] Não obstante, deverá o Poder Público dar ampla e material publicidade às operações de tratamento de dados que efetuar.

Além da constatação acerca da (in)exigência legal desse pressuposto, essa análise dulcifica a distinção do tratamento de dados nos setores público e privado. Nesse comparativo, alguns aspectos relevam-se importantes em relação ao Poder Público, como a natureza da relação e grau de desequilíbrio entre o responsável pelo tratamento e o titular dos dados; a necessária evolução dos serviços públicos e das políticas públicas, de modo a exigir uma contínua relação de processamento de dados; e a finalidade e interesse públicos.[68]

[66] A título elucidativo, Patrícia Prieto Moreira elenca ao menos quatro tipos de informações que devem constar, preferencialmente nos sítios eletrônicos das entidades e órgãos públicos, quais sejam: "i) a norma de competência; ii) o fim intentado pelo interesse público; iii) os procedimentos e as práticas utilizadas nas operações; e iv) o agente público encarregado pela operação de tratamento." MOREIRA, Patricia Prieto. Tratamento e uso compartilhado de dados pessoais pela administração. *In:* DAL POZZO, Augusto Neves; MARTINS, Ricardo Marcondes (Coords.). *Id.* p. 287.

[67] Deve-se, contudo, ressalvar que, para o caso de compartilhamento de dados entre pessoas jurídicas de direito público e pessoas jurídicas de direito privado, a lei não apenas exigirá o consentimento do titular, como também que se proceda à informação da ANPD (art. 27, *caput*, da Lei Geral de Proteção de Dados). Apesar dessas exigências, o próprio art. 27, em seus incisos I, II e III elenca três hipóteses de exceção.

[68] BLACK, G.; STEVENS, L. *Id.* Ainda, o tratamento de dados pessoais pode promover o princípio da eficiência da administração e, não obstante, a obtenção de consentimento específico em determinadas situações pode representar perda de eficiência na atividade de administrar, de modo que será necessário buscar um equilíbrio da proteção de dados pessoais também quanto a esse valor.

Noutro giro, cumpre analisar a hipótese de compartilhamento de dados no âmbito do Poder Público, a qual está condicionada ao menos a dois aspectos – condições específicas de armazenamento dos dados e vinculatividade de objeto.[69] Em outras palavras, para o uso compartilhado de dados, exige-se que sejam estes mantidos "em formato interoperável e estruturado"[70] e que se tenha por finalidade "execução de políticas públicas"; "prestação de serviços públicas"; "descentralização da atividade pública"; "disseminação" e "acesso das informações pelo público em geral" – art. 25 da LGPD.

Tecidas essas considerações, sobreleva anotar as diferenças entre o uso compartilhado de dados pessoais (i) entre os órgãos e os entes públicos – art. 26 da LGPD; e (ii) entre o Poder Público e os entes privados – art. 27 da LGPD. No primeiro caso, para além da esperada observância os princípios de proteção de dados pessoais (art. 6º da LGPD), a "legitimação e validade do uso compartilhado de dados"[71] é inerente ao princípio da finalidade, devendo o referido compartilhamento estar atrelado "a finalidades específicas de execução de políticas públicas e atribuição legal pelos órgãos e pelas entidades públicas".

Na segunda hipótese, intencionalmente ou não, a LGPD parece ter regulado duas ordens de uso compartilhado de dados entre entes públicos e privados: (ii.a.) transferência de dados; e (ii.b.) comunicação e uso compartilhado (*stricto sensu*). Como regra, veda-se a transferência de dados pelo Poder Público às entidades privadas, ressalvadas as hipóteses descritas no §1º do art. 26 da LGPD – imprescindibilidade da transferência para o fim específico e determinado de execução descentralizada de atividade pública (inciso I); dados acessíveis publicamente (inciso III); por previsão legal ou respaldo em contratos, convênios ou instrumentos congêneres (inciso IV); e para prevenção

[69] TASSO, Fernando Antonio. *Id.* p. 110.

[70] Por interoperabilidade, tem-se "a característica que se refere à capacidade de diversos sistemas e organizações trabalharem em conjunto de modo a garantir que pessoas, organizações e sistemas computacionais interajam para trocar informações de maneira eficaz e eficiente". Em relação à exigência do formato "estruturado", espera-se que os dados estejam de tal modo organizados para "serem acessados e tratados com maior eficiência". TASSO, Fernando Antonio. *Ibid.* Com efeito, são requisitos que visam assegurar não apenas a utilidade dos dados, como também favorecer o seu compartilhamento pela administração pública. Nesse sentido: CARDOSO, André Guskow. *Id.* p. 4.

[71] TASSO, Fernando Antonio. *Id.* p. 112.

de fraudes e irregularidades ou proteção e resguardo da segurança e integridade do titular dos dados (inciso V).[72]

Nos demais casos – "(ii.b.)" –, conforme preceitua o art. 27 da LGPD, são exigidos consentimento prévio do titular e comunicação à ANPD, sendo este segundo requisito escusável nas hipóteses de dispensa de consentimento da lei; nos casos de uso compartilhado de dados, em que será dada publicidade; e nas exceções do §1º do art. 26 supratranscritas.

Na linha do quanto já exposto, e considerando-se a exponencial informatização e automatização dos sistemas de tratamento de dados, com maior potencial poderá o a transferência e o compartilhamento de dados, sob pretensa finalidade pública, implicar indevida utilização dos dados pessoais dos administrados.[73] Por outro lado, os riscos de violação à proteção de dados pessoais são dulcificados pela complexa estrutura da Administração Pública e o amplo campo de incidência da LGPD,[74] desafiando a uniforme e adequada implementação da LGPD ao setor.[75]

## 2. Implementação de medidas e adequação à LGPD

A adoção de medidas para adequação à LGPD deve estar orientada à consecução dos legítimos interesses envolvidos na atividade administrativa. Assim, é relevante examinar, de um lado, por que a Administração Pública realiza tratamento de dados pessoais e, de outro, qual o interesse do cidadão quanto às informações que são coletadas.

[72] Nesse sentido: MOTTA, Fabrício; SANTOS, Marcela de Oliveira. *Id.* p. 91.

[73] Na ponderação de tais riscos, deve-se considerar o fato de a LGPD ter previsto, ainda a possibilidade de transferência internacional de dados, notadamente nas hipóteses elencadas nos incisos I, III, IV, VI e VII do art. 33 do diploma legal.

[74] SCOPEL, Adriano Sayão. Breves considerações sobre o tratamento de dados pelo poder público e meios de defesa dos dados pessoais por particulares. **Revista de Direito e as Novas tecnologias,** São Paulo, v. 7, abr./jun. 2020. Disponível em: https://dspace.almg.gov.br/handle/11037/37757 . Acesso em: 15 out. 2020.

[75] Nesse sentido, antevê-se, entre outros desafios, a necessidade de o Poder Público reexaminar as bases de informações e criação de novos métodos de coleta, tratamento e armazenamento de dados; investimento em sistemas robustos de processamento de dados; e o aprimoramento e adequação dos sistemas e plataformas existentes.

A utilização de dados pessoais é fundamental para a tomada de decisão racional pelos governos, de modo a possibilitar a execução de políticas públicas baseadas em evidências. Nesse sentido, determinado município, ao coletar e processar dados sobre o deslocamento de pessoas que utilizam transporte público, horários e locais de partida e de destino, consegue dispor veículos coletivos nos lugares e períodos em que há maior demanda, por exemplo. Ainda, considerando a circunstância de uma doença que afeta a população, o órgão estatal pode elaborar um plano eficaz de imunização, a partir da coleta de dados pessoais sensíveis relacionados à saúde, categorizando grupos de pessoas com maior e menor necessidade.

De outro lado, o interesse do cidadão está na proteção de seus dados pessoais, seja para impedir o conhecimento de determinada informação, seja para obstar a utilização indevida, isto é, para fins diversos daqueles buscados pela Administração. Ademais, é interesse do cidadão proteger-se contra a acumulação ilimitada de dados e do cruzamento de bancos de dados. A partir do reconhecimento desse interesse é que se fala em um direito fundamental à proteção de dados pessoais, como um poder de controle sobre as informações pessoais, sua utilização e destino.[76] Assim, a adequação à LGPD deve primar pela disponibilização ao titular de todas as informações relevantes ligadas à utilização de seus dados, permitindo o conhecimento quanto ao modo como serão obtidos e à finalidade para a qual serão usados; impedir o acesso e a utilização indevidas dos dados coletados; e minorar os efeitos nocivos de eventual falha de segurança.

Um primeiro desafio para o setor público nesse sentido diz respeito à necessidade de melhorar e intensificar sua atuação na via eletrônica, migrando de um governo analógico para um governo digital:[77] as informações fornecidas, os canais de atendimento ao cidadão e alguns dos serviços públicos prestados devem ser acessíveis por meio digital, em substituição ao comparecimento a repartições públicas, preenchimento manual de formulários. Com

[76] SARLET, Ingo Wolfgang. Proteção de dados pessoais como direito fundamental na Constituição Federal brasileira de 1988: contributo para a construção de uma dogmática constitucionalmente adequada. **Direitos Fundamentais & Justiça,** Belo Horizonte, ano 14, n. 42, p. 179-218, jan./jun. 2020. Disponível em: http://dfj.emnuvens.com.br/dfj/article/view/875 . Acesso em: 15 out. 2020.

[77] WIMMER, Miriam. *Id.* p. 126.

efeito, a partir da edição da LGPD, diversos entes estatais passaram a adotar medidas para sua implementação. Foram realizadas audiências públicas, ministrados cursos sobre o assunto e elaborados guias de boas práticas, em que se indica aos agentes públicos a necessidade de maior diligência com os dados acessados[78].

As medidas voltadas à implementação da LGPD dividem-se em duas categorias: organizacionais e técnicas. Na primeira, podem ser elencadas a atuação do encarregado, a elaboração de um programa de governança, o relatório de impacto à proteção dos dados pessoais, o plano de resposta a incidentes e a disponibilização de um canal de comunicação eficiente. Na segunda categoria, podem ser relacionadas a adequação do sistema operacional para gerar informação, propiciar transparência e garantir a segurança de armazenamento (antivírus, *backup*, criptografia e mascaramento de dados), medidas de controle de acesso não autorizado e meios de mitigar efeitos nocivos de acidentes ou ilícitos.

O encarregado, com papel semelhante ao *Data Protection Officer* (DPO) da lei europeia, atuará como canal de comunicação entre o controlador, os titulares dos dados e a autoridade nacional de proteção. A atuação eficiente desse profissional demandará independência funcional e acesso direto ao nível mais alto de gestão do controlador ou operador, sendo conveniente não acumular cargos e dedicação exclusiva à proteção dos dados pessoais.[79] Ainda, a produção normativa da ANPD será relevante para consolidar as incumbências do encarregado, uma vez que a LGPD (art. 41, §3º) lhe confere competência

[78] Em âmbito federal, além da disponibilização do Guia de Boas Práticas – Lei Geral de Proteção de Dados(LGPD), foi promulgado o Decreto nº 10.332/2020 – Estratégia de Governo Digital, que instituiu um comitê de governança e, dentre outros objetivos, prevê a implementação da LGPD e a segurança digital. Os Estados, por sua vez, publicaram cartilhas, notícias, promoveram eventos e palestras sobre proteção de dados pessoais. Além disso, Pernambuco instaurou a Política Estadual de Proteção de Dados Pessoais (Decreto nº 49.265) e o Amapá publicou a Política de Proteção de Dados Pessoais e Privacidade. Na esfera municipal, vale mencionar que São Paulo organizou, por determinação do Decreto nº 59.767, as secretarias e subprefeituras para o cumprimento da LGPD e atribuiu competência nessa matéria à Controladoria-Geral do Município, atribuindo o papel de encarregado de proteção dos dados pessoais ao Controlador Geral.

[79] ASPIS, Fábio Lara. Data Protection Officer ou Encarregado. **Revista LEC – Legal, Ethics, Compliance,** São Paulo, ano 7, n. 27, nov. 2019. p. 39.

para estabelecer normas complementares sobre a definição e as atribuições e para fixar hipóteses em que será dispensável a indicação de encarregado.

O programa de governança em privacidade instituirá regras de boas práticas e de governança, voltadas à implementação de medidas de proteção de dados – elencadas no art. 50 da LGPD – na estrutura da atividade administrativa, servindo como meio de aperfeiçoamento dos processos e políticas internas e de diminuição dos riscos envolvidos no tratamento de dados. Ademais, a existência de políticas de boas práticas e governança é parâmetro a ser levado em conta pela ANPD na aplicação de sanções, conforme dispõe a LGPD (art. 52, §1º). Assim, o programa de governança assume relevância tanto porque visa à efetivação da LGPD, como porque abranda eventual sanção aplicada, uma vez que comprova a adoção de medidas necessárias para impedir violação de dados pessoais.

De fundamental importância será a elaboração do relatório de impacto à proteção de dados pessoais, que, como define a LGPD, art. 5º, XVII, é a "documentação do controlador que contém a descrição dos processos de tratamento de dados pessoais que podem gerar riscos às liberdades civis e aos direitos fundamentais, bem como medidas, salvaguardas e mecanismos de mitigação de risco". Essa documentação pode ser obtida após um processo minucioso de avaliação e organização sistemática das informações recolhidas, tendo por finalidade servir como instrumento auxiliar na governança das atividades de tratamento realizadas pela entidade. O relatório de impacto, em razão de seu caráter sistemático, propiciará a visualização dos procedimentos internos e das atividades de tratamento realizadas, de modo a possibilitar a prevenção e a mitigação dos riscos identificados.[80] Nessa perspectiva, impõe-se que o relatório do impacto seja atual, isto é, que indique as operações de tratamento realizadas e as decisões tomadas pelo controlador na rotina da entidade, de maneira a viabilizar uma governança de dados adequada.[81]

[80] GOMES, Maria Cecília Oliveira. Relatório de impacto à proteção de dados pessoais: uma breve análise da sua definição e papel na LGPD. **Revista do Advogado,** São Paulo, n. 144, p. 173-181, nov. 2019, p. 175-176.

[81] A relevância prática do relatório de impacto e de uma estratégia de resposta a incidentes de segurança pode ser demonstrada pelo relato de um caso (Procedimento nº E/08158/2019) julgado pela Agencia Española de Protección de Datos (AEPD). A autoridade espanhola instaurou investigação, após ter recebido informação de que o vídeo das câmeras de segurança de um terminal de transporte público fora acessado, divulgado em aplicativos de comunicação

Ainda, considerando a necessidade de serem adotadas medidas céleres e efetivas em eventual incidente de segurança, é conveniente a elaboração de um plano de resposta a incidentes de segurança. Embora não esteja expresso na LGPD, o plano de resposta pode ser compreendido como elemento do conjunto de medidas aptas a garantir a segurança dos dados pessoais e será decorrência da avaliação de riscos consolidada no relatório de impacto. Este deverá elencar procedimentos e atribuições voltadas a evitar ou conter os efeitos nocivos de acessos não autorizados e de situações acidentais ou ilícitas de destruição, perda, alteração ou qualquer forma de tratamento inadequado ou ilícito.[82]

No sentido de garantir os direitos dos titulares de dados elencados nos arts. 17 a 20 da LGPD, o órgão da Administração Pública deverá disponibilizar um canal de comunicação eficiente para a obtenção de informações e requisições pelo titular de dados. Para tanto, poderá ser criada uma seção específica no sítio eletrônico da entidade, em que se viabilize o preenchimento de formulário eletrônico e envio de solicitações e documentos pelo titular, sem prejuízo da criação de estrutura semelhante na via presencial, em os mesmos atos possam ser realizados por meio físico.

As medidas organizacionais devem ser acompanhadas de medidas de ordem técnica que intensifiquem a segurança de dispositivos e sistemas utilizados nas atividades de tratamento de dados. Como exemplo, podem ser

e repassado até ser exibido na rede televisiva e na imprensa. A investigação mostrou que um funcionário terceirizado, prestador de serviço de vigilância na empresa concessionária do terminal de transporte público, filmou com o próprio celular os televisores de segurança, em que aparecia uma briga ocorrida no terminal e, em seguida, divulgou o vídeo no grupo de conversa dos funcionários. A autoridade concluiu, então, ter havido falha de segurança dos dados pessoais, categorizada como violação de confidencialidade, em razão do acesso indevido aos dados visualizados pelas câmeras de segurança do centro de vigilância e da divulgação a terceiros. Entretanto, ao considerar que a empresa investigada adotara medidas técnicas e organizacionais, prévias e posteriores à falha – dentre as quais um relatório de impacto – aptas a enfrentar o incidente, o que permitiu a detecção, a identificação, análise e classificação da falha de segurança, bem como a atuação diligente para comunicar o ocorrido, minorar o impacto e implementar medidas para evitar a repetição do evento, concluiu que a atuação da empresa reclamada ocorreu em conformidade às normas relativas à proteção de dados pessoais, decidindo pelo arquivamento da reclamação.

[82] Cf. SOMBRA, Thiago Luís; CASTELLANO, Ana Carolina Heringer. Plano de Resposta a Incidentes de Segurança: reagindo rápido e de forma efetiva. **Revista do Advogado**, São Paulo, n. 144, p. 167-171.

mencionadas a utilização de criptografia; anonimização dos dados pessoais; sistema de segurança de autenticação que permita acesso apenas ao titular ou a terceiro autorizado; ferramentas de monitoramento, que identifiquem movimentações indevidas nos sistemas; sistemas de controle de acesso; e ferramentas de proteção contra ataques cibernéticos.[83]

Os traços dessa adequação da Administração Pública à LGPD terão seus contornos definidos com a atuação efetiva da ANPD. A atividade regulatória e a produção normativa desse órgão serão fundamentais para tornar claros os termos da legislação, indicar quais medidas de adequação serão necessárias, bem como o modo como elas deverão ser implementadas.

## 3. Responsablidades civil, administrativa e penal

Antes de adentrar aspectos específicos da responsabilidade da Administração Pública, é necessário tratar da responsabilidade na LGPD de uma forma geral. Conforme explica Walter Capanema, ela decorre do descumprimento de normas jurídicas (em especial, as medidas de segurança previstas no art. 46) ou técnicas, o que é evidenciado pelo art. 44, III, segundo o qual o tratamento de dados será irregular quando não for realizado de acordo com "as técnicas de tratamento de dados pessoais disponíveis à época em que foi realizado".[84]

Apesar de haver controvérsias doutrinárias, o entendimento mais aceito é o de que, como regra geral, a responsabilidade civil na LGPD é subjetiva. De acordo com o art. 44, §único, o controlador ou o operador responderá pela violação da segurança dos dados quando deixar de adotar as medidas de segurança previstas no art. 46 da mesma lei, dando causa ao dano. Além desse dispositivo, outros elementos corroboram tal conclusão. Em primeiro lugar, não se verifica expressa previsão legal de responsabilidade objetiva, a

[83] FERNANDES, Renata Assalim. **Governança de tecnologia da informação com o advento da lei geral de proteção de dados.** Monografia apresentada ao PECE – Programa de Educação Continuada da Escola Politécnica da Universidade de São Paulo, São Paulo, 2020, p. 37. Disponível em: https://pecepoli.com.br/wordpress/monografias/ . Acesso em: 20 out. 2020.

[84] CAPANEMA, Walter Aranha. A responsabilidade civil na Lei Geral de Proteção de Dados. **Cadernos Jurídicos**, São Paulo, a. 21, n. 53, p. 163-170, jan./mar. 2020. Disponível em: https://www.tjsp.jus.br/download/EPM/Publicacoes/CadernosJuridicos/ii_6_a_responsabilidade_civil.pdf?d=637250347559005712 . Acesso em: 20 out. 2020. p. 165.

qual, por sua natureza mais severa, jamais se presume.[85] Em segundo lugar, a LGPD prevê uma série de condutas a serem adotadas pelos agentes de tratamento (especialmente no art. 46), o que não faria sentido se a diligência (ou negligência) do agente fosse irrelevante para fins de responsabilização, bastando a prova do dano e do nexo de causalidade.[86] Finalmente, destaca-se que o projeto legislativo que deu origem à LGPD previa, inicialmente, a responsabilidade objetiva por danos decorrentes do tratamento de dados.[87] No entanto, ao longo do processo legislativo, esse texto foi eliminado.

Não obstante, é importante destacar que a própria LGPD lança dúvidas a respeito da natureza da responsabilidade por danos causados em razão do tratamento de dados pessoais, ao dispor, em seu art. 43, acerca das hipóteses que excluiriam essa responsabilidade no caso concreto. O inciso I, ao prever a hipótese em que os agentes de tratamento "não realizaram o tratamento de dados que lhes é atribuído" se refere à ausência de conduta, pressuposto da responsabilidade civil. O inciso III trata do caso em que o dano for decorrente de "culpa exclusiva do titular dos dados ou de terceiro", ou seja, do rompimento do nexo de causalidade. Já o inciso II diz respeito à prova de "que, embora tenham realizado o tratamento de dados pessoais que lhes é atribuído, não houve violação à legislação de proteção de dados", o que corresponderia à prova da ausência de culpa.[88]

O conteúdo dos incisos conjugado à forma como foi redigido o *caput* ("[o]s agentes de tratamento só não serão responsabilizados quando provarem:") dá

[85] TASSO, Fernando Antonio. *Id.* p. 107.

[86] TASSO, Fernando Antonio. *Id.* p. 108.

[87] BRASIL. Câmara dos Deputados. Projeto de Lei 5.276/2016. Art. 35: "O cedente e o cessionário respondem, solidária e objetivamente, pelo tratamento de dados, independentemente do local onde estes se localizarem, em qualquer hipótese".

[88] Cf. PEREIRA, Flávio Henrique Unes; ALVIM, Rafael da Silva. A responsabilidade civil do Estado por danos decorrentes do tratamento de dados pessoais: um estudo de caso. *In*: POZZO, Augusto Neves dal Pozzo; MARTINS, Ricardo Marcondes (Coords.). *Id.* p. 821 ("a causa de afastamento da responsabilidade prevista no art. 43, II da LGPD pressupõe demonstração de que o agente agiu em conformidade com a legislação aplicável"); CAPANEMA, Walter Aranha. *Id.* p. 167 ("já o inciso II exclui a responsabilidade na situação em que o agente realizou o tratamento, mas 'não houve violação à legislação de proteção de dados'. Aqui, o dano ocorreu por um ato lícito"); TASSO, Fernando Antonio. *Id.* p. 113 ("a Lei Geral de Proteção de Dados prevê mais um dever ao agente de tratamento de dados, qual seja a observância de uma conduta diligente que, em sendo observada, é causa de exclusão da responsabilidade civil").

a entender que, não obstante a responsabilidade dos agentes de tratamento ser subjetiva, a LGPD estabelece uma presunção de responsabilidade, uma vez que cabe aos próprios réus (agentes de tratamento) provara ausência de algum dos pressupostos da responsabilidade civil subjetiva, a saber: conduta comissiva ou omissiva, culpa em sentido amplo (dolo ou culpa em sentido estrito), ou o nexo de causalidade entre a conduta e o dano. Em outras palavras, aparentemente, a própria LGPD institui a inversão do ônus da prova como regra geral, o que contrasta com a previsão, no art. 42, §2º, da possibilidade de inversão do ônus da prova nos casos de verossimilhança da alegação, hipossuficiência para fins de produção de prova ou de onerosidade excessiva na produção da prova. Trata-se de aspecto a ser debatido pela doutrina e uniformizado pela jurisprudência nos próximos anos.

Feitas as considerações acima acerca de aspectos gerais da responsabilidade civil na LGPD, passa-se a abordar a responsabilidade civil da Administração Pública em geral, e na LGPD, em particular. No que se refere à responsabilidade civil do Estado, adota-se na contemporaneidade a teoria do risco administrativo para justificar a natureza objetiva dessa responsabilidade, partindo-se do pressuposto de que "nenhum particular deve suportar o dano decorrente de atividades voltadas ao interesse da coletividade".[89] A CF/88, no já citado art. 37, §6º, consagra a responsabilidade objetiva do Estado. Além da previsão constitucional, deve-se ter em conta que a doutrina interpreta que, como regra geral, o Estado só poderá ser responsabilizado objetivamente por uma conduta comissiva ou por omissão específica (casos em que assume a posição de garantidor da não ocorrência de lesão ao bem jurídico). Nesse sentido, em regra, não há responsabilidade objetiva da Administração Pública por omissão genérica.[90]

A LGPD não dispõe expressamente acerca da responsabilidade da Administração Pública em seu aspecto civil.[91] Em outros termos, "não há expressa referência às características e às implicações do ilícito cível quando este provenha de ato da Administração Pública – seja por ação, seja por omissão de

[89] TASSO, Fernando Antonio. *Id.* p. 105.

[90] PEREIRA, Flávio Henrique Unes; ALVIM, Rafael da Silva. *Id.* p. 814-816.

[91] Cf. PEREIRA, Flávio Henrique Unes; ALVIM, Rafael da Silva. *Id.* p. 807-828, p. 807 ("[A] LGPD não foi clara ao estabelecer os contornos da responsabilidade civil das pessoas jurídicas de direito público em caso de eventual dano decorrente do tratamento de dados pessoais).

seus agentes".[92] Não obstante, de uma interpretação sistemática decorre, em primeiro lugar, a responsabilidade civil objetiva do Estado também na LGPD, em razão do previsto no art. 37, §6º da Constituição Federal.

Diante da questão sobre se haveria peculiaridades acerca da responsabilidade civil do Estado no âmbito da LGPD, a doutrina tem feito algumas distinções acerca do regime aplicável em relação à disciplina geral da responsabilidade civil do Estado exposta anteriormente. Sobre a responsabilidade por condutas comissivas, entende-se que, no âmbito da LGPD, a omissão estatal é sempre específica, na medida em que o Estado, na qualidade de agente de tratamento de dados, assume a posição de garantidor da não ocorrência de danos em razão do tratamento de dados pessoais.[93] Por conseguinte, a responsabilidade civil do Estado por danos decorrentes do tratamento de dados pessoais é sempre objetiva. Com efeito, o Estado não tem a oportunidade de demonstrar a ausência de culpa (ou de dano injusto) a fim de se eximir da responsabilidade nem mesmo em casos de omissão, mas tão somente o rompimento do nexo de causalidade (seja por intervenção da vítima ou de terceiro). Nesse sentido, a excludente do já mencionado art. 43, II não se aplica à Administração Pública.[94]

Por sua vez, a responsabilidade administrativa no Estado é prevista expressamente pelos arts. 31 e 32 da LGPD, os quais preveem, respectivamente, a possibilidade de a ANPD enviar "informe com medidas cabíveis para fazer cessar a violação" e de solicitar a agentes do Poder Público a publicação de relatórios de impacto, sugerindo também a adoção de boas práticas para o tratamento de dados pessoais.

A responsabilidade administrativa, por sua própria natureza, é sempre subjetiva. As sanções administrativas estão previstas em um rol extenso no art. 52 da LGPD. Elas se aplicam em sua totalidade às empresas estatais exploradoras de atividade econômica (sociedades de economia mista, empresas públicas e suas subsidiárias), que atuam em regime de concorrência, o que decorre em primeiro lugar do art. 173 da Constituição Federal e, especificamente, do art.

[92] PEREIRA, Flávio Henrique Unes; ALVIM, Rafael da Silva. *Id.* p. 808.

[93] PEREIRA, Flávio Henrique Unes; ALVIM, Rafael da Silva. *Id.* p. 823 ("Inequivocamente, o regime jurídico estabelecido na LGPD investe o controlador e operador na condição de garantidores da não ocorrência de danos em virtude do tratamento de dados pessoais").

[94] PEREIRA, Flávio Henrique Unes; ALVIM, Rafael da Silva. *Id.* p. 827.

24 da LGPD, que dispõe que o tratamento será o mesmo das pessoas jurídicas de direito privado particulares. No entanto, as sanções administrativas de natureza pecuniária não são aplicáveis às pessoas jurídicas de direito privado prestadoras de serviços públicos (especificamente, a multa simples e a multa diária previstas no art. 52, II e IV), conforme se depreende a *contrario sensu* do art. 52, §3º. Finalmente, reforça-se a própria lei (art. 52, §3º) dispõe que a responsabilidade ali definida não exclui a responsabilização de órgãos públicos e servidores pela Lei de Improbidade Administrativa, pelo Estatuto do Servidor Público Federal ou pela LAI.

A LGPD não dispôs especificamente sobre a responsabilidade penal, nem mesmo sob aspectos gerais (como ocorre com a disciplina da responsabilidade civil). A única menção a respeito é feita pelo art. 52, §2º, segundo o qual as sanções administrativas previstas no mesmo artigo não excluem "a aplicação de sanções administrativas, civis ou penais definidas na Lei nº 8.078, de 11 de setembro de 1990, e em legislação específica". Com base nesse dispositivo, cogita-se de violações no âmbito da LGPD que possam caracterizar tipos penais, como eventualmente seria a violação de sigilo de dados, tipificado pelo art. 18 da Lei nº 7.492/1986, a Lei dos Crimes contra o Sistema Financeiro Nacional. O principal obstáculo para o reconhecimento de crime nesses casos é a impossibilidade de aplicação de norma penal por analogia. Por ora, foi elaborada uma minuta de "LGPD penal" por uma comissão de juristas criada pelo presidente da Câmara, Rodrigo Maia (DEM-RJ), a qual lhe teria sido entregue no início de novembro de 2020. O texto ainda não foi divulgado ao público, mas já suscita controvérsias.[95]

[95] IGNACIO, Laura. Comissão de juristas elabora proposta para a LGPD penal. **Jornal Valor Econômico,** São Paulo, 15 de setembro de 2020. Disponível em: https://valor.globo.com/legislacao/noticia/2020/09/15/comissao-de-juristas-elabora-proposta-para-a-lgpd-penal.ghtml. Acesso em: 11 jan. 2021; ROCHA, Marcelo. Texto de lei de proteção de dados para assuntos penais restringe investigações, diz estudo da PGR. **Folha de São Paulo,** São Paulo, 12 de dezembro de 2020. Disponível em: https://www1.folha.uol.com.br/poder/2020/12/texto-de-lei-de-protecao-de-dados-para-assuntos-penais-restringe-investigacoes-diz-estudo-da-pgr.shtml. Acesso em: 11 jan. 2021.

## 4. LGPD e o caso dos notários e registradores

Os notários e registradores são particulares em colaboração com o Poder Público (art. 236, CF/88), não integrando propriamente a estrutura da Administração Pública, como mencionado anteriormente. Não obstante, tendo em vista a função pública que desempenham, o art. 23, §4º, da LGPD, determinou a que se lhes aplique o mesmo regime destinado ao setor público, devendo ser observadas as peculiaridades das atividades notariais e registrais.

O regime jurídico principal do setor se encontra nas Leis n.ºs 8.935/94, 6.015/73 e 9.492/97, sendo complementado por leis especiais sobre aspectos materiais relacionados às atividades notariais e registrais (como, por exemplo, as Leis nºs 7.433/85, 4.591/64, 6.766/79, 9.514/97, dentre outras), e minudenciado pelos atos normativos do Conselho Nacional de Justiça e das Corregedorias Gerais da Justiça estaduais.

De maneira geral, como diz o art. 1º da Lei nº 8.935/94, "serviços notariais e de registro são os de organização técnica e administrativa destinados a garantir a publicidade, autenticidade, segurança e eficácia dos atos jurídicos." Os protagonistas dessas atividades são os notários e registradores, que, na definição do art. 3º da mesma Lei, são "profissionais do direito, dotados de fé pública, a quem é delegado o exercício da atividade notarial e de registro". Como enumerado pelo art. 5º da Lei nº 8.935/94, compõem a atividade notarial e registral: os tabeliães de notas, tabeliães de notas e oficiais de registro de contratos marítimos, os tabeliães de protestos, os oficiais de registro de imóveis, os oficiais de registro de títulos e documentos e civis de pessoa jurídica, os oficiais de registro civis de pessoas naturais, e os oficiais de registro de distribuição. Outrossim, como sua atividade se estrutura de forma privada, os notários e registradores contam com prepostos (substitutos, escreventes e auxiliares) para lhes ajudar no exercício das funções que lhes foram delegadas, conforme art. 20 da Lei nº 8.935/94.

Ainda, os diversos notários e registradores têm interconexão entre si, por intermédio das Centrais Eletrônicas de Serviços Compartilhados, normalmente de caráter estadual, mas com certo grau de coordenação nacional.[96]

[96] Cf. sobre Registro de Imóveis, os Provimentos CNJ nº 47/2015, nº 89/2019 e nº 109/2020, ressaltando que a Lei nº 13.465/17, no seu art. 76, criou a figura do Operador Nacional do

Também existem sistemas de interconexão de dados com o Poder Público, como o Sistema Nacional de Informações do Registro Civil (SIRC), regulado pelo Decreto nº 9.929/2019, e o Sistema Nacional de Gestão de Informações Territoriais (SINTER), regulado pelo Decreto nº 8.764/2016.

Tanto a atividade notarial, quanto a atividade registral se estruturam sobre a coleta, o processamento e a publicização de dados,[97] porque é ínsito às suas finalidades recolher dados sobre os participantes das operações que formalizam (notários) ou que publicam (registradores), para, extraindo o que é relevante do ponto de vista legal, realizar o ato de sua competência, que, via de regra, é acessível ao público em geral.[98] E, mesmo antes da LGPD, já existiam normas destinadas à segurança, proteção e restrição de publicidade dos dados pessoais.[99]

Sistema de Registro Eletrônico de Imóveis (ONR), para coordenar as atividades no âmbito nacional. Registro de Títulos e Documentos e Civil de Pessoa Jurídica: vide Provimento CNJ nº 48/2016. Cf. Registro Civil de Pessoas Naturais: Provimento CNJ nº 46/2015. Importante destacar que, para os registros públicos, a Lei nº 11.977/09, nos seus arts. 37 a 45, determinou a estruturação e a prestação dos serviços eletrônicos. Cf. Tabelionato de Notas, os Provimentos CNJ nº 18/2012, nº 31/2013; nº 40/2014 e nº 100/2020. Cf. Tabelionato de Protestos: o Provimento CNJ nº 87/2019 e art. 41-A da Lei nº 9.492/97 (inserido pela Lei nº 13.775/18).

[97] Sobre essa constatação, vide as interessantes ponderações formuladas por Madalena Teixeira, mais ligadas ao registro imobiliário, mas que se estendem, *mutatis mutandis*, aos demais serviços. (TEIXEIRA, Madalena. A informação contida no registo predial eletrónico: os dados pessoais. Recolha, uso e limitações à luz da privacidade no ordenamento jurídico português. **Revista de Direito Imobiliário,** São Paulo, v. 81, p. 431-462, jul./dez. de 2016. p. 432-437.)

[98] Apesar de ambas as atividades serem *públicas*, o enfoque publicitário é diverso. É que os serviços notariais se destinam a "redigir, formalizar e autenticar, com fé pública, instrumentos que consubstanciam atos jurídicos extrajudiciais do interesse dos solicitantes", ao passo que os serviços registrais se voltam "ao assentamento de títulos de interesse privado ou público, para sua oponibilidade a todos os terceiros, com a publicidade que lhes é inerente, garantindo, por definição legal, a segurança, a autenticidade e a eficácia dos atos da vida civil a que se refiram." (CENEVIVA, Walter. **Lei dos notários e registradores comentada:** (Lei nº 8.935/94). 8. ed. rev. e atual. São Paulo: Saraiva, 2010. p. 40 e 42). Nesse particular, o ato notarial, embora tenha seu livre acesso ao público em geral, é *público* no sentido de exigir a intervenção de um agente público, já o ato registral, além de exigir esse agente, é *efetivamente* destinado ao *conhecimento* do público. Essas ponderações são importantes no momento de se avaliar, se, a partir da LGPD, não seria conveniente restringir a publicidade dos atos notariais. Convém destacar que o tabelionato de protesto ostenta natureza mista, notarial e registral (conforme AMADEI, Vicente de Abreu. Princípios de protesto de títulos. *In*: DIP, Ricardo (Coord.). **Introdução ao direito notarial e registral**. Porto Alegre: Sergio Antonio Fabris Editor, 2004. p. 89).

[99] Sobre a restrição de publicidade, vide: art. 30, VI, da Lei nº 8.935/94; arts. 18, 45, 57, § 7º, e 95, parágrafo único, da Lei nº 6.015/73; art. 6º da Lei nº 8.560/92, art. 47, *caput*, do Estatuto

Para os critérios da LGPD (art. 5º, VI), o tabelião ou oficial de registro é que será o controlador, tendo em vista se tratar da pessoa a quem foi delegado o exercício da atividade e é quem detém a gestão e o controle das decisões a serem tomadas, inclusive sendo responsável por elas.[100] Eventualmente, com relação aos dados constantes das Centrais Eletrônicas, estas também podem ser consideradas controladoras e terão as responsabilidades e os deveres constantes da LGPD.[101]

Por outro lado, serão operadores os prepostos da Serventia que realizam o tratamento dos dados e que, em maior ou menor medida, compreenderá quase todos os funcionários, bem como os eventuais prestadores de serviço terceirizados que tenham acesso aos dados (em especial, as empresas de tecnologia).[102]

O encarregado, por sua vez, será a pessoa indicada pelo notário ou registrador[103] para desempenhar o canal de comunicação entre o controlador, o titular dos dados e a Autoridade Nacional de Proteção de Dados (ANPD). Interessante notar que a Corregedoria Geral da Justiça de São Paulo, no Provimento CG nº 23/2020, permitiu que o encarregado seja pessoa estranha ao quadro funcional da Serventia.[104]

No tocante ao tratamento de dados, como ocorre com a Administração Pública em geral, como regra, não será necessário o consentimento do titular, visto que o exercício das atividades em questão se faz a partir de disposi-

da Criança e do Adolescente; art. 5º do Provimento CNJ nº 73/2018, e 5º do Provimento CNJ nº 18/2012. Sobre a proteção e conservação do acervo, físico ou digital, vide: arts. 22 a 27 da Lei nº 6.015/73; arts. 30, I, 41, 42 e 46 da Lei nº 8.935/94; arts. 37 a 45 da Lei nº 11.977/09; e as Recomendações nº 09/2013, e nº 11/2013; e os Provimentos nº 50/2015 e nº 74/2018, todos do Conselho Nacional de Justiça.

100 No mesmo sentido, vide item nº 129 do capítulo XIII das Normas de Serviço da Corregedoria Geral da Justiça de São Paulo, inserido pelo Provimento CG nº 23/2020.

101 Vide item nº 150 do capítulo XIII das Normas de Serviço da Corregedoria Geral da Justiça de São Paulo, inserido pelo Provimento CG nº 23/2020.

102 Assim dispõe o item nº 132 do capítulo XIII das Normas de Serviço da Corregedoria Geral da Justiça de São Paulo, inserido pelo Provimento CG nº 23/2020. Inclusive, o referido item normativo prevê tanto a necessidade de orientação sobre a proteção de dados, por parte do controlador, comprovada por escrito, quanto a obrigação de fiscalizar o cumprimento das disposições legais.

103 Deve ser ressaltado que a nomeação do encarregado é obrigatória, nos termos do art. 23, III, da LGPD.

104 Conforme item nº 133 do capítulo XIII das Normas de Serviço da Corregedoria Geral da Justiça de São Paulo, inserido pelo Provimento CG nº 23/2020.

ções legais e normativas, de modo que, normalmente, estará amparado pelo disposto nos incisos II ou III do mesmo art. 7º e pelo disposto no art. 11, II, "a" e "b" (para os dados sensíveis).[105] Evidentemente, é imprescindível que sejam rigorosamente observados os princípios da finalidade e da adequação (arts. 6º, I e II, e 7º, § 6º, da LGPD), os quais, no que tange ao setor público, são *qualificados* (art. 23, *caput*, da mesma Lei).

Para possibilitar ao titular o exercício de seus direitos, em especial os previstos no art. 18, I, II, III e VII, da LGPD, os cartórios devem manter o registro de todo o fluxo de tratamento de dados, desde sua coleta (indicando as fontes), passando por sua utilização e modificação, assim como o seu compartilhamento.[106] Cabe ressaltar que o direito à eliminação dos dados (art. 18, VI, da LGPD) sofre restrições, as quais são legítimas em face do art. 16, I, da mesma Lei, pois, em regra, os dados do acervo da Serventia devem ser conservados indefinidamente, havendo a possibilidade de se eliminarem alguns documentos físicos, mas devendo ser mantida uma cópia eletrônica em vários casos. Nesse particular, é imperioso consultar a Lei nº 8.159/91 e o Provimento CNJ nº 50/2015, que, inclusive, conta com uma tabela de temporalidade, a fim de se verificar quais espécies de documentos podem ser eliminadas, como isso deve ser feito e se há necessidade ou não de manter a cópia digitalizada.

O grande ponto de controvérsia é a tensão existente entre a vocação inata das Serventias notariais e registrais à ampla publicidade e o resguardo que a LGPD busca conceder aos dados pessoais. Nesse aspecto, a Lei nº 6.015/73, no seu art. 17, *caput*, dispõe que "qualquer pessoa pode requerer certidão do registro sem informar ao oficial ou ao funcionário o motivo ou interesse do pedido." Essa ideia é reiterada pelo disposto no art. 18 da Lei nº 6.015/73 e pelo art. 31 da Lei nº 9.492/97.[107]

[105] Vide itens 130 e 131 do capítulo XIII das Normas de Serviço da Corregedoria Geral da Justiça de São Paulo, incluídos pelo Provimento CG nº 23/2020. Sem embargo, a dispensa do consentimento não exime os notários e registradores de elaborarem e darem publicidade à "Política de Privacidade" que adotarem, com informações claras e atualizadas sobre os tratamentos de dados que realizam e a base legal, conforme art. 23, I, da LGPD e item nº 133.6, II, e 134 do capítulo XIII das Normas de Serviço da Corregedoria Geral da Justiça de São Paulo.

[106] Esse procedimento foi previsto de forma expressa nos itens nº 133.6, I, 135, 136, 137 e 138 do capítulo XIII das Normas de Serviço da Corregedoria Geral da Justiça de São Paulo, incluídos pelo Provimento CG nº 23/2020.

[107] Interessante notar que a Lei nº 9.492/97, no seu art. 27, § 2º, restringe a publicidade dos protestos já cancelados, sendo necessário o requerimento do próprio devedor ou ordem judicial.

A lógica dos serviços notariais e registrais sempre foi a de ampla publicidade, ou seja, de amplo acesso aos dados, salvo as poucas situações em que há sigilo. Isso também decorre da finalidade do sistema registral, que é gerar a oponibilidade *erga omnes* de suas informações. No serviço notarial, como a publicidade está mais ligada ao caráter oficial, público do agente que lavra o ato, a eventual restrição do acesso aos dados não nos pareceria incompatível com sua finalidade.

Em que pese a edição da LGPD, a diretriz geral de publicidade dos dados notariais e registrais não é alterada, tendo em vista as demais disposições legais que regem esses serviços. No entanto, podemos perceber dois pontos principais em que se pode adequar a publicidade à LGPD: (i) quando houver indícios de abuso de direito pelo requerente ou possibilidade de desvio de finalidade;[108] e (ii) na forma de publicizar o quanto requerido.

No tocante à primeira situação, poderíamos adotar a interpretação do art. 17 da Lei nº 6.015/73 propugnada por Caleb Matheus Ribeiro de Miranda, no sentido de que as certidões de registros específicos podem ser obtidas sem indicar o interesse, mas outros tipos de certidões, como aquela baseada no indicador pessoal do Registro de Imóveis,[109] seriam condicionadas à demonstração do interesse,[110] especialmente porque elas possibilitam que se faça o "balanço patrimonial" de determinada pessoa.[111]

[108] Madalena Teixeira (*Id.* p. 453) invoca o princípio da proporcionalidade para a composição do conflito entre a privacidade e a publicidade, trazendo como possíveis exemplos de abuso de direito o pedido de informações *em massa* e quando o objetivo da busca (no registro de imóveis) é de índole pessoal, sem haver suporte autorizativo adequado.

[109] O indicador pessoal no Registro de Imóveis corresponde ao Livro 5 e compreende a indexação e organização das informações registrais por nomes, de forma que, a partir da indicação do nome, se pode verificar quais imóveis aquele indivíduo possui ou quais registros lhe dizem respeito.

[110] E esse interesse deveria atender à legitimidade, especificidade e compatibilidade com os fins do Registro Público, conforme MIRANDA, Caleb Matheus Ribeiro de. Princípio de divulgação com rogação em xeque: legitimidade para postular a produção da publicidade registral em suas várias modalidades. **Boletim do IRIB em revista especial,** São Paulo, v. 361, jun. 2020. Disponível em: https://academia.irib.org.br/xmlui/handle/123456789/24128 . Acesso em: 20 out. 2020. p. 81.

[111] MIRANDA, Caleb Matheus Ribeiro de. *Ibid*; TEIXEIRA, Madalena (*Id.* p. 444-445) também aponta as restrições no direito português à obtenção de certidões a partir do indicador pessoal do registro imobiliário. A Corregedoria Geral da Justiça de São Paulo, por meio do Provimento CG nº 23/2020, inseriu o item nº 144 no capítulo XIII das Normas de Serviço

Outra situação que chama atenção é o pedido de um volume expressivo e atípico de certidões por uma mesma pessoa, indicando que ela fará um tratamento automatizado desses dados em momento posterior, o que pode vulnerar a LGPD.[112] Nesse aspecto, teríamos duas alternativas: (a) exigir a justificativa e, a depender do caso, o notário ou registrador poderia se negar a fornecer a certidão;[113] e (b) fornecer as certidões com dados anonimizados,[114] se isso atender aos interesses do requerente, para o que será necessária a preparação tecnológica das Serventias Extrajudiciais.[115]

No que concerne à segunda situação, vemos que as certidões podem ser emitidas por reprodução em inteiro teor, em resumo e em relatório conforme quesitos (art. 19 da Lei nº 6.015/73). Boa parte das certidões em inteiro teor dão publicidade a uma série de dados pessoais que não interessam ao requerente, como, por exemplo, a certidão de uma matrícula, que revela todas as operações anteriores (com os dados pessoais dos participantes), quando, muitas vezes, o objetivo de quem a requer é somente saber o proprietário atual e os gravames vigentes. A solução seria emitir uma certidão em resumo que, a par de atender os interesses do requerente, protegesse os dados pessoais dos anteriores titulares, em obediência ao princípio da necessidade (art. 6º, III, da LGPD).[116] Evidentemente, se justificado, poderia ser emitida a certidão em inteiro teor, como nos casos em que se precisa analisar a cadeia filiatória.

da Corregedoria Geral da Justiça de São Paulo, o qual prevê que *pode* ser exigida a identificação e a finalidade, por escrito, da solicitação de certidão ou informação relacionada aos indicadores pessoais.

[112] Sobre isso, vide GRUBER, Rafael Ricardo. A publicidade jurídico-registral, seu objeto e veículo de sua difusão. **Boletim do IRIB em revista especial**, São Paulo, v. 361, jun. 2020. Disponível em: https://academia.irib.org.br/xmlui/handle/123456789/24131 . Acesso em: 20 out. 2020. p. 134.

[113] Ambas as hipóteses foram regulamentadas pela Corregedoria Geral da Justiça de São Paulo, por meio do Provimento CG nº 23/2020, que inseriu o item nº 144.1 e 144.2 no capítulo XIII das Normas de Serviço da Corregedoria Geral da Justiça de São Paulo.

[114] Se a anonimização for reversível, a Corregedoria Geral da Justiça de São Paulo entende que são aplicáveis as mesmas disposições que regem os pedidos com base no indicador pessoal e as certidões/informações em bloco, conforme item nº 144.3 do capítulo XIII das Normas de Serviço da Corregedoria Geral da Justiça de São Paulo.

[115] Hipótese que Caleb Matheus Ribeiro de Miranda (*Id.* p. 84-86) denomina de publicidade transversal, que não viola a proteção de dados, em oposição à publicidade global seletiva, que teria a mesma ideia, mas que abarcaria os dados pessoais e que sofreria maior restrição, em decorrência da LGPD.

[116] Sobre a aplicação do princípio da necessidade ao registro de imóveis, vide MIRANDA, Caleb Matheus Ribeiro de. *Id.* p. 110-111. Também Rafael Gruber (*Id.* p. 132-134) desenvolve

Da mesma forma, um cuidado especial deve ser tomado com relação aos pedidos de certidão de documentos arquivados, pois isso pode revelar uma série de dados pessoais importantes, especialmente quando juntamente com o requerimento ou título apresentado haviam sido anexados documentos pessoais (RG, CPF, carteira de motorista etc.). Ainda, o documento arquivado (hoje, digitalizado) pode dizer respeito a situações protegidas por sigilo, como um título judicial que decorreu de processo em segredo de justiça, ou uma certidão em inteiro teor do registro civil em que houve alteração do nome e do gênero. Então, deve-se verificar o interesse de quem pleiteia e, se a cópia deve ou não ser fornecida, inclusive com a possibilidade de reproduzir apenas parte dos documentos, se isso atender o interesse do requerente.

Nessa toada, cabe inclusive ponderar se não seria o caso de nem sequer digitalizar eventuais documentos pessoais apresentados que não se revelassem imprescindíveis para a confecção do ato notarial ou registral, firme na noção de minimização da coleta de dados pessoais, em atenção ao princípio da necessidade.[117]

## Conclusões

A Administração Pública, mesmo antes da LGPD, já contava com diversas normas rigorosas capazes de nortear sua atuação em respeito aos direitos dos administrados, o que era corolário, inclusive de seu regime jurídico-administrativo. No entanto, não se podia afirmar que a proteção de dados era completa e exaustiva, razão pela qual persistiam riscos no particular. Assim, independentemente do setor – se privado ou público – mostra-se indispensável a existência de um sistema regulatório de processamento de dados pessoais, a fim de garantir com maior vigor o respeito aos direitos do titular.

Não obstante a conveniência de se regular a proteção de dados no contexto da Administração Pública, é possível entrever críticas, que recaem com

interessante reflexão sobre a publicidade de todos os fatos da matrícula na certidão.

[117] A sugestão é dada em ASSOCIAÇÃO DOS REGISTRADORES CIVIS DE PESSOAS NATURAIS DE SÃO PAULO (ARPEN). **O impacto da LGPD nas atividades dos registradores civis de pessoas naturais do Estado de SP.** Disponível em: https://infographya.com/files/Cartilha_ARPENSP_-_LGPD.pdf. Acesso em: 7 out.2020. p. 10 e 18-19.

maior incidência quanto aos efeitos práticos das disposições legais em relação ao tratamento e uso compartilhado de dados pelo Poder Público, especialmente se consideradas as aberturas terminológicas e o caráter abstrato da LGPD. Da forma como foi regulado, tem-se que a Administração Pública terá de despender consideráveis esforços para a implementação do diploma legal ao setor, e possivelmente dependerá de ulteriores regulações, principalmente para que não haja efeitos adversos, como o uso e compartilhamento indevido e indiscriminado dos dados pessoais dos administrados.

Na medida em que a opção legislativa foi a vinculação do enquadramento jurídico do tratamento de dados pessoais à natureza jurídica da atividade desempenhada, e na tentativa de analisar topicamente as referidas críticas e os efeitos práticos da LGPD no microssistema dos notários e registradores, verificou-se que: (i) haverá o reforço das normas relativas à proteção e à segurança dos dados pessoais; (ii) caberá ao notário ou registrador a posição de controlador, aos prepostos e prestadores de serviços terceirizados com acesso aos dados a condição de operadores, e à pessoa nomeada a posição de encarregado; (iii) o consentimento do titular para o tratamento dos dados é, em geral, dispensável; e (iv) a publicidade continuará sendo a regra, mas devem ser tomadas medidas voltadas a evitar a exposição excessiva dos dados, adotando cautelas especiais nos casos em que houver indícios de abuso de direito pelo requerente ou possibilidade de desvio de finalidade, bem como alterando a forma de publicizar o quanto requerido.

Fato é que a proteção de dados pessoais no âmbito do Poder Público foi, ainda que não com a profundidade desejada, regulada pelo legislador. Isso é salutar na medida em que desencadeia a mudança de paradigma das práticas administrativas com relação à coleta e o compartilhamento dos referidos dados, reforçando a sua proteção. A implementação e adequação a LGPD será inevitável, mas deverá respeitar as particularidades e funções desempenhadas por cada um dos setores da Administração Pública, tendo vista sua dimensão e diversidade estrutural e funcional, bem como a necessidade de se contrabalancear o imperativo protetivo com as finalidades do Poder Público.

## Referências

ABREU, Jacqueline de Souza; LAGO, Lucas; MASSARO, Heloisa. Especial: Por que se preocupar com o que o Estado faz com os nossos dados pessoais? **Portal InternetLab.** Disponível em: https://www.internetlab.org.br/pt/privacidade-e-vigilancia/especial--apps-do-governo/. Acesso em 11 out. 2020.

ALEXANDRINO, Marcelo; PAULO, Vicente. **Direito administrativo descomplicado**. 28. ed. Rio de Janeiro: Forense; São Paulo: Método, 2020.

AMADEI, Vicente de Abreu. Princípios de protesto de títulos. *In*: DIP, Ricardo (Coord.). **Introdução ao direito notarial e registral**. Porto Alegre: Sergio Antonio Fabris Editor, 2004.

ASPIS, Fábio Lara. Data Protection Officer ou Encarregado. **Revista LEC – Legal, Ethics, Compliance,** São Paulo, ano 7, n. 27, nov. 2019.

ASSOCIAÇÃO DOS REGISTRADORES CIVIS DE PESSOAS NATURAIS DE SÃO PAULO (ARPEN). **O impacto da LGPD nas atividades dos registradores civis de pessoas naturais do Estado de SP.** Disponível em: https://infographya.com/files/Cartilha_ARPENSP_-_LGPD.pdf. Acesso em: 7 out.2020.

BARROS, Gabriel da Silva; SILVA, Lorena dos Santos; SCHMIDT, Clarissa. Documentos públicos e dados pessoais: o acesso sob a ótica da lei geral de proteção de dados pessoais e da lei de acesso à informação. **Revista do Arquivo**, São Paulo, v. 5, n. 9, p. 22-39, out. 2019. Disponível em: http://www.arquivoestado.sp.gov.br/revista_do_arquivo/09/artigo_01.php. Acesso em: 15 out. 2020.

BASSO, Bruno Bartelle. Direito à privacidade e o tratamento de dados pessoais pelo poder público. In: DAL POZZO, Augusto Neves; MARTINS, Ricardo Marcondes (Coords.). **LGPD e administração pública**: uma análise ampla dos impactos. São Paulo: Thomson Reuters, 2020.

BLACK, G.; STEVENS, L. Enhancing Data Protection and Data Processing in the Public Sector: The Critical Role of Proportionality and the Public Interest. **Scripted,** v. 10, n. 1, Apr. 2013. Disponível em: https://script-ed.org/article/enhancing-data-protection-data-processing-public-sector-critical-role-proportionality-public-interest/. Acesso em: 18 out. 2020.

BLUM, Renato Opice; LÓPEZ, Nuria. Lei Geral de Proteção de Dados no setor público: transparência e fortalecimento do Estado Democrático de Direito. **Cadernos Jurídicos,** ano 21, n. 53, p. 1-202, jan./mar. 2020. Disponível em: http://www.mpsp.mp.br/portal/page/portal/documentacao_e_divulgacao/doc_biblioteca/bibli_servicos_produtos/bibli_boletim/bibli_bol_2006/Cad-Juridicos_n.53.pdf . Acesso em: 15 out. 2020.

BRASIL. **Guia da boas práticas – Lei Geral de Proteção de Dados (LGPD)**. Disponível em: https://www.gov.br/governodigital/pt-br/governanca-de-dados/guia-de-boas--praticas-lei-geral-de-protecao-de-dados-lgpd. Acesso em: 11 out. 2020.

CANHADAS, Fernando Augusto Martins. A Lei de Acesso à Informação e a Lei Geral de Proteção de Dados: a transparência proibida. *In*: DAL POZZO, Augusto Neves; MAR-

TINS, Ricardo Marcondes (coord.). **LGPD e administração pública:** uma análise ampla dos impactos. São Paulo: Thomson Reuters, 2020.

CAPANEMA, Walter Aranha. A responsabilidade civil na Lei Geral de Proteção de Dados. **Cadernos Jurídicos**, São Paulo, a. 21, n. 53, p. 163-170, jan./mar. 2020. Disponível em: https://www.tjsp.jus.br/download/EPM/Publicacoes/CadernosJuridicos/ii_6_a_responsabilidade_civil.pdf?d=637250347559005712 . Acesso em: 20 out. 2020.

CARBONELL, Sofia; SAADI, Mario. Nos labirintos da LGPD: entre imprevisibilidade regulatória e incerteza institucional. *In:* DAL POZZO, Augusto Neves; MARTINS, Ricardo Marcondes (Coords.). **LGPD e administração pública:** uma análise ampla dos impactos. São Paulo: Thomson Reuters, 2020.

CARDOSO, André Guskow. O regime do uso e compartilhamento de dados pessoais pela Administração Pública no âmbito da LGPD. **Informativo Justen, Pereira, Oliveira e Talamini**, Curitiba, n. 163, p. 1-6, set. 2020. Disponível em: https://justen.com.br/pdfs/IE163/IE163-Andre-Uso-Compart-Dados-pela-Adm-LGPD.pdf. Acesso em: 15 out. 2020.

CENEVIVA, Walter. **Lei dos notários e registradores comentada:** (Lei nº 8.935/94). 8. ed. rev. e atual. São Paulo: Saraiva, 2010.

CETIC. **Painel TIC COVID-19**. Disponível em: https://cetic.br/pt/pesquisa/tic-covid-19/. Acesso em: 11 out. 2020.

CRESPO, Danilo Leme; FILHO, Dalmo Ribeiro. A evolução legislativa brasileira sobre a proteção de dados pessoais: a importância da promulgação da lei geral de proteção de dados pessoais. **Revista de Direito Privado,** São Paulo, v. 98, p. 161-186, mar./abr. 2019.

CTIR GOV. Notificações Reportadas e Incidentes/Vulnerabilidades Confirmados pelo CTIR Gov ao longo do tempo. CTIR Gov Em números. Disponível em: https://emnumeros.ctir.gov.br. Acesso em: 11 out. 2020.

DINIZ LIMA, Diego Antonio. A inaplicabilidade da lei de proteção de dados pessoais no âmbito dos tribunais de contas. **Revista do TCE: Tribunal de Contas do Estado do Estado do Rio Grande do Norte**, Natal, v. 21, n. 1, p. 110-113, nov. 2019. Disponível em: https://revcontext.tce.go.gov.br/index.php/context/article/view/41 . Acesso em: 15 out. 2020.

FERNANDES, Renata Assalim. **Governança de tecnologia da informação com o advento da lei geral de proteção de dados.** Monografia apresentada ao PECE – Programa de Educação Continuada da Escola Politécnica da Universidade de São Paulo, São Paulo, 2020. Disponível em: https://pecepoli.com.br/wordpress/monografias/ . Acesso em: 20 out. 2020.

FLÔRES, Mariana Rocha; SILVA, Rosane Leal da. Desafios e perspectivas da proteção de dados pessoais sensíveis em poder da administração pública: entre o dever público de informar e o direito do cidadão de ser tutelado. **Revista de Direito,** Viçosa, v.12, n. 2, p. 1-34, 2020. Disponível em: https://periodicos.ufv.br/revistadir/article/view/10327 . Acesso em: 11 out. 2020.

FREITAS, Rafael Véras; ROGOGINSKY, Felipe Salathê. A lei geral de proteção de dados pessoais (LGPD) e as concessões de serviço público. *In:* DAL POZZO, Augusto Neves; MARTINS, Ricardo Marcondes (Coords.). **LGPD e administração pública:** uma análise ampla dos impactos. São Paulo: Thomson Reuters, 2020.

GOMES, Alessandra. et. al. COVID19: apps do governo e seus riscos à privacidade. **Portal InternetLab**, 30 de abril de 2020. Disponível em: https://www.internetlab.org.br/pt/privacidade-e- vigilancia/covid-19-apps-do-governo-e-seus-riscos/. Acesso em: 11 out. 2020.

GOMES, Maria Cecília Oliveira. Relatório de impacto à proteção de dados pessoais: uma breve análise da sua definição e papel na LGPD. **Revista do Advogado,** São Paulo, n. 144, p. 173-181, nov. 2019, p. 175-176.

GRUBER, Rafael Ricardo. A publicidade jurídico-registral, seu objeto e veículo de sua difusão. **Boletim do IRIB em revista especial**, São Paulo, v. 361, jun. 2020. Disponível em: https://academia.irib.org.br/xmlui/handle/123456789/24131 . Acesso em: 20 out. 2020.

IGNACIO, Laura. Comissão de juristas elabora proposta para a LGPD penal. **Jornal Valor Econômico,** São Paulo, 15 de setembro de 2020. Disponível em: https://valor.globo.com/legislacao/noticia/2020/09/15/comissao-de-juristas-elabora-proposta-para-a--lgpd-penal.ghtml. Acesso em: 11 jan. 2021.

INSTITUTO RUI BARBOSA. **Nota Técnica nº 01/2019**, elaborada pelo Grupo de Estudos sobre a Lei Geral de Proteção de Dados Pessoais, criado pela Portaria nº 21/2019-IRB, de 06/09/2019, retificada em 16/09/2019, e pela Portaria nº 23/2019-IRB, de 26/10/2019, tendo como objetivo apoiar o Instituto Rui Barbosa e os Tribunais de Contas sobre o conteúdo da Lei nº 13.709, de 14 de agosto de 2018 e seus desdobramentos, p. 1-2. Disponível em: https://www.atricon.org.br/documentos/nota-tecnica-no-012019-instituto-rui-barbosa/. Acesso em: 11 out. 2020.

LEVIN, Alexandre. Tratamento de Dados pessoais pelo poder público – particularidades previstas na LGPD (Lei 13.709/2018). *In:* DAL POZZO, Augusto Neves; MARTINS, Ricardo Marcondes (Coords.). **LGPD e administração pública:** uma análise ampla dos impactos. São Paulo: Thomson Reuters, 2020.

MACHADO, Jorge; BIONI, Bruno. A proteção de dados pessoais nos programas de Nota Fiscal: um estudo de caso do "Nota Fiscal paulista". **Liinc em Revista,** v. 12, n. 2, p. 350-364, nov. 2016. Disponível em: http://revista.ibict.br/liinc/article/view/3734. Acesso em: 11 out. 2020.

MALDONADO, Viviane Nóbrega; BLUM, Renato Opice. **LGPD: Lei Geral de Proteção de Dados comentada**. 2. ed. São Paulo: Thomson Reuters, 2019.

MARTINS, Ricardo Marcondes. Lei Geral de Proteção de Dados Pessoais e o direito administrativo: questões polêmicas. *In:* DAL POZZO, Augusto Neves; MARTINS, Ricardo Marcondes (Coords.). **LGPD e administração pública:** uma análise ampla dos impactos. São Paulo: Thomson Reuters, 2020.

MENEGAT, Fernando. Tratamento de dados por empresas estatais no regime da LGPD: incertezas, desafios práticos e soluções possíveis. *In:* DAL POZZO, Augusto Neves; MARTINS, Ricardo Marcondes (Coords.). **LGPD e administração pública:** uma análise ampla dos impactos. São Paulo: Thomson Reuters, 2020.

MIRANDA, Caleb Matheus Ribeiro de. Princípio de divulgação com rogação em xeque: legitimidade para postular a produção da publicidade registral em suas várias modalidades. **Boletim do IRIB em revista especial,** São Paulo, v. 361, jun. 2020. Disponível em: https://academia.irib.org.br/xmlui/handle/123456789/24128 . Acesso em: 20 out. 2020.

MOREIRA, Patricia Prieto. Tratamento e uso compartilhado de dados pessoais pela administração. *In:* DAL POZZO, Augusto Neves; MARTINS, Ricardo Marcondes (Coords.). **LGPD e administração pública:** uma análise ampla dos impactos. São Paulo: Thomson Reuters, 2020.

MOTTA, Fabrício; SANTOS, Marcela de Oliveira. Regulação do tratamento de dados pessoais no Brasil – o estado da arte. *In:* DAL POZZO, Augusto Neves; MARTINS, Ricardo Marcondes (Coords.). **LGPD e administração pública:** uma análise ampla dos impactos. São Paulo: Thomson Reuters, 2020.

PACHECO JUNIOR, Francisco Gabriel. O tratamento de dados pelo setor público e o alcance da LGPD. *In:* DAL POZZO, Augusto Neves; MARTINS, Ricardo Marcondes (Coords.). *In:* DAL POZZO, Augusto Neves; MARTINS, Ricardo Marcondes (Coords.). **LGPD e administração pública:** uma análise ampla dos impactos. São Paulo: Thomson Reuters, 2020.

PARENTONI, Leonardo. Autoridade nacional de Proteção de Dados brasileira: uma visão otimista. **Revista do Advogado,** São Paulo, n. 144, p. 209-218, nov. 2019.

PEREIRA, Ana Paula Martins Regiolli. O tratamento de dados pessoais pelo poder público a partir da perspectiva da LGPD. *In:* TEIXEIRA, Tarcisio; MAGRO, Américo Ribeiro (Coords.). **Proteção de dados: fundamentos jurídicos.** Salvador: JusPodivm, 2020.

PEREIRA, Flávio Henrique Unes; ALVIM, Rafael da Silva. A responsabilidade civil do Estado por danos decorrentes do tratamento de dados pessoais: um estudo de caso. *In*: DAL POZZO, Augusto Neves; MARTINS, Ricardo Marcondes (Coords.). **LGPD e administração pública:** uma análise ampla dos impactos. São Paulo: Thomson Reuters, 2020.

PEREZ, Marcos A. Invasão de privacidade chancelada por lei. **Revista Piauí,** São Paulo, 29 de setembro de 2020. Disponível em: https://piaui.folha.uol.com.br/invasao-de-privacidade-chancelada-por-lei/. Acesso em: 11 out. 2020.

ROCHA, Marcelo. Texto de lei de proteção de dados para assuntos penais restringe investigações, diz estudo da PGR. **Folha de São Paulo,** São Paulo, 12 de dezembro de 2020. Disponível em: https://www1.folha.uol.com.br/poder/2020/12/texto-de-lei-de-protecao-de-dados-para-assuntos-penais-restringe-investigacoes-diz-estudo-da-pgr.shtml. Acesso em: 11 jan. 2021.

RODRIGUEZ-ARANA MUÑOZ, Jaime; HERCE MAZA, Jose Ignacio. La protección de datos personales como límite de acceso a la información pública: una mirada desde la buena administración para el control de las agendas políticas. *In*: DAL POZZO, Augusto Neves; MARTINS, Ricardo Marcondes (Coords.). **LGPD e administração pública:** uma análise ampla dos impactos. São Paulo: Thomson Reuters, 2020.

ROSSO, Angela Maria. LGPD e setor público: aspectos gerais e desafios. **Portal Migalhas,** São Paulo, 18 de abril de 2019. Disponível em: https://migalhas.uol.com.br/depeso/300585/lgpd-e-setor-publico--aspectos-gerais-e-desafios. Acesso em: 20 out. 2020.

SARLET, Ingo Wolfgang. Proteção de dados pessoais como direito fundamental na Constituição Federal brasileira de 1988: contributo para a construção de uma dogmática constitucionalmente adequada. **Direitos Fundamentais & Justiça,** Belo Horizonte, ano 14, n. 42, p. 179-218, jan./jun. 2020. Disponível em: http://dfj.emnuvens.com.br/dfj/article/view/875. Acesso em: 15 out. 2020.

SCOPEL, Adriano Sayão. Breves considerações sobre o tratamento de dados pelo poder público e meios de defesa dos dados pessoais por particulares. **Revista de Direito e as Novas tecnologias,** São Paulo, v. 7, abr./jun. 2020. Disponível em: https://dspace.almg.gov.br/handle/11037/37757 . Acesso em: 15 out. 2020.

SOMBRA, Thiago Luís; CASTELLANO, Ana Carolina Heringer. Plano de Resposta a Incidentes de Segurança: reagindo rápido e de forma efetiva. **Revista do Advogado**, São Paulo, n. 144, p. 167-171.

TASSO, Fernando Antonio. Compartilhamento de dados entre o setor público e privado – possibilidades e limites. **Revista do Advogado**, São Paulo, n. 144, p. 107-116, nov. 2019.

TEIXEIRA, Madalena. A informação contida no registo predial eletrónico: os dados pessoais. Recolha, uso e limitações à luz da privacidade no ordenamento jurídico português. **Revista de Direito Imobiliário,** São Paulo, v. 81, p. 431-462, jul./dez. de 2016.

UNISYS. **Unisys security Index: global edition.** Disponível em: https://assets.unisys.com/Documents/Microsites/USI2020/UnisysSecurityIndexReport2020.pdf?v=1. Acesso em: 11 out. 2020.

WIMMER, Miriam. Proteção de dados no poder público: incidência, bases legais e especificidades. **Revista do Advogado**, São Paulo, n. 144, p. 126-133, nov. 2019.

# 3.
# LGPD na Segurança Pública

*Eduardo Roveri*
*Enrico Roberto*
*Maria Cláudia Bedotti*
*Ramon Alberto dos Santos*

## Introdução

O setor de segurança pública no Brasil apresentou orçamento[1] de mais de R$ 32 bilhões no período de 2018-2019, distribuídos entre União, Estados, Distrito Federal e Municípios, sendo que mais de R$ 25 bilhões referem-se às despesas do Estados. Entretanto, de acordo com as estatísticas mais atualizadas que consolidam os dados sobre violência no Brasil, dentre os quais, malgrado os altos investimentos realizados, o número de crimes violentos letais intencionais alcançou o total de 22.968 mortes no período de apuração mais recente.[2] Colocado tal panorama de violência no país, sob a perspectiva de

[1] FORUM BRASILEIRO DE SEGURANÇA PÚBLICA. **Anuário Brasileiro de Segurança Pública 2020.** Disponível em: https://forumseguranca.org.br/wp-content/uploads/2020/10/anuario-14-2020-v1-interativo.pdf. Acesso em 13 nov. 2020. p. 230.

[2] O Anuário Brasileiro de Segurança Pública 2020 apresenta a consolidação do total de mortes violentas no Brasil, no período de 2019-2020, por resultado de crimes de homicídio doloso, latrocínio, lesão corporal seguida de morte, bem como o total de mortes violentas de policiais

planejamento e execução de políticas públicas voltadas à segurança pública, tem adquirido maior ênfase no debate sobre o tema a orientação dessas políticas com o objetivo de serem constituídas por ações em prevenção, com ampla aplicação de tecnologia para o aumento da capacidade de inteligência dos órgãos de segurança pública.

Estudos mais recentes[3] relacionados à criminologia têm apontado que as melhores práticas aptas à redução nos indicadores de violência e de criminalidade devem ser estruturadas a partir de três pilares fundamentais, quais sejam: a aproximação dos órgãos de segurança pública com a população, o uso intensivo de dados e o aperfeiçoamento da capacidade de inteligência e de investigação dos órgãos competentes para as ações em segurança pública.

A segurança pública é matéria prevista no art. 144 da Constituição Federal, sem que tenha sido gravada uma definição normativa do conceito ou de sua abrangência. Em que pese não haver a definição quanto à matéria, o texto constitucional se ocupou de elencar os órgãos responsáveis pelas ações em segurança pública, em que é possível observar em que os entes federativos apresentam competência material concorrente no planejamento e execução de políticas públicas voltadas ao setor.

Dentre outros órgãos competentes que estão elencados pelo dispositivo constitucional, é relevante mencionar a escolha do legislador constituinte por não dispor de definição normativa do conceito e da abrangência de "segurança pública", cingindo-se à apresentação dos órgãos competentes para a execução de políticas em segurança pública, e da finalidade que deverá ser perseguida por aqueles. Sob a perspectiva do direito constitucional, haveria um regime de competências concorrentes entre os diferentes órgãos que representam todos os entes federados, pressupondo-se que à União caberia a coordenação de esforços sob a perspectiva de manutenção e regulação do pacto federativo. Adicionalmente, a matriz constitucional buscou evidenciar a opção do legislador em não regular o modelo bipartido de organização poli-

militares e civis sob uma única categoria única, denominada CVLI (Crimes Violentos Letais Intencionais), a partir do qual a organização daquele estudo oferece métrica para a avaliação da violência no Brasil. Para maior detalhamento, vide referência anterior.

[3] FERREIRA, Carolina Cutrupi et al . A tecnologia a serviço da segurança pública: caso PMSC mobile. **Rev. direito GV**, São Paulo, v. 16, n. 1, e1947, 2020. Disponível em: http://www.scielo.br/scielo.php?script=sci_arttext&pid=S1808-24322020000100400&lng=en&nrm=iso. Acesso em: 20 nov. 2020.

cial herdado do período anterior à Constituição Federal de 1988, o que, para parte da doutrina, passou a representar potenciais pontos de fricção com a introdução dos municípios na formulação e execução de políticas de prevenção e de combate à violência.[4]

## 1. O direito fundamental à segurança

No que se refere ao planejamento e execução de políticas públicas em segurança pública, é importante mencionar que o direito à segurança alcança a natureza de direito fundamental, como previsto na Constituição. É possível concebê-lo como um direito negativo, em que há limitação ao poder do Estado a fim de preservar a esfera individual de liberdade das pessoas. De outro lado, há também uma natureza de direito positivo, prestacional, no que se refere ao dever do Estado em formular e executar políticas públicas para garantir a segurança pública da sociedade como um todo.

Para a compreensão mais adequada do direito à segurança pública como da categoria de direito fundamental, como aquele que é formado pela função de proteger e, ao mesmo tempo, de garantir os outros direitos ou liberdades individuais, sem prejuízo de que há entendimento pacífico quanto à abrangência do direito à segurança jurídica, é possível conceber o direito à segurança como aquele que oferece os contornos e as condições para o exercício o exercício de direitos fundamentais, podendo assim assumir a natureza de garantia ao exercício dos demais direitos fundamentais.

É possível compreender o direito fundamental à segurança pública como ínsito e imanente[5] de um Estado Democrático de Direito em que o princípio

[4] LIMA, Renato Sérgio de; BUENO, Samira; MINGARDI, Guaracy. Estado, polícias e segurança pública no Brasil. ***Revista Direito GV,*** São Paulo, v. 12, n. 1, p. 49-85, jan./abr. 2016. Disponível em: http://www.scielo.br/scielo.php?script=sci_arttext&pid=S1808-24322016000100049&lng=en&nrm=iso. Acesso em 2 set. 2020.

[5] LORENZONI, Pietro Cardia. Uma consequência do direito fundamental à segurança: imperativos implícitos de tutela processual penal. *In:* MAYA, André Machado; LORENZONI, Pietro Cardia (Orgs.). **Direito Fundamental à segurança e direitos de liberdade**: a complexa harmonia em matéria penal. Porto Alegre: Fundação Escola Superior do Ministério Público, 2019. Disponível em: http://www.mpsp.mp.br/portal/page/portal/documentacao_e_divulgacao/doc_biblioteca/bibli_servicos_produtos/BibliotecaDigital/BibDigitalLivros/

da dignidade da pessoa humana baliza os limites e as atividades dos órgãos de segurança pública, além de necessariamente incluir a sociedade civil na discussão e proposição de políticas de segurança pública. Sob a perspectiva da legislação internacional, de natureza supranacional, destaca-se a disciplina entabulada na Convenção Interamericana de Direitos Humanos,[6] a qual dispõe, em seus arts. 7º e 32, a dimensão dual do direito à segurança, a qual pode ser concebida como um dever, sob a perspectiva de dever prestacional dos Estados signatários, bem como a posiciona no patamar de direito individual da pessoa humana. Vislumbrando-se a perspectiva do direito interno dos Estados signatários, é possível a consolidação quanto ao direito à segurança cuja abrangência é expandida para além da concepção de segurança jurídica, alcançando também a esfera individual e pessoal das pessoas, impondo, portanto, um dever de garantia, que deverá ser positivada pelos Estados de modo a manter a harmonia com a disciplina[7] dos arts. 22 e 27 da referida Convenção.

Dessa maneira, o direito à segurança apresenta uma natureza complexa, de direito negativo, em que a atuação estatal é restringida, e de direito social, em que ao Estado é impingida a prestação positiva do Estado por meio da elaboração e execução de políticas públicas.

TodosOsLivros/Direito-fundamental-a-seguran%C3%A7a-e-direitos-de-liberdade.pdf Acesso em: 12 nov. 2020. p. 66 a 85.

[6] Convenção Interamericana de Direitos Humanos (CIDH):
Art. 7. Direito à liberdade pessoal, dispõe, dentre outros direitos, do direito à liberdade e à segurança pessoal.
Art. 32. Correlação entre deveres e direitos, dispõe, dentre outros direitos, dos limites de direitos individuais dados pelos direitos da comunidade.

[7] Convenção Interamericana de Direitos Humanos (CIDH):
Art. 22. Direito de circulação e de residência, dispõe, dentre outros direitos, sobre do direito de circulação das pessoas em um território do Estado signatário, o qual não poderá restringido senão por virtude de lei, em que a indispensabilidade à prevenção de infrações penais e aos imperativos de segurança pública deverão dar a motivação à lei que trate das restrições ao direito de ir e vir.
Art. 27. Suspensão de garantias, o que dispõe sobre as situações em que os Estados poderão adotar a suspensão, temporária, de garantias ao exercício dos direitos fundamentais, como a declaração de guerra, de perigo público ou de outra emergência que ofereça ameaça à independência ou segurança do Estado signatário, todavia, tal faculdade não poderá suspender o núcleo mais duro de direitos fundamentais, como o direito à vida e o direito à legalidade e da retroatividade, dentre outras restrições ao exercício da suspensão, sendo relevante que o dever de informação aos demais membros da Convenção é requerido para que possa ser validado perante os demais Estados membros.

Ao se iluminar a perspectiva do direito à segurança também como direito social, considerados os demais direitos sociais dispostos no art. 6º da Constituição Federal, observa-se a incidência de outros deveres aos órgãos de segurança público, em que os deveres de eficiência, eficácia às políticas públicas que têm objetivos de segurança pública por finalidade. Todavia, erige-se a tensão desses deveres ao Estado às garantias das liberdades e direitos fundamentais individuais, como o respeito à dignidade da pessoa humana e o bem-estar da sociedade como um todo.

## 2. A Lei nº 13.675/2018 sob a perspectiva do tratamento de dados

Em atendimento ao comando constitucional, sob a perspectiva de que a todos os entes federados incumbe o dever de planejamento e execução de políticas públicas, coube à União a organização e estruturação de um sistema único de segurança pública, de modo a promover a centralização dos dados de diferentes entes federativos. Para tal, foi promulgada a Lei nº 13.675/18, que buscou disciplinar a organização e o funcionamento dos órgãos responsáveis pela segurança pública, além de instituir o Sistema Único de Segurança Pública (SUSP).

A legislação, dentre outros objetivos, consigna o princípio da eficiência, a ser perseguido pelos órgãos responsáveis pela segurança pública no Brasil, bem como, sobretudo, ao prever a elaboração de política nacional de segurança pública, que deverá, por simetria constitucional, servir como baliza para a elaboração e a execução de políticas públicas regionais e locais pelos demais entes federados.

A esse respeito, é relevante trazer a menção ao art. 4º da Lei nº 13.675/18, em que estão entabulados os princípios da Política Nacional de Segurança Pública e de Defesa Social:

> Art. 4º São princípios da PNSPDS:
> (...)
> IV – eficiência na prevenção e no controle das infrações penais;
> V – eficiência na repressão e na apuração das infrações penais;

> VI – eficiência na prevenção e na redução de riscos em situações de emergência e desastres que afetam a vida, o patrimônio e o meio ambiente;
> XVI – transparência, responsabilização e prestação de contas.

Sem prejuízo dos demais princípios gravados pela lei, a recorrência em que o princípio da eficiência é citado permite-nos trazer a reflexão de que os esforços de que deverão ser empreendidos em políticas públicas de segurança pública deverão ser orientados, necessariamente, por ações que busquem oferecer resultados em menor tempo, em que haja a aplicação de meios que permitam oferecer o gerenciamento de ações, a partir da coleta de dados de segurança, entre os quais são relevantes para esta análise:

> Art. 6º São objetivos da PNSPDS:
> I – fomentar a integração em ações estratégicas e operacionais, em atividades de inteligência de segurança pública e em gerenciamento de crises e incidentes;
> II – apoiar as ações de manutenção da ordem pública e da incolumidade das pessoas, do patrimônio, do meio ambiente e de bens e direitos;
> III – incentivar medidas para a modernização de equipamentos, da investigação e da perícia e para a padronização de tecnologia dos órgãos e das instituições de segurança pública;
> IV – estimular e apoiar a realização de ações de prevenção à violência e à criminalidade, com prioridade para aquelas relacionadas à letalidade da população jovem negra, das mulheres e de outros grupos vulneráveis;
> V – promover a participação social nos Conselhos de segurança pública;
> VI – estimular a produção e a publicação de estudos e diagnósticos para a formulação e a avaliação de políticas públicas;
> VII – promover a interoperabilidade dos sistemas de segurança pública;
> VIII – incentivar e ampliar as ações de prevenção, controle e fiscalização para a repressão aos crimes transfronteiriços;
> IX – estimular o intercâmbio de informações de inteligência de segurança pública com instituições estrangeiras congêneres;
> X – integrar e compartilhar as informações de segurança pública, prisionais e sobre drogas;

> XI – estimular a padronização da formação, da capacitação e da qualificação dos profissionais de segurança pública, respeitadas as especificidades e as diversidades regionais, em consonância com esta Política, nos âmbitos federal, estadual, distrital e municipal;
> XII – fomentar o aperfeiçoamento da aplicação e do cumprimento de medidas restritivas de direito e de penas alternativas à prisão;
> XIII – fomentar o aperfeiçoamento dos regimes de cumprimento de pena restritiva de liberdade em relação à gravidade dos crimes cometidos;

No que se refere à disciplina apontada para os objetivos a serem atingidos por meio dessa política, observam-se, ainda que de maneira transversal, que haverá grande esforço para integração de dados obtidos de diferentes fontes, haja vista a complexidade em se dará essa integração, por se tratarem de órgãos de segurança pública dos diversos entes federados, cada qual com sua peculiaridade quanto ao gerenciamento desses dados.

Dessa forma, ante os princípios que iluminam a aplicação dos dispositivos da lei, sobretudo no que se refere aos objetivos que deverão ser atingidos, é possível concluir que, considerada a intenção do legislador, o tratamento e a gestão dos dados pertinentes aos órgãos de segurança pública deverá ser exercido sob a égide da eficiência em seus procedimentos, a fim de que os objetivos possam ser alcançados.

Sob essa perspectiva, a lei ainda define em seu art. 9º o Sistema Único de Segurança Pública (SUSP), sendo que os arts. 35 e 36 da lei apresentam as atribuições conferidas ao SUSP, e os objetivos a serem alcançados pelo órgão, respectivamente. Colocados sob a ótica do tratamento de dados, observa-se novamente que há forte inclinação do órgão em suas atribuições de atividades que se relacionam diretamente àquelas pertinentes ao tratamento de dados, como se observa:

> Art. 36. O Sinesp tem por objetivos:
> I – proceder à coleta, análise, atualização, sistematização, integração e interpretação de dados e informações relativos às políticas de segurança pública e defesa social;
> II – disponibilizar estudos, estatísticas, indicadores e outras informações para auxiliar na formulação, implementação, execução, monitoramento e avaliação de políticas públicas;

> III – promover a integração das redes e sistemas de dados e informações de segurança pública e defesa social, criminais, do sistema prisional e sobre drogas;
> IV – garantir a interoperabilidade dos sistemas de dados e informações, conforme os padrões definidos pelo conselho gestor.
> Parágrafo único. O Sinesp adotará os padrões de integridade, disponibilidade, confidencialidade, confiabilidade e tempestividade dos sistemas informatizados do governo federal.

Ante tais disposições, ficam ainda mais evidenciadas as atribuições de centralização e gerenciamento das atividades de tratamento de dados concernentes à segurança pública sob a coordenação do SUSP. Dessa forma, como o próprio diploma legal busca dispor de maneira antecipada, a adoção de padrões que ofereçam meios para a garantia quanto à incolumidade dos dados e de seu tratamento realizado no âmbito do SUSP parece-nos indicar o alinhamento aos princípios de governança para o tratamento desses dados.

## 3. A importância do tratamento de dados para o setor de segurança pública

Considerada a dinâmica oferecida pela legislação infraconstitucional sobre as ações em segurança pública, sobretudo a partir da promulgação da Lei nº 13.675/18, evidencia-se a busca por maior eficiência nas atividades e políticas públicas voltadas à consecução de políticas públicas em segurança pública. A este respeito, soma-se o contexto de gestão de dados em que a sociedade como um todo se coloca a partir do desenvolvimento de tecnologias de alcance transversal a todos os setores de atividade econômica, tidas como tecnologias 4.0, em que a aplicação de tecnologias habilitadoras eleva a gestão de cidades à condição de controle e gestão de dados de seus habitantes e de suas infraestruturas.

A partir de diversas fontes de sensoriamento, a possibilidade de tratamento de dados em massa condiciona a viabilização de ações em prevenção e predição de ocorrências em segurança pública, ao passo em que a adoção de tecnologias de identificação e de monitoramento podem indicar maiores probabilidades de êxito na identificação e captura de pessoas procuradas pelo sistema de administração da justiça.

Sob essa perspectiva, as ações em segurança pública, mais recentemente, adquiriram status de eixo estruturante no âmbito do estudo[8] "Internet das Coisas: um plano de ação para o Brasil", recebendo para tal a denominação de "Segurança 4.0", cujas atividades tiveram por objetivo a organização, segundo a lógica de um programa para a aplicação de tecnologias de TIC afeitas à "Internet das Coisas" ou IoT (*Internet of Things*) para aplicação no Brasil em seus diversos setores da atividade econômica.

IoT é a expressão que busca designar um conjunto de novos serviços e dispositivos que reúnem ao menos três pontos elementares: conectividade, uso de sensores ou atuadores, e capacidade computacional de processamento e armazenamento de dados.[9] Considera-se que o termo "IoT" tenha sido utilizado em 1999 por Kevin Ashton, do *Massachusetts Institute of Technology* ("MIT"), e novamente em 2009 pelo mesmo autor no artigo "A coisa da internet das coisas".[10] Nesse contexto, a Internet das Coisas se refere sobretudo a dispositivos interconectados que são baseados nas tecnologias de informação e comunicação interoperáveis, existentes e em constante evolução, e que se rela-

[8] O estudo "Internet da Coisas: Um plano de ação para o Brasil", resultou da iniciativa conjunta entre o Banco Nacional de Desenvolvimento Social (BNDES) e o Ministério da Ciência, Tecnologia, Inovações e Comunicações (MCTIC), teve por objetivo propor um plano de ação estratégico para o planejamento de políticas públicas de incentivo ao desenvolvimento no Brasil de iniciativas em IoT, segundo suas diversas possibilidades de aplicação. No documento "Relatório do plano de ação – Iniciativas e Projetos Mobilizadores", um dos produtos desse estudo, publicado em 2017, estabeleceu o plano de ação 2018-2022 para as iniciativas para o setor de segurança pública foram organizadas segundo a vertical de Cidades Inteligentes, de forma a promover assim as bases para o desenho e a execução de políticas públicas de fomento ao setor e de orientação ao setor privado, segundo a aplicação de tecnologias afeitas à IoT e demais tecnologias habilitadoras. Cf. BNDES. **Internet das Coisas: Um plano de ação para o Brasil.** Disponível em: https://www.bndes.gov.br/wps/wcm/connect/site/269bc780-8cdb-4b9b-a297-53955103d4c5/relatorio-final-plano-de-acao-produto-8-alterado.pdf?MOD=AJPERES&CVID=m0jDUok. Acesso em: 30 set. 2020.

[9] PEREIRA NETO, Caio Mário S.; DOUEK, Daniel; ADAMI, Mateus Piva; LA GUARDIA, Renata Borges; LEMOS, Ronaldo. O Direito da Internet das Coisas: desafios e perspectivas de IoT no Brasil. **Portal Jota**, Brasília, 9 de janeiro de 2018. Disponível em: https://www.jota.info/opiniao-e-analise/artigos/o-direito-da-internet-das-coisas-desafios-e-perspectivas-de-iot-no-brasil-09012018. Acesso em: 30 set. 2020.

[10] MAGRANI, Eduardo. **A internet das coisas**. Rio de Janeiro: FGV Editora, 2018. p. 45.

cionam com sistemas capazes de processar e armazenar uma massiva quantidade de dados coletados.

A introdução de tais soluções tecnológicas nos mais diversos espaços e atividades é uma tendência que está transformando a realidade, desde questões cotidianas, como o sistema de iluminação de uma residência, passando pela prestação de serviços públicos essenciais, como transporte e segurança pública, até as atividades comerciais e industriais, com destaque para a agricultura de precisão no Brasil. Tamanho é o potencial desse movimento tecnológico, que estudo do *McKinsey Global Institute* considerou a Internet das Coisas como responsável pelo incremento de 4 a 11 trilhões de dólares à economia global até o ano de 2025, dos quais 50 a 200 bilhões de dólares podem ser alcançados apenas no Brasil.[11] Seus impactos são também bastante relevantes para questões sociais, de maneira que o desenvolvimento das soluções de Internet das Coisas é considerado inclusive como um meio para que os Objetivos de Desenvolvimento Sustentável da Organização das Nações Unidas sejam alcançados.[12]

Em particular quanto ao setor de segurança pública, ao estabelecer que as atividades de segurança pública devem ser organizadas segundo a vertical estratégica de cidades inteligentes, o documento evidencia, para o período de 2018-2022 que as ações dos órgãos de segurança pública e de empresas fornecedoras de tecnologias para o setor deverão se orientar segundo a proposta de integração a um ecossistema maior, nos quais a integração e tratamento de dados referentes à gestão das cidades inteligentes é atividade precípua e fundamental para o adequado funcionamento desses ambientes.

## 4. Riscos e desafios em relação ao tratamento de dados

Considerado o princípio da eficiência, que a Lei nº 13.675/18 define transversalmente como dever ínsito à formulação de políticas públicas que tenham

[11] Relatório de Plano de Ação (Produto 8 – Iniciativas e Projetos Mobilizadores). *In:* BNDES. *Id.* p. 5.

[12] ITU; CISCO. **Harnessing the Internet of Things for Global Developmen**t. Disponível em: https://www.itu.int/en/action/broadband/Documents/Harnessing-IoT-Global-Development.pdf. Acesso em: 20 set. 2020.

por objetivo o atendimento aos objetivos de segurança pública, o aporte tecnológico com vistas ao aumento da capacidade de inteligência de órgãos de segurança pública com vistas às atividades de prevenção tem sido visto como ferramental indispensável para o atingimento desses objetivos. Exemplo pode ser visto em sistemas de monitoramento por câmeras, como o sistema "Detecta", adotado no Estado de São Paulo para a identificação de veículos e atividades suspeitas através de câmeras de monitoramento e com tecnologia OCR. Essa iniciativa, contudo, teve sua eficiência contestada pelo Tribunal de Contas do Estado de São Paulo, que alegou a existência de falhas de planejamento na contratação do serviço, imperfeições nas medidas de segurança da informação, e pouca utilização pelas unidades policiais.[13]

Para além do Estado de São Paulo, cada vez mais municipalidades têm se utilizado de recursos para modernização progressiva da segurança urbana. Geralmente, esse aprimoramento perpassa pela adição às câmaras de equipamentos audiovisuais e microfones de alta definição e sensibilidade, de câmeras com tecnologia OCR (aptas a reconhecer caracteres de placas de veículos) e tecnologia de reconhecimento facial, além de sensores dos mais variados tipos. Na cidade de São Paulo existe o projeto "City Câmera",[14] que tem o objetivo de instalar e permitir o monitoramento urbano a partir de mais de 10.000 câmeras de vigilância, levantando riscos de privacidade diante do acesso facilitado e irrestrito à uma série de câmeras na cidade.

Como visto, o rol de aplicações mais recentes em tecnologias habilitadoras para segurança pública corrobora a perspectiva quanto à ampliação das diversas fontes de coleta de dados e de tratamento de dados para a finalidade de segurança pública, sob a justificativa de conferir maior eficiência às iniciativas.

[13] TRIBUNAL DE CONTAS DO ESTADO DE SÃO PAULO. Relatório de Fiscalização de Natureza Operacional, Solução de Consciência Situacional – TCA nº 17.941/026/2015, Conselheiro Rel. Sidney Estanislau Beraldo. Disponível em: https://www4.tce.sp.gov.br/sites/tcesp/files/downloads/detecta.pdf. Acesso em: 20 out. 2020. O relatório possui o objetivo de "verificar se a aquisição do Detecta atendeu a demanda quanto a ser um software inteligente que automatiza o processo de videomonitoramento dos espaços públicos e reduz o contingente de pessoas dedicadas à função de monitoramento das câmeras; se está operando com as funcionalidades previstas em contrato; bem como se é garantida a confiabilidade e a segurança das informações, além de avaliar os resultados nas atividades de planejamento, prevenção e investigação policial" (fls. 7-8).

[14] PREFEITURA DO MUNICÍPIO DE SÃO PAULO. **Portal Citycameras São Paulo**. Disponível em: https://www.citycameras.prefeitura.sp.gov.br/howworks.

Nesse cenário, a ampliação do uso desses dispositivos interconectados resulta necessariamente no aumento significativo da quantidade de dados coletados, que poderão remeter à velocidade de determinado automóvel e até mesmo à saúde de determinado indivíduo. Considerando que a utilização desses dados é crucial para o desenvolvimento das potencialidades viabilizadas por essas novas tecnologias, a implantação das soluções de IoT deverá ser acompanhada de práticas e procedimentos capazes de proteger a privacidade dos titulares de dados pessoais, especialmente no setor de segurança pública.

Essa preocupação é reforçada diante dos casos cada vez mais recorrentes de uso indevido de informações pessoais e de vazamentos de bases de dados, sendo assim fundamental que a implementação de soluções de IoT seja acompanhada de práticas que garantam a inviolabilidade dos dados pessoais e a segurança da informação de maneira adequada. Como exemplo, os dispositivos característicos da IoT que envolvem a comunicação *machine-to-machine* (conhecida como "M2M"), tais quais os sistemas de monitoramento inteligente por câmeras em locais públicos, apresentam desafios importantes no que tange à proteção da privacidade dos titulares de dados pessoais.

No que tange às informações sobre o tratamento dos dados pessoais nas soluções de IoT, a ausência de uma interface que permita ao usuário acesso às políticas de privacidade de muitos dos dispositivos representa um outro ponto de atenção. Ocorre que, para além desse problema de acessibilidade, é também bastante recorrente que esses documentos sejam redigidos de forma genérica, de modo que, por diversas vezes, a maneira de tratamento dos seus dados permanece opaca para os cidadãos.[15] Outro risco decorrente do vasto volume de dados pessoais utilizados como base para os dispositivos de IoT é a realização de *profiling*, prática que permite a criação de correlações com base nas informações disponibilizadas,[16] e que apresenta como uma das consequências mais drásticas a adoção de condutas de discriminação dos cidadãos com base, por exemplo, em aspectos étnicos ou características socioeconômicas. Além de representar uma grave violação à privacidade do titular dos dados pessoais, o exercício dessa conduta fere ainda o princípio da igualdade entre os indivíduos, razão pela qual deve ser duramente reprimida.

[15] MAGRANI, Eduardo. *Id.* p. 102-103.
[16] MAGRANI, Eduardo. *Id.* p. 98.

Como uma das principais bases legais para o desenvolvimento dessas tecnologias no âmbito da segurança pública, tem-se a possibilidade de monitoramento dos cidadãos em ambientes públicos, respaldada pelo art. 144 da Constituição Federal. Para tanto, costuma-se contar com a instalação de tecnologias de reconhecimento e dos mais variados sensores. Todavia, a aplicação de novas tecnologias de vigilância em prol da segurança dos cidadãos não deve ir de encontro à privacidade e à intimidade destes. Trata-se de prerrogativas muitas vezes postas em xeque pelos sistemas de reconhecimento facial cada vez mais disseminados em ambientes públicos.[17]

Por essa razão, entende-se que, com base na legislação atual, os dados coletados para fins de segurança pública não devem ser utilizados para finalidades distintas daquelas que justificaram a sua coleta, a qual tampouco deve ser realizada de maneira genérica ou arbitrária. Da mesma forma, é essencial atentar para o fato de que tais dados não devem ser acessados por terceiros, nem cedidos para outras entidades. Além disso, o armazenamento desses dados deve observar os parâmetros de segurança vigente, e os dados não utilizados, ou cuja finalidade de coleta tenha se encerrado, devem ser descartados.

Além disso, desafios específicos quanto à natureza das técnicas de processamento de dados também se apresentam. Em especial, fazemos referência à realidade do "viés algorítmico", situação fática que se encontra em dissonância com o princípio constitucional e infraconstitucional, previsto especificamente na Lei Geral de Proteção de Dados (LGPD), da não-discriminação, vide Art. 6º, IX, da LGPD, e Art. 113, §1º, da Constituição Federal.

O fenômeno do "viés algorítmico" vem sendo endereçado pela mídia e pela academia há algum tempo, e consiste em técnica de processamento de dados bastante utilizada para fins de segurança pública. Por exemplo, mencionamos caso nos Estados Unidos em que um algoritmo de inteligência artificial, o "COMPAS", chegou à conclusão de que determinadas pessoas negras eram mais propensas a cometerem crimes do que outras brancas com o mesmo histórico, exatamente porque os dados alimentados a tal sistema eram baseados

[17] WEAVER, Matthew. UK public must wake up to risks of CCTV, says surveillance commissioner. **The Guardian,** Londres, 6 de janeiro de 2015. Disponível em https://www.theguardian.com/world/2015/jan/06/tony-porter-surveillance-commissioner-risk-cctv-public-transparent. Acesso em: 20 set. 2020.

naqueles coletados do sistema carcerário norte-americano, sujeito a vieses racistas de seus próprios operadores.[18]

Mais profundo e facilmente compreensível do que isso, ainda, é o próprio viés inerente a *quem tem acesso* à Internet e às plataformas responsáveis pela coleta e sistematização dos dados analisados. No Brasil, por exemplo, estima-se que somente 69,8% da população acima de 10 anos de idade tenha acesso à Internet, segundo dados do IBGE.[19] Buscar padrões em dados gerados *online* deve necessariamente, caso se proponha a criação de um conhecimento legítimo, considerar as condições materiais subjacentes à existência da própria realidade que se quer analisar. Um algoritmo de reconhecimento facial, por exemplo, que se utilize de bases de dados coletadas da Internet, necessariamente terá menor acurácia quanto a este grupo caso cuidados específicos não sejam tomados pelos desenvolvedores e usuários do sistema. No caso do uso para segurança pública, onde os resultados dos sistemas automatizados podem influenciar no exercício de liberdades e direitos fundamentais, o cuidado com essa realidade deve ser considerado.

Assim, ao analisar-se a aplicação dos princípios da LGPD à atividade de segurança pública, especial atenção deverá ser dada para que esta não resulte na reprodução, potencialização e legitimação, por meio da suposta neutralidade de sistemas algorítmicos, de situações sociais indesejadas pré-existentes, tais como – e em especial – a discriminação estrutural. Assim, especial atenção deve ser dada à utilização da transparência como mecanismo de controle social e público da tecnologia, aos princípios da necessidade e finalidade, de forma a evitar o uso de dados excessivos para as finalidades que se quer atingir, e, de forma geral, da segurança, realizando-se testes prévios para levantamento e mitigação dos riscos inerentes a esse tipo de tecnologia. Outro ponto importante de reflexão no que tange a proteção de dados pessoas nas atividades de segurança pública envolve a identificação cível e sua centralização.

[18] SPIELKAMP, M. Inspecting Algorithms for Bias. **MIT Technology Review**, 12 de junho de 2017. Disponível em: https://www.technologyreview.com/s/607955/inspecting-algorithms-for-bias/ . Acesso em: 20 set. 2020.

[19] AGÊNCIA IBGE NOTÍCIAS. **PNAD continua TIC 2017: Internet chega a três em cada quatro domicílios do País**. 20 de dezembro de 2018. Disponível em: https://agenciadenoticias.ibge.gov.br/agencia-sala-de-imprensa/2013-agencia-de-noticias/releases/23445-pnad-continua-tic-2017-internet-chega-a-tres-em-cada-quatro-domicilios-do-pais . Acesso em: 20 set. 2020.

## 5. A identificação civil nacional e a proteção de dados pessoais

A tentativa de implementação de um sistema nacional e centralizado de identificação pessoal data de, ao menos, duas décadas, dela tendo se ocupado autoridades públicas dos Poderes Legislativo e Executivo, e, mais recentemente, do Poder Judiciário Eleitoral, que iniciou, em 2018, nova sistemática de identificação do eleitor, mediante o recadastramento biométrico.[20]

Não há dúvidas de que a identificação confiável das pessoas é fundamental para o correto, tratamento e divulgação de todos os demais dados estatísticos e geográficos oficiais e dos cadastros e sistemas de informação públicos, para além de ser imprescindível à implementação de políticas públicas e à prestação eficiente de serviços públicos. Há, no Brasil, contudo, uma histórica ineficiência do Poder Público em registrar, manter, acessar e atualizar as informações que identifiquem os indivíduos de maneira desburocratizada e, sobretudo, confiável, sendo certo que essa ineficiência traduz-se, ao final, em dispêndio de recursos e transtornos de diversas ordens tanto para a Administração Pública quanto para o cidadão. Pretende-se, com a adoção do Documento Nacional de Identificação (DNI), economizar recursos bem como a melhora na prestação dos serviços públicos.

Nesse cenário, em 2017, foi aprovada a Lei nº 13.444/2017, que criou a Identificação Civil Nacional, registro cadastral único dos cidadãos, com o escopo declarado de permitir a identificação de toda a população brasileira em suas relações com a sociedade e com os órgãos e entidades governamentais e privados, com previsão expressa de uma ampla interoperabilidade entre diversas bases de dados, compostas por distintos órgãos e entidades públicas, para diferentes finalidades e com distintos fundamentos legais. Permite, ainda, o compartilhamento de dados entre esferas do Poder Público, inclusive para persecução criminal.

Outrossim, para viabilizar a criação de um sistema de identificação civil de dimensão nacional e atual do ponto de vista tecnológico, a Lei nº 13.444/2017

[20] TRIBUNAL SUPERIOR ELEITORAL. **Resolução TSE nº 22.688, de 13 de dezembro de 2007.** Disciplina os procedimentos para a atualização do cadastro eleitoral, decorrente da implantação, em caráter experimental, nos municípios que especifica, de nova sistemática de identificação do eleitor, mediante incorporação de dados biométricos e fotografia, e dá outras providências. Disponível em: https://www.tse.jus.br/legislacao-tse/res/2007/RES226882007.htm . Acesso em: 20 set. 2020.

instituiu, como era de se esperar, as bases legais para a formação de uma vultuosa base de dados pessoais, chamada de Base de Dados da Identificação Civil Nacional (BDICN).[21]

Não é novidade que a Administração Pública tem sob sua responsabilidade inúmeras bases contendo informações pessoais e pessoais sensíveis, obtidas, muitas vezes, de forma compulsória, a exemplo dos dados biométricos coletados para a emissão de documentos ou das informações coligidas com o monitoramento de movimentações financeiras. Ademais, o fato de que o Poder Público é detentor do maior contingente de dados e informações pessoais deflui do próprio exercício da cidadania, na medida em que todos os cidadãos têm algum grau de relacionamento com os entes que integram a administração pública direta e indireta[22]. O tratamento de dados pessoais pelo Poder Público revela-se, na perspectiva da participação social e da cidadania, mandatório, pois imprescindível para o desempenho de seu mandato constitucional.

Não se pode perder de vista, contudo, que o artigo 2º da Lei nº13.444/2017 revela que a BDICN tem o potencial de se tornar uma das maiores bases de dados que o Poder Público manterá sobre os cidadãos brasileiros, não apenas em termos de volume de dados, mas, principalmente, sob a ótica da sensibilidade de uma parte considerável desses dados.

[21] "Art. 2º: A ICN utilizará: I – a base de dados biométricos da Justiça Eleitoral; II – a base de dados do Sistema Nacional de Informações de Registro Civil (Sirc), criado pelo Poder Executivo federal, e da Central Nacional de Informações do Registro Civil (CRC Nacional), instituída pelo Conselho Nacional de Justiça, em cumprimento ao disposto no art. 41 da Lei nº 11.977, de 7 de julho de 2009; III – outras informações, não disponíveis no Sirc, contidas em bases de dados da Justiça Eleitoral, dos institutos de identificação dos Estados e do Distrito Federal ou do Instituto Nacional de Identificação, ou disponibilizadas por outros órgãos, conforme definido pelo Comitê Gestor da ICN".

[22] Nesse sentido, Miriam Wimmer assevera que: "(...) É preciso reconhecer, ademais, que o próprio desenvolvimento da democracia, com suas exigências de liberdade, igualdade perante a lei e inclusão política, foi responsável, em grande parte, pela enorme expansão da base de dados de cidadãos sob a responsabilidade do Estado. De fato, a concretização do princípio da igualdade e dos cidadãos perante o governo e a participação política depende de sua identificação individual e do registro das inúmeras interações entre indivíduos e Poder Público" (WIMMER, Miriam. O Regime Jurídico do Tratamento de Dados Pessoais pelo Poder Público. *In:* DONEDA, Danilo; RODRIGUES JUNIOR, Otavio Luiz; MENDES, Laura Schertel; SARLET, Ingo Wolfgang (Coords.). **Tratado de proteção de dados pessoais**. Rio de Janeiro: Forense, 2021).

Os dois primeiros incisos do artigo 2º da Lei nº 13.444/2017 já abrangem um volume considerável de dados, tais como o registro de nascimento, registro de casamento, impressões digitais, dados relativos ao eleitor, números do CPF, padrões biométricos da face, ao passo que o inciso III do citado artigo prevê uma cláusula aberta, que possibilita ao Comitê Gestor da ICN definir a inclusão de inúmeros outros dados na BDICN, como, por exemplo, o Número de Identificação Social (NIS), o número de Programa de Integração Social (PIS), o número de Programa de Formação do Patrimônio do Servidor Público (PASEP), o número do Cartão Nacional de Saúde (CNS), o número do Título de Eleitor, o número do documento de identidade profissional expedido por órgão ou entidade legalmente autorizado, o número da Carteira de Trabalho e Previdência Social (CTPS), o número da Carteira Nacional de Habilitação (CNH), o número do Certificado Militar, entre outros.

A despeito de inexistir definição na lei de quais sejam exatamente os dados do sistema unificado de identificação civil, é inegável que tal base de dados é capaz de gerar riscos potenciais à privacidade dos cidadãos, agravado esse risco pela própria omissão da Lei nº13.444/2017 a respeito de quais dados serão armazenados e por quanto tempo, como será a forma de coleta, quais as operações de tratamento que podem ser feitas e de que forma.

Se é certo que os dados da ICN servirão para identificar o cidadão com segurança e de forma confiável, de forma a desburocratizar procedimentos e a evitar a prática de fraudes, também é certo que eles permitirão a tomada de decisões por parte das autoridades e gestores públicos, as quais terão influência concreta na vida do cidadão, e, justamente por tal motivo, deve existir o máximo de transparência e controle quanto à coleta e uso dos dados, de quem os acessa, e sobretudo, para quais finalidades. Aliás, a implementação de sistemas centralizados de identificação pessoal por alguns países foi um processo complexo que, em outras épocas, não chegou a vingar por conta de discussões relativas à privacidade dos cidadãos.[23] Some-se a essa constata-

[23] Nesse sentido, esclarecem Luiz Fernando Martins Castro e Danilo Doneda "(...) há mais de quarenta anos, por exemplo, quando na França de 1974 se pretendeu criar um documento com atributos semelhantes, grave preocupação assolou o país. O tradicional jornal "Le Monde" denunciou que o denominado projeto estatal, sob a sigla "SAFARI", deflagaria uma verdadeira "caça aos franceses", ao permitir o controle, pelo governo, de muitos atos e movimentos dos indivíduos. Tal projeto naufragou por conta da pressão que sofreu, e acabou por influenciar

ção o fato de que o tratamento de dados pessoais pelo Poder Público no Brasil revela uma certa continuidade de práticas justificadas por um interesse público genérico, sem maiores cuidados tampouco observância ao direito à privacidade e ao direito à proteção de dados pessoais.

Nesse contexto, uma análise mais detida da Lei nº13.444/2017, em especial da BDICN, desperta uma série de preocupações a respeito da proteção do referido banco de dados, bem como acerca da compatibilidade da Identificação Civil Nacional com a proteção de dados pessoais regulada pela LGPD, as quais serão apontadas a seguir.

De partida, é importante assinalar que a disciplina da proteção de dados pessoais trazida pela LGPD se aplica à regulação da Identidade Civil Nacional, na medida em que a LGPD é aplicável ao tratamento de dados tanto por pessoas jurídicas de direito público como de direito privado. Logo, os dados armazenados na base da ICN estão protegidos pela LGPD.

A LGPD, de seu turno, estabelece como fundamentos o respeito à privacidade, a autodeterminação informativa, a liberdade de expressão, de informação, de comunicação e de opinião, a inviolabilidade da intimidade, da honra e da imagem, o direito ao livre desenvolvimento da personalidade, o desenvolvimento econômico e tecnológico, a livre iniciativa, a livre concorrência e a defesa do consumidor (art. 2º da LGPD). Esses fundamentos vêm refletidos nos princípios que regem o tratamento de dados pessoais: princípio da finalidade, da adequação, da necessidade, do livre acesso aos dados por parte dos titulares, da qualidade dos dados, da transparência e da não discriminação (art. 6º da LGPD). Destarte, não restam dúvidas de que o cidadão deve ter o máximo de controle a respeito da coleta e uso de seus dados armazenados na base de dados da ICN, particularmente sobre quem os acessa e, sobretudo, para quais finalidades.

Entretanto, o art. 3º da Lei nº 13.444/2017 prevê, quase sem ressalvas (exceto no que diz respeito às informações eleitorais), a possibilidade de acesso ao banco de dados da ICN pelo Poder Executivo da União, dos Estados, do

fortemente os modelos de identificação que viriam a ser adotados posteriormente no país" (CASTRO, Luiz Fernando Martins; DONEDA, Danilo. DNI – Os desafios da nova identidade. **Portal Jota,** 2 de abril de 2018. Disponível em: https://www.jota.info/opiniao-e-analise/artigos/dni-os-desafios-da-nova-identidade-02042018. Acesso em: 10 dez. 2020).

Distrito Federal e dos Municípios, sem qualquer necessidade de registro das operações de tratamento e de seu operador.

Outro ponto importante a ser destacado é que a Lei nº13.444/2017 não explicitou que o acesso a BDICN deve ser limitado à necessidade de cada órgão público, imprescindível para prevenir eventuais desvios de finalidade que o acesso universalizado, irrestrito e ilimitado potencializa. Não é demais supor que administradores públicos que detenham determinados perfis de cidadãos possam vir a focar as políticas públicas apenas para alguns deles, vale dizer, a chamada "discriminação estatística" na elaboração de ações afirmativas pelo Executivo. Será tratamento de dados indevido ou abusivo, por exemplo, aquele que forneça à administração pública espectro de possíveis eleitores, aos quais serão prioritariamente destinados os programas de determinada gestão.

Não se olvida de que a LGPD traz diferentes bases legais voltadas especificamente para o tratamento de dados pelo Poder Público. O art. 7º, inciso III, fundamenta a possibilidade de tratamento e uso compartilhado de dados necessários à execução de políticas públicas, desde que previstas em leis e regulamentos ou respaldadas em contrato, convênio ou instrumentos congêneres, ao passo que o art. 11, inciso II, "b", permite, de forma análoga, o tratamento compartilhado de dados sensíveis necessários à execução de políticas públicas. Por sua vez, o art. 23 da LGPD estabelece uma hipótese complementar para o tratamento de dados pelo Poder Público, a saber, a execução de competências legais ou atribuições legais do serviço público.

Todavia, não é menos verdade que o Estado realiza uma ampla gama de atividades de tratamento de dados que não podem ser compreendidas como políticas públicas. Atividades de gestão de servidores públicos e pagamento de salários, por exemplo, são claramente necessárias ao funcionamento da máquina estatal, mas não guardam qualquer relação com a execução de políticas públicas. De seu turno, dados pessoais coletados para a prestação de determinado serviço público devem, à luz dos princípios da transparência e eficiência que regem a Administração Pública, aliados aos princípios da finalidade, adequação e da necessidade previstos na LGPD, ser tratados exclusivamente para a prestação e melhoria daquele serviço especificamente.

Em suma, inexiste uma autorização para o compartilhamento generalizado da BDICN, sem qualquer controle de compatibilidade com as finalidades admitidas em lei. Além disso, tampouco se pode admitir a abstrata e *prima facie* de um interesse público ou de uma eficiência autorizadores do compartilhamento de dados coletados para identificação civil e eleitoral, principalmente em tema de compartilhamento da BDICN para fins de persecução criminal, como autoriza o art. 3º da Lei nº 13.444/2017.

Assim, se por um lado, o sistema nacional e unificado de identificação civil introduzido pela Lei nº 13.444/2017 certamente contribuirá para a promoção da cidadania e da democracia e para coibir fraudes, por outro lado também existe a possibilidade do mau uso da BDICN ensejar a ocorrência de impactos nocivos à autodeterminação informativa, em flagrante violação ao direito à privacidade dos cidadãos, para além da discriminação estatística, de sorte que é de rigor a plena observância da LGPD, a fim de que o tratamento das informações contidas na BDICN se atenha às finalidades específicas de execução de políticas públicas e de cumprimento de obrigações legais, com o máximo de transparência e controle por parte do cidadão quanto à coleta de seus dados, de quem os acessa e, sobretudo, para quais finalidades.

## 6. O projeto de lei específica para a finalidade de segurança pública

Apresentados o arcabouço constitucional e legal que oferece sustentação jurídica para as políticas em segurança pública e a ampla importância que a legislação aplicada concede às atividades que integram o tratamento de dados, insta mencionar a ressalva colocada na LGPD, no que se refere à finalidade de segurança pública:

> Art. 4º Esta Lei não se aplica ao tratamento de dados pessoais:
> III – realizado para fins exclusivos de:
> a) segurança pública;
> b) defesa nacional;
> c) segurança do Estado; ou
> d) atividades de investigação e repressão de infrações penais;
> § 1º O tratamento de dados pessoais previsto no inciso III será regido por legislação específica, que deverá prever medidas proporcionais e estritamente necessárias ao atendimento do interesse público, obser-

vados o devido processo legal, os princípios gerais de proteção e os direitos do titular previstos nesta Lei.
§ 2º É vedado o tratamento dos dados a que se refere o inciso III do caput deste artigo por pessoa de direito privado, exceto em procedimentos sob tutela de pessoa jurídica de direito público, que serão objeto de informe específico à autoridade nacional e que deverão observar a limitação imposta no § 4º deste artigo.

Como se verifica do rol de hipóteses consignado pelo inciso III do art. 4º da LGPD, são excepcionalizadas à disciplina do referido diploma legal o tratamento de dados com a finalidade de segurança pública. Todavia, essa exceção não é absoluta, pois ainda que haja a previsão de que o tratamento de dados que apresente por finalidade a segurança pública deverá ser regido por legislação específica, essa legislação deverá observar os princípios gerais de proteção e de direitos dispostos na LGPD, conforme expressa previsão pelo §1º do art. 4º da referida Lei.

Desta feita, observa-se que ainda há restrição quanto à natureza da pessoa jurídica que poderá realizar o tratamento de dados para a finalidade exclusiva de segurança pública, sendo que às pessoas de direito privada é vedado o exercício dessa função, excetuando-se tal vedação somente em situações em que houve a tutela por pessoa jurídica de direito público, de modo que o legislador buscou oferecer salvaguardas ao exercício do tratamento de dados para essa finalidade aos órgãos de segurança pública elencados no art. 244 da Constituição Federal, buscando assim preservar atividades típicas de Estado aos órgãos constitucionalmente dotados de competência para essa finalidade.

A esse respeito, considerada a natureza das atividades relacionadas aos objetivos de segurança pública, a escolha do legislador em gravar a necessária observação do princípio da legalidade, em sentido estrito, no que se refere à elaboração de lei específica que deverá estabelecer as condições para o tratamento de dados para essa finalidade, observada a necessária aplicação dos princípios gerais da LGPD deverão ser observados na legislação específica que deverá disciplinar o tema a essa finalidade.

Colocada a exceção ao tratamento pela LGPD, e o comando para o legislador tratar da questão de maneira específica, em novembro de 2019 foi instituída uma Comissão de Juristas,[24] no âmbito das comissões da Câmara dos Deputados, com a finalidade de elaborar o anteprojeto dessa legislação específica para o tratamento de dados pessoais no âmbito de segurança pública e de persecução penal.

Conforme se observa das orientações gerais que têm sido apresentadas na discussão do anteprojeto de lei, por incorporar sob a mesma proposta de diploma legal as finalidades de segurança pública e de persecução penal, uma necessária distinção quanto à natureza dos direitos afrontados pela incidência de lei específica é pertinente para a definição dos dispositivos legais.

A esse respeito, os apontamentos apresentados por integrantes[25] da comissão quanto à diferenciação da natureza do direito afrontado é relevante para que possam ser concebidas quais medidas serão mais restritivas, acompanhadas de ônus argumentativo que poderá deverá acompanhar, proporcionalmente, o grau de intromissão que a finalidade de tratamento de dados deverá alcançar.

No que se refere à finalidade de segurança pública, pondera-se que o direito afrontado seja proteção de dados pessoais, nos termos do art. 2° da LGPD, cuja eventual intromissão deverá ser sopesada sob os princípios gerais da LGPD, sobretudo no que concerne à adequação e necessidade, definida a finalidade para o tratamento de dados, observado o devido processo legal.

De outra banda, no que se refere à finalidade de persecução penal, os trabalhos da comissão apontaram que as atividades de tratamento de dados afrontariam o direito à privacidade, nos termos do art. 5°, inciso X da Constituição, e para tal, além dos princípios gerais da LGPD, deverá haver a estrita observação do princípio da legalidade, proporcionalidade, sem prejuízo de se observar a disciplina de legislação específica, quando aplicável.

[24] CÂMARA DOS DEPUTADOS. **Seminário Internacional da Comissão de Juristas. Proteção de dados pessoais na segurança pública e investigação criminal**. Disponível em: https://www2.camara.leg.br/atividade-legislativa/comissoes/grupos-de-trabalho/56a-legislatura/comissao-de-juristas-dados-pessoais-seguranca-publica/reunioes/seminario-internacional-da-comissao-de-juristas/SeminarioInternacionalversaofinal.pdf . Acesso em: 20 set. 2020.

[25] Comentários de Bruno Bioni proferidos no âmbito do Seminário Internacional da Comissão de Juristas – Proteção de dados pessoais na segurança pública e investigação criminal, realizado em 8 de julho de 2020. SEMINÁRIO DISCUTE PROTEÇÃO DE DADOS PESSOAIS. 08/0720. Brasília, Câmara dos Deputados, 2020. 1 vídeo (2h35min17s). Disponível em: https://www.youtube.com/watch?v=f9VRTtlBlaY. Acesso em: 20 set. 2020.

Apresentada essa proposta de diferenciação quanto à natureza do direito afrontada, dada a finalidade, a proposição quanto à identificação da justa causa que autorize a intervenção estatal, no caso os órgãos de segurança pública, é importante mencionar que a competência informacional destina-se ao momento anterior ao cometimento do delito, sendo que a identificação das atividades necessárias ao tratamento de dados para a finalidade de segurança pública representaria a fase objetiva da justa causa, de outro lado, a identificação quanto aos sujeitos de direito que desempenharão essas atividades refere-se à fase subjetiva, no caso os órgãos de segurança pública. O integrante da comissão ponderou que para a finalidade de segurança pública, ao agente de tratamento de dados recairá maior ônus argumentativo para a motivação da justa causa.

Por seu turno, no que se refere à finalidade de persecução penal, considerada a existência de legislação específica para algumas situações, as autoridades estatais têm usado métodos de interpretação que aplicam a analogia como motivação para a aplicação dessa legislação, todavia, ponderado o risco jurídico que se coloca pela inobservância à adequação requerida para o tratamento de dados, a conclusão é a de que a aplicação analógica coloca em risco a preservação e a observação dos princípios gerais da LGPD.

Dentre outras propostas apresentadas pela comissão, os apontamentos apresentados pareceram convergir para a definição de uma lei que seja balizada por princípios, com o objetivo assim de se ver assegurada a perenidade da lei em face do rápido desenvolvimento tecnológico, além de se observar os princípios gerais insculpidos na LGPD.

Cumpre a referência à experiência da União Europeia como modelo à proposta brasileira de legislação específica para regular o tratamento de dados com a finalidade de segurança pública. No caso, a partir da publicação da Diretiva EU 2016/680, com a finalidade segurança pública e de persecução penal, no âmbito da União Europeia, evidenciou-se a semelhança que o projeto de lei no Brasil deverá seguir, observado o princípio da legalidade estrita, a adequação e proporcionalidade na aplicação em atividades de tratamento de dados com a finalidade de segurança pública, com foco em prevenção, e em persecução penal.

Importa mencionar que o modelo adotado pela União Europeia, a legislação específica, prenuncia a necessária observação aos princípios gerais da

GDPR (*General Data Protection Regulation*), demonstrando assim o alinhamento do legislador brasileiro à proposta de modelo europeu. De maneira geral, algumas recomendações quanto à definição de obrigações específicas conduzidas a partir da experiência da União Europeia poderão ser interessantes para a legislação brasileira, tais como a manutenção de registros, a necessária revisão humana de decisões automatizadas, o direito à retificação de dados, a harmonização do caráter fundamental de proteção de dados com ações diretas e concretas, como se observa em situações de intercâmbio de dados, com especial destaque para a gestão de dados, a confiança no cidadão e a cooperação internacional, com ênfase no desenho de medidas robustas de proteção de dados, que garantam a integridade e a confiabilidade desses dados.

## Conclusões

Conforme aqui exposto, é inegável que o desenvolvimento de soluções tecnológicas apresenta benefícios consideráveis para o país no setor de segurança pública. No entanto, tendo em vista que a coleta e o tratamento de uma grande quantidade de dados pessoais representam uma das características mais marcantes dessas tecnologias, é essencial que o seu desenvolvimento e adoção seja acompanhado de uma garantia de uma proteção eficaz à privacidade dos cidadãos, cujos dados pessoais funcionam como substrato para muitas dessas tecnologias.

Desse modo, com o objetivo de coibir abusos no uso de dados, o Poder Público deve impor limites a utilização das novas tecnologias para segurança pública, através de uma análise de necessidade e proporcionalidade de referidas medidas em face dos direitos individuais dos cidadãos. Além disso, o Poder Público deve também avaliar os níveis de efetividade do uso dessas novas soluções de monitoramento, uma vez que falhas de efetividade em tais aplicações podem gerar questionamentos sobre a necessidade da implementação do sistema, inclusive no que tange a falhas de viés.

É relevante que se mantenha a perspectiva quanto ao necessário debate quanto à pretensa busca por eficiência em políticas públicas de segurança pública obtida a partir do aporte tecnológico. Há também de se considerar um necessário reequilíbrio no binômio eficiência e preservação da privacidade de dados pessoais, sob risco de se ver mitigados direitos fundamentais sob uma alegada neutralidade que o aporte tecnológico poderia representar. Para tal, como já se demonstrou em países que adotaram modelos semelhantes à LGPD, o debate público é fundamental, e especificamente quanto à matéria de segurança pública, a edição de lei específica parece ser peça indispensável na harmonização desse binômio.

A futura lei específica para a finalidade de segurança pública terá um papel primordial nesse processo, buscando achar um equilíbrio entre o desenvolvimento adequado das atividades de segurança pública com a proteção dos dados pessoais dos cidadãos, sobretudo ao identificar, de maneira clara, os institutos que serão cabíveis ao tratamento de dados pessoais em fase de prevenção e de persecução penal.

## Referências

AGÊNCIA IBGE NOTÍCIAS. **PNAD continua TIC 2017: Internet chega a três em cada quatro domicílios do País**. 20 de dezembro de 2018. Disponível em: https://agenciadenoticias.ibge.gov.br/agencia-sala-de-imprensa/2013-agencia-de-noticias/releases/23445-pnad-continua-tic-2017-internet-chega-a-tres-em-cada-quatro-domicilios-do-pais . Acesso em: 20 set. 2020.

BNDES. **Internet das Coisas: Um plano de ação para o Brasil.** Disponível em: https://www.bndes.gov.br/wps/wcm/connect/site/269bc780-8cdb-4b9b-a297-53955103d4c5/relatorio-final-plano-de-acao-produto-8-alterado.pdf?MOD=AJPERES&CVID=m0jDUok. Acesso em: 30 set. 2020.

CÂMARA DOS DEPUTADOS. **Seminário Internacional da Comissão de Juristas. Proteção de dados pessoais na segurança pública e investigação criminal**. Disponível em: https://www2.camara.leg.br/atividade-legislativa/comissoes/grupos-de-trabalho/56a-legislatura/comissao-de-juristas-dados-pessoais-seguranca-publica/reunioes/seminario-internacional-da-comissao-de-juristas/SeminarioInternacional-versaofinal.pdf . Acesso em: 20 set. 2020.

CASTRO, Luiz Fernando Martins; DONEDA, Danilo. DNI – Os desafios da nova identidade. **Portal Jota,** 2 de abril de 2018. Disponível em: https://www.jota.info/opiniao-e-analise/artigos/dni-os-desafios-da-nova-identidade-02042018. Acesso em: 10 dez. 2020.

FERREIRA, Carolina Cutrupi et al . A tecnologia a serviço da segurança pública: caso PMSC mobile. **Rev. direito GV**, São Paulo, v. 16, n. 1, e1947, 2020. Disponível em: http://www.scielo.br/scielo.php?script=sci_arttext&pid=S1808-24322020000100400&lng=en&nrm=iso. Acesso em: 20 nov. 2020.

FORUM BRASILEIRO DE SEGURANÇA PÚBLICA. **Anuário Brasileiro de Segurança Pública 2020.** Disponível em: https://forumseguranca.org.br/wp-content/uploads/2020/10/anuario-14-2020-v1-interativo.pdf. Acesso em 13 nov. 2020.

ITU; CISCO. **Harnessing the Internet of Things for Global Developmen**t. Disponível em: https://www.itu.int/en/action/broadband/Documents/Harnessing-IoT-Global-Development.pdf. Acesso em: 20 set. 2020.

LIMA, Renato Sérgio de; BUENO, Samira; MINGARDI, Guaracy. Estado, polícias e segurança pública no Brasil. ***Revista Direito GV,*** São Paulo, v. 12, n. 1, p. 49-85, jan./abr. 2016. Disponível em: http://www.scielo.br/scielo.php?script=sci_arttext&pid=S1808-24322016000100049&lng=en&nrm=iso. Acesso em 2 set. 2020.

LORENZONI, Pietro Cardia. Uma consequência do direito fundamental à segurança: imperativos implícitos de tutela processual penal. *In:* MAYA, André Machado; LORENZONI, Pietro Cardia (Orgs.). **Direito Fundamental à segurança e direitos de liberdade**: a complexa harmonia em matéria penal. Porto Alegre: Fundação Escola Superior do Ministério Público, 2019. Disponível em: http://www.mpsp.mp.br/portal/page/portal/documentacao_e_divulgacao/doc_biblioteca/bibli_servicos_produtos/BibliotecaDigital/BibDigitalLivros/TodosOsLivros/Direito-fundamental-a-seguran%C3%A7a-e-direitos-de-liberdade.pdf Acesso em: 12 nov. 2020.

MAGRANI, Eduardo. **A internet das coisas**. Rio de Janeiro: FGV Editora, 2018.

PEREIRA NETO, Caio Mário S.; DOUEK, Daniel; ADAMI, Mateus Piva; LA GUARDIA, Renata Borges; LEMOS, Ronaldo. O Direito da Internet das Coisas: desafios e perspectivas de IoT no Brasil. **Portal Jota**, Brasília, 9 de janeiro de 2018. Disponível em: https://www.jota.info/opiniao-e-analise/artigos/o-direito-da-internet-das-coisas-desafios-e-perspectivas-de-iot-no-brasil-09012018. Acesso em: 30 set. 2020.

PREFEITURA DO MUNICÍPIO DE SÃO PAULO. **Portal Citycameras São Paulo**. Disponível em: https://www.citycameras.prefeitura.sp.gov.br/howworks.

SEMINÁRIO DISCUTE PROTEÇÃO DE DADOS PESSOAIS. 08/0720. Brasília, Câmara dos Deputados, 2020. 1 vídeo (2h35min17s). Disponível em: https://www.youtube.com/watch?v=f9VRTtlBlaY. Acesso em: 20 set. 2020.

SPIELKAMP, M. Inspecting Algorithms for Bias. **MIT Technology Review**, 12 de junho de 2017. Disponível em: https://www.technologyreview.com/s/607955/inspecting-algorithms-for-bias/ . Acesso em: 20 set. 2020.

TRIBUNAL DE CONTAS DO ESTADO DE SÃO PAULO. Relatório de Fiscalização de Natureza Operacional, Solução de Consciência Situacional – TCA nº 17.941/026/2015, Conselheiro Rel. Sidney Estanislau Beraldo. Disponível em: https://www4.tce.sp.gov.br/sites/tcesp/files/downloads/detecta.pdf. Acesso em: 20 out. 2020.

TRIBUNAL SUPERIOR ELEITORAL. **Resolução TSE nº 22.688, de 13 de dezembro de 2007**. Disciplina os procedimentos para a atualização do cadastro eleitoral, decorrente da implantação, em caráter experimental, nos municípios que especifica, de nova sistemática de identificação do eleitor, mediante incorporação de dados biométricos e fotografia, e dá outras providências. Disponível em: https://www.tse.jus.br/legislacao-tse/res/2007/RES226882007.htm . Acesso em: 20 set. 2020.

WEAVER, Matthew. UK public must wake up to risks of CCTV, says surveillance commissioner. **The Guardian,** Londres, 6 de janeiro de 2015. Disponível em https://

www.theguardian.com/world/2015/jan/06/tony-porter-surveillance-commissioner--risk-cctv-public-transparent. Acesso em: 20 set. 2020.

WIMMER, Miriam. O Regime Jurídico do Tratamento de Dados Pessoais pelo Poder Público. *In:* DONEDA, Danilo; RODRIGUES JUNIOR, Otavio Luiz; MENDES, Laura Schertel; SARLET, Ingo Wolfgang (Coords.). **Tratado de proteção de dados pessoais**. Rio de Janeiro: Forense, 2021.

# 4.
# *Predictive Policing* e Discriminação: Instrumento para Segurança Pública em uma Democracia?

*Catherine Ruriko Sato*

## Introdução

O *predicitve policing* tem sido indicado como uma ferramenta moderna e capaz de diminuir as taxas de criminalidade nas grandes metrópoles. Baseada em algoritmos alimentados por dados das mais diferentes fontes, conseguiria elevar a eficiência da antiga mancha criminal, alimentada apenas por dados dos próprios órgãos de segurança. Essa nova tecnologia seria capaz não apenas de indicar os locais de maior criminalidade, como também delinear perfis daqueles com tendência criminal. E, com o uso combinado de softwares de reconhecimento facial, poderiam também levar os agentes de segurança pública diretamente aos alvos das operações.

Infelizmente, a discriminação racial e os limites da própria tecnologia têm mostrado que o *predictive policing* é uma ferramenta bastante perigosa para os direitos individuais, especialmente a proteção de dados, seja da própria imagem, seja de dados aleatórios, os quais permitem a identificação de certa pessoa como incluída em um perfil de possível criminoso.

Seus defensores têm traçado diversos critérios para tentar contornar o que se convencionou chamar de "viés" do algoritmo, o qual se refere aos efeitos discriminatórios produzidos pelo uso da ferramenta. Dessa forma, defende-se sua implementação, mesmo diante dos evidentes riscos entre eles, a identificação errônea do alvo, o estímulo para confronto policial, com possíveis vítimas letais, e acusações de abuso de poder dos agentes de segurança pública.

Esse artigo busca demonstrar que, presente a discriminação e ausente a igualdade, não há que se falar em um instrumento legítimo e democrático para a segurança pública. É, nesse caso, ilegal a não aplicação da Lei Geral de Proteção de Dados, assim como descabida a exceção à autodeterminação informativa, de parcela expressiva de população. Por meio desse artigo, defendo o banimento da ferramenta, diante de seus riscos democráticos, com base no princípio da precaução.

## 1. É possível justificar o afastamento da autodeterminação informativa no predictive policing, considerando-o um instrumento de segurança pública na democracia?

A polícia preditiva foi apresentada como uma ferramenta de avançada tecnologia, capaz não apenas de identificar locais criminógenos, como também de assegurar a segurança,[1] antes mesmo que ocorresse qualquer evento criminoso, a partir da análise de perfis de pessoas potencialmente perigosas, a partir de algoritmos. Aparecendo como uma resposta às crescentes taxas de criminalidade e à necessidade de emprego de recursos com mais eficiência, esse novo modo de vigilância foi rapidamente adotado.[2]

[1] BAUMAN, Zygmunt & LYON, David. **Liquid Surveillance**. Cambridge: Polity, 2013. p. 100. (tradução livre): "Essa necessidade de segurança estaria associada ao desejo de total ausência de consequências imprevistas ou reveses do destino, imaginando, inclusive, que poderia se tratar de um conceito intuitivo de ordem".

[2] LYON, David. Liquid Surveillance: The Contribution of Zygmunt Bauman to Surveillance. **Studies in International Political Sociology**, v.4, issue 4, p. 325–338, Dec. 2010. Disponível em: https://doi.org/10.1111/j.1749-5687.2010.00109.x. Acesso em: 11 jan. 2021. Lyon conecta de forma indissociável a demanda política do século XXI por segurança e a ampliação da vigilância, como investimento em novas tecnologias, capazes de nos proteger de riscos pouco definidos. No entanto adverte que a segurança de hoje gera diferente formas de insegurança, como um

No entanto, esses novos modelos de vigilância trazem mudanças radicais para o conceito de suspeito, já que haverá uma ampliação sem precedentes daquelas pessoas que virão a ser investigadas. Assim, torna-se imperioso ampliar o que as justificativas para a vigilância de certa pessoa, levando-se à "flexibilização" do conceito de "suspeito", isto é, do afrouxamento da necessidade de uma justificativa para a vigilância.

Essa expansão do conceito de suspeito,[3] trazida pelas abordagens antecipadas, baseadas na necessidade de prevenção, tem como foco identificar certo indivíduo como perigoso, a partir de inferências baseadas em dados para se criar perfis. No entanto, essas inferências podem ser feitas de forma tênue e distorcida,[4] incriminando inocentes.

De acordo com Ferguson,[5] *predictive policing* tem suas origens na criminologia ecológica, a qual busca estudar e identificar padrões de comportamento criminoso, as quais foram aperfeiçoadas pelas novas tecnologias de coleta de dados, mas que apresenta diversos desdobramentos. O *Predictive Policing 1.0* envolve a coleta de dados criminais históricos, tempo, lugar e tipo, assim como, a aplicação de um algoritmo experimental, para determinar as áreas de atividade criminal, principalmente de crimes patrimoniais. Já o *Predictive Policing 2.0,* refere-se a lugares em que crimes violentos, costumam acontecer, diante

subproduto, ou como efeito de uma opção política deliberada, mantendo o sentimento de insegurança da população que busca proteger. Assim, criam-se novas categoriasde risco, as quais, podem acidentalmente incluir cidadãos inocentes como suspeitos ou excluir alguém da participação ou de algum direito, sendo que, evidentemente pode ser um meio de propagação das desigualdades sociais. Lyon cria o conceito de vigilância liquida, considerando que a fragilidade dos laçossociais é capaz de transformar cidadãos comuns em suspeitos, abrangendo a redução do corpo a dados, permitindo-se a criação de *data-doubles.* Eles seriam baseados nos dados de atividades, conexões, performances, transações de cada indivíduo. Esses dados "criam" as pessoas dentro do sistema. Enfatiza que, considerando-se a forma que os dados pessoais são usados, todos os que vivem nas sociedades modernas são rotineiramente alvos e categorizados por inúmeras organizações. Assim, o conceito de vigilância líquida traduz o movimento do fluxo de dados, o qual se dá livremente entre e dentro de receptáculos.

[3] BAUMAN, Zygmunt & LYON, David. *Id.* p.87 e 92

[4] LYON, David. Surveillance, Snowden, and Big Data: Capacities, consequences, critique. **BigData & Society**, 9 July 2014. Disponível em: https://journals.sagepub.com/doi/10.1177/2053951714541861. Acesso em; 11 jan. 2021. p. 7.

[5] FERGUNSON, Andrew G. Policing Predictive Policing. **Washington University Law Review**, v. 94, issue 5, p.1109-1189, 2017. Disponível em: https://openscholarship.wustl.edu/law_lawreview/vol94/iss5/5/. Acesso em: 11 jan. 2021.

de vulnerabilidades existentes no lugar, como má iluminação, facilidade de fuga. No caso da *Predictive Policing 3.0,* mudou-se o foco, para se concentrar em pessoas envolvidas em atividades criminosas. Assim, o lugar não é mais o foco, mas a pessoa com tendência criminosa, considerando seus contatos mais próximos, como se fossem vulnerabilidades do ambiente, encorajariam atividades criminosas. Além disso, envolve as capacidades do *big data* para desenvolver perfis, com base em antecedentes criminais. A abordagem a ser realizada com base na ferramenta seria de cunho assistencialista, mas chega a ser bastante intrusiva, pois inclui uma notificação pessoal, a ser entregue na residência do indivíduo. A polícia preditiva baseia-se tanto na vigilância, a partir da coleta de dados e conclusões retiradas a partir dela, como na criação de perfis, a partir da categorização de certas pessoas como perigosas, utilizando-se de critérios que já foram identificados como discriminatórios.

Essas falhas da ferramenta, imbricadas na própria lógica de seu funcionamento, são bem retratadas por Strikwerda.[6] Primeiro, trata da natureza dos dados, considerando que a própria tipificação penal, por ser algo aberto à interpretação, já se apresenta como um problema para esse instrumento. Além disso, há a desconexão entre a realidade e os dados apresentados à polícia. Tanto a cifra negra, que corresponde aos crimes não reportados aos órgãos de segurança pública como aqueles sempre reportados, por serem cometidos por pessoas ou locais já vigiados, acabam por causar deturpação nas estatísticas do sistema.

Strikwerda acredita que essa falha esteja muito relacionada com a análise de risco das pessoas. Assim, aquelas com passagens anteriores pela polícia são consideradas de risco mais alto que os demais, sendo essa uma das razões para que os negros e as pessoas mais pobres venham a ser consideradas como mais perigosas, levando à perpetuação da discriminação. Considera, também, que os dados usados pela ferramenta são dados do passado, históricos, assim, a determinação de padrões tomará como base os acontecimentos do passado. No entanto, mudando-se os fatores, o algoritmo já não terá valia. Tal modelo impede a transparência, já que o conhecimento dos fatores exterminaria a

[6] STRIKWERDA, Litska. Predictive policing: the risks associated with risk assessment. **The Police Journal: Theory, Practie and Principles**, p. 1-15, 2020, Disponível em: https://journals.sagepub.com/doi/pdf/10.1177/0032258X20947749. Acesso em: 11 jan. 2021.

efetividade do algoritmo. E, por fim, considera que os dados omitidos não podem ser considerados irrelevantes.

Especificamente sobre a questão dos dados que vem alimentar esses algoritmos, é essencial tratar dos *dirty data*, termo que, conforme Richardson, Shultz e Crawford,[7] é comumente usado em pesquisa de mineração de dados, para se referir a casos de dados faltantes, errados, representações de dados fora dos padrões, contudo, incluíram a cultura de produção de dados da polícia, originados em corrupção, práticas discriminatórias e ilícitas, tanto aqueles intencionalmente manipulados, como aqueles distorcidos, por preconceitos pessoais ou sociais. Da mesma forma, o conceito foi amplo o suficiente para tratar dos dados provenientes de prisão de pessoas inocentes e denunciação falsa de crimes. Incorporam também o uso subsequente de tais dados, que perpetuam a distorção dos dados policiais, tais como manipulação sistêmica de estatística de crimes para tentar promover certas relações públicas, financiamento ou efeitos políticos.

Primeiro, os autores retratam que há poucos incentivos e quase nenhum requisito para os departamentos de polícia monitorarem e reformarem as práticas ou políticas que criam dados discriminatórios. Em segundo lugar, esclarecem que não há metodologia para identificar essas práticas problemáticas e políticas enquanto elas ocorrem, podendo estar sujeitas a uma carga adicional dessas práticas discriminatórias. Em terceiro, há uma falha fundamental dos dados da polícia é que não capturam todas informações sobre crimes relevantes, por causa das práticas institucionais que ignoram certos tipos de crime ou criminosos, assim como a dificuldade de acompanhamento dos eventos em certas comunidades, mencionando também as práticas antiéticas que levam à omissão ou manipulação de registros policiais. Concluem que é tecnicamente impossível a correção pelo fornecedor dos algoritmos de dados omitidos.

Evidentes os obstáculos para sua aplicação, não há que se falar em superioridade de rendimento em relação às demais ferramentas de policiamento. No entanto, por se tratar de uma aplicação tecnológica, a qual exerce fascínio por

[7] RICHARDSON, Rashida; SCHULTZ, Jason M,; CRAWFORD, Kate. Dirty data, bad predictions: how civil righrs violations impact police data, predictive policing systems, and justice. **NYULaw Review**, v. 94, May 2019, p. 192-233. Disponível em: https://www.nyulawreview.org/wp- content/uploads/2019/04/NYULawReview-94-Richardson_etal-FIN.pdf. Acesso em: 11 jan. 2021.

si mesma, ela já foi ofertada como resposta aos problemas discriminatórios em abordagem policiais nos Estados Unidos, como resposta ao movimento "*Black Lives Matter*", em 2015.[8] Curiosamente, esse mesmo movimento social norte-americano foi responsável por uma virada na aceitação dessa tecnologia.[9]

A cidade norte-americana de Santa Cruz[10] foi a primeira a banir tal sistema, o qual era equipado com o uso de algoritmos e sistema de identificação facial. Essa decisão teria sido motivada pelos efeitos discriminatórios causados pela ferramenta, especialmente considerando afrodescendentes e asiáticos. O mesmo deu-se nas cidades de Boston,[11] San Francisco,[12] Portland,[13] entre outras, quanto ao uso do reconhecimento facial.

Diante dos indicativos de que os *softwares* de reconhecimento facial seriam falhos em identificar rostos de afrodescendentes e asiáticos, houve reação das grandes empresas do setor de tecnologia, deixando de fornecer o para finalidades de policiamento.[14] Tal caráter discriminatório já havia sido representado

[8] BRAYNE, Sarah. Big Data Surveillance: The case of Policing**. American Sociological Review**, v. 82, issue 5, p. 977-1008, 2017. Disponível em: https://www.asanet.org/big-data-surveillance-case-policing . Acesso em: 11 jan. 2021.

[9] Carta-aberta com mais de 2000 assinaturas de especialistas contrários à publicação de artigos científicos que venham a enaltecer *o predictive policing.* Cf COALITION FOR CRITICAL TECHNOLOGY. Abolish the #TechToPrisonPipeline. 23 de junho de 2020. Disponível em: https://medium.com/@CoalitionForCriticalTechnology/abolish-the-techtoprisonpipeline-9b5b14366b16. Acesso em: 11 jan. 2021.

[10] STURGILL, Kristi. Santa Cruz becomes the first US city to ban predictive police**. LOS ANGELES TIMES**, Los Angeles 26 de junho de 2020. Disponível em: https://www.latimes.com/california/story/2020-06-26/santa-cruz-becomes-first-u-s-city-to-ban-predictive-policing. Acesso em: 11 jan. 2021.

[11] RAY, Siladitya. Boston bans Municipal use of facial recognition. **FORBES,** 24 de junho de 2020. Disponível em : https://www.forbes.com/sites/siladityaray/2020/06/24/boston-bans-municipal-use-of-facial-recognition/?sh=6cb2ec2286f9. Acesso em: 11 jan. 2021.

[12] CONGER, Kate; FAUSSET, Richard; KOVALESKI, Serge F. San Francisco bans facial recognition technology. **The New York Times.** Nova Iorque, 14 de maio de 2019. Disponível em: https://www.nytimes.com/2019/05/14/us/facial-recognition-ban-san-francisco.html. Acesso em: 11 jan. 2021.

[13] METZ, Rachel. Portland passes broadest facial recognition ban in the US. 10/09/20. **CNN Business,** 10 de setembro de 2020. Disponível em: https://edition.cnn.com/2020/09/09/tech/portland-facial-recognition-ban/index.html. Acesso em: 11 jan. 2021.

[14] A Microsoft não fornecerá seu programa de reconhecimento facial para a polícia, assim como aAmazon e a IBM. (GREENE, Jay. Microsoft won't sell police its facial-recognition technology, followingsimilar moves by Amazon and IBM. **The Washington Post,** Washington, 11 de junho de 2020. Disponível em: https://www.washingtonpost.com/technology/2020/06/11/

em um estudo do MIT e da Universidade de Stanford em 2018,[15] o qual mostrou que as taxas de erro para determinar o gênero de homens de tom claro de pele era de 0.8%, já para as mulheres de tom mais escuros, a taxa de erro foi entre 20.8% a 34.7%. Além disso, já há caso de uma pessoa presa por erro originado por algoritmo de reconhecimento facial, na cidade de Detroit, o qual passou horas em custódia, tendo sido, inclusive, identificado criminalmente.[16]

Há também a aplicação no Estado de São Paulo do Detecta, com um sistema da *Microsoft*, uma adaptação do *Domain Awareness System*, da polícia de Nova Iorque. De acordo com Peron[17]

> Via de regra, o Detecta possui tanto as funcionalidades de sistemas de leitura imagética algorítimica que permitem a produção de dois tipos de alertas, os "Inteligentes" e os "Analíticos", bem como a funcionalidade coleta massiva de dados, construindo bases de dados de georeferenciamento para o policiamento preditivo. Aqui, nos interessam os "Alertas analíticos", os quais baseiam-se em perfis de comportamentos "suspeitos" desenvolvidos pela Polícia Militar em parceria com a PRODESP, para o reconhecimento de condutas através das câmeras..

microsoft-facial-recognition/. Acesso em: 11 jan. 2021). Assim como aIBM não fornecerá o software de reconhecimento facial: "IBM firmly opposes and will not condone the uses of any technology, including facial recognition technology offered by other vendors, for mass surveillance, racial profiling, violations ofbasic human rights and freedoms,"". IBM abandons 'biased' facial recognition tech. **BBC,** 9 de junho de 2020. Disponível em: https://www.bbc.com/news/technology-52978191 . Acesso em: 11 jan. 2021.

[15] BUOLAMWINI, Joy; GEBRY, Timnit. Gender Shades: Intersectional Accuracy Disparities in Commercial Gender Classification. **Conference on Fairness, Accountability and Transparency: Proceedings of Machine Learning Research**, v. 81, 2018, p. 1-15. Disponível em: https://proceedings.mlr.press/v81/buolamwini18a/buolamwini18a.pdf . Acesso em: 11 jan. 2021.

[16] HILL, Kashmir. Wrongfully Accused by na Algorithm. **New York Times,** Nova Iorque, 24 de junho de 2020. Disponívelem: https://www.nytimes.com/2020/06/24/technology/facial-recognition-arrest.html. Acesso em: 11 jan. 2021.

[17] PERON, Alcides Eduardo dos Reis. Segurança preditiva? A incorporação de técnicas de mineração de dados e perfilização em conflitos internacionais com drones pelos EUA e em práticas de vigilância pela Polícia Militar do Estado de São Paulo. IV Simpósio Internacional LATVIS. **Nuevos paradigmas de la Vigilancia? Miradasdesde America Latina.** Buenos Aires, 2016. Disponível em: https://lavits.org/wp-content/uploads/2017/08/P4_Peron.pdf . Acesso em: 11 jan. 2021. p.7.

> (...) Ao cruzar os dados do Registro Digital de Ocorrência (RDO), Detram, Chamados 190 e Fotocrim, a ideia é que isso permita a construção de estatísticas sobre ocorrências, bem como a perfilização de condutas criminosas em regiões específicas capaz de subsidiar uma prática de policiamento preditivo na PM paulista (...) Todavia, conforme um relatório desenvolvido pelo Tribunal de Contas do Estado (TCE), que almejava verificar se de fato o Detecta cumpria a sua função (automatizar o processo de vídeo monitoramento dos espaços públicos, se garante a confiabilidade e a segurança das informações, resultados nas atividades de planejamento, prevenção e investigação policial) conclui que, todas as capacidades previstas, alertas, sistemas estatísticos, não são e nem estão operacionais, por inúmeros motivos (...).

Mais adiante, exprime também que, devido a uma série de problemas de ordem técnica, com o Detecta "corre-se o risco de que as informações disponibilizadas no banco de dados possam ser utilizadas para outros fins que não o de segurança pública".[18]

Diante das referidas falhas da ferramenta, as quais viabilizam a discriminação racial, dificilmente pode-se entendê-lo como um instrumento de segurança pública. Sendo capaz de promover e aprofundar a desigualdade entre os cidadãos, é, ele mesmo, uma fonte de risco aos direitos fundamentais.

Apresenta-se como questão precedente ao debate, a caracterização dos instrumentos de segurança pública na democracia, a qual está conectada ao próprio delineamento do conceito jurídico "segurança pública" à democracia.

E, para que se possa traçar o significado jurídico de segurança pública na democracia, tem-se que a possibilidade de discriminação racial já deve ser entendida como suficiente para o tornar ilegítimo, em um sistema democrático. Habermas,[19] ao tratar da legitimidade do direito em um Estado Democrático, ao tratar da questão da igualdade, defende que, para se saber se tal princípio foi contemplado, deve-se analisar a norma e pensar se os destinatários tê-la-iam concebido daquela forma, podendo-se concluir, com base nisso, se certo direito promove ou prejudica a autonomia.

[18] PERON, Alcides Eduardo dos Reis. *Id.* p.8.

[19] HABERMAS, Jügen. **Direito e Democracia: entre facticidade e validade**, v. II. Rio de Janeiro: Tempo Brasileiro, 2003. p.157-158-160.

Por esses critérios, Habermas[20] afirma que uma regulamentação é discriminadora no sentido formal, quando não leva em conta as limitações derivadas das desigualdades fáticas. Assim, para se considerar a justiça de alguma norma, afirma que se deve considerar se a norma garante igualdade de *status* e de tratamento de cada um, chegando a afirmar que sendo um oprimido, os demais também não são livres, já que todos os membros da comunidade devem ser reconhecidos como iguais. Conclui que a autodeterminação individual somente se constitui através do exercício de direitos que se deduzem de normas produzidas legitimamente, estando conectada à autonomia pública dos cidadãos, a ser exercitada em comum. Considera como injustiça, portanto, uma limitação à liberdade e dignidade humana, podendo ser, inclusive, algo que prive os oprimidos daquilo que os capacita para a autonomia privada e pública.

Dessa forma, presente a discriminação e a injustiça, não se pode considerar o direito legítimo, em uma democracia. No entanto, ao se considerar o *predicitive policing* uma prática adequada à segurança pública, torna-se o próprio conceito indeterminado "segurança pública" ilegítimo diante da democracia, por ferir a igualdade. A conclusão deve ser de afastar tal interpretação, considerando a prática ilícita e inadequada aos fins de segurança pública democráticos.

Nesse caso, não há a autorização para o afastamento da aplicação da Lei Geral de Proteção de Dados, trazida no art. 4º, III.

Além disso, é evidente a inviabilidade de sua harmonização do *predicitive policing* com tratamento de dados pessoais. Essa impossibilidade surge, principalmente da autodeterminação informativa e do respeito à privacidade, fundamentos da Lei Geral de Proteção de Dados brasileira.

O conceito de autodeterminação informativa surge na jurisprudência alemã,[21] sendo identificado como um divisor de águas entre a sociedade e seus subsistemas. Juntamente com a privacidade, é capaz de funcionar como fronteira entre o público e privado, pois evita que informações sensíveis saiam de

[20] HABERMAS, Jügen. Direito e Democracia: entre facticidade e validade, v. II. Rio de Janeiro: Tempo Brasileiro, 2003. p. 157-160.

[21] HORNUNG, Gerrit; SCHNABEL, Christoph. Data protection in Germany I: The population census decision and the right to informational self-determination. **Computer Law & Security Review**, v.25, issue 1, p. 84-88, 2009. Disponível em: https://www.sciencedirect.com/science/article/abs/pii/S0267364908001660 . Acesso em: 11 jan. 2021.

um contexto e venham a ser aplicadas em outro. É essencial para o desenvolvimento autodeterminado de um indivíduo, e pressuposto para a comunicação livre e democrática, pois garante ao indivíduo controlar quais informações suas serão conhecidas por terceiros, impedindo que a total devassa de sua vida venha a inibir sua própria liberdade, pois a autodeterminação informativa e a privacidade são capazes de evitar a modulação da conduta da pessoa, já que a constante ameaça de ser mal entendido por aqueles que o vigiem, impediria que agisse de forma livre, inclusive, na esfera pública, enquanto participe de debates democráticos.

Dificilmente a vigilância marcada por acusações de discriminação poderia ser adequada aos direitos da privacidade e da autodeterminação informativa. Westin,[22] tido como um dos grandes teóricos da proteção de dados, enfatiza a necessidade de limitação dos poderes das autoridades no campo da vigilância. Considera que toda a rede de direitos constitucionais norte-americanos, especialmente a liberdade de expressão, de imprensa, de reunião e de religião são uma forma de proteção contra a investigação sem justificativa. Westin trata das três principais formas modernas de vigilância. A observação, a qual é conhecida pelo alvo, exercendo influência sobre ele. Essa forma é muito usada para forçar o cumprimento de certas normas. Sendo bastante útil em locais públicos. Um segundo tipo seria a extração, isto é, entrar na privacidade de alguém requerendo que revele parte de sua memória ou personalidade tidas como privadas. Seriam os casos de tortura. E, o terceiro tipo seria o da reprodutibilidade, obtido por meio de imagens e sons gravados, sem o

[22] WESTIN, Alan F. Science, privacy and freedom: issues and proposals for the 1970's. Part I – The Current Impacto of Surveillance on Privacy in **Columbia Law Review**, v. 66, n.6, p.1003-1050, June. 1966. Disponível em: https://www.jstor.org/stable/1120997. Acesso em: 11 jan. 2021. Westin considera que todo o indivíduo vive com uma máscara, indicando a representação de si próprio para a audiência social. Sendo ele exposto sem sua máscara à sociedade, onde todos usam máscarase acreditam nas performances mascaradas, será massacrado. É o que ocorre em casos de investigação ou coberturas midiáticas de certos eventos. Identifica a autonomia pessoal como uma das funções da personalidade. Ela se refere à defesa da individualidade, de sua dignidade básica e de seu valor como ser humano, a parir da manutenção de processos sociais que salvaguardam a individualidade Considera que a mais séria ameaça à autonomia individual seria a intrusão em seus círculos internos, tanto para obtenção desuas informações como por aqueles não reconhecem a importância da privacidade. Westin esclarece que a vigilância dos inocentes, sem justificativa, não poderia ser usada *a posteriori* como um trunfo para comprovar sua inocência, já que sua própria existência é deletéria, afetando o comportamento do vigiado.

conhecimento dos alvos. Nesse caso, as pessoas perdem o poder de determinar para quem e quando esses dados serão apresentados.

É possível perceber que, na vigilância do tipo reprodutibilidade, não há qualquer observância à autodeterminação informativa; portanto, essa deve ser justificada. Não pode ser dada para quaisquer fins, principalmente, se reconhecidamente discriminatórios.

A questão da vigilância sobre inocentes acirra-se diante da percepção da falta de segurança da sociedade contemporânea.

Nesse sentido, Westin[23] afirma que as questões de privacidade dos cidadãos tornaram-se ainda mais problemáticas após os atentados de 11 de setembro nos Estados Unidos. Considera que a própria falha dos sistemas de segurança, acabaram por justificar abordagens antecipatórias para se identificar novas ameaças.

Nesse contexto, impossível não se recordar de Agambem,[24] o qual identificou a questão do estado de exceção como anomia, a partir do tratamento dos estrangeiros após os atentados terroristas de 2001. Ao serem despidos de seus direitos humanos básicos, criou-se uma condição de não aplicação do direito, dentro de um Estado de Direito Democrático, a partir do *USA Patriot Act*, o qual facilitava a detenção de estrangeiros suspeitos de atividade que exponha a risco a segurança norte-americana.

Chamou-lhe atenção a anulação de todo o estatuto jurídico do indivíduo, o qual passou a ser algo "juridicamente inominável e inclassificável", sem os direitos da Convenção de Genebra e; muito menos, os da lei nacional. Seriam nada mais do que objetos de uma "dominação de fato", sem a incidência da lei ou controle do Poder Judiciário. Caracterizou a situação como um estado de exceção, isto é, refere-se a uma situação de suspensão do ordenamento jurídico, um caso de anomia.

Importante sempre se ter em mente que as justificativas de segurança não podem levar a estados tais, em que se chegue a considerar como risco aceitável a eliminação da igualdade, justiça, autodeterminação informativa e privacidade de alguns, para favorecer uma potencial e hipotética sensação de segurança.

[23] WESTIN, Alan F. Social and Political Dimensions of Privacy. **Journal of Social Issues**, v. 59, n. 2, p. 1-37, July 2003. Disponível em: https://spssi.onlinelibrary.wiley.com/doi/abs/10.1111/1540-4560.00072 . Acesso em: 11 jan. 2021.

[24] AGAMBEM, Giorgio. **Estado de Exceção**. São Paulo, Boitempo, 2004. p.78-79.

## 3. Aplicação do princípio da precaução para banimento da polícia preditiva

Diante dos riscos para os direitos fundamentais, o banimento da ferramenta seria a opção mais adequada, principalmente, no que se refere à ideia de incerteza científica quanto aos possíveis danos.

Tendo em vista a incerteza quanto ao risco de efeitos danosos para os cidadãos, seria o caso da aplicação do princípio da precaução.

O princípio da precaução[25] somente se aplica para as situações em que os danos eventuais seriam graves ou irreversíveis em um contexto de incerteza científica. Não se parte de uma absoluta falta de previsão do futuro, mas que se tenham verificados os aspectos potencialmente perigosos derivados de um fenômeno e que a avaliação científica não permite determinar o risco com a certeza suficiente. Sua solução é o banimento da tecnologia, opondo-se à razão instrumental,[26] não aceitando a visão de que o progresso tecnológico se traduza na melhoria geral para a condição humana.

Esse princípio valoriza a dignidade humana frente às inovações tecnológicas, permitindo a própria participação dos cidadãos na escolha das decisões que os afetam, impedindo a instrumentalização dos seres humanos. E, no caso da segurança pública, sendo os cidadãos tanto os protegidos como também as vítimas a serem defendidas, a participação das pessoas é essencial. Seria muito mais adequada a escolha por políticas públicas que tratem da causa das altas taxas de criminalidade, após o levantamento de dados de certo local.[27]

Assim, o banimento do *predictive policing* com base no princípio da precaução é uma tentativa de se evitar consequências deletérias aos direitos humanos

[25] CORTINA, Adela. Fundamentos filosóficos del principio de precaución. *In:* ROMEO CASABONA, Carlos María (ed). **Principio de precaución, biotecnologia y derecho**. Bilbao: Comares, 2004. p.3-16.

[26] ADORNO, Theodor; HORKHEIMER, Max. **Dialética do esclarecimento: fragmentos filosóficos**. Jorge Zahar: Rio de Janeiro,1985. p.37. Sobre a razão instrumental: "O pensar reifica-se num processo automático e autônomo, emulando a máquina que ele próprio produz com a finalidade de substituí-lo. O esclarecimento pôs de lado a exigência clássica de pensar o pensamento (...)."

[27] FERGUNSON, Andrew G. Policing Predictive Policing**. Washington University Law Review**, v. 94, issue 5, p.1109-1189. 2017, Disponível em: https://openscholarship.wustl.edu/cgi/viewcontent.cgi?article=6306&context=law_lawreview Acesso em: 11 jan. 2021.

e à própria caracterização do regime democrático. Nesse sentido, adequada a reflexão de Marx:[28]

> A primeira tarefa de uma sociedade que deseja salvaguardar a liberdade e a vida privada consiste em vigiar o abuso da coerção por parte do Estado e de particulares. A segunda é fazer a vigília contra as formas mais sutis de controle secreto e manipulador. Dada a natureza sutil, indireta, invisível, difusa, enganosa e envolvente das justificações benignas desta última, a segunda tarefa é, evidentemente, a mais difícil. Existe uma história apócrifa sobre três criminólogos condenados à guilhotina. O carrasco coloca a cabeça do primeiro sobre o bloco de madeira e corta a corda, mas a lâmina não cai. Toma-se o fenômeno por um ato de Deus, e o prisioneiro é libertado. O segundo criminólogo é trazido e o mesmo fato se repete. Assim que o terceiro é conduzido ao local, ele ergue a cabeça e diz: "Esperem um minuto. Eu acredito que possa consertá-la". Eu espero que em nossos nobres esforços de nos servir da tecnologia para consertar o sistema de Justiça criminal nós não sejamos vítimas da autodestruição ou da destruição social.

## Conclusões

O *predicitive policing* como instrumento para vigilância, sendo usado para fins de segurança pública é um dos temas mais polêmicos atuais. Tendo já sido constatado o caráter discriminatório dos sistemas, não há sentido em se continuar a insistir em sua aplicação.

Deve-se considerar que, os instrumentos para fins de segurança pública em uma democracia, ainda devem observar a igualdade e justiça. E, havendo o afastamento desses direitos, não há que se falar em legitimidade do uso da ferramenta para fins de segurança pública, sob o risco de se descaracterizar esse conceito.

[28] MARX, Gary T. A sociedade de segurança máxima. Tradução: Adriana Loche. **PLURAL**, Revista do Programa de Pós -Graduação em Sociologia da USP, São Paulo, v.17.1, 2010, p.145-174. Disponível em: https://web.mit.edu/gtmarx/www/sociedade_de_seguranca_maxima.html Acesso em: 11 jan. 2021. p.171-172.

Além disso, é evidente a sua desarmonia com a Lei Geral de Proteção de Dados, baseada na autodeterminação informativa e na privacidade. De outra forma, cria-se um constante estado de exceção, permitindo-se a devassa constante de dados somente para alguns, os quais poderão ser usados para classifica-los como perigosos, por sua etnia ou local de residência, sem que exista uma justificativa jurídica democrática.

Conclui-se, então, pela necessidade de banimento da ferramenta, com base no princípio da precaução.

## Referências

ADORNO, Theodor; HORKHEIMER, Max. **Dialética do esclarecimento: fragmentos filosóficos**. Jorge Zahar: Rio de Janeiro,1985.

AGAMBEM, Giorgio. **Estado de Exceção**. São Paulo, Boitempo, 2004.

BAUMAN, Zygmunt ;LYON, David. **Liquid Surveillance**. Cambridge: Polity, 2013.

BRAYNE, Sarah. Big Data Surveillance: The case of Policing**. American Sociological Review**, v. 82, issue 5, p. 977-1008, 2017. Disponível em: https://www.asanet.org/big-data-surveillance-case-policing . Acesso em: 11 jan. 2021.

BUOLAMWINI, Joy; GEBRY, Timnit. Gender Shades: Intersectional Accuracy Disparities in Commercial Gender Classification. **Conference on Fairness, Accountability and Transparency: Proceedings of Machine Learning Research**, v. 81, 2018, p. 1-15. Disponível em: https://proceedings.mlr.press/v81/buolamwini18a/buolamwini18a.pdf . Acesso em: 11 jan. 2021.

COALITION FOR CRITICAL TECHNOLOGY. Abolish the #TechToPrisonPipeline. 23 de junho de 2020. Disponível em: https://medium.com/@CoalitionForCriticalTechnology/abolish-the-techtoprisonpipeline-9b5b14366b16 .Acesso em: 11 jan. 2021.

CONGER, Kate; FAUSSET, Richard; KOVALESKI, Serge F. San Francisco bans facial recognition technology. **The New York Times.** Nova Iorque, 14 de maio de 2019. Disponível em: https://www.nytimes.com/2019/05/14/us/facial-recognition-ban-san-francisco.html. Acesso em: 11 jan. 2021.

CORTINA, Adela. Fundamentos filosóficos del principio de precaución. *In:* ROMEO CASABONA, Carlos María (ed). **Principio de precaución, biotecnologia y derecho**. Bilbao: Comares, 2004.

FERGUNSON, Andrew G. Policing Predictive Policing**. Washington University Law Review**, v. 94, issue 5, p.1109-1189, 2017. Disponível em: https://openscholarship.wustl.edu/law_lawreview/vol94/iss5/5/. Acesso em: 11 jan. 2021.

FERGUNSON, Andrew G. Policing Predictive Policing**. Washington University Law Review**, v. 94, issue 5, p.1109-1189. 2017, Disponível em: https://openscholarship.wustl.edu/cgi/viewcontent.cgi?article=6306&context=law_lawreview Acesso em: 11 jan. 2021.

GREENE, Jay. Microsoft won't sell police its facial-recognition technology, following similar moves by Amazon and IBM. **The Washington Post,** Washington, 11 de junho de 2020. Disponível em: https://www.washingtonpost.com/technology/2020/06/11/microsoft-facial-recognition. Acesso em: 11 jan. 2021.

IBM abandons 'biased' facial recognition tech. **BBC,** 9 de junho de 2020. Disponível em: https://www.bbc.com/news/technology-52978191. Acesso em: 11 jan. 2021.

HABERMAS, Jügen. **Direito e Democracia: entre facticidade e validade**, v. II. Rio de Janeiro: Tempo Brasileiro, 2003.

HILL, Kashmir. Wrongfully Accused by na Algorithm. **New York Times,** Nova Iorque, 24 de junho de 2020. Disponível em: https://www.nytimes.com/2020/06/24/technology/facial-recognition-arrest.html. Acesso em: 11 jan. 2021.

HORNUNG, Gerrit; SCHNABEL, Christoph. Data protection in Germany I: The population census decision and the right to informational self-determination. **Computer Law & Security Review**, v.25, issue 1, p. 84-88, 2009. Disponível em: https://www.sciencedirect.com/science/article/abs/pii/S0267364908001660 . Acesso em: 11 jan. 2021.

LYON, David. Liquid Surveillance: The Contribution of Zygmunt Bauman to Surveillance. **Studies in International Political Sociology**, v.4, issue 4, p. 325–338, Dec. 2010. Disponível em: https://doi.org/10.1111/j.1749-5687.2010.00109.x. Acesso em: 11 jan. 2021.

______. Surveillance, Snowden, and Big Data: Capacities, consequences, critique. **Big Data & Society**, 9 July 2014. Disponível em: https://journals.sagepub.com/doi/10.1177/2053951714541861. Acesso em; 11 jan. 2021.

MARX, Gary T. A sociedade de segurança máxima. Tradução: Adriana Loche. **PLURAL,** Revista do Programa de Pós -Graduação em Sociologia da USP, São Paulo, v.17.1, 2010, p.145-174. Disponível em: https://web.mit.edu/gtmarx/www/sociedade_de_seguranca_maxima.html Acesso em: 11 jan. 2021.

METZ, Rachel. Portland passes broadest facial recognition ban in the US. 10/09/20. **CNN Business,** 10 de setembro de 2020. Disponível em: https://edition.cnn.com/2020/09/09/tech/portland-facial-recognition-ban/index.html. Acesso em: 11 jan. 2021.

PERON, Alcides Eduardo dos Reis. Segurança preditiva? A incorporação de técnicas de mineração de dados e perfilização em conflitos internacionais com drones pelos EUA e em práticas de vigilância pela Polícia Militar do Estado de São Paulo. IV Simpósio Internacional LATVIS. **Nuevos paradigmas de la Vigilancia? Miradas desde America Latina.** Buenos Aires, 2016. Disponível em: https://lavits.org/wp-content/uploads/2017/08/P4_Peron.pdf . Acesso em: 11 jan. 2021.

RAY, Siladitya. Boston bans Municipal use of facial recognition. **FORBES,** 24 de junho de 2020. Disponível em : https://www.forbes.com/sites/siladityaray/2020/06/24/boston-bans-municipal-use-of-facial-recognition/?sh=6cb2ec2286f9. Acesso em: 11 jan. 2021.

RICHARDSON, Rashida – SCHULTZ, Jason M, – CRAWFORD, Kate. Dirty data, bad predictions: how civil righrs violations impact police data, predictive policing systems, and justice. **NYU Law Review**, v. 94, May 2019, p. 192-233. Disponível em: https://www.nyulawreview.org/wp- content/uploads/2019/04/NYULawReview-94-Richardson_etal-FIN.pdf. Acesso em: 11 jan. 2021.

STRIKWERDA, Litska. Predictive policing: the risks associated with risk assessment. **The Police Journal: Theory, Practie and Principles**, p. 1-15, 2020, Disponível em: https://journals.sagepub.com/doi/pdf/10.1177/0032258X20947749. Acesso em: 11 jan. 2021.

STURGILL, Kristi. Santa Cruz becomes the first US city to ban predictive police. **LOS ANGELES TIMES**, Los Angeles 26 de junho de 2020. Disponível em: https://www.latimes.com/california/story/2020-06-26/santa-cruz-becomes-first-u-s-city-to-ban--predictive-policing. Acesso em: 11 jan. 2021.

WESTIN, Alan F. Social and Political Dimensions of Privacy. **Journal of Social Issues**, v. 59, n. 2, p. 1-37, July 2003. Disponível em: https://spssi.onlinelibrary.wiley.com/doi/abs/10.1111/1540-4560.00072 . Acesso em: 11 jan. 2021.

______. Science, privacy and freedom: issues and proposals for the 1970's. Part I – The Current Impacto of Surveillance on Privacy in **Columbia Law Review**, v. 66, n.6, p.1003- 1050, June. 1966. Disponível em: https://www.jstor.org/stable/1120997. Acesso em: 11 jan. 2021.

# 5.
# LGPD e o Fisco

*Daniel Nogueira Chignoli*
*Rafael Jabur Carneiro*

## Introdução

As inovações tecnológicas impactam cada vez mais a esfera da privacidade dos cidadãos. A economia digital e o relacionamento interpessoal virtual (profissional ou pessoal) incrementaram o volume de informações pessoais disponibilizadas e intercambiadas diariamente, sendo utilizadas pela iniciativa privada e pela própria Administração Pública com inúmeras finalidades, entre as quais o levantamento de linhas de crédito, oferecimento de serviços de saúde e diagnóstico, formação de banco de dados, identificação de diferentes perfis de consumo, recolocação profissional no mercado, avaliação de características pessoais para os mais diversos fins, finalidades políticas, entre outros.

Dados pessoais de diversas naturezas, tais como número de documentos de identidade, qualificação profissional, dados biométricos, endereços residencial e de e-mail e, até mesmo, informações pertinentes à esfera de intimidade dos indivíduos (opção sexual, religiosa, política, dados genéticos e comportamentais, apenas a título exemplificativo) têm sido compartilhados para a consecução de tais finalidades, na maioria das vezes, dotadas de viés econômico, como na obtenção de lucro direto ou vantagem informacional sobre os demais *players* no mercado, em um determinado segmento econômico.

Entretanto, dissemina-se, na mesma proporção, o receio dos indivíduos quanto à utilização descontrolada de suas informações pessoais por terceiros, sobretudo pelo Estado, alavancado por uma tendência global de excessiva mitigação dos direitos da personalidade, sob o pretexto de que isso é necessário para a boa execução de finalidades públicas.

Nesse contexto, no âmbito europeu, foi editada, em 2016, a GDPR (*General Data Protection Regulation*), com o objetivo de consolidar direitos reconhecidos pelo ordenamento jurídico da União Europeia e também nas decisões das Cortes europeias. A versão brasileira de tal normatização, intitulada Lei Geral de Proteção de Dados – LGPD (Lei 13.709/18) e inspirada na supramencionada legislação europeia,[1] veio, em verdade, atender à demanda de empresas brasileiras no mercado europeu, consagrando direitos e garantias semelhantes.

Nesse artigo, serão discutidos, especificamente, os impactos da LGPD nas relações entre os cidadãos e as autoridades fiscais, autoridades cada vez mais aparelhadas sobre informações pessoais dos contribuintes, mediante o desenvolvimento e a aplicação de sofisticadas ferramentas de tecnologia de informação.

## 1. Poder informacional das autoridades fiscais brasileiras

Antes de iniciar-se o estudo aprofundado das intersecções entre a LGPD e as atividades das autoridades fiscais brasileiras, é importante, preliminarmente, saber a verdadeira capacidade de apreensão de dados dos contribuintes pelo fisco, a fim de que se possa diagnosticar qual é (e qual deveria ser) a sua forma de interação com a LGPD. De forma simplificada, questiona-se o que, verdade, o Fisco tem de informações dos Contribuintes, e o que o Fisco é capaz de controlar, no tocante aos dados pessoais dos contribuintes sob sua égide.

[1] BIONI, Bruno R.; MENDES, Laura Schertel. O regulamento europeu de proteção de dados pessoais e a lei geral de proteção de dados: mapeando convergências na direção de um nível de equivalência. **Revista de Direito do Consumidor**, São Paulo, a. 28, v. 124, p. 157-180, jul./ago. 2019. p.163-165. Importante observar que, embora a LGPD tenha inspiração na GDPR (RGPD), as técnicas legislativas e conteúdos normativos não são exatamente os mesmos, conforme pontuado pelos autores.

Mais importante do que o acima analisado arsenal informacional de que é dotado o Fisco, é, em verdade, a possibilidade de o ente tributante cruzar todos esses dados com capacidade de processamento de dados e velocidade assustadoras. Em outras palavras, o cruzamento de dados é a ferramenta mais poderosa de dispõem as autoridades fazendárias.

Com efeito, as informações são cruzadas com as respectivas declarações das pessoas e empresas, podendo gerar fiscalização, com o objetivo, justamente, de apurar eventuais inconsistências nesses cruzamentos.[2]

Para tanto, a Receita Federal tem no supercomputador T-REX (menção ao maior dinossauro de que se tem notícia) e o software HARPIA (simbologia relativa à maior ave de rapina do país) suas mais poderosas ferramentas de inteligência artificial. Com tais ferramentas, a Receita Federal tem a capacidade de aprender com o "comportamento financeiro" dos contribuintes para detectar irregularidades.

Desse modo, simples mudanças de comportamento ou hábitos de consumo incompatíveis com determinada evolução patrimonial detectada podem deflagrar uma inconsistência sobre um contribuinte e o remetem para uma análise mais cuidadosa por parte dos auditores fiscais, podendo sobrevir a inclusão do respectivo CPF na chamada "malha fina" ou até mesmo medidas outras de fiscalização mais rigorosas.

O acompanhamento e o controle da vida fiscal das pessoas ficaram tão aperfeiçoados que a Receita Federal já pode oferecer, por si só, uma espécie de "pré-declaração" do Imposto de Renda, apenas para a posterior validação do contribuinte.

Além da poderosa inteligência de informação de que dispõe o Fisco Federal, as autoridades fiscais contam, ainda, com o serviço informacional do Banco Central, sob a égide do qual estão todas as instituições financeiras do país, bem como cada operação por cada qual realizada.

Inquietante tema recai, justamente, sobre a possibilidade jurídica de cruzamento de dados bancários e financeiros provenientes dos serviços de inteligência do Banco Central com as informações tributárias pelo Fisco, mais

[2] PORTAL CONTÁBEIS. Cruzamento de Informações: Saiba como a Receita Federal e o Banco Central Rastreiam seus Dados. Disponível em: https://www.contabeis.com.br/noticias/24368/cruzamento-de-informacoes-saiba-como-a-receita-federal-e-o-banco-central-rastreiam-seus-dados/. Acesso em: 26 out. 2020.

especificamente na análise dos parâmetros balizadores para tais atividades, ainda em fase de aferição, pelos Tribunais Superiores.

## 2. Breve análise da jurisprudência de quebra de sigilo bancário/fiscal x LGPD

Em fevereiro de 2016, o Supremo Tribunal Federal finalizou julgamento paradigmático, a respeito da possibilidade de a Administração Tributária ter acesso aos dados bancários dos contribuintes, mesmo sem autorização judicial.[3]

A Receita Federal instaurou procedimento fiscal contra um contribuinte sob a suspeita de que estaria havendo sonegação de tributos.[4] No curso do procedimento, requisitou, sem autorização judicial, diretamente dos bancos respectivos, os extratos com as movimentações bancárias do contribuinte.[5]A Receita Federal fundamentou sua requisição no art. 6º da Lei Complementar nº 105/2001, *in verbis*:

> "Art. 6º As **autoridades e os agentes fiscais** tributários da União, dos Estados, do Distrito Federal e dos Municípios somente **poderão examinar** documentos, livros e **registros de instituições financeiras**, (...) quando houver processo administrativo instaurado ou procedimento fiscal em curso e tais exames sejam **considerados indispensáveis pela autoridade administrativa competente**. Parágrafo único. O resultado dos exames, as informações e os documentos a que se refere este artigo **serão conservados em sigilo, observada a legislação tributária**." (grifamos)

[3] A decisão do STF foi proferida no julgamento das ADIs 2390, 2386 e 2397 no RE 601.314, julgado sob a sistemática da repercussão geral, o que potencializa sua importância.

[4] PORTAL DIZER O DIREITO. A Receita pode requisitar das instituições financeiras, sem autorização judicial, informações bancárias sobre o contribuinte. Entenda a decisão do STF. 25 de fevereiro de 2016. Disponível em: https://www.dizerodireito.com.br/2016/02/a-receita-pode-requisitar-das.html. Acesso em: 20 out. 2020.

[5] Procedimento denominado Requisição de Informações sobre Movimentação Financeira – RMF.

À luz da documentação disponibilizada pelos bancos, o Fisco constatou que de fato ocorreu sonegação de tributos e, por conta disso, autuou o contribuinte.

Preliminarmente, o STF já esclareceu que, embora a Constituição Federal de 1988 não utiliza a expressão "sigilo bancário", este estaria sim protegido pelo art. 5º, incisos X e XII.[6] Robustecendo ainda mais tais direitos fundamentais insculpidos na Carta Magna, decidiu o legislador infraconstitucional reafirmar a proteção ao sigilo bancário, mais precisamente no art. 1º da LC 105/2001:

> "Art. 1º As **instituições financeiras conservarão sigilo em suas operações** ativas e passivas e serviços prestados." (grifamos)

Diante do cenário normativo acima analisado, decidiu o Pretório Excelso que, para que haja acesso aos dados bancários (em outras palavras, para que haja quebra do sigilo bancário), é necessária autorização judicial, como regra geral, sendo tal atribuição verdadeira cláusula de reserva de jurisdição.

Entretanto, apenas as autoridades fiscais, mediante regulamentação própria, representam exceção a essa regra, podendo requisitar informações bancárias dos contribuintes diretamente às instituições financeiras, justamente com supedâneo no art. 6º da Lei Complementar nº 105/2001, que não exige autorização judicial.

Decidiu-se, ainda, no mesmo julgado, que esse repasse das informações dos bancos para o Fisco não representa "quebra de sigilo bancário", já que são emprestadas às autoridades fiscais (ex: Receita Federal) em caráter sigiloso e permanecendo de forma confidencial, sob a tutela da Administração Pública Tributária.

Com efeito, segundo o entendimento esposado pelo STF, por não ser acessível a terceiros, não pode esse tráfego de informações bancárias ser considerado violação (quebra) do sigilo.

Por conseguinte, o que o art. 6º da Lei Complementar nº 105/2001 faz não é propriamente quebra de sigilo bancário, mas somente a transferência

[6] FEDERIGHI, André Catta Preta, CHOW, Beatriz Graziano. Os sigilos fiscal e bancário e a LGPD: direito fundamental à autodeterminação informacional no âmbito do direito tributário. **Revista de Direito Bancário e do Mercado de Capitais,** v. 89/2020; p. 23-256, jul./set. 2020. p.3.

de sigilo dos bancos para o Fisco, permanecendo os dados protegidos sob o manto do sigilo fiscal.[7]

Para o STF, quebra de sigilo só haveria se "vazassem" tais informações do correntista e contribuinte para o domínio de terceiros. Do contrário, não.

O segundo argumento, digno de nota, utilizado para fundamentar tal decisão foi o de que o sigilo bancário, como qualquer outro direito fundamental, não é absoluto[8] e deve ser flexibilizado quando em confronto com o princípio da moralidade, especialmente em casos nos quais as transações bancárias apresentem indícios de ilicitudes.

Finalmente, justificou-se tal decisão também no fato de que o tráfego de dados bancários entre autoridades públicas é comum em vários países desenvolvidos. Nessa linha de intelecção, declarar inconstitucional o dispositivo seria um retrocesso diante dos compromissos internacionais assumidos pelo Brasil, com o objetivo de combater ilícitos como a lavagem de dinheiro, a evasão de divisas, e a formação de organizações criminosas, dentre outros ilícitos.

Contudo, nesse mesmo julgamento, os Ministros não deixaram explícito se informações bancárias obtidas diretamente pela Receita Federal poderiam ser utilizadas em processos penais.

Ocorre que, em recente decisão de nossa Suprema Corte,[9] o tema foi finalmente enfrentado, fixando-se importantíssima tese.

Decidiu-se que é constitucional o compartilhamento dos relatórios de inteligência financeira da UIF (conforme acima analisado, trata-se do antigo COAF) e, ainda, de todo o procedimento administrativo da Receita Federal, em favor dos órgãos de persecução penal, prescindindo-se de autorização judicial, desde que preservado o sigilo das informações.[10]

[7] É relevante destacar que esse julgamento, em 2016, representou uma mudança de entendimento no STF. Até então, o Pretório Excelso entendia necessária autorização judicial para que o fisco pudesse obter informações dos contribuintes junto aos bancos, inclusive no julgamento do RE 389808, em 15 de dezembro de 2010. Portanto, a decisão de 2016, ora analisada, representa uma mudança completa de paradigma, passando a acompanhar o entendimento que o STJ já apresentava em diversos julgados.

[8] FEDERIGHI, André Catta Preta, CHOW, Beatriz Graziano. *Id.* p.5.

[9] STF. Plenário. RE nº 1055941/SP. Relator: Min. Dias Toffoli. Brasília, 4 de dezembro de 2019. Sob a sistemática da repercussão geral – Tema 990.

[10] PORTAL DIZER O DIREITO. É possível o compartilhamento, sem autorização judicial, dos relatórios de inteligência financeira da UIF e do procedimento fiscalizatório da Receita

Porém, para que seja legítimo, o compartilhamento realizado pelo Banco Central e pela Receita Federal deve ser feito por meio de comunicações formais entre os órgãos, com garantia de sigilo, certificação do destinatário e estabelecimento de instrumentos de apuração de eventuais desvios, conforme determinado pelo STF no mesmo julgado.

Diante de todo o exposto, convém trazer à colação os trechos da LGPD com possível intersecção com as supramencionadas atividades das autoridades fiscais relacionadas à utilização de dados pessoais, iniciando-se pelo art. 7º, incisos II e III, assim como o art. 4º, III, "d", da mesma lei.

Pela própria literalidade dos acima reproduzidos dispositivos da LGPD, conclui-se não haver contradição entre o artigo 6º da Lei Complementar nº 105/01 e da LGPD, sob a hermenêutica das decisões dos Tribunais Superiores (STF e STJ) até o presente momento, sobretudo por conta das previsões insertas nos seus artigos 4º, III, "d", e 7º, II e III.[11]

Com efeito, o entendimento jurisprudencial atual acerca da matéria é no sentido de que inexiste quebra de sigilo bancária quando o Fisco recebe informações bancárias das instituições financeiras, sem autorização judicial prévia, nem tampouco quando transfere informações bancárias e fiscais aos órgãos de persecução penal, sendo tal prática, conforme acima exposto, também admitida na LGPD, do ponto de vista da proteção dos dados pessoais, na medida em que dispensa autorização do titular em tais casos.

## 3. Organização interna dos órgãos fiscais para adaptação à LGPD

Diante de todo esse poder informacional da Receita Federal e dos demais fiscos municipais e estaduais no Brasil, a pergunta que urge ser feita é que medidas de proteção de dados pessoais têm sido tomadas pelas autoridades fiscais após a entrada em vigor da LGPD.

Federal com a Polícia e o Ministério Público. 18 de dezembro de 2019. Disponível em: https://www.dizerodireito.com.br/2019/12/e-possivel-o-compartilhamento-sem.html. Acesso em: 20 out. 2020.

[11] FORCENETTE, Rodrigo. Os impactos da LGPD na área tributária. **Revista Consultor Jurídico**, São Paulo, 3 de agosto de 2020. Disponível em: https://www.conjur.com.br/2020-ago-03/rodrigo-forcenette-impactos-lgpd-area-tributaria. Acesso em: 21 out. 2020.

A resposta é decepcionante e preocupante, na medida em que pouco se publicou, por parte das autoridades fiscais brasileiras, a respeito do que tem sido feito e do que será realizado para adequação às disposições da LGPD, diante do tratamento dos dados pessoais a que tais entes têm acesso.

Após a publicação da LGPD, por enquanto, encontra-se publicada apenas a Portaria nº 4.255, de 1º de setembro de 2020, que alterou a Portaria RFB nº 2.189/2017.[12] Esta última Portaria/RFB nº 2.189/2017 autorizava o SERPRO – Serviço Federal de Processamento de Dados a disponibilizar, a terceiros, acesso a dos pessoais fiscais sob a gestão da Receita Federal, dispensando, até então, qualquer processo prévio de identificação de riscos.

Com a nova Portaria da Receita Federal, entretanto, já a partir de 1º de dezembro desse ano (2020), o SERPRO deverá realizar uma triagem das informações constantes das NF-e, com a obrigação de verificar a existência de 2 espécies de risco:

(i) o risco institucional (sob o ponto de risca do controlador dos dados); e

(ii) o risco de violação de sigilo do contribuinte (pessoa natural ou jurídica), antes de disponibilizar essa informação a terceiros.

[12] Portaria nº 4.255 da Secretaria da Receita Federal, com alterações na Portaria/RFB nº 2.189/2017:
Art. 1º A Portaria RFB nº 2.189, de 6 de junho de 2017, passa a vigorar com as seguintes alterações:
Art. 1º.......................................................................................................................................
..................................................................................................................................................
**§ 3º A autorização para disponibilização de acesso ao conjunto de dados e informações relativos à Nota Fiscal Eletrônica (NF-e) por terceiros fica revogada a partir do dia 1º de dezembro de 2020.**
**§ 4º Fica atestada a implementação de processo de identificação de risco institucional ou risco ao sigilo individual da pessoa física ou jurídica** a que se referem os dados e informações, como garantidores da conformidade com os termos do inciso I, art. 2º, da Portaria MF nº 457, de 8 de dezembro de 2016, c/c o § 2º, Art. 11, da Lei nº 13.709, de 14 de agosto de 2018 (Lei Geral de Proteção de Dados Pessoais – LGPD)" (NR)
"Art. 1º-A O tratamento de dados pessoais constantes nas bases de dados e informações objeto desta portaria ocorrem para o **fiel cumprimento de políticas públicas em conformidade com inciso III, art. 7º, da Lei nº 13.709,** de 14 de agosto de 2018. (grifamos)

Na esfera fiscal federal, somente essa iniciativa foi encontrada na base de dados oficial da Receita Federal na internet, em pesquisa realizada até o momento de redação do presente artigo.

Na análise dos entes estaduais,[13] onde existem supostos programas, o cenário é ainda mais preocupante, devido à falta de qualquer informação eficaz e conclusiva no tocante à proteção de dados pessoais dos contribuintes, que lhes garanta o direito à privacidade exigido tanto pelo texto constitucional, como pela LGPD.

No estudo específico do Caso "Nota Fiscal Paulista" realizado por Jorge Machado e Bruno Bioni,[14] uma série de questionamentos levantados pelos estudiosos foram deixados sem resposta, descortinando a ausência de uma política efetiva de tratamento de dados pessoais dos contribuintes,[15] do ponto de vista do respeito à privacidade até o momento. Chegou-se à conclusão que o Programa Nota Fiscal Paulista,[16] do ponto de vista da proteção de dados dos contribuintes, ainda necessita de aprimoramentos em termos de transparência, regulação ou mesmo supervisão pública de alguma natureza.

[13] RIO GRANDE DO SUL. Secretaria da Fazenda. **Nota Fiscal Gaúcha** [página inicial]. Disponível em: https://nfg.sefaz.rs.gov.br/site/index.aspx. Acesso em: 27 out. 2020.
CEARÁ. Secretaria de Fazenda. **Sua Nota Vale Dinheiro**. Disponível em: http://www.sefaz.ce.gov.br/content/aplicacao/internet/suanota/consultas/consulta_ler_pf_ou_pj.asp?pagina=incluir_documento. Acesso em: 27 out. 2020.
DISTRITO FEDERAL. Secretaria de Fazenda. Nota Legal [página inicial]. Disponível em: http://www.notalegal.df.gov.br/. Acesso em: 27 out. 2020.

[14] MACHADO, Jorge; BIONI, Bruno. A proteção de dados pessoais nos programas de Nota Fiscal: um estudo de caso do "Nota Fiscal paulista". **Liinc em Revista**, *[S. l.]*, v. 12, n. 2, 2016. DOI: 10.18617/liinc.v12i2.919. Disponível em: http://revista.ibict.br/liinc/article/view/3734. Acesso em: 20 out. 2020. p.361-362.

[15] FEDERIGHI, André Catta Preta, CHOW, Beatriz Graziano. *Id.* p.10.

[16] SÃO PAULO (Estado). Secretaria da Fazenda. *Nota Fiscal Paulista*. Disponível em: http://www.nfp.fazenda.sp.gov.br/default.asp. Acesso em: 27 out. 2020.
SÃO PAULO (Estado) Secretaria da Fazenda. *Nota Fiscal Paulista. Perguntas frequentes*. Disponível em: http://www.nfp.fazenda.sp.gov.br/perguntas.shtm. Acesso em: 27 out. 2020.
SÃO PAULO (Estado). Portaria CAT-85, 4 set. 2007. Estabelece disciplina relativa ao Registro Eletrônico de Documento Fiscal – REDF. Disponível em: http://www.fazenda.sp.gov.br/publicacao/noticia.aspx?id=563. Acesso em: 27 out. 2020.

## 4. O consentimento e a LGPD

Desde a entrada em vigor da LGPD, os questionamentos com relação ao termo de consentimento, forma e hipóteses têm sido cada vez mais frequentes.

A conceituação do consentimento é trazida pelo art. 5º, inciso XII, da LGPD como "manifestação livre, informada e inequívoca pela qual o titular concorda com o tratamento de seus dados pessoais para uma finalidade determinada". Portanto, para que haja o tratamento de dados pessoais por parte de uma organização é necessário o consentimento do titular dos dados, conforme prevê o art. 7º, inciso I, da LGPD.

O titular de dados, portanto, é a pessoa natural a quem pertence as informações, sendo que entre essas informações podem conter dados categorizados pelo próprio diploma legal como sensíveis, como por exemplo: dado pessoal sobre origem racial ou étnica, convicção religiosa, opinião política, filiação a sindicato ou a organização de caráter religioso, filosófico ou político, dado referente à saúde ou à vida sexual, dado genético ou biométrico, quando vinculado a uma pessoa natural.

Os dados pessoais sensíveis devem ter a coleta sempre acompanhada do consentimento inequívoco por parte do titular em razão de dano em potencial ou constrangimento que podem causar à pessoa diante de eventual violação à privacidade.

O controlador e o operador são os sujeitos responsáveis pela gestão e tratamento dos dados pessoais, instituídos pela LGPD, e poderão ser pessoas físicas ou jurídicas de Direito público ou privado, que deverão responder em caso de uso indevido dessas informações em razão da função desempenhada.

Uma questão também suscitada com frequência é se o consentimento pode fazer parte de um instrumento se constituindo como cláusula ou se deve ser redigido em documento apartado. Pois bem, a relevância e a necessidade do consentimento é atribuir transparência na relação jurídica estabelecida com o titular de dados pois a potencialização do volume de dados coloca a pessoa natural numa situação de vulnerabilidade frente às empresas e organizações no que diz respeito à privacidade.

Dessa forma, entende-se como ideal o consentimento em documento autônomo, fazendo menção à finalidade específica e havendo expressa responsabilidade quanto à segurança dos dados armazenados, pois conforme a lei estabelece o controlador e o operador são responsáveis solidariamente por eventual dano patrimonial, moral, individual ou coletivo, causado ao titular dos dados (art. 42º, da LGPD). Ressalta-se que não há óbice sobre a constituição do consentimento em cláusula, no entanto, deverá ser destacada das demais.

Ainda, o artigo 8º, § 4º da LGPD sustenta a imprescindibilidade das finalidades determinadas no termo de consentimento, dispondo que autorizações genéricas para o tratamento de dados pessoais serão nulas. Frisa-se, do mesmo modo, o § 5º do mesmo artigo, que estabelece que "o consentimento pode ser revogado a qualquer momento mediante manifestação expressa do titular, por procedimento gratuito e facilitado, ratificados os tratamentos realizados sob amparo do consentimento anteriormente manifestado enquanto não houver requerimento de eliminação".

Ocorre que o consentimento não é sempre exigido, sendo uma das hipóteses de tratamento, posto que o mesmo art. 7º da LGPD, incisos II a X, prevê a dispensa de consentimento.

Como exemplos práticos de cumprimento de obrigação legal ou regulatória, pode-se citar as seguintes previsões, estabelecidas nos arts. 13 e 15 do Marco Civil da Internet (Lei nº 12.965/2014).

Ressalta-se que os dados coletados sem consentimento só poderão ser utilizados para os fins específicos acima delimitados e que, embora em sentido amplo, possuem aval da legislação para tratamento sem consentimento do titular de dados.

Ainda, caso a organização necessite realizar um tratamento diverso do especificado inicialmente deverá pedir nova permissão ao titular de dados pessoais especificamente para o novo fim, inclusive se houver o repasse para outras empresas.

Em que pese a existência de dispensa de consentimento em determinadas hipóteses, o ideal é que seja dada ciência ao titular de dados sobre quais dados é necessária a coleta, como será o armazenamento, quais os tratamentos realizados, finalidades delimitadas, se haverá repasse dos dados à outra pessoa etc., sempre que possível. É claro que o controlador enquanto gestor dos dados também deve se abster de impor burocracias e procedimentos desnecessários de consentimento do titular, atribuindo maior equilíbrio à relação jurídica estabelecida, seja ela consumerista, trabalhista ou qualquer outra que justifique o manuseio de dados pessoais.

A intenção do consentimento trazido pela lei é proporcionar a proteção dos dados pessoais das pessoas físicas, impondo sanções e penalidades para motivar as empresas e demais pessoas que realizam o tratamento ao seu cumprimento.

A análise minuciosa do caminho que os dados pessoais percorrerão, o mapeamento dos dados e adoção de novos procedimentos com relação à privacidade são urgentes e necessários ao novo momento que o mundo vivencia, principalmente no pós-pandemia em que haverá uma reestabilização quanto ao desenvolvimento social e econômico.

A LGPD reafirma direitos já existentes na sociedade brasileira, sendo o principal o direito à privacidade. A transparência na gestão de dados e a ausência de armazenamento de informações em excesso trará consigo uma nova mentalidade com consequências positivas no desenvolvimento social e econômico do país, trazendo vantagem competitiva às organizações.

## Conclusões

Conclui-se que as autoridades fiscais do Brasil têm, indubitavelmente, investido muito no aprimoramento tecnológico de suas capacidades, porém com o objetivo único de aumentar a capacidade arrecadatória, sem nenhuma preocupação com a proteção dos dados pessoais de seus contribuintes, até o presente momento.

Nesse sentido, é imperioso destacar que, na contramão das exigências de tratamento de dados apresentadas pela LGPD, muitas matérias jornalísticas dão conta de que é possível adquirir, facilmente (nas ruas, DVDs, CDs ou mesmo na Web) as bases de dados do INSS e outros órgãos fiscais, nos mais diversos estados da federação, o que demonstra a incrível fragilidade na proteção dos fiscos contra o vazamento de dados pessoais.

Não à toa, a título exemplificativo, o indivíduo prestes a se aposentar, receber inúmeras ligações e e-mails referentes a oportunidades de levantamento de linhas de crédito nas mais diversas instituições financeiras, com relatos de inúmeros casos de fraudes contra os aposentados hipossuficientes informacionais, inclusive.

Algumas soluções são propostas por um dos autores do presente artigo (Rafael Jabur Carneiro), em que pese a existência de posicionamentos divergentes entre todos os autores:

(i) As autoridades fiscais, de fato, precisam de tal poderio informacional a fim de combaterem inúmeras ilicitudes relacionadas à sonegação fiscal, sobretudo pelo fato de que a sangria dos cofres públicos, pela perda de arrecadação de tributos exigidos por lei, impacta, diretamente, a qualidade de vida e a garantia do mínimo existencial digno aos indivíduos com menor poder aquisitivo. Tal entendimento é, inclusive, atualmente sufragado pelos Tribunais Superiores (STF/STJ) e está em consonância com as disposições constantes da LGPD, conforme acima analisado;[17]

(ii) Porém, para que seja legítimo, o compartilhamento de dados pessoais realizado por instituições financeiras e pelas autoridades públicas fiscais deve ser, necessariamente, realizado com transparência e publicidade nas requisições e comunicações entre os entes, com a utilização de ferramentas tecnológicas que garantam o sigilo no tráfego de informações, passíveis de auditoria pelos próprios titulares dos dados pessoais e, ainda, com a normatização de mecanismos de apuração e correção de eventuais infrações. É imperioso esclarecer ao leitor que, no momento, inexistem políticas públicas efetivas, por parte de quaisquer autoridades fiscais municipais, estaduais e federais, no sentido concretizar as práticas aqui sugeridas, sendo urgente que a própria população cobre, de forma organizada, uma mudança de comportamento do poder público a esse respeito; e

(iii) Sugere-se que o mesmo poderio informacional dos fiscos brasileiros seja também utilizado para o combate à violação da LGPD (assim como já utilizado par auxiliar a persecução penal e o próprio fisco,

[17] Importante ponderar que, embora seja esse o posicionamento majoritário, há opiniões doutrinárias em sentido contrário, que ganham força com a entrada em vigor da LGPD, in verbis: Chega-se, inexoravelmente, à conclusão de que a previsão de compartilhamento de dados da Lei 105/2001 é tanto inconstitucional quanto ilegal, tendo em vista que a LGPD, que garante concretude ao direito de privacidade no âmbito digital, é a lei geral e principiológica que regula o tratamento de dados pessoais, que incluem os dados fiscais e bancários. Cf. FEDERIGHI, André Catta Preta, CHOW, Beatriz Graziano. *Id.* p.14.

no combate à sonegação e à evasão fiscal). Da seguinte forma: todas as empresas que realizam tratamento de dados estão sujeitas ao recolhimento de ISS, conforme previsão expressa inserta na Lista Anexa, Item 17.01, da LC 116/03[18]. Assim, as autoridades fiscais talvez sejam, atualmente, os únicos entes capazes de identificar tais empresas e prover a ANPD (Autoridade Nacional de Proteção de Dados) com um diagnóstico preciso de onde devem ser realizadas as fiscalizações. Embora o próprio autor seja avesso à uma excessiva atividade regulatória e fiscalizatória (prejudicial às atividades empresariais), como aqui é pontual, cirúrgica e excepcional, apenas incidente sobre tais empresas, não se vislumbra qualquer prejuízo à livre iniciativa. Ademais, empresas que lidem com a utilização de dados pessoais precisam prestar contas do que fazem, já que a exploração meramente comercial da privacidade alheia, na maior parte dos casos, de agora em diante, não é mais considerada lícita, salvo exceções legais. Sem informação e fiscalização de tal iniciativa privada no tratamento de dados pessoais, jamais conseguiremos atribuir efetividade à LGPD e garantir os tão caros direitos à privacidade e autodeterminação informacional a seus titulares.

## Referências

BIONI, Bruno R.; MENDES, Laura Schertel. O regulamento europeu de proteção de dados pessoais e a lei geral de proteção de dados: mapeando convergências na direção de um nível de equivalência. **Revista de Direito do Consumidor**, São Paulo, a. 28, v. 124, p. 157-180, jul./ago. 2019. p.163-165.

CEARÁ. Secretaria de Fazenda. **Sua Nota Vale Dinheiro**. Disponível em: http://www.sefaz.ce.gov.br/content/aplicacao/internet/suanota/consultas/consulta_ler_pf_ou_pj.asp?pagina=incluir_documento. Acesso em: 27 out. 2020.

DISTRITO FEDERAL. Secretaria de Fazenda. Nota Legal [página inicial]. Disponível em: http://www.notalegal.df.gov.br/. Acesso em: 27 out. 2020.

FEDERIGHI, André Catta Preta, CHOW, Beatriz Graziano. Os sigilos fiscal e bancário e a LGPD: direito fundamental à autodeterminação informacional no âmbito do direito tributário. **Revista de Direito Bancário e do Mercado de Capitais,** v. 89/2020; p. 231 – 256, jul./set. 2020.

[18] GAIA, SILVA, GAEDE Advogados. *Id.* p. 80.

FORCENETTE, Rodrigo. Os impactos da LGPD na área tributária. **Revista Consultor Jurídico**, São Paulo, 3 de agosto de 2020. Disponível em: https://www.conjur.com.br/2020-ago-03/rodrigo-forcenette-impactos-lgpd-area-tributaria. Acesso em: 21 out. 2020.

MACHADO, Jorge; BIONI, Bruno. A proteção de dados pessoais nos programas de Nota Fiscal: um estudo de caso do "Nota Fiscal paulista". **Liinc em Revista**, *[S. l.]*, v. 12, n. 2, 2016. DOI: 10.18617/liinc.v12i2.919. Disponível em: http://revista.ibict.br/liinc/article/view/3734. Acesso em: 20 out. 2020.

PORTAL CONTÁBEIS. Cruzamento de Informações: Saiba como a Receita Federal e o Banco Central Rastreiam seus Dados. Disponível em: https://www.contabeis.com.br/noticias/24368/cruzamento-de-informacoes-saiba-como-a-receita-federal-e-o-banco-central-rastreiam-seus-dados/. Acesso em: 26 out. 2020.

PORTAL DIZER O DIREITO. A Receita pode requisitar das instituições financeiras, sem autorização judicial, informações bancárias sobre o contribuinte. Entenda a decisão do STF. 25 de fevereiro de 2016. Disponível em: https://www.dizerodireito.com.br/2016/02/a-receita-pode-requisitar-das.html. Acesso em: 20 out. 2020.

______. É possível o compartilhamento, sem autorização judicial, dos relatórios de inteligência financeira da UIF e do procedimento fiscalizatório da Receita Federal com a Polícia e o Ministério Público. 18 de dezembro de 2019. Disponível em: https://www.dizerodireito.com.br/2019/12/e-possivel-o-compartilhamento-sem.html. Acesso em: 20 out. 2020.

RIO GRANDE DO SUL. Secretaria da Fazenda. **Nota Fiscal Gaúcha** [página inicial]. Disponível em: https://nfg.sefaz.rs.gov.br/site/index.aspx. Acesso em: 27 out. 2020.

SÃO PAULO (Estado) Secretaria da Fazenda. *Nota Fiscal Paulista. Perguntas frequentes*. Disponível em: http://www.nfp.fazenda.sp.gov.br/perguntas.shtm. Acesso em: 27 out. 2020.

SÃO PAULO (Estado). Portaria CAT-85, 4 set. 2007. Estabelece disciplina relativa ao Registro Eletrônico de Documento Fiscal – REDF. Disponível em: http://www.fazenda.sp.gov.br/publicacao/noticia.aspx?id=563. Acesso em: 27 out. 2020.

SÃO PAULO (Estado). Secretaria da Fazenda. *Nota Fiscal Paulista*. Disponível em: http://www.nfp.fazenda.sp.gov.br/default.asp. Acesso em: 27 out. 2020.

STF. Plenário. RE nº 1055941/SP. Relator: Min. Dias Toffoli. Brasília, 4 de dezembro de 2019. Sob a sistemática da repercussão geral – Tema 990.

# 6.
# O Devido Processo Legal à Luz da Lei Geral de Proteção de Dados Pessoais e os Desafios para os Sujeitos Processuais

*Aline Klayse dos Santos Fonseca*
*Daniela Duarte Murayama*
*Felipe Almgren*
*Raquel Marangon Duffles Neves*
*Ricardo Maffeis Martins*

## Introdução

O presente estudo tem como objetivo analisar a Lei Geral de Proteção de Dados Pessoais (LGPD – Lei nº 13.709/2018) sob a perspectiva do princípio do devido processo legal. Para tanto, a análise centrou-se nos sujeitos e dados processuais.

Por sua relevância, seja em sua extensão geográfica de âmbito nacional, seja por sua complexidade, foi dada atenção especial ao Poder Judiciário, sujeito processual equidistante na relação entre as demais partes.

Neste ponto, a análise abordou a coleta e o tratamento de dados pessoais pelo Judiciário, os sistemas de inteligência artificial utilizados nos tribunais e a polêmica das decisões automatizadas, bem como seu impacto no contraditório.

Outro ponto de grande importância – sobretudo para os titulares dos dados pessoais – analisado foi a presença das informações processuais na internet e a questão da "raspagem" de tais informações que, a princípio, podem ser configuradas (ao menos em sua maior parte) como dados públicos.

Por fim, foi realizado um recorte sob a perspectiva das empresas enquanto controladoras e operadoras dos dados, o que fará com que, como regra, ocupem o polo passivo de ações judiciais e processos administrativos. Diante da multiplicidade de situações que poderia ser encontrada, optou-se por tratar de aspectos que podem ser comuns a quaisquer réus que sejam classificados como agentes de tratamento de dados: o grau de conscientização das empresas, o uso do legítimo interesse como base legal de tratamento e os riscos de configuração de *bis in idem* nas condenações administrativas e judiciais.

## 1. Coleta de dados no Poder Judiciário

O uso da tecnologia no Poder Judiciário tem papel primordial na facilitação na tramitação dos processos e na gestão administrativa das unidades judiciárias. Fabiana Oliveira e Luciana Gross Cunha[1] informam que, com a promulgação da Constituição de 1988, a gestão de dados estatísticos que até então era realizada pelo IBGE, passou a ser administrada pelo Supremo Tribunal Federal (STF) com a criação de Banco Nacional de Dados do Poder Judiciário (BNDPJ). Com a aprovação da Emenda Constitucional nº 45 de 2004 (Reforma do Judiciário) e a criação do Conselho Nacional de Justiça (CNJ) em 2005, esse órgão se tornou responsável pelo recebimento, processamento e publicação dos dados.

A Resolução nº. 4, de 16 de agosto de 2005, criou o Sistema de Estatística do Poder Judiciário (SIESPJ), repositório oficial de dados da Justiça brasileira, (regulamentado pela Resolução nº 15, de 20 de abril de 2006, posteriormente substituída pela Resolução nº 76, de 15 de maio de 2009) orientando a coleta de dados e a publicação anual do relatório intitulado *Justiça em Números*.

[1] OLIVEIRA, Fabiana Luci de; CUNHA, Luciana Gross. Os indicadores sobre o Judiciário brasileiro: limitações, desafios e o uso da tecnologia. **Revista Direito GV**, São Paulo, v. 16, n. 1, jan./abr. 2020. Disponível em: http://dx.doi.org/10.1590/2317-6172201948. Acesso em: 21 set. 2020.

A produção de dados estatísticos confiáveis serviria para que o Poder Judiciário, ao mesmo tempo em que monitorasse o desempenho organizacional, orientasse práticas voltadas à otimização da alocação de recursos e melhoria dos serviços prestados.[2]

Na pesquisa publicada pelas autoras já mencionadas, o Brasil, no ano de 2015, foi considerado, entre sete países, o mais bem avaliado em razão da publicidade de estatísticas judiciais. Contudo, a principal crítica na coleta desses dados é a baixa qualidade, a imprecisão das informações e um foco de produtividade por tribunal, através de metas e não de qualidade das decisões, o que culminaria em dados individualizados e não em variáveis aptas a ensejar a melhoria da prestação dos serviços da Justiça.

Com a Resolução nº 12/2006, houve a criação do Banco de Soluções do Poder Judiciário, para definir os padrões de interoperabilidade a serem utilizados, numa tentativa de estabelecer padrões para intercâmbio de informações de processos judiciais (baixados e em tramitação; número; unidade judiciária; nome das partes; CPF ou CNPJ das partes; código e descrição da classe processual, do assunto e da movimentação).

Contudo os problemas de inconsistência das informações permaneceram, uma vez que as unidades judiciárias não utilizam as Tabelas Unificadas pelo CNJ e não existe automação nos tribunais em relação à comunicação em tempo real com o Conselho.

Neste cenário de pouca qualidade dos dados, é que o Poder Judiciário passa pelo grande desafio de adequação à LGPD.

Em 23 de abril de 2019, a Portaria nº 63/2019 do Conselho Nacional de Justiça instituiu o Grupo de Trabalho para elaboração de estudos e propostas voltadas à política de acesso às bases de dados processuais e outras providências. As principais medidas apresentadas foram o relatório à Comissão Permanente de Tecnologia e Infraestrutura no prazo de 90 dias e seu art. 4º, que determina que serão consideradas no que couber, as disposições contidas na LGPD.

Os prazos estabelecidos na Portaria nº 63/2019 foram prorrogados através da Portaria nº 24/2020 (13.02.2020) do CNJ, até o dia 31 de julho de 2020.

Em 20 de agosto de 2020, o Conselho Nacional de Justiça expediu a Recomendação nº 73 aos órgãos do Poder Judiciário para adoção de medidas pre-

[2] OLIVEIRA, Fabiana Luci de; CUNHA, Luciana Gross. *Ibid.*

paratórias e iniciais de adequação à Lei Geral de Proteção de Dados Pessoais. O objetivo das proposições é auxiliar na consolidação de um padrão nacional de informações pessoais existentes nas bases dos órgãos da Justiça e contribuir para o desenvolvimento de tecnologias para aperfeiçoamento do sistema jurisdicional, inclusive para evolução de inteligência artificial.

A Resolução nº 331, de 20 de agosto de 2020, instituiu a Base Nacional de Dados do Poder Judiciário (DataJud) como fonte primária de dados do Sistema de Estatística do Poder Judiciário para os tribunais indicados nos incisos II a VII do art. 92 das Constituição Federal (CF), a qual dispôs sobre o envio, qualificação dos dados e acesso público ao DataJud. No dia seguinte, a Resolução nº 332/2020 dispôs sobre a ética e transparência da governança na produção e no uso de inteligência artificial no Poder Judiciário e outras providências.

Após um mês e para auxiliar no trabalho de adequação setorial à LGPD, o Conselho Nacional de Justiça, em 21 de setembro de 2020, aprovou a Resolução nº 334, que criou o Comitê Consultivo de Dados Abertos e Proteção de Dados do Judiciário, ao qual compete:

I) avaliar e propor ações de interoperabilidade e de disponibilização de dados de processos judiciais por meio APIs (*Application Programming Interfaces*);
II) avaliar e definir parâmetros para padronização da cobrança pelo acesso aos dados do Poder Judiciário;
III) propor medidas para que, na execução da política de dados abertos, sejam observados os direitos e garantias previstos na Lei nº 13.709/2018 (Lei Geral de Proteção de Dados); e
IV) realizar estudos e propostas para aperfeiçoamento dos critérios e metadados de armazenamento e disponibilização de conteúdos.

Assim, com as providências acima, embora o CNJ disponibilize premissas através de tabelas com códigos para cadastro das unidades judiciárias, tipo de ação, movimentação processual, etc., para que as mesmas a utilizem e consequentemente disponibilizem suas informações, ao instituir como uma das funções do Comitê Consultivo ações de disponibilização de dados, fica claro que as bases de dados carecem de saneamento, não somente para fim de avanços em estudos jurídicos de inteligência artificial aplicada ao direito, mas principalmente para atender aos comandos contidos na LGPD.

Nesta linha, a Portaria nº 160 estabelece o cronograma de saneamento da Base Nacional de Dados do Poder Judiciário (DataJud) e regulamenta o acesso público por meio de API (*Application Programming Interface*), com prazo para finalização dos trabalhos em 31 de julho de 2021.

Estabelece ainda que os tribunais deverão observar a integridade e validação de dados, conforme Modelo de Transmissão de Dados (MTD), sem prejuízo de outras etapas de saneamento não previstas e que os dados não conterão processos que tramitam em segredo de justiça.

Em 23 de setembro de 2020, o Conselho Nacional de Justiça anunciou a criação da Plataforma Digital do Poder Judiciário, para promover a expansão do processo eletrônico e criar um ambiente colaborativo para o desenvolvimento de novas funcionalidades que atendam a todas as cortes brasileiras, unificando assim todos os sistemas públicos, que atualmente são diferentes em cada unidade judiciária.

Assim, o CNJ empreende esforços para unificação de critérios para coleta e transmissão de dados e adequação à Lei Geral de Proteção de Dados Pessoais. Contudo, devido à especificidade das funções do Poder Judiciário e necessidade da adequação setorial à referida lei – a propósito do ocorreu na Europa por conta da adequação ao *General Data Protection Regulation* (GDPR) – certas premissas deverão ser adotadas, já que além da função jurisdicional, os tribunais cumulam funções administrativas.

Outra iniciativa relevante é a Portaria nº 242, de 11 de novembro de 2020, que criou o Comitê de Segurança Cibernética do Poder Judiciário, integrado por especialistas técnicos indicados pelos tribunais superiores, conselhos e tribunais de justiça e será coordenado por um representante do CNJ designado pela presidência do órgão. Será responsável pela criação dos seguintes documentos: a) Protocolo de Prevenção; b) Protocolo de Gerenciamento de Crises para o enfrentamento de ilícitos cibernéticos; c) Protocolo de Investigação para ilícitos cibernéticos que possam afetar as atividades dos órgãos judiciais; d) Proposta da Estratégia da Segurança Cibernética e da Informação do Judiciário.

Tais medidas são essenciais para a proteção de dados disponibilizados pelo Poder Judiciário, já que uma das consequências da digitalização dos processos judiciais (inclusive documentos) é justamente a perda da opacidade objetiva que limita o levantamento de informações e, em certos casos, protege dados e documentos processuais, enquanto que o arquivo eletrônico permite em tempo e escala infinitamente superiores a disseminação dessas informações.

Enquanto isso, outras questões estão sendo levantadas, tais como a compatibilização do princípio da publicidade dos atos processuais e a LGPD. Nesta linha, algumas dúvidas ainda merecem reflexões: o que merece proteção? Os documentos encartados nos processos devem ser protegidos? Os dados das partes devem ser anonimizados? Os dados dos juízes e dos servidores também deverão ser anonimizados?

Assim, rememoramos o acima dito, no sentido de que há que se avaliar a adequação do Poder Judiciário à Lei Geral de Proteção de Dados Pessoais, tendo em vista sua atividade jurisdicional que requer a compatibilização com a publicidade dos autos processuais, bem como atividades não jurisdicionais, mas que certamente são importantes e merecem tratamento adequado.

## 2. Importância do tratamento de dados para o Poder Judiciário e a sua utilização prática

Para analisar a importância do tratamento de dados para o Poder Judiciário, primeiro faz-se necessário entender a proteção de dados como direito fundamental à autodeterminação informativa.[3] Isso quer dizer que a cada cidadão é dado o direito de determinar o que sobre si deve ser divulgado no mundo.

[3] Em maio de 2020, por meio das Ações Diretas de Inconstitucionalidade nºs 6.387, 6.388, 6.389, 6.390 e 6.393, o Supremo Tribunal Federal proferiu decisão histórica na qual reconheceu um direito fundamental autônomo à proteção de dados pessoais. Na situação concreta, a decisão suspendeu a aplicação da Medida Provisória 954/2020, que dispunha sobre o compartilhamento de dados (relação dos nomes, dos números de telefone e dos endereços de seus consumidores, pessoas físicas ou jurídicas) por empresas de telecomunicações prestadoras de Serviço Telefônico Fixo Comutado e de Serviço Móvel Pessoal com a Fundação Instituto Brasileiro de Geografia e Estatística (IBGE), para fins de suporte à produção estatística oficial durante a situação de emergência de saúde pública de importância internacional decorrente do coronavírus (COVID-19). Semelhante à decisão da Corte Constitucional alemã de 1983, que, de forma pioneira, trouxe à baila o conceito de autodeterminação informativa naquela jurisdição, posteriormente influenciando os estudos e debates internacionais sobre proteção de dados.

No Brasil, antes da vigência da LGPD, já havia o direito à intimidade, à imagem e à privacidade reconhecidos na Constituição da República,[4] em dispositivos esparsos do Código de Defesa do Consumidor[5] e na Lei do Cadastro Positivo.[6] Nesse sentido, a LGPD atribuiu um caráter geral e instrumental à mencionada proteção, não obstante haja a Proposta de Emenda à Constituição n.° 17/2019,[7] que visa conferir à proteção de dados pessoais o status de direito fundamental, uma vez que acrescenta o inciso XII-A ao art. 5º, e o inciso XXX ao art. 22, incluindo a proteção de dados pessoais entre os direitos fundamentais e fixando a competência privativa da União para legislar sobre a matéria.

No âmbito do Poder Judiciário, há atividades que demandam o manejo de dados pessoais dos indivíduos, não apenas dos jurisdicionados, como por exemplo: (i) o cadastro de usuários nos sistemas de controle processual; (ii) a publicação da jurisprudência; e (iii) a utilização da inteligência artificial na prestação da atividade jurisdicional. Sobre esse ponto, é importante destacar que segundo informação da Associação Brasileira de *Lawtechs* e *Legaltechs* (AB2L), há no Brasil mais de 200 empresas que utilizam ferramentas de inteligência artificial voltadas ao direito e, dentre elas, cerca de vinte oferecem resolução de litígios on-line.

A realidade on-line, principalmente em contexto de pandemia, é cada vez mais evidente na atividade jurisdicional, na medida em que essa atividade pode e deve ser prestada por meios eletrônicos, seja integralmente ou parcialmente, com a ocorrência de atos processuais virtuais, como intimações, audiências e sessões de julgamento. No Brasil, principalmente em relação aos litígios de massa, há a utilização de sistemas que utilizam algoritmos para o julgamento de ações.

[4] Na Constituição Federal de 1988, em que se constitui a República Federativa do Brasil como um Estado Democrático de Direito, tutela-se a dignidade da pessoa humana (art. 1º, III), o direito à vida privada, à intimidade, ao sigilo dos dados e às comunicações de dados individuais (art. 5º, inc. X, XII e LXXII).

[5] O art. 14, § 1º, da Lei nº 8.078/1990, na medida em que impõe ao fornecedor a obrigação de prestar serviços e fornecer produtos sem falhas ou vícios, sob pena de responsabilização civil. Os dados dos consumidores são coletados e devem ser utilizados tão somente para a finalidade sobre a qual dispõe a lei.

[6] Cf. Arts. 1º, 3º e 7º da Lei nº 12.414/2011.

[7] A Comissão Especial sobre Dados Pessoais aprovou a proposta em dezembro de 2019. Em janeiro de 2021, continua tramitando na Câmara dos Deputados, sujeita à apreciação do Plenário.

Para analisar a importância do tratamento de dados pessoais no Poder Judiciário, precisamos levar em consideração que os dados pessoais são utilizados em duas esferas: na administrativa/não jurisdicional do próprio Poder Judiciário e na jurisdicional. Na atividade jurisdicional típica, o tratamento de dados deve ser realizado com base nas disposições da Lei Geral de Proteção de Dados Pessoais. Portanto, há necessidade de se estudar a referida legislação para entender como suas previsões se aplicarão às atividades práticas realizadas por cada órgão do Poder Judiciário. Assim, foram publicadas normas específicas (algumas já citadas) sobre o tratamento de dados, a exemplo: (i) Recomendação nº 73/2020 do CNJ; (ii) Parecer nº 377/2020-E; (iii) Portaria nº 9.918/2020 do TJSP e (iv) Resolução nº 9/2020 do TJDFT.

Para além das normativas mencionadas, sabe-se que o Poder Judiciário brasileiro não é uno no sentido de possuir um sistema de acompanhamento processual. Atualmente, os principais sistemas usados no Brasil são o PJe[8] (CNJ, s.d), o PROJUDI, que é um software de processo eletrônico mantido pelo Conselho Nacional de Justiça que coleta dados dos usuários do sistema de justiça, sejam dos jurisdicionados sejam dos advogados, e o e-SAJ, que é software utilizado, entre outros, pelo TJSP e que também coleta dados dos jurisdicionados e seus representantes.

A PDPJ-Br, Plataforma Digital do Poder Judiciário Brasileiro, criada no ano de 2020 pelo CNJ, possui como intuito manter o PJe como a principal ferramenta para tramitação processual na Justiça brasileira e consiste em um sistema multisserviço que pretende, em observância à LGPD, unificar o trâmite processual e permitir a realização de adequações de acordo com as necessidades de cada tribunal.

No entanto, não somente sistemas para controle processual são utilizados pelo Poder Judiciário. Há também sistemas para construção de decisões chamadas de automatizadas que, assim como os *softwares* de gestão processual, não há uma uniformidade em nossa jurisdição, não obstante haja recente Resolução nº 332 do CNJ, de 21 de agosto de 2020, que engloba os aspectos éticos e de governança do uso e da produção da inteligência artificial pelo Poder Judiciário.

[8] Segundo o CNJ, "é uma plataforma digital desenvolvida pelo CNJ em parceria com diversos Tribunais e conta com a participação consultiva do Conselho Nacional do Ministério Público, Ordem dos Advogados do Brasil, Advocacia Pública e Defensorias Públicas".

No quadro abaixo, estão listados alguns dos principais sistemas e características: [9]

| Entidade | Sistema | Função |
|---|---|---|
| STF | Victor | Está na fase inicial, pois foi implementado em 2018. Lê todos os recursos extraordinários interpostos para apreciação do STF e identifica quais estão vinculados a determinados temas de repercussão geral.<br>O ministro Dias Toffoli, em um seminário em Londres, em setembro de 2019, disse que o programa Victor ainda está em fase de estágio supervisionado, mas registrou que tarefas que os servidores do tribunal levam, em média, 44 minutos para realizar, o Victor fará em menos de cinco segundos[9]. |
| STJ | Sócrates | Plataforma de Inteligência Artificial que fornece informações relevantes aos ministros relatores, facilitando a identificação, por exemplo, de recursos que se enquadrem no rol de demandas repetitivas. Portanto, a ferramenta identifica grupos de processos que possuem decisões semelhantes. |
| TJMG | Radar | Em 2020, o TJMG divulgou que já experimentou, com sucesso, julgamentos feitos usando a inteligência artificial, em que foram reproduzidos padrões para decisão de recursos repetitivos com tese de cumprimento obrigatório firmadas no próprio tribunal e/ou nos tribunais superiores.<br>O Radar auxilia a encontrar os recursos conexos, com mesmo pedido ou causa de pedir, reunindo-os para julgamento. |

Em outros Tribunais utiliza-se, por exemplo, os sistemas Elis (TJPE), Poti, Clara e Jerimum (TJRN), Sinapses (TJRO), Leia (TJAC) e Hércules (TJAL).

## 3. Validade das decisões automatizadas e mecanismos de controle

A acertada afirmativa de Ari Waldman[10] de que a legitimidade dos sistemas de tomada de decisão automatizada[11] representa uma consequência do gerencia-

[9] BRASIL. Supremo Tribunal Federal. **Presidente do Supremo apresenta ferramentas de inteligência artificial em Londres**. 2019. Disponível em: stf.jus.br/portal/cms/verNoticiaDetalhe.asp?idConteudo=422699. Acesso em: 28 set. 2020.

[10] WALDMAN, Ari Ezra. Power, Process, And Automated Decision-Making. **Fordham Law Review**, v. 88, n. 613, 2019. Disponível em: https://ir.lawnet.fordham.edu/flr/vol88/iss2/9 . Acesso em: 10 dez. 2020. p. 12.

lismo neoliberal nos setores público e privado, instiga preocupações de ordem teórica e prática quanto à proteção de valores sociais essenciais para o Estado Democrático de Direito tais como justiça, igualdade e não discriminação.

O devido processo legal, nesse contexto, corresponde a uma forte garantia contra o exercício abusivo do poder e sobressalta sua relevância diante da informatização, automação judicial, da incursão das tecnologias no ambiente processual, o que impulsiona sua evolução enquanto princípio, bem como a ampliação de seu conteúdo.

Não obstante o entusiasmo com a narrativa de otimização das formas tradicionais de trabalho, melhoria da gestão do processo, neutralidade no julgamento, busca de redução da duração do processo e maximização da eficiência que as decisões automatizadas podem oferecer não se pode olvidar que elas são acompanhadas de riscos capazes de comprometer a concretização do devido processo legal.

Para compreender os desafios das decisões automatizadas para um julgamento justo, é imperioso destacar o nível de envolvimento entre os sistemas computacionais e o ser humano que dela se utiliza na prática judiciária. Atualmente, tais sistemas de decisão servem de apoio aos agentes humanos envolvidos nas decisões judiciais, de modo que a proposta de decisão do sistema deverá ser posteriormente avaliada por um humano, de acordo com a técnica jurídica.

A decisão automatizada poderá ser considerada como correta pelo agente humano, que emitirá decisão idêntica; parcialmente correta, alterando o conteúdo da decisão e emitindo uma decisão diferente da sugerida pelo sistema ou, ainda, poderá ser considerada incorreta, resultando na rejeição da proposta do sistema e na condução de raciocínio jurídico separado.[12]

[11] O conceito de decisões automatizadas não possui uma definição na LGPD. Conforme disposto no art. 20, "O titular dos dados tem direito a solicitar a revisão de decisões tomadas unicamente com base em tratamento automatizado de dados pessoais que afetem seus interesses, incluídas as decisões destinadas a definir o seu perfil pessoal, profissional, de consumo e de crédito ou os aspectos de sua personalidade". Pode-se, então, compreender as decisões automatizadas como momentos em que um sistema computacional toma uma decisão sem a participação humana.

[12] DYMITRUK, Maria. The Right to a Fair Trial in Automated Civil Proceedings. **Masaryk University Journal of Law and Technology**, v.13, n. 1, 2019. Disponível em: https://journals.muni.cz/mujlt/article/view/11624 . Acesso em: 15 dez. 2020. p. 29.

Nesse diapasão, é possível, ao menos em tese, construir sistemas em que o agente humano tomador da decisão confie fortemente em dados obtidos por meio de fontes automatizadas. Se esses dados não exigirem muita interpretação, pode-se considerar um cenário em que o humano desempenha um papel meramente formal.[13]

Como sugerido pelo Grupo de Trabalho do Artigo 29, para se qualificar como intervenção humana, o responsável pelo tratamento deve garantir que qualquer supervisão da decisão seja significativa, e não apenas um gesto simbólico. Deve ser realizado por alguém que tenha autoridade e competência para alterar a decisão. Por outro lado, se um ser humano examinar e ponderar outros fatores ao tomar a decisão final, esta não será "tomada exclusivamente com base" no tratamento automatizado.[14]

Mas, como a utilização de sistemas de decisão automatizada por agentes da prática judiciária pode efetivamente influenciar o devido processo legal? Maria Dymitruk,[15] em estudo sobre o direito a um julgamento justo em procedimentos civis automatizados, ressalta que, não obstante o conhecimento e competência dos agentes que atuam na prática jurídica, muitas vezes eles estão bastante dispostos a seguir as orientações dos sistemas automatizados, sem verificar com profundidade se a decisão oferecida está correta.

Assim, verifica-se que estas ferramentas podem ter um efeito semelhante à automação total, embora haja um humano no ciclo de decisão. Evidentemente, os profissionais da área jurídica possuem competências para identificar os aspectos legais e de justiça das decisões automatizadas. Todavia, há o efeito psicológico do excesso de confiança em relação ao raciocínio jurídico formado pela máquina o que pode influenciar na motivação das decisões judiciais.

[13] ALMADA, Marco. Human intervention in automated decision-making: Toward the construction of contestable systems. *In:* **Seventeenth International Conference on Artificial Intelligence and Law (ICAIL 19).** Montreal, QC, Canada. ACM, New York, NY, USA, June 17–21, 2019, Disponível em: https://doi.org/10.1145/3322640.3326699 . Acesso em: 15 dez. 2020.

[14] COMISSÃO EUROPEIA. Grupo de Trabalho do Artigo 29º para a Proteção de Dados. **Orientações sobre as decisões individuais automatizadas e a definição de perfis para efeitos do Regulamento (UE) 2016/679**. Disponível em: https://www.ua.pt/file/53846 . Acesso em: 15 dez. 2020. p. 10.

[15] DYMITRUK, Maria. *Id.* p. 29.

Daniel Alves Pessoa[16] assevera que a utilização de sistemas automatizados pela advocacia, Ministério Público e magistratura, mormente quando se valem de inteligência artificial, possivelmente perfarão conflitos e competições entre si, sem perspectiva de aprendizado mútuo, já que são programas parametrizados com bases de dados já consolidadas e não isentos dos vieses de cada segmento. Desse modo, há tendência de retratar as incapacidades de cooperação que as atuações profissionais humanas no sistema judicial realizam, consolidando a conservação do estado de coisas atual.

Nessa senda, parece que a capacidade de autocrítica para ensejar a revisão da tomada de decisão, em certa medida, também pode ser prejudicada, pois é possível que a intervenção humana não ocorra na sua própria decisão, já que isto é raro no meio das profissões jurídicas. Além disso, tudo aquilo que fugir ao padrão poderá ser considerado como anomalia na equação, no algoritmo, de sorte que podem existir algumas dificuldades em como lidar com essas situações, além do fato de que as descrições observadas da sociologia das profissões jurídicas sejam reproduzidas nas interações dos sistemas de decisões automatizadas no sistema judicial.[17]

Devido à complexidade que envolve as decisões automatizadas, é difícil encontrar informações sobre o modo de funcionamento e desenvolvimento dos *softwares*. Ademais, como na maioria das vezes os sistemas são criados por empresas privadas, há impedimentos decorrentes do segredo comercial que desoneram as empresas de apresentar informações do algoritmo com amparo na proteção da propriedade intelectual. Desse modo, a opacidade é um desafio de compreensão que põe em jogo a legitimidade das decisões automatizadas, bem como a confiança na justiça e legalidade das respectivas decisões.[18]

[16] PESSOA, Daniel Alves. O uso de inteligências artificiais no sistema judicial brasileiro: cenário de disputas. **Revista Jurídica da Universidade do Sul de Santa Catarina**, ano X, n. 21, jul./dez. 2020. p. 51. Disponível em: http://www.portaldeperiodicos.unisul.br/index.php/U_Fato_Direito/article/view/9818 . Acesso em: 15 dez. 2020.

[17] PESSOA, Daniel Alves. *Id*. p. 52.

[18] MEDEIROS, Nathália Roberta Fett Viana de. Uso da inteligência artificial no processo de tomada de decisões jurisdicionais: potenciais riscos e possíveis consequências. *In*: NUNES, Dierle. LUCON, Paulo Henrique dos Santos. WOLKART, Erik Navarro (Coords.). **Inteligência artificial e direito processual: os impactos da virada tecnológica no direito processual.** Salvador: JusPodivm, 2020. p. 604.

Cumpre esclarecer que o dever de fundamentar decisões é uma faceta do Estado Democrático de Direito, com funções endoprocessual e extraprocessual. A primeira permite que as partes e as instâncias superiores conheçam a motivação da decisão para fins de controle, ao passo que a segunda concede o controle difuso da decisão pela sociedade para fins de controle e legitimação. Assim, a fundamentação adequada é imprescindível para o adequado controle da decisão judicial e o juiz deve desnudar sua interpretação, explicitar como promoveu uma interpretação integrativa, extraindo do texto uma norma jurídica.[19] Observa-se, portanto, que a opacidade dos sistemas de decisões automatizadas é capaz de obstaculizar o pleno exercício do devido processo legal, na medida em que este requer o conhecimento dos elementos que levaram a determinado julgamento.

Deve-se frisar que a decisão judicial não pode ser produto de pura decisão, mas deve reclamar para si a pretensão de correção, uma vez que, para sua legitimidade, não basta o *factum* da decisão judicial, mas, também, sua conformidade com o Direito Positivo (justificação interna) e ser racionalmente aceitável, ou seja, fundamentada (justificação externa). É o livre jogo e intercâmbio dos argumentos que proporcionará os elementos para uma decisão correta[20]. Sendo assim, o processo automatizado deve criar um ambiente que possibilite o contraditório.

De fato, uma resposta judicial adequada está relacionada tanto com o conteúdo da decisão, mas, ainda, com a observância da regularidade procedimental. Nesse sentido, se, por exemplo, um jurisdicionado é afetado negativamente por uma decisão automatizada que tem viés preconceituoso, é imperioso que as empresas revelem ao tribunal os critérios em que se baseiam, a informação utilizada como *input* e, no caso dos sistemas de aprendizagem, as regras de formação que foram utilizadas. Se necessário, também o tipo de utilização da análise de *big data*. Tais informações não devem ser tornadas ampla-

[19] MOREIRA, Denis Gleyce Pinto. O novo CPC e a nudez da ponderação. **Revista Eletrônica de Direito Processual**, v. 17, n. 1, 2016. Disponível em: https://www.e-publicacoes.uerj.br/index.php/redp/article/view/19077 . Acesso em: 15 dez. 2020. p. 73.

[20] BAHIA, Alexandre Melo Franco. PEDRON, Flávio Quinaud. A fundamentação substancial das decisões judiciais no marco do Novo Código de Processo Civil. **Revista de Processo**, v. 256, p. 35-64, 2016. Disponível em: ttp://www.mpsp.mp.br/portal/page/portal/documentacao_e_divulgacao/doc_biblioteca/bibli_servicos_produtos/bibli_boletim/bibli_bol_2006/RPro_n.256.02.PDF. Acesso em: 16 dez. 2020. p. 5.

mente públicas, mas é imperiosa sua divulgação ao tribunal que aprecia os problemas e pode ser necessário mandar proceder a um exame por peritos independentes.[21]

Acresce-se, ainda, que a LGPD, por meio da aplicação do art. 22, garante que a defesa dos direitos dos titulares dos dados ocorra por meio de demanda individual ou coletiva, tendo, então, absorvido parte da tradição de tutela coletiva no Brasil, o que abre espaço para que a proteção dos direitos assegurados na legislação seja feita de forma coletiva, ao lado das múltiplas formas de proteção individual dos direitos. Isto favorece o ativismo qualificado pela sociedade civil organizada.[22] Portanto, a proteção jurídica pelos tribunais quanto aos problemas decorrentes do uso de sistemas de decisões automatizadas com inteligência artificial pode ser facilitada através da tutela coletiva.

Especialmente no que tange aos requisitos dispostos no art. 489 do Código de Processo Civil (CPC) para a fundamentação das decisões, pode ser que, do ponto de vista formal, o sistema faça a subsunção do fato à norma, mas ainda parece distante que um sistema de decisão automatizada cumpra todas as exigências de uma decisão fundamentada. O CPC dispõe, em seu art. 489, § 1º, IV, por exemplo, que não se considera fundamentada qualquer decisão judicial que não enfrente todos os argumentos deduzidos no processo capazes de, em tese, infirmar a conclusão adotada pelo julgador, o que tem relação direta com o contraditório.

Na perspectiva contemporânea, o contraditório impõe ao juiz o dever de provocar o debate entre os sujeitos processuais das questões jurídicas relevantes, inclusive as que são conhecidas de ofício, impedindo que aplique normas jurídicas ou embase a decisão sobre fatos estranhos à dialética defensiva de uma ou de ambas as partes. É a dimensão do contraditório como garantia de não surpresa.[23] Sob este aspecto, também, o exercício do contraditório como

[21] HOFFMANN-RIEM, Wolfgang. Big data e inteligência artificial: desafios para o direito. **Revista Estudos Institucionais,** v. 6, n. 2, p. 431-506, maio/ago. 2020. Disponível em: https://www.estudosinstitucionais.com/REI/article/view/484 . Acesso em: 15 dez. 2020. p. 493.

[22] ZANATTA, Rafael A. F. A tutela coletiva na proteção de dados pessoais**. Revista do Advogado:** Lei Geral de Proteção de Dados Pessoais, São Paulo, v. 39, n. 144, nov. 2019. p. 22.

[23] THEODORO JR., Humberto; NUNES, Dierle José Coelho. Uma dimensão que urge reconhecer ao contraditório no direito brasileiro: sua aplicação como garantia de influência, de não surpresa e de aproveitamento da atividade processual. **Revista de Processo,** São Paulo, n. 168, p. 107-141, fev. 2009. p. 125.

direito de influência parece ser bastante impactado em processos cujas decisões são advindas de sistemas de decisão automatizadas.

Não obstante, o uso de sistemas informáticos para prolação de decisões, ainda que sejam opacos e sujeitos a vieses, possibilitam a melhoria da jurisdição, notadamente por permitirem a efetiva coleta e correlação de dados informacionais da jurisprudência já produzida.[24] Nesse ínterim, a análise da validade dessas decisões tendo por base a capacidade da máquina "imitar" o produto decisório humano, o que tem sido denominado de teste de Turing jurídico, possui limitações que exigem alternativas de examinar a legitimidade.

Isto porque, se a base de dados das decisões judiciais anteriores estiver desregulamentada para aplicação em sistemas de decisórios opacos que utilizam redes neurais, pode-se gerar massificação de erros judiciais, de modo que a mera capacidade de imitação da decisão judicial humana não pode ser considerada um padrão de legitimação.[25] Faz-se imprescindível a criação de mecanismos de auditoria, transparência e controle democrático do desenvolvimento e do uso de sistemas de automação de decisões como meio de possibilitar a prolação de decisões mais fundamentadas e com maior participação dos atores processuais, efetivando-se, assim, a garantia constitucional do devido processo legal.

Uma alternativa para detectar, corrigir e prevenir erros judiciais advindos de decisões automatizadas é reforçar mecanismos de governança, de modo que os desenvolvedores de sistemas, controladores, reguladores e usuários busquem a utilização de requisitos legais claros e consistentes que possam ser traduzidos em design de sistema. A indicação de possíveis limites normativos para discriminação deve ser feita com entrada regulatória ou judicial externa, reunindo as forças da comunidade técnica e jurídica.[26]

Para não gerar incoerências, necessita-se projetar sistemas que acomodem a flexibilidade interpretativa. A legitimidade democrática do Judiciário para

[24] VALENTINI, Rômulo Soares. Para além do Teste de Turing jurídico? Breves apontamentos sobre os sistemas automatizados de decisão e suas potencialidades para elevar a qualidade da prestação judicial. *In*: NUNES, Dierle. LUCON, Paulo Henrique dos Santos. WOLKART, Erik Navarro (Coords.). **Inteligência artificial e direito processual: os impactos da virada tecnológica no direito processual**. Salvador: JusPodivm, 2020. p. 545.

[25] VALENTINI, Rômulo Soares. *Id.* p. 546.

[26] WACHTER, Sandra; MITTELSTADT, Brent; RUSSELL, Chris. Why Fairness Cannot Be Automated: Bridging the Gap Between EU Non-Discrimination Law and AI. March 3, 2020. **Computer Law & Security Review (forthcoming)**. Disponível em: https://ssrn.com/abstract=3547922 . Acesso em: 18 dez. 2020. p. 64.

decidir essas questões normativas não impede que considerações de justiça e não discriminação sejam incluídas no projeto do sistema ou na governança. Em vez disso, o Judiciário e a comunidade jurídica precisam da ajuda da comunidade técnica para desenvolver ferramentas práticas e medidas estatísticas que possibilitem a igualdade contextual para a discriminação automatizada.[27] Nesse sentido, o Judiciário poderia beneficiar-se de algumas das estratégias[28] apresentadas pelos profissionais da tecnologia da informação para medir disparidades e preconceitos dos sistemas de decisão automatizada, ao passo em que levaria em conta a natureza contextual e flexível da não discriminação, bem como mecanismos de governança estabelecidos na LGPD.

## 4. Raspagem de dados em processos judiciais

A raspagem de informações na Internet é uma forma de coleta de dados que geralmente tem como finalidade seu processamento, seja para fins científicos, econômicos ou para a construção de políticas públicas. Essa raspagem é realizada por programas de computador, que podem "vasculhar" um domínio específico ou toda a Internet em busca de um conjunto de palavras-chave, extraindo o conteúdo que seu programador julga como relevante.[29]

[27] WACHTER, Sandra; MITTELSTADT, Brent; RUSSELL, Chris. *Id.* p. 65.

[28] No âmbito da Comunidade Europeia, por exemplo, outro estudo desenvolvido por Sandra Wachter, Brent Mittelstadt e Chris Russell indica a necessidade de explicações contrafactuais em decisões automatizadas, sem abrir a caixa preta. Como no GDPR as explicações sobre decisões não parecem ser uma pré-condição para contestar decisões, sobretudo porque o Considerando 71 (única disposição que menciona explicitamente explicações) não revela sua finalidade ou conteúdo pretendidos, e, no texto final do GDPR, parece que as explicações podem ser oferecidas voluntariamente após as decisões terem sido tomadas, uma maior proteção aos titulares dos dados poderia consistir na obrigação dos responsáveis pelo tratamento apresentarem explicações contrafactuais, ou seja, informações sobre os fatores externos e variáveis-chave que contribuíram para uma decisão específica. WACHTER, Sandra; MITTELSTADT, Brent; RUSSELL, Chris. Counterfactual explanations without opening the black box: automated decisions and the GDPR. **Harvard Journal of Law & Technology**, v. 31, n. 2, spring 2018. Disponível em: https://jolt.law.harvard.edu/assets/articlePDFs/v31/Counterfactual-Explanations-without-Opening-the-Black-Box-Sandra-Wachter-et-al.pdf . Acesso em: 15 dez. 2020. p. 43.

[29] O Google não indexa páginas web dos tribunais brasileiros. Em outras palavras, ao buscar por um processo específico na internet, seja por meio de palavras-chave, seja por meio do

É impossível que o hospedeiro de um domínio web barre totalmente o uso de ferramentas automatizadas de raspagem para a obtenção de dados de terceiros. Contudo, muitos tentam mitigar o uso desses serviços, haja vista que tais aplicações podem consumir parcela da banda disponível aos usuários, além da visar proteger seus dados comerciais e os de terceiros.

O Facebook, por exemplo, compartilhou um texto esclarecendo ao público suas táticas contra a raspagem de dados da internet, nos seguintes termos:

> Ações judiciais são apenas uma das ferramentas que usamos para combater a raspagem de dados. Também investimos em equipes técnicas e ferramentas que monitoram e detectam atividades suspeitas e o uso de automação para raspagem não autorizada. Esse foco no combate à raspagem de dados faz parte do nosso trabalho contínuo para proteger a privacidade das pessoas. Nos próximos meses, planejamos discutir algumas das outras medidas que estamos tomando proativamente para prevenir a raspagem de dados.[30]

Além dessas ações judiciais, que foram ajuizadas fora do território brasileiro, há inúmeras outras envolvendo a raspagem de dados pessoais públicos mundo afora. No momento, os holofotes estão voltados para o caso hiQ Labs, Inc. *vs.* LinkedIn (2019),[31] que tramita perante uma corte federal dos Estados Unidos.

Naquele processo, debate-se a legalidade da raspagem de dados públicos constantes nos perfis de usuários do LinkedIn pela empresa hiQ Labs. Essa empresa utiliza os dados públicos para desenvolver ferramentas analíticas, como por exemplo uma que prevê em qual momento seria mais provável que um empregado pudesse deixar a empresa para uma competidora. A hiQ

próprio número do processo, o Google não disponibiliza resultados que direcionem seus usuários às páginas hospedadas pelo Poder Judiciário, tampouco reproduz seu conteúdo.

30 ROMERO, Jessica. Tomando medidas legais contra a 'raspagem de dados' (data scraping). **Facebook. Newsroom**. Disponível em: https://about.fb.com/br/news/2020/10/tomando-medidas-legais-contra-a-raspagem-de-dados-data-scraping . Acesso em: 11 jan. 2021.

31 ESTADOS UNIDOS DA AMÉRICA. US Court of Appeals for the Ninth Circuit. *hiQ Labs, Inc. vs. LinkedIn (2019)*: Disponível em: https://law.justia.com/cases/federal/appellate-courts/ca9/17-16783/17-16783-2019-09-09.html . Acesso em: 11 jan. 2021.

Labs vende essas ferramentas para departamentos de Recursos Humanos de empresas multinacionais.

O LinkedIn, ao detectar a atividade de raspagem da empresa hiQ Labs, barrou o acesso dos programas de raspagem em seu domínio (*site*), sob o argumento de defesa da privacidade de seus usuários. Diante desse impedimento ao seu acesso, a hiQ Labs ajuizou ação requerendo fosse restabelecida a possibilidade de raspagem dos dados, sob pena de falência da empresa.

Em decisão liminar, a Corte Federal do 9º Distrito dos Estados Unidos identificou a probabilidade do direito da hiQ Labs, bem como o *periculum in mora*, haja vista que a sobrevivência da empresa estaria em jogo caso fosse impedida de acessar os perfis públicos do LinkedIn. O caso ainda pende decisão final.

Nesse caso, a questão central é relacionada ao tratamento de dados manifestamente públicos, especificamente as informações disponibilizadas em perfis pelos próprios usuários da plataforma, mediante consentimento expresso. O caso muda de figura quando se analisa a legalidade do tratamento de informações públicas *lato sensu* disponibilizadas nas plataformas do Poder Judiciário.

Na iminência da vigência da LGPD, discussões como essas começaram a surgir em solo brasileiro, merecendo a atenção devida dos operadores do direito. Nesse contexto, domínios que servem de repositório para jurisprudência e soluções corporativas de jurimetria ganham destaque: a prática de raspagem de dados sem o consentimento dos titulares é legítima à luz da LGPD?

Para análise das consequências jurídicas da raspagem de dados, é necessário destacar que essa técnica é um meio de coleta de dados, o que configura uma das formas de tratamento de dados previstas na LGPD (art. 5º, X).

Tendo como premissa que os dados raspados são públicos, é importante analisar dois dispositivos da LGPD para compreender o fenômeno. Primeiro, o art. 7º, § 3º, dispõe que "o tratamento de dados pessoais cujo acesso é público deve considerar a finalidade, a boa-fé e o interesse público que justificaram sua disponibilização" (*g.n.*). Em seguida, o art. 7º, § 4º, dispensa o consentimento do titular para o tratamento de "dados que foram tornados manifestamente públicos pelo titular, resguardados os direitos do titular e os princípios" previstos na LGPD.

Por meio desses dispositivos, a LGPD traz uma importante distinção com relação à natureza dos dados públicos disponíveis na internet. Segundo Bruno

Bioni,[32] essa distinção deve ser analisada levando em consideração o contexto no qual os dados foram disponibilizados.

Os dados de acesso público seriam aqueles divulgados, por exemplo, para fins de transparência, como a lista de beneficiários do auxílio emergencial divulgada no Portal da Transparência da Controladoria Geral da União. À luz do art. 7º, § 3º, teoricamente esses dados não poderiam ser tratados para direcionar campanhas de *marketing* voltadas à contratação de empréstimos aos cidadãos constantes nessa lista, por exemplo, haja vista que a finalidade de disponibilização desses dados pelo Estado destoa completamente da finalidade hipotética de *marketing*.

Por outro lado, temos que os dados tornados manifestamente públicos pelos titulares seriam, por exemplo, aqueles disponibilizados em uma rede social profissional como o LinkedIn. Por meio dos perfis, os usuários disponibilizam nome, ocupação atual e anteriores, formação, dentre outras informações, com a finalidade de dar visibilidade à sua trajetória profissional, conquistar novos clientes e promover negócios. Teoricamente, à luz da LGPD, seria plenamente possível que uma empresa terceira tratasse esses dados públicos dos usuários do LinkedIn para ofertá-los propostas de emprego.

Ambos os dados são de natureza pessoal e recebem tutela pela LGPD, de maneira que os agentes de tratamento de dados devem levar em consideração essa distinção entre os dados de acesso público e os manifestamente públicos ao tratá-los. Isso inclui as plataformas de reprodução dessas decisões judiciais, bem como plataformas corporativas de jurimetria.

Primeiramente, é necessário analisar a natureza das informações disponibilizadas em processo judicial, seja pelas partes, seja pelo próprio Poder Judiciário.

Com relação aos dados pessoais disponibilizados pelo próprio titular para exercício de direitos em processo judicial, esses teriam a natureza de dados manifestamente públicos, haja vista que foram apresentados em processos judiciais públicos (art. 198 do CPC). A princípio, os dados tornados manifestamente públicos pelos titulares não encontram qualquer óbice à raspagem e, consequentemente, ao seu tratamento, dada a permissiva do art. 7º, § 4º,

[32] BIONI, Bruno Ricardo. **Proteção de dados pessoais – a função e os limites do consentimento.** São Paulo: Forense, 2019. p. 116.

desde que respeitados os princípios (art. 6º) e os direitos (arts. 9º e 18, principalmente) dos titulares.

Já os dados pessoais apresentados por terceiros para exercício de direitos seriam enquadrados como dados de acesso público. Isso porque sua publicidade em processo judicial não pressupõe que houve consentimento do titular para que fossem disponibilizados em processo judicial. Da mesma natureza são os dados disponibilizados pelo Judiciário em suas decisões. Nesse caso, também não há consentimento expresso do titular. Assim, nessas hipóteses, a raspagem de dados deve respeitar o art. 7º, § 3º, da LGPD, levando-se em consideração a finalidade, a boa-fé e o interesse público que justificaram a disponibilização das informações em processo judicial.

Devem surgir discussões acerca da necessidade de decretação de sigilo do processo como um todo, de petições, documentos ou decisões específicas em razão da vigência da LGPD. A jurisprudência ainda é incipiente com relação a discussões envolvendo a raspagem de dados da internet. Contudo, pode-se considerar que alguns julgados tangenciam o tema.

O TJSP já se manifestou em decisões envolvendo o *site* Jusbrasil, plataforma que disponibiliza informações raspadas de processos judiciais disponibilizados na internet. Em um dos casos que discute a remoção de conteúdo relativo a dados pessoais, foi abordada incidentalmente a raspagem:

> "De fato, a demandada tem como objeto social '(...) o desenvolvimento de soluções para Internet, sobretudo webpages que ofereçam serviços, atividades de bancos de dados e distribuição on-line de conteúdo eletrônico, além da comercialização de material educativo, inclusive venda de livros (...)"
>
> Ou seja, por intermédio da webpage 'www.jusbrasil.com.br', a empresa ré disponibiliza mecanismo que possibilita a busca de conteúdos relacionados às Ciências Jurídicas, que já estejam na internet, desde jurisprudência e doutrina até processos judiciais.
>
> Nesse aspecto, cumpre ressaltar que **o conteúdo disponibilizado no site da demandada não foi por esta criado**, e nem foi ela a responsável pela quebra do segredo de justiça.
>
> Ao revés, **ainda que os processos criminais mencionados pelo demandante devessem estar protegidos pelo segredo de justiça,**

> **certo é que foi o próprio Diário de Justiça de São Paulo que divulgou as informações processuais, conforme menção expressa na própria notícia disponibilizada na webpage da Jusbrasil (fls. 21/29).** No caso em exame, é o Estado – e não a ré – o responsável pela inobservância do segredo de justiça e publicação da decisão judicial no DJE, com as informações que deveriam ter sido omitidas para proteção do sigilo.
>
> Portanto, cabe ao demandante tomar as providências e medidas necessárias para que o teor das decisões e o nome das partes do processo criminal não sejam incluídos nos bancos de dados das ferramentas de busca e provedores de internet como o da demandada, que, por sua vez, não teria replicado as informações sigilosas."[33] (*g.n.*)

Veja-se que o Judiciário paulista, antes da vigência da LGPD, consagrou a legalidade de domínios como o Jusbrasil, que replicam em suas plataformas, de maneira pública, conteúdos extraídos de processos judiciais públicos por meio de raspagem.[34] O fundamento que permeia essas decisões seria de que, diante da inexistência de decretação de sigilo nas decisões judiciais disponibilizadas pelas plataformas do Poder Judiciário, não existe óbice para a raspagem e consequente publicação desses dados em plataformas de terceiros. Ou seja, à luz do art. 92, IX, da Constituição Federal, todos os julgamentos do Judiciário são públicos e, portanto, não teriam sua publicização limitada, ressalvado o direito de sigilo que garante às partes a preservação de sua intimidade.

Hoje, verifica-se que a raspagem de dados é realizada pelos programas de computador de maneira irrestrita, tanto com relação aos dados de acesso público, quanto aos dados manifestamente públicos, os quais, em tese, possuem uma diferença em sua tutela à luz da LGPD.

[33] BRASIL. Tribunal de Justiça do Estado de São Paulo (25ª Câmara de Direito Privado). Apelação Cível n.º 1006951-31.2018.8.26.0529. Relatora: Des. Carmen Lucia da Silva. São Paulo, 24 de setembro de 2020.

[34] No mesmo sentido, BRASIL. Tribunal de Justiça do Estado de São Paulo (9ª Câmara de Direito Privado). Apelação Cível n.º 1000117-80.2018.8.26.0280. Relator: Des. Edson Luiz de Queiróz. São Paulo, 13 de maio de 2020.

## 5. O devido processo legal sob a ótica do réu – controladores e operadores

Embora este não seja o papel primordial de instrumentos normativos, em suas disposições preliminares a LGPD traz – até em razão do ineditismo da matéria – importantes definições, inclusive a do controlador, pessoa natural ou jurídica, de direito público ou privado, a quem competem as decisões referentes ao tratamento de dados pessoais; e a do operador, a pessoa que realiza o tratamento de dados pessoais em nome do controlador.[35]

No ponto que interessa ao presente estudo, tem-se que, na maioria das vezes, o controlador, o operador, ou ambos[36] deverão estar no polo passivo de demandas judiciais ou de processos administrativos em decorrência de possíveis falhas ou má prestação de serviço em quaisquer das atividades que envolvam o tratamento dos dados pessoais. E é justamente sob esta ótica – a do réu e do respectivo direito de defesa – que se tratará.

### 5.1. Grau de conscientização

Antes de adentrar a questão do direito de defesa em si, relevante destacar a importância do grau de conscientização das empresas – embora controlador e operador possam ser pessoas físicas, é de se supor que estas sejam a minoria – no tocante aos direitos dos titulares de dados pessoais e à necessidade de adequação de suas estruturas e atividades, de modo a estar de acordo com a lei e com as boas práticas.

Diversos fatores contribuíram para que o grau de conscientização dos agentes de tratamento não fosse o mais adequado, a começar pelo longo prazo

[35] Art. 5º, incisos VI e VII, da LGPD, sendo que o inciso IX do mesmo dispositivo denomina como agentes de tratamento tanto o controlador, quanto o operador.

[36] Para Thiago Sombra, a função "do controlador e sua interação com o processador de dados é fundamental para a compreensão do regime de responsabilidades, bem como para que se saiba em face de quem os titulares dos dados exercerão os seus direitos. (...) Em outras palavras, as definições e os avanços em torno da posição de controlador e processador [*operador*] são fruto de dois aspectos relevantes, ou seja, a necessidade de se identificar os responsáveis pelo processamento de um lado e a consequente atribuição a eles do dever de assegurar direitos aos titulares" (SOMBRA, Thiago Luís Santos. **Fundamentos da regulação da privacidade e proteção de dados pessoais – pluralismo jurídico e transparência em perspectiva.** São Paulo: Revista dos Tribunais, 2019. p. 174-175).

de *vacatio legis* – maior que os do Código Civil de 2002 e do Código de Processo Civil de 2015 –, os adiamentos na entrada em vigor da nova lei e a enorme indefinição gerada pelos atores políticos quando a data fatal se aproximava.[37]

Some-se a isso a falta de conhecimento e de preocupação dos brasileiros quanto à proteção de seus dados pessoais, o alto custo e os longos prazos de duração de um projeto de adequação das empresas à lei e, finalmente, a pandemia do Covid-19 seguida de longos meses de quarentena, fatores externos e imprevisíveis que fizeram com que surgissem outras prioridades de investimentos que não os gastos com a adequação à lei.

Da análise de todos esses fatores, aliada à demora na criação e efetiva implementação da Autoridade Nacional de Proteção de Dados (ANPD), poucas foram as empresas que realmente tiveram a conscientização necessária para se adequar às novas regras, fazer o inventário dos dados pessoais já existentes em seu poder e os que continuavam a ser coletados, bem como verificar as bases legais para o tratamento dos dados e o respeito aos princípios e regras previstos (respeito à privacidade, finalidade, responsabilidade dos agentes de tratamento e dever de informação, entre outros).

Esse baixo grau de conscientização expôs os agentes de tratamento a riscos diversos, que vão desde a previsão de má reputação no mercado no caso de notícias de vazamentos ou outros incidentes com dados pessoais de seus consumidores, até riscos concretos de punições administrativas por órgãos federais e agências que não a ANPD e de processos judiciais, sejam eles individuais (movidos pelos titulares dos dados pessoais) ou coletivos (ajuizados pelo Ministério Público, Defensoria Pública ou associações), tudo ao final podendo ainda impactar negativamente no contingenciamento das empresas.

[37] A Lei nº 13.709 é de 14 de agosto de 2018. Inicialmente, estava prevista para entrar em vigor dezoito meses após sua publicação oficial (redação original do art. 65). A Medida Provisória nº 869/2018 (posteriormente convertida na Lei nº 13.853/2019) alterou a regra, de modo em que os artigos referentes à Autoridade Nacional de Proteção de Dados e ao Conselho Nacional de Proteção de Dados Pessoais e da Privacidade entraram em vigor em 28 de dezembro de 2018 e os demais dispositivos somente vinte e quatro meses após a publicação. Por fim, a MP nº 959/2020 postergava para 3 de maio de 2021 a entrada em vigor dos artigos que ainda não se encontravam vigentes, alteração que não foi aceita pelo Congresso Nacional quando da conversão à Lei nº 14.058/2020, mas os artigos 52 a 54 (relativos às sanções administrativas) ganharam prazo extra de vacância até 1º de agosto de 2021, nos termos da Lei nº 14.010/2020.

Por seu turno, empresas que se adiantaram e realizaram a adequação à LGPD antes da entrada em vigor da lei são duplamente beneficiadas, na medida em que: (i) apresentam um diferencial competitivo em relação a suas concorrentes, ao se mostrarem ao mercado como verdadeiramente preocupadas com os dados de seus consumidores; e (ii) o investimento em prevenção certamente levará a uma economia com os gastos em processos judiciais e administrativos.

A referida economia pode ser vista sob dois aspectos: a maior chance de absolvição ou de aplicação de penalidades mais leves em processos administrativos ou em ações coletivas; e o menor número de ações individuais, diante da real possibilidade de que a própria empresa – por meio de seu encarregado (art. 41, § 2º, I, da lei) – resolva os questionamentos trazidos pelos titulares dos dados, o que pode levar ao não ajuizamento de ações ou ao reconhecimento de falta de interesse de agir por parte dos titulares.

## 5.2. Legítimo interesse

O art. 6º, inc. I, da LGPD dispõe que as atividades de tratamento de dados devem observar a boa-fé e seguir diversos princípios, entre eles o da finalidade:

> I – **finalidade**: realização do tratamento para **propósitos legítimos**, específicos, explícitos e informados ao titular, sem possibilidade de tratamento posterior de forma incompatível com essas finalidades. (*g. n.*)

Na sequência, o art. 7º traz as bases legais para tratamento de dados. Embora a mais comentada e discutida – até porque já estava prevista no Marco Civil da Internet – seja o consentimento[38] (inc. I), uma das bases legais que

[38] O art. 7º, VII, da Lei nº 12.965/2014 (Marco Civil da Internet) prevê o direito dos usuários de internet de não terem seus dados pessoais fornecidos a terceiros, salvo mediante livre, expresso e informado consentimento, ao passo que o inciso IX do mesmo artigo determina a obrigatoriedade do consentimento expresso sobre coleta, uso, armazenamento e tratamento de dados pessoais. Ainda sobre o consentimento, ensina Bruno Bioni que, com a evolução das "gerações de leis de proteção de dados pessoais", este passou a trazer complicadores, de modo que o poder de escolha dos indivíduos (consentimento) passou a ser questionado enquanto o exercício da cidadania e o acesso a bens de consumo exigiam o fornecimento de dados pessoais como "a chave para a porta de entrada dessas relações sociais" (BIONI, Bruno Ricardo. *Id.* p. 116).

possivelmente venha a trazer maiores dificuldades aos agentes de tratamentos e, com isso, maior possibilidade de questionamentos judiciais, é a do legítimo interesse:

> Art. 7º O tratamento de dados pessoais somente poderá ser realizado nas seguintes hipóteses: (...)
> IX – quando necessário para atender aos **interesses legítimos do controlador ou de terceiro**, exceto no caso de prevalecerem direitos e liberdades fundamentais do titular que exijam a proteção dos dados pessoais. (*g. n.*)

A questão sobre o legítimo interesse de terceiros é ainda mais tormentosa que a do interesse do controlador, na medida em que, apesar da previsão acima transcrita, o art. 10, que disciplina o tema com maior profundidade, fala apenas em legítimo interesse do controlador, sem qualquer menção a terceiros.[39]

A lei não traz um conceito ou definição do que seja legítimo interesse, mas os incisos I e II do artigo 10 da LGPD tratam de duas situações – a nosso ver meramente exemplificativas – de onde ele estaria presente. São elas:

I. apoio e promoção de atividades do controlador;
II. proteção, em relação ao titular, do exercício regular de seus direitos ou prestação de serviços que o beneficiem, respeitadas as legítimas expectativas dele e os direitos e liberdades fundamentais, nos termos da lei.

[39] Para Caio César Carvalho Lima, o uso de interesses legítimos como base legal para tratamento de dados deve ser feito com muita cautela, especialmente quando o interesse for de terceiros, na medida que uma das interpretações que pode surgir é a de que a referência a terceiros no art. 7º, IX, pode se tratar de equívoco do legislador (LIMA, Caio César Carvalho. *In:* MALDONADO, Viviane Nóbrega; OPICE BLUM, Renato (Coord.). **LGPD – Lei Geral de Proteção de Dados Comentada**. 2. ed. São Paulo: Revista dos Tribunais, 2019, p. 186). Na mesma linha, Marcel Leonardi, para quem o legítimo interesse é "a base legal mais flexível entre as dez disponíveis (...) Nem sempre, porém, é a base legal mais apropriada para todas as situações", implicando sempre um risco jurídico (LEONARDI, Marcel. Principais bases legais de tratamento de dados pessoais no setor privado. *In:* DE LUCCA, Newton *et alii* (Coords.). **Direito & internet IV – sistema de proteção de dados pessoais.** São Paulo: Quartier Latin, 2019. p. 324).

Pode-se citar, com relação ao inciso I, a exibição de anúncios e ofertas dirigidas no *site* do controlador ou o envio de descontos específicos relacionados a produtos anteriormente pesquisados pelo titular dos dados. No que toca ao inciso II, a provável aplicação mais comum esteja ligada a serviços de segurança e antifraude ou à conferência de dados do titular quando da transferência eletrônica de valores ou realização de pagamentos.

Porém, embora as situações sejam exemplificativas, não há uma completa liberdade ao controlador para que justifique o tratamento de dados com base nesta base legal. Assim, conceitua Caio César Carvalho Lima que dois pontos devem ser obrigatoriamente observados para aplicação do legítimo interesse: a persecução de finalidades legítimas e a existência de uma situação concreta, ou seja, o titular do dado deve ter passado por alguma "situação real e concreta com o controlador (...) sendo insuficiente a mera expectativa de que venha a existir algum relacionamento entre ambos".

A importância do legítimo interesse quando apontado como base legal para tratamento dos dados é tão grande que há previsão expressa quanto à possibilidade de a Autoridade Nacional de Proteção de Dados solicitar ao controlador a elaboração de relatório de impacto à proteção dos dados pessoais[40] "quando o tratamento tiver como fundamento seu legítimo interesse" (art. 10, § 3º, da lei).

Marcos Gomes da Silva Bruno lista, de acordo com as orientações do aqui já mencionado Grupo de Trabalho do Artigo 29, o que seriam os requisitos de um relatório de impacto à proteção dos dados pessoais, dentre os quais se destacam: (i) descrição da natureza, escopo, contexto e finalidade do processamento; (ii) parecer do encarregado do tratamento de dados pessoais; (iii) confirmação da necessidade do processamento dos dados e proporcionalidade

[40] Nos exatos termos do art. 5º, XVII, da lei, relatório de impacto é a "documentação do controlador que contém a descrição dos processos de tratamento de dados pessoais que podem gerar riscos às liberdades civis e aos direitos fundamentais, bem como medidas, salvaguardas e mecanismos de mitigação de risco". Explica Rony Vainzof que o relatório serve como base para o cumprimento de diversos princípios da LGPD, especialmente: finalidade (avaliação dos propósitos legítimos do tratamento); adequação (análise das finalidades pretendidas e o contexto do tratamento); necessidade (tratamento mínimo necessário para as finalidades pretendidas); segurança (avaliação das medidas aptas a proteger os dados pessoais); e prevenção (adoção de medidas preventivas à ocorrência de danos) (VAINZOF, Rony. *In:* MALDONADO, Viviane Nóbrega; OPICE BLUM, Renato (Coords.).*Id.* p. 126-127).

deste aos propósitos do tratamento; (iv) verificação objetiva da probabilidade e severidade dos riscos aos direitos e interesses dos titulares; (v) identificação das medidas a serem adotadas para eliminar ou reduzir tais riscos: e (vi) implementação das medidas identificadas, com consulta à ANPD caso os riscos não possam ser mitigados.[41]

Tem-se então que a correta definição das bases legais para o tratamento de dados pessoais é de fundamental importância para as empresas, na medida em que, como visto, a escolha equivocada ou descuidada pode levar a inúmeros problemas.

### 5.3. O risco de "*bis in idem*" nas condenações

Analisado o maior ou menor grau de conscientização das empresas enquanto agentes de tratamento de dados e em observância aos ditames da LGPD, bem como as questões afeitas à correta definição das bases legais que justifiquem o tratamento dos dados pessoais – aqui, em particular, o legítimo interesse – é certo que, mesmo que as empresas tenham tomado as medidas preventivas mais eficazes, não existe garantia de que não venham a se encontrar na posição de rés.

No particular em relação à LGPD, o risco é ainda maior, na medida em que existe a possibilidade de dupla condenação pelo mesmo fato, tanto na esfera administrativa, quanto na no âmbito administrativo seguido do judicial.

Embora as sanções administrativas que podem ser aplicadas pela ANPD ainda não se encontrem em vigor, é certo que, com a lei já vigente, outros órgãos e agências podem exigir providências e aplicar punições no limite de seus ramos de atuação. Por exemplo, a Agência Nacional de Aviação Civil (ANAC) pode apurar como está sendo realizado o tratamento dos dados pessoais por parte das empresas aéreas, ao passo que a ANS – Agência Nacional de Saúde Suplementar, enquanto autoridade reguladora dos planos de saúde, tem competência administrativa para fiscalizar a atividade das operadoras e verificar se tais empresas estão efetivamente protegendo os dados pessoais de seus clientes.[42]

[41] BRUNO, Marcos Gomes da Silva. *In:* MALDONADO, Viviane Nóbrega; OPICE BLUM, Renato. (Coords.). *Id.* p. 313-314.

[42] Com relação à ANS há um dado ainda mais relevante, na medida em que os dados referentes à saúde das pessoas são considerados dados pessoais sensíveis (art. 5º, II, da lei).

De modo ainda mais abrangente, é de conhecimento público que a Secretaria Nacional do Consumidor (SENACON),[43] órgão pertencente ao Ministério da Justiça e da Segurança Pública, já instaurou diversos procedimentos administrativos para verificação de supostas falhas de controladores e operadores na proteção dos dados pessoais de seus consumidores.

Justamente por abranger a proteção dos direitos do consumidor, a Senacon possui atribuição para fiscalizar um grande número de setores da economia, além da previsão expressa de que o titular dos dados pessoais pode livremente escolher levar suas queixas à ANPD ou aos órgãos de defesa do consumidor (art. 18, §§ 1º e 8º, da LGPD).

A questão que permanece indefinida é se, com o efetivo funcionamento da ANPD e a aplicação das sanções administrativas previstas na lei, poderão os outros órgãos e agências federais também aplicar sanções – ainda que eventualmente de natureza distinta – decorrentes de um mesmo incidente envolvendo dados pessoais?

Embora uma mesma conduta não devesse gerar dupla penalização (*bis in idem*), deve ser levado em consideração o que ocorre hoje justamente com a proteção ao consumidor, em que os diversos órgãos ligados ao Sistema Nacional de Defesa do Consumidor (SNDC), tais como Procons, Ministérios Públicos, Defensorias Públicas e Delegacias do Consumidor, atuam de forma articulada e integrada com a Senacon, possibilitando a ocorrência de múltiplas penalidades.

Neste caso, espera-se que a absolvição perante um dos órgãos federais (especialmente a ANPD) influencie positivamente na apuração feita por outro órgão, bem como que a aplicação de punições mais leves[44] em decorrência de boas práticas adotadas pelos controladores e operadores também tenha influência sobre as investigações conduzidas por terceiros.

Por fim, a questão ganha contornos particulares quando envolve, além de eventual condenação administrativa, o ajuizamento de ações judiciais, posto

[43] Zanatta e Souza destacam que a Senacon teve importante papel na estruturação da consulta pública ao anteprojeto da LGPD, além de ter contado, desde 2012, com diversos especialistas no assunto em seus quadros, tendo "papel crucial" na tutela da proteção dos dados pessoais antes da aprovação da lei (ZANATTA, Rafael A. F.; SOUZA, Michel R. O. A tutela coletiva de proteção de dados pessoais: tendências e desafios. *In:* DE LUCCA, Newton *et alii* (Coords.). *Id.* p. 402-403).

[44] Vide, a respeito, o art. 52, § 1º, II, V, VII, VIII e IX da LGPD.

que não se pode impedir o acesso à Justiça com base na existência de procedimento administrativo. Em tais casos, o risco de múltiplas condenações é real, podendo se configurar ou não *bis in idem*, conforme se trate de ação coletiva em que se apure determinada prática já apenada administrativamente, ou ações individuais movidas pelos titulares dos dados pessoais, situação em que as possíveis punições terão natureza distinta.

Uma vez mais, os agentes de tratamento que mostrarem maior grau de conscientização e respeito com a proteção dos dados pessoais e a privacidade dos titulares dos dados terão maiores facilidades de exercitar seu direito de defesa e, assim, estarão menos expostos aos riscos elencados, com maiores possibilidades de êxito em procedimentos administrativos e em processos judiciais.

## Conclusões

Em que pese os esforços empreendidos pelo Conselho Nacional de Justiça, tanto no sentido de unificar sistemas e padrões de comunicação, estabelecer interoperabilidade entre os tribunais, e existirem intenções de num futuro próximo a utilização de decisões automatizadas através da utilização de inteligência artificial, ainda há um longo caminho, a começar pelo saneamento das informações, pois estas não estão aptas a gerarem indicadores confiáveis para melhoria dos serviços judiciais.

A falta de um sistema único, inobservância de códigos para cadastro processuais, envio em forma de planilhas, são apenas alguns dos obstáculos a serem superados neste trabalho homérico a ser realizado pelo CNJ, que conta com equipes multidisciplinares que avançam em estudos de melhores práticas para implantação da LGPD no Poder Judiciário.

O respeito ao devido processo legal é uma garantia fundamental contra o exercício abusivo do poder, mormente diante da automação judicial e da incursão das tecnologias no ambiente processual. É necessário analisar qual papel do ser humano na avaliação das decisões, verificando-se se este não desempenha um papel meramente formal, cujo efeito seja semelhante à automação total.

Observou-se que, para a maior proteção dos jurisdicionados possivelmente afetados negativamente por uma decisão automatizada, é imperioso que as empresas revelem ao tribunal os critérios em que se baseia a informação utilizada como *input* e, no caso dos sistemas de aprendizagem, as regras de formação que foram utilizadas.

A análise da validade das decisões automatizadas deve ir além do teste de Turing jurídico que analisa a capacidade da máquina "imitar" o produto decisório humano, visto que se a base de dados das decisões judiciais estiver desregulamentada para aplicação em sistemas decisórios opacos que utilizam redes neurais, pode-se gerar massificação de erros judiciais, necessitando, portanto, da criação de mecanismos de auditoria, transparência e controle democrático do desenvolvimento e do uso dos sistemas. Ademais, considerações de justiça e não discriminação devem ser inseridas no projeto do sistema ou na governança.

As ferramentas de raspagem automatizadas de dados oferecem um importante meio para a coleta de informações em larga escala, sendo peça fundamental para a criação de buscadores de internet, compilação de jurisprudência e difusão de informações constantes em processos judiciais. Contudo, o tratamento dos dados de acesso público ou de dados manifestamente públicos por meio de ferramentas de raspagem deve possuir cuidados distintos, à luz do art. 7º, §§ 3º e 4º, da LGPD.

No tocante aos controladores e operadores de dados (agentes de tratamento), restou demonstrado que sua correta adequação à lei e o respeito à proteção dos direitos dos titulares dos dados pessoais são providências fundamentais para que possam exercer plenamente o direito de defesa e, assim, mitigar os riscos de múltiplas condenações, administrativas e judiciais.

## Referências

ALMADA, Marco. Human intervention in automated decision-making: Toward the construction of contestable systems. *In:* **Seventeenth International Conference on Artificial Intelligence and Law (ICAIL 19).** Montreal, QC, Canada. ACM, New York, NY, USA, June 17–21, 2019, Disponível em: https://doi.org/10.1145/3322640.3326699 . Acesso em: 15 dez. 2020.

BAHIA, Alexandre Melo Franco. PEDRON, Flávio Quinaud. A fundamentação substancial das decisões judiciais no marco do Novo Código de Processo Civil. **Revista de Processo**, v. 256, p. 35-64, 2016. Disponível em: http://www.mpsp.mp.br/portal/page/portal/documentacao_e_divulgacao/doc_biblioteca/bibli_servicos_produtos/bibli_boletim/bibli_bol_2006/RPro_n.256.02.PDF. Acesso em: 16 dez. 2020.

BIONI, Bruno Ricardo. **Proteção de dados pessoais – a função e os limites do consentimento**. São Paulo: Forense, 2019.

BRASIL. Supremo Tribunal Federal. **Presidente do Supremo apresenta ferramentas de inteligência artificial em Londres**. 2019. Disponível em: stf.jus.br/portal/cms/verNoticiaDetalhe.asp?idConteudo=422699. Acesso em: 28 set. 2020.

BRASIL. Tribunal de Justiça do Estado de São Paulo (9ª Câmara de Direito Privado). Apelação Cível n.° 1000117-80.2018.8.26.0280. Relator: Des. Edson Luiz de Queiróz. São Paulo, 13 de maio de 2020.

BRASIL. Tribunal de Justiça do Estado de São Paulo (25ª Câmara de Direito Privado). Apelação Cível n.° 1006951-31.2018.8.26.0529. Relatora: Des. Carmen Lucia da Silva. São Paulo, 24 de setembro de 2020.

BRUNO, Marcos Gomes da Silva. *In:* MALDONADO, Viviane Nóbrega; OPICE BLUM, Renato (Coord.). **LGPD – Lei Geral de Proteção de Dados Comentada**. 2. ed. São Paulo: Revista dos Tribunais, 2019.

COMISSÃO EUROPEIA. Grupo de Trabalho do Artigo 29º para a Proteção de Dados. **Orientações sobre as decisões individuais automatizadas e a definição de perfis para efeitos do Regulamento (UE) 2016/679**. Disponível em: https://www.ua.pt/file/53846 . Acesso em: 15 dez. 2020.

DYMITRUK, Maria. The Right to a Fair Trial in Automated Civil Proceedings. **Masaryk University Journal of Law and Technology**, v.13, n. 1, 2019. Disponível em: https://journals.muni.cz/mujlt/article/view/11624 . Acesso em: 15 dez. 2020.

ESTADOS UNIDOS DA AMÉRICA. US Court of Appeals for the Ninth Circuit. *hiQ Labs, Inc. vs. LinkedIn (2019)*: Disponível em: https://law.justia.com/cases/federal/appellate-courts/ca9/17-16783/17-16783-2019-09-09.html . Acesso em: 11 jan. 2021.

HOFFMANN-RIEM, Wolfgang. Big data e inteligência artificial: desafios para o direito. **Revista Estudos Institucionais,** v. 6, n. 2, p. 431-506, maio/ago. 2020. Disponível em: https://www.estudosinstitucionais.com/REI/article/view/484 . Acesso em: 15 dez. 2020.

LEONARDI, Marcel. Principais bases legais de tratamento de dados pessoais no setor privado. *In:* DE LUCCA, Newton *et alii* (Coords.). **Direito & internet IV – sistema de proteção de dados pessoais.** São Paulo: Quartier Latin, 2019.

LIMA, Caio César Carvalho. *In:* MALDONADO, Viviane Nóbrega; OPICE BLUM, Renato (Coord.). **LGPD – Lei Geral de Proteção de Dados Comentada**. 2. ed. São Paulo: Revista dos Tribunais, 2019.

MEDEIROS, Nathália Roberta Fett Viana de. Uso da inteligência artificial no processo de tomada de decisões jurisdicionais: potenciais riscos e possíveis consequências. *In*: NUNES, Dierle. LUCON, Paulo Henrique dos Santos. WOLKART, Erik Navarro (Coords.). **Inteligência artificial e direito processual: os impactos da virada tecnológica no direito processual.** Salvador: JusPodivm, 2020.

MOREIRA, Denis Gleyce Pinto. O novo CPC e a nudez da ponderação. **Revista Eletrônica de Direito Processual**, v. 17, n. 1, 2016. Disponível em: https://www.e-publicacoes.uerj.br/index.php/redp/article/view/19077 . Acesso em: 15 dez. 2020.

OLIVEIRA, Fabiana Luci de; CUNHA, Luciana Gross. Os indicadores sobre o Judiciário brasileiro: limitações, desafios e o uso da tecnologia. **Revista Direito GV**, São Paulo,

v. 16, n. 1, jan./abr. 2020. Disponível em: http://dx.doi.org/10.1590/2317-6172201948. Acesso em: 21 set. 2020.

PESSOA, Daniel Alves. O uso de inteligências artificiais no sistema judicial brasileiro: cenário de disputas. **Revista Jurídica da Universidade do Sul de Santa Catarina**, ano X, n. 21, jul./dez. 2020. p. 51. Disponível em: http://www.portaldeperiodicos.unisul.br/index.php/U_Fato_Direito/article/view/9818. Acesso em: 15 dez. 2020.

ROMERO, Jessica. Tomando medidas legais contra a 'raspagem de dados' (data scraping). **Facebook. Newsroom.** Disponível em: https://about.fb.com/br/news/2020/10/tomando-medidas-legais-contra-a-raspagem-de-dados-data-scraping. Acesso em: 11 jan. 2021.

SOMBRA, Thiago Luís Santos. **Fundamentos da regulação da privacidade e proteção de dados pessoais – pluralismo jurídico e transparência em perspectiva.** São Paulo: Revista dos Tribunais, 2019.

THEODORO JR., Humberto; NUNES, Dierle José Coelho. Uma dimensão que urge reconhecer ao contraditório no direito brasileiro: sua aplicação como garantia de influência, de não surpresa e de aproveitamento da atividade processual. **Revista de Processo,** São Paulo, n. 168, p. 107-141, fev. 2009.

VAINZOF, Rony. *In:* MALDONADO, Viviane Nóbrega; OPICE BLUM, Renato (Coord.). **LGPD – Lei Geral de Proteção de Dados Comentada**. 2. ed. São Paulo: Revista dos Tribunais, 2019.

VALENTINI, Rômulo Soares. Para além do Teste de Turing jurídico? Breves apontamentos sobre os sistemas automatizados de decisão e suas potencialidades para elevar a qualidade da prestação judicial. *In*: NUNES, Dierle. LUCON, Paulo Henrique dos Santos. WOLKART, Erik Navarro (Coords.). **Inteligência artificial e direito processual: os impactos da virada tecnológica no direito processual**. Salvador: JusPodivm, 2020.

WACHTER, Sandra; MITTELSTADT, Brent; RUSSELL, Chris. Counterfactual explanations without opening the black box: automated decisions and the GDPR. **Harvard Journal of Law & Technology**, v. 31, n. 2, spring 2018. Disponível em: https://jolt.law.harvard.edu/assets/articlePDFs/v31/Counterfactual-Explanations-without-Opening-the-Black-Box-Sandra-Wachter-et-al.pdf . Acesso em: 15 dez. 2020.

______; ______; ______. Why Fairness Cannot Be Automated: Bridging the Gap Between EU Non-Discrimination Law and AI. March 3, 2020. **Computer Law & Security Review (forthcoming)**. Disponível em: https://ssrn.com/abstract=3547922 . Acesso em: 18 dez. 2020.

WALDMAN, Ari Ezra. Power, Process, And Automated Decision-Making. **Fordham Law Review**, v. 88, n. 613, 2019. Disponível em: https://ir.lawnet.fordham.edu/flr/vol88/iss2/9 . Acesso em: 10 dez. 2020.

ZANATTA, Rafael A. F. A tutela coletiva na proteção de dados pessoais. **Revista do Advogado:** Lei Geral de Proteção de Dados Pessoais, São Paulo, v. 39, n. 144, nov. 2019.

______.; SOUZA, Michel R. O. A tutela coletiva de proteção de dados pessoais: tendências e desafios. *In:* DE LUCCA, Newton *et alii* (Coords.). **Direito & internet IV – sistema de proteção de dados pessoais.** São Paulo: Quartier Latin, 2019.

# 7.
# A Lei Geral de Proteção de Dados Brasileira na Perspectiva da Advocacia

*Ana Paula Lopes Palacini dos Santos*
*Bárbara Gomes Navas da Franca*
*Eduardo Gomes Cañada*
*Jerônimo Romanello Neto*
*Victor Gabriel Ricó Sadano*

## Introdução

A consequência lógica do surgimento do direito como um saber funcionalmente diferenciado é a formação de profissionais especializados. Nesse sentido, os atenienses já conheciam os *logógrafos*, oradores que redigiram e eventualmente apresentavam discursos em favor de seus patronos diante de um juiz ou júri. Em Roma, havia os jurisconsultos que defendiam seus clientes em juízo (*agere*), aconselhavam em negócios (*cavere*) e respondiam consultas (*respondere*).[1]

[1] MAGNUS DE MARCO, C. Evolução histórica da advocacia em perspectiva comparada: Brasil e Inglaterra. **Espaço Jurídico Journal of Law [EJJL]**, *[S. l.]*, v. 10, n. 2, p. 243–274, 2010. Disponível em: https://portalperiodicos.unoesc.edu.br/espacojuridico/article/view/1930. Acesso em: 29 dez. 2020.

Contemporaneamente, as principais características que definem a classe são as atividades privativas à advocacia. Tal escolha não decorre da autoridade legislativa sobre conceitos, mas pela síntese que o art. 1º da Lei n.° 8.906/1994 encerra. O inciso I prescreve que apenas advogados podem postular perante o Poder Judiciário. O inciso II reserva à advocacia também as atividades de consultoria, assessoria e direção jurídicas.

Não obstante, são exceções à exclusividade da capacidade postulatória: a) os processos perante a Justiça do Trabalho (art. 791 da CLT); b) os processos nos juizados especiais cíveis, em primeira instância e até vinte salários mínimos (art. 9º e 41, §2º da Lei nº 9.099/1995); c) a impetração de *habeas corpus* (art. 654 do CPP).

Quanto às atividades do inciso II, a consultoria se caracteriza como a resposta pontual a questões propostas por um cliente e, se levada a termo, denomina-se parecer.[2] A assessoria, por sua vez, é uma atividade contínua, na qual o advogado auxilia na consecução de projetos de seus clientes. Por fim, a direção jurídica ocorre quando uma dada empresa incorpora nos seus quadros um departamento especialmente voltado ao direito.

No Brasil, o direito não pode ser estudado a partir de sementes, pois nasceu de um galho de planta que o colonizador português trouxe e enxertou no novo continente.[3] O mesmo se estende para o ensino e carreiras jurídicas. Contudo, na qualidade de colônia, não havia uma demanda por juristas que não pudesse ser suprida pela Universidade de Coimbra, mais comumente, ou outros centros universitários, como os de Bolonha, Paris e Roma.

Essa condição só mudaria com a Proclamação da Independência. A soberania nacional impunha a necessidade de criar uma cultura jurídica própria

[2] "A doutrina-parecer é de ser considerada a opinião oferecida por um jurista a cliente, para lhe servir em negócios extrajudiciais ou em ações, tendo como destinatário o magistrado e, por assim, merecedora de valoração específica, considerados seus vínculos imediatos com o interesse posto sob seu crivo. Posteriormente, desligada do caso concreto e submetida à comunidade jurídica, aquela contribuição poderá assumir natureza doutrinária. O tempo e a autoridade do subscritor farão com que se decantem os elementos estritamente parciais da opinio, porque realmente inseridos em uma disputa de interesses, e do parecer se extraiam resultados apreciáveis à ciência do Direito" (RODRIGUES JUNIOR, Otavio Luiz. Dogmática e Crítica da Jurisprudência (ou da vocação da doutrina em nosso tempo. **Revista dos Tribunais**, São Paulo, v. 891, jan. 2010. p. 65).

[3] PONTES DE MIRANDA, Francisco Cavalcanti. **Fontes e Evolução do Direito Civil Brasileiro**. 2 ed. Rio de Janeiro: Forense, 1981. p. 27.

e afastada da influência de Portugal, bem como formar uma classe de profissionais para ocupar os cargos públicos e burocráticos do recém-nascido Estado brasileiro. Os debates para a criação dos cursos jurídicos seriam iniciados já na Assembleia Nacional Constituinte de 1823, porém concluídos apenas em 11 de agosto de 1827, designando Olinda e São Paulo como sedes das novas faculdades.[4]

Ainda assim, à época era permitido que os cidadãos representassem a si mesmos, ou ainda, se desejassem contratar um profissional, não estavam restritos aos bacharéis. Era possível recorrer a solicitadores, advogados provisionais e rábulas, todos de formação estritamente prática e nem sempre da maior qualidade.

Os interesses da classe passaram a ser organizados apenas em 1843, com a criação do Instituto dos Advogados Brasileiros. Dentre seus objetivos estavam: o estudo do direito, sua história, desenvolvimento, aplicação e comparação; ii. a assistência judiciária; e a criação de uma Ordem, seguindo o modelo francês da *Ordre des Avocats*.[5]

A Ordem dos Advogados do Brasil (OAB), contudo, seria criada apenas em 1930. Como as demais corporações daquela década, uma das primeiras medidas realizadas foi a regulamentação e fechamento (*closure*) do mercado. Em 1933, excluiu o exercício da advocacia para juízes, membros do Ministério Público e funcionários públicos, especialmente da polícia e da Fazenda; reservou a prática da grande maioria dos atos judiciais aos inscritos na OAB, sobretudo aos advogados; restringiu a atuação dos rábulas, que foram incorporados à Ordem em condição subalterna.[6]

Desde a década de 1990, as políticas públicas educacionais passaram por modificações profundas. O diploma legal que caracteriza até hoje o novo modelo é a Lei de Diretrizes e Bases da Educação Nacional (LDB, Lei n.º 9.394/96), que permanece vigente após alterações da Lei n.º 12.061/09. Desde

[4] ADORNO, Sérgio. **Os aprendizes do poder**: o bacharelismo liberal na política brasileira. Rio de Janeiro: Paz e Terra, 1988. p. 77 e ss.

[5] COELHO, Edmundo Campos. **As profissões imperiais**: Medicina, Engenharia e Advocacia no Rio de Janeiro 1822-1930. Rio de Janeiro: Record, 1999. p. 188.

[6] VANNUCCHI, Marco Aurélio. O corporativismo dualista: conselhos profissionais e sindicatos no Brasil, 1930-1964. **Estudos Ibero-Americanos**, Porto Alegre, v. 42, n. 2, p. 471-499, mai./ago. 2016.

então, observa-se uma crescente oferta de cursos de nível superior, principalmente na iniciativa privada e através de programas de crédito estudantil. A figura abaixo ilustra o aumento do número de cursos em mais de 500% nos últimos vinte anos.[7]

**Figura 1** – Evolução do Número de Cursos Jurídicos no Brasil

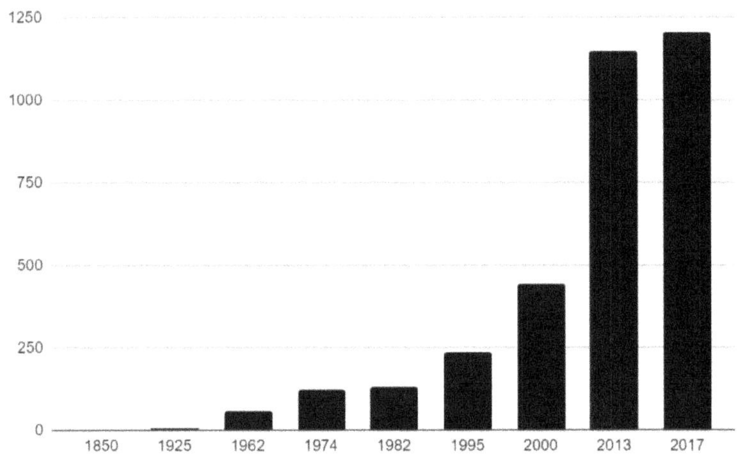


**Fonte**: SILVA, Elza Maria Tavares (2000)

Em contrapartida ao crescente número de cursos e, por consequência, de bacharéis, o Exame da Ordem, criado em 1967, passou a ser obrigatório em 1994. Ainda assim, cada seccional tinha autonomia na elaboração da prova e na fixação do calendário. Tais diferenças permitiam que um candidato prestasse diversas provas ao longo do ano, deslocando-se a estados onde as questões eram consideradas mais fáceis. Isso mudou progressivamente entre 2007 e 2010, quando o exame foi unificado. Assim, todos os candidatos podem prestar a mesma prova, no mesmo dia, em qualquer das três edições que ocorrem anualmente.

Outra medida realizada pela OAB é a outorga do Selo "OAB Recomenda" a faculdades cujos estudantes apresentam bom desempenho no Exame da

[7] Cf. SILVA, Elza Maria Tavares. Ensino de direito no Brasil: perspectivas históricas gerais. **Psicol. Esc. Educ.** (Impr.), Campinas, v. 4, n. 1, p. 307-312, 2000. Disponível em: https://doi.org/10.1590/S1413-85572000000100008 . Acesso em: 29 dez. 2020.

Ordem. Das mais de 1.212 instituições, apenas 161 receberam a certificação, o que representa pouco mais de 13% em relação ao número de faculdades examinadas e cerca de 10% de todos os cursos jurídicos registrados no Brasil.

Apesar dessas duas grandes barreiras a novos entrantes no mercado (o diploma de bacharel e a aprovação perante a OAB), atualmente, há cerca de 1.208.660 advogados atuantes inscritos nos quadros da OAB, dos quais: 603.050 são do sexo masculino e 605.610 do sexo feminino. Todas essas pessoas atuam em mais de 100 milhões de processos judiciais, sem contar, portanto, aqueles que tramitam em sede de arbitragem.[8]

Cada processo é um repositório de dados de pessoas naturais e a atividade advocatícia está constantemente em contato com diversos setores da sociedade, dos quais os advogados recebem um volume considerável de informações, voltadas à representação dos interesses de seus constituintes.

Nesse contexto e considerando a entrada em vigor da Lei Geral de Proteção de Dados (LGPD), advogadas e advogados estão confrontados com novas preocupações e deveres oriundos da referida lei. Não apenas na defesa de clientes, a advocacia cumpre uma função social na administração da Justiça, um múnus público, em seu ofício privado (Constituição Federal, art. 133).

É oportuno, então, analisar a aplicação da LGPD ao setor, mapear quais os riscos e os pontos sensíveis da atividade advocatícia no que diz respeito ao tratamento de dados, as hipóteses de responsabilização pela infringência das normas atinentes ao uso e guarda dos dados recebidos e a possível intersecção entre a nova legislação de proteção de dados e as normas éticas da profissão, notadamente as relativas ao sigilo profissional.

## 1. Avaliação dos riscos em relação ao tratamento de dados para o setor

O termo "risco" aparece pela primeira vez no texto da LGPD no art. 5º, inciso XVII, com o objetivo de descrever a finalidade do "relatório de impacto à pro-

[8] BRASIL. Conselho Nacional de Justiça. **Justiça em Números 2020**: ano-base 2019. 16. ed. Brasília: CNJ, 2020. Disponível em: https://www.cnj .jus.br/wp-content/uploads/2020/08/WEB-V3-Justi%C3%A7a-em-N%C3%BAmeros-2020-atualizado-em-25-08-2020.pdf. Acesso em: 9 jan. 2021.

teção de dados pessoais", considerado como a "documentação do controlador que contém a descrição dos processos de tratamento de dados pessoais que podem gerar riscos às liberdades civis e aos direitos fundamentais, bem como medidas, salvaguardas e mecanismos de mitigação de risco".

Nos demais espaços onde é possível localizar o termo, não se encontra uma delimitação do seu significado no âmbito da proteção de dados. Apesar disso, de acordo com Raphaël Gellert,[9] a definição de risco é

> Em poucas palavras, pode-se argumentar que o risco pode ter dois significados – um vernacular e outro mais técnico. No sentido vernacular, o risco é geralmente referido como um futuro, possível perigo, ou seja, como 'um perigo eventual que pode ser previsto apenas até certo ponto' (GODARD et al.,2002, p. 12). No sentido técnico, no entanto, o risco pode ser visto como uma noção dupla. Isto é usado para tomada de decisão com base na avaliação de futuros eventos. Seus elementos constitutivos são duas operações distintas e unidas: prever eventos futuros (negativos e positivos) e tomar decisões com base nisso. Portanto, pode-se argumentar que qualquer decisão relacionada ao risco envolve dois e, ainda assim, elementos inseparáveis: os fatos objetivos e uma visão subjetiva sobre a conveniência do que deve se ganhar, ou perder, pela decisão.

Quanto a isso, Maria Cecília Oliveira Gomes[10] aponta que, apesar da acepção da palavra, o risco no contexto da proteção de dados possui significado bastante subjetivo, uma vez que está relacionado aos impactos às liberdades civis e aos direitos fundamentais dos titulares envolvidos.

Desse modo, a avaliação de riscos busca identificar quais atividades do negócio podem gerar riscos às liberdades e direitos dos titulares, com o intuito

[9] GELLERT, Raphaël. **Understanding the notion of risk in the General Data Protection Regulation**. Computer Law & Security Review: The International Journal of Technology Law and Practice, 2017. Disponível em: https://www.sciencedirect.com/science/article/pii/S0267364917302698. *Apud* OLIVEIRA GOMES, Maria Cecília. Relatório de impacto à proteção de dados pessoais. **Revista do Advogado**, São Paulo, v. 144, p. 174-183, nov. 2019. p. 178.

[10] OLIVEIRA GOMES, Maria Cecília. *Ibid*, p. 178.

de embasar a tomada de decisões do controlador, especialmente quanto à escolha de quais riscos se deve priorizar no processo de mitigação.

Para tanto, é necessário identificar o fluxo de dados pessoais e cada um de seus estados (dados em uso, dados em movimento ou dados arquivados), a fim de identificar tanto a base legal e regulatória que autoriza a coleta dos dados pessoais, quanto a possibilidade de vazamentos, considerando o uso ou não de controles de segurança.[11]

Assim, tendo em vista os possíveis tratamentos estabelecidos no art. 5º, inciso X, da LGPD, bem como definindo o recorte da análise de riscos para os dados dos clientes, pode-se concluir que o setor da advocacia, em geral, realiza os seguintes tratamentos de dados: coleta, acesso, transmissão, arquivamento, armazenamento, eliminação e transferência.

Analisando o fluxo de dados, infere-se que, em sua grande maioria, os dados são coletados pelo escritório de advocacia por meio dos seus próprios clientes, que enviam os dados (física ou digitalmente) ao escritório, a fim de viabilizar a execução do contrato de prestação de serviços advocatícios, seja para atuação contenciosa, seja para a consultiva.

A partir da coleta, os dados passam a ser armazenados. A forma varia de acordo com a realidade do escritório analisado, devendo-se, assim, levar em conta a existência ou não de documentos físicos, a forma e a escolha de quais serão armazenados no arquivo do escritório; e o local de armazenamento dos documentos digitais, que podem ser mantidos em sistemas contratados pelo escritório, em nuvem ou no próprio disco rígido do computador.

Desse modo, os riscos aos quais os titulares de dados estão sujeitos quanto ao armazenamento em escritórios de advocacia podem variar quanto ao sistema (no sentido amplo da palavra) adotado pelo controlador para depositar os documentos, informações e peças processuais desenvolvidas com os dados dos clientes.

Coletados e armazenados, os dados são acessados pelos colaboradores do escritório, que podem e devem interpretar os documentos para atingir o fim para o qual foram contratados.

[11] NAKAMURA, Emilio Tissato, FORMIGONI FILHO, José Reynaldo, IDE, Marcos Cesar. **Metodologia de avaliação de riscos e medidas de segurança na proteção de dados pessoais**. *In*: Workshop de Regulação, Avaliação da Conformidade e Certificação de Segurança, V, 2019, p. 4. Disponível em: https://sbseg2019.ime.usp.br/artigos.html. Acesso em: 30 nov. 2020.

Além dos tratamentos supracitados, percebe-se que os escritórios de advocacia realizam a transmissão e a transferência de dados. Quanto à transmissão, os dados podem ser movimentados entre os pontos conectados na nuvem do escritório, os *notebooks* de viagem e computadores externos, que são encontrados, por exemplo, nas salas da OAB localizadas nos fóruns. Há, ademais, a movimentação de dados quando são eles trocados entre colaboradores e clientes por e-mail ou mensagens trocadas por aplicativos, como o *WhatsApp*.

Já a transferência ocorre sempre que os escritórios enviam dados, documentos, peças processuais a outros escritórios e advogados. Tal prática é bastante comum, envolvendo o substabelecimento para colegas de profissão, o envio de casos para escritórios parceiros atuarem em uma frente específica, a contratação de correspondentes que efetuam uma tarefa específica como a realização de audiência em outro estado, e até mesmo a troca de minutas e documentos com escritórios que representam os interesses da parte contrária.

Por fim, os dados do escritório de advocacia são, por vezes, arquivados e mantidos no repositório por tempo além do necessário para a execução da atividade contratada. Este ponto, então, levanta diversos questionamentos quanto à avaliação de dados, sobretudo em relação às peças processuais elaboradas pelos colaboradores que abarcam os dados dos clientes e à existência de um prazo razoável para que o escritório possa manter os dados armazenados para o caso de ter de se defender em eventual ação de responsabilidade civil movida pelo cliente ou mesmo para postular o arbitramento de honorários ou cobrar os honorários contratados e não pagos pelo cliente.

Delimitado, então, o fluxo de dados, passar-se-á à reflexão do contexto e da finalidade que envolvem o tratamento realizado pelo escritório.

A atividade do advogado, como visto nos tópicos anteriores, é realizada por meio de um contrato de prestação de serviços, que, mais que isso, é amparado em uma relação de confiança entre as partes, conforme dispõe o art. 16 do Código de Ética da OAB, o que parece indicar, que, em sua maioria, o tratamento de dados realizado pelo escritório é condizente com a expectativa do titular.

Embora alinhadas as expectativas e a existência de uma relação de confiança entre o titular e o controlador, é necessário esclarecer que o volume de dados tratados é elevado, bem como que o tratamento envolve diversos dados pessoais sensíveis e, possivelmente, dados de grupos vulneráveis (a depender da matéria objeto da prestação de serviços).

Podem-se identificar alguns riscos possíveis, que, ao nosso ver, deverão ser levados em conta pelos escritórios de advocacia na tomada de decisão quanto às medidas de segurança em relação aos dados. São eles:

**Possíveis riscos**

| Risco | Justificativa |
|---|---|
| Acesso não autorizado | Diante da forma de armazenamento de dados adotada pelo controlador, há o risco de que terceiros não autorizados tenham acesso, por meio de vazamentos ou *hackers*. |
| Perda | A transferência e a transmissão de dados constante pelos escritórios de advocacia são possíveis causadores de perdas de dados, já que muitas vezes medidas de segurança não são adotadas e os dados são compartilhados por e-mail ou redes sociais, como o *WhatsApp*. |
| Coleção excessiva | Os clientes, em geral, enviam quantidades excessivas de documentos aos escritórios, que, muitas vezes, não são utilizados completamente. Assim, além da coleção excessiva, os dados são armazenados e arquivados excessivamente, sem levar-se em conta o princípio da necessidade. |
| Informação insuficiente | Nesse caso, parece evidente o risco quanto à ausência de conhecimento do cliente quanto à abrangência do acesso aos dados, sobretudo em relação à transferência dos dados a terceiros. |
| Retenção prolongada | Os dados, normalmente, permanecem arquivados por tempo além do necessário no repositório dos escritórios de advocacia |

**Autores, 2021**

## 2. Legítimos interesses envolvidos

O art. 7º da LGPD estabelece dez bases legais distintas para o tratamento de dados, entre as quais não há qualquer hierarquia, de tal modo que a escolha de qual base é mais apropriada à atividade cabe ao controlador.[12]

Entre as dez bases legais, encontra-se, no inciso IX, a autorização para realizar o tratamento de dados pessoais quando necessário para atender aos

[12] LEONARDI, Marcel. Legítimo interesse. **Revista do Advogado**, São Paulo, v. 144, nov. 2019. p. 68.

legítimos interesses do controlador ou de terceiro, exceto no caso de prevalecerem direitos e liberdades do titular que exijam a proteção de dados.

Desse modo, entende-se que o legítimo interesse deve ser encarado como a base legal mais flexível de tratamento de dados, de tal modo que, apesar de estar no mesmo nível hierárquico das demais, é uma espécie de "válvula de escape" para que as demais bases legais não sejam sobrecarregadas.[13]

Bruno Bioni[14] complementa que, diante do contexto de uma economia baseada no uso intensivo de dados e da emergência de tecnologias, o legítimo interesse ganhou o *status* de uma nova "carta coringa regulatória" para possibilitar uma maior abundância de uso de dados.

Assim, por ser uma base legal não atrelada a uma finalidade específica,[15] a sua aplicação deve estar pautada em um teste de proporcionalidade do legítimo interesse, a fim de que sejam balanceados o interesse legítimo do controlador (ou de terceiro), as legítimas expectativas e os direitos e liberdades individuais dos titulares.

O referido teste é composto de quatro fases e conhecido como *legitimate interests assessment (LIA)*.[16] Na primeira fase, deve-se verificar a legitimidade do interesse, perquirindo se a finalidade do tratamento não contraria outros comandos legais e se traz algum benefício para a atividade do controlador, por meio da análise da situação em concreto que lhe dá suporte.[17] Já na segunda, verifica-se a necessidade do tratamento diante da finalidade pretendida, averiguando também se não estaria coberto pelas demais bases legais. Na terceira fase, por sua vez, busca-se o balanceamento entre o interesse do controlador e as legítimas expectativas do titular de dados, analisando também se há impactos negativos sobre os direitos e liberdades do titular.[18] Por fim, na

[13] BIONI, Bruno Ricardo. **Proteção de dados pessoais:** a função e os limites do consentimento. 2 ed. Rio de Janeiro: Forense, 2020, p. 247.

[14] BIONI, Bruno Ricardo. *Id.* p. 247.

[15] LEONARDI, Marcel. *Id.* p. 69.

[16] Baseado na opinião do Grupo de Trabalho do artigo 29. Cf. ARTICLE 29. **Data Protection Working Party**. Opinion on 06/24 on the notion of legitimate interests of the data controller under Article 7 of Directive 95/46/EC, p. 33. Disponível em: http://ec.europa.eu/justice/article-29/documentation/opinionrecommendation/files/2014/wp217_en.pdf . Acesso em: 8 jan. 2021.

[17] BIONI, Bruno Ricardo. *Id.* p. 253.

[18] BIONI, Bruno Ricardo. *Id.* p. 253-254.

quarta fase, o controlador deve comprometer-se com a transparência no tratamento e com a adoção de medidas que mitiguem os riscos para os titulares dos dados, bem como garantam que estes tenham poder de tomada de decisão para se opor a tal atividade de tratamento de dados.[19]

Sendo assim, o tratamento de dados realizado pelo escritório de advocacia fundamentado no legítimo interesse, assim como nos demais setores, deve pautar-se no teste de proporcionalidade supracitado, averiguando a finalidade deste tratamento diante das atividades exercidas pelo escritório e sua conformidade com as legislações e os regramentos específicos da classe (como o Código de Ética da OAB), bem como a impossibilidade de subsunção à outra base de dados prevista no art. 7º e o balanceamento com as expectativas e direitos do cliente.

Ocorre que, como visto, o tratamento de dados pautado no legítimo interesse só pode ser efetuado quando há necessidade, ou seja, nos casos em que não se enquadra em nenhuma outra hipótese legal, o que restringe e torna residual sua aplicação na esfera dos serviços advocatícios.

Isso se deve ao fato de que, em geral, a atividade da advocacia, no que tange ao tratamento de dados pessoais, insere-se na hipótese prevista no art. 7º, inciso V, da LGPD, segundo o qual o tratamento de dados pessoais pode ser realizado "quando necessário para a execução de contrato ou de procedimentos preliminares relacionados a contrato do qual seja parte o titular, a pedido do titular de dados", que, ao nosso ver, abrangeria o tratamento de dados em razão do contrato de prestação de serviços advocatícios.

Ainda, para defender-se de eventual ação de responsabilidade civil ou para requerer o arbitramento ou execução dos honorários advocatícios, o escritório ou o advogado poderiam invocar, para realizar o tratamento de dados, o inciso VI, cujo fundamento é o "exercício regular de direitos em processo judicial, administrativo ou arbitral".

No entanto, pode-se identificar algumas atividades praticadas pelos escritórios de advocacia que se adequam à base legal do legítimo interesse para o tratamento de dados dos seus clientes, como o envio de "*newsletter*" e comunicados aos clientes, nos termos do art. 29, § 3º, do Código de Ética da OAB, que autoriza o envio de correspondências aos clientes que versem sobre a

[19] BIONI, Bruno Ricardo. *Id.* p. 254.

composição e a qualificação dos colaboradores e áreas dos escritórios, bem como boletins informativos e comentários à legislação. Afinal, é de legítimo interesse do escritório de advocacia que, por exemplo, o cliente do setor de tributário tenha conhecimento de que o escritório atualizou-se e possui uma área nova para auxílio na adequação à LGPD.

Outro exemplo seria a realização do tratamento de dados para traçar um perfil de causas e clientes, a fim de promover a especialização do escritório. Ainda, seria possível basear-se no legítimo interesse para realizar o tratamento de dados de possíveis clientes, que, ao final, não contratam o escritório ou o advogado consultado e, por isso, tal tratamento não pode ser justificado no art. 7º, inciso V, da LGPD. A manutenção de certos dados, mesmo após o término da prestação de serviço, pode se destinar a possibilitar o exame de possíveis impedimentos do escritório na representação de certo interessado, tendo em vista a pretérita atuação profissional.

Embora haja situações muito específicas que autorizam o tratamento de dados pelos escritórios de advocacia com base no legítimo interesse, fica claro, após a análise supracitada, que a maioria das hipóteses de tratamento de dados dos escritórios já estão autorizadas por outras bases legais e muitas vezes esbarram na legislação específica da classe (como será abordado adiante) e, portanto, a utilização do legítimo interesse parece muito pouco adequada para o tratamento de dados pelo setor.

## 3. *Compliance* e a adequação do setor às diretrizes da LGPD

Conforme discutido nos tópicos anteriores, as atividades de tratamento de dados estão estritamente relacionadas ao exercício da advocacia, de modo que, o extenso rol de atribuições do advogado não pode passar despercebido face às inovações trazidas pela LGPD.

A esse respeito cabem algumas considerações acerca da relação entre *compliance* e atividade advocatícia na esfera da LGPD, que serão tratadas a seguir.

O termo *compliance* vem do verbo inglês *to comply*, que significa estar de acordo com as regras internas e externas que regem determinada atividade, em complementação ao conceito trabalhado, segue a passagem abaixo:

> Compliance pode ser compreendido como um conjunto de disciplinas ou procedimentos que tenham por escopo fazer cumprir (to comply) as normas legais e regulamentares, bem como as políticas e diretrizes institucionais, além de detectar, evitar e tratar qualquer desvio ou inconformidade que possa ocorrer dentro da organização.[20]

Em resumo, o que se pretende é fomentar uma cultura de conformidade às regras que orientam os agentes no meio institucional ou corporativo, de modo a mapear vulnerabilidades e mitigar riscos e tratar da melhor forma os desvios decorrentes de condutas pessoais e organizacionais que possam atuar em desconformidade com a lei, e com os princípios, valores, regras e metas da empresa.

Um programa de *compliance* efetivo deve ser customizado às necessidades de cada empresa, de sorte que, com a entrada em vigor da LGPD, os agentes de tratamento têm o dever de adequar seus programas para que estejam de acordo com as inovações trazidas pela lei, garantindo a segurança e o adequado tratamento de dados pessoais de seus clientes, funcionários e demais colaboradores, inclusive prestando contas à autoridade nacional de proteção de dados por meio de relatório de impacto.

Conforme já discutido, a atividade advocatícia é intimamente vinculada às operações de tratamento de dados, de tal modo que antes mesmo da vigência da LGPD, já havia regramentos específicos para a preservação do sigilo profissional.[21]

Essas legislações, entretanto, não se prestavam a regular, por exemplo, a quais dados o advogado poderia ter acesso, por quanto tempo, quais as formas de armazenamento e compartilhamento dentre outras regras trazidas pela LGPD.[22] Por essa razão, as novas normatizações trazidas pela LGPD impli-

[20] SILVA, Daniel C.; COVAC, José R. **Manual de Compliance**. São Paulo: Editora de Cultura, 2015. p. 12.

[21] Diga-se: Estatuto da advocacia e da Ordem dos Advogados do Brasil e Código de Ética e Disciplina da OAB.

[22] GUARIENTA, Daniel B.; MARTINS, Ricardo M. Qual o papel dos advogados enquanto agentes de tratamento de dados: controladores ou operadores?. **Portal Migalhas**. São Paulo, 6 de novembro de 2020. Disponível em: https://migalhas.uol.com.br/coluna/impressoes-digitais/336001/qual-o-papel-dos-advogados-enquanto-agentes-de-tratamento-de-dados-controladores-ou-operadores. Acesso em: 30 dez. 2020.

cam no dever de implementação de políticas de boas práticas e governança no tratamento de dados pessoais no escopo de trabalho dos escritórios de advocacia.

Todavia, é importante ter em mente que o mercado de advocacia é bastante diversificado. Nele convivem grandes, médios e pequenos escritórios; advogados contratados que atuam individualmente; advogados que trabalham em esquema de parcerias, como: diligente, contratado, ou substabelecido de outros escritórios. Além disso, há áreas de especialização que podem tratar de dados sensíveis, como: direito médico, direito penal, ou direito da criança e do adolescente, por exemplo, que certamente exigirão um maior cuidado no tratamento.

Todas essas variantes dificultam a implementação de um programa de proteção de dados padronizado para a categoria, pois boa parte das particularidades do mercado da advocacia ainda não se encontra regulamentada pela LGPD, e não seria coerente, tampouco factível que as mesmas exigências feitas para um grande escritório fossem aplicadas a um advogado que atua sozinho.

Feitas as considerações acerca do mercado da advocacia, passemos agora à análise do tratamento de dados no exercício da profissão.

É importante que os dados sejam devidamente filtrados no ato do atendimento evitando o conhecimento de dados irrelevantes ao caso (*privacy by design*). Não é incomum que, ao consultar um advogado, o cliente relate fatos e entregue documentos absolutamente desnecessários à execução do serviço pretendido, entretanto, por aplicação dos princípios da adequação, da necessidade e da transparência trazidos pela LGPD, o advogado passa a ser obrigado a identificar os dados que serão realmente necessários à prestação do serviço, orientando o cliente a não encaminhar informações desnecessárias e eliminando da sua base de dados o que não tiver pertinência ao caso.[23]

No ato da contratação do serviço, ainda que haja dispensa do consentimento expresso, o cliente deverá ser informado sobre a finalidade do tratamento de seus dados pessoais, assegurando-se que todos os envolvidos no negócio (alta direção, advogados, estagiários, correspondentes, mensageiros ou afins, demais colaboradores, parceiros de negócios, terceiros contratados

[23] GUARIENTA, Daniel B.; MARTINS, Ricardo M. *Id.*

e clientes contratantes) estejam comprometidos com a privacidade dos dados e informações compartilhados.

A esse respeito, a Cartilha de *Compliance*[24] para a Advocacia, elaborada pela Comissão Especial de Compliance da Ordem dos Advogados do Brasil – Seccional Rio Grande do Sul elencou algumas práticas importantes, mas não exaustivas, que devem ser adotadas pelos escritórios de advocacia à luz diretrizes da LGDP, a seguir transcritas:

- Guardar sigilo dos fatos que tome conhecimento no exercício da profissão.
- O dever de confidencialidade, independentemente de solicitação do cliente, quanto aos seus dados, informações e comunicações.
- O dever de confidencialidade quanto aos dados e informações compartilhadas por cliente potencial deve ser preservado, e se mantém mesmo que a contratação não ocorra.
- O dever de confidencialidade quanto aos documentos que sejam reservados do escritório e não disponíveis ao público, referentes aos negócios do escritório, de seus clientes, de parceiros, de terceiros fornecedores ou contratados.
- A adesão à política de confidencialidade deve ser exigida já na contratação de profissionais e colaboradores pelo escritório; as regras de boas práticas e governança dos sistemas de proteção de dados e informações devem objeto de constante treinamento desde o on-boarding.
- Deve-se exigir o respeito pelos direitos autorais nos termos da lei 9.610/98, quanto aos materiais produzidos pelo escritório.
- Todas as pessoas vinculadas ao escritório devem evitar comentários a respeito dos casos por ele patrocinados fora do ambiente profissional.
- Deve-se respeitar o sigilo profissional nas comunicações com a imprensa e materiais destinados à publicidade.
- Deve-se abster da coleta de informações que envolvam dados sensíveis (exemplificativamente: preferência ideológica, política, religião,

[24] ORDEM DOS ADVOGADOS DO BRASIL. Comissão Especial de Compliance. **Cartilha de Compliance para a Advocacia**. Porto Alegre: OABRS, 2020. p 17. Disponível em: https://drive.google.com/file/d/11zhoioSXCZMr34re5ijhrb0meBOJWOdR/view . Acesso em: 29 dez. 2020.

raça, saúde, orientação sexual) que possam ser utilizados como fator de discriminação, restringido a coleta desses dados tão somente às hipóteses legais (art. 11 da Lei 13.709/2018).

- Ao contratar serviços de empresas de Tecnologia da Informação (servidores, provedores de internet, hosts de sites, etc), deve-se realizar a *due diligence* quanto às empresas prestadoras e certificar-se sobre a segurança das informações que serão por elas armazenadas e compartilhadas, tomando o compromisso formal dessas empresas com o devido sigilo e com as normas da Lei Geral de Proteção de Dados.
- Deve-se garantir a segurança da informação, realizando o controle de acesso às informações mantidas no sistema de informática do escritório (política de acesso restrito, com revisão periódica de senha), entre outras medidas assecuratórias.
- Deve-se implementar a proteção e controle do acesso a computadores e aparelhos eletrônicos pessoais (tablets, smartphones etc), por meio de senha pessoal e intransferível (política de treinamentos em segurança da informação).
- Estabelecer prazos para a eliminação dos dados que não se façam mais necessários para o exercício das atividades advocatícias.
- Deve-se instituir formas de controle a toda comunicação interna e externa estabelecida entre membros do escritório, com meios de acesso ao conteúdo de mensagens e e-mails recebidos; diante da possibilidade de celebração de acordos de leniência ou delação premiada, a impossibilidade de acesso aos documentos e demais materiais probatórios poderá inviabilizar a celebração de tais acordos.

As recomendações acima, dentre outras, devem estar inclusas no programa de *compliance* e proteção de dado dos escritórios, cuja formação estará incompleta sem a indicação de um DPO.

Muito embora o advogado possa exercer tanto o papel de encarregado de proteção de dados, como de agente de tratamento de dados, a *European Data Protection Supervisor* reforça que a atividade de DPO deve ser livre, independente e ter autoridade para investigar eventuais desajustes no programa de proteção de dados, isto é, o advogado controlador de dados não poderá figurar na função de DPO por incorrer em conflito de interesses.[25]

Isso não significa que um escritório não possa designar um advogado do seu pessoal para desempenhar tal papel, mas sim que, uma vez assumido o encargo, deverá afastar-se das atividades que lhe invistam atribuições de controlador.

O caminho para adequação e *compliance* às normas trazidas pela LGPD ainda permanece obscuro, pois há no mercado da advocacia muitas peculiaridades que aguardam regulamentação pela ANPD, o que, no limite, interfere desde o processo de análise de risco, até na responsabilização civil, criminal e administrativa, como se verá mais detalhadamente a seguir.

## 4. O impacto da LGPD na responsabilidade civil, administrativa e penal do advogado

De início, é importante considerar que a LGPD busca criar no país um cenário de segurança jurídica em relação aos dados pessoais. Para tanto, a lei criou critérios de responsabilidade, estabelecendo quem são os agentes de tratamento de dados e quais suas funções; previu que a gestão de riscos e de falhas deve ser feita por quem gera a base de dados pessoais; bem como garantiu que, ao ocorrer o vazamento de dados, a Autoridade Nacional de Proteção de Dados (ANPD) e os titulares dos dados afetados serão avisados.

Para tanto, a lei estabelece a penalização de transgressores quanto às falhas de segurança não apenas com multas de altos valores, como também com bloqueio dos dados, suspensão do exercício da atividade de tratamento de dados e, ainda, proibição parcial ou total dessa atividade (art. 52 da LGPD).

Ainda nesse intuito, o art. 3º garante a aplicação da Lei a todas as operações de tratamento de dados realizadas "por pessoa natural ou por pessoa jurídica de direito público ou privado, independentemente do meio, do país, de sua sede ou do país onde estejam localizados os dados", desde que o tratamento seja operado em território nacional; haja a oferta ou o fornecimento de bens

[25] EUROPEAN DATA PROTECTION SUPERVISOR. **Data Protection Officer (DPO).** Disponível em: https://edps.europa.eu/data-protection/data-protection/reference-library/data-protection-officer-. Acesso em: 10 dez. 2020.

ou serviços ou tratamento de dados dos indivíduos localizados naquele território; ou os dados tenham sido coletados no território nacional.

Inclusive, a LGPD deverá ser aplicada a qualquer pessoa, seja natural ou jurídica de direito público ou privado que realize o tratamento de dados pessoais, *online* ou *offline*. A lei, também, tem aplicação extraterritorial, ou seja, é aplicável não só às empresas que tenham estabelecimento no Brasil, mas, também, àquelas que ofereçam serviços ao mercado consumidor brasileiro, ou coletem e tratem dados de pessoas localizadas no País. Consequentemente, a organização ou o centro de dados estar dentro ou fora do País é irrelevante, na medida em que há a possibilidade de compartilhamento desses dados com outros países, que devem proteger da mesma maneira todos os dados.

Como exceção, a LGPD não se aplica a dados provenientes e destinados a outros países que apenas transitem pelo território nacional, de uso pessoal, de uso não comercial, com fins jornalísticos, acadêmicos e de segurança pública.

## 5. Responsabilidade civil

Conforme disposto no art. 6º da LGPD, as atividades de tratamento de dados pessoais deverão observar a boa-fé e os princípios da finalidade, adequação, necessidade, livre acesso, qualidade dos dados, transparência, segurança, prevenção, não discriminação, responsabilização, e prestação de contas.

Sabe-se que boa-fé é um princípio fundamental de direito, que determina aos contratantes a adoção da conduta correta no agir em sociedade, proibindo a mentira, o abuso, o oportunismo, a falta de consideração e a incoerência de comportamento, bem como impondo às partes a transparência e a preservação da confiança legitimamente despertada.

Visto isso, conforme disposto no art. 7º, I, da LGPD, o primeiro requisito para o tratamento de dados pessoais a ser cumprido é a obtenção do consentimento do titular dos dados. Nesses termos, o indivíduo deve consentir para que seus dados possam ser tratados, bem como os requisitos do tratamento devem ser previamente a ele informados.

Consentimento, dispõe a lei, é a manifestação livre, informada e inequívoca pela qual o titular concorda com o tratamento de seus dados pessoais para uma finalidade determinada (art. 5º, XII). Sem tal consentimento, os dados somente poderão ser tratados para cumprimento de imposições legais. Pode, no entanto, ser o consentimento revogado a qualquer momento nos termos da lei.

Ao exigir o consentimento, a LGPD visa proteger os direitos fundamentais de liberdade e de privacidade e o livre desenvolvimento da personalidade da pessoa natural, estabelecendo regras e limites para empresas a respeito da coleta, armazenamento, tratamento e compartilhamento de dados, o que favorece o desenvolvimento econômico.

Assim, em linhas gerais, os titulares de dados passarão a ter maior controle sobre todo o processamento dos seus dados pessoais, do que decorrem diversas obrigações para controladores (a quem competem as decisões sobre o tratamento dos dados) e operadores (aqueles que tratam os dados de acordo com o estipulado pelos controladores), especialmente, a necessidade de basearem todo e qualquer tratamento de dados em um fundamento legal.

Nesse cenário, as principais responsabilidades daqueles que tratam dos dados pessoais decorrem dos princípios da *finalidade*, por meio do qual os dados deverão ser utilizados apenas para as finalidades específicas para as quais foram coletados, informando-se devidamente os seus titulares, além de observar a *minimização da coleta*, isto é, somente devem ser coletados os dados mínimos necessários para que se possa atingir a finalidade, bem como a *retenção mínima*, com a imediata exclusão dos dados, após atingida a finalidade pela qual eles foram coletados – excetuado o caso em que a conservação é necessária para o cumprimento de obrigações legais ou regulatórias.

Ademais, pelos arts. 21 e 22 da LGPD, os dados pessoais referentes ao exercício regular de direitos pelo titular não podem ser utilizados em seu prejuízo e a defesa dos interesses e dos direitos dos titulares de dados poderá ser exercida em juízo, individual ou coletivamente, na forma do disposto na legislação pertinente, acerca dos instrumentos de tutela individual e coletiva.

Já em relação à responsabilização, a LGPD, em seus arts. 42 a 45, dispõe, acerca da responsabilidade civil:

> Art. 42. O controlador ou o operador que, em razão do exercício de atividade de tratamento de dados pessoais, causar a outrem dano patrimonial, moral, individual ou coletivo, em violação à legislação de proteção de dados pessoais, é obrigado a repará-lo.

§ 1º A fim de assegurar a efetiva indenização ao titular dos dados:
I – o operador responde solidariamente pelos danos causados pelo tratamento quando descumprir as obrigações da legislação de proteção de dados ou quando não tiver seguido as instruções lícitas do controlador, hipótese em que o operador equipara-se ao controlador, salvo nos casos de exclusão previstos no art. 43 desta Lei;
II – os controladores que estiverem diretamente envolvidos no tratamento do qual decorreram danos ao titular dos dados respondem solidariamente, salvo nos casos de exclusão previstos no art. 43 desta Lei.
§ 2º O juiz, no processo civil, poderá inverter o ônus da prova a favor do titular dos dados quando, a seu juízo, for verossímil a alegação, houver hipossuficiência para fins de produção de prova ou quando a produção de prova pelo titular resultar-lhe excessivamente onerosa.
§ 3º As ações de reparação por danos coletivos que tenham por objeto a responsabilização nos termos do caput deste artigo podem ser exercidas coletivamente em juízo, observado o disposto na legislação pertinente.
§ 4º Aquele que reparar o dano ao titular tem direito de regresso contra os demais responsáveis, na medida de sua participação no evento danoso.
Art. 43. Os agentes de tratamento só não serão responsabilizados quando provarem:
I – que não realizaram o tratamento de dados pessoais que lhes é atribuído;
II – que, embora tenham realizado o tratamento de dados pessoais que lhes é atribuído, não houve violação à legislação de proteção de dados; ou
III – que o dano é decorrente de culpa exclusiva do titular dos dados ou de terceiro.
Art. 44. O tratamento de dados pessoais será irregular quando deixar de observar a legislação ou quando não fornecer a segurança que o titular dele pode esperar, consideradas as circunstâncias relevantes, entre as quais:
I – o modo pelo qual é realizado;
II – o resultado e os riscos que razoavelmente dele se esperam;

> III – as técnicas de tratamento de dados pessoais disponíveis à época em que foi realizado.
> Parágrafo único. Responde pelos danos decorrentes da violação da segurança dos dados o controlador ou o operador que, ao deixar de adotar as medidas de segurança previstas no art. 46 desta Lei, der causa ao dano.
> Art. 45. As hipóteses de violação do direito do titular no âmbito das relações de consumo permanecem sujeitas às regras de responsabilidade previstas na legislação pertinente.

Nesse sentido, tratando da responsabilidade civil pela destinação inadequada dos resíduos sólidos com dados de terceiros, com enfoque para a incidência do art. 42 da LGPD, Eduardo Tomasevicius Filho[26] diz:

> no Brasil, importa destacar a Lei n.º 6.938, de 31 de agosto de 1981, que instituiu a Política Nacional do Meio Ambiente, pela qual se estabeleceu a responsabilidade civil objetiva por dano ambiental. Anos depois, a Constituição Federal de 1988 deu importante destaque à proteção ao meio ambiente, reforçando, no artigo 225, o que já estava regulado anos antes como lei ordinária. Os resíduos sólidos são considerados lixo pelas pessoas. Corresponde ao que não se deseja mais e para o qual se precisa dar solução. Do ponto de vista jurídico, consideravam-se como *res derelictae*, lançados nas ruas, rios, terrenos baldios e aterros sanitários sem qualquer preocupação. Porém, com a Política Nacional dos Resíduos Sólidos, estabeleceu-se a responsabilidade compartilhada pelo volume de resíduos sólidos produzidos, como pelos danos ambientais causados pelo retorno inadequado ao meio ambiente devido ao fim do ciclo de vida dos produtos. Em geral, o Estado presta o serviço público de coleta de lixo à população, atribuindo-se aos concessionários a responsabilidade pela correta destinação desses materiais. Existe ainda a logística reversa de resíduos sólidos para o retorno de resíduos sólidos

[26] TOMASEVICIUS FILHO, Eduardo. A Política Nacional de Resíduos Sólidos e a Lei Geral de Proteção de Dados Pessoais. **Revista Consultor Jurídico**. São Paulo, 14 de agosto de 2020. Disponível em https://www.conjur.com.br/2020-ago-14/tomasevicius-filho-politica-nacional-residuos-solidos-lgpd. Acesso em: 29 dez. 2020.

> contaminantes e perigosos, como pilhas, baterias, óleos e vasilhames de agrotóxicos. São ainda muito importantes as atividades de coleta seletiva e reciclagem de materiais, que servem de fonte de renda a muitas pessoas. Dessa forma, a destinação inadequada desses resíduos sólidos com dados de terceiros pode ser considerada ato ilícito. Com a LGPD, tem-se o reforço dessa responsabilidade civil pelo artigo 42. Embora não se tenha definido como objetiva a natureza dessa responsabilidade na LGPD, é possível, em tese, em situações excepcionais, qualificá-la como tal, como atividade que gera risco aos direitos de outrem, nos termos do artigo 927, parágrafo único, do Código Civil. Como, na maioria dos casos, a responsabilidade civil será subjetiva, a conduta diligente é, no mínimo, a de promover a fragmentação desses materiais, inclusive quando forem encaminhados para coleta seletiva e posterior reciclagem.

Desse modo, proteção dos dados pessoais encontra fundamento nos direitos da personalidade: direito à integridade física, a partir do qual se busca preservar a saúde, a vida, a imagem, o corpo do titular (entre outros); direito à integridade psíquica, a fim de proteger a intimidade, a liberdade, o sigilo e a sociabilidade do titular; direitos morais, visando à boa fama e a estima que o titular desfruta nas relações sociais, na medida em que se busca proteger a honra, a educação, o emprego, produções intelectuais; e, principalmente, o respeito à dignidade humana, com fundamento no art. 1º, inciso III da Constituição Federal, a partir do qual o titular pode defender-se de forma preventiva por meio de ações cautelares ou ações ordinárias com multas cominatórias, ou de forma repressiva pela imposição de sanção civil com o pagamento de indenização.

Nesse quadro, infere-se que se, no exercício da advocacia, o controlador causar qualquer dano patrimonial, moral, individual ou coletivo aos seus clientes, sobretudo se ferir seus direitos da personalidade, será obrigado a repará-los, garantindo-se a efetiva indenização ao titular dos dados com base nos supracitados artigos da LGPD e na própria legislação civil.

## 6. Responsabilidade administrativa

As modalidades de sanções administrativas previstas na LGPD, em seus arts. 52 a 54, são:

> I – advertência, II – multa simples, de até 2% (dois por cento) do faturamento da pessoa jurídica de direito privado, grupo ou conglomerado no Brasil no seu último exercício, excluídos os tributos, limitada, no total, a R$ 50.000.000,00 (cinquenta milhões de reais) por infração; III – multa diária; IV – publicização da infração; V – bloqueio dos dados pessoais a que se refere a infração; VI – eliminação dos dados pessoais a que se refere a infração; VII – suspensão parcial do funcionamento do banco de dados a que se refere a infração; VIII – suspensão do exercício da atividade de tratamento dos dados pessoais a que se refere a infração; e, IX – proibição parcial ou total do exercício de atividades relacionadas a tratamento de dados.

Tais sanções poderão ser aplicadas gradativa, isolada ou cumulativamente, após procedimento administrativo que em que assegurada ampla defesa. Na escolha da sanção aplicável e em sua mensuração, as peculiaridades do caso concreto deverão ser consideradas, bem como os seguintes parâmetros e critérios:

> I – a gravidade e a natureza das infrações e dos direitos pessoais afetados; II – a boa-fé do infrator; III – a vantagem auferida ou pretendida pelo infrator; IV – a condição econômica do infrator; V – a reincidência; VI – o grau do dano; VII – a cooperação do infrator; VIII – a adoção reiterada e demonstrada de mecanismos e procedimentos internos capazes de minimizar o dano, voltados ao tratamento seguro e adequado de dados, em consonância com o disposto no inciso II do § 2º do art. 48 desta Lei; IX – a adoção de política de boas práticas e governança; X – a pronta adoção de medidas corretivas; e XI – a proporcionalidade entre a gravidade da falta e a intensidade da sanção.

Ressalte-se que o disposto no art. 52 da LGPD não substitui a aplicação de sanções administrativas, civis ou penais previstas no Código de Defesa do Consumidor ou outras leis específicas. Ou seja, há possibilidade de se enquadrar o ilícito relativo à proteção dos dados pessoais em diversos diplomas legais, o que traz à tona a necessidade de se avaliar, no caso concreto, se essa responsabilização em múltiplas ordens de tutela configurará ou não um *bis in idem*.

Em especial no que respeita ao tema deste estudo, além do Código de Defesa do Consumidor – lembrando-se que a relação cliente-advogado é também de consumo, conquanto não se sujeite a responsabilidade objetiva por se tratar de profissional liberar (art. 14, § 4º do Código de Defesa do Consumidor) – não se pode esquecer da incidência da norma deontológica e das sanções que poderão ser impostas, aos advogados, pelos Tribunais de Ética e Disciplina das Seções da Ordem dos Advogados do Brasil, do que se cuidará adiante.

## 7. Responsabilidade penal

A LGPD não traz tipos penais, o que não obsta que uma violação à proteção dos dados pessoais venha a ser enquadrada como crime diante da legislação existente, seja ela especial, seja geral. Nesse ponto, merece destaque, dada sua pertinência com o tema enfocado neste artigo, a previsão do art. 154 do Código Penal, que impõe pena de detenção de três meses a um ano, ou multa a quem "revelar [...] sem justa causa, segredo, de que tem ciência em razão de função, ministério, ofício ou profissão, e cuja revelação possa produzir dano a outrem".

Quanto a isso, conclui Abreu:[27]

> o Brasil deve superar o atraso nesse debate. Como primeiro passo, para superar a aversão, o avanço na direção de uma legislação específica – que equilibre as preocupações de proteção de dados pessoais com as necessidades de autoridades de persecução criminal – passa pelo convencimento de que essa legislação será benéfica não só para

[27] ABREU, Jaqueline de Souza. Proteção de dados pessoais e persecução criminal à luz da LGPD. **Revista do Advogado**, v. 39, n. 144, p. 149-153, nov. 2019. p. 153.

os titulares de dados, mas para as próprias autoridades de investigação: com balizas claras, há menos questionamentos, maior segurança, cooperação, eficiência e confiança no respeito a direitos.

## 8. As normas éticas da profissão de advogado e as intersecções entre o sigilo profissional e a LGPD

Acima se viu, de modo amplo, como se estrutura a LGPD e em que medida a atividade dos advogados se sujeita ao disposto na referida lei.

Não se pode, no entanto, olvidar que essa profissão é regida por lei especial (o Estatuto da Advocacia e da Ordem dos Advogados do Brasil – Lei n.º 8.906/1994), pelo Regulamento Geral do Conselho Federal da Ordem dos Advogados do Brasil e pelo respectivo Código de Ética e Disciplina, aos quais se soma a jurisprudência dos Tribunais de Ética.

Como explica Modesto Carvalhosa, as disposições atualmente vigentes se agregam às previsões constantes das normas que as antecederam, "na medida em que a regra ética tem como fonte os princípios de conduta que se sedimentam ao longo do tempo. As regras de comportamento profissional não desaparecem dentro de uma mesma cultura, mas se aperfeiçoam".[28]

Entre as prerrogativas da advocacia, a mais relevante para os objetivos deste estudo é o *sigilo profissional*, dever para cujo cumprimento se conferem ao advogado direitos como (i) "a inviolabilidade de seu escritório ou local de trabalho, bem como de seus instrumentos de trabalho, de sua correspondência escrita, eletrônica, telefônica e telemática, desde que relativas ao exercício da advocacia" (art. 7º, inciso II do Estatuto da Advocacia); (ii) o direito de se abster de testemunhar em processo no qual tenha atuado, sobre fatos relativos ao seu constituinte ou que estejam abrangidos pelo sigilo profissional (art. 7º, inciso XIX do Estatuto da Advocacia).

Tal é a relevância do dever de sigilo profissional que ele subsiste mesmo após o término da prestação de serviços,[29] podendo seu descumprimento acar-

[28] CARVALHOSA, Modesto. Ética profissional do advogado. **Revista do Instituto dos Advogados de São Paulo**, ano 15, n. 29, p. 331-339. jan./jun.2012. p. 332.

[29] Nesse sentido, dispõe o artigo 19 do vigente Código de Ética e Disciplina que "o advogado, ao postular em nome de terceiros, contra ex-cliente ou ex-empregador, judicial e extrajudicial-

retar responsabilidade civil do advogado (contratual, pré ou pós-contratual) e caracterizar infração disciplinar punível, em primeiro lugar, com censura (arts. 34, VII e 36, I do Estatuto da Advocacia), mas podendo ensejar a imposição das penas de suspensão do exercício da advocacia por trinta dias a doze meses, em caso de reincidência (art. 37, II do mesmo diploma) e até mesmo de exclusão, na hipótese de aplicação, por três vezes, da penalidade de suspensão (art. 38, I). Em todos os casos, é possível cumular tais sanções com a imposição de multa no valor de uma a dez anuidades (art. 39).

A tutela do sigilo profissional também está subjacente a outras vedações de caráter ético, como, por exemplo, as pertinentes à publicidade. É bem verdade que grande parte das disposições éticas que regulam a publicidade na advocacia se orientam pelo princípio da não mercantilização da profissão (art. 5º do Código de Ética e Disciplina) – também guiado pelo fato de a profissão ser um múnus público. Todavia, há disposições atinentes à publicidade que claramente visam a resguardar o sigilo e a intimidade do cliente. Assim é que se vedam (i) o debate, pelo advogado, em veículos de divulgação, de causas sob seu patrocínio; (ii) a divulgação de lista de clientes ou demandas (art. 33, II e IV do Código de Ética e Disciplina); e, ainda, (iii) se determina que, ao tratar publicamente de assuntos de que conheça em razão de sua atuação profissional, o advogado atente à preservação do sigilo profissional (art. 34 do mencionado código deontológico).

Conquanto possa, à primeira vista, parecer que o sigilo profissional tem por escopo tutelar a intimidade do cliente, seu objetivo é mais amplo e se reveste de caráter social. Como salientado no início deste ensaio, a advocacia é um múnus público, sendo a figura do advogado "indispensável à administração da justiça", nos dizeres da Constituição Federal. Para que a sociedade confie no advogado e lhe preste as informações necessárias ao adequado exercício da defesa, é preciso nutrir os indivíduos com a confiança de que esse canal de comunicação é inviolável, de que tudo quanto for transmitido ao advogado somente será utilizado e divulgado na medida em que for autorizado pelo cliente e se revelar imprescindível para a tutela dos direitos do representado, como explica Rodrigo Octávio de Godoy Bueno Caldas Mesquita:

mente, deve resguardar o segredo profissional e as informações reservadas ou privilegiadas que lhe tenham sido confiadas."

> Sem a garantia de que as confidências feitas a um advogado, a fim de que seja propiciada uma adequada defesa, não serão levianamente expostas a terceiros, nem extremamente vulneráveis ao alcance de quaisquer terceiros em quaisquer situações, a própria sociedade acaba perdendo; afinal, todos sentir-se-iam reticentes em passar informações, verbais e documentais, a seus defensores, temendo que, a qualquer momento, essas poderiam ser desveladas e causar, potencialmente, efeitos devastadores.[30]

Daí se dizer que, além de encontrar assento nos direitos fundamentais à privacidade, intimidade, honra e imagem, "o sigilo profissional do advogado decorre, ainda, especificamente, do direito à ampla defesa (cf. art. 5º, LV, da CF/1988)"[31] e é indisponível, não sendo facultada a quebra do sigilo nem mesmo ante a autorização do cliente, consoante preceitua o art. 2º da Resolução n.º 17/2000 do Tribunal de Ética e Disciplina da OAB/SP.[32]

Calcado, como está, em interesses difusos[33] e em direitos fundamentais (os direitos à ampla defesa, à intimidade, privacidade e honra), o sigilo profissional só é mitigado em excepcionalíssimas hipóteses, previstas no art. 25 do Código de Ética e Disciplina, quais sejam, "grave ameaça ao direito à vida, à honra, ou quando o advogado se veja afrontado pelo próprio cliente e, em defesa própria".

Isso não quer dizer, contudo, que *todas* as informações que cheguem ao advogado por ocasião de seu ofício estejam abarcadas pelo sigilo profissional. Com efeito, escapam ao sigilo

[30] MESQUITA, Rodrigo Octávio de Godoy Bueno Caldas. Do sigilo profissional do advogado: natureza jurídica, extensão, limites e restrições. **Revista dos Tribunais,** ano 97, v. 869, p. 66-98, mar. 2008.

[31] MESQUITA, Rodrigo Octávio de Godoy Bueno Caldas. *Id.*

[32] "Art. 2º – Não é permitida a quebra do sigilo profissional na advocacia, mesmo se autorizada pelo cliente ou confidente, por se tratar de direito indisponível, acima de interesses pertinentes, decorrente da ordem natural, imprescindível à liberdade de consciência, ao direito de defesa, à segurança da sociedade e à garantia do interesse público."

[33] Conforme enuncia o art. 1º da Resolução n.º 17/2000 do Tribunal de Ética e Disciplina da OAB/SP, "O sigilo profissional do advogado, como princípio de ordem pública, é estabelecido no interesse geral da própria sociedade, assegurando o pleno direito de defesa [...]".

> i) as confidências feitas ao advogado pelo cliente utilizadas nos limites da defesa, desde que haja autorização do constituinte (cf. art. 27 do Código de Ética e Disciplina); ii) os fatos notórios; iii) os fatos de conhecimento público; iv) os fatos provados ou tornados incontroversos em juízo; e v) aqueles dotados de presunção legal de existência ou de veracidade.[34]

Assim, diferentemente da LGPD, as normas éticas atinentes ao sigilo profissional abrangem muito mais do que os dados pessoais (sensíveis ou não) do cliente, abarcando, nos termos do art. 1º, §1º da Resolução n. 17/2000 do Tribunal de Ética e Disciplina da OAB/SP

> não apenas os segredos confiados pelo cliente ao advogado e as informações privilegiadas, mas tudo o que lhe chegue ao conhecimento em decorrência do exercício profissional, quer as revelações feitas de viva voz pelo cliente, quer aquelas constantes de documentos e comunicações epistolares, quer ainda aquelas sabidas por outras fontes

Ademais, diferentemente da LGPD, que tutela exclusivamente os dados de pessoas naturais, o dever profissional de sigilo não distingue entre clientes pessoas físicas ou jurídicas, abrangendo as informações de ambas.

Vale destacar que, também com o fim de proteger o sigilo profissional, a jurisprudência dos Tribunais de Ética veda que a advocacia seja exercida no mesmo espaço físico que outras atividades, exigindo, para a ocupação do mesmo imóvel, que haja recepções e arquivo separados.[35]

A par disso, há clara determinação no sentido de que o advogado zele "pela segurança e inviolabilidade de seus arquivos, sob pena de ser responsabilizado pela violação, por terceiros, dos documentos confidenciais sob sua guarda" (art. 1º, §3º da Resolução n. 17/2000 do Tribunal de Ética e Disciplina da OAB/SP) e de que devolva, ao término da prestação do serviço, os "bens, valores e documentos recebidos no exercício do mandato" (Código de Ética e Disciplina).

[34] MESQUITA, Rodrigo Octávio de Godoy Bueno Caldas. *Id.* p. 14.

[35] Cf. ementas dos processos E-5.086/2018 e E-4.944/2017, do Tribunal de Ética da OAB/SP.

Não obstante, a prestação de serviços e o mandato contratados entre advogado e cliente impõem, àquele, outros deveres (tais como a prestação de contas ao término do serviço, cuja recusa caracteriza infração disciplinar) e direitos (*e.g.*, a percepção dos honorários) para cujo adimplemento ou exercício se mostra imprescindível a utilização dos documentos e informações recebidos durante o contrato.

Daí porque o Tribunal de Ética e Disciplina da OAB/SP (processos de consulta n.ºs E-4.595/2016, E-1.677/98 e E-1.629/97) já fixou o entendimento de que os documentos voltados à comprovação da efetiva realização do trabalho do advogado e da respectiva prestação de contas podem (e devem) ser mantidos pelo advogado até o decurso do prazo prescricional das ações de cobrança de honorários (cinco anos, nos termos do art. 25 do Estatuto da Advocacia) ou de responsabilidade civil a serem eventualmente propostas pelo cliente (dez anos, nos termos do art. 205 do Código Civil, por se cuidar de responsabilidade contratual[36]), previsão essa que se coaduna com a possibilidade de tratamento dos dados de terceiro para o exercício regular de direitos ou para cumprimento de obrigação legal pelo controlador dos dados.

É digna de nota, ainda, a orientação ética no sentido de que o advogado não é obrigado a entregar originais ou cópias das peças processuais que elaborou para representação do cliente (Tribunal de Ética e Disciplina da OAB/SP, processo n.º E-3.553/2007).

Todos esses deveres decorrentes do sigilo profissional recaem não apenas sobre a pessoa do advogado, mas também sobre seus eventuais sócios, haja vista a existência de responsabilidade subsidiária e ilimitada dos sócios de sociedade de advogados pela reparação dos danos causados aos clientes no exercício da profissão por ação ou omissão dolosa ou culposa (art. 17 do Estatuto da Advocacia e art. 40 do Regulamento).

Ora, se a regulação do setor já disciplina de forma tão detalhada e robusta o trato das informações fornecidas pelos clientes, é oportuno indagar (i) se a LGPD se acrescenta a essa normatização, sujeitando os advogados a também observar seus preceitos; (ii) o que muda em relação ao panorama existente antes da entrada em vigor da LGPD e que cuidados os advogados devem tomar

[36] Cf. SUPERIOR TRIBUNAL DE JUSTIÇA (Corte Especial). Embargos de Divergência no Recurso Especial n.º 1.281.594/SP. Relator: Min. Benedito Gonçalves. Brasília, 23 de maio de 2019.

diante da nova legislação; (iii) em que medida a LGPD se amolda ou não à advocacia; (iv) havendo um incidente envolvendo o vazamento de dados pessoais de clientes, qual seria a autoridade competente para sancionar o advogado ou a sociedade de advogados infratores, a ANPD ou o Tribunal de Ética da Ordem dos Advogados do Brasil.

Para tentarmos responder a essas indagações, cumpre, primeiramente, confrontar as características de cada ordem de tutela, sintetizando, no quadro abaixo, as principais notas distintivas:

| | Normas éticas (sigilo profissional) | LGPD |
|---|---|---|
| **Sujeito protegido** | pessoas físicas e jurídicas | apenas pessoas físicas |
| **Objeto imediato da proteção** | informações conhecidas em razão do ofício | dados pessoais |
| **Objeto mediato da proteção** | ampla defesa / interesse público | privacidade |
| **Dados abrangidos** | de clientes | de clientes, empregados, colaboradores, etc. |
| **Responsabilidade** | solidária de todos os advogados integrantes do escritório | solidariamente entre controladores / solidariamente entre controlador e operador quando este descumprir obrigações ou não seguir orientações do controlador |
| **Sanções** | Censura / suspensão (reiteração) / exclusão (3 suspensões) | advertência / multa 2% faturamento / multa diária / suspensão do exercício da atividade / proibição parcial ou total das atividades de tratamento de dados |

**Fonte:** Autores, 2021.

Como se percebe, os escopos das normas deontológicas e da LGPD são apenas parcialmente coincidentes, pelo que se complementam. Além disso, como observam Daniel Bittencourt Guariento e Ricardo Maffeis Martins, o sigilo profissional "pode ser considerado até mais amplo e rígido do que as regras impostas pela LGPD para o tratamento de dados pessoais", uma vez que "mesmo havendo consentimento do titular, o advogado possui certas restrições éticas e morais quanto ao tratamento dos dados pessoais".[37]

Isso não subtrai a importância da LGPD para o setor, já que esta contém grau de detalhamento de que carecem as normas éticas pertinentes ao sigilo. Nesse aspecto, lembra Mariana Lewin Haft que:

> mais abrangente do que a proteção da informação em si, a LGPD prevê cuidados com recebimento, consentimento, tratamento, armazenamento e eliminação de dados pessoais, bem como a necessidade

[37] GUARIENTO, Daniel Bittencourt; MARTINS, Ricardo Maffeis. *Id.*

> de planos de contingência em caso de vazamento, atribuindo as responsabilidades aos indicados pela lei, que prestarão contas à ANPD (Agência Nacional de Proteção de Dados). É uma verdadeira norma de compliance voltada especificamente a dados pessoais, mais completa, abrangente e exigente que as legislações específicas que cuidam da ética nas atividades (advocacia e outras).[38]

Em linha com o que acima se referiu no tocante à coleção excessiva de dados, por exemplo, vale destacar que, se para as normas éticas da profissão, bastaria manter sob sigilo o volume excessivo de informações recebidas, sob a vigência da LGPD, o advogado deverá ter o cuidado de selecionar e manter consigo apenas os dados necessários ao trabalho, como advertem Daniel Bittencourt Guariento e Ricardo Maffeis Martins.[39]

No que se refere ao sancionamento de infrações atinentes ao sigilo ou ao tratamento dos dados, não há, em princípio, conflito entre as autoridades competentes (ANPD e Tribunais de Ética e Disciplina da Ordem dos Advogados do Brasil), vislumbrando-se a possibilidade de ambas atuarem no sentido de fiscalizar e, sendo o caso, punir o advogado ou sociedade de advogados por atos que violem ambos os conjuntos normativos.

Por derradeiro, é mister refletir sobre a adequação da LGPD à advocacia, que se apresenta em múltiplas realidades. Sabendo-se que o setor contempla desde advogados que laboram sozinhos ou no máximo com o suporte de uma secretária até grandes firmas, estruturadas como verdadeiras empresas, seria possível impor o mesmo grau de exigência a ambos no que diz respeito à segurança da informação? A resposta parece ser negativa. De qualquer forma, guardando-se as devidas proporções, todos os integrantes do setor ("Davis" ou "Golias") deverão observar um nível de cuidado com os dados tratados compatível com seu porte, restringir a utilização dos dados à finalidade para os quais foram coletados, franquear ao titular dos dados o conhecimento acerca do tratamento realizado etc.

[38] HAFT, Mariana Lewin. A LGPD nos escritórios de advocacia. **Revista Consultor Jurídico.** São Paulo, 6 de outubro de 2020. Disponível em: https://www.conjur.com.br/2020-out-06/mariana-haft-lgpd-escritorios-advocacia . Acesso em: 8 jan. 2021.

[39] GUARIENTO, Daniel Bittencourt; MARTINS, Ricardo Maffeis. *Id.*

De certa forma, aderir ao *compliance* de dados talvez seja mais fácil à advocacia do que a outros setores, dado que o sigilo já é algo arraigado na ética da profissão. Acresce, ainda, que o enfoque primário (embora não exclusivo) das legislações de *compliance* (como é o caso da LGPD e da Lei Anticorrupção) não são as pequenas empresas ou profissionais liberais, mas sim as grandes empresas, cujos programas de conformidade acabam por exercer uma regulação *top-down* do mercado, ao exigir de seus pequenos e médios fornecedores a adoção do mesmo padrão ético por elas adotados. Assim, é razoável esperar que, até mesmo por exigência de seus clientes (e dos clientes de seus clientes), os advogados se vejam compelidos a se adequar à LGPD.

## Considerações finais

Com a vigência da LGPD, o setor da advocacia foi colocado à frente de uma série de novas exigências que até então passavam despercebidas. Dados que outrora eram coletados, armazenados, utilizados e eliminados sem qualquer precaução devem agora passar pelo crivo dos princípios da finalidade, necessidade, transparência e adequação.

De fato, o desafio de se adequar às novas normatizações para o setor da advocacia comparativamente aos demais parece ser menos dispendioso em razão dos regulamentos que impõem o dever de sigilo profissional, que, por sinal, são mais rigorosos do que as tão temidas penalidades da LGPD.

Ocorre que a advocacia é um ramo da atividade econômica especialmente heterogêneo, contemplando múltiplas realidades de trabalho (desde grandes escritórios com estrutura de corporações ao advogado que trabalha sozinho), e diferentes áreas cuja atuação poderá ou não predispor o tratamento de dados considerados sensíveis, por isso é extremamente difícil determinar com precisão as reais necessidades do setor.

Nesse sentido, o presente trabalho se propôs identificar os riscos e as inflexões da atividade e com base nestes riscos apontar quais serão os desafios da classe para a implementação de um programa de proteção de dados eficaz, entretanto, a escassez de referências sobre os reais riscos para a atividade, a vigência recente da lei, falta de regulamentação sobre as peculiaridades do setor fazem da pesquisa nesta área um trabalho a ser revisitado. trabalho constantemente revisitado.

## Referências

ABREU, Jaqueline de Souza. Proteção de dados pessoais e persecução criminal à luz da LGPD. **Revista do Advogado**, v. 39, n. 144, p. 149-153, nov. 2019.

ADORNO, Sérgio. **Os aprendizes do poder**: o bacharelismo liberal na política brasileira. Rio de Janeiro: Paz e Terra, 1988.

ARTICLE 29, **Data Protection Working Party**. Opinion on 06/24 on the notion of legitimate interests of the data controller under Article 7 of Directive 95/46/EC, p. 33. Disponível em: http://ec.europa.eu/justice/article-29/documentation/opinionrecommendation/files/2014/wp217_en.pdf. Acesso em: 8 jan. 2021.

BIONI, Bruno Ricardo. **Proteção de dados pessoais:** a função e os limites do consentimento. 2 ed. Rio de Janeiro: Forense, 2020.

BRASIL. Conselho Nacional de Justiça. **Justiça em Números 2020**: ano-base 2019. 16. ed. Brasília: CNJ, 2020. Disponível em: https://www.cnj .jus.br/wp-content/uploads/2020/08/WEB-V3-Justi%C3%A7a-em-N%C3%BAmeros-2020-atualizado-em-25-08-2020.pdf. Acesso em: 9 jan. 2021.

CARVALHOSA, Modesto. Ética profissional do advogado. **Revista do Instituto dos Advogados de São Paulo**, ano 15, n. 29, p. 331-339. jan./jun.2012.

COELHO, Edmundo Campos. **As profissões imperiais**: Medicina, Engenharia e Advocacia no Rio de Janeiro 1822-1930. Rio de Janeiro: Record, 1999.

EUROPEAN DATA PROTECTION SUPERVISOR. **Data Protection Officer (DPO).** Disponível em: https://edps.europa.eu/data-protection/data-protection/reference-library/data-protection-officer-. Acesso em: 10 dez. 2020.

GELLERT, Raphaël. **Understanding the notion of risk in the General Data Protection Regulation**. Computer Law & Security Review: The International Journal of Technology Law and Practice, 2017. Disponível em: https://www.sciencedirect.com/science/article/pii/S0267364917302698. *Apud* OLIVEIRA GOMES, Maria Cecília. Relatório de impacto à proteção de dados pessoais. **Revista do Advogado**, São Paulo, v. 144, p. 174-183, nov. 2019.

GUARIENTA, Daniel B.; MARTINS, Ricardo M. Qual o papel dos advogados enquanto agentes de tratamento de dados: controladores ou operadores?. **Portal Migalhas**. São Paulo, 6 de novembro de 2020. Disponível em: https://migalhas.uol.com.br/coluna/impressoes-digitais/336001/qual-o-papel-dos-advogados-enquanto-agentes-de-tratamento-de-dados--controladores-ou-operadores. Acesso em: 30 dez. 2020.

HAFT, Mariana Lewin. A LGPD nos escritórios de advocacia. **Revista Consultor Jurídico.** São Paulo, 6 de outubro de 2020. Disponível em: https://www.conjur.com.br/2020-out-06/mariana-haft-lgpd-escritorios-advocacia . Acesso em: 8 jan. 2021.

LEONARDI, Marcel. Legítimo interesse. **Revista do Advogado**, São Paulo, v. 144, nov. 2019.

MAGNUS DE MARCO, C. Evolução histórica da advocacia em perspectiva comparada: Brasil e Inglaterra. **Espaço Jurídico Journal of Law [EJJL]**, *[S. l.]*, v. 10, n. 2, p. 243-274, 2010. Disponível em: https://portalperiodicos.unoesc.edu.br/espacojuridico/article/view/1930. Acesso em: 29 dez. 2020.

MESQUITA, Rodrigo Octávio de Godoy Bueno Caldas. Do sigilo profissional do advogado: natureza jurídica, extensão, limites e restrições. **Revista dos Tribunais,** ano 97, v. 869, p. 66-98, mar. 2008.

NAKAMURA, Emilio Tissato, FORMIGONI FILHO, José Reynaldo, IDE, Marcos Cesar. **Metodologia de avaliação de riscos e medidas de segurança na proteção de dados pessoais**. *In*: Workshop de Regulação, Avaliação da Conformidade e Certificação de Segurança, V, 2019, p. 4. Disponível em: https://sbseg2019.ime.usp.br/artigos.html. Acesso em: 30 nov. 2020.

OLIVEIRA GOMES, Maria Cecília. Relatório de impacto à proteção de dados pessoais. **Revista do Advogado**, São Paulo, v. 144, nov. 2019, p. 178.

ORDEM DOS ADVOGADOS DO BRASIL. Comissão Especial de Compliance. **Cartilha de Compliance para a Advocacia**. Porto Alegre: OABRS, 2020. p 17. Disponível em: https://drive.google.com/file/d/11zhoioSXCZMr34re5ijhrb0meBOJWOdR/view . Acesso em: 29 dez. 2020.

PONTES DE MIRANDA, Francisco Cavalcanti. **Fontes e Evolução do Direito Civil Brasileiro**. 2 ed. Rio de Janeiro: Forense, 1981.

RODRIGUES JUNIOR, Otavio Luiz. Dogmática e Crítica da Jurisprudência (ou da vocação da doutrina em nosso tempo. **Revista dos Tribunais**, São Paulo, v. 891, jan. 2010.

SILVA, Daniel C.; COVAC, José R. **Manual de Compliance**. São Paulo: Editora de Cultura, 2015.

SILVA, Elza Maria Tavares. Ensino de direito no Brasil: perspectivas históricas gerais. **Psicol. Esc. Educ.** (Impr.), Campinas, v. 4, n. 1, p. 307-312, 2000. Disponível em: https://doi.org/10.1590/S1413-85572000000100008 . Acesso em: 29 dez. 2020.

SUPERIOR TRIBUNAL DE JUSTIÇA (Corte Especial). Embargos de Divergência no Recurso Especial n.° 1.281.594/SP. Relator: Min. Benedito Gonçalves. Brasília, 23 de maio de 2019.

TOMASEVICIUS FILHO, Eduardo. A Política Nacional de Resíduos Sólidos e a Lei Geral de Proteção de Dados Pessoais. Revista Consultor Jurídico, São Paulo, 14 de agosto de 2020. Disponível em https://www.conjur.com.br/2020-ago-14/tomasevicius-filho-politica-nacional-residuos-solidos-lgpd. Acesso em: 29 dez. 2020.

VANNUCCHI, Marco Aurélio. O corporativismo dualista: conselhos profissionais e sindicatos no Brasil, 1930-1964. **Estudos Ibero-Americanos**, Porto Alegre, v. 42, n. 2, p. 471-499, mai./ago. 2016.

# 8.
# A LGPD na Pesquisa e Desenvolvimento Científicos

*Ariel Bolzan Witczak*
*Cesar Augusto Rodrigues de Carvalho*
*Matheus Disraeli de Souza Amado*
*Renata Capriolli Zocatelli Queiroz*
*Rodrigo Serra Pereira*

## Introdução

O presente trabalho tem como propósito analisar a Lei nº 13.709, de 14 de agosto de 2018 – Lei Geral de Proteção de Dados Pessoais (LGPD) -, marco legislativo que regulamentou o uso, tratamento, proteção e transferência de dados pessoais no Brasil, à luz das atividades de pesquisa e desenvolvimento científicos (P&D), especialmente aquelas que objetivam a geração de inovações tecnológicas com aplicação comercial e econômica, nos ambientes produtivos e de circulação de bens e serviços.

Com este intuito, apresentaremos, em primeiro lugar, uma breve revisão dos principais aspectos e das características básicas que estruturam o setor de P&D, bem como seu funcionamento, identificando, inclusive, as instituições e atores sociais, públicos ou privados, que o promovem em território nacional, para, na sequência, examinar os principais fundamentos e disposições da LGPD e como impactam, direta ou indiretamente, as diversas funções, tarefas, responsabilidades e operações executadas dentro de suas esferas de atuação.

Além disso, haja vista a relevância que certas técnicas recentes de engenharia computacional, a exemplo da inteligência artificial[1], têm representado para o setor de P&D nas últimas duas décadas, tanto aqui quanto internacionalmente, dedicamos uma parte de nossa pesquisa e, consequentemente, deste artigo para caracterizar essas técnicas e suas aplicações práticas mais modernas, especialmente no ambiente da pesquisa científica, bem assim as eventuais implicações que a entrada em vigor de boa parte da LGPD, em setembro de 2020, poderá causar para o contínuo avanço dessa nova realidade tecnológica e para as inovações que decorram do seu uso e aplicação no âmbito da P&D.

Dito isto, passamos agora a introduzir, sucintamente, certas noções histórico-contextuais sobre a P&D, as quais possibilitarão compreender não apenas a importância social e econômica que esta exerce em nossas sociedades modernas, mas também o crucial interesse público que cerca as conquistas e realizações provenientes desse setor, noções essas que terão um significado especial ao examinarmos o modo cauteloso com que a LGPD regulou o uso dos dados pessoais em suas diferentes esferas de atuação.

## 1. Considerações preliminares acerca da pesquisa e desenvolvimento científicos (P&D) – Breve descrição do setor, seu funcionamento e principais atores no Brasil

O desenvolvimento econômico decorrente das primeira e segunda revoluções industriais, ao longo dos séculos XVIII e XIX, teve como um de seus principais elementos propulsores a atividade inventiva, a qual adveio da intensa pes-

[1] Uma clássica definição sobre a inteligência artificial é a apresentada por John McCarthy, Marvin Minsky, Nathaniel Rochester e Claude Shannon, em documento elaborado por ocasião do seminário "A Proposal for the Dartmouth Summer Research Project on Artificial Intelligence", organizado pelos referidos pesquisadores em 1955, conforme segue: "For the present purpose the artificial intelligence problem is taken to be that of making a machine behave in ways that would be called intelligent if a human were so behaving." – MCCARTHY, John; MINSKY, Marvin; ROCHESTER, Nathaniel; Shannon, Claude. **A Proposal for the Dartmouth Summer Research Project on Artificial Intelligence**. Hanover: Darthmouth College, Department of Mathematics, 1955. Disponível em: http://jmc.stanford.edu/articles/dartmouth/dartmouth.pdf . Acesso em: 2 dez. 2020.

quisa científica que se deu dentro e fora das universidades e demais centros de pesquisa. As inovações tecnológicas que surgiram durante esse período contribuíram efetivamente para a consolidação de um movimento de profunda transformação social e prosperidade, tendo coincidido, assim, com os interesses que dominavam a sociedade da época e que ainda hoje compõem os anseios que fundamentam o capitalismo globalizado de mercado, símbolo da arquitetura que molda as modernas economias liberais.

Tais inventos, portanto, formaram nos últimos três séculos as bases sobre as quais esse evidente avanço econômico e tecnológico passou a ecoar nas mais diferentes economias capitalistas, primeiramente no mundo ocidental e, em seguida, no resto do globo. Em contrapartida ao alcance desses ganhos sociais, advindos de cada uma das revoluções tecnológicas que se impunham por meio das aplicações, especialmente industriais, de todo esse material inventivo, certas prerrogativas foram asseguradas, pelo direito de tais estados, aos seus inventores, desde que atendessem ao interesse público e, com efeito, observassem determinados requisitos mínimos, que objetivavam o alinhamento das referidas invenções com os princípios que formavam a arquitetura desses países e de suas economias de mercado.

O advento dos tratados e convenções internacionais, bem como das normas internas atinentes aos direitos de propriedade intelectual, sobretudo no século XX, tanto no campo dos direitos autorais (que visam proteger os direitos de autor e conexos), quanto da propriedade industrial (que protege as invenções, modelos de utilidade, marcas, indicações geográficas e desenhos industriais), representa um excelente exemplo de estímulo ao avanço tecnológico e às correspondentes atividades de pesquisa, pois asseguram aos inventores ou titulares dessas inovações direitos e garantias de exploração econômica exclusiva, mesmo que apenas por um período determinado.[2] Além da propriedade inte-

[2] Diferentemente do que ocorre com os princípios atinentes ao direito autoral, no caso das invenções com propósitos comerciais as prerrogativas que delas nascem, sob a guarida da referida Lei de Propriedade Industrial (Lei nº 9.279, de 14 de maio de 1996), devem ser concedidas pelo Estado, que as reconhece como sendo objeto de proteção perante os demais particulares, em razão de suas características. Esse reconhecimento, que garante o direito de uso e reprodução exclusivo da matéria inventiva, dá origem a o que chamamos de patente. A atividade intelectual que, por sua vez, dá fruto às invenções, quando protegidas pelo Estado, dão razão à emissão de uma carta patente, que concede um direito temporal à exploração comercial daquela determinada invenção, em detrimento dos demais particulares, que ficam

lectual, outras formas de estimular as inovações também foram introduzidas pelos diversos países e suas economias, a exemplo das leis que outorgam aos seus inventores ou titulares benefícios fiscais, formas facilitadas ou subsidiadas de financiamento ou de investimento, público ou privado, entre outras, sempre sob o pressuposto de que a promoção da P&D e, consequentemente, do progresso tecnológico, atenderá ao interesse público, promovendo o desenvolvimento econômico e, consequentemente, o bem-estar social.

No Brasil, as atividades de P&D e a sua regulação também evoluíram em demasia ao longo do último século, porém, de formas e sob pressupostos distintos, ao menos em dois períodos bem demarcados de nossa história mais recente, como veremos a seguir.

Durante os governos dos militares, de 1964 a 1985, a pesquisa e o desenvolvimento científicos eram viabilizados, majoritariamente, com o uso do capital público, sob a premissa protecionista que determinava, em grande parte, a política econômica e os ideais desenvolvimentistas dessa fase de nossa história política. A referida arquitetura governamental, pautada no protecionismo e que, com isso, coibia significativamente os investimentos externos no país, encontrou o seu fim, na década de 1990, com as propostas de abertura econômica impulsionadas pelos governos dos presidentes Fernando Collor, Itamar Franco e Fernando Henrique Cardoso. Para caracterizar esta mudança de paradigma, vale lembrar que, na referida década, as tarifas de importação de produtos estrangeiros caíram de 33,2%, em 1990, para 12,6%, em 1995.[3] São desse período também as leis que modernizaram as regras atinentes à propriedade industrial (i.e., Lei nº 9.279, de 14 de maio de 1996) e aos direitos autorais (i.e., Lei nº 9.610, de 19 de fevereiro de 1998) em nosso País.

Neste século XXI, uma vez consolidado o cenário de relativa estabilidade e abertura econômica, o Brasil passou a participar com mais afinco do con-

impedidos de utilizá-la comercialmente. Tal privilégio, a propósito, está de acordo a nossa Constituição Federal, que traz, em seu art. 5º, inciso XXIX, o seguinte dispositivo: "a lei assegurará aos autores de inventos industriais privilégio temporário para sua utilização, bem como proteção às criações industriais, à propriedade das marcas, aos nomes de empresas e a outros signos distintivos, tendo em vista o interesse social e o desenvolvimento tecnológico e econômico do País".

[3] AZEVEDO, A. F. Z.; PORTUGAL, M. S. Abertura Comercial Brasileira e Instabilidade da Demanda de Importações. **Nova Economia,** v.8, n.1, 1998. Disponível em: https://revistas.face.ufmg.br/index.php/novaeconomia/article/download/2234/1176/7294. Acesso em: 11 jan. 2021. p. 43.

junto de processos de produção e de fluxos financeiros e tecnológicos que formavam o moderno mercado internacional globalizado, contribuindo para as transformações econômicas e sociais que decorriam dessa nova forma de capitalismo de mercado, comumente chamada de globalização.

Nesta fase mais recente, caracterizada, assim, pela consolidação dessa arena global de circulação de bens e serviços, o avanço tecnológico, especialmente com o advento da Internet e de outras recentes técnicas de engenharia computacional (como a citada inteligência artificial), trazia enormes vantagens competitivas aos países e economias que se pusessem como precursoras na sua exploração comercial, razão pela qual o setor de P&D passou a figurar como um dos mais importantes e que mais concentravam investimentos e capital público ou privado em quase todos os países pertencentes a esse hodierno mercado global.

As referidas vantagens competitivas derivavam das inovações tecnológicas que, incentivadas pelas prerrogativas e estímulos, tais como os direitos de propriedade intelectual, benefícios fiscais e de investimento, entre outros, proporcionavam às economias que as controlassem e sob as quais tivessem surgido inquestionáveis ganhos para que pudessem se posicionar melhor diante do ambiente internacional de constantes disputas comerciais. As tecnologias que facilitavam a automação industrial e os processos de trabalho, permitiam uma maior integração das estruturas produtivas e melhoravam os sistemas gerenciais, logísticos e de comunicação, tornando-os gradativamente mais céleres e operacionalizáveis.

Neste contexto, vale notar que, para todos os países que quisessem ter uma posição de destaque nessa arena global, a P&D e as invenções dela decorrentes deveriam constituir elementos essenciais de suas diferentes estruturas institucionais, captadoras de capital e investimentos, o que justifica, por exemplo, o fato de a P&D ter sido citada em inúmeras disposições constitucionais, não apenas para estabelecer as competências dos entes federativos para a sua regulação, mas também para traçar metas e conteúdos programáticos destinados à sua consecução, evidenciando que a pesquisa básica e tecnológica passou a ser, após a redemocratização e com a vigência da Carta Magna de 1988, uma das principais prioridades de Estado.[4]

[4] Conforme os seguintes artigos da Constituição Federal de 1988: 23, V; 24, IX; 187, III; 200, V; 206, II; 207, §2º; 208, V; 213, §2º; bem como 218 a 219-B (especificamente acerca "Da Ciência, Tecnologia e Inovação").

Em consonância com os referidos dispositivos constitucionais, e, por refletirem, especificamente, os pressupostos econômicos estruturais e modelos de incentivo mencionados acima, devemos citar a Lei nº 10.973, de 2 de dezembro de 2004, alterada pela Lei nº 13.243, de 11 de janeiro de 2016,[5] ambas regulamentadas pelo Decreto nº 9.283, de 7 de fevereiro de 2018, que dispõem, em suma, acerca das medidas de estímulo à inovação e ao desenvolvimento e pesquisa no ambiente produtivo, por instituições públicas e privadas, visando a capacitação científica, o alcance da autonomia tecnológica e o desenvolvimento do sistema produtivo nacional e regional.

Diante de todo esse panorama regulatório, os dispêndios do governo federal em P&D (exceto pós-graduação), ao longo deste século, aumentaram significativamente, de cerca de R$ 8,1 bilhões, em 2000, para aproximadamente R$ 23,2 bilhões, em 2013, sofrendo uma redução até 2018, em razão da crise financeira do período, o que fez com que tais dispêndios despencassem para algo em torno de R$ 15,3 bilhões.[6]

A propósito dos dados acima, um aspecto que, há décadas, caracteriza fundamentalmente a pesquisa e o desenvolvimento científicos nacionais, consiste no fato de que os investimentos realizados pelo governo no setor ainda representam, a despeito de todo o processo de abertura econômica e incentivos à iniciativa privada mencionados anteriormente, uma parcela extremamente significativa de todo o capital aplicado em P&D no país. Por exemplo, em 2007, o setor público ainda arcava com 45% dos gastos em P&D, o que representava um percentual de 1% a 2% do produto interno bruto brasileiro.[7]

[5] A Lei nº 13.243, de 11 de janeiro de 2016, trouxe uma interessante definição de inovação para os fins que traçamos neste trabalho, a saber: inovação é a "introdução de novidade ou aperfeiçoamento no ambiente produtivo e social que resulte em novos produtos, serviços ou processos ou que compreenda a agregação de novas funcionalidades ou características a produto, serviço ou processo já existente que possa resultar em melhorias e em efetivo ganho de qualidade ou desempenho".

[6] KOELLER, Priscila. Nota Técnica nº 56 – Investimentos Federais em Pesquisa e Desenvolvimento: Estimativas para o Período 2000-2020. [s.l.]: IPEA, DISET – Diretoria de Estudos e Políticas Setoriais de Inovação e Infraestrutura, 2020. Disponível em: https://www.ipea.gov.br/portal/images/stories/PDFs/nota_tecnica/202189_nt_investimento%20federais.pdf . Acesso em: 11 jan. 2021. p. 6.

[7] TEIXEIRA, Rodrigo de Araujo. **Seminário – Caminhos para a Inovação – CNI.** Senado Federal, CCT – Comissão de Ciência, Tecnologia, Inovação, Comunicação e Informática, 2012.

Com isso, pode-se concluir, desde já, que os principais agentes e instituições atuantes no setor de P&D no Brasil fazem parte, inquestionavelmente, do setor público ou, caso componham a iniciativa privada, utilizam, outrossim, por meio dos referidos incentivos ou benefícios fiscais, capital oriundo das diferentes esferas governamentais.

Poderíamos dividir, portanto, os principais atores do setor de P&D no Brasil em três grupos distintos, e, assim, listá-los da seguinte forma:[8] (i) os entes políticos pertencentes aos poderes executivo (tais como o Ministério da Ciência, Tecnologia e Inovações – MCTIC, outros ministérios, agências reguladoras e secretarias) e legislativo (i.e., Congresso Nacional e Assembleias Estaduais) e à sociedade (inclusive organizações sem fins lucrativos, associações, entre outras); (ii) as agências de fomento (i.e., CNPq, CAPES, FINEP, BNDES, EMBRAPII e FAP; e (iii) os operadores do sistema nacional de ciência, tecnologia e inovação (o que inclui as universidades, institutos e centros de pesquisa vinculados ou não ao MCTIC, parques tecnológicos, incubadoras, empresas inovadoras etc.).

Todos esses atores, na medida em que promovam a P&D no âmbito nacional e viabilizem, com efeito, as inovações tecnológicas que tanto contribuem para o desenvolvimento de nossa economia, estarão, como vimos, atendendo ao interesse público e, como isso, deverão se adequar às regras e aos propósitos que o formam, embora possam, em contrapartida, usufruir dos direitos, garantias, benefícios e estímulos caracterizados acima, em razão dos ganhos que seus trabalhos na área proporcionarão à toda a sociedade.

Diante de toda essa importância e interesse público, a LGPD, que impactou todas as atividades que se baseiam no uso de dados pessoais, especialmente no ambiente virtual, tais como as que giram em torno da pesquisa e desenvolvimento científicos, deu, acertadamente, um tratamento específico para as atividades de P&D e para aqueles que consideramos ser seus principais ato-

Disponível em: http://www.senado.gov.br/comissoes/cct/seminarios/se20120614_rodrigo_teixeira.pdf. Acesso em: 11 jan. 2021.

[8] A presente classificação é fornecida pelo próprio MCTIC, em documento que estabeleceu a estratégia nacional de ciência, tecnologia e inovação de 2016 a 2022 do governo de Michel Temer. – BRASIL. Ministério da Ciência, Tecnologia, Inovações e Comunicações. **Estratégia Nacional de Ciência, Tecnologia e Inovação – 2016/2022**. Disponível em: http://www.finep.gov.br/images/a-finep/Politica/16_03_2018_Estrategia_Nacional_de_Ciencia_Tecnologia_e_Inovacao_2016_2022.pdf. Acesso em: 11 jan. 2021.

res, tratamento este que passaremos a estudar a seguir, ao examinarmos os fundamentos da LGPD e os legítimos interesses envolvidos nas atividades do setor e que permitiriam atribuir a ele, inclusive, uma base legal excepcional para o tratamento de dados pessoais em suas tarefas e atribuições.

## 2. P&D, os fundamentos da LGPD e os legítimos interesses envolvidos

As invenções e suas aplicações práticas que decorrem da P&D, como vimos na primeira parte deste trabalho, servem, em sua grande maioria, como forte estímulo à aceleração e otimização dos meios de produção e de circulação de bens e serviços, seja por diminuir a suscetibilidade destes a problemas operacionais, logísticos ou outros, seja por criar novos modelos de negócio e formas adicionais de se atingir determinado objetivo econômico, maximizando os lucros daqueles que controlam esses bens de capital.

O aumento significativo das atividades de pesquisa nos diversos ramos que formam a moderna economia capitalista, aliado aos ganhos de eficiência que as suas invenções passaram a levar para toda a sociedade, evidenciam a relevância que o tema apresenta para a forma como se estruturam os estados modernos, sobretudo no mundo ocidental, e ajudam a entender as razões do concomitante aparecimento de manifestações jurídicas em todos esses países, tais como o advento das leis que regem a propriedade intelectual, bem como todos os direitos, garantias, incentivos e benefícios destinados ao avanço da P&D.

É notório que a matéria inventiva requer, além de proteção, um tratamento jurídico específico em cada um dos ambientes atingidos pelas diferentes atividades regulatórias. Sem isso, promoveríamos, ao contrário do que se deseja, um cenário de injustiça, desproporção e desestímulo ao setor, pois passariam a ser recorrentes as situações em que a atividade inventiva decorrente da P&D poderia ser dificultada ou não seria adequadamente recompensada, mesmo diante dos ganhos econômicos e sociais advindos da árdua pesquisa e do tempo e recursos despendidos em seu desenvolvimento.

Essa situação, por óbvio, não condiz com a construção de uma sociedade efetivamente liberal e democrática, que tem como primordial finalidade o desenvolvimento econômico contínuo e sustentável, o qual se tornaria muito mais moroso, caso a sociedade não criasse formas consistentes de preservar e estimular a P&D e a inovação. O interesse público que está por trás das invenções decorrentes desse setor, as quais, como vimos, tendem a fazer com que a sociedade rume em direção ao progresso social e tecnológico, deve ser assegurado ao máximo e o Direito, por conseguinte, terá como função regular as práticas que tenham como consequência fomentar a atividade inventiva, sem dificultá-las ou coibi-las.

Justamente por esta razão, a LGPD, ao dispor sobre o tratamento de dados pessoais, inclusive nos meios digitais, com o objetivo de proteger os direitos fundamentais de liberdade e de privacidade e o livre desenvolvimento da personalidade da pessoa natural,[9] disciplinou, de maneira bastante cautelosa e excepcional, o uso dos referidos dados pessoais por certos atores, ao realizarem as suas atividades de pesquisa e desenvolvimento.

Logo em seu artigo 2º, a LGPD define que a disciplina da proteção de dados tem como um de seus fundamentos, conforme seu inciso V, o desenvolvimento econômico e tecnológico e a inovação. Além disso, o artigo 4º estabelece que a LGPD não terá aplicação no tratamento de dados pessoais que seja realizado, exclusivamente, para fins acadêmicos.

Não há qualquer dúvida, portanto, sobre o fato de que a LGPD visou proteger as práticas meramente acadêmicas, não atribuindo obrigações e responsabilidades adicionais àqueles que as exercem (isto é, além das que já os obrigavam antes da entrada em vigor da LGPD), caso se mantenham, claro, exclusivamente dentro dessa área específica.

Além disso, diante de todos os benefícios trazidos pela P&D e por sua atividade inventiva, conforme destacamos na parte inicial deste trabalho, ainda quando as atividades de tratamento de dados não forem realizadas exclusivamente para fins acadêmicos, a LGPD não foi silente e também se debruçou sobre essas hipóteses, dando-lhes regramento diferente. Isto é, a LGPD, ao exigir que todas as operações de tratamento de dados obedeçam ao seu regime jurídico, criou uma base legal específica, em seu artigo 7º, inciso IV, para tal atividade de tratamento, quando aplicada na realização de estudos por órgão

[9] A LGPD, já em seu artigo 1º, determina, como seu escopo, dispor "sobre o tratamento de dados pessoais, inclusive nos meios digitais, por pessoa natural ou por pessoa jurídica de direito público ou privado, com o objetivo de proteger os direitos fundamentais de liberdade e de privacidade e o livre desenvolvimento da personalidade da pessoa natural".

de pesquisa, garantida, sempre que possível, a anonimização dos dados pessoais utilizados.[10] Outrossim, mesmo naquilo que a referida lei qualifica como dados pessoais sensíveis,[11] que exigem um cuidado ainda mais especial e restritivo em relação ao seu uso e tratamento, a mesma base legal citada acima será aplicável, por força do artigo 11, inciso II, alínea "c".

Vale notar, no entanto, que as supracitadas exceções só podem ser adotadas pelos atores que se enquadrem na definição de "órgão de pesquisa", que, nos termos do art. 5º, inciso XVIII, consistem nos órgãos ou entidades da administração pública direta ou indireta ou pessoas jurídicas de direito privado sem fins lucrativos, legalmente constituídas sob as leis brasileiras e com sede e foro no Brasil, que incluam em sua missão institucional ou em seu objeto social ou estatutário a pesquisa básica ou aplicada de caráter histórico, científico, tecnológico ou estatístico.

Denota-se, portanto, que a LGPD concedeu uma espécie de legítimo interesse presumido para o tratamento de dados realizados por órgãos de pesquisa, o que só inclui, como vimos, as instituições brasileiras públicas e as de iniciativa privada, quando não apresentarem fins lucrativos e tiverem como propósito a P&D nos âmbitos histórico, científico, tecnológico ou estatístico. Desta forma, mesmo que destinada à P&D, caso a atividade seja realizada por entidades privadas com fins lucrativos, como no caso dos centros de pesquisa das empresas de capital aberto ou fechado, o tratamento de dados deverá, ainda,

[10] Acerca da anonimização, a LGPD se manifesta da seguinte forma: (i) o artigo 5º, XI, define anonimização como a "utilização de meios técnicos razoáveis e disponíveis no momento do tratamento, por meio dos quais um dado perde a possibilidade de associação, direta ou indireta, a um indivíduo"; (ii) já em seu artigo 12 a referida lei estabelece que os dados anonimizados não serão considerados dados pessoais para os seus fins, salvo quando o processo de anonimização ao qual foram submetidos for revertido, utilizando exclusivamente meios próprios, ou quando, com esforços razoáveis, puder ser revertido; e (iii) em relação aos estudos em saúde pública, o artigo 13 determina que "os órgãos de pesquisa poderão ter acesso a bases de dados pessoais, que serão tratados exclusivamente dentro do órgão e estritamente para a finalidade de realização de estudos e pesquisas e mantidos em ambiente controlado e seguro, conforme práticas de segurança previstas em regulamento específico e que incluam, sempre que possível, a anonimização ou pseudonimização dos dados, bem como considerem os devidos padrões éticos relacionados a estudos e pesquisas".

[11] O artigo 5º, II, define o dado pessoal sensível como o "dado pessoal sobre origem racial ou étnica, convicção religiosa, opinião política, filiação a sindicato ou a organização de caráter religioso, filosófico ou político, dado referente à saúde ou à vida sexual, dado genético ou biométrico, quando vinculado a uma pessoa natural".

se dar em conformidade com as outras bases legais definidas pelos artigos 7º e 11 da LGPD, como nas hipóteses em que tiver havido prévio consentimento dos titulares dos dados tratados ou quando puder ser demonstrado o legítimo interesse do controlador ou de terceiro nas atividades de P&D que forem desenvolvidas com base no tratamento de dados pessoais, observado o disposto no art. 10 da referida lei.[12]

Este privilégio, acertadamente garantido a tais órgãos de pesquisa, visa, em linha com o raciocínio apresentado ao longo de toda a parte inicial deste trabalho, estimular a atividade inventiva, evitando, ao máximo, coibi-la, dado o interesse público envolvido. Por outro lado, é notório que, ao conceituar esses órgãos, a LGPD evitou estender essa benesse, indistintamente, a qualquer pessoa que pudesse usa-lo inadequadamente, razão pela qual estabeleceu, na base legal específica que o consubstancia, o conceito de que só haveria um legítimo interesse presumido (ou seja, independente das outras bases legais estabelecidas pelos artigos 7º e 11) no tratamento de dados pessoais que fosse aplicado aos estudos implementados por entes públicos ou privados brasileiros, e, no caso destes, na medida em que fossem constituídos com propósito específico de pesquisa e sem fins lucrativos.

Essa estrutura parece adequada aos interesses nacionais, uma vez que, ao se deparar com um possível conflito entre privacidade e inovação, superou-o por duas razões, a saber: (i) não obstou as atividades de pesquisa que venham a ser promovidas pelos citados órgãos de pesquisa, os quais, ao abarcarem

[12] Neste caso, poderíamos, com fulcro no disposto no artigo 10 da LGPD, estabelecer três requisitos mínimos para que o tratamento de dados nas atividades de P&D configure um legítimo interesse do correspondente controlador (sendo esta uma base legal para tal tratamento), a saber: (i) o tratamento não deve decorrer ou envolver ilegalidade; (ii) não deve ser antiético; ou (iii) causar um abuso de direito. Além disso, o tratamento deve se pautar na minimização dos dados tratados e observar a finalidade específica definida de antemão para a P&D (i.e., o uso dos dados pessoais deve ser proporcional ao objetivo perseguido na pesquisa científica). Desta forma, um exemplo de legítimo interesse aplicado à P&D seria, a nosso ver, desde que respeitadas as premissas acima, o tratamento de dados por uma indústria farmacêutica (i.e., não classificada como um órgão de pesquisa) para a produção de um medicamento eficaz na cura de uma doença. Mesmo diante desses critérios, dada a subjetividade e incerteza que cercam o conceito de legítimo interesse sob a LGPD, acreditamos que será de crucial importância que a autoridade nacional, uma vez instituída, se debruce sobre o conceito e estabeleça os parâmetros para interpretá-lo, em cada situação aplicável e com especial atenção para o uso dessa base legal no âmbito da P&D, haja vista o interesse público que envolve o setor e que descrevemos ao longo deste artigo.

todo o setor público e parte do privado, já permitem, sem grandes implicações, o tratamento dos dados por uma parcela considerável dos atores que, como vimos na primeira parte deste trabalho, atuam no setor de P&D em nosso território; e (ii) obrigou, diligentemente, que o tratamento de dados seja feito sob as demais bases legais (como, por exemplo, diante do consentimento prévio de seu titular ou do legítimo interesse do controlador ou de terceiro), quando a correspondente pesquisa for conduzida por entes que, haja vista as suas características e propósitos (especialmente os lucrativos), pudessem desvirtuar o tratamento de dados pessoais, desrespeitando, com efeito, os princípios que fundamentam a LGPD e, eventualmente, a própria P&D no Brasil.

## 3. O uso da inteligência artificial na P&D e a sua adequação à LGPD

Conforme abordado, o art. 2º da LGPD traz os fundamentos sobre os quais se disciplina a proteção de dados pessoais, sendo o respeito à privacidade e à livre iniciativa expressamente previsto nos incisos da legislação. Dessa forma, vale a pena destacar que a referida lei não vem com o propósito de inviabilizar operações que envolvam dados pessoais mas sim organizá-las, com o objetivo de que elas ocorram com o devido respeito à privacidade, que guarda direta relação com o livre desenvolvimento da personalidade do indivíduo.

É sabido que o uso da inteligência artificial popularizou-se com o compartilhamento das informações entre máquinas proporcionada pela Internet, a qual também viabilizou o armazenamento de dados nas nuvens, tendo servido para uma série de atividades vinculadas à P&D, com propósitos inventivos.

Quando tratado sobre o tema, em que pese às vezes pareça distante da realidade do dia a dia do cidadão comum, o uso da inteligência artificial se faz presente na rotina da maioria das pessoas e, consequentemente, das atividades de pesquisa, como por exemplo com o uso de websites de buscas na Internet, os quais antecipam o resultado da ordem de importância; com o uso das redes sociais, as quais utilizam inteligência artificial para aprender o comportamento do usuário a fim de sugerir conteúdos e publicidades; com o uso de softwares presentes nos celulares os quais permitem, por meio do comando de voz, conversar com o aparelhos apresentando perguntas e respostas.

Desta forma, pode-se afirmar que o recolhimento, processamento e análise incessante realizados pelos computadores com o uso da inteligência artificial não só permitem o mapeamento da personalidade das pessoas mas, também, as potencializam, pois, diferente dos seres humanos, a máquina não se cansa ao realizar o processamento de dados.[13]

Neste sentido é necessária a atenção acerca da permissão sobre o que é concedido aos aparelhos: ao acesso irrestrito às fotos, à agenda, ao microfone e câmeras, uma vez que permitem monitoramento da vida da pessoa e, por consequência, permitem também traçar um perfil equivocado sobre a pessoa. Sobre o tema Eduardo Tomasevicius Filho:[14]

> Com o constante avanço da informática, da capacidade de armazenamento e de tratamento dos dados na Internet, talvez se caminhe para a situação em que, em um primeiro momento, amplia-se o conhecimento das pessoas mediante a enorme capacidade de coleta de informações sobre elas, o que aumenta potencialmente a hipótese de violação de privacidade; em um segundo momento, promover-se-á a discriminação e controle da pessoa.

Ou seja, neste contexto percebe-se o movimento de transformação das pessoas em mercadoria. O sociólogo Zygmunt Bauman afirma que na sociedade de consumidores não é possível se tornar um sujeito sem, antes, virar mercadoria. Para o autor, "a característica mais proeminente da sociedade de consumidores – ainda que cuidadosamente disfarçada e encoberta – é a transformação dos consumidores em mercadoria".[15]

Assim, a importância da proteção dos dados pessoais e da privacidade do indivíduo, para garantir o livre desenvolvimento da sua personalidade, reside em construirmos uma arquitetura de princípios e normatização, a exemplo

[13] TOMASEVICIUS FILHO, Eduardo. Inteligência artificial e direitos da personalidade: uma contradição em termos?. **Revista da Faculdade de Direito da Universidade de São Paulo**, São Paulo, v. 113, p. 133-149, 2018. Disponível em: https://www.journals.usp.br/rfdusp/article/view/156553 . Acesso em: 3 dez. 2020.

[14] TOMASEVICIUS FILHO, Eduardo. *Id.* p. 144.

[15] BAUMAN, Zygmunt. **Vida para consumo**: transformação das pessoas em mercadorias. Rio de Janeiro: Jorge Zahar Editor, 2008.

da LGPD, que tem como objetivo dispor sobre o tratamento de dados pessoais, o que afeta sobremaneira as atividades vinculadas à P&D, uma vez que estas, como todo o esforço científico, baseiam-se em dados.

Ocorre, pois, que garantir essa proteção na prática, face à massiva coleta e tratamento de dados proporcionadas pela inteligência artificial, se torna um desafio a ser explorado por aqueles que operam o Direito. No que tange ao tema, Eduardo Tomasevicius Filho criticou a LGPD, ao dizer que a lei brasileira é insuficientemente detalhada para impedir as violações de privacidade nestes casos.[16] Ressalta o autor que o referido marco regulatório poderia ter sido mais bem elaborado para contemplar as mudanças ocorridas na matéria, citando, como exemplo, entre outros, o consentimento do interessado na Internet e o desafio que é, uma vez conectado à grande rede, exigir o seu consentimento consciente, ao mesmo tempo em que suas informações estão sendo coletadas em razão da sua simples conexão à rede.

Quando comparada ao GDPR, é possível verificar pontos mais detalhistas com relação à proteção dos dados, como por exemplo a preocupação de impor o dever de informação sobre a finalidade com que os dados são coletados. Também, a proibição, contida no art. 9º, sobre o tratamento de dados relativo a informações que revelem origens raciais e étnicas, convicções políticas e religiosas, filiação sindical, dados genéticos e biométricos, dados relativos à saúde, vida sexual e orientação sexual de uma pessoa; a distinção, prevista no art. 11, do tratamento de dados que permita a identificação da pessoa daquele tratamento de dados que não tem a identificação da pessoa e o direito ao apagamento ou esquecimento dos dados da pessoa, nos termos do art. 17.

Assim, para fins de adequação à LGPD e efetiva proteção dos dados pessoais no cenário da coleta massiva de dados e seu tratamento feito com o uso da inteligência artificial, especialmente no âmbito da P&D, é necessário refletir sobre os princípios nos quais a lei se pauta, como, por exemplo, o princípio da necessidade e princípio da finalidade. Inicia-se a reflexão sobre a real necessidade da coleta realizada, bem como questiona-se a finalidade para a qual estão sendo colhidos e tratados.

Ainda, por se tratar da formação de grandes bancos de dados, o uso de inteligência artificial, para coleta e tratamento dos dados, deve ser pensado

[16] TOMASEVICIUS FILHO, Eduardo. *Id.*

com base em dois princípios complementares, previstos no art.6º, aplicáveis também às atividades de P&D, a saber: segurança e prevenção. Respectivamente, o princípio da segurança, tratado no art.6º, VII, impõe a adoção de medidas técnicas e administrativas aptas a proteger os dados pessoais de acessos não autorizados e de situações acidentais ou ilícitas, perda, alteração, comunicação ou difusão. A ausência de segurança é prevista na LGPD como tratamento irregular. Responderão, pelos danos decorrentes dessa violação, o controlador e o operador que deixarem de adotar as medidas de segurança adequadas, conforme art. 44 da citada lei.

Já o princípio da prevenção previsto no art. 6º, VIII, exige a adoção de medidas para prevenir a ocorrência de danos em virtude do tratamento de dados pessoais. Tal princípio reflete o propósito da lei de mudar a cultura no tratamento de dados pessoais, ao buscar a mitigação dos riscos e a prevenção das violações previstas.

Baseado no conceito de *privacy by design*, proposto por Ann Cavoukian, um dos fundamentos da LGPD pauta a prevenção de riscos e violações referida acima na trilogia: sistemas de tecnologia de informação, práticas negociais responsáveis e design físico de infraestrutura de rede.[17] No mesmo sentido, Natália Peppi Cavalcanti e Luiza Mendonça da Silva Belo Santos: "Torna-se, portanto, obrigatório adotar, desde a concepção de serviços, produtos e modelos de negócio, a prática de se garantir direitos de proteção à privacidade e aos dados pessoais".[18] Todo esse arcabouço regulatório, que visa à prevenção de riscos e de transgressões, também deve ser aplicável às atividades de P&D.

A LGPD prevê que os agentes poderão formular regras de boas práticas e de governança que estabeleçam as condições de organização, o regime de funcionamento, os procedimentos, incluindo reclamações e petições de titulares, as normas de segurança, os padrões técnicos, as obrigações específicas para os diversos envolvidos no tratamento, as ações educativas, os mecanismos internos de supervisão e mitigação de dados pessoais, considerando a natureza,

[17] VAINZOF, Rony. Capítulo I. Disposições preliminares. *In:* OPICE BLUM, Renato. MALDONADO, Viviane Nobrega (Coord). **Lei Geral de Proteção de Dados Comentada.** São Paulo: Ed: Revista dos Tribunais, 2019. p. 158.

[18] CAVALCANTI, Natália Peppi; SANTOS, Luiza Mendonça da Silva Belo. A Lei Geral de Proteção de Dados do Brasil na era do Big Data. *In:* FERNANDES, Ricardo Vieira de Carvalho; CARVALHO, Angelo Gamba Prata de. **Tecnologia Jurídica & Direito Digital – II Congresso Internacional de Direito, Governo e Tecnologia**. Belo Horizonte: Forum, 2018. p. 538.

o escopo, a finalidade e a probabilidade e a gravidade dos riscos e dos benefícios decorrentes do tratamento, conforme previsto no art. 50 da citada lei.

Ao analisar as ações de governança acima exemplificadas, é possível afirmar que o processo de adequação à LGPD, especialmente no contexto da P&D e de todas as demais atividades inventivas, passa por ações jurídicas, de conformidade à legislação, mas, também, passa por questões técnicas que guardam relação com a infraestrutura e processos relacionados à segurança da informação.

Dentre os diversos meios de otimização das atividades empresariais em P&D, destaca-se o contemporâneo *compliance*, que consiste na gestão de riscos pela observância e cumprimento das normas legais e regulamentares, primando por uma atuação ética, objetivando, ainda, obstar os atos que afrontam as políticas e normas institucionais de determinada organização. Neste mesmo sentido, para atender os requisitos da lei sobre a qual nos debruçamos, é necessária a adequação da governança corporativa dos atores que atuam no setor com a implementação de um *compliance* digital, o qual exige investimento nas ferramentas de segurança de dados, processos e procedimentos.

A LGPD separou um capítulo inteiro para tratar da segurança e das boas práticas. O art. 46 dispõe que os agentes de tratamento devem adotar medidas de segurança, técnicas e administrativas aptas e proteger os dados pessoais de acessos não autorizados e de situações acidentais ou ilícitas de destruição, perda, alteração, comunicação ou qualquer forma de tratamento inadequado ou ilícito.

Quanto às medidas técnicas esclarece-se que são aquelas adotadas no âmbito da Tecnologia da Informação que, com uso de recursos informáticos, possuem funcionalidades voltadas à garantia da segurança da informação. Tem-se, como exemplo, recursos de controle de tráfego de dados em rede, softwares e hardwares.[19]

Ainda, nos termos §2º do art. 46. a lei obriga a aplicação dessas medidas desde a fase de concepção do produto até a sua execução, o que coaduna com a proposta do princípio da prevenção baseado no *privacy by design*. Ressalta-se que o *privacy by design* é uma metodologia que visa proteger a privacidade do usuário desde a concepção de quaisquer sistemas, inclusive aqueles advindos da atividade de pesquisa e desenvolvimento.

[19] JIMENE, Camilla do Vale. Capítulo VIII. Da segurança e boas práticas. *In:* OPICE BLUM, Renato. MALDONADO, Viviane Nobrega (Coord). *Id.* p. 329.

A LGPD propõe a compreensão e o desenho do serviço/produto a partir da proteção dos dados nele envolvidos. Ainda, sobre as medidas de segurança propostas no art. 46:[20]

> Restou claro, portanto, que para estar em conformidade com os ditames legais, os agentes de tratamento de dados deverão implementar soluções de natureza multidisciplinar, porquanto o dispositivo em comento empregou a conjunção aditiva "e", expressando a ideia de adição ("medidas de segurança, técnicas e administrativas")

Assim, para a adequação efetiva da proteção aos dados pessoais no âmbito da P&D, inclusive em relação à atividade inventiva decorrente do uso e aplicação da inteligência artificial, seus atores devem ajustar as suas estratégias de governança ao que denominamos de compliance digital, o qual, por sua vez, trabalhará com medidas técnicas, administrativas e de segurança que sejam capazes de garantir o alinhamento das atividades realizadas com os princípios propostos no citado marco regulatório.

## 4. Avaliação dos riscos da inovação sob a LGPD

Um ponto importante e inicial, para qualquer empresa ou instituto de pesquisa que se utiliza de dados pessoais para suas pesquisas e inovações ou para o usufruto da P&D e da inteligência artificial, como explicado anteriormente, é a avaliação de riscos. Quando se comenta sobre isso, diz-se majoritariamente dos cuidados e princípios que devem estar em mente ao utilizar os dados com o intuito de pesquisa ou de inovação tecnológica, quais são os artigos que se aplicam.

Primeiramente, é importante colocar um divisor que já se encontra nos primeiros artigos da LGPD, pontualmente o artigo 4º, que separa os órgãos acadêmicos, os quais normalmente estão ligadas às pesquisas de inovação e também de inteligência artificial, das instituições privadas, comentando que a LGPD não se aplicará aos usos de dados exclusivamente utilizados para fins acadêmicos, com a aplicação dos artigos 7º e 11, os quais permitem também

[20] JIMENE, Camilla do Vale. *Id.* p. 330.

o tratamento de dados pessoais sensíveis e não sensíveis (como determina a lei) para a realização de estudos por órgão de pesquisa, desde que seja garantida a anonimização desses.

Desta forma, percebe-se que a exclusão dos órgãos acadêmicos não necessariamente exclui as instituições de ensino, pesquisa e inovação como um todo, como menciona também a Rede Nacional de Ensino e Pesquisa – RNP –, pois se exclui a necessidade de proteção dos dados para as hipóteses já mencionadas.[21]

O ponto mais importante para a inovação e para o uso de inteligência artificial, está muito mais nas características dos dados trabalhados do que na forma como são manuseados. Pois, como se pontua nos artigos anteriores, é necessário e obrigatório para a adequação à lei que os dados pessoais, sensíveis ou não, sejam anonimizados. Para tal se entende como anonimizado: o dado em que, através de um processo, é quebrado o vínculo entre os dados e seus titulares.[22]

Assim, para esse objetivo, deve haver preocupações com o devido processo de anonimização, sendo, segundo o *Handbook on European Data Protection Law*[23] e outros artigos,[24] feito através da generalização e da supressão, com o intuito de, com o primeiro, substituir um valor específico por outro mais geral, fiel ainda ao original, e com o segundo, com a remoção de dados desnecessários ao uso final. Então, a partir desse processo exemplificado e outros também discutidos em outras bibliografias, como a randomização e a pseudoanonimi-

[21] PINHEIRO, Patrícia Peck. Qual o impacto da LGPD em instituições de ensino e pesquisa? **Rede Nacional de Ensino e Pesquisa**. 2020. Disponível em: https://www.rnp.br/noticias/qual-o-impacto-da-lgpd-em-instituicoes-de-ensino-e-pesquisa . Acesso em: 11 jan. 2021.

[22] DONEDA, Danilo. **Da privacidade à proteção de dados pessoais**. Rio de Janeiro: Renovar, 2006. p. 44.

[23] COUNCIL OF EUROPE. Handbook on European data protection law. Luxemburgo: Publications Office of the Europe Union, 2018. Disponível em: https://fra.europa.eu/en/publication/2018/handbook-european-data-protection-law-2018-edition . Acesso em: 12 dez. 2020.

[24] Cf. KOHLMAYER, F., PRASSER, F., KUHN, K.; The cost of quality: implementing generalization and suppression for anonymizing biomedical data with minimal information loss. **Journal of Biomedical Informatics**, v. 58, p. 37-48, dec. 2015. Disponível em: https://pubmed.ncbi.nlm.nih.gov/26385376/ . Acesso em: 11 jan. 2021; SAMARATI, P., SWEENEY, L. Protecting Privacy when Disclosing Information: k-Anonymity and Its Enforcement through Generalization and Suppression. Technical Report SRI-CSL-98-04. 1998. Disponível em: https://epic.org/privacy/reidentification/Samarati_Sweeney_paper.pdf . Acesso em: 11 jan. 2021.

zação, é possível seguir com o uso da inteligência artificial para o tratamento de dados em inovação e pesquisa.

Por outro lado, existe um novo risco segundo a lei para os dados utilizados em pesquisa, quando houver a necessidade ou intenção de armazenamento deste, para tal se deve trazer o artigo 16, que obriga a eliminação dos dados pessoais após seu uso, porém, entende-se que para a inovação se aplicará o inciso II que permite para os órgãos de pesquisa a conservação se, novamente, tiver garantido sua anonimização. De tal maneira, como indica a RNP,[25] o órgão de pesquisa deve se manter atento ao estabelecimento de prazos para o armazenamento, assim como seus vencimentos, tendo que adicionar cuidado e segurança adicionais, caso tenha que manter esses dados armazenados.

Ao que tange o manuseio e o cuidado com os dados, há, enfim, que se remeter aos princípios indicados na LGPD. Para tais, destacam-se os incisos I, II, III, VII e VIII, do art. 6º, visto sua maior aplicação ao setor:

> Art. 6º As atividades de tratamento de dados pessoais deverão observar a boa-fé e os seguintes princípios:
> I – finalidade: realização do tratamento para propósitos legítimos, específicos, explícitos e informados ao titular, sem possibilidade de tratamento posterior de forma incompatível com essas finalidades;
> II – adequação: compatibilidade do tratamento com as finalidades informadas ao titular, de acordo com o contexto do tratamento;
> III – necessidade: limitação do tratamento ao mínimo necessário para a realização de suas finalidades, com abrangência dos dados pertinentes, proporcionais e não excessivos em relação às finalidades do tratamento de dados;
> [...]
> VII – segurança: utilização de medidas técnicas e administrativas aptas a proteger os dados pessoais de acessos não autorizados e de situações acidentais ou ilícitas de destruição, perda, alteração, comunicação ou difusão;
> VIII – prevenção: adoção de medidas para prevenir a ocorrência de danos em virtude do tratamento de dados pessoais;

[25] PINHEIRO, Patrícia Peck. *Id.*

Em outras palavras, entende-se que para a melhor aplicação e utilização dos dados dentro de inovação, assim como o uso de inteligência artificial, é importante que obedeça tais princípios quando utilizar ou até armazenar os dados. O primeiro reitera que mesmo com o objetivo de inovar e desenvolver a pesquisa, é preciso que haja sempre propósitos legítimos, explícitos e informados a quem os dados forem tomados. O segundo pontua da utilização compatível à finalidade, para que não haja excessos ou extrapolações do uso.

Em conjunto, é preciso também que os dados sejam utilizados e tratados ao mínimo necessário, como obriga o inciso III, novamente para se evitar o excesso. Por último, a prevenção e a segurança se mostram importantíssimos para evitar os riscos do uso de dados, pois esses dois princípios reiteram a responsabilidade do utilizador para com os dados, que deve sempre adotar medidas para evitar danos ou perdas, difusões e alterações dos dados.

Enfim, nota-se que majoritariamente é importante para os institutos de inovação e os órgãos de pesquisa, além dos demais atores do setor, conforme listados na parte introdutória deste artigo, mesmo quando com finalidades acadêmicas, ter em mente os riscos de anonimização e armazenamento dos dados utilizados, prezando para um ótimo uso, segundo os princípios do art. 6º, da inteligência artificial para o seu propósito e pesquisa. Prestar atenção aos processos que tornam os dados anônimos, assim como os prazos e condições de armazenamento desses, de forma clara e indicativa aos seus fornecedores é obrigatório para a legalidade de seus usos.

## 5. Grau de conscientização do setor em relação ao tratamento de dados: o papel da ANPD

A conscientização do setor de pesquisa e desenvolvimento científico, assim como nos demais setores, no que concerne ao tratamento de dados e suas limitações, depende essencialmente do papel a ser desempenhado pela Autoridade Nacional de Proteção de Dados.

Tal importância verifica-se na regulamentação levada a efeito no modelo europeu de proteção de dados – tomado como inspiração pelo legislador brasileiro –, sendo de se destacar que a Diretiva de Proteção de Dados Pessoais de 1995 (46/95/CE)[26] já dispunha que cada Estado instituirá uma ou mais autoridades de controle independentes, responsáveis pela sua aplicação e fiscalização.

Outrossim, a Carta de Direitos Fundamentais da União Europeia de 2000,[27] por sua vez, prevê em seu art. 8º, que a constituição de uma autoridade de fiscalização independente é um elemento integrante do próprio direito à proteção de dados.

Mais recentemente, atualizando a regulamentação sobre o tema, o Regulamento Geral de Proteção de Dados, de 27 de abril de 2016 (GDPR), prevê em seus artigos 51 a 59, um capítulo específico para as autoridades de proteção, dispondo expressamente no art. 52, que as autoridades deverão atuar de forma independente, livre de influências externas, diretas ou indiretas.

Um exemplo de atuação no setor por autoridade nacional no modelo europeu é o da *Commission Nationale de l'Informatique et des Libertés* – CNIL (França), criada pela Lei n.º 78-17 de 6 de janeiro de 1978,[28] relativa à informática, aos arquivos e às liberdades. Em junho de 2019, foi aprovada nova redação à referida lei, comportando, notadamente, as disposições relativas às "margens de manobra", autorizadas na GDPR.

Podemos ilustrar essa atuação com as audiências públicas ocorridas de janeiro a outubro de 2017, e o seu relatório[29] sobre os desafios éticos concer-

[26] O capítulo VI, da referida diretiva estabeleceu normas relativas à autoridade de controle e grupo de proteção de pessoas no que diz respeito ao tratamento de dados, fixando no art. 28 que "cada Estado-membro estabelecerá que uma ou mais autoridades públicas serão responsáveis pela fiscalização da aplicação no seu território das disposições adoptadas pelos Estados-membros nos termos da presente directiva" – PARLAMENTO EUROPEU. **Directiva 95/46/CE do Parlamento Europeu e do Conselho.** Disponível em: https://eur-lex.europa.eu/legal-content/PT/TXT/PDF/?uri=CELEX:31995L0046&from=PT . Acesso em: 17 dez. 2020.

[27] PARLAMENTO EUROPEU. **Carta dos Direitos Fundamentais.** Disponível em: https://eur-lex.europa.eu/legal-content/PT/TXT/HTML/?uri=LEGISSUM:l33501&from=PT . Acesso em: 17 dez. 2020.

[28] MARINO, Laure; PERRAY, Romain. Les nouveaux défix du droit des personnes: la marchandisation des données personelles. *In:* ROCHFELD, Judith (sous la direction). **Les nouveaux defis du commerce electronique.** Paris: L.G.D.J., 2010. p. 69.

[29] Resumo do debate público organizado pela CNIL – COMMISSION NATIONALE DE L'INFORMATIQUE ET DES LIBERTÉS. **Comment Permettre À L'Homme De Garder La Main? Les enjeux éthiques des algorithmes et de l'intelligence artificielle.** Décembre 2017. Disponível em: https://www.cnil.fr/sites/default/files/atoms/files/cnil_rapport_garder_la_main_web.pdf. Acesso em: 12 dez. 2020.

nentes aos algoritmos e a inteligência artificial – ao serviço do homem, de 15 de dezembro de 2017.

Referidas audiências públicas consolidaram como princípios fundadores a lealdade e vigilância, com seis recomendações operacionais: a) treinamento/educação ética de todos os atores da cadeia (criadores, profissionais, cidadãos); b) tornar os sistemas algorítmicos compreensíveis; c) trabalhar o design dos sistemas algorítmicos ao serviço da liberdade humana (em sentido contrário dos efeitos da "caixa preta"; d) construir uma plataforma nacional de auditoria de algoritmos; e) encorajar a pesquisa sobre inteligência artificial e ética e lançar um grande debate nacional sobre um projeto de pesquisa de interesse nacional; f) reforçar a função ética no seio das empresas.

O processo de elaboração de uma LGPD no Brasil tem raízes no ano de 2010, com duas fases de debates públicos em derredor de versões de um Anteprojeto de Lei de Proteção de Dados – elaborado pela Senacon (Secretaria Nacional de Defesa do Consumidor), em conjunto com a Secretaria de Assuntos Legislativos do Ministério da Justiça[30] -, a primeira em 2010-2011 e a última em 2015.

O texto encaminhado ao parlamento, todavia, não continha a previsão de uma autoridade nacional de proteção de dados. Segundo Danilo Doneda,[31] apesar de reconhecida a importância de sua criação, amplamente tratada nos debates públicos realizados pelo Ministério da Justiça, isto "não resultou em um texto que compreendesse a criação do órgão, dado ao fato de não haver uniformidade de entendimento em relação à matéria à época no executivo federal".

No intercurso da aprovação da lei, fora apresentado outro Projeto de Lei n.º 4.060/2012, de autoria do Deputado Milton Monti, que apresentava um sistema de proteção de dados fundado na autorregulação. Tal modelo, inspi-

[30] BRASIL. República Federativa do Brasil. **Anteprojeto de Lei de Proteção de Dados Pessoais**. Dispõe sobre o tratamento de dados pessoais para a garantia do livre desenvolvimento da personalidade e da dignidade da pessoa natural. Disponível em: https://www.justica.gov.br/news/mj-apresenta-nova-versao-do-anteprojeto-de-lei-de-protecao-de-dados-pessoais/apl.pdf. Acesso em:17 dez. 2020.

[31] DONEDA, Danilo. Rumo à Autoridade Nacional de Proteção de Dados. *In:* LUCCA, Newton; SIMÃO FILHO, Adalberto; LIMA, Cíntia Rosa Pereira de; MACIEL, Renata Mota (Coord.). **Direito e Internet IV:** Sistema de Proteção de Dados Pessoais**.** São Paulo: Quartier Latin, 2019. p. 480.

rado no CONAR (Conselho Nacional de Autorregulamentação Publicitária), não nos parece adequado quando se trata de proteção de dados.[32]

Com efeito, para a efetividade do sistema de proteção de dados pessoais – como vimos no modelo europeu -, a entidade de controle deve ter independência funcional (inclusive em relação ao Estado, enquanto entidade de tratamento de dados pessoais), autonomia financeira, bem como poder resolver conflitos administrativamente, de forma célere e acessível, em benefício do titular dos dados, individual ou coletivamente.[33]

Ademais, a Autoridade Nacional de Proteção de Dados tem como função primordial a garantia para a tutela de direitos fundamentais, o que é incompatível com um modelo regulatório, fiscalizatório e sancionatório, instituído pelas próprias entidades responsáveis pelo tratamento de dados pessoais.

Após idas e vindas,[34] a Autoridade Nacional de Dados foi criada como órgão da administração pública federal, integrante da Presidência da Repú-

[32] Nesse sentido: LIMA, Cintia Rosa Pereira de; PEROLI, Kelvin. Desafios para a atuação independente da Autoridade Nacional de Proteção de Dados Pessoais brasileira à luz das exigências internacionais para a adequada proteção dos dados pessoais. *In:* LUCCA, Newton; SIMÃO FILHO, Adalberto; LIMA, Cíntia Rosa Pereira de; MACIEL, Renata Mota (Coord.). *Id.* p. 424.

[33] Como bem observa Danilo Doneda (*Id.* p. 475): "A atuação de uma autoridade de proteção de dados, portanto, merece atenção dado que neste caso a simples atuação do indivíduo para a proteção de seus interesses – o controle individual, com em algumas das concepções de proteção de dados pessoais – não é capaz de proporcionar que o direito em questão receba tutela adequada. A impossibilidade de que os direitos que hoje estão relacionados à proteção de dados sejam contemplados unicamente pela ação singular de seu interessado é patente em vista da desproporção entre as possibilidades do indivíduo e as estruturas hoje dedicadas ao tratamento de seus dados. A evocação dos direitos relacionados à proteção de dados pela atuação específica do cidadão, além de não se configurar realista para grande parte dos casos de maior relevância, ressoa com uma tradição de certa maneira elitista do direito à privacidade – pelo qual este seria um direito efetivamente tutelado somente para aqueles que possuam meios para o seu exercício -, e igualmente, sem contemplar outros direitos que devem ser mesurados nesta situação como, por exemplo, a liberdade e a igualdade".

[34] A Lei 13.709/2018 tinha em sua redação original a previsão de criação da Autoridade Nacional de Proteção de Dados como autarquia especial, todavia, devido ao fato de ter sido incluído pelo Parlamento, e a criação de órgão da administração ser privativa da iniciativa do Executivo, o Presidente da República vetou os artigos 55 a 59. Após, o Poder Executivo Federal enviou ao Congresso Nacional a Medida Provisória nº 869, de 27 de dezembro de 2018, que incluiu o art. 55-A na Lei 13.709/2018, conferindo à ANPD a natureza de órgão da administração direta federal, subordinada à Presidência da República, tendo sido mantida tal redação pela Lei nº 13.853/2019.

blica (art. 55-A), o que não era a melhor solução, tendo em vista a necessidade de independência e autonomia. Nada obstante, nos termos da lei, a natureza jurídica da ANPD é transitória e poderá ser transformada pelo Poder Executivo em entidade da administração pública federal indireta, submetida a regime autárquico especial e vinculada à Presidência da República (art. 55-A, § 1º).

Embora entendamos não ser esta a melhor solução,[35] a previsão de transformação em autarquia em regime especial, bem como a autonomia técnica e decisória (art. 55-B), bem como a previsão de que a nomeação dos membros do Conselho Diretor será um ato complexo, submetido à deliberação do Senado Federal (art. 55-D), criou a expectativa de uma possível atuação independente, autônoma e efetiva na proteção dos dados pessoais no Brasil.[36]

Fundamental não só para a conscientização das entidades que realizam pesquisas e promovem o desenvolvimento científico, mas, também, para a conscientização dos titulares dos dados pessoais em relação aos mecanismos de coleta e tratamento de dados, bem como em relação ao funcionamento dos algorítimos e da inteligência artificial, são as atribuições regulatórias, fiscalizatórias e sancionatórias da ANPD, tendo como função primordial zelar pela proteção dos dados pessoais (art. 55-J, I).

Outrossim, destacam-se os deveres de elaborar diretrizes estratégicas e fornecer subsídios para a elaboração do Plano Nacional de Proteção de Dados (art. 55, J, III), coordenar com as agências, órgãos e entidade públicas responsáveis pela regulação de setores específicos, com vista a uma atuação mais eficiente e promover o adequado funcionamento dos setores regulados (art. 55-J, XXIII, § 3º), ouvir os agentes de tratamento e a sociedade em matérias de interesse relevante e prestar contas sobre suas atividades e planejamento (art. 55-J, XIV), e implementar mecanismos simplificados, inclusive por meio

[35] Em nosso sentir, o melhor modelo é o de uma autarquia de regime especial, em que houvesse a participação em sua composição de membros eleitos pelos três poderes da República (Judiciário, Legislativo e Executivo), representantes da sociedade civil e pessoas com notório saber na área técnica de proteção de dados, nomeados pelo Legislativo.

[36] Nesse sentido: PFEIFFER, Roberto Augusto Castellanos. A saga da Autoridade Nacional de Proteção de Dados: do veto à Lei 13.853/2019. *In:* LUCCA, Newton; SIMÃO FILHO, Adalberto; LIMA, Cíntia Rosa Pereira de; MACIEL, Renata Mota (Coord.). *Id.* p. 468.

eletrônico, para o registro de reclamações sobre o tratamento de dados pessoais em desconformidade com a Lei (art. 55-J, XXIV).

## 6. Responsabilidades civil, administrativa e penal

Em que pese tenha formulado capítulo próprio para tratar da responsabilidade civil (arts. 42 a 45), e disposto em várias oportunidades quanto à responsabilidade de todos os agentes de tratamento – nos termos do art. 5º, XI, são o controlador e o operador (esses definidos nos incisos VI e VII do artigo citado) – a Lei não tomou posição inequívoca a respeito da modalidade de responsabilidade civil praticada. Nesse contexto, a doutrina ainda nesse primeiro momento de vigência dividiu-se a respeito do tema.

Alguns defendem a responsabilidade subjetiva,[37] devendo haver prova da conduta culposa do agente de tratamento, fundamentada na omissão na adoção de medidas de segurança para o tratamento adequado dos dados ("quando não fornecer a segurança que o titular dele pode esperar" ou no descumprimento das obrigações impostas na lei "em violação à legislação de proteção de dados pessoais" ou "quando deixar de observar a legislação").

Outros defendem a responsabilidade objetiva pelo risco da atividade. Danilo Doneda e Laura Schertel Mendes[38] sustentam que a atividade de tratamento de dados compreende um risco intrínseco, pela potencialidade danosa considerável em caso de violação dos direitos tutelados, que se caracterizam por sua natureza de direito personalíssimo e de direito fundamental. Silmara Juny de Abreu Chinellato[39] também defende a responsabilidade objetiva, com

[37] Nesse sentido: GUEDES, Gisela Sampaio da Cruz; MEIRELES, Rose Melo Vencelau. Término do tratamento de dados. *In:* TEPEDINO, Gustavo; FRAZÃO, Ana; OLIVA, Milena Donato (Coord.). **Lei Geral de Proteção de Dados Pessoais.** São Paulo: Revista dos Tribunais, 2019. p. 289-291.

[38] MENDES, Laura Schertel; DONEDA, Danilo. Comentário à nova Lei de Proteção de Dados (Lei 13.709/2018): o novo paradigma da proteção de dados no Brasil. **Revista de Direito do Consumidor,** São Paulo, ano 27, v. 120, nov./dez. 2018. p. 555.

[39] CHINELLATO, Silmara Juny de Abreu. Direitos básicos de Proteção de dados pessoais, o princípio da transparência e a proteção de dados intelectuais. *In:* DONEDA, Danilo; SARLET, Ingo Wolfgang; MENDES, Laura Schertel; RODRIGUES JÚNIOR, Otavio Luiz (Coords.). **Tratado de Proteção de Dados Pessoais.** Rio de Janeiro: Forense. 2020. p. 657-658.

a aplicação do art. 927, do Código Civil, tendo em vista o risco inerente no tratamento de dados, os direitos da personalidade tutelados, a vulnerabilidade dos titulares dos dados e a irreparabilidade *in natura* dos danos.

Em uma posição intermediária e eclética, Anderson Schreiber[40] defende existência de dois regimes de responsabilidade civil da LGPD: a) subjetiva, por inobservância de deveres legalmente previstos para o agente que realiza o tratamento de dados pessoais alheios (parágrafo único do art. 44); b) objetiva, decorrentes do tratamento de dados pessoais que não forneça a segurança que pode esperar o titular dos referidos dados, à luz das circunstâncias indicadas nos incisos do art. 44 da Lei.

Entendemos que se trata de responsabilidade objetiva pelo risco da atividade, sendo aplicável o art. 927, parágrafo único, do Código Civil. Com efeito, o cerne da LGPD é a proteção dos dados pessoais – na era da informação e da tecnologia, os direitos da personalidade, suas projeções e prolongamentos são o grande ativo da economia, da pesquisa e do desenvolvimento científico –, sendo inegável o risco representado pela coleta e tratamento de dados, sendo uma preocupação constante do legislador a imposição de deveres de segurança e boas práticas,[41] considerada a vulnerabilidade do titular dos dados.[42]

Nesse caminhar, o controlador, que é a pessoa física ou jurídica, de direito público ou privado, a quem compete as decisões sobre tratamento de dados (art. 5º, VI, da LGPD), bem como aquele que determinará a finalidade e os motivos para o tratamento de dados pessoais, responde civilmente de forma

[40] SCHREIBER, Anderson. Responsabilidade civil na Lei Geral de Proteção de Dados. *In:* DONEDA, Danilo; SARLET, Ingo Wolfgang; MENDES, Laura Schertel; RODRIGUES JÚNIOR, Otavio Luiz. **Tratado de Proteção de Dados Pessoais.** Rio de Janeiro: Forense. 2020. p. 338-339.

[41] A legislação de proteção de dados tem como um dos seus principais fundamentos a diminuição de riscos de dano (art. 6º, III). O que se coaduna com outros três princípios da LGPD, quais sejam: segurança (art. 6º, VII), prevenção (art. 6º, VIII) e responsabilização e prestação de contas (art. 6º, X).

[42] Como já defendia Alvino Lima (**Culpa e risco**. 2ª tiragem. São Paulo: Revista dos Tribunais, 1963. p. 350): "Uma das funções primaciais da lei é anular o desequilíbrio das partes, vindo em socorro dos mais fracos; assim se procede no próprio terreno contratual onde há a livre manifestação da vontade. Com mais força de razão, quando as circunstâncias da vida são múltilplas, imprevisíveis, inexoráveis, colocam os homens mais à mercê uns dos outros, justifica-se sobremaneira, o amparo da lei na proteção da vítima".

objetiva e solidária ao operador, nos termos do art. 42, da LGPD. Ressalvadas as excludentes do art. 43.[43]

O operador, que é a pessoa natural ou jurídica, de direito público ou privado, que realiza o tratamento de dados pessoais em nome do controlador (art. 5º, VII, da LGPD), devendo realizar o tratamento conforme as instruções do controlador (art. 39, da LGPD), responde civilmente de forma objetiva, com a exclusão das hipóteses do art. 43. Responde solidariamente quando descumprir as obrigações da legislação de proteção de dados ou quando não tiver seguido as instruções lícitas do controlador.

A lei prevê ainda, nos moldes da legislação consumerista, a inversão do ônus da prova a favor do titular dos dados quando, for verossímil a alegação, houver hipossuficiência para fins de produção de prova ou quando a produção de prova pelo titular resultar-lhe excessivamente onerosa (art. 42, § 2º). As hipóteses de violação do direito do titular no âmbito das relações de consumo permanecem sujeitas às regras de responsabilidade previstas na legislação pertinente (art. 45).

Ademais, ressalte-se que em se tratando das pessoas jurídicas de direito público e as de direito privado prestadoras de serviços públicos, nos termos do art. 37, §6º, da Carta da República, "responderão pelos danos que seus agentes, nessa qualidade, causarem a terceiros, assegurado o direito de regresso contra o responsável nos casos de dolo ou culpa".

Em termos de responsabilidade administrativa, a ANPD tem competência sancionatória, cabendo fiscalizar e aplicar sanções em caso de tratamento de dados realizado em descumprimento à legislação, mediante processo administrativo que assegure o contraditório, a ampla defesa e o direito de recurso (art. 55, J, IV).

As sanções aplicáveis aos agentes de tratamento de dados, inclusive aqueles que atuam no âmbito da P&D no Brasil, em razão das infrações cometidas às normas previstas na lei, estão previstas no art. 52: I – advertência, com indicação de prazo para adoção de medidas corretivas; II – multa simples, de

[43] Nesse ponto, ressalte-se que somente o fortuito externo, a impossibilidade absoluta – em qualquer contexto abstrato, e não unicamente em uma situação fática específica – de que o risco inerente à atividade tenha se concretizado no dano, é capaz de romper o nexo de causalidade, isentando, com isso, aquele que exerce a atividade da obrigação de indenizar (BRASIL. Superior Tribunal de Justiça (3ª Turma). REsp 1786722 / SP; Relatora: Min. Nancy Andrighi. Brasília, 9 de junho de 2020.

até 2% (dois por cento) do faturamento da pessoa jurídica de direito privado, grupo ou conglomerado no Brasil no seu último exercício, excluídos os tributos, limitada, no total, a R$ 50.000.000,00 (cinquenta milhões de reais) por infração; III – multa diária, observado o limite total a que se refere o inciso II; IV – publicização da infração após devidamente apurada e confirmada a sua ocorrência; V – bloqueio dos dados pessoais a que se refere a infração até a sua regularização; VI – eliminação dos dados pessoais a que se refere a infração; X – suspensão parcial do funcionamento do banco de dados a que se refere a infração pelo período máximo de 6 (seis) meses, prorrogável por igual período, até a regularização da atividade de tratamento pelo controlador; XI – suspensão do exercício da atividade de tratamento dos dados pessoais a que se refere a infração pelo período máximo de 6 (seis) meses, prorrogável por igual período; XII – proibição parcial ou total do exercício de atividades relacionadas a tratamento de dados.

Nos termos do §6º, do art. 52, as sanções previstas nos incisos X, XI e XII serão aplicadas somente após já ter sido imposta ao menos 1 (uma) das sanções de que tratam os incisos II, III, IV, V e VI do caput do artigo para o mesmo caso concreto, e, em caso de controladores submetidos a outros órgãos e entidades com competências sancionatórias, ouvidos esses órgãos.

Em termos de responsabilidade penal, a LGPD não cria tipos penais novos, sendo aplicáveis as normas do Código Penal, do Código de Defesa de Consumidor, da Lei de Propriedade Industrial, da Lei do software, entre outros estatutos normativos no que tange à responsabilidade penal.

## Referências

AZEVEDO, A. F. Z.; PORTUGAL, M. S. Abertura Comercial Brasileira e Instabilidade da Demanda de Importações. **Nova Economia,** v.8, n.1, 1998. Disponível em: https://revistas.face.ufmg.br/index.php/novaeconomia/article/download/2234/1176/7294. Acesso em: 11 jan. 2021.

BAUMAN, Zygmunt. **Vida para consumo**: transformação das pessoas em mercadorias. Rio de Janeiro: Jorge Zahar Editor, 2008.

BRASIL. Ministério da Ciência, Tecnologia, Inovações e Comunicações. **Estratégia Nacional de Ciência, Tecnologia e Inovação – 2016/2022**. Disponível em: http://www.finep.gov.br/images/a-finep/Politica/16_03_2018_Estrategia_Nacional_de_Ciencia_Tecnologia_e_Inovacao_2016_2022.pdf . Acesso em: 11 jan. 2021.

BRASIL. República Federativa do Brasil. **Anteprojeto de Lei de Proteção de Dados Pessoais.** Dispõe sobre o tratamento de dados pessoais para a garantia do livre desenvolvimento da personalidade e da dignidade da pessoa natural. Disponível em: https://www.justica.gov.br/news/mj-apresenta-nova-versao-do-anteprojeto-de-lei-de-protecao-de-dados-pessoais/apl.pdf. Acesso em: 17 dez. 2020.

BRASIL. Superior Tribunal de Justiça (3ª Turma). REsp 1786722 / SP; Relatora: Min. Nancy Andrighi. Brasília, 9 de junho de 2020.

CAVALCANTI, Natália Peppi; SANTOS, Luiza Mendonça da Silva Belo. A Lei Geral de Proteção de Dados do Brasil na era do Big Data. *In:* FERNANDES, Ricardo Vieira de Carvalho; CARVALHO, Angelo Gamba Prata de. **Tecnologia Jurídica & Direito Digital – II Congresso Internacional de Direito, Governo e Tecnologia**. Belo Horizonte: Forum, 2018.

CHINELLATO, Silmara Juny de Abreu. Direitos básicos de Proteção de dados pessoais, o princípio da transparência e a proteção de dados intelectuais. *In:* DONEDA, Danilo; SARLET, Ingo Wolfgang; MENDES, Laura Schertel; RODRIGUES JÚNIOR, Otavio Luiz (Coords.). **Tratado de Proteção de Dados Pessoais.** Rio de Janeiro: Forense. 2020.

CNIL – COMMISSION NATIONALE DE L'INFORMATIQUE ET DES LIBERTÉS. **Comment Permettre À L'Homme De Garder La Main? Les enjeux éthiques des algorithmes et de l'intelligence artificielle**. Décembre 2017. Disponível em: https://www.cnil.fr/sites/default/files/atoms/files/cnil_rapport_garder_la_main_web.pdf. Acesso em: 12 dez. 2020.

COUNCIL OF EUROPE. Handbook on European data protection law. Luxemburgo: Publications Office of the Europe Union, 2018. Disponível em: https://fra.europa.eu/en/publication/2018/handbook-european-data-protection-law-2018-edition . Acesso em: 12 dez. 2020.

DONEDA, Danilo. **Da privacidade à proteção de dados pessoais**. Rio de Janeiro: Renovar, 2006.

______. Rumo à Autoridade Nacional de Proteção de Dados. *In:* LUCCA, Newton; SIMÃO FILHO, Adalberto; LIMA, Cíntia Rosa Pereira de; MACIEL, Renata Mota (Coord.). **Direito e Internet IV:** Sistema de Proteção de Dados Pessoais. São Paulo: Quartier Latin, 2019.

GUEDES, Gisela Sampaio da Cruz; MEIRELES, Rose Melo Vencelau. Término do tratamento de dados. *In:* TEPEDINO, Gustavo; FRAZÃO, Ana; OLIVA, Milena Donato (Coord.). **Lei Geral de Proteção de Dados Pessoais.** São Paulo: Revista dos Tribunais, 2019.

JIMENE, Camilla do Vale. Capítulo VIII. Da segurança e boas práticas. *In:* OPICE BLUM, Renato. MALDONADO, Viviane Nobrega (Coord). **Lei Geral de Proteção de Dados Comentada.** São Paulo: Ed: Revista dos Tribunais, 2019.

KOELLER, Priscila. Nota Técnica nº 56 – Investimentos Federais em Pesquisa e Desenvolvimento: Estimativas para o Período 2000-2020. [s.l.]: IPEA, DISET – Diretoria de Estudos e Políticas Setoriais de Inovação e Infraestrutura, 2020. Disponível em: https://www.ipea.gov.br/portal/images/stories/PDFs/nota_tecnica/202189_nt_investimento%20federais.pdf . Acesso em: 11 jan. 2021.

KOHLMAYER, F., PRASSER, F., KUHN, K.; The cost of quality: implementing generalization and suppression for anonymizing biomedical data with minimal information loss. **Journal of Biomedical Informatics**, v. 58, p. 37-48, dec. 2015. Disponível em: https://pubmed.ncbi.nlm.nih.gov/26385376/ . Acesso em: 11 jan. 2021.

LIMA, Alvino. **Culpa e risco**. 2ª tiragem. São Paulo: Revista dos Tribunais, 1963.

LIMA, Cintia Rosa Pereira de; PEROLI, Kelvin. Desafios para a atuação independente da Autoridade Nacional de Proteção de Dados Pessoais brasileira à luz das exigências internacionais para a adequada proteção dos dados pessoais. *In:* LUCCA, Newton; SIMÃO FILHO, Adalberto; LIMA, Cíntia Rosa Pereira de; MACIEL, Renata Mota (Coord.). **Direito e Internet IV:** Sistema de Proteção de Dados Pessoais**.** São Paulo: Quartier Latin, 2019.

MARINO, Laure; PERRAY, Romain. Les nouveaux défix du droit des personnes: la marchandisation des données personelles. *In:* ROCHFELD, Judith (sous la direction). **Les nouveaux defis du commerce electronique.** Paris: L.G.D.J., 2010.

MCCARTHY, John; MINSKY, Marvin; ROCHESTER, Nathaniel; Shannon, Claude. **A Proposal for the Dartmouth Summer Research Project on Artificial Intelligence**. Hanover: Darthmouth College, Department of Mathematics, 1955. Disponível em: http://jmc.stanford.edu/articles/dartmouth/dartmouth.pdf .Acesso em: 2 dez. 2020.

MENDES, Laura Schertel; DONEDA, Danilo. Comentário à nova Lei de Proteção de Dados (Lei 13.709/2018): o novo paradigma da proteção de dados no Brasil. **Revista de Direito do Consumidor,** São Paulo, ano 27, v. 120, nov./dez. 2018.

PARLAMENTO EUROPEU. **Carta dos Direitos Fundamentais.** Disponível em: https://eur-lex.europa.eu/legal-content/PT/TXT/HTML/?uri=LEGISSUM:l33501&from=PT. Acesso em: 17 dez. 2020.

______. **Directiva 95/46/CE do Parlamento Europeu e do Conselho**. Disponível em: https://eur-lex.europa.eu/legal-content/PT/TXT/PDF/?uri=CELEX:31995L0046&from=PT . Acesso em: 17 dez. 2020.

PFEIFFER, Roberto Augusto Castellanos. A saga da Autoridade Nacional de Proteção de Dados: do veto à Lei 13.853/2019. *In:* LUCCA, Newton; SIMÃO FILHO, Adalberto; LIMA, Cíntia Rosa Pereira de; MACIEL, Renata Mota (Coord.). **Direito e Internet IV:** Sistema de Proteção de Dados Pessoais**.** São Paulo: Quartier Latin, 2019.

PINHEIRO, Patrícia Peck. Qual o impacto da LGPD em instituições de ensino e pesquisa? **Rede Nacional de Ensino e Pesquisa**. 2020. Disponível em: https://www.rnp.br/noticias/qual-o-impacto-da-lgpd-em-instituicoes-de-ensino-e-pesquisa . Acesso em: 11 jan. 2021.

SAMARATI, P., SWEENEY, L. Protecting Privacy when Disclosing Information: k-Anonymity and Its Enforcement through Generalization and Suppression. Technical Report SRI-CSL-98-04. 1998. Disponível em: https://epic.org/privacy/reidentification/Samarati_Sweeney_paper.pdf . Acesso em: 11 jan. 2021.

SCHREIBER, Anderson. Responsabilidade civil na Lei Geral de Proteção de Dados. *In:* DONEDA, Danilo; SARLET, Ingo Wolfgang; MENDES, Laura Schertel; RODRIGUES JÚNIOR, Otavio Luiz. **Tratado de Proteção de Dados Pessoais.** Rio de Janeiro: Forense. 2020.

TEIXEIRA, Rodrigo de Araujo. **Seminário – Caminhos para a Inovação – CNI.** Senado Federal, CCT – Comissão de Ciência, Tecnologia, Inovação, Comunicação e Informática, 2012. Disponível em: http://www.senado.gov.br/comissoes/cct/seminarios/se20120614_rodrigo_teixeira.pdf . Acesso em: 11 jan. 2021.

TOMASEVICIUS FILHO, Eduardo. Inteligência artificial e direitos da personalidade: uma contradição em termos?. **Revista da Faculdade de Direito da Universidade de São Paulo**, São Paulo, v. 113, p. 133-149, 2018. Disponível em: https://www.journals.usp.br/rfdusp/article/view/156553 . Acesso em: 3 dez. 2020.

VAINZOF, Rony. Capítulo I. Disposições preliminares. *In:* OPICE BLUM, Renato. MALDONADO, Viviane Nobrega (Coord). **Lei Geral de Proteção de Dados Comentada.** São Paulo: Ed: Revista dos Tribunais, 2019.

# 9.
# Impactos da Lei Geral de Proteção de Dados nas Relações de Trabalho

*Airton José da Silva*
*Fabiano Zavanella*
*Pamela Krug*
*Patrícia Oliveira Castro e Serpa*
*Viviane Lícia Ribeiro*

## Introdução

Entre as inegáveis mudanças que o direito do trabalho tem experimentado nas últimas décadas, como reflexo da constante necessidade de adequação das leis às novas realidades do mercado global e tecnológico, surgem, agora, no contexto da Lei Geral de Proteção de Dados brasileira (LGPD), questões inerentes à pessoa física do trabalhador e o que são considerados pela legislação como "dados pessoais".

Diante deste cenário, é possível vislumbrar o seguinte questionamento: por qual motivo a LGPD é importante nas relações de trabalho e de emprego?

Antes de apresentar uma resposta a essa pergunta, que é um dos objetivos deste artigo, serão tecidas algumas breves considerações sobre a LGPD com enfoque para as questões ou temas que serão abordados, mais adiante, neste trabalho.

Inicialmente, vale dizer que, seguindo o exemplo do GDPR (*General Data Protection Regulation*) na União Europeia,[1] a LGPD entrou em vigor em 2020, sendo, a partir de então, o marco legal que regulamenta o uso, a proteção e a transferência de dados pessoais no Brasil.

No que diz respeito ao escopo de cada norma (a europeia e a brasileira), é curioso notar que as duas optaram por adotar uma abordagem rigorosa e minuciosa. Cada qual com seus preceitos, mas com muito em comum, até porque o "modelo" brasileiro é verdadeira inspiração do modelo europeu.

Kai-Fu Lee[2] destaca que, com relação à regulamentação europeia, "cabe a cada país tomar suas próprias decisões sobre como equilibrar a privacidade e os dados públicos. A Europa adotou a abordagem mais rigorosa em matéria de proteção de dados, introduzindo o "Regulamento Geral".

No Brasil, o principal objetivo da LGPD é a garantia de um "maior controle dos cidadãos sobre suas informações pessoais, exigindo consentimento explícito para coleta e uso dos dados".[3]

Tendo em vista que se utilizou a expressão *relação de emprego*, é importante ressaltar que o presente artigo dedicar-se-á tanto a essa relação *tradicional*, tal qual se conhece pela previsão da Consolidação das Leis do Trabalho – CLT, como às demais relações de trabalho,[4] que não se enquadram no conceito proposto e oferecido pela CLT.

Isso porque, em primeiro lugar, não restam dúvidas acerca da aplicação da LGPD às relações de trabalho e emprego. Em que pese não haver nada expresso na Lei, é inegável que se trata de uma lei geral, como diz o seu pró-

[1] Como regulamento sobre privacidade e proteção de dados pessoais aplicável a todos os indivíduos na União Europeia e Espaço Econômico Europeu.

[2] LEE, Kai-Fu. **Inteligência artificial**. Como os robôs estão mudando o mundo e a forma como amamos, nos relacionamentos, trabalhamos e vivemos. Tradução: Marcelo Brandão. Rio de Janeiro: Globo Livros, 2019. p. 152.

[3] A esse respeito, destaca-se: "A base da LGPD é o consentimento: ou seja, é necessário solicitar a autorização do titular dos dados, antes do tratamento ser realizado. E esse consentimento deve ser recebido de forma explícita e inequívoca. O não consentimento é a exceção: só é possível processar dados, sem autorização do cidadão, quando isso for indispensável para cumprir situações legais, previstas na LGPD e/ou em legislações anteriores, como a Lei de Acesso à Informação (LAI)". SERPRO. **Princípios da LGPD**. Disponível em: https://www.serpro.gov.br/lgpd/menu/tratamento-dos-dados/principios-da-lgpd. Acesso em: 6 jan. 2021.

[4] Veja-se que o termo utilizado é justamente abrangente para diferenciar as relações que envolvem o empregado tradicional, nos termos da CLT, das relações constituídas pelos outros tipos de trabalhadores, sem o registro da CLT.

prio nome, destinada a regular o tratamento de todo e qualquer dado pessoal por pessoa natural ou jurídica (art. 1º).

Em segundo lugar, no contexto da LGPD, novas situações surgem e irão surgir que se somam ao já conhecido e que, portanto, demandam a análise minuciosa do estudioso do direito do trabalho a respeito de direitos, deveres e novas culturas a serem adotadas, seja no âmbito das relações de emprego, seja no âmbito nas demais relações de trabalho.

A questão mencionada no parágrafo anterior relativa às novas culturas é de extrema relevância para o presente artigo, pois, como se verá, as rotinas e condutas adotadas até o início da vigência da lei, no que diz respeito ao âmbito empresarial e de prestação de serviços, deverão ser necessariamente revistas e reformuladas. Os dados pessoais não poderão mais ser armazenados de qualquer forma pelo controlador.

É certo que a esse respeito, a relação de emprego acaba sendo o palco principal, já que é nela que se vislumbra uma grande quantidade de fases, procedimentos e rotinas em que o empregador coleta, usa e trata (no sentido amplo da Lei) os dados pessoais de seus empregados.[5]

Essa mudança de cultura na relação de emprego, contudo, não poderá ser feita de qualquer forma ou a critério do empregador. A LGPD dispõe sobre o tratamento com base da boa-fé e em alguns princípios que são citados de forma expressa na lei (art. 6º). Esses princípios, aliados analisados conjuntamente com os princípios e regras de direito do trabalho (levando em consideração o escopo do presente estudo), devem nortear a mudança de conduta dos empregadores.

O tomador de serviços, igualmente, trata uma infinidade de dados pessoais de seus prestadores, principalmente considerando o cenário atual, com tantos formatos de trabalho propostos e uma situação desamparada do ponto de vista da legislação trabalhista.

O resultado disso não poderia ser outro: a importância de se entender, estudar e aperfeiçoar a aplicação da LGPD às rotinas trabalhistas. Assim, e de uma forma bem simples e direta, a resposta à pergunta formulada no início deste texto é a de que a importância do estudo da LGPD e de sua aplicação nas relações de emprego e novas relações de trabalho brasileiras é enorme.

[5] Aqui incluídas não apenas as fases do contrato de trabalho, mas também as questões de governança e boas práticas das empresas.

Essa importância, inclusive, transcende questões inerentes à própria regulamentação legal, já que não se pode desconsiderar que não só os trabalhadores atuais não são mais os mesmos do início do século XX, assim como as empresas não são mais as mesmas. Conceitos como lideranças, qualidade de vida e cultura empresarial, que eram tidos como comuns e conhecidos por grande parte do mercado de trabalho e dos estudiosos do ramo trabalhista não cabem mais na realidade atual.

No novo cenário, o acesso às informações e dados pessoais está tão rápido e fácil, que a resposta a esses comandos precisa ser, igualmente, rápida e efetiva. As ferramentas existentes, hoje, para o controle, armazenamento e segurança dos dados são, certamente, complexas e avançadíssimas (incluindo a tecnologia, algoritmos e inúmeros outros sistemas), o que faz com que haja a sensação de conforto e "certa" segurança. Entretanto, se os controladores não se adaptarem a essa nova realidade, com a mesma agilidade com que as ferramentas e o acesso aos dados avançaram, muitos problemas e prejuízos podem ser causados.

Por todos esses motivos iniciais já expostos, é indiscutível a importância de uma análise mais detalhada e apurada sobre a aplicação da LGPD às relações de trabalho e emprego.

O presente artigo tem por objetivo analisar a aplicação da Lei Geral de Proteção de Dados – LGPD, nas relações de trabalho. Para isso, o artigo será dividido da seguinte forma:

a) uma breve introdução sobre a LGPD, direcionamento e importância para o objeto deste trabalho;
b) uma primeira parte abordando o tratamento dos dados pessoais nas relações de emprego;
c) uma segunda parte tratando dos agentes envolvidos no tratamento de dados e a consequente responsabilidade civil pelos atos praticados, além da menção a casos de vazamento de dados de empregados e aspectos relacionados à segurança da informação no tratamento dos dados pessoais;
d) uma terceira e última parte para cuidar do tratamento dos dados pessoais nas relações de trabalho em sentido amplo (prestadores de serviço e trabalhos em plataformas);

e) a conclusão dos pensamentos expostos com a possível estruturação de um formato ou modelo sugerido (se é que se pode chamar assim) para o seguimento e necessária adequação das empresas à nova Lei Geral de Proteção de Dados.

A primeira parte do trabalho será subdivida em três grandes blocos: i) a fase pré-contratual; ii) a fase contratual e iii) a fase pós-contratual. Serão tratados, também, nessa primeira parte do estudo, temas relacionados ao *compliance* trabalhista, com viés para a Governança e boas práticas.

A segunda parte se dedicará às questões relacionadas à segurança da informação, aos agentes envolvidos no tratamento de dados de acordo com a LGPD, ao formato de armazenamento de informações, bem como às responsabilidades que podem decorrer desse armazenamento (ou por sua falta) e como os empregadores podem e devem olhar para esse tema, tendo em vista o respeito à privacidade, intimidade e outros tantos direitos fundamentais do empregado.

Por fim, mas de forma alguma menos importante, será analisada a relação da LGPD com as outras modalidades de relação de trabalho não subordinado, ou seja, aquelas que se dão além da relação de emprego tradicional, como se conhece nos termos do art. 2º da CLT. Será abordada, nesse tópico, a questão da terceirização dos serviços e, principalmente, o novo formato que é o do trabalho em plataformas.

## 1. A LGPD na relação de emprego

### 1.1. Fase pré-contratual

O art. 1º da LGPD prevê, de forma expressa, como objetivo primário: dispor sobre o tratamento de dados pessoais, inclusive nos meios digitais, por pessoa natural ou por pessoa jurídica de direito público ou privado. Para Idalberto Chiavenato:[6]

[6] CHIAVENATO, Idalberto. **Introdução à teoria geral da administração:** uma visão abrangente da moderna administração das organizações. 10. ed. rev. e atual. São Paulo: Atlas, 2020. p. 271.

> Os dados constituem, hoje, o combustível da moderna economia digital. Eles inspiram e transformam o mundo organizacional de hoje. Dados constituem conjuntos de valores ou ocorrências em um estado bruto a partir dos quais são obtidas as informações. De acordo com o exposto na Introdução do presente artigo, o empregador, como "controlador" de dados, está sujeito a diversas obrigações legais previstas na LGPD com relação à obtenção, ao acesso e ao tratamento desses dados pessoais, com relação a seus empregados.

Conforme explicam Cristiane Araújo e Ricardo Calcini,[7] a fase pré-contratual de uma relação de trabalho e emprego envolve todo o processo de seleção e recrutamento de candidatos a uma determinada vaga ou posição em uma empresa. Compreende, consequentemente, as etapas de abertura e divulgação de vaga; recepção de currículos dos interessados; processo de triagem e seleção; entrevistas; pesquisas a respeito do candidato; e termina com a efetiva contratação e assinatura do contrato de trabalho entre empregador e empregado (com a dispensa dos demais candidatos não escolhidos para preencher a oportunidade de emprego ofertada).

É certo que tais obrigações e deveres também se aplicam a toda e qualquer pessoa física que expresse o desejo de candidatar-se a uma oportunidade oferecida pelo empregador ao mercado. Isso significa que, ainda que não haja uma relação de emprego efetivamente em vigor com esse potencial candidato, sem um contrato de trabalho firmado, está o empregador sujeito a todas as disposições e previsões da LGPD com relação aos dados pessoais e sensíveis, inclusive em relação ao consentimento – e poderá responder, nos termos da lei, a respeito disso.

Acerca do pré-contrato em relações de trabalho, ainda que não diretamente relacionado à LGPD, Rúbia Zanotelli de Alvarenga[8] ressalta que já

[7] ARAÚJO, Cristiane Carvalho Andrade; CALCINI, Ricardo. O impacto da LGPD nas relações de trabalho. **Revista Consultor Jurídico**, São Paulo, 17 de setembro de 2021. Disponível em: https://www.conjur.com.br/2020-set-17/lgpd-impactos-trabalhistas#author. Acesso em: 4 jan. 2021.

[8] ALVARENGA, Rúbia Zanotelli de. **Responsabilidade pré-contratual no Direito do Trabalho**. Disponível em: http://facefaculdade.com.br/antigo/arquivos/revistas/Responsabilidade_pre-contratual_no_Direito_do_Trabalho_Rubia2014.pdf. Acesso em: 5 jan. 2021.

havia o entendimento de que há "regras de comportamento a serem seguidas pelos pactuantes, segundo padrões de honestidade, sigilo, informação, cuidado, lealdade e confiança".

Em termos práticos, suas obrigações se traduzem em práticas, processos, procedimentos e treinamentos internos que envolvem os departamentos que participarão do processo de seleção. Estabelecer um processo de seleção sério, criterioso, detalhado e, principalmente, fundamentado, antes mesmo de divulgar a vaga para o mercado, é essencial para o atendimento das disposições da LGPD nessa fase.

Ressalta-se que tais cuidados devem ser redobrados em caso de criação de "banco de currículos" interno, utilização de ferramentas tecnológicas para seleção de candidatos – que já foram alvo de diversas críticas nos meios sociais, além de objeto de demandas judiciais nos últimos tempos – assim como tratamento dos dados de outros candidatos que nem sequer foram escolhidos para uma determinada posição.

Em linhas gerais, entre as recomendações feitas às empresas no que diz respeito à LGPD, destacam-se: (i) solicitação de informações exclusiva e estritamente necessárias para a avaliação e seleção do candidato para uma determinada vaga e função; (ii) definição de processo interno para acesso a arquivos de currículos; (iii) informações claras e transparentes ao candidato a respeito do tratamento que os dados pessoais que constam dos currículos apresentados receberão; (iv) questionamento a respeito da intenção e autorização para manutenção do currículo enviado em bancos de dados para futuras oportunidades; entre outras.

Após o encerramento do processo seletivo, há, ao menos, duas alternativas para um candidato: ser escolhido para a vaga e, portanto, efetivamente contratado (passando à fase contratual, estudada adiante); ou, por vontade própria ou do recrutador, não ser selecionado para uma determinada posição, o que encerra seu contato com a empresa naquela oportunidade.

Ainda que não haja o estabelecimento de uma relação de emprego formal com esse candidato, seja por desistência, eliminação em alguma etapa, ou simplesmente não ser considerado para a posição em questão, não pode o empregador descuidar dos currículos e das informações que foram obtidas durante o processo seletivo, uma vez que estão da mesma forma sujeitas às determinações da LGPD.

O recrutador deve, assim, sempre dar a opção para que candidatos não selecionados escolham expressamente manter seus dados em banco de currículos para oportunidades futuras, ou que tais dados sejam imediatamente eliminados do sistema da empresa. É verdade que esse processo pode não ser tão simples e dependerá de verdadeiro empenho dos empregadores, mas não há dúvidas de que é o mais acertado.

Importante destacar, por fim, que esta pode ser considerada, inclusive, a hipótese mais forte, em termos práticos, de consentimento do titular dos dados e deve, por esta razão, depender sempre de autorização expressa e específica do titular.

Como se sabe, a LGPD adotou o mesmo preceito do RGPD no que diz respeito à revogação do consentimento, no sentido de que ele pode ser expresso a qualquer momento e que tal revogação deve poder ser feita de forma gratuita e facilitada. Assim, a revogação do consentimento não pode ser algo complexo nem custoso para o titular dos dados.

Portanto, a fase pré-contratual pode conter mais armadilhas do que se imagina, sendo imprescindível o olhar mais cauteloso das empresas para esse momento.

## 1.2. Fase contratual

Encerrada a fase pré-contratual, é iniciada, efetivamente, a relação de emprego. Embora não seja necessariamente o primeiro ato, a praxe recomenda que o início efetivo da relação empregatícia se dê com a celebração do contrato de trabalho. Trata-se de um dos momentos mais relevantes para o início a trajetória do empregado na empresa.

Além do contrato de trabalho, entretanto, há outros momentos na vida do empregado que são igualmente importantes sob o ponto de vista da LGPD. Não será possível tratar de todas as hipóteses. De qualquer modo, além do contrato de trabalho,[9] há os exames médicos realizados ou apresentados pelos empregados durante a relação contratual, e os trâmites do término da relação de emprego.

[9] Sobre outros momentos, citamos as informações para a folha de pagamento; documentos pedidos no momento da admissão; o registro da biometria para o Relógio de Ponto Eletrônico; informações passadas para os Sindicatos e informações contidas em formulários de avaliação de desempenho (*feedbacks*).

Algumas das principais características da relação de emprego são: (i) a subordinação; (ii) o desequilíbrio contratual – o empregado é a parte mais fraca da relação contratual; (iii) o princípio protetivo[10] e (iv) o poder diretivo do empregador – tripé organização, controle e poder disciplinar.

A sujeição do empregado às regras e ao comando do empregador é o elemento mais relevante da relação de emprego. Esse binômio sujeição-poder faz surgir o desequilíbrio contratual tão característico do vínculo empregatício (e também da própria essência do direito do trabalho), em que uma das partes (o empregado) tem, nitidamente, maior proteção em face da outra (o empregador).[11]

O conjunto desses elementos, como se vê, além de ter o poder de distinguir a relação de emprego das demais relações de trabalho existentes, também é a chave para o entendimento da aplicação da LGPD à relação de emprego.

## 2. A mudança de cultura

A palavra da vez, como já mencionado, é a mudança de cultura. As empresas precisam adequar suas rotinas aos princípios da LGPD e às bases legais de tratamento dos dados pessoais.

O exercício proposto para aplicar essa mudança de cultura na prática deve, sempre, levar em consideração um dos princípios da LGPD. Assim, sugere-se ao leitor usar uma situação típica de alguns dos momentos da duração do contrato de trabalho e fazer as seguintes perguntas:

(i) Como o tratamento de dados pessoais era feito até hoje (antes da LGPD)?
(ii) Como o tratamento de dados deve realmente ser, considerando a LGPD?
(iii) Qual o princípio da lei que norteia essa análise?

[10] Que nos dizeres de Américo Plá Rodriguez é "critério fundamental que orienta o direito do trabalho" (PLÁ RODRIGUEZ, Américo. **Los Principios del Derecho del Trabajo**. Cuarta edición al cuidado de Hugo Barreto Ghione. Montevideo: Fundación de Cultura Universitaria, 2015. p. 73.)

[11] Nos dizeres de Amauri Mascaro Nascimento "na relação de emprego, a subordinação é um e o poder de direção é outro lado da moeda". (NASCIMENTO, Amauri Mascaro. **Iniciação ao Direito do Trabalho**. 28. ed. rev. e atual. São Paulo: LTr, 2002. p. 203)

Se considerarmos, por exemplo, o momento da contratação de um empregado, é certo que até hoje, a conduta era pedir o máximo de informações possível para, somente depois, verificar o que é, de fato, necessário. A partir da vigência da LGPD, entretanto, tudo a passa a ser diferente. O tratamento do dado pessoal deve ser limitado a uma finalidade já proposta e conhecida, ou seja, a empresa deve coletar o mínimo necessário. O princípio que se vislumbra no exemplo anterior é o princípio da necessidade.

Essa é a mudança de cultura que deve ser implementada nas empresas. Esse *exercício* deve (ou deveria) ser feito e, se possível, até mapeado, para todas as fases e procedimentos da relação de emprego. Trata-se da nova abordagem que deve ser entendida e adotada para as relações com os empregados.

Vejamos, agora, essa análise um pouco mais detalhada em algumas das principais fases "da vida do empregado", conforme mencionado acima.

## 2.1. O contrato de trabalho

O contrato de trabalho é o ato formal que marca o início da relação de emprego. Sabe-se que é praxe sua celebração por meio da forma escrita. Entretanto, não há obrigação legal nesse sentido. Pelo contrário, a CLT prevê que o "contrato individual de trabalho poderá ser acordado tácita ou expressamente, verbalmente ou por escrito (...)".[12]

Embora não seja comum a formalização de contratos verbais, é sabido que eles podem existir e estão autorizados pela legislação. Para fins de atendimento à LGPD, é importante que o contrato de trabalho e seus possíveis anexos sejam sempre escritos.

Com relação ao conceito ou definição do contrato de trabalho, o art. 442 da CLT se limita a afirmar que "Contrato individual de trabalho é o acordo tácito ou expresso correspondente à relação de emprego",[13] o que não ajuda propriamente a formular um conceito próprio.

[12] Art. 443 da CLT

[13] Nos dizeres de Délio Maranhão, "a definição da CLT, na verdade, gira em torno de um círculo vicioso que nada esclarece a respeito daquilo que se pretende explicar." MARANHÃO, Délio *In:* SUSSEKIND, Arnaldo *et al.* **Instituições de Direito do Trabalho**. 19. ed. atual. por Arnaldo Sussekind e João de Lima Teixeira Filho. São Paulo: LTr, 2000. p. 242.

De forma simples, as melhores definições dadas pela doutrina indicam o contrato de trabalho como o negócio jurídico celebrado entre empregado e empregado, mediante o pagamento de uma contraprestação salarial e pela qual o empregado presta serviços, de forma pessoal, não eventual e subordinada, ao empregador.

Veja-se que a própria definição contém os elementos já mencionados anteriormente, que se traduzem como os mais relevantes para o entendimento do tema relação de emprego.

O formato padrão de um contrato de trabalho conta com a identificação das partes (nome, endereço, dados de identificação pessoal ou empresarial, conforme o caso), a função do empregado, salário, jornada de trabalho e o local da prestação de serviço. Identifica-se, desde logo, que essas informações são necessárias, tanto para o cumprimento de obrigação legal[14] (por exemplo, o registro do empregado na CTPS), como para o cumprimento do próprio contrato,[15] estando, assim, justificada a sua solicitação e inclusão neste documento.

Podem ser inseridas no contrato outras informações mais detalhadas. Há contratos que incluem cláusulas sobre a função a ser exercida pelo empregado (atividades englobadas na função, forma de execução etc.); cláusulas sobre confidencialidade das informações e alguns deveres do empregado; ciência do empregado às normas de ética e conduta da empresa (e também de eventual regulamento interno, se existir), dentre outras.

Há empresas que optam por manter as disposições sobre a proteção de dados junto com a cláusula de confidencialidade das informações. Outras têm preferido prever disposições apartadas para tratar sobre o tema (normas internas, procedimentos ou políticas). O formato em si não é tão relevante. Porém, considerando a necessidade de que a questão da proteção de dados seja clara e o fato de que a lei conta com uma seção própria para regular o assunto,[16] a sugestão é de que as regras sobre a LGPD sejam inseridas em documentos separados do contrato de trabalho.

14 Art.7º, inciso II da LGPD.

15 Art. 7º, inciso V da LGPD.

16 Seção II – Das Boas Práticas e da Governança.

## 2.2. O exame admissional e os atestados médicos

Os exames médicos exigidos pelo empregador ao empregado, durante a relação de emprego, são obrigações legais, conforme disposto no art.168 da CLT.

Tais exames podem ser classificados, basicamente, em três tipos: (i) o exame admissional, que é aquele realizado antes mesmo do empregado iniciar o trabalho para atestar a aptidão para o serviço, (ii) os exames periódicos, realizados durante toda a vida contratual do empregado na empresa e (iii) o exame "demissional", que é feito quando do término da relação contratual para atestar a aptidão para o desligamento.

Existem outros exames que podem surgir e até ser necessários, tais como os típicos exames médicos de retorno ao trabalho, quando há afastamento do empregado pelo INSS, por exemplo, e também laudos específicos sobre uma determinada condição ou enfermidade, como acontece com o empregado PcD – pessoa com deficiência, por exemplo. Todos eles devem seguir as condições complementares estabelecidas pelo Ministério da Economia, antigo Ministério do Trabalho e Emprego – MTE.

Dados relacionados à saúde das pessoas são dados sensíveis. Em regra, o exame admissional, o demissional e os exames periódicos[17] não terão muitos dados médicos, com informações sobre a saúde do empregado. Eles tendem a indicar os dados pessoais do empregado e a atestar a sua condição ou não de aptidão para o trabalho (o famoso "apto para a função"). Mesmo não havendo dúvidas de que esses documentos apresentam dados sensíveis, o ponto é que raramente eles terão informações que, de fato, podem gerar algum problema.

Da mesma forma que acontece no contrato de trabalho, para esses exames, a justificativa é o cumprimento de obrigação legal: portanto, há base legal para a coleta, uso e armazenamento.

Os atestados e laudos médicos encontram autorização no cumprimento de base legal, já que a empresa precisa cumprir cotas, justificar ausências, faltas e afastamentos. Entretanto, um dos temas que tem sido comentados entre os estudiosos do direito do trabalho é se seria necessário (até como uma cautela extra) contar também com o consentimento do empregado para o tratamento desses documentos cujas informações podem ser sensíveis.

[17] Denominados também de ASO – Atestado de Saúde Ocupacional

O tema do consentimento para as relações de emprego é complexo. De forma bem resumida, é possível afirmar que pode ser muito questionável a validade de um consentimento fornecido por um empregado, tendo em vista a sua condição mais vulnerável na relação contratual. Considerando que o próprio contrato de trabalho é uma espécie de contrato de adesão, em que o empregado somente aceita os seus termos e não os negocia,[18] pode ser um pouco complicado demonstrar que o mesmo empregado que não pode negociar as suas condições de trabalho, pode manifestar consentimento livre para fins de fornecer dados sensíveis para o seu empregador.[19]

Atualmente, muitas empresas usaram o consentimento do empregado para a elaboração de termos de declaração e enquadramento no chamado grupo de risco para fins de afastamento do trabalho em tempos de pandemia decorrente do novo coronavírus. Em tese, esse consentimento seria até dispensado, já que essa declaração também encontraria amparo no cumprimento de obrigação legal. O fato é, entretanto, que os empregadores têm adotado a prática como uma cautela extra, além de ser uma forma de ter documentada a ciência do empregado sobre a situação.

Ainda em relação aos laudos médicos, ressalta-se a importância de se dedicar uma atenção maior a esses documentos, já que eles podem conter o CID – Código Internacional de Doenças, detalhes do tratamento, condição, incapacidade etc. É o caso dos laudos médicos exigidos para a contratação de um empregado PcD, por exemplo.

Para essa última situação mencionada, o laudo médico é específico, denominado "laudo caracterizador de deficiência". Esse laudo, diferente dos outros anteriormente mencionados, traz (a) uma descrição minuciosa dos impedimentos das funções e estruturas do corpo, (b) descrição das limitações no

[18] Com a exceção recente do empregado hipersuficiente, que é aquele que possui diploma de nível superior e recebe salário mensal igual ou superior a duas veze s o limite máximo da Previdência Social (art. 444, parágrafo único da CLT – artigo trazido com a Reforma Trabalhista – Lei nº 13.467, de 2017).

[19] A respeito do consentimento do empregado, o considerando 43 do GDPR, diferentemente da LGPD brasileira, tratou expressamente da questão para deixar claro que em casos em que houver nítido desequilíbrio entre o titular e o responsável pelo tratamento de dados, tal qual ocorre em uma relação de emprego com subordinação, o consentimento não poderá ser considerado como válido.

desempenho das atividades diárias e (c) *checklist* sobre o tipo de deficiência (com listas diversas para serem preenchidas sobre o tipo da incapacidade.[20]

É inegável que, com a quantidade de informação sensível, o empregador deverá passar a adotar critérios e procedimentos bem mais rigorosos para esse tipo de documento, até porque, como se sabe, no dia-a-dia empresarial é comum que essas informações sejam coletadas e "administradas" por diversas pessoas.[21] Esse trajeto dos dados pessoais sensíveis é importante para elucidar mais uma forma que exige adaptação de cultura nas empresas.

Por fim, mas ainda relacionado ao tema dos dados de saúde, chamamos a atenção para certas peculiaridades nos documentos exigidos para a vinculação do empregado no plano de saúde ou convênio médico.

Pode acontecer dos seguros ou planos de saúde solicitarem das empresas que contrataram o serviço, a assinatura de um documento para acesso às informações dos prontuários médicos dos empregados. Por meio desse documento, a empresa (estipulante ou contratante) "solicita" acesso do médico "indicado" pelo plano de saúde às informações médicas de seus empregados e dependentes. Em verdade, a empresa nada solicita, mas o texto do documento faz crer que houve essa solicitação.

Provavelmente, esse documento é exigido para que os seguros ou planos de saúde acompanhem os sinistros. De toda forma, como não há nenhuma hipótese do art. 11, inciso II, da LGPD, deveria existir o consentimento (expresso, escrito, de forma destacada e com finalidade determinada) para que esse documento pudesse ser firmado, até porque há vedação expressa na LGPD sobre essa possível utilização de dados de saúde para seleção de riscos.[22]

[20] Esse laudo é bem detalhado, pois como há obrigação legal de cumprimento de cota de empregados PcDs, não podem restar dúvidas sobre o enquadramento e sobre a deficiência do empregado.

[21] Muitas vezes, é um superior hierárquico que colhe o documento, divide com o Departamento de Recursos Humanos, às vezes enviando foto pelo WhatsApp, *email* e, depois, ainda compartilha com outros Departamentos (como o de Saúde laboral, Sustentabilidade e até com o Departamento Jurídico e escritórios externos, em situações de fiscalizações e/ou investigações do Ministério Público do Trabalho – MPT).

[22] Art. 11, § 5º: É vedado às operadoras de planos privados de assistência à saúde o tratamento de dados de saúde para a prática de seleção de riscos na contratação de qualquer modalidade, assim como na contratação e exclusão de beneficiários.

## 2.3. O término da relação de emprego (rescisão contratual)

Findo o contrato de trabalho, seja por vontade do empregado (pedido de demissão), seja por vontade do empregador (dispensa sem ou com justa causa),[23] a relação laboral se encerra.

A última providência (ao menos aparente) do empregador será a formalização da rescisão contratual, que consiste, essencialmente, na elaboração do Termo de Rescisão do Contrato de Trabalho – TRCT, homologação da rescisão (nos casos ainda necessários),[24] pagamento das verbas rescisórias devidas, entrega dos documentos correspondentes a cada tipo de rescisão e providenciar a "baixa" na CTPS.[25]

Com a vigência da LGPD, algumas empresas passarão a adotar praxe diversa para o ato da rescisão contratual. Se cogita se o empregado deveria receber um termo com a informações sobre o armazenamento ou manutenção dos dados pessoais ou até uma comprovação do descarte de alguns dados. Certamente, trata-se de mais um tema complexo da LGPD.

O descarte dos dados pessoais do empregado não precisa ocorrer imediatamente após o término da relação contratual. A LGPD não fixa prazo para o descarte ou eliminação dos dados pessoais, mas a interpretação do art. 16, inciso I, da LGPD autoriza a empresa a manter os dados pelo prazo prescricional das pretensões para fins de produção de prova.

É indiscutível que o descarte de dados contidos em documentos gera desconforto e receio, principalmente para os advogados, mas o não descarte após certo período, esgotado, por exemplo, o prazo prescricional, também poderá causar, não apenas desconforto, mas a aplicação de sanções e multas pelo armazenamento indevido ou desnecessário. Não há resposta ainda sobre qual será a *melhor* conduta, nem sobre se, de fato, haverá fiscalização ou punição para esse tema. Vale permanecer atento e acompanhar o desenrolar de mais esse tema.

[23] Ou ainda por ato involuntário, como a morte do empregado.

[24] A homologação da rescisão do contrato de trabalho deixou de ser obrigatória com a Reforma Trabalhista, entretanto, algumas normas coletivas mantiveram obrigações semelhantes ou condições, por isso é que se fala nessa praxe, se ainda for necessário.

[25] Anotação da data do término da relação contratual.

## 3. Das boas práticas de governança

A Lei Geral de Proteção de Dados, nos arts. 50 e 51, também buscou disciplinar as diretrizes que o controlador deve adotar para a realização do tratamento dos dados, consoante assevera a *Seção II – Das Boas Práticas e da Governança.*

Nesse sentido, a LGPD estabeleceu os requisitos mínimos para adequação ao que o legislador considera como boas práticas no tratamento dos dados, exigindo, assim, especial atenção na medida em que bastante extenso o rol de medidas. Assim, é importante aprofundar o estudo no que toca à governança e *compliance*, isso é, no que diz respeito às mencionadas *boas práticas* indicadas na lei, abordando referências históricas e conceituais desses institutos e sua relação com a LGPD e as relações de trabalho.

### 3.1. *Compliance*: conceito e histórico

Governança e *compliance* integram o programa de integridade de instituições públicas e privadas, nacionais e internacionais.

*Compliance* é expressão de origem na língua inglesa, derivada do verbo *to comply* (*to comply with*), que significa, em tradução livre, estar em conformidade.

Em relação ao ambiente de instituições e empresas, *compliance* ganha um significado de estar de acordo com o que determinam as leis e regulação do país da sede ou da filial, bem como dos países com os quais a empresa se relaciona.

Ensinam Juliana Caravieri Martins e Zélia Maria Cardoso Montal sobre o surgimento dos programas de *compliance* como hoje são conhecidos:

> Os programas de *compliance* surgiram nos Estados Unidos no início do século XX, sendo aperfeiçoados nas últimas décadas, no intuito de monitorar e gerir os riscos empresariais a fim de incentivar ações preventivas e práticas de boa governança corporativa, reduzindo os riscos inerentes aos negócios, proporcionando, consequentemente, o aumento da lucratividade empresarial.[26]

[26] MARTINS, Juliane Caravieri; MONTAL, Zélia Maria Cardoso. Compliance trabalhista e o direito à educação para o trabalho: desafios em face da responsabilidade social da empresa.

As mesmas autoras também esclarecem como a disciplina do *Compliance* ganhou corpo e teve seus primeiros passos no Brasil, a saber:

> No Brasil, os programas de compliance ganham impulso com a Lei n. 12.846/2013 (Lei Anticorrupção Empresarial), entretanto, destacam-se também a Lei n. 9.613/1998 sobre lavagem de capitais, a Lei n. 8.429/1992 sobre improbidade administrativa, a Lei n. 8.666/1993 sobre licitações, o Código Penal, etc.[27]

O *compliance* trabalhista, na mesma esteira, surge como ferramenta de aplicação das diretrizes de *compliance* em matéria trabalhista para observância de normas e regras relativas às relações trabalhistas.[28]

Portanto, o programa de *compliance* significa a realização de um programa cujo objetivo visa ao procedimento de adequação e conformidade ao conjunto de normas e regras internas e externas ao âmbito das instituições a fim de se evitar sanções administrativas e judiciais, bem como prejuízo à reputação e à imagem da empresa, sobretudo, no contexto do presente estudo, na seara trabalhista. Como se verá mais adiante, esse programa tem tudo a ver com o tema ora em discussão, já que se falar em adequação à LGPD é, também se falar em *compliance* trabalhista.

## 3.2. *Compliance* e as relações trabalhistas à luz da LGPD

Diferentemente do modelo europeu e como já dito anteriormente, a LGPD não contém regramento específico para as relações de trabalho e emprego,

**Revista Eletrônica do Tribunal Regional do Trabalho do Paraná. Tribunal Regional do Trabalho do Paraná**, ano IX, n. 91, p. 38.55, ago. 2020. Disponível em: https://juslaboris.tst.jus.br/handle/20.500.12178/154352 . Acesso em: 29 dez. 2020.

[27] MARTINS, Juliane Caravieri; MONTAL, Zélia Maria Cardoso. *Id.*

[28] Neste sentido, destacamos, uma vez mais, o posicionamento de Juliana Caravieri Martins e Zélia Maria Cardoso Montal (*Id.*): "Surgiu o Compliance trabalhista, de cunho preventivo, adaptado ao ambiente empresarial-laboral, que objetiva a implantação de códigos de ética nas organizações e nas relações empregatícias a partir da análise dos contratos de trabalho, da mobilização de empregados e diretores no intuito de minimizar as ações judiciais trabalhista e as penalidades impostas pelo Estado às empresas pelos descumprimentos da legislação laboral e providenciaria".

razão pela qual a harmonização entre esta lei e as normas laborais exigirá interpretação sistemática.[29]

As regras de governança que visam à conformidade à LGPD sob a ótica da temática trabalhista têm duplo viés, pois: a) orientam os requisitos a serem adotados pelo controlador dos dados, que gerará efeitos verticalmente na relação de trabalho na medida em que o empregado deverá seguir as ordens do empregador;[30] e b) igualmente protegem os dados pessoais que o empregado fornece ao empregador em razão do contrato de trabalho.

Acerca da hipótese em que o empregado possa figurar como operador dos dados (quando recebe ordens do empregador, não afastando deste a responsabilidade prevista na LGPD), a conformidade gera contornos que ensejam regramento contratual na relação de trabalho, consoante assevera o poder diretivo do empregador. Esta formalização contratual, em regra, é pactuada via aditivo contratual e regulamento empresarial, conforme buscaremos esclarecer mais abaixo quanto ao código de conduta.

O segundo viés, em que o empregado é titular dos dados fornecidos ao empregador em virtude do contrato de trabalho, inspira cuidados no tocante à base de tratamento dos dados, de acordo com art. 7º da LGPD. Neste aspecto, os controladores dos dados pessoais devem ser diligentes ao enquadrá-los na hipótese de consentimento (art. 7º, inciso I), optando, no que couber e pela maior segurança jurídica, pelas demais hipóteses aplicáveis, *verbi gratia*: obrigação legal e regulatória (inciso II), contratual (art. 7º, inciso II), exercício regular de direito (art. 7º, inciso VI) e legítimo interesse (art. 7º, inciso IX).

[29] Nesse sentido, advertiram-nos Lucas Torres e Ricardo Souza Calcini: "(..) conquanto a LGPD não tenha trazido regramento específico acerca da sua aplicabilidade diante das relações jurídicas trabalhistas, é inegável que a sua abrangência impactará a dinâmica dos contratos de trabalho." (TORRES, Lucas; CALCINI, Ricardo Souza. Os impactos da Lei Geral de Proteção de Dados nas relações de trabalho. **Portal Migalhas**, 18 de agosto de 2020. Disponível em: https://migalhas.uol.com.br/depeso/332108/os-impactos-da-lei-geral-de-protecao-de-dados-nas-relacoes-de-trabalho. Acesso em: 8 jan. 2021.

[30] Sobre o entendimento acerca da questão, cf. BRASIL. Autoridade Nacional de Proteção de Dados. **Guia orientativo para definições dos Agentes de Tratamento de Dados Pessoais e do Encarregado.** Brasília, maio de 2021. Disponível em: https://www.gov.br/governodigital/pt-br/seguranca-e-protecao-de-dados/outros-documentos-externos/anpd_guia_agentes_de_tratamento.pdf. Acesso em: 6 ago. 2021.

### 3.3. Código de conduta

O Instituto Brasileiro de Governança Corporativa assim define o código de conduta:

> O código de conduta é a expressão dos princípios éticos e valores da organização, devendo comunicar com clareza diretrizes e orientar a atuação de todos, principalmente em relação a processos críticos de negócios. Representa a formalização das expectativas a respeito do comportamento e da conduta dos sócios, administradores, colaboradores, fornecedores e demais partes interessadas.[31]

Em outras palavras, o código de conduta é a principal norma interna nas instituições e empresas cuja observância tem o condão de gerar a conformidade entre o comportamento e o corpo de normas que devem ser observados.

Este documento tem natureza jurídica de regulamento empresarial, como ensina Sergio Pinto Martins:

> É, por conseguinte, uma fonte formal de elaboração de normas trabalhistas, uma forma como se manifestam as normas jurídicas, de origem extraestatal, autônoma, visto que não são impostas por agente externo, mas são organizadas pelos próprios interessados, via de regra, pelo empregador.[32]

Nessa mesma linha de raciocínio, outra importante norma interna das instituições e empresas, junto com o código de conduta, é a política de proteção de dados, que, também com natureza de regulamento empresarial, adere ao contrato de trabalho.

Tais documentos devem ser disponibilizados a todos a que se destinam, prioritariamente, em locais públicos ou de fácil acesso, como murais e Intranet.

[31] INSTITUTO BRASILEIRO DE GOVERNANÇA CORPORATIVA. ***Compliance* à luz da governança corporativa.** São Paulo, SP : IBGC, 2017. (Série: IBGC Orienta). Disponível em: https://conhecimento.ibgc.org.br/Paginas/Publicacao.aspx?PubId=23486 Acesso em: 29 dez. 2020. p. 18.

[32] MARTINS, Sergio Pinto. **Direito do Trabalho.** 35. ed. São Paulo: Saraiva Educação, 2019. p. 97.

Dessa forma, seja por meio do código de conduta, seja pela política de proteção de dados, seja por ambos porque complementares, o controlador dos dados, no caso o empregador, estabelecerá a sua governança de privacidade e proteção de dados, avançando passos certamente essenciais para o cumprimento e adequação da LGPD.

Assim, implementando o rol de medidas contidas no art. 50 da LGPD, conforme a estrutura e modelo de negócio da empresa ou das instituições, a empresa estará não somente *compliance* com a legislação, mas também de acordo com a nova cultura da qual tanto se fala.

Por fim, válido relembrar a necessidade de tratamento adequado dos dados dos empregados e de implementação de regulamento interno que possa estruturar a governança de proteção de dados.

## 4. Dos sujeitos e agentes de tratamento de dados nas relações de trabalho

A LGPD conceitua, em seus artigos iniciais, diversos termos para melhor entendimento dos pontos apresentados no decorrer da lei. Dentre tais conceitos, os incisos V a IX do art. 5º tratam, respectivamente, dos atores da LGPD, quais sejam: (i) titular, (ii) controlador, (iii) operador, (iv) encarregado, e (v) agentes de tratamento.

O titular, indicado no inciso V do art. 5º é "a pessoa natural a quem se referem os dados pessoais objeto do tratamento". Previsto no VI do mesmo artigo está o controlador, "pessoa natural ou jurídica [...] a quem compete as decisões referentes ao tratamento de dados". Já o operador é aquele a quem cabe realizar o tratamento dos dados pessoais em nome do controlador (art. 5º, VII). Por fim, o encarregado, cujo conceito está previsto no VIII do art. 5º, é a "pessoa indicada pelo controlador e operador para atuar como canal de comunicação".

Originalmente, a LGPD previa que o encarregado deveria ser pessoa física. Contudo, as atualizações sofridas pela legislação possibilitaram a indicação de pessoa física ou jurídica como encarregado, o que adequou a lei às tendências mundiais e possibilitou que empresas passassem a oferecer este tipo de serviço.[33]

[33] PINHEIRO, Patrícia Peck. **Proteção de Dados Pessoais: comentários à Lei 13.709/2018 (LGPD).** 2.ed. São Paulo: Saraiva Educação, 2020. p. 26.

Os agentes da LGPD, efetivamente responsáveis pelas atividades de tratamento dos dados pessoais são o controlador e operador (art. 5º, IX), e, além deles, a legislação traz uma entidade responsável por "zelar, implementar e fiscalizar o cumprimento" da LGPD em todo território nacional, a Autoridade Nacional de Proteção de Dados (art. 5º, XIX).[34]

Ultrapassada a questão da conceituação dos agentes de tratamento, passa-se a analisar a responsabilidade destes pelos atos praticados no tratamento de dados de empregados pelas empresas e que merece melhor análise no âmbito deste trabalho.

Isso porque, nos termos do art. 42 da LGPD, o controlador ou operador que causarem danos a outrem, em violação à legislação de proteção de dados pessoais devem reparar os danos causados decorrentes do exercício de atividade de tratamento de dados pessoais.

Neste contexto, o § 1º do artigo acima mencionado indica, ainda, em seu primeiro inciso, que "o operador responde solidariamente pelos danos causados pelo tratamento quando descumprir as obrigações da legislação de proteção de dados ou quando não tiver seguido as instruções lícitas do controlador, hipótese em que o operador se equipara ao controlador" (art. 42, § 1º, I, da LGPD). Depreende-se, portanto, que, assim como na GDPR[35], a lei brasileira de proteção de dados trouxe o caráter solidário da responsabilidade do controlador e operador.[36]

## 5. Responsabilidade civil pelos atos praticados

A LGPD se dedica à responsabilidade e ressarcimento de danos causados em razão do exercício das atividades causadas pelo tratamento de dados pessoais, na Seção III do Capítulo VI – arts. 42 a 45 – e indica, neste aspecto, a obri-

[34] A redação original do inciso XIX do art. 5º da LGPD previa que a ANPD faria parte da administração pública indireta, contudo, com a alteração do dispositivo causada pela Lei nº 13.853/2019, foi garantida à ANPD a possibilidade de pertencer à administração pública com atuação em todo território nacional e autonomia decisória e técnica. PINHEIRO, Patricia Peck. *Id.* p. 27.

[35] Artigos 24, 25 e 26 do GDPR.

[36] PINHEIRO, Patrícia Peck. *Id.* p. 121.

gação de reparação de eventuais danos de forma solidária, de acordo com o *caput* e §1º, I e II, do art. 42 da LGPD, garantido o direito de regresso em face de todos os demais responsáveis, na medida da participação de cada um no evento causador do dano (§4º).

De forma geral, a responsabilidade civil está prevista no Código Civil e traz a obrigatoriedade de reparação por aquele que praticar ato ilícito. Conforme entendimento apresentado por Carlos R. Gonçalves, de acordo com a teoria clássica, a responsabilidade subjetiva possui a culpa como fundamento, de modo que, sem ela, não há como se falar em responsabilidade[37]. Ao lado desta, prevalece na maioria dos casos a responsabilidade objetiva[38], na qual a culpa "pode ou não existir, mas sempre será irrelevante para a configuração do dever de indenizar".[39]

Nos termos do disposto no parágrafo único do art. 927 do Código Civil, "haverá obrigação de reparar o dano, independentemente de culpa, nos casos especificados em lei, ou quando a atividade normalmente desenvolvida pelo autor do dano implicar, por sua natureza, risco para os direitos de outrem". Assim, diante de tais conceituações, há discussão e debates acirrados acerca da modalidade de responsabilidade tratada pela LGPD.

De um lado há quem defenda a natureza subjetiva da responsabilidade civil dos agentes de tratamento de dados[40] sob o argumento de que (i) "a responsabilização por dano causado em razão do exercício de tratamento não se confunde com as regras materiais de responsabilidade pelos dados objeto de tratamento",[41] (ii) o disposto art. 42 da LGPD demonstra que não basta apenas a ocorrência de um dano para o dever de indenizar, pressupondo, ainda, uma violação à legislação de proteção de dados, o que insere na LGPD o requisito da ilicitude para configuração da responsabilidade civil e afasta a noção pura de responsabilidade objetiva,[42] (iii) a irregularidade no tratamento dos dados, além de ilicitude, demonstra a inobservância dos padrões de comportamento

[37] GONÇALVES, Carlos Roberto. **Direito civil brasileiro.** Volume 4: responsabilidade civil. 7. ed. São Paulo: Saraiva, 2012. p. 46 e 47.

[38] GONÇALVES, Carlos Roberto *Id.* p. 47.

[39] GONÇALVES, Carlos Roberto. *Ibid.*.

[40] LIMA, Humberto. A. V. **A tutela jurídica dos dados pessoais no Brasil.** Estudo Sistemático da Lei Geral de Proteção de Dados. [*s.n.*], 2020. p. 142.

[41] LIMA, Humberto. A. V. *Ibid.*

[42] LIMA, Humberto. A. V. *Id.* p. 143 e 144.

exigidos pela LGPD,[43] e (iv) as causas excludentes de ilicitude mencionadas no art. 43 da LGPD não se limitam à mera inexistência de nexo de causalidade como fundamento para afastar a responsabilidade como se objetiva fosse.[44]

De outro lado, pode-se entender que o legislador optou por um regime de responsabilidade objetiva ao vincular o exercício da atividade de tratamento de dados pessoais a um risco inerente à atividade, baseando essa conclusão na finalidade da lei e seus princípios. Endossa esse entendimento o fato de o art. 42 da LGPD não dispor sobre culpa ao indicar a obrigação de reparar por aquele que causar dano pela atividade.

O art. 43 da LGPD, por sua vez, reproduz a ideia do disposto no art. 12, § 3º do Código de Defesa do Consumidor ao tratar das excludentes de responsabilidade. Diante da inexistência de excludente por falta de culpa, passou a ser defendida a tese no sentido de que é possível se considerar que a responsabilidade trazida pela LGPD pode configurar-se de forma objetiva.

Por fim, há quem entenda que a modalidade de responsabilidade na LGPD depende da relação envolvida no caso, de modo que ora será aplicada a responsabilidade subjetiva, ora a responsabilidade objetiva.[45] Esse entendimento pode ser coadunado com o disposto no art. 45 da LGPD, o qual dispõe sobre violações nas relações de consumo e aplicação, nestes casos, das regras de responsabilidade previstas na legislação pertinente, ou seja, responsabilidade objetiva.

Embora a discussão acerca da modalidade de responsabilidade seja de extrema relevância, um posicionamento mais firme sobre o tema dependerá dos desdobramentos e decisões judiciais em casos concretos.

## 6. Violação de dados pessoais de empregados

Diante do fato de a LGPD e a GDPR terem sido editadas recentemente, não há como se apresentar uma análise precisa da interpretação dos seus dispositivos pelo Poder Judiciário neste momento inicial. Contudo, inobstante tal

[43] LIMA, Humberto. A. V. *Id.* p. 144.
[44] LIMA, Humberto. A. V. *Id.* p. 145.
[45] TEIXEIRA, I. *LGPD, Fundamentos Jurídicos.* [*s.n.*], 2020. p. 33.

fato, João P. Rodovalho apresentou[46] um panorama de decisões que tratam sobre a proteção de dados nas relações trabalhistas no qual o autor observa que, mesmo após o advento da LGPD, com a normatização da tutela da privacidade, a Justiça do Trabalho atua de maneira escassa quando o assunto diz respeito à proteção de dados pessoais de trabalhadores, tendo atuação praticamente inexistente, ao menos por enquanto, no tocante às lacunas da LGPD neste âmbito de atuação.[47] Ainda que não haja jurisprudência robusta tratando deste tipo de situação, algumas empresas anunciaram vazamento de dados de empregados ou por empregados nos últimos anos.

A empresa Coca-Cola, por exemplo, anunciou, em 2018, um incidente que ocasionou o vazamento de informações de cerca de 8 mil empregados realizado por um ex-empregado da companhia que, após sua dispensa, levou consigo um arquivo contendo informações pessoais dos empregados. Para mitigar os prejuízos, a empresa emitiu avisos de violação de dados para todas as pessoas cujas informações, possivelmente, foram vazadas e ofereceu a seus empregados a possibilidade de monitoramento de identidade por um ano.[48]

Outro caso de bastante relevância foi o do Banco SunTrust, sediado nos EUA. Um ex-empregado do Banco tomou para si listas de contatos da empresa e ocasionou a exposição de informações pessoais de até 1,5 milhão de clientes. Para mitigar os riscos desta exposição, o Banco, além de notificar os clientes acerca do vazamento, ofereceu-lhes a utilização de protocolos de segurança com monitoramento de informações para proteção de identidade.[49]

Na Alemanha, a rede de lojas de roupas H&M foi punida pela agência de proteção à privacidade por manter registro de dados sensíveis de empregados que prestavam serviços em um centro de atendimento, tais como religião e saúde, desde 2014. A base de dados mantida estava à disposição de superio-

[46] RODOVALHO, João Paulo. **Proteção de Dados Pessoais nas Relações de Emprego.** A prevenção da empresa depois da LGPD. Londrina: Thoth, 2020. p. 104.

[47] RODOVALHO, João Paulo. *Id.* p. 111

[48] CIMPANU, Catalin. Coca-Cola Suffqers Breach at the Hands of Former Employee. **Portal Bleepingcomputer,** 25 de maio de 2018. Disponível em: https://www.bleepingcomputer.com/news/security/coca-cola-suffers-breach-at-the-hands-of-former-employee/ Acesso em: 31 dez.2020.

[49] OLENICK, Doug. Ex-Sun Trust employee helps compromise 1.5 million bank clients. **Portal SC Media,** 20 de abril de 2018. Disponível em: https://www.scmagazine.com/home/security-news/insider-threats/ex-sun-trust-employee-helps-compromise-1-5-million-bank-clients/. Acesso em: 8 jan. 2021.

res hierárquicos e era utilizada para avaliações de performance e dispensa de empregados. Em razão disso, a empresa foi multada em 35,3 milhões de Euros, além de da previsão de pagamento de uma indenização a todos os empregados que trabalharam na unidade de atendimento a partir de maio de 2018 – data de entrada em vigor da GDPR.[50]

No Brasil, um caso relevante de vazamento de dados com impactos no âmbito trabalhista foi o do Hospital Israelita Albert Einstein no final do ano de 2020, no qual um empregado divulgou lista com usuários e senhas do sistema do Ministério da Saúde que davam acesso aos bancos de dados de pessoas que realizaram testes, foram diagnosticadas e estavam internadas com Covid-19.[51] O Hospital informou que dispensou o empregado em razão da infringência de normas internas adotadas,[52] mas possivelmente o vazamento poderá ensejar discussões sobre a responsabilidade do Hospital, do empregado e do próprio Ministério da Saúde.

## 7. Das boas práticas e cibersegurança

Para evitar problemas referentes ao vazamentos de dados, a LGPD traz no seu capítulo VII – Da Segurança e das Boas Práticas, a menção sobre a necessidade de adoção de medidas e técnicas para proteção dos dados pessoais. Assim, existem cautelas e procedimentos que devem ser adotados pelas empresas visando a mitigação de riscos e prejuízos causados por eventuais falhas no tratamento dos dados.

[50] PINTO, Ana Estela de Sousa. H&M leva multa milionária por 'bisbilhotar' religião, família e saúde de funcionários. **Jornal Valor Econômico.** São Paulo, 5 de outubro de 2020. Disponível em: https://valor.globo.com/empresas/noticia/2020/10/05/handm-leva-multa-milionaria-por-bisbilhotar-religiao-familia-e-saude-de-funcionarios.ghtml . Acesso em: 8 jan. 2021

[51] CAMBRICOLI, Fabiana. Vazamento de senha do ministério expõe dados de 16 milhões de pacientes de covid. **O Estado de S. Paulo**. São Paulo, 26 de novembro de 2020. Disponível em: https://noticias.uol.com.br/ultimas-noticias/agencia-estado/2020/11/26/vazamento-de-senha-do-ministerio-expoe-dados-de-16-milhoes-de-pacientes-de-covid.htm. Acesso em: 8 jan. 2021.

[52] MAMONA, Karla. Procon notifica Hospital Albert Einstein por vazar dados de pacientes. **Exame Invest,** 30 de novembro de 2020. Disponível em: https://exame.com/invest/procon-notifica-hospital-albert-einstein-por-vazar-dados-de-pacientes/ Acesso em: 3 jan. 2021.

Uma das primeiras cautelas no âmbito trabalhista se refere ao ciclo de vida dos dados, tendo em vista que, para cumprimento de obrigação legal, a empresa necessariamente deve armazenar determinados documentos para responder por fiscalizações e se defender em eventuais processos trabalhistas. Assim, a empresa, em regra, deve armazenar os documentos por, no mínimo, dois anos após o encerramento da relação trabalhista e considerar sempre os últimos cinco anos para a guarda, diante da prescrição trabalhista.[53]

Ocorre que a aplicação pura destes prazos prescricionais não basta para a solução da demanda, visto que determinadas ações não estão sujeitas a prazo prescricionais, tais como as ações declaratórias e que possuam obrigações de fazer para fins de prova junto à Previdência Social (art. 11, §1º, da CLT) e aquelas que envolvem incapazes no polo (art. 198, I, do CC/02).

A análise do ciclo de vida de um dado pode, por exemplo, levar em consideração (i) o planejamento do tratamento, (ii) mapeamento dos dados armazenados e tratados, (iii) controle de armazenamento e compartilhamento, (iv) monitoramento e manutenção, e (v) descarte.[54]

Ou seja, os dados devem ser organizados e classificados, seu tratamento realizado por agentes capazes para tanto e mediante utilização de sistemas de acordo com a LGPD para que, ao final, sejam elaborados relatórios de impacto que versem sobre processos que podem ocasionar riscos (art. 5º, XVII, da LGPD). A coleta e o armazenamento de dados, além dos demais fundamentos trazidos pela LGPD, devem observar a autodeterminação informativa (art. 2º, II, da LGPD), de modo que ao empregado deve ser dada ciência dos limites de acesso dos dados pessoais e do tratamento concedido a eles.

Assim, além do cuidado quanto aos dados que são objeto de tratamento – com ciência aos empregados – há necessidade de se criar uma cultura de *cibersegurança* – com a adoção de normas que influenciam os empregados a adotarem ações que impedem a realização de ataques[55] em sistemas e vazamento de dados – no ambiente de trabalho para que os dados coletados de empregados sejam devidamente mapeados e eles fornecida a correta e segura

[53] Art. 11, "caput", da CLT e inciso XXIX do art. 7º da CF/1988.

[54] SILVA, Marcelo *et al.* **Guia para o programa de conformidade LGPD***:* Orientações para profissionais de TI e Privacidade sobre tratamento de dados [...]. [*s.n.*], 2020. p. 69.

[55] GARCIA, Lara Rocha *et al.* **Lei Geral de Proteção de Dados Pessoais (LGPD):** guia de implantação. São Paulo: Blucher, 2020. p. 27.

destinação de acordo com os princípios e fundamentos da Lei Geral de Proteção de Dados.

## 8. Aplicação da LGPD na prestação de serviços

A entrada em vigor da LGPD insere o Brasil no rol de países com normas específicas e limitativas acerca das condições de coleta, guarda e tratamento de informações pessoais.

Esta lei disciplina um conjunto de aspectos, dentre eles a definição de categorias de dados; circunscrição de validade de seus ditames; fixação de hipóteses de coleta e tratamento de dados; trazendo os direitos dos titulares dos dados, com detalhamento das condições especiais para dados sensíveis.

Tais implicações afetam todas as formas de prestação de serviços e não apenas a relação empregatícia tradicional, mencionada em tópicos anteriores. Sendo assim, por envolverem dados pessoais ou dados pessoais sensíveis (informações sobre origem racial ou étnica, convicções religiosas, opiniões políticas, saúde ou vida sexual) as relações sejam empregatícias ou não, estão abrangidas e devem ser regulamentadas pela LGPD.

É sabido que o contrato empresarial na área trabalhista tem peculiaridades. A depender da relação existente entre os trabalhadores e empresas, a relação poderá ser com vínculo empregatício, regulada pelas normas da CLT ou pelas normas previstas no Código Civil e leis extravagantes que tutelam e regulam os contratos de prestação de serviços, representando o condão necessário para o desenvolvimento de questões mais aprofundadas e diversas da nuance aplicada ao contrato de emprego.

Nesse sentido, Orlando Gomes dispõe que os citados contratos de prestação de serviços se caracterizam pelo fato de "uma pessoa prestar um serviço à outra, eventualmente, em troca de determinada remuneração, executando-os com independência técnica e sem subordinação".[56]

O que se observa, portanto, na doutrina de Orlando Gomes, é que os contratos de prestação de serviços possuem em si a característica de que o prestador não precisa ter um serviço continuado na relação estabelecida com o

[56] GOMES, Orlando. **Contratos**. São Paulo: Forense, 2007.

contratante, além da não subordinação, ficando clara a diferenciação com o contrato com vínculo empregatício, que normalmente possui tais características.

Nesse sentido, acrescenta Silvio de Salvo Venosa ao diferenciar ambos os contratos, mencionando que: "Ontologicamente não há diferença entre a prestação de serviços de índole civil e o contrato de trabalho. Portanto, o contrato de prestação de serviços e o contrato de trabalho possuem diferenças apenas relativas a enfoques legislativos. Cuida-se apenas de saber qual a legislação aplicável".[57]

Sendo assim, em razão da desnecessidade da prestação continuada dos serviços, estes muitas vezes se dão por meio da terceirização, mas o que vem a ser terceirização de serviços?

A terceirização de serviços ocorre quando há uma relação trilateral formada entre trabalhador, intermediador de mão de obra (empregador aparente, formal) e o tomador de serviços (empregador real), tendo como característica marcante dessa relação a não coincidência do empregador real com o formal.[58] Portanto, por meio da terceirização de serviços uma empresa pode utilizar de serviço disponíveis no mercado de trabalho sem responder, diretamente, pela relação empregatícia estabelecida com o trabalhador.

Nesse caso, a empresa prestadora de mão de obra é quem coloca seus trabalhadores nas empresas tomadoras ou clientes, muito embora o trabalho seja prestado diretamente nesta, o liame empregatício se estabelece com a intermediadora e não com a tomadora, desde que a relação seja regular e inexistam os requisitos da relação de emprego entre trabalhador e tomador.

Sendo assim, muitas medidas serão necessárias para a proteção desses trabalhadores, havendo necessidade de revisão dos contratos em curso por não poder mais haver o compartilhamento dos dados dos trabalhadores sem o consentimento do obreiro, exigindo-se a previsão expressa no contrato de trabalho autorizativa de que a empresa interposta na relação jurídica possa transmitir os dados à empresa tomadora.[59] A revisão desses contratos deve

[57] VENOSA, Sílvio de Salvo. **Direito Civil** – Contratos em Espécie. V. III. 7. ed.. São Paulo: Atlas, 2007.

[58] CASSAR, Volia Bonfim. **Direito do Trabalho.** Rio de Janeiro: Método, 2017. p.470.

[59] PINHEIRO, Iuri; BONFIM, Vólia. A Lei Geral de Proteção de Dados e seus impactos nas relações de trabalho. **Trabalho em Debate.** 1º de outubro de 2020. Disponível em http://

ser efetuada tanto em relação aos trabalhadores quanto em relação ao contrato efetuado entre a tomadora e prestadora de serviços para serem estipulados meios e formas como os dados pessoais dos empregados terceirizados serão tratados.[60]

Tem-se que, doravante, os contratos de terceirização de mão de obra deverão ser minuciosamente elaborados não mais visando apenas à prevenção de riscos trabalhistas, mas, também, para melhor gestão quanto à proteção de dados de todas as partes, na tentativa de mitigar suas responsabilidades dentro daquilo que possa ser autorizado pela LGPD como o consentimento, a finalidade e a transparência.[61]

Tanto as empresas tomadoras de serviços terão de se atentar cada vez mais em contratar empresas prestadoras de serviços que sejam idôneas não apenas no âmbito financeiro e obrigacional trabalhista, mas, também, confiáveis quanto ao adequado tratamento dos dados dos seus empregados e as empresas prestadoras de serviços também devem passar a observar os meios utilizados pala tomadora para o tratamento dos dados pessoais e sensíveis.

Uma questão relevante a ser definida com o transcorrer do tempo será a modalidade de responsabilidade civil entre as empresas uma vez que há responsabilidade solidária entre o operador dos dados e o controlador destes, conforme disposição contida nos artigos 42 a 45 da LGPD, que tratam da responsabilidade patrimonial e extrapatrimonial dos agentes de tratamento de dados.

Duas correntes doutrinárias existem quanto ao tema, havendo quem fundamente as responsabilidades com base na culpa presumida, aplicando os arts. 42 e 43, I e II, da LGPD, que expressamente isenta de responsabilidade aquele que não violou a lei. A responsabilidade subjetiva é baseada no fato de que a reparação de dano decorrente da responsabilidade objetiva está regulada genericamente no Código Civil, lei de mesma hierarquia que a LGPD. Logo, a lei posterior pode revogar a anterior da mesma hierarquia ou pelo fato da lei especial revogar a lei geral, como é o caso.

trabalhoemdebate.com.br/artigo/detalhe/a-lei-geral-de-protecao-de-dados-e-seus-impactos-nas-relacoes-de-trabalho. Acesso em: 20 dez. 2020.

[60] PINHEIRO, Iuri; BONFIM, Vólia *Ibid.*.

[61] PINHEIRO, Iuri; BONFIM, Vólia *Ibid.*.

Por outro lado, há os que defendem a responsabilidade objetiva em razão de, mesmo antes do Código Civil (art. 927, parágrafo único), a jurisprudência vir alargando o conceito de "culpa", cujo requisito é necessário para o dever de indenizar e ainda que não se confunda com a culpa presumida, o desempenho de atividade de risco é mero desdobramento dessa tese, pois a pessoa que explora economicamente a atividade de risco deve ser responsabilizada pelos prejuízos materiais e morais daí decorrentes.[62]

Considerando que a LGPD (lei especial) não trouxe a culpa como elemento necessário para configuração de responsabilidade, há quem defenda a aplicação da responsabilidade objetiva, mas, ao que tudo indica, essa questão será muito discutida.

## 9. A LGPD e trabalhadores em plataformas digitais

A economia de compartilhamento é um fenômeno recente, que tem se expandido de forma rápida, ainda que o desenvolvimento desta economia não ocorra de maneira uniforme entre os países. Diversas atividades são realizadas sob esse viés, inclusive, no Brasil.

Trata-se de uma economia de acesso, na qual é possível encontrar aplicativos oferecendo serviços de cozinheiro, manicure, cabelereiro, médicos, motorista e até pessoas dispostas a passear com cachorros de outras pessoas".[63]

Por meio das plataformas digitais, os consumidores têm a oportunidade de poupar, enquanto os fornecedores podem ganhar dinheiro oferecendo seus bens e serviços subutilizados. Porém, no tocante às relações de trabalho, a questão ganha contornos dúbios acerca do vínculo existente entre as partes, o que não será, especificamente, abordado no presente artigo, em razão de objetivar-se tratar dos principais problemas enfrentados por esses trabalhadores, relativamente ao tratamento de seus dados pessoais e pessoais sensíveis.

Abaixo elencamos os principais problemas enfrentados pelos trabalhadores em plataformas para a seguir mencionarmos as medidas previstas na

[62] PINHEIRO, Iuri; BONFIM, Vólia *Ibid.*

[63] ANDRADE, Daniela Rafael de; DANTAS, Rodolfo Lima. Uber: a oportunidade dos sonhos ou o pesadelo do direito do trabalho. *In:* FARIA, Fernanda Nigri *et al.* (Coords.). **Direito do Trabalho e direito processual do trabalho: estudos avançados.** São Paulo: LTr, 2017. p. 82.

LGPD e no GDPR na solução deles: (i) problemas enfrentados pelos trabalhadores quanto ao sistema de classificação e erros na avaliação do trabalho ou trabalhadores; (ii) suspensão das contas dos trabalhadores sem explicação ou recurso; (iii) falta de comunicação entre clientes e operadores de plataformas.

Quanto ao sistema de classificação, há de se ter em mente que o sucesso do trabalho em plataformas depende da capacidade de acesso ou alocação de tarefas que estão sujeitas a várias avaliações e classificações dos trabalhos prestados ou dos próprios trabalhadores.

Frequentemente, os sistemas e processos utilizados para efetuar essas avaliações e classificações não são transparentes o que prejudica os trabalhadores em plataformas digitais. Algumas delas têm políticas que permitem aos clientes a recusa pelo pagamento do trabalho concluído sem fornecer ao trabalhador uma explicação. Nesses casos, os trabalhadores podem ter gasto grande parte de seu tempo para completar uma tarefa pela qual não serão remunerados, principalmente, no caso de microtarefas nas quais o serviço é dividido em várias partes, sendo distribuído entre pessoas que estão em vários locais e cada um faz uma parte do serviço, sem interferir no do outro e o serviço fica pronto rapidamente.[64]

Há também o problema enfrentado por muitos trabalhadores que contestam as decisões quanto à falta de pagamento ou suspensão da conta, tentando obter ajuda ou esclarecimento junto à plataforma quanto aos motivos da decisão. Porém, na maioria das vezes eles não conseguem entrar em contato com pessoa qualificada e autorizada a explicar a decisão e a corrigir se estiver errada.

Diante dos inúmeros problemas relatados, há como tais trabalhadores se valerem da LGPD e do GDPR a fim de terem um processamento justo e transparente e o direito de garantir que seus dados pessoais sejam tratados com o devido cuidado.

Para que esse questionamento seja respondido, há de se verificar que as classificações das avaliações se enquadram nos artigos 5º da LGPD e no 4.1. do GDPR e por isso os trabalhadores poderão acessar tais informações, bem

[64] ORGANIZAÇÃO INTERNACIONAL DO TRABALHO. **As plataformas digitais e o Direito do Trabalho**. Promover o trabalho digno no mundo digital. 2018. Disponível em: https://www.ilo.org/wcmsp5/groups/public/---europe/---ro-geneva/---ilo-lisbon/documents/publication/wcms_752654.pdf. Acesso em: 20 dez. 2020.

como obter uma cópia destas com base nos artigos 6º, inciso IV, da LGPD e art.15.1, 15.3 do GDPR e também podem solicitar que sejam corrigidas as informações se forem imprecisas (art. 16) do GDPR.

Avaliações ocultas ou secretas das quais os trabalhadores não são informados, são ilegais, pois os controladores de dados pessoais são obrigados a informar aos titulares dos dados quando estes são coletados, o que vem fundamentado no artigo 6º, inciso VI, da LGPD e art.15.1-15.4. do GDPR.

Verifica-se que a LGPD vem em boa hora na defesa dos trabalhadores em plataformas já que estes, utilizando-se do direito à autodeterminação informativa, bem como pelo princípio da transparência, farão com que as avaliações e classificações a que são submetidos, bem como a falta de comunicação entre empresa e trabalhador seja atenuada, tornando um pouco mais claras as decisões tomadas no curso dessa relação.

Aguardemos o que acontecerá nessas relações de trabalho em plataformas digitais após o advento da LGPD no Brasil, a fim de que os trabalhadores tenham mais acesso aos seus dados, bem como ciência das decisões tomadas por meio das plataformas.

## Conclusões

Diante de todo o exposto, é possível formular as seguintes conclusões:

**i.** A importância do estudo e do entendimento da LGPD para as relações de trabalho e emprego é indiscutível. Em se tratando da relação de emprego, como se viu, são inúmeras as rotinas trabalhistas de uma empresa que envolvem o tratamento de dados pessoais. Essas rotinas, que nada mais são do que as fases da duração da relação de emprego, iniciando na fase-pré-contratual e finalizando com a rescisão do contrato, exigem uma *mudança de cultura* por parte dos empregadores.

**ii.** A *mudança de cultura* abordada por tantas vezes no presente artigo é, talvez, a chave para o cumprimento e adequação da LGPD. Essa mudança deve ser feita com atenção aos seus princípios, às bases legais de tratamento dos dados pessoais e, em se tratando de relações de emprego, com observância aos princípios norteadores do direito do trabalho. Foi proposto, neste artigo, inclusive, exercício que pode e deve ser feito em cada uma das rotinas de uma empresa para que seja realizada a mudança de cultura.

**iii.** A respeito do modelo de exercício proposto, sugeriu-se, também, que esse exercício não seja apenas feito, como também seja mapeado pelas empresas para fins de cumprimento de outra obrigação prevista da LGPD: a estruturação de uma Política de Boas Práticas e Governança. Esse, certamente, será outro ponto de destaque na busca pelo cumprimento da LGPD: Se o *compliance* já estava em alta, agora com a vigência da Lei, o tema passa a ser *mais* relevante ainda. É importantíssimo dar atenção especial à criação dessa política (ou modelo) de governança.

**iv.** Outro aspecto de bastante relevância para as relações trabalhistas (não apenas a relação de emprego, como também a relação de trabalho) é a questão da responsabilidade civil decorrente dos danos causados por vazamentos de dados. Como abordado neste artigo, a LGPD não é absolutamente clara a respeito do tipo de responsabilidade (se objetiva ou subjetiva) a ser aplicada a essas situações. As decisões dependerão do caso concreto e dos precedentes judiciais que se formarão acerca do tema. Para as relações de emprego, a questão da responsabilidade civil pode ganhar ainda mais relevância, tendo em vista peculiaridades desse tipo de relação. Essa maior relevância já foi até constatada em decisões de casos em outros países e também aqui no Brasil.

**v.** Por fim, não parece exato o entendimento de que não se faz necessária a preocupação com os impactos da LGPD nos demais formatos de prestação de serviços e trabalho, que não se enquadram formalmente em uma relação de emprego. Ainda que a terceirização não se caracterize como a relação bilateral dos contratos de trabalho, ela, por óbvio, se submete à LGPD, sendo necessário fazer o mesmo (ou semelhante) exercício de mudança de cultura, especialmente na revisão dos contratos de prestação de serviço.

**vi.** Quanto aos trabalhadores em plataformas, igualmente, há necessidade de cautelas relacionadas à LGPD, já que a lei também se aplcia a esses formatos de trabalho. O detalhe interessante, contudo, a esse respeito, é que mais do que uma necessária adequação em face da lei. Nota-se que a LGPD veio em ótima hora na defesa dos trabalhadores em plataformas. Levando-se em consideração os inúmeros testes de desempenho e avaliações às quais esses trabalhadores são submetidos, sem a observância de de cuidados mínimos, acredita-se que muito dessa rotina deverá ser repensada, aspecto em que a LGPD leva um ponto positivo, por, ao menos tentar fazer com que exista mais transparência e organização nesse formato de prestação de trabalho.

## Referências

ALVARENGA, Rúbia Zanotelli de. **Responsabilidade pré-contratual no Direito do Trabalho**. Disponível em: http://facefaculdade.com.br/antigo/arquivos/revistas/Responsabilidade_pre-contratual_no_Direito_do_Trabalho_Rubia2014.pdf. Acesso em: 5 jan. 2021.

ANDRADE, Daniela Rafael de; DANTAS, Rodolfo Lima. Uber: a oportunidade dos sonhos ou o pesadelo do direito do trabalho. *In:* FARIA, Fernanda Nigri *et al.* (Coords.). **Direito do Trabalho e direito processual do trabalho: estudos avançados.** São Paulo: LTr, 2017.

ARAÚJO, Cristiane Carvalho Andrade; CALCINI, Ricardo. O impacto da LGPD nas relações de trabalho. **Revista Consultor Jurídico**, São Paulo, 17 de setembro de 2021. Disponível em: https://www.conjur.com.br/2020-set-17/lgpd-impactos-trabalhistas#author. Acesso em: 4 jan. 2021.

BRASIL. Autoridade Nacional de Proteção de Dados. **Guia orientativo para definições dos Agentes de Tratamento de Dados Pessoais e do Encarregado.** Brasília, maio de 2021. Disponível em: https://www.gov.br/governodigital/pt-br/seguranca-e-protecao-de-dados/outros-documentos-externos/anpd_guia_agentes_de_tratamento.pdf. Acesso em: 6 ago. 2021.

CAMBRICOLI, Fabiana. Vazamento de senha do ministério expõe dados de 16 milhões de pacientes de covid. **O Estado de S. Paulo**. São Paulo, 26 de novembro de 2020. Disponível em: https://noticias.uol.com.br/ultimas-noticias/agencia-estado/2020/11/26/vazamento-de-senha-do-ministerio-expoe-dados-de-16-milhoes-de-pacientes-de--covid.htm. Acesso em: 8 jan. 2021.

CASSAR, Volia Bonfim. **Direito do Trabalho.** Rio de Janeiro: Método, 2017.

CHIAVENATO, Idalberto. **Introdução à teoria geral da administração:** uma visão abrangente da moderna administração das organizações. 10. ed. rev. e atual. São Paulo: Atlas, 2020.

CIMPANU, Catalin. Coca-Cola Suffqers Breach at the Hands of Former Employee. **Portal Bleepingcomputer,** 25 de maio de 2018. Disponível em: https://www.bleepingcomputer.com/news/security/coca-cola-suffers-breach-at-the-hands-of-former-employee/ Acesso em: 31 dez.2020.

GARCIA, Lara Rocha *et al.* **Lei Geral de Proteção de Dados Pessoais (LGPD):** guia de implantação. São Paulo: Blucher, 2020.

GOMES, Orlando. **Contratos**. São Paulo: Forense, 2007.

GONÇALVES, Carlos Roberto. **Direito civil brasileiro.** Volume 4: responsabilidade civil. 7. ed. São Paulo: Saraiva, 2012.

INSTITUTO BRASILEIRO DE GOVERNANÇA CORPORATIVA. **Compliance à luz da governança corporativa.** São Paulo, SP : IBGC, 2017. (Série: IBGC Orienta). Disponível em: https://conhecimento.ibgc.org.br/Paginas/Publicacao.aspx?PubId=23486 Acesso em: 29 dez. 2020.

LEE, Kai-Fu. **Inteligência artificial**. Como os robôs estão mudando o mundo e a forma como amamos, nos relacionamentos, trabalhamos e vivemos. Tradução: Marcelo Brandão. Rio de Janeiro: Globo Livros, 2019.

LIMA, Humberto. A. V. **A tutela jurídica dos dados pessoais no Brasil.** Estudo Sistemático da Lei Geral de Proteção de Dados. [*s.n.*], 2020.

MAMONA, Karla. Procon notifica Hospital Albert Einstein por vazar dados de pacientes. **Exame Invest,** 30 de novembro de 2020. Disponível em: https://exame.com/invest/procon-notifica-hospital-albert-einstein-por-vazar-dados-de-pacientes/ Acesso em: 3 jan. 2021.

MARANHÃO, Délio *In:* SUSSEKIND, Arnaldo *et al.* **Instituições de Direito do Trabalho**. 19. ed. atual. por Arnaldo Sussekind e João de Lima Teixeira Filho. São Paulo: LTr, 2000.

MARTINS, Juliane Caravieri; MONTAL, Zélia Maria Cardoso. Compliance trabalhista e o direito à educação para o trabalho: desafios em face da responsabilidade social da empresa. **Revista Eletrônica do Tribunal Regional do Trabalho do Paraná. Tribunal Regional do Trabalho do Paraná**, ano IX, n. 91, p. 38.55, ago. 2020. Disponível em: https://juslaboris.tst.jus.br/handle/20.500.12178/154352 . Acesso em: 29 dez. 2020.

MARTINS, Sergio Pinto. **Direito do Trabalho**. 35. ed. São Paulo: Saraiva Educação, 2019.

NASCIMENTO, Amauri Mascaro. **Iniciação ao Direito do Trabalho**. 28. ed. rev. e atual. São Paulo: LTr, 2002.

OLENICK, Doug. Ex-Sun Trust employee helps compromise 1.5 million bank clients. **Portal SC Media,** 20 de abril de 2018. Disponível em: https://www.scmagazine.com/home/security-news/insider-threats/ex-sun-trust-employee-helps-compromise-1--5-million-bank-clients/. Acesso em: 8 jan. 2021.

ORGANIZAÇÃO INTERNACIONAL DO TRABALHO. **As plataformas digitais e o Direito do Trabalho**. Promover o trabalho digno no mundo digital. 2018. Disponível em: https://www.ilo.org/wcmsp5/groups/public/---europe/---ro-geneva/---ilo-lisbon/documents/publication/wcms_752654.pdf. Acesso em: 20 dez. 2020.

PINHEIRO, Iuri; BONFIM, Vólia. A Lei Geral de Proteção de Dados e seus impactos nas relações de trabalho. **Trabalho em Debate.** 1º de outubro de 2020. Disponível em http://trabalhoemdebate.com.br/artigo/detalhe/a-lei-geral-de-protecao-de-dados--e-seus-impactos-nas-relacoes-de-trabalho. Acesso em: 20 dez. 2020.

PINHEIRO, Patrícia Peck. **Proteção de Dados Pessoais: comentários à Lei 13.709/2018 (LGPD).** 2.ed. São Paulo: Saraiva Educação, 2020.

PINTO, Ana Estela de Sousa. H&M leva multa milionária por 'bisbilhotar' religião, família e saúde de funcionários. **Jornal Valor Econômico**, São Paulo, 5 de outubro de 2020. Disponível em: https://valor.globo.com/empresas/noticia/2020/10/05/handm-leva--multa-milionaria-por-bisbilhotar-religiao-familia-e-saude-de-funcionarios.ghtml . Acesso em: 8 jan. 2021.

PLÁ RODRIGUEZ, Américo. **Los Principios del Derecho del Trabajo**. Cuarta edición al cuidado de Hugo Barreto Ghione. Montevideo: Fundación de Cultura Universitaria, 2015.

RODOVALHO, João Paulo. **Proteção de Dados Pessoais nas Relações de Emprego.** A prevenção da empresa depois da LGPD. Londrina: Thoth, 2020.

SERPRO. **Princípios da LGPD**. Disponível em: https://www.serpro.gov.br/lgpd/menu/tratamento-dos-dados/principios-da-lgpd. Acesso em: 6 jan. 2021.

SILVA, Marcelo *et al.* **Guia para o programa de conformidade LGPD***:* Orientações para profissionais de TI e Privacidade sobre tratamento de dados [...]. [*s.n.*], 2020.

TORRES, Lucas; CALCINI, Ricardo Souza. Os impactos da Lei Geral de Proteção de Dados nas relações de trabalho. **Portal Migalhas**, 18 de agosto de 2020. Disponível em: https://migalhas.uol.com.br/depeso/332108/os-impactos-da-lei-geral-de-protecao-de-dados-nas-relacoes-de-trabalho. Acesso em: 8 jan. 2021.

VENOSA, Sílvio de Salvo. **Direito Civil** – Contratos em Espécie. V. III. 7. ed.. São Paulo: Atlas, 2007.

# 10.
# Aspectos Destacados na Lei Geral de Proteção de Dados na Área da Saúde

*Carlos Frederico Barbosa Bentivegna*
*Edson Silva dos Santos*
*Eduardo Telles de Lima Rala*
*Fernando Speck de Souza*
*Hélio Salomão Silva Cordoeira*

## Introdução

Nas últimas décadas, o desenvolvimento da capacidade de coletar, armazenar, processar e utilizar a informação tem impactado o mercado, a sociedade e o Estado, os quais, apesar de se beneficiarem do desenvolvimento tecnológico, sofrem uma constante ameaça, tendo em vista os riscos que pode provocar à privacidade e à democracia.

Visando conter essa ameaça, sancionou-se, no dia 14 de agosto de 2018, a Lei nº 13.709, conhecida como Lei Geral de Proteção de Dados (doravante designada LGPD). Referida norma, que finalmente entrou em vigor no dia 18 de setembro de 2020,[1] influenciará todo o ordenamento jurídico por incidir de forma transversal.[2] E com o setor da saúde não será diferente.

[1] Excetuam-se os dispositivos que contêm sanções administrativas, que, por força da Lei nº 14.010, de 2020, entraram em vigor em 1º de agosto de 2021.

A despeito de se entender que a área da saúde é uma das menos impactadas com a LGPD – na medida em que os profissionais, clínicas, hospitais, laboratórios, operadoras de planos de saúde etc. há muito lidam com dados sigilosos –, vários dispositivos impõem aos seus agentes o desafio de implementá-la e o de se adequarem às várias mudanças.

Na tentativa de demonstrarem-se as alterações que a LGPD operou na área da saúde, dividiu-se este artigo em cinco partes; cada uma delas representa um segmento no qual os profissionais da área e os juristas deverão ficar atentos. Na primeira seção, tratou-se do direito à privacidade e da liberdade de informação, cuja colisão e a necessidade de ponderação são tema de discussões intermináveis. O assunto ganha um tempero todo especial quando, em tempos de pandemia (COVID-19), entram em confronto eventual direito de preservação de dados sensíveis de um chefe de Estado que vivenciou situação de alto risco de contágio com a garantia da imprensa de informar e o direito da população de ser informada a respeito do estado de saúde de seu governante. Na segunda seção, investigaram-se os efeitos da LGPD sobre os participantes de pesquisas clínicas, podendo-se antecipar, por ora, que referida norma amplia significativamente a proteção desses indivíduos. Na terceira seção, dedicada à análise da LGPD em face do teleatendimento na saúde – que é utilizado para redução de barreiras impostas pela distância, de custos ou da dificuldade de acesso à atenção básica de saúde –, propôs-se delinear a importância dos regulamentos existentes acerca dessa modalidade de atendimento e o tratamento de dados sensíveis do paciente. Na quarta seção, considerando um número cada vez maior de produtos, invenções e inovações no campo da saúde, que constituem um avanço sem precedentes na medicina, trataram-se das novas tecnologias e da LGPD. Aqui, a preocupação residiu no risco que paira sobre os indivíduos de que a salvaguarda de sua intimidade seja ineficaz, sobretudo diante da possibilidade de as novas tecnologias facilitarem o acesso e, até mesmo, a utilização de dados para fim diverso daquele que havia sido previsto. Finalmente, tratou-se da LGPD no setor da saúde suplementar, com enfoque nas normas existentes anteriormente à sua entrada em vigor e os seus impactos em tais regulamentos.

[2] Cf. JUNQUEIRA, Thiago. **Tratamento de dados pessoais e discriminação algorítmica nos seguros.** São Paulo: Revista dos Tribunais, 2020. p. 241, a despeito de se entender que essa é uma das áreas menos impactadas, dado que os seus profissionais há muito lidam com dados sigilosos.

## 1. O acesso aos dados pessoais de saúde em tempos de pandemia

### 1.1. Direitos da personalidade

Os direitos da personalidade constituem-se naqueles que são essenciais ao desenvolvimento do ser humano e que, por essa razão, vêm sendo reconhecidos como *direitos absolutos*. Para Jean Carbonnier,[3] os traços distintivos dos direitos da personalidade residem, unicamente, nos seguintes aspectos: a) são direitos gerais, pois pertencem a todas as pessoas; b) são extrapatrimoniais; e c) são direitos absolutos, porquanto oponíveis *erga omnes*.[4] Sua função seria a de resguardar um dos valores mais caros do ordenamento: a dignidade da pessoa humana.

Francesco Ferrara chegou a afirmar, na segunda década do século XX, que os direitos da personalidade seriam aqueles direitos supremos do homem, porquanto garantiriam o gozo de seus bens pessoais. Afirmou textualmente que "ao lado dos direitos a bens externos, os direitos de personalidade garantem o gozo de nós mesmos, asseguram a cada um a senhoria de sua pessoa, a atuação das próprias forças físicas e espirituais".[5]

### 1.2. Direito à privacidade

Sem dúvida, entre os direitos da personalidade, encontra-se o direito ao sigilo em relação a dados e informações médicas ou relacionados à saúde de modo geral. Essa prerrogativa faz parte, sem dúvida, do direito à intimidade, que faz com que seja o titular, ele próprio e mais ninguém, o centro de difusão de qualquer notícia a seu respeito a envolver questões que pertençam às suas esferas de privacidade, intimidade ou segredo. Cabe ao titular, portanto, deci-

[3] CARBONNIER, Jean. **Droit civil.** Paris: PUF, 1969. v. 1. p. 246.

[4] Para Messineo, no entanto, os direitos da personalidade são: a) absolutos (implicam para os terceiros, um dever geral de abstenção); b) indisponíveis; c) intransmissíveis aos herdeiros; d) irrenunciáveis; e) não-suscetíveis de aquisição por usucapião; f) imprescritíveis; g) inexpropriáveis; h) não redutíveis a apreciação pecuniária; i) alguns são imodificáveis em seu conteúdo; j) são adquiridos pelo simples fato de o titular ser pessoa e k) quase todos nascem e se extinguem, ope legis, com a pessoa (Cf. MESSINEO, Francesco. **Manuale di diritto civile e commerciale.** v. 2.Milano: Dott. A. Giuffrè Editore, 1965. p. 4).

[5] FERRARA, Francesco. **Tratatto di diritto civile italiano.** Roma: Atheneum, 1921. p. 388.

dir o que pretende seja desvelado ao conhecimento público e o que quer seja mantido afastado de tal escrutínio.

No entanto, é também induvidoso que o caráter absoluto dos direitos da personalidade só faz referência à sua oponibilidade *erga omnes*. Portanto, o atributo de absoluto pretende apenas distingui-lo dos direitos pessoais ou creditícios que são relativos, por gerarem o status de credor apenas relativamente ao devedor e vice-versa. Isso porque a privacidade não é direito absoluto no sentido de não encontrar temperamento ou empecilho diante de outro direito alheio. Pode, e deve ceder passo em algumas situações – como se verá oportunamente – diante do legítimo interesse público.

Aqui se pretende tratar como privacidade o conjunto dos direitos arrolados como garantias fundamentais (do art. 5º da Constituição Federal de 1988) e ali nomeados como intimidade e vida privada. O direito à privacidade pode ser entendido como "o direito de excluir os outros das atividades, dos sentimentos, das amizades etc., do *eu*".[6] José Afonso da Silva procurou referir-se a ambas (intimidade e vida privada), *lato sensu*, como direito à privacidade. Para o autor "privacidade é o conjunto de informação acerca do indivíduo que ele pode decidir manter sob seu exclusivo controle, ou comunicar, decidindo a quem, quando, onde e em que condições, sem isso poder ser legalmente sujeito".[7]

Costuma-se localizar o nascedouro da construção teórica do direito à privacidade no artigo *The Right of Privacy*, de autoria de Samuel D. Warren e Louis D. Brandeis, publicado na *Harvard Law Review* no longínquo dezembro do ano de 1890.[8]

A teoria alemã dos "círculos concêntricos" bem explica o fenômeno da privacidade. O primeiro e maior dos círculos concêntricos seria o da (i) *esfera privada* (*Privatsphäre*), onde estariam compreendidos todos aqueles fatos que o titular não quer que se tornem públicos; dentro dele haveria a (ii) *esfera da intimidade* (*Vertrauensphäre*): nesse círculo mais restrito só têm acesso as pes-

[6] CAMPOS, Diogo Leite de. A imagem que dá poder: privacidade e informática jurídica. *In:* _______. **Nós:** estudos sobre o direito das pessoas. Coimbra: Almedina, 2004. p. 99.

[7] SILVA, José Afonso da. **Curso de direito constitucional positivo.** 5. ed. São Paulo: Revista dos Tribunais, 1989. p. 183.

[8] WARREN, Samuel D.; BRANDEIS, Louis D. The right of privacy. **Harvard Law Review,** v. 4, n. 5, p 193-220, dez. 1890.

soas mais próximas do titular (em quem ele mais confia e com quem *decide* manter relação de intimidade); e localizada no mais recôndito dos círculos concêntricos está a (iii) *esfera do segredo* (*Geheimsphäre*), que contém aquela parcela da vida particular que o titular não pretende seja desvelada aos olhos de ninguém ou quase ninguém (nem dos amigos mais íntimos nem dos familiares mais próximos, por exemplo).

A ideia seria a de se compreender o titular como "o centro divulgador de informações", na expressão cunhada por Márcia Haydée Porto de Carvalho, que é quem deve decidir sobre o que tornar ou não público no que respeite, por exemplo, a "seu real estado de saúde, sua opção sexual, sua situação financeira, seu comportamento no interior de sua residência, dentre outros. Tal como o direito à honra, o direito à intimidade também se constitui num limite jurídico ao direito à informação e é também um direito de personalidade".[9]

### 1.3. A privacidade na jurisprudência

A jurisprudência francesa já teve oportunidade de decidir, por exemplo, que configurava violação do direito à intimidade o anúncio pela imprensa da gravidez da atriz Isabel Adjani. Igualmente, decidiu quanto à revelação (i) de doença terminal a acometer o famoso cantor Jacques Brel e (ii) do endereço residencial da estrela de cinema Brigitte Bardot.

No direito norte-americano, a Suprema Corte julgou ilícita a captura de imagens de pessoa em leito hospitalar, bem como de pessoa inconsciente após cirurgia.[10] Também a jurisprudência alemã considerou atentatória, aos direitos de imagem e de privacidade, a publicação de uma foto do aristocrata e ex-Chanceler alemão Otto Von Bismarck em seu leito de morte, contra a vontade de seus parentes.[11]

[9] CARVALHO, Márcia Haydée Porto de. **A defesa da honra e o direito à informação.** Florianópolis: Letras Contemporâneas, 2002. p. 100.
[10] Barber v. Time (1942) e Dietemann v. Time (1940)
[11] Para mais informações sobre o caso, sugere-se a leitura de RODRIGUES JUNIOR, Otavio Luiz. Do príncipe Bismarck à princesa Caroline de Mônaco: vida privada de pessoas célebres e as liberdades comunicativas no direito civil. *In:* CASSETARI, Christiano (coord.); VIANA, Rui Geraldo Camargo (orient.). **10 anos de vigência do Código Civil brasileiro de 2002.** Estudos em homenagem ao professor Carlos Alberto Dabus Maluf. São Paulo: Saraiva, 2013.

Em interpretação diametralmente oposta, o Tribunal Supremo da Espanha, em acórdão de 28 de outubro de 1986, decidiu que não atentava contra a intimidade de um famoso toureiro de nome Paquirri nem de sua esposa Isabel Pantoja a comercialização e difusão de um vídeo que registrava o golpe sofrido por ele na Plaza de Toros de Pozoblanco e os primeiros socorros que lhe prestaram na enfermaria antes de sua morte. O Tribunal fundamentou que, por se tratar de imagens públicas de pessoas famosas em lugares abertos ao público e a respeito das quais existia um relevante interesse histórico-cultural, não haveria intrusão alguma sobre a intimidade dos demandantes.[12]

Segundo Anderson Schreiber "[a] norma diz muito pouco para o seu tempo",[13] referindo-se ao art. 21 do Código Civil.[14] Para o autor, o verdadeiro desafio no que tange à privacidade não é sua afirmação (como foi para Warren e Brandeis no Século XIX), mas sua efetividade, pois, quotidianamente, a privacidade das pessoas é vulnerada nas situações mais corriqueiras, algumas tidas socialmente como aceitáveis e outras não. O autor traz dois exemplos nos quais a privacidade cede espaço – depois de sopesada com outros interesses relevantes – a um controle estatal, ambos no mesmo ambiente, mas com repercussões distintas no sentimento da sociedade: o primeiro caso é o dos passageiros em aeroportos que devem consentir que sua bagagem de mão passe por inspeção em aparelho de raio-X ou mesmo manual. Nesse caso, suporta-se, em geral de bom grado, a invasão da privacidade em reconhecimento à necessidade de se evitar que malfeitores adentrem nas aeronaves portando armas ou explosivos etc. O segundo caso, é o de agente de segurança em aeroporto de Miami nos EUA que decide inspecionar o gesso ortopédico a envolver o braço quebrado de uma menina brasileira de nove anos de idade, em que pesem todos os outros meios à disposição (detector de metais, raio-X etc.). Nessa última hipótese a invasão à privacidade já repugna às consciências mais sensíveis por mostrar-se abusiva em relação ao objetivo colimado – excesso (*rectius:* erro) na ponderação.

12 PIZARRO, Ramon Daniel. **Responsabilidad de los medios masivos de comunicación**. Buenos Aires: Hammurabi, 1991. p. 178.

13 SCHREIBER, Anderson. **Direitos da personalidade**. 3. ed. São Paulo: Atlas, 2014. p. 144-145.

14 "Art. 21. A vida privada da pessoa natural é inviolável, e o juiz, a requerimento do interessado, adotará as providências necessárias para impedir ou fazer cessar ato contrário a esta norma".

## 1.4. Liberdade de informação

A liberdade de expressão, em sentido lato, compreende, de forma ampla (i) a liberdade de manifestação do pensamento e da opinião (aí incluídas todas as produções do espírito humano, quer científicas, literárias, artísticas etc.) e (ii) a liberdade de informação. É o conjunto das liberdades comunicativas. Jorge Miranda sustenta que "são três momentos ou atitudes diferentes: o direito de informar corresponde a uma atitude ativa; o de se informar a uma atitude simultaneamente ativa e passiva (obter informação para si próprio); e o de ser informado, a uma atitude passiva ou receptiva (obter informação de outrem)".[15]

É inegável o fato de se tratar a liberdade de informação de importantíssimo pilar sobre o qual são construídas as democracias. Não por outra razão, foram as liberdades comunicativas alçadas à estatura de garantias fundamentais pela Constituição Federal de 1988.[16] Obstaculizar o exercício das liberdades comunicativas, em especial a liberdade de informação (ou liberdade de imprensa) – que é de indisfarçável interesse público, sem que isso se ampare no resultado de uma escorreita ponderação entre essa liberdade e um interesse particular legítimo prevalecente no caso concreto –, seria um forte atentado à cláusula democrática e à organização política do Estado tal como prevista na Carta de 1988.

## 1.5. Colisão de princípios e a ponderação

Constitucionalizados os direitos da personalidade aqui tratados e a liberdade de expressão, inúmeras são as hipóteses nas quais tais princípios colidem entre

[15] MIRANDA, Jorge. **Manual de direito constitucional:** direitos fundamentais. 2. ed. Coimbra: Coimbra Editora, 1993. t. 4. p. 405.

[16] "Art. 5º. [...] IV – é livre a manifestação do pensamento, sendo vedado o anonimato; [...] IX – é livre a expressão da atividade intelectual, artística, científica e de comunicação, independentemente de censura ou licença; [...] XIV – é assegurado a todos o acesso à informação e resguardado o sigilo da fonte quando necessário ao exercício profissional. [...]". "Art. 220. A manifestação do pensamento, a criação, a expressão e a informação, sob qualquer forma, processo ou veículo não sofrerão qualquer restrição, observado o disposto nesta Constituição. § 1º. Nenhuma lei conterá dispositivo que possa constituir embaraço à plena liberdade de informação jornalística em qualquer veículo de comunicação social, observado o disposto no art. 5º, IV, V, X, XIII e XIV. § 2º. É vedada toda e qualquer censura de natureza política, ideológica e artística".

si, pois se trata de "relação intrinsecamente conflitual", para usar a expressão de Manuel da Costa Andrade.[17] Diante de tal colidência, ao contrário do que ocorre quando há antinomia aparente entre regras legais – onde uma é declarada válida e a outra descartada do sistema, *all or nothing*, no dizer de Ronald Dworkin –, devem os princípios passar por um processo de *ponderação*, para verificar, naquela situação fática, qual dos dois preponderará, sem que o outro perca seu conteúdo fundamental: será uma conciliação entre eles, sem a negação de nenhum no que se refere ao seu cerne.

Tratar-se-á, na ponderação entre os princípios da proteção da privacidade e da liberdade de informação – como exatamente nos casos de proteção de dados médicos vs. necessidade de informação de dados durante emergência médica, como uma pandemia –, de se estabelecer uma situação de coordenação (como defende José de Oliveira Ascensão) entre os princípios e não de sotoposição de um deles. Um apenas cederá passagem ao outro naquela situação fática (a ponderação é sempre casuística e jamais apriorística), mantendo-se ambos com seus cernes, seus elementos nucleares, íntegros.

### 1.6. Estudo de caso

Para melhor compreensão da colisão entre (i) o interesse público pela informação no âmbito de uma pandemia e (ii) a proteção da privacidade do particular, em especial com relação a seus dados médicos, traz-se a lume a disputa judicial havida recentemente entre o jornal O Estado de São Paulo e a União Federal,[18] a envolver o acesso a exame de saúde a que se submetera o Presidente da República que, segundo ele mesmo, teriam atestado resultado negativo para a COVID-19.

Pode-se assim sintetizar a alegação inicial do autor: entre os dias 7 e 10 de março de 2020, uma comitiva de ministros de Estado, secretários de Governo, parlamentares e empresários, liderada pelo presidente da República, viajou aos Estados Unidos. Dessa comitiva, 23 pessoas foram infectadas pelo novo coronavírus.

[17] ANDRADE, Manuel da Costa. **Liberdade de imprensa e inviolabilidade pessoal:** uma perspectiva jurídico-criminal. Coimbra: Coimbra Editora, 1996.

[18] BRASIL. Tribunal Regional Federal da 3ª Região (14ª Vara Cível Federal de São Paulo). Autos nº 5004924-79.2020.4.03.6100. Autor: S.A. O ESTADO DE SÃO PAULO. Ré: UNIÃO FEDERAL.

Em 13 de março, em sua conta no Twitter, o presidente da República publicou a seguinte mensagem: "HFA/SABIN4 atestam negativo para o COVID-19 [sic] o Sr. Pres. da República Jair Bolsonaro". Em 17 de março, postagem no mesmo sentido foi publicada: "[...] meu 2º teste para COVID19 deu negativo".

Os principais fundamentos de que se utilizou o autor para deduzir em juízo o seu pedido de acesso aos exames do presidente da República, por ocasião da petição inicial foram: (a) não foi atendido pelo Sistema Eletrônico de Informação ao Cidadão – instituído para assegurar o acesso a informações públicas, nos termos do art. 9º da Lei nº 12.527/2011 (Lei de Acesso à Informação); e (b) sua atividade informativa é resguardada pelos incisos IX,[19], XIV[20] e XXXIII[21] do art. 5º e pelo art. 220,[22] ambos da Constituição Federal.

Por sua vez, para justificar sua resistência ao pedido do autor, a ré esgrimiu os seguintes argumentos: (i) o autor estaria buscando defender direitos de terceiro sem legitimidade para tanto (eventuais cidadãos submetidos ao contágio nas aparições públicas do presidente da República); (ii) a União não teria legitimidade passiva para fornecer documento/dado pessoal do presidente da República, que é pessoa física com personalidade civil distinta da do órgão da Presidência da República, este sim, representado pela ré; e (iii) os resultados de exames do presidente da República estariam cobertos pela proteção à intimidade e vida privada de seu titular.

A decisão liminar favoreceu o autor. Na oportunidade, determinou-se à ré que lhe entregasse os exames feitos pelo Sr. Jair Messias Bolsonaro. O juízo de primeiro grau utilizou-se dos seguintes fundamentos: (1) o autor defende direito próprio e não de terceiros, tendo em vista o disposto nos arts. 37 e 220, § 1º, ambos da Constituição (princípios da publicidade e da liberdade de informação); (2) a União é parte legítima, pois o art. 1º da Lei de Acesso à Informação submete os órgãos públicos ao diploma; e a Presidência da Repú-

[19] Vide nota 16.

[20] Vide nota 16.

[21] "Art. 5º [...]. XXXIII – Todos têm direito a receber dos órgãos públicos informações de seu interesse particular, ou de interesse coletivo ou geral, que serão prestadas no prazo da lei, sob pena de responsabilidade, ressalvadas aquelas cujo sigilo seja imprescindível à segurança da sociedade e do Estado".

[22] Vide nota 16.

blica não tem personalidade jurídica própria; (3) no Estado Democrático de Direito, a publicidade é a regra e o sigilo a exceção; (4) "nesse sentido, estão previstos, de forma expressa, o direito fundamental de acesso à informação (art. 5º, XXXIII), sobretudo quanto à documentação governamental (art. 216, § 2º), o princípio da publicidade (art. 37, caput e § 3º, II) e, finalmente, o princípio republicano (art. 1º), fonte dos deveres de transparência e de prestação de contas"; (5) as exceções possíveis à regra da publicidade são as seguintes: (a) informações "cujo sigilo é imprescindível à segurança da sociedade e do Estado" (art. 5º, XXXIII in fine); (b) presença de dados protegidos pelo direito a intimidade (art. 5º, X, c/c art. 37, § 3º, II, ambos da CF): "em se tratando de restrições ao direito fundamental de acesso à informação, devem ser interpretadas de maneira estrita, recaindo sobre a Ré o ônus argumentativo de demonstrar uma das situações suprarreferidas"; (6) "a presente demanda não objetiva uma devassa injustificável na vida privada do Sr. Presidente, mas tão somente acesso aos laudos dos exames relativos à COVID-19"; (7) "num momento de pandemia, os fundamentos da República não podem ser negligenciados, em especial quanto aos deveres de informação e transparência"; e (8) renúncia tácita à proteção à intimidade: "o próprio Presidente já fez menção expressa aos resultados dos exames em suas redes sociais, atenuando, assim, o eventual sigilo que poderia recair sobre tais informações".

A decisão de segunda instância, além de manter intactos os fundamentos da decisão *a quo*, fez, em dois trechos diferentes, menção expressa à pandemia e à natureza de dados pessoais sobre a saúde do presidente da República:

> Um primeiro aspecto do recurso da União é de que a demanda teria mero interesse jornalístico. Como já se salientou, à vista dos postulados de nossa Constituição, o direito de informar tem interesse público e que não é de menor importância, *uma vez que se refere à saúde do Sr. Presidente da República, agente político máximo, no contexto de uma crise sanitária excepcional.*

O segundo trecho foi o seguinte:

> [...] quando se trata de uma autoridade de tamanha importância, cuja higidez física e mental é indispensável para o exercício do cargo do

> qual todos os brasileiros dependem, não há como se negar a utilidade da informação, legitimando qualquer meio de comunicação a obtê-la. *Se não bastasse, o conhecimento da saúde do Sr. Presidente é fundamental, à vista de suas funções, que demandam que circule, se locomova e tenha contato com cidadãos, num panorama de pandemia.*[23]

Como se viu, a ponderação entre os princípios colidentes da liberdade de informação e de proteção à privacidade levaram ao resultado de este último ceder passo àquele, autorizando seja mitigada a proteção de dados privados do agente público, pois, naquela situação fática, deveria preponderar o interesse público pela informação, em virtude de se tratar de situação de grave pandemia e de ser necessária a maior difusão possível de informações que visem a combatê-la.

## 2. LGPD e a proteção de dados dos participantes de pesquisas clínicas

Passa-se ao exame da proteção de dados pessoais dos indivíduos que se submetem a pesquisas clínicas, iniciando-se pela conceituação de duas categorias imprescindíveis para a análise do tema: pesquisa clínica e ensaio clínico.

Pesquisa clínica é definida como qualquer investigação que envolve participantes humanos com o objetivo de verificar os mecanismos de doenças, intervenções terapêuticas, ensaios clínicos ou desenvolvimento de novas tecnologias com a intervenção direta do investigador.[24] Por sua vez, o ensaio clínico, modalidade de pesquisa clínica, tem como objetivo avaliar os efeitos

[23] No caso concreto, após a referida decisão de segundo grau, logrou a União Federal obter uma decisão de suspensão de segurança de lavra da Presidência do Superior Tribunal de Justiça, a qual recebeu duras críticas não só da opinião pública como dos operadores do Direito, que defendiam o acerto na ponderação até então operada pelas instâncias inferiores. Ao fim e ao cabo, a própria União reconheceu o direito do jornal autor e divulgou os exames por ele solicitados, encerrando-se assim a disputa judicial.

[24] ROCHA Thais de Oliveira et al. Aspectos éticos e regulamentares da pesquisa clínica. **Brazilian. Journal of health review.** Curitiba, v. 2, n. 4, p. 2851-2861, jul./ago. 2019. Disponível em: https://www.brazilianjournals.com/index.php/BJHR/article/view/2019 . Acesso em: 25 nov. 2020.

farmacodinâmicos, farmacológicos e clínicos para determinar e averiguar a segurança e eficácia do produto investigado.[25]

As pesquisas clínicas envolvendo seres humanos são desenvolvidas em todas as partes do mundo. Atualmente existem no *Clinical Trials*, sítio do Governo americano, existem 359.094 estudos registrados.[26] Com isso, dados de milhões de pessoas são coletados, armazenados e compartilhados no meio científico com o objetivo de desenvolvimento de novos medicamentos, procedimentos e equipamentos. Esses dados só podem ser utilizados após o consentimento do participante voluntário.

Um dos primeiros documentos registrados sobre o consentimento dos participantes de pesquisas clínicas é do ano de 1947. Trata-se do Código de Nuremberg, onde são estabelecidos dez princípios bioéticos para condução de pesquisas clínicas, sendo o consentimento um dos seus destaques, que vem sendo mantido de forma integral.[27]

Em 1948, um ano após o Código de Nuremberg, foi aprovada na cidade de Paris a Declaração Universal dos Direitos Humanos (DUDH), que, em seu art. 1º estabelece: "Todos os seres humanos nascem livres e iguais em dignidade e direitos. Eles são dotados de razão e consciência e devem agir em relação uns aos outros em espírito de fraternidade." Sendo assim, o desenvolvimento de pesquisas não pode infringir a dignidade, os direitos e o espírito fraternidade, que é traduzido como empatia, independentemente do nível de vulnerabilidade que o indivíduo se encontre.[28]

[25] TENORIO, Marge; MELLO, Guilherme Arantes; VIANA, Ana Luiza D'Ávila. Políticas de fomento à ciência, tecnologia e inovação em saúde no Brasil e o lugar da pesquisa clínica. **Ciência e Saúde Coletiva**, v. 22, n. 5, p. 1441-1454, mai. 2017. Disponível em: https://www.scielo.br/j/csc/a/pZ9QSLHJcp9mkCwRnrTjzLK/abstract/?lang=pt . Acesso em: 25 nov. 2020.

[26] Dados disponíveis em: U.S. NATIONAL LIBRARY O MEDICINE. *Clinical Trials.Gov.* Disponível em: https://clinicaltrials.gov/ct2/results?cond=&term=&cntry=BR&state=&city=&dist. Acesso em: 25 nov. 2020.

[27] SILVA, Luci Meire Pereira da; OLIVEIRA, Filipe de; MUCCIOLI, Cristina. O processo de consentimento na pesquisa clínica: da elaboração à obtenção. **Arquivo Brasileiro de Oftalmologia**, v. 68, n. 5, p. 704-707, out. 2005. Disponível em: https://www.scielo.br/j/abo/a/M9nkdmLNMvvwc54NcrDz4Gd/abstract/?lang=pt . Acesso em: 25 nov. 2020.

[28] ALBUQUERQUE Aline. Para uma ética em pesquisa fundada nos direitos humanos. **Revista de Bioética,** v. 21, n. 3, p. 412-422, set./dez. 2013. Disponível em: https://www.scielo.br/j/bioet/a/5XsqBP9CTQ4pfJzn5MmxcDy/abstract/?lang=pt . Acesso em: 25 nov. 2020.

Após a adoção do Código de Nuremberg como documento referencial para o desenvolvimento de pesquisa em seres humanos, a classe médica passou a enxergar com maus olhos a sua utilização, tendo em vista o fato de que a sua criação é resultante de um julgamento nazista. Em 1964, após a sua 18ª assembleia, a Associação Médica Mundial (AMM) elaborou a Declaração de Helsinque com normas e princípios para o desenvolvimento de pesquisas clínicas que, de forma direta, tem como base o próprio Código de Nuremberg.[29]

A Declaração de Helsinque passou por sete revisões, sendo a sua última, em 2013, na cidade de Fortaleza. Vale ressaltar que desde a sua primeira edição, em 1964, até a mais recente atualização, de 2013, a Declaração de Helsinque determina a diminuição do sofrimento humano em experimentos científicos. Entretanto, a necessidade de uma revisão futura continua necessária para melhores adequações e proteção de participantes de pesquisas clínicas.[30]

No entanto, mesmo com advento da DUDH e da Declaração de Helsinque, grandes escândalos éticos envolvendo pesquisas com seres humanos continuaram a infringir os princípios fundamentais de pesquisa ocasionando prejuízos muitas vezes irreversíveis aos seus participantes.

Entre estes grandes escândalos, o que mais repercutiu na comunidade mundial foi o caso de Tuskegee. O estudo de *Tuskegee Sifilis* foi realizado pelo Governo americano entre os anos de 1932 e 1972, e utilizou mais de 300 homens afro-americanos para descrever o processo fisiopatológico da sífilis. No entanto, a pesquisa foi desenvolvida sem o consentimento dos participantes. Ao mesmo tempo, por questão de conveniência, ocorreu privação de acesso à terapia já utilizada: a penicilina. Quando julgados, os médicos responsáveis defenderam-se alegando que tudo se deu para o bem da ciência.[31]

[29] KOTECKI Nuria, PENEL Nicolas, AWADA Ahmad. How to emerge from the conservatism in clinical research methodology? **Current Opinion Oncology**, v. 29, n. 5, p. 400-404, set. 2017. Disponível em: https://pubmed.ncbi.nlm.nih.gov/28704211/ . Acesso em: 25 nov. 2020.

[30] GARRAFA, Volnei; PRADO, Mauro Machado do. Alterações na Declaração de Helsinque – a história continua. **Revista Bioética,** v. 15, n. 1, p. 11-25, 2007. Disponível em: https://revistabioetica.cfm.org.br/index.php/revista_bioetica/article/view/26 . Acesso em: 25 nov. 2020.

[31] FRIESEN Phoebe, KEARNS Lisa, REDMAN Barbara e CAPLAN Arthur. Rethinking the Belmont Report?. **The American Journal of Bioethics**, v. 17, n. 7, p. 15-21, 2017, jun. 2017. Disponível em: https://pubmed.ncbi.nlm.nih.gov/28661753/ . Acesso em: 25 nov. 2020.

Em 1978, foi desenvolvido o Relatório Belmont para garantir a autonomia, não maleficência, beneficência e justiça ao participante de pesquisa clínica. Tais princípios vão ao encontro do mesmo objetivo do Código de Nuremberg, que é proteger e salvaguardar os direitos dos participantes de pesquisas clínicas.[32] Em 1979, após grande pressão da sociedade civil, foi publicado o Relatório de Belmonte, que estabeleceu princípios éticos para o desenvolvimento de pesquisas com seres humanos. Sendo os esses princípios: respeito as pessoas, beneficência e justiça.[33]

Trazendo o histórico de pesquisas clínicas para o âmbito brasileiro, tem-se que, mesmo após vários tratados e declarações internacionais, foi apenas em 1988 que o Brasil teve sua primeira resolução relativa a práticas de pesquisas clínicas: a Resolução CNS nº 001, de 1988, do Conselho Nacional de Saúde.[34]

No ano de 1996, foi elaborada a Resolução CNS nº 196, de 1996. Tida como um marco, ela elaborada com base nos principais documentos internacionais de pesquisa que envolvem seres humanos e na Constituição de 1988. Nessa atualização, constam as Diretrizes e Normas Regulamentadoras de Pesquisas envolvendo Seres Humanos e a criação da Comissão Nacional de Ética de Pesquisa (CONEP), revogando-se, pois, a Resolução CNS nº 1, de 1988.[35]

Os termos e definições da Resolução nº 196/96 trazem os quatro referenciais básicos da bioética: autonomia, não maleficência, beneficência e justiça, e que os processos e andamentos de pesquisas não gerem prejuízos ao indivíduo e a coletividade. Entre os seus termos e definições vale destacar o consentimento livre esclarecido (CLE), vulnerabilidade e termo de consentimento livre esclarecido (TCLE).[36]

No ano de 2011, foi determinada pela CONEP a obrigatoriedade da rubrica do participante de pesquisa e do investigador em todas as páginas do TCLE.

[32] KOTECKI Nuria, PENEL Nicolas, AWADA Ahmad. *Id.*

[33] FRIESEN Phoebe, KEARNS Lisa, REDMAN Barbara e CAPLAN Arthur. *Id.*

[34] RIPPEL, Jessica Alves; MEDEIROS, Cleber Alvarenga de; MALUF, Fabiano. Declaração Universal sobre Bioética e Direitos Humanos e Resolução CNS 466/2012: análise comparativa. **Revista de Bioética**, v. 24, n. 3, p. 603-612, dez. 2016. Disponível em: https://www.scielo.br/j/bioet/a/rg4X4CZytvcLJLQXjmTzTJK/abstract/?lang=pt . Acesso em: 25 nov. 2020.

[35] BRASIL. Ministério da Saúde. Conselho Nacional de Saúde. **Resolução n. 196, de 10 de outubro de 1996.** Aprova as diretrizes e normas regulamentadoras de pesquisas envolvendo seres humanos. Disponível em: https://bvsms.saude.gov.br/bvs/saudelegis/cns/1996/res0196_10_10_1996.html . Acesso em: 25 nov. 2020.

[36] Ibidem.

O objetivo é potencializar direitos e garantias em favor dos participantes de pesquisas.[37]

No ano seguinte, foi editada a Resolução CNS nº 466, de 2012, que revogou a Resolução CNS n. 196, de 1996, determinando que pesquisas envolvendo seres humanos devem ser submetidas, por meio de um protocolo de pesquisa, a um Comitê de Ética em Pesquisa (CEP) com formação multiprofissional, sendo que nenhum membro pode ter vínculo com o pesquisador. Essa medida é utilizada para garantir que a pesquisa não gere prejuízos ao participante da pesquisa ou à sociedade.[38]

Mesmo com diversas conferências e discussões acerca de desenvolvimentos da pesquisa ao redor do mundo, ainda assim, têm-se muitas lacunas éticas a serem preenchidas. Muitas dessas lacunas são preenchidas pela a LGPD, que vem ao encontro da proteção de dados dos participantes de pesquisa clínica. Apesar da necessidade do consentimento do participante e das responsabilidades do pesquisador com seus dados já estarem previstos na Resolução CNS nº 466, de 2012, a LGPD traz consigo regras mais claras sobre as parcerias internacionais, consentimento informado e anonimização de dados dos participantes de pesquisa.

A esse respeito, tem-se o art. 5º, inc. XII, da LGPD, que condiciona o uso de informações pessoais ao consentimento autônomo do indivíduo, que será concedido com finalidade específica. Nesse caso, a pesquisa clínica dependerá de consentimento que, por envolver dados sensíveis (raça, dados de saúde, sexo, dentre outros), será dado por escrito (arts. 7º, I, e 8º, *caput*, LGPD). Ainda, conforme dispõe o art. 9º, o indivíduo terá direito à revogação do consentimento a qualquer momento, faculdade que já era estabelecida na Resolução CNS n. 466, de 2012.[39]

[37] BRASIL. Ministério da Saúde. Conep. **Carta Circular n. 003/2001, de 21 de março de 2011.** Estabelece obrigatoriedade de rubrica em todas as páginas do TCLE pelo sujeito de pesquisa ou seu responsável e pelo pesquisador. Disponível em: https://portal.anhembi.br/wp-content/uploads/2019/10/Carta-Circular-n%C2%BA0032011-CONEP-CNS.pdf. Acesso em: 25 nov. 2020.

[38] RIPPEL, Jessica Alves; MEDEIROS, Cleber Alvarenga de; MALUF, Fabiano. *Id.*

[39] LEME, Renata Salgado; BLANK, Marcelo. Lei Geral de Proteção de Dados e segurança da informação na área da saúde. **Cadernos Ibero-Americanos de Direito Sanitário**, v. 9, n. 3, p. 210-224, jul./set. 2020. Disponível em: https://www.cadernos.prodisa.fiocruz.br/index.php/cadernos/article/view/690 . Acesso em: 25 nov. 2020.

Sendo assim, os impactos da LGPD nas pesquisas clínicas estão relacionados com a segurança, sigilo e compartilhamento de dados dos participantes de pesquisa. Os pesquisadores, instituições de pesquisas e patrocinadores deverão adequar o termo de consentimento discriminando os possíveis compartilhamentos de dados e sua anonimização. Além de descrever os meios que serão utilizados para tal fim, os agentes referidos deverão garantir a segurança dos dados e o anonimato de informações.

## 3. Teleatendimento na saúde e tratamento de dados sensíveis à luz da LGPD

Com os avanços da tecnologia, e a necessidade de se quebrarem as barreiras da distância, custos e dificuldade de acesso, a atenção à saúde passou a contar com diversas formas de interação entre o paciente e os profissionais da área por meio da utilização de tecnologias de informação e comunicação (do inglês *information and communications technology* ou, simplesmente, *ICT*).

Uma dessas formas de interação entre profissionais de saúde e desses com seus pacientes é o teleatendimento, do qual são subespécies a telemedicina, a telefonoaudiologia, a telenfermagem etc. A essência dessa interação, em todas as suas subespécies, é a possibilidade de utilização de tecnologias de comunicação para o intercâmbio de informações e atendimento à saúde.

Como precursor, o termo *telemedicina* surgiu na década de 1970, tendo como significado cura a distância. Trata-se do uso da tecnologia da informação e comunicação para melhorar a entrega de resultados aos pacientes e aumentar o acesso ao cuidado e à informação médica. A Organização Mundial de Saúde conceitua o termo telemedicina como

> A prestação de serviços de saúde, onde a distância é um fator crítico, por todos os profissionais de saúde usando tecnologias de informação e comunicação para a troca de informações válidas para diagnóstico, tratamento e prevenção de doenças e lesões, pesquisa e avaliação e para a educação continuada de prestadores de cuidados de saúde,

> tudo no interesse de promover a saúde dos indivíduos e de suas comunidades.[40]

A telemedicina, entretanto, possui registros históricos indicando a utilização de cabos telefônicos para a transmissão de dados de um eletrocardiograma, ainda no final do século XIX. E ainda na década de 1960, ela foi utilizada para a coleta de dados nas áreas militares e de pesquisas aeroespaciais. Ainda, utilizou-se a televisão para facilitar as consultas entre especialistas de um instituto psiquiátrico e clínicos gerais de um hospital psiquiátrico, bem como a disponibilização de orientações de especialistas de um importante hospital-escola para um centro médico de um aeroporto.[41]

O teleatendimento, portanto, envolve a possibilidade de utilização da tecnologia da informação e da comunicação para reduzir a distância entre especialistas e pacientes, para a obtenção de diagnósticos, orientação de tratamento e, inclusive, a realização de alguns procedimentos à distância. Além da redução das barreiras impostas pela distância, a ferramenta também pode ser utilizada para a redução dos custos de atendimento, sobretudo em regiões, comunidades e até em países com baixo acesso ao serviço de saúde. Outrossim, o teleatendimento é utilizado, como visto, para a troca de informações, discussão de casos e ensino à distância.

No Brasil, o teleatendimento possui regulamentos específicos no âmbito de alguns conselhos profissionais. Em nível legislativo, foi promulgada a Lei nº 13.989, de 15 de abril de 2020, para permitir o uso da telemedicina durante a crise causada pelo coronavírus (SARS-CoV-2).

Na área da Medicina, o Conselho Federal regulamentou a telemedicina por meio da Resolução nº 1.643, de 7 de agosto de 2002, que foi baseada

[40] WHO LIBRARY CATALOGUING-IN-PUBLICATION DATA. **Telemedicine:** opportunities and developments in Member States: report on the second global survey on eHealth. Switzerland: World Health Organization, 2010. p. 9 (Global Observatory for eHealth Series, v. 2). Disponível em: https://apps.who.int/iris/handle/10665/44497 . Acesso em: 25 nov. 2020. Tradução livre: "The delivery of health care services, where distance is a critical factor, by all health care professionals using information and communication technologies for the exchange of valid information for diagnosis, treatment and prevention of disease and injuries, research and evaluation, and for the continuing education of health care providers, all in the interests of advancing the health of individuals and their communities".

[41] WHO LIBRARY CATALOGUING-IN-PUBLICATION DATA. Telemedicine..., *Id.* p. 9.

nas orientações da Declaração de Tel Aviv sobre responsabilidades e normas éticas na utilização da Telemedicina, adotada pela 51ª Assembleia Geral da Associação Médica Mundial, realizada em outubro de 1999 na cidade de Tel Aviv. Entre outras restrições, a resolução determina que as informações só podem ser transmitidas a outro profissional com prévia permissão do paciente, mediante seu consentimento livre e esclarecido e sob rígidas normas de segurança capazes de garantir a confidencialidade e a integridade das informações.

Em 13 de dezembro de 2018, o Conselho Federal de Medicina, por meio da Resolução nº 2.227, atualizou a Resolução nº 1.643/2002 descrevendo cada ato médico que poderia ser realizado a distância. São eles: teleconsulta, telediagnóstico, telecirurgia, teleconferência, teletriagem, telemonitoramento (ou televigilância), teleorientação e teleconsultoria.

Referida resolução, contudo, foi revogada pela de nº 2.228, de 26 de fevereiro de 2019, que repristinou a Resolução nº 1.643, de 7 de agosto de 2002, até a redação de um novo texto, após terem sido submetidos mais de 1.400 sugestões da classe médica a respeito do teleatendimento.

Observe-se que na regulamentação profissional específica em cada conselho profissional, a considerar-se aquela descrita pela Medicina, já havia a preocupação com o tratamento de informações (dados) pessoais e com a coleta do consentimento livre e esclarecido do paciente. Essa preocupação com a segurança das informações coletadas e aceitabilidade desse consentimento tinha embasamento na legislação que já estava em vigor, como o Código Civil, o Código de Defesa do Consumidor, os estatutos da Criança e do Adolescente e do Idoso, bem como a própria Constituição Federal. E em âmbito regulatório, havia resoluções de Conselhos governamentais a respeito da pesquisa em seres humanos, tal como a Resolução do Conselho Nacional de Saúde nº 196/1996, revogada pela Resolução CNS nº 466/2012, ambas já referidas.

Entretanto, os dados sensíveis não possuíam regulamentação específica a garantir o seu tratamento, inclusive com uma autoridade central de fiscalização e orientação, o que só veio a ocorrer com a LGPD, que dispõe sobre o tratamento de dados pessoais com o objetivo de proteger os direitos fundamentais da liberdade e da privacidade, bem como o livre desenvolvimento da personalidade da pessoa natural (art. 1º) e tem como fundamentos, dentre outros, o respeito à privacidade e a inviolabilidade da intimidade, da honra e da imagem do titular dos dados pessoais (art. 2º, I e IV).

Nesse sentido, observa-se no art. 5º da LGPD o conceito de dado pessoal sensível como sendo aquele sobre origem racial ou étnica, convicção religiosa, opinião política, filiação a sindicato ou a organização de caráter religioso, filosófico ou político, dado referente à saúde ou à vida sexual, dado genético ou biométrico, quando vinculado a uma pessoa natural.

O art. 6º da LGPD estabelece que o tratamento desses atos deve observar o princípio da boa-fé e os princípios da finalidade, que é a utilização dos dados com propósitos legítimos, específicos e explícitos, que sejam informados ao titular, com segurança e prevenção, que são medidas técnicas e administrativas a proteger os dados de acessos não autorizados ou situações de destruição, perda, alteração, comunicação e difusão, prevenindo-se eventuais danos.

E, no mesmo diapasão preconizado pela Resolução do Conselho Federal de Medicina nº 1.643/2002, o art. 7º, inc. I, da LGPD prevê que os dados sensíveis fornecidos pelo paciente identificado só podem ser transmitidos a outro profissional ou tratados mediante consentimento do titular, sendo que, nos termos do art. 8º da mesma norma, esse consentimento deve ser fornecido por escrito ou por outro meio que demonstre a manifestação do titular.

É bem verdade que a LGPD não disciplina especificamente o tratamento de dados na área da saúde. Diferentemente dessa realidade, a Diretiva n. 35 do Regulamento Geral de Proteção de Dados de 2016 (*General Data Protection Regulation* ou apenas *GDPR*), que é o conjunto de regulações a respeito de proteção de dados na União Europeia, prevê o seguinte:

> 35. Deverão ser considerados dados pessoais relativos à saúde todos os dados relativos ao estado de saúde de um titular de dados que revelem informações sobre a sua saúde física ou mental no passado, no presente ou no futuro. O que precede inclui informações sobre a pessoa singular recolhidas durante a inscrição para a prestação de serviços de saúde, ou durante essa prestação, conforme referido na Diretiva 2011/24/UE do Parlamento Europeu e do Conselho, a essa pessoa singular; qualquer número, símbolo ou sinal particular atribuído a uma pessoa singular para a identificar de forma inequívoca para fins de cuidados de saúde; as informações obtidas a partir de análises ou exames de uma parte do corpo ou de uma substância corporal, incluindo a partir de dados genéticos e amostras biológicas; e quaisquer informações sobre, por

> exemplo, uma doença, deficiência, um risco de doença, historial clínico, tratamento clínico ou estado fisiológico ou biomédico do titular de dados, independentemente da sua fonte, por exemplo, um médico ou outro profissional de saúde, um hospital, um dispositivo médico ou um teste de diagnóstico in vitro.

Na LGPD, há a reiteração de que o tratamento de dados sensíveis somente pode ocorrer quando o seu titular tenha consentido de forma expressa e específica para finalidades específicas. Na área de saúde, referida norma somente excepciona essa necessidade de consentimento para tratamento de dados sensíveis quando esses forem utilizados para a proteção da vida ou da incolumidade física do titular ou de terceiros, bem como para a tutela da saúde, exclusivamente, em procedimento realizado por profissionais de saúde, serviços de saúde ou autoridade sanitária (art. 11, I e II, "d" e "f").

O teleatendimento, por se utilizar da tecnologia de informação e comunicação, pode ocorrer de forma síncrona (ao mesmo tempo) ou assíncrona (em tempos diferentes). Como visto acima, devem ser observados os princípios da segurança e da prevenção. Nesse sentido, além desses princípios, observa-se, também, a necessidade de obtenção do consentimento específico e expresso do titular, do paciente.

Nesse sentido, alguns Conselhos profissionais, como o de Fonoaudiologia, orientam que se deve resguardar a autonomia do titular, garantindo-se a confidencialidade do atendimento, devendo ser esclarecidos todos os pontos a respeito do atendimento à distância, e cabendo ao profissional de saúde identificar e utilizar esse sistema de atendimento com aqueles pacientes que tenham melhor facilidade com o uso das tecnologias de informação.

As resoluções expedidas pelos conselhos profissionais orientam seus profissionais a registrarem todos os tipos de atendimento em prontuário, seja ele elaborado de forma física ou digitalizada, garantindo-se, como acima observado, a confidencialidade, a segurança e a prevenção.

Todo atendimento à distância deve ser devidamente registrado, restando ainda esclarecimentos por parte da legislação em qual momento o consentimento deve ser colhido e se este deverá ser individualizado para cada tipo de atendimento ou procedimento profissional, pois, em algumas situações, o paciente participa de processos longos de habilitação ou reabilitação, como é o caso das pessoas com fissuras labiopalatinas ou de pessoas em tratamento de doenças graves ou raras. Quando se inicia esse tratamento, o titular ou paciente fornece um consentimento genérico, geralmente padrão, no qual dá a sua ciência e autorização para submissão a procedimentos cirúrgicos, as vezes ortopédicos ou ortodônticos, coleta de material para exames laboratoriais etc. Entretanto, esses termos de consentimentos não fazem menção ao tratamento dos dados decorrentes desses procedimentos e a quem eles poderiam ser fornecidos; ainda, são omissos quanto à eventual participação ou submissão desses dados ou do próprio paciente a estudos e práticas do teleatendimento. De acordo com a LGPD, tais atos posteriores necessitariam ser obtidos em momentos específicos e concedidos de forma expressa pelo paciente ou titular dos dados, ressalvadas aquelas situações estabelecidas na própria norma.

Presume-se, portanto que, quando se tratar de teleatendimento síncrono ou assíncrono, o consentimento, em tese, também deve ser colhido pelo profissional de saúde que está participando do atendimento à distância. Ele deverá conservar os dados de forma segura, protegendo-os de ataques e utilizar deles somente para estudar, diagnosticar, discutir ou realizar ato profissional, pois, o atendimento à distância ou teleatendimento pode ser realizado entre profissionais da saúde ou entre o profissional de saúde e o paciente. Nesse atendimento, síncrono ou assíncrono, há intercâmbio de dados sensíveis, inclusive com acesso à identificação do paciente, seus dados médicos, odontológicos etc.

Da regulação de conselhos profissionais, observou-se que somente o Conselho Federal de Odontologia não autoriza a realização do teleatendimento para fins de consulta, diagnóstico, prescrição e elaboração de plano de tratamento odontológico. O procedimento somente pode ser utilizado quando, estando o paciente obrigatoriamente sob supervisão direta de cirurgião-dentista, este realize a troca de informações e opiniões com outro cirurgião-dentista, com o objetivo de prestar uma melhor assistência ao paciente ou submetê-lo a telemonitoramento (atendimento à distância do paciente, entre consultas, com anotações em prontuário).

A Lei nº 13.989/2020, já mencionada, que regulamentou a telemedicina enquanto durar o estado de pandemia ocasionado pelo coronavírus (SARS-CoV-2), conceitua-a como o exercício da medicina mediado por tecnologias para fins de assistência, pesquisa, prevenção de doenças e lesões e promoção de saúde. Determina ainda que o médico informe ao paciente todas as limitações inerentes ao uso da telemedicina, tendo em vista a impossibilidade de exame físico durante a consulta. Em relação a essa legislação, houve um veto presidencial ao disposto no art. 6º, que foi derrubado pelo Congresso Nacional, determinando-se, assim, que competirá ao Conselho Federal de Medicina, após encerrado o período da pandemia, a regulamentação da telemedicina.

Embora o fundamento do veto tenha sido o entendimento de que caberia à União legislar sobre o tema, a autorregulamentação do teleatendimento pelos conselhos profissionais já possui bases principiológicas e normativas, tanto na legislação em vigor (LGPD, Marco Civil da Internet, Código Civil etc.) como na própria Constituição Federal, a garantir a eficiência desse tipo de atendimento em saúde, reduzindo-se os custos e as barreiras da distância.

Enfim, as pedras de toque na relação entre o teleatendimento na área de saúde e a LGPD são a coleta de dados e o registro deles em prontuário (físico ou eletrônico); a coleta do consentimento livre, esclarecido e expresso (a princípio, em cada atendimento, não suprindo essa obrigação a existência do primeiro termo colhido no início do atendimento presencial ou da internação); e a busca da segurança da inviolabilidade e da prevenção de ataques a esses dados.

## 4. LGPD e novas tecnologias de cuidados com a saúde

Há várias décadas, a criatividade humana tem se ocupado de lidar com as interações entre homens e máquinas e os caminhos tecnológicos do futuro, realidade que é frequentemente observada na dramaturgia, que antecipa certos caminhos tecnológicos ou invenções. Se, no final do século XIX e início do século XX, a projeção para o futuro apresentava, em grande medida, forte tendência positiva – como nas gravuras e pinturas de Villemard, Jean Marc Còté e Albert Robida –, a sociedade pós-industrial, por sua vez, emite uma forte dissonância sobre suas perspectivas de futuro: por um lado, louva e espera grandes transformações tecnológicas; por outro, teme as consequências delas em suas vidas. Algumas produções literárias evidenciam esses receios.

Está-se longe de distopias como o universo criado por George Orwell; contudo, as evoluções que experimentamos na capacidade humana de produzir, estocar, processar e utilizar informações torna ao menos possível que os temores dos indivíduos aumentem. A relação do homem com a informação não só constrói terminologias que são utilizadas para referir aos seres humanos, mas também constrói a sociedade da informação ou do conhecimento em substituição, em muitos casos, à sociedade pós-industrial. Esse movimento constitui um processo amplo, profundo e disruptivo que transborda para todas as esferas da vida cotidiana. É difícil imaginar um local que não tenha sido impactado pela profunda transformação das capacidades informacionais humanas. Dos esportes ao mercado de ações, das igrejas às ciências naturais, da educação às padarias, as transformações no campo informacionais impactaram profundamente.

A informação em saúde – bem como a sua coleta, armazenamento, processamento e utilização – está diretamente ligada ao desenvolvimento da Medicina em si. Se no início desse processo o desenvolvimento de métodos de coleta era um grande gargalo, seja por questões culturais, sociais, religiosas ou técnicas, atualmente, no mundo pós-industrial, tal barreira já não restringe os sistemas de informação.

Um dos primeiros documentos em saúde que se tem registro é o papiro atribuído a Imhotep, que registra "informações sobre sintomas, diagnósticos, lesões, procedimentos cirúrgicos e tratamento de 48 casos de doenças"[42] do antigo Egito. Esse registro marca um ponto de virada importante: dos 48 casos de doenças, somente para um deles há uma explicação mágica/religiosa. Assim, marca-se o início do processo de ruptura, que ainda não seria contínuo e progressivo ao ponto de uma profunda transformação nos processos de registro, armazenagem e utilização das informações de saúde.

Dentro desse desenvolvimento histórico, veem-se grandes retrocessos durante a Idade Média e um rápido crescimento durante a Renascença, com os estudos de anatomia de Leonardo Da Vinci e com a chegada da modernidade, a partir de quando os registros de nascimento e morte progressivamente deixaram o ambiente eclesiástico e migraram para âmbito estatal.[43]

[42] LEANDRO, Bianca Borges da Silva; REZENDE, Flavio Astolpho Vieira Souto; PINTO, José Mauro da Conceição. **Informações e registros em saúde e seus usos no SUS.** Rio de Janeiro: Fiocruz, 2020. p. 14.

[43] LEANDRO, Bianca Borges da Silva; REZENDE, Flavio Astolpho Vieira Souto; PINTO, José Mauro da Conceição. *Id.* p. 23-24.

Na esteira desse processo, em 1837, foi criado o *General Register Office*, uma estrutura de Estado existente até os dias de hoje responsável pelo registro de nascimentos, casamentos e óbitos na Inglaterra. A criação da instituição é uma transformação na forma de como informações e registros de saúde eram organizados e geridos, passando a ser uma função estatal, antes tal função era desempenhada pela igreja.[44]

A criação do *General Register Office* possibilitou que, três anos depois, John Snow elaborasse um mapa localizando cada morte na epidemia de cólera de 1840 na Inglaterra. Este mapa não só contribuiu para o combate à epidemia em si, como foi de grande importância para a compreensão da cólera. Esse pode ser considerado um grande marco na transformação do uso da informação nos campos da Medicina e saúde coletiva.

Atualmente, a produção da visualização de dados é cada vez mais abundante em forma e conteúdo; e cada vez mais essencial à Medicina contemporânea. Atividades informacionais constituem grande parte dos processos desempenhados por profissionais de saúde: é estimado que os médicos gastem 38% e enfermeiros 50% do seu tempo em atividades informacionais. Ainda, 35% a 39% dos custos de um hospital estão associados à comunicação entre profissionais da saúde ou destes com os pacientes. Ao todo, de 12 a 45% do custo em saúde é atribuído ao manuseio de informação.[45]

> Ou seja, todas as atividades em saúde estão relacionadas com a busca e o uso da informação. Neste sentido, quanto melhor os sistemas informatizados conseguem registrar, armazenar e disponibilizar esta informação, tanto melhor será o ato do profissional – melhor informação, maior qualidade na tomada de decisão. Decisão é um exercício constante da prática de saúde. Os computadores e recursos tecnológicos podem auxiliar de forma direta e indireta. O apoio indireto diz respeito ao uso de sistemas de informação hospitalar e sistemas de gerencia-

[44] O portal do General Register Office está disponível em: https://www.gov.uk/general-register-office. Acesso em: 11 jan. 2020.

[45] MARIN, Heimar de Fátima. Sistemas de informação em saúde: considerações gerais. *Journal of Health Informatics*, v. 2, n. 1, 2010, p. 22. Disponível em: http://www.jhi-sbis.saude.ws/ojs-jhi/index.php/jhi-sbis/article/view/4 . Acesso em: 25 nov. 2020.

> mento de prontuário eletrônico do paciente, por exemplo, que fornecem a informação que vai subsidiar o ato decisório.[46]

Essa alta demanda por informação se reflete na quantidade de produtos informacionais desenvolvidos pelo mercado atualmente. O número de *Healtechs* cresceu de 248 para 542 em 2020; e em 2019, foram investidos 94,5 milhões de dólares. O acumulado investido até agosto do referido ano era de 66,5 milhões de dólares. Dentre as principais tecnologias buscadas pelo mercado destacam-se: *big data* na saúde; telemedicina; realidade virtual na saúde; internet das coisas na saúde; *blockchain* para cuidados de saúde; inteligência artificial na saúde, biossensores e rastreadores entre outros.[47]

Todas essas tecnologias convergem para um aprimoramento de processos de coleta, registro, armazenamento ou uso de informações que impactam diretamente na eficiência dos serviços de saúde. Seguindo a perspectivas das exceptivas futuras das transformações da informação, agora com efeito na saúde, Daniel Sigulen demonstra os impactos positivos da aplicação das tecnologias da informação em uma consulta em casa:

> No ambiente tranquilo, soa ao fundo uma bela música. Um suave piscar no canto da tela plana do meu computador avisa que um paciente está conectando meu sistema unificado de informações.
> Através da identificação antropométrica da imagem da face transmitida, são automaticamente localizados, no banco de dados de pacientes, todas as informações da história clínica de Carmen Costa. Há meses que eu não via a paciente apesar de ter recebido, do serviço de atendimento domiciliar, vários relatórios sobre a sua saúde, via Internet.
> Dona Carmen aproximou seu relógio de pulso do leitor de ondas curtas e, assim, apareceram no canto direito da tela seus sinais biológicos básicos, como frequência cardíaca (FC), pressão arterial (PA), seu

[46] MARIN, Heimar de Fátima. *Id.* p. 22.

[47] FONSECA, Mariana. Healthtechs: em dois anos, número de startups de saúde dobra no Brasil. **Revista Pequenas Empresas & Grandes Negócios**, 13 de agosto de 2020. Coluna Startups. Disponível em: https://revistapegn.globo.com/Startups/noticia/2020/08/healthtechs-em-dois-anos-numero-de-startups-de-saude-dobra-no-brasil.html. Acesso em: 7 dez. 2020.

eletrocardiograma (ECG) – cuidadosamente analisado pelo sistema básico de entrada e saída de sinais vitais – e também informações sobre sua hemoglobina e a gasometria obtidos por transiluminação. No canto esquerdo superior da tela do computador, vejo sua história clínica. Nesta, aparecem o gráfico de peso da paciente, alertando para a adequação de seu índice de massa corpórea; dados de exames laboratoriais; e, em destaque, a normocolesterolemia, bem como uma referência sobre a alta aderência da paciente à dieta. Não tomava mais medicação hipolipemiante. O analisador das imagens radiológicas não apontava alterações patológicas.

Após alguns segundos, surge no centro da tela a imagem de dona Carmen, que me cumprimenta e imediatamente refere uma sensação de "bola no peito, impedindo a passagem do ar". Completando, informa que já havia consultado o guia eletrônico de auto-cuidado sobre seu mal-estar, tendo recebido a recomendação de entrar em contato com seu médico. Interrogada por mim, contou que havia tido uma discussão com a vizinha e perguntava se podia tomar um tranqüilizante.

Verifiquei o principal sistema de apoio à decisão do meu computador, no canto superior direito. Ele informava que não era a primeira vez que a paciente apresentava esse tipo de queixa; que já havia sido cuidadosamente investigada recentemente; e que, diante dos resultados do ECG e da FC normal, a chance de a paciente não estar apenas ansiosa era de 5%. Esta última informação também já havia sido comparada, através da Internet, com os dados do banco de dados do consenso internacional sobre queixas relacionadas a stress e se encontrava na faixa de normalidade da curva de Gauss.

O sistema de apoio à decisão, a partir dos dados iniciais, recomendou a coleta de mais algumas informações sobre dona Carmen, com base no guideline da Sociedade Internacional de Psiquiatria. Essas informações foram analisadas e incorporadas à história da paciente pelo sistema de reconhecimento de voz.

A seguir, o sistema de prescrição e interação de drogas, comparando as informações da paciente e a sugestão diagnóstica, gerou a receita, que, acrescida de minha assinatura eletrônica, enviei pela Internet para a impressora da casa da paciente.

> Solicitei que me desse notícias sobre como estaria se sentindo dentro de uma hora e que, através de seu computador, escolhesse um horário livre em minha agenda e viesse ao meu consultório no dia seguinte, sem falta. Dona Carmen agradeceu-me e desconectou.[48]

Essa perspectiva demonstrada acima constitui uma expectativa sobre a evolução e desenvolvimento das tecnologias da informação em saúde. Contudo, essa visão promove duas grandes inseguranças: a primeira refere-se à privacidade; o estado e o mercado possuem cada vez mais informações sobrem os indivíduos, em um sistema cada vez mais opaco e que se torna difícil para saberem em quais lugares e que informações possuem a seu respeito. A segunda questão corresponde diretamente ao Estado. Para Sandra Braman, as transformações experimentadas pelo Estado nas últimas décadas, a partir do desenvolvimento das tecnologias da informação, marcam a mudança do Estado Burocrático para o Estado Informacional. Essa nova forma de organização estatal é caracterizada pelas várias interdependências com outros Estados e entidades não estatais. Para produzir e reproduzir relações de poder e para construir áreas de influência dentro da rede que o Estado está inserido, a informação é vista como um insumo estratégico para esta nova forma de Estado.[49]

A atual práxis informacional em saúde é marcada por um

> pré-juízo" de sinais, sintomas, signos e práticas relacionados ao processo de saúde/doença/cuidado que, em um determinado contexto histórico, adquirem relevância política e social: tornam-se eventos que justificam seu monitoramento, sua visibilidade, sua vigilância através de dispositivos de Estado no exercício de um biopoder.[50]

[48] SIGULEM, Daniel. **Introdução à Informática em Saúde** (Tese de Livre-Docência) – Universidade Federal de São Paulo – Escola Paulista de Medicina – Centro de Informática em Saúde (atual Departamento de Informática em Saúde – DIS). São Paulo, 1997.

[49] BRAMAN, Sandra. Bibliography essays. *In*: ______. **Change of state**: Information, policy and power. Cambridge: MIT Press, 2006. p. 14.

[50] MORAES, Ilara Hämmerli Sozzi de; GOMEZ, Maria Nélida González de. Informação e informática em saúde: caleidoscópio contemporâneo da saúde. **Ciência & Saúde Coletiva**, v. 12, n. 3, p. 553-565, 2007. p. 555. Disponível em: https://www.scielo.br/j/csc/a/45Nb5fbzVr3YDqJRKLhbvWk/abstract/?lang=pt . Acesso em: 25 nov. 2020.

As modificações na maneira de se lidar com a saúde/doença/cuidado estão diretamente associadas a "transformações político-sociais e econômicas, inseridas na constituição do Estado Moderno, em um crescente processo de urbanização e de organização da sociedade capitalista". Assim, durante o final do século XVIII e início do século XIX o Estado Moderno, "dispositivos de atuação voltados para a gestão da vida, que permitem o exercício de um poder disciplinar que se expressa capilarmente em todo o campo social, de um biopoder, que nasce imerso na constituição de uma sociedade panóptica".[51]

Vivemos em um mundo com cada vez menos gargalos, barreiras e empecilhos à coleta, processamento e utilização de cada vez mais informações. Se, por um lado, isso constitui uma vantagem enorme se comparada com as gerações anteriores no enfretamento de doenças, pandemias e endemias, também constituiu um grande problema à privacidade, transparência e vigilância.

Os problemas que emergem do aumento da capacidade, da interoperabilidade dos sistemas e da crescente aplicação da análise de dados – por aprimoramento de técnicas matemáticas; pelo aumento da capacidade de processamento; ou pelo desenvolvimento tecnológico dos últimos anos – constituem uma real ameaça a privacidade, liberdade e ao estado democrático de direito.

Em decorrência dessas dificuldades desde a entrada da GDPR na Europa mais de 117 países já promulgaram alguma regulamentação para as questões relacionadas a gestão e tratamento de dados e outros 40 estão ou desenvolvendo projetos de lei ou nos trâmites de aprovação.[52]

Os desafios para o ordenamento jurídico são grandes. Há de se esperar que o caminho escolhido para promover o desenvolvimento tecnológico à saúde e às demais áreas públicas e privadas não incapacite o Estado e o mercado. Do contrário, será pouco provável que se assegure o direito constitucional à saúde.

[51] MORAES, Ilara Hämmerli Sozzi de; GOMEZ, Maria Nélida González de. *Id.* p. 555.

[52] SILVA, Tiago Vinícius Soares. **O tratamento de dados pessoais sensíveis nas empresas do setor de saúde, seguindo a Lei Geral de Proteção de Dados (LGPD).** Dissertação (Mestrado em Direito) – Universidade do Vale do Rio dos Sinos, São Leopoldo, 2020.

## 5. LGDP e Saúde Suplementar

### 5.1. Considerações gerais

A saúde no Brasil é caracterizada por um sistema híbrido; interagem dois sistemas: um público e outro privado. O primeiro é prestado por rede própria e a rede conveniada ao SUS, ao passo que o sistema privado é incorporado por profissionais ou estabelecimentos de saúde que prestam serviços diretamente ou por meio de operadoras de planos de assistência à saúde que trabalham com a cobertura de riscos.[53]

A relação entre as operadoras de planos de saúde e os prestadores de serviços (hospitais, clínicas, laboratórios, médicos etc.) é de Direito Civil e de Direito Comercial, obedecendo o disposto no Código Civil, que, como é sabido, unificou as obrigações civis e empresariais. Por sua vez, a relação entre as operadoras de planos de saúde e os usuários (titulares e dependentes) é de consumo, cujo conceito também é extensivo às relações mantidas pelos pacientes e os referidos prestadores diretos. Em ambos os casos, aplica-se a Lei nº 9.656/1998, que dispõe sobre os planos e seguros privados de assistência à saúde e disciplina, de forma específica, as relações de consumo travadas no âmbito da saúde suplementar.[54]

Em 28 de janeiro de 2000, foi sancionada a Lei nº 9.961, que criou a ANS[55] e submeteu à referida agência reguladora, que é vinculada ao Ministério da Saúde, o poder de "fiscalizar, regulamentar e monitorar o mercado de saúde suplementar, no intuito de inibir práticas lesivas ao consumidor e estimular comportamentos que reduzam os conflitos e promovam a estabilidade do setor". No exercício desse poder regulamentar – e diante do que constou do parágrafo anterior –, a ANS, além de observar as já referidas Leis ns.

[53] GREGORI, Maria Stella. Os impactos da Lei Geral de Proteção de Dados Pessoais na Saúde Suplementar. **Revista de Direito do Consumidor**, v. 127, p. 171-196, jan./fev. 2020, n. 5. Disponível em: https://revistadedireitodoconsumidor.emnuvens.com.br/rdc/article/view/1268/1189 . Acesso em: 25 nov. 2020.

[54] GREGORI, Maria Stella. *Id.* A autora faz referência ao art. 35-G da Lei n. 9.656/1998, segundo o qual se aplicam "subsidiariamente aos contratos entre usuários e operadoras de produtos [...] as disposições da Lei nº 8.078, de 1990".

[55] Ementa: "Cria a Agência Nacional de Saúde Suplementar – ANS e dá outras providências".

9.656/1998 e 9.961/2000, deverá atentar para o que dispõe o Código de Defesa do Consumidor.[56]

Todas as normas mencionadas serão chamadas a regular relações que envolvam o tema proteção de dados pessoais no âmbito da saúde suplementar; agora, porém, com um incremento: a elas deve-se somar, a partir de 18 de setembro de 2020, a Lei Geral de Proteção de Dados Pessoais (Lei 13.709/2018), circunstância que gerará inúmeros "problemas de qualificação"[57] que fogem aos limites desse trabalho.

Esta seção será limitada ao exame do cenário existente no período pré-LGPD e outra na análise de eventuais mudanças após a sua entrada em vigor, razão pela qual a abordagem que segue será dividida em duas subseções.

[56] GREGORI, Maria Stella. *Id.* p. 5.

[57] Otavio Luiz Rodrigues Junior identifica tais *"problemas de qualificação jurídica"*, em razão da múltipla incidência, em casos envolvendo a disputa de espaço entre o Código de Defesa do Consumidor e o Direito Regulatório. O autor lembra dos litígios que tratavam da cobrança da tarifa básica pelo uso dos serviços de telefonia fixa, que foi resolvido pelo REsp n. 811.802/RS, rel. Min. José Delgado, julgado em 24 de outubro de 2007 (e deu origem a Súmula 356 do STJ). O Min. Humberto Martins, em seu voto-vogal, adotou expressamente a técnica da qualificação da relação jurídica. No seu entendimento, o contrato, conquanto mantivesse sua natureza privada, teria partes dele regidas pelo Direito Regulatório e pelo Direito das Telecomunicações, cuja solução não pode ser confundida "com sincretismo metodológico, publicização do Direito Privado ou natureza híbrida do contrato". As normas do CDC continuariam a qualificar a relação jurídica entre consumidores e operadoras naquilo que não era objeto de regulação ou quando esta extrapolasse os seus limites e invadisse aquela disciplina jurídica (RODRIGUES JUNIOR, Otavio Luiz. **Direito civil contemporâneo:** estatuto epistemológico, Constituição e direitos fundamentais. 2. ed. Rio de Janeiro: Forense Universitária, 2019. p. 125-127). De fato, dificilmente um contrato de consumo será restrito a tal ramo do Direito. Algumas cláusulas que envolvem negócio poderão dizer respeito ao Direito Administrativo Regulatório, ao Direito Econômico, ao Direito do Idoso. Alguns espaços do contrato poderão, portanto, ser controlados pelo Direito Público. A chave para a solução de problemas dessa natureza, portanto, será o de qualificar a relação jurídica como de consumo e, em razão disso, aplicar em favor do consumidor todas as regras protetivas da Lei n. 8.078/1990, no que couber, mas, em relação a uma ou outra cláusula específica, o regime exclusivo do Direito Econômico, por exemplo. Registre-se que "[n]ada disso é novo. Nada disso diminui o Direito Privado" – incluindo-se aí o Direito do Consumidor –, "coloniza-o ou derrui sua posição autárquica. Muito menos é confundível com um *mélange* entre sistemas jurídicos, uma mixagem de normas ou um diálogo de fontes" (Ibid., p. 129).

## 5.2. Regulação do armazenamento de dados na saúde suplementar antes da LGPD

Relativamente "aos dados pessoais disponíveis no setor de saúde suplementar", dispõe o art. 4º, incs. XIX e XXXI, da Lei nº 9.961/2000, que à Agência Nacional de Saúde Suplementar compete, dentre outras atribuições:

> XIX – proceder à integração de informações com os bancos de dados do Sistema Único de Saúde;
> [...]
> XXXI – requisitar o fornecimento de informações às operadoras de planos privados de assistência à saúde, bem como da rede prestadora de serviços a elas credenciadas.

Nessa direção, e "com vistas a proteger as informações relativas à condição de saúde dos consumidores dos planos de saúde", as quais envolvem "dados pessoais e dados pessoais sensíveis sobre sua saúde", a ANS estabeleceu diversas regras. As principais foram sumariadas por Maria Stella Gregori[58] e podem ser assim detalhadas:

[58] GREGORI, Maria Stella. Id. p. 189. No ponto, escreveu a autora: "Nessa esteira, a ANS, com vistas a proteger as informações relativas à condição de saúde dos consumidores dos planos de saúde, que envolve dados pessoais e dados pessoais sensíveis sobre sua saúde, estabelece várias regras, tais como: i) às relativas à condição de saúde, dos consumidores de planos de saúde que determina às operadoras de planos de saúde a obrigatoriedade de manter protegidas as informações assistenciais fornecidas pelos seus consumidores ou por sua rede de prestadores, quando acompanhadas de dados que possibilitem a sua individualização, não podendo as mesmas ser divulgadas ou fornecidas a terceiros; ii) na Declaração de Saúde que o consumidor informa à operadora seu estado de saúde, obriga as operadoras a proteger tais informações, sendo vedada sua divulgação ou o fornecimento a terceiros não envolvidos na prestação de serviços assistenciais, sem a anuência expressa do consumidor, ressalvados os casos previstos na legislação em vigor; iii) determina a transparência das informações no âmbito da saúde suplementar e estabelece a obrigatoriedade de as operadoras disponibilizarem um conteúdo mínimo obrigatório de informações referentes aos planos de saúde; iv) na contratação eletrônica de planos de saúde, vendas on line, as operadoras têm total responsabilidade pela guarda e segurança das informações, inclusive no que se refere aos dados pessoais dos interessados; quando for necessário juntas médicas ou odontológicas para decidir sobre os materiais a serem utilizados nos consumidores, as operadoras deverão guardar as informações e todos os documentos". As referências às resoluções foram lançadas pela autora em notas de rodapé (ns. 35 a 40)

i) Resolução Normativa nº 21, de 12 de dezembro de 2002,[59] que tratava da "proteção das informações relativas à condição de saúde dos consumidores de planos privados de assistência à saúde" (ementa). O seu art. 1º obrigava que as "operadoras de planos de saúde" mantivessem "protegidas as informações assistenciais fornecidas pelos seus consumidores ou por sua rede de prestadores, quando acompanhadas de dados que possibilitem a sua individualização", proibindo que fossem "divulgadas ou fornecidas a terceiros".
Referido regulamento foi revogado pelo art. 2º, inc. V, alínea "a", n. 1, da recente Resolução Normativa nº 462, de 19 de novembro de 2020.[60] Essa última, na forma do art. 8º do Decreto nº 10.139, de 28 novembro de 2019 – que "[d]ispõe sobre a revisão e a consolidação dos atos normativos inferiores a decreto" –, revogou expressamente diversos "atos com conteúdo normativo já revogados tacitamente, cujos efeitos tenham se exaurido no tempo ou que se encontrem vigentes, mas cuja necessidade ou significado não puderam ser identificados" (ementa da RN 462/2020).
ii) Resolução Normativa nº 162, de 17 de outubro de 2007,[61] que "dispõe sobre Doenças ou Lesões Preexistentes (DLP), Cobertura Parcial

[59] BRASIL. Agência Nacional de Saúde Suplementar. **Resolução Normativa nº 21, de 12 de dezembro de 2002.** Dispõe sobre a proteção das informações relativas à condição de saúde dos consumidores de planos privados de assistência à saúde e altera a Resolução RDC nº 24, de 13 de junho de 2000. Disponível em: http://www.ans.gov.br/component/legislacao/?view=legislacao&task=PDFAtualizado&format=raw&id=NTg0. Acesso em: 11 jan. 2021.

[60] BRASIL. Agência Nacional de Saúde Suplementar. **Resolução Normativa nº462, de 19 de novembro de 2020.** . Revoga expressamente os atos com conteúdo normativo já revogados tacitamente, cujos efeitos tenham se exaurido no tempo ou que se encontrem vigentes, mas cuja necessidade ou significado não puderam ser identificados, nos termos do art. 8º do Decreto nº 10.139, de 28 de novembro de 2019. Disponível em: http://www.ans.gov.br/component/legislacao/?view=legislacao&task=TextoLei&format=raw&id=Mzk5Mg==. Acesso em: 11 jan. 2021.

[61] BRASIL. Agência Nacional de Saúde Suplementar. **Resolução Normativa nº 162, de 17 de outubro de 2017.** Estabelece a obrigatoriedade da Carta de Orientação ao Beneficiário; dispõe sobre Doenças ou Lesões Preexistentes (DLP); Cobertura Parcial Temporária (CPT); Declaração de Saúde e sobre o processo administrativo para comprovação do conhecimento prévio de DLP pelo beneficiário de plano privado de assistência à saúde no âmbito da Agência Nacional de Saúde Suplementar; revoga as Resoluções CONSU nº 2, de 4 de novembro de 1998, CONSU nº 17 de 23 de março de 1999, artigos 2° e 4° da Resolução CONSU nº 15 de 23 de março de 1999, a Resolução Normativa 20 de 12 de dezembro de 2002 e a Resolução Normativa RN nº 55, de 2 de novembro de 2003 e altera a Resolução Normativa – RN nº 124,

Temporária (CPT), Declaração de Saúde (DS), Carta de Orientação ao Beneficiário", bem como "sobre o processo administrativo para comprovação do conhecimento prévio de doença ou lesão preexistente pelo beneficiário de plano privado de assistência à saúde no âmbito da Agência Nacional de Saúde Suplementar – ANS" (art. 1º). O seu art. 12, por sua vez, prevê que "[a]s operadoras ficam obrigadas a proteger as informações prestadas nas declarações de saúde, sendo vedada sua divulgação ou o fornecimento a terceiros não envolvidos na prestação de serviços assistenciais, sem a anuência expressa do beneficiário [...]".

iii) Resolução Normativa nº 255, de 18 de maio de 2011.[62] Por meio dessa resolução, a ANS impõe que as operadoras de planos privados de assistência à saúde, "quando da solicitação de autorização de seu funcionamento", designem "Responsável pela Área Técnica de Saúde" a quem será atribuído "[o] fluxo das informações relativas à assistência prestada aos beneficiários" (art. 1º). Referido agente "deverá zelar pela proteção do sigilo das informações assistenciais" (art. 3º).

iv) Resolução Normativa nº 389, de 26 de novembro de 2015:[63] "Dispõe sobre a transparência das informações no âmbito da saúde suplementar" e "estabelece a obrigatoriedade da disponibilização do conteúdo mínimo obrigatório de informações referentes aos planos privados de saúde no Brasil" (ementa).

de 30 de março de 2006. Disponível em: http://www.ans.gov.br/component/legislacao/?view=legislacao&task=TextoLei&format=raw&id=MTIyMw==. Acesso em: 11 jan. 2021.

[62] BRASIL. Agência Nacional de Saúde Suplementar. **Resolução Normativa nº 255, de 18 de maio de 2011.** Dispõe sobre a designação do responsável pelo fluxo das informações relativas à assistência prestada aos beneficiários de planos privados de assistência à saúde e revoga a Resolução de Diretoria Colegiada – RDC Nº 64, de 10 de abril de 2011. Disponível em: http://www.ans.gov.br/component/legislacao/?view=legislacao&task=TextoLei&format=raw&id=MTc1MA==. Acesso em: 11 jan. 2021.

[63] BRASIL. Agência Nacional de Saúde Suplementar. **Resolução Normativa nº 389, de 26 de novembro de 2015.** Dispõe sobre a transparência das informações no âmbito da saúde suplementar, estabelece a obrigatoriedade da disponibilização do conteúdo mínimo obrigatório de informações referentes aos planos privados de saúde no Brasil, revoga a Resolução Normativa nº 360 de 3 de dezembro de 2014, e o parágrafo único do art. 5º, da RN nº 190 de 30 de abril de 2009, e dá outras providências. Disponível em: http://www.ans.gov.br/component/legislacao/?view=legislacao&task=TextoLei&format=raw&id=MzEzNw==. Acesso em: 11 jan. 2021.

v) Resolução Normativa nº 413, de 11 de novembro de 2016:[64] "Dispõe sobre a contratação eletrônica de planos privados de assistência à saúde" (ementa) e prevê, em seu art. 3º, que "[é] de total responsabilidade das operadoras a guarda e segurança das informações relativas à contratação eletrônica, inclusive no que se refere aos dados pessoais dos interessados".

vi) Resolução Normativa nº 424, de 26 de junho de 2017:[65] Essa norma traz os critérios para a formação de junta médica ou odontológica para dirimir divergências técnicas sobre o procedimento "a ser coberto pelas operadoras de planos de assistência à saúde" (ementa). Segundo o seu art. 21, quando for necessária a formação de tais juntas para decidir sobre os materiais a serem utilizados nos consumidores, as operadoras deverão guardar as informações e todos os documentos.[66]

## 5.3. Como fica o tratamento dos dados na saúde suplementar após a LGPD?

Antes de responder à pergunta que consta do título desta seção, é digno de nota que o setor da saúde em geral é um dos que menos será impactado pela

[64] BRASIL. Agência Nacional de Saúde Suplementar. **Resolução Normativa nº413, de 11 de novembro de 2016.** Dispõe sobre a contratação eletrônica de planos privados de assistência à saúde. Disponível em: https://www.ans.gov.br/component/legislacao/?view=legislacao&task=TextoLei&format=raw&id=MzMyNw==. Acesso em: 11 jan. 2021.

[65] BRASIL. Agência Nacional de Saúde Suplementar. **Resolução Normativa nº 424, de 26 de junho de 2017.** Dispõe sobre critérios para a realização de junta médica ou odontológica formada para dirimir divergência técnico-assistencial sobre procedimento ou evento em saúde a ser coberto pelas operadoras de planos de assistência à saúde. Disponível em: http://www.ans.gov.br/component/legislacao/?view=legislacao&task=TextoLei&format=raw&id=MzQzOQ. Acesso em: 11 jan. 2021.

[66] "Art. 21. As operadoras deverão guardar as informações e todos os documentos relativos às juntas médicas ou odontológicas realizadas, com, no mínimo, os dados referentes ao: I – beneficiário; II – procedimento solicitado; III – profissional assistente, profissional da operadora e desempatador; IV – motivo da divergência técnico-assistencial; e V – resultado da junta. § 1º O Anexo II desta Resolução sugere o modelo de como as operadoras deverão registrar, armazenar e disponibilizar à ANS, quando requisitadas, as informações e os dados relacionados às juntas médicas ou odontológicas realizadas. § 2º Os documentos, físicos ou digitais, relativos às juntas médicas ou odontológicas deverão ser guardados e disponibilizados à ANS sempre que requisitados, respeitado o sigilo médico acerca das informações de saúde do beneficiário, de acordo com legislação específica".

entrada em vigor da LGPD, na medida em que já havia intensa regulamentação acerca do tratamento de dados pessoais e sobre o sigilo de informações, como foi possível observar no tópico anterior.

Agora, tentando responder ao questionamento, a primeira afirmação que pode ser feita é que as normas atinentes à saúde suplementar continuarão vigentes com a entrada em vigor da Lei Geral de Proteção de Dados Pessoais, de modo que a Agência Nacional de Saúde Suplementar (ANS) e os demais agentes interessados (operadoras e prestadores de serviço direto) estarão subordinados não só às leis e resoluções antes destacados, como também à Lei Geral de Proteção de Dados.[67]

Não há dúvida que toda a informação "referente à saúde" é considerada dado pessoal sensível (art. 5º, II, LGPD), a serem tratados na forma do art. 11 da mesma norma, razão pela qual a ANS, as operadoras de planos de saúde e os estipulantes de planos coletivos deverão se adequar aos ditames da LGPD. Tais agentes serão tidos por controladores para os efeitos da LGPD,[68] que os define como qualquer "pessoa natural ou jurídica, de direito público ou privado, a quem competem as decisões referentes ao tratamento de dados pessoais" (art. 5º, V, LGPD).

Maria Stella Gregori salienta que "a ANS tem um duplo papel à luz da LGPD, pois além de editar normativos referentes às informações que devem ser prestadas ou coletadas sobre consumidores", também "armazena dados pessoais de operadoras, de consumidores, de servidores, de prestadores de serviços". Para a autora, após a entrada em vigor da LGPD, os controladores sofrerão limites no acesso a informações, em razão do "ritual de gestão próprio" imposto pela lei.[69]

A LGPD prevê a figura do encarregado, que é a "pessoa indicada pelo controlador e operador para atuar como canal de comunicação entre o controlador, os titulares dos dados e a Autoridade Nacional de Proteção de Dados

[67] GREGORI, Maria Stella. *Id.* A autora faz referência a outras normas, tais como a Lei do Cadastro Positivo; a Lei de Acesso à informação; ao Marco Civil da Internet e à Lei do SAC (Decreto n. 6.523/2008).

[68] GREGORI, Maria Stella. *Id.* p. 191. "Cabe salientar que as operadoras, por força de regra editada pela ANS, já dispõem de responsável pela área técnica de saúde pelo fluxo das informações relativas à assistência prestada aos consumidores de planos de saúde".

[69] GREGORI, Maria Stella. *Id.*

(ANPD)" (art. 5º, VIII). Sendo assim, os agentes antes referidos, na qualidade de controladores, deverão indicar o encarregado pelo tratamento de dados pessoais, na esteira do que disciplina o art. 41 da LGPD. Suas funções estão discriminadas no § 2º do referido dispositivo, acrescentando Maria Stella Gregori que ele "será o responsável em implantar a Lei na empresa".[70]

Os controladores, após averiguarem a necessidade e a finalidade dos dados (art. 6º, III, LGPD), colherão o consentimento expresso do paciente (art. 7º, I, LGPD), o qual é dispensado "para a tutela da saúde, exclusivamente, em procedimento realizado por profissionais de saúde, serviços de saúde ou autoridade sanitária" (art. 7º, VIII, LGPD).

Um outro aspecto relevante diz respeito ao compartilhamento de dados. Antes da LGPD, já esses já eram realizados, conforme os seguintes exemplos trazidos por Analluza Bolivar Dallari: a) pedidos de reembolso de honorários; b) autorização de procedimentos; c) apresentação de prontuários para fins de auditoria; d) preenchimento de declaração de saúde nos pedidos de adesão a plano de saúde; e) compartilhamento pelo profissional com outro centro de saúde de especialidade diversa para discutir diagnóstico; f) compartilhamento com laboratório etc.[71]

Nesse ponto, com a entrada em vigor da LGPD, deve-se atentar para as proibições constantes do seu art. 11, §§ 4º e 5º,[72] que impedem o compartilha-

[70] GREGORI, Maria Stella. *Id.*

[71] DALLARI, Analluza Bolivar. Impactos da LGPD na saúde suplementar e a aprovação de parecer sobre MP 869/2018. **Revista Consultor Jurídico**, São Paulo. Coluna Opinião, 7 mai. 2019. Disponível em: https://www.conjur.com.br/2019-mai-07/analluza-dallari-impactos-lgpd-saude-suplementar. Acesso em: 9 nov. 2020.

[72] Dispõe o art. 11, §§ 4º e 5º da LGPD: "Art. 11. [...] § 4º É vedada a comunicação ou o uso compartilhado entre controladores de dados pessoais sensíveis referentes à saúde com objetivo de obter vantagem econômica, exceto nas hipóteses relativas a prestação de serviços de saúde, de assistência farmacêutica e de assistência à saúde, desde que observado o § 5º deste artigo, incluídos os serviços auxiliares de diagnose e terapia, em benefício dos interesses dos titulares de dados, e para permitir: I – a portabilidade de dados quando solicitada pelo titular; ou II – as transações financeiras e administrativas resultantes do uso e da prestação dos serviços de que trata este parágrafo. § 5º É vedado às operadoras de planos privados de assistência à saúde o tratamento de dados de saúde para a prática de seleção de riscos na contratação de qualquer modalidade, assim como na contratação e exclusão de beneficiários". Em sua redação original, o art. 11, § 4º, da LGPD vedava, de forma mais singela, "a comunicação ou o uso compartilhado entre controladores de dados pessoais sensíveis referentes à saúde com objetivo de obter vantagem econômica, exceto nos casos de portabilidade de dados quando

mento entre controladores com o fim de obtenção de vantagem econômica, no que se inclui a seleção de riscos na contratação do plano.

Quanto aos parâmetros para o tratamento de dados, deve-se atentar para o disposto no art. 23 da LGPD.

Todas essas adequações se confirmam diante da Nota Técnica n. 3/2019/GEPIN/DIRAD-DIDES/DIDESNT 3/2019[73] emitida pela Diretoria de Desenvolvimento Setorial da ANS, na qual se reconheceu a necessidade de se realizar adequações e assumir e obrigações com foco em diversos requisitos, tais como organização, comunicação, gestão de processos, gestão de consentimento, retenção de dados e backup etc.

## Conclusões

A LGPD colocou o Brasil numa posição diferenciada no tema, próxima da União Europeia, que possui uma regulamentação geral de proteção de dados (GDPR), na qual a primeira se inspirou.[74]

consentido pelo titular". O processo de modificação do referido parágrafo iniciou com a edição da Medida Provisória n. 869, de 2018, que fez incluir uma nova exceção na norma: "necessidade de comunicação para a adequada prestação de serviços de saúde suplementar". Entretanto, após advertência do presidente do Instituto de Pesquisa em Direito e Tecnologia do Recife ocorrida na 4ª Audiência Pública, no sentido de que a expressão "adequada prestação", contida na MP 869/2018, poderia gerar "aumentos abusivos, algoritmos obscuros e negativas de tratamento", diante de sua vagueza e imprecisão. Ele foi acompanhado pelo representante da Confederação das Santas Casas e Hospitais Filantrópicos, para quem "a flexibilização proposta para a comunicação dos dados de saúde deva se dar para "serviços à saúde e de apoio à assistência à saúde, em benefício aos interesses dos titulares" (DALLARI, Analluza Bolivar. *Id.*). Tais ponderações foram acatadas no relatório do deputado Orlando Silva (p. 68-69) em Comissão Mista destinada a emitir parecer sobre a Medida Provisória n. 869, de 28 de dezembro de 2018 (Disponível em: https://legis.senado.leg.br/sdleg-getter/documento?dm=7945369&ts=1556843622354&disposition=inline. Acesso em: 11 jan. 2021). O relatório foi localizado com apoio em: DALLARI, Analluza Bolivar. *Id*).

[73] BRASIL. Agência Nacional de Saúde Suplementar. **Nota técnica nº 3/2019/GEPIN/DIRAD-DIDES/DIDES.** Disponível em: https://www.sbac.org.br/wp-content/uploads/2019/12/Nota-Te%CC%81cnica-sobre-LGPD.pdf. Acesso em: 8 nov. 2020.

[74] PEREIRA JÚNIOR, Ademir Antonio; RAMOS, Luiz Felipe Rosa. Lei Geral de Proteção de Dados, um ano de formação. **Revista Consultor Jurídico**, São Paulo. Retrospectiva 2020, 7 dez. 2020. Disponível em: https://www.conjur.com.br/2020-dez-07/direito-digitallgpd-ano-formacao. Acesso em: 11 jan. 2021.

Referida norma possui dispositivos altamente avançados. Entretanto, um longo caminho deve ser percorrido para que a norma seja totalmente implementada, inclusive na área da saúde, conhecida que é por já lidar, há muito, com dados tidos como sensíveis.

À vista desse cenário e em face dos temas apresentados, pode-se chegar às seguintes conclusões:

1. No tocante ao direito de sigilo das informações médicas, apesar de ter ganhado o rótulo de direito sensível, a proteção material continua a mesma – a inovação, em sua maior parte, reside no campo instrumental –, sobretudo porque já eram abrigados pela Constituição por meio do princípio de proteção à privacidade. Assim, apesar da previsão constitucional e, agora tal direito não é absoluto, devendo ceder espaço ao interesse público, sobretudo em tempos de pandemia.
2. No tocante aos dados médicos dos participantes de pesquisas clínicas, a LGPD traz consigo regras mais claras sobre as parcerias internacionais, consentimento informado e anonimização de dados dos participantes de pesquisa, ampliando, portanto, o espectro de proteção desses indivíduos.
3. Relativamente ao teleatendimento na área da saúde, a correlação da normatização nacional e internacional com os objetivos dessa espécie de atendimento demonstra a necessidade da autorregulamentação do setor por meio de normas expedidas pelos conselhos profissionais, sempre em consonância com a legislação brasileira (*v.g.* CF, CC, CDC, ECA, Estatuto do Idoso). Com efeito, conforme determina o seu art. 1º, a LGPD tem por objetivo proteger os direitos fundamentais de liberdade e de privacidade e o livre desenvolvimento da personalidade da pessoa natural. Portanto, há que se primar pela coleta de dados e pelo seu registro em prontuário (físico ou eletrônico); coleta do consentimento livre, esclarecido e expresso (a princípio, em cada atendimento, não suprindo essa obrigação a existência do primeiro termo colhido no início do atendimento presencial ou da internação); e a busca pela segurança da inviolabilidade e a prevenção de ataques a esses dados. Não obstante, o objetivo proposto para esse estudo foi tão somente o de aprofundar o exame do conceito, legislação e problemática refe-

rente ao tratamento de dados sensíveis durante o atendimento à distância (teleatendimento) na área de saúde, além de suscitar, a partir da colaboração interdisciplinar, novas perspectivas de abordagem teórica para enfrentamento de situações práticas.

4. No que se refere às novas tecnologias, sabe-se que a Medicina, desde a sua origem, tem se ocupado da gestão de informações seja o registro de sintomas, tratamentos ou remédios, sejam os grandes fluxos de informações epidemiológicas. Apesar de o Estado, que tem a função de proteger o indivíduo, ser o principal agente de coleta, gestão e armazenamento de registros de saúde, o futuro impõe a tomada de inúmeros cuidados, tendo em vista a crescente difusão de responsáveis e de maneiras de lidar com informação. Os riscos inerentes ao tratamento de dados impõem que se caminhe no sentido de estabelecer medidas para maximizar a sua proteção. E a LGPD representa um grande passo em tal direção.
5. Por fim, relativamente ao setor da saúde suplementar, apesar do elevado número de resoluções editadas pela ANS visando à proteção de dados sensíveis, mudanças significativas deverão ser implementadas no setor. Essas, porém, dá começaram

## Referências


ALBUQUERQUE Aline. Para uma ética em pesquisa fundada nos direitos humanos. **Revista de Bioética,** v. 21, n. 3, p. 412-422, set./dez. 2013. Disponível em: https://www.scielo.br/j/bioet/a/5XsqBP9CTQ4pfJzn5MmxcDy/abstract/?lang=pt . Acesso em: 25 nov. 2020.

ANDRADE, Manuel da Costa. **Liberdade de imprensa e inviolabilidade pessoal:** uma perspectiva jurídico-criminal. Coimbra: Coimbra Editora, 1996.

BRAMAN, Sandra. Bibliography essays. *In*: ______. **Change of state***:* Information, policy and power. Cambridge: MIT Press, 2006.

BRASIL. Agência Nacional de Saúde Suplementar. **Nota técnica nº 3/2019/GEPIN/DIRAD-DIDES/DIDES.** Disponível em: https://www.sbac.org.br/wp-content/uploads/2019/12/Nota-Te%CC%81cnica-sobre-LGPD.pdf. Acesso em: 8 nov. 2020.

BRASIL. Agência Nacional de Saúde Suplementar. **Resolução Normativa nº 21, de 12 de dezembro de 2002.** Dispõe sobre a proteção das informações relativas à condição de saúde dos consumidores de planos privados de assistência à saúde e altera a Resolução RDC nº 24, de 13 de junho de 2000. Disponível em: http://www.ans.gov.br/component/legislacao/?view=legislacao&task=PDFAtualizado&format=raw&id=NTg0. Acesso em: 11 jan. 2021.

______. **Resolução Normativa nº 462, de 19 de novembro de 2020.** . Revoga expressamente os atos com conteúdo normativo já revogados tacitamente, cujos efeitos tenham se exaurido no tempo ou que se encontrem vigentes, mas cuja necessidade ou significado não puderam ser identificados, nos termos do art. 8º do Decreto nº 10.139, de 28 de novembro de 2019. Disponível em: http://www.ans.gov.br/component/legislacao/?view=legislacao&task=TextoLei&format=raw&id=Mzk5Mg==. Acesso em: 11 jan. 2021.

______. **Resolução Normativa nº 162, de 17 de outubro de 2017.** Estabelece a obrigatoriedade da Carta de Orientação ao Beneficiário; dispõe sobre Doenças ou Lesões Preexistentes (DLP); Cobertura Parcial Temporária (CPT); Declaração de Saúde e sobre o processo administrativo para comprovação do conhecimento prévio de DLP pelo beneficiário de plano privado de assistência à saúde no âmbito da Agência Nacional de Saúde Suplementar; revoga as Resoluções CONSU nº 2, de 4 de novembro de 1998, CONSU nº 17 de 23 de março de 1999, artigos 2° e 4° da Resolução CONSU nº 15 de 23 de março de 1999, a Resolução Normativa 20 de 12 de dezembro de 2002 e a Resolução Normativa RN nº 55, de 2 de novembro de 2003 e altera a Resolução Normativa – RN nº 124, de 30 de março de 2006. Disponível em: http://www.ans.gov.br/component/legislacao/?view=legislacao&task=TextoLei&format=raw&id=MTIyMw==. Acesso em: 11 jan. 2021.

______. **Resolução Normativa nº 255, de 18 de maio de 2011.** Dispõe sobre a designação do responsável pelo fluxo das informações relativas à assistência prestada aos beneficiários de planos privados de assistência à saúde e revoga a Resolução de Diretoria Colegiada – RDC Nº 64, de 10 de abril de 2011. Disponível em: http://www.ans.gov.br/component/legislacao/?view=legislacao&task=TextoLei&format=raw&id=MTc1MA==. Acesso em: 11 jan. 2021.

______. **Resolução Normativa nº 389, de 26 de novembro de 2015.** Dispõe sobre a transparência das informações no âmbito da saúde suplementar, estabelece a obrigatoriedade da disponibilização do conteúdo mínimo obrigatório de informações referentes aos planos privados de saúde no Brasil, revoga a Resolução Normativa n° 360 de 3 de dezembro de 2014, e o parágrafo único do art. 5º, da RN nº 190 de 30 de abril de 2009, e dá outras providências. Disponível em: http://www.ans.gov.br/component/legislacao/?view=legislacao&task=TextoLei&format=raw&id=MzEzNw==. Acesso em: 11 jan. 2021.

______. **Resolução Normativa nº 413, de 11 de novembro de 2016.** Dispõe sobre a contratação eletrônica de planos privados de assistência à saúde. Disponível em: https://www.ans.gov.br/component/legislacao/?view=legislacao&task=TextoLei&format=raw&id=MzMyNw==. Acesso em: 11 jan. 2021.

______. **Resolução Normativa nº 424, de 26 de junho de 2017.** Dispõe sobre critérios para a realização de junta médica ou odontológica formada para dirimir divergência técnico-assistencial sobre procedimento ou evento em saúde a ser coberto pelas operadoras de planos de assistência à saúde. Disponível em: http://www.ans.gov.br/component/legislacao/?view=legislacao&task=TextoLei&format=raw&id=MzQzOQ. Acesso em: 11 jan. 2021.

BRASIL. Ministério da Saúde. Conep. **Carta Circular n. 003/2001, de 21 de março de 2011.** Estabelece obrigatoriedade de rubrica em todas as páginas do TCLE pelo sujeito de pesquisa ou seu responsável e pelo pesquisador. Disponível em: https://portal.anhembi.br/wp-content/uploads/2019/10/Carta-Circular-n%C2%BA0032011--CONEP-CNS.pdf. Acesso em: 25 nov. 2020.

BRASIL. Ministério da Saúde. Conselho Nacional de Saúde. **Resolução n. 196, de 10 de outubro de 1996.** Aprova as diretrizes e normas regulamentadoras de pesquisas envolvendo seres humanos. Disponível em: https://bvsms.saude.gov.br/bvs/saudelegis/cns/1996/res0196_10_10_1996.html. Acesso em: 25 nov. 2020.

BRASIL. Tribunal Regional Federal da 3ª Região (14ª Vara Cível Federal de São Paulo). Autos nº 5004924-79.2020.4.03.6100. Autor: S.A. O ESTADO DE SÃO PAULO. Ré: UNIÃO FEDERAL.

CAMPOS, Diogo Leite de. A imagem que dá poder: privacidade e informática jurídica. *In*: ______. **Nós:** estudos sobre o direito das pessoas. Coimbra: Almedina, 2004.

CARBONNIER, Jean. **Droit civil.** Paris: PUF, 1969. v. 1.

CARVALHO, Márcia Haydée Porto de. **A defesa da honra e o direito à informação.** Florianópolis: Letras Contemporâneas, 2002.

DALLARI, Analluza Bolivar. Impactos da LGPD na saúde suplementar e a aprovação de parecer sobre MP 869/2018. **Revista Consultor Jurídico**, São Paulo. Coluna Opinião, 7 mai. 2019. Disponível em: https://www.conjur.com.br/2019-mai-07/analluza-dallari--impactos-lgpd-saude-suplementar. Acesso em: 9 nov. 2020.

FERRARA, Francesco. **Tratatto di diritto civile italiano**. Roma: Atheneum, 1921.

FONSECA, Mariana. Healthtechs: em dois anos, número de startups de saúde dobra no Brasil. **Revista Pequenas Empresas & Grandes Negócios**, 13 de agosto de 2020. Coluna Startups. Disponível em: https://revistapegn.globo.com/Startups/noticia/2020/08/healthtechs-em-dois-anos-numero-de-startups-de-saude-dobra-no--brasil.html. Acesso em: 7 dez. 2020.

FRIESEN Phoebe, KEARNS Lisa, REDMAN Barbara e CAPLAN Arthur. Rethinking the Belmont Report?. **The American Journal of Bioethics**, v. 17, n. 7, p. 15-21, 2017, jun. 2017. Disponível em: https://pubmed.ncbi.nlm.nih.gov/28661753/. Acesso em: 25 nov. 2020.

GARRAFA, Volnei; PRADO, Mauro Machado do. Alterações na Declaração de Helsinque – a história continua. **Revista Bioética,** v. 15, n. 1, p. 11-25, 2007. Disponível em: https://revistabioetica.cfm.org.br/index.php/revista_bioetica/article/view/26. Acesso em: 25 nov. 2020.

GREGORI, Maria Stella. Os impactos da Lei Geral de Proteção de Dados Pessoais na Saúde Suplementar. **Revista de Direito do Consumidor**, v. 127, p. 171-196, jan./fev. 2020, n. 5. Disponível em: https://revistadedireitodoconsumidor.emnuvens.com.br/rdc/article/view/1268/1189. Acesso em: 25 nov. 2020.

JUNQUEIRA, Thiago. **Tratamento de dados pessoais e discriminação algorítmica nos seguros.** São Paulo: Revista dos Tribunais, 2020.

KOTECKI Nuria, PENEL Nicolas, AWADA Ahmad. How to emerge from the conservatism in clinical research methodology? **Current Opinion Oncology**, v. 29, n. 5, p. 400-404, set. 2017. Disponível em: https://pubmed.ncbi.nlm.nih.gov/28704211/. Acesso em: 25 nov. 2020.

LEANDRO, Bianca Borges da Silva; REZENDE, Flavio Astolpho Vieira Souto; PINTO, José Mauro da Conceição. **Informações e registros em saúde e seus usos no SUS.** Rio de Janeiro: Fiocruz, 2020.

LEME, Renata Salgado; BLANK, Marcelo. Lei Geral de Proteção de Dados e segurança da informação na área da saúde. **Cadernos Ibero-Americanos de Direito Sanitário**, v. 9, n. 3, p. 210-224, jul./set. 2020. Disponível em: https://www.cadernos.prodisa.fiocruz.br/index.php/cadernos/article/view/690 . Acesso em: 25 nov. 2020.

MARIN, Heimar de Fátima. Sistemas de informação em saúde: considerações gerais. *Journal of Health Informatics,* v. 2, n. 1, 2010, p. 22. Disponível em: http://www.jhi-sbis.saude.ws/ojs-jhi/index.php/jhi-sbis/article/view/4 . Acesso em: 25 nov. 2020.

MESSINEO, Francesco. **Manuale di diritto civile e commerciale.** v. 2.Milano: Dott. A. Giuffrè Editore, 1965.

MIRANDA, Jorge. **Manual de direito constitucional:** direitos fundamentais. 2. ed. Coimbra: Coimbra Editora, 1993. t. 4.

MORAES, Ilara Hämmerli Sozzi de; GOMEZ, Maria Nélida González de. Informação e informática em saúde: caleidoscópio contemporâneo da saúde. **Ciência & Saúde Coletiva**, v. 12, n. 3, p. 553-565, 2007. p. 555. Disponível em: https://www.scielo.br/j/csc/a/45Nb5fbzVr3YDqJRKLhbvWk/abstract/?lang=pt . Acesso em: 25 nov. 2020.

PEREIRA JÚNIOR, Ademir Antonio; RAMOS, Luiz Felipe Rosa. Lei Geral de Proteção de Dados, um ano de formação. **Revista Consultor Jurídico**, São Paulo. Retrospectiva 2020, 7 dez. 2020. Disponível em: https://www.conjur.com.br/2020-dez-07/direito--digitallgpd-ano-formacao. Acesso em: 11 jan. 2021.

PIZARRO, Ramon Daniel. **Responsabilidad de los medios masivos de comunicación**. Buenos Aires: Hammurabi, 1991.

RIPPEL, Jessica Alves; MEDEIROS, Cleber Alvarenga de; MALUF, Fabiano. Declaração Universal sobre Bioética e Direitos Humanos e Resolução CNS 466/2012: análise comparativa. **Revista de Bioética**, v. 24, n. 3, p. 603-612, dez. 2016. Disponível em: https://www.scielo.br/j/bioet/a/rg4X4CZytvcLJLQXjmTzTJK/abstract/?lang=pt . Acesso em: 25 nov. 2020.

ROCHA Thais de Oliveira et al. Aspectos éticos e regulamentares da pesquisa clínica. **Brazilian. Journal of health review.** Curitiba, v. 2, n. 4, p. 2851-2861, jul./ago. 2019. Disponível em: https://www.brazilianjournals.com/index.php/BJHR/article/view/2019. Acesso em: 25 nov. 2020.

RODRIGUES JUNIOR, Otavio Luiz. **Direito civil contemporâneo:** estatuto epistemológico, Constituição e direitos fundamentais. 2. ed. Rio de Janeiro: Forense Universitária, 2019.

______. Do príncipe Bismarck à princesa Caroline de Mônaco: vida privada de pessoas célebres e as liberdades comunicativas no direito civil. *In:* CASSETARI, Christiano (coord.); VIANA, Rui Geraldo Camargo (orient.). **10 anos de vigência do Código Civil brasileiro de 2002.** Estudos em homenagem ao professor Carlos Alberto Dabus Maluf. São Paulo: Saraiva, 2013.

SCHREIBER, Anderson. **Direitos da personalidade**. 3. ed. São Paulo: Atlas, 2014.

SIGULEM, Daniel. **Introdução à Informática em Saúde** (Tese de Livre-Docência) – Universidade Federal de São Paulo – Escola Paulista de Medicina – Centro de Informática em Saúde (atual Departamento de Informática em Saúde – DIS). São Paulo, 1997.

SILVA, José Afonso da. **Curso de direito constitucional positivo.** 5. ed. São Paulo: Revista dos Tribunais, 1989.

SILVA, Luci Meire Pereira da; OLIVEIRA, Filipe de; MUCCIOLI, Cristina. O processo de consentimento na pesquisa clínica: da elaboração à obtenção. **Arquivo Brasileiro de Oftalmologia**, v. 68, n. 5, p. 704-707, out. 2005. Disponível em: https://www.scielo.br/j/abo/a/M9nkdmLNMvvwc54NcrDz4Gd/abstract/?lang=pt . Acesso em: 25 nov. 2020.

SILVA, Tiago Vinícius Soares. **O tratamento de dados pessoais sensíveis nas empresas do setor de saúde, seguindo a Lei Geral de Proteção de Dados (LGPD).** Dissertação (Mestrado em Direito) – Universidade do Vale do Rio dos Sinos, São Leopoldo, 2020.

TENORIO, Marge; MELLO, Guilherme Arantes; VIANA, Ana Luiza D'Ávila. Políticas de fomento à ciência, tecnologia e inovação em saúde no Brasil e o lugar da pesquisa clínica. **Ciência e Saúde Coletiva**, v. 22, n. 5, p. 1441-1454, mai. 2017. Disponível em: https://www.scielo.br/j/csc/a/pZ9QSLHJcp9mkCwRnrTjzLK/abstract/?lang=pt . Acesso em: 25 nov. 2020.

U.S. NATIONAL LIBRARY O MEDICINE. *Clinical Trials.Gov*. Disponível em: https://clinicaltrials.gov/ct2/results?cond=&term=&cntry=BR&state=&city=&dist. Acesso em: 25 nov. 2020.

WARREN, Samuel D.; BRANDEIS, Louis D. The right of privacy. **Harvard Law Review,** v. 4, n. 5, p 193-220, dez. 1890.

WHO LIBRARY CATALOGUING-IN-PUBLICATION DATA. **Telemedicine:** opportunities and developments in Member States: report on the second global survey on eHealth. Switzerland: World Health Organization, 2010. p. 9 (Global Observatory for eHealth Series, v. 2). Disponível em: https://apps.who.int/iris/handle/10665/44497. Acesso em: 25 nov. 2020.

# 11.
# LGPD na Proteção da Criança, Adolescente, Idoso e Pessoa com Deficiência

*Ali Mustafa Smaili*
*Amanda Celli Cascaes*
*Arlei Wiclif Leal da Silva*
*José Pedro Rebello Giannini*
*Renato Kim Barbosa*

## Introdução

Na atual sociedade da informação, os dados pessoais são verdadeiros ativos na economia. As estratégias de consumo e de marketing direcionado são diretamente dependentes da coleta de dados para a sua concretização. Diante desse cenário, de coleta desenfreada de dados à revelia da vontade dos seus titulares, a Lei Geral de Proteção de Dados – LGPD reconheceu a vulnerabilidade dos titulares de dados e buscou trazer um dirigismo informacional amplo:

> Nota-se que essa nova camada de vulnerabilidade não é alicerçada sobre o estado subjetivo ou mesmo a condição pessoal do consumidor, tal como ocorre com os consumidores crianças e adolescentes, idosos e pessoas portadoras de deficiência. Ela é, repita-se, fruto de um

> aspecto objetivo: a emergência de uma nova economia que vulnera o consumidor, especialmente os seus dados pessoais, com o desenrolar de uma dinâmica própria.[1]

Para além da vulnerabilidade "esperada" e geral tutelada pela LGPD, há sujeitos de direito que, por características pessoais próprias, experimentam uma vulnerabilidade ainda maior – em especial se não possuem condições de compreender e dirigir a sua própria vontade. A sobreposição de vulnerabilidades reclama a sobreposição de regimes legais,[2] o que reflete a multiplicidade das fontes do direito que dialogarão no que tange à regulamentação do tratamento de dados dessas pessoas.

Urge evitar a ocorrida marginalização de tais pessoas – especialmente vulneráveis. A situação torna-se ainda mais sensível em virtude do formato atual de circulação e manejo de dados, o que, para as pessoas com deficiência, reclama especial cuidado, ante a virtualização do corpo. Tal tema é muito bem explorado por Pierre Lévy no livro "O que é o virtual"[3] e na valoração econômica das informações e dos dados pessoais expressa nas pesquisas e exposições trazidas por Shoshana Zuboff, em "The Age of Surveillance Capitalism".[4]

Em tal contexto, será analisada a proteção de dados de crianças, adolescentes, idosos e pessoas com deficiência. Com esse escopo, rememora-se que a Lei Geral de Proteção de Dados Pessoais (LGPD) – Lei nº 13.709, de 14 de agosto de 2018 –, com a redação conferida pela Lei nº 13.853, de 8 de julho de 2019, "dispõe sobre o tratamento de dados pessoais, inclusive nos meios digitais, por pessoa natural ou por pessoa jurídica de direito público ou privado", conforme o seu artigo 1º, *caput*. E o objetivo do referido diploma normativo é expresso no mesmo dispositivo: "proteger os direitos fundamentais de liberdade e de privacidade e o livre desenvolvimento da personalidade da pessoa natural".

No decorrer das últimas décadas, a Constituição Federal de 1988, assim como o Código Civil de 2002, a Lei do *Habeas Data*, o Código de Defesa do

[1] BIONI, Bruno Ricardo. **Proteção de Dados Pessoais**: a função e os limites do consentimento. 2. ed. Rio de Janeiro: Forense, 2020. p. 158.
[2] BIONI, Bruno Ricardo. *Id.*
[3] Cf. LÉVY, Pierre. **O que é o virtual**. São Paulo: 34, 2006.
[4] ZUBOFF, Shoshana. **The Age of Survellance Capitalism**: the flight for a human future at the new frontier of power. New York: Profile Affairs, 2019.

Consumidor, a Lei de Acesso à Informação, a Lei do Cadastro Positivo e o Marco Civil da Internet, em diálogo de fontes, vêm apontando os princípios – e também as regras – para a proteção de dados. Assim, a LGPD, em matéria de princípios, não traz inovação significativa, mas tem o mérito de sistematizá-los, atendendo ao princípio da operabilidade do direito.

Apesar do inegável avanço legislativo com a implementação da referida lei no que toca à proteção de dados, nota-se, em contrapartida, uma ausência de resguardo específico dos direitos das pessoas com deficiência. Vale dizer, inexiste na LGPD dispositivo próprio versando diretamente acerca desses indivíduos. Trata-se de omissão injustificada, pois a necessidade de se efetivar, em todos os âmbitos, a sua acessibilidade e inclusão é mandamento constitucional – *v.g.*, artigos 23, *caput*, inciso II, 24, *caput*, inciso VIII, da Carta Magna, entre diversos outros dispositivos.

Assim, restam os seguintes questionamentos: como são resguardados, no panorama atual, os direitos das crianças, adolescentes, idosos e pessoa com deficiência no âmbito da LGPD? Quais os respectivos fundamentos jurídicos para essa tutela? Como compatibilizar tal resguardo jurídico com as necessárias inclusões, acessibilidade e isonomia, respeitando-se seus consentimentos, à luz do regime de capacidades inaugurado pelo Estatuto da Criança e do Adolescente, Estatuto do Idoso e Estatuto da Pessoa com Deficiência?

Buscar-se-á, nos próximos itens, responder a essas perguntas, bem como indicar os possíveis caminhos para uma maior efetividade na proteção dos direitos das crianças, adolescentes, idosos e pessoas com deficiência, sem lhes suprimir o necessário acesso aos meios de convívio, inclusive nas esferas digitais, e preservando suas capacidades cognitivas.

## 1. Privacidade, vulnerabilidade e era digital: o problema do estigma

Como é cediço, a tutela de sujeitos de direito em situação de vulnerabilidade tem tomado corpo e espaço central no desenvolvimento de estudos jurídicos em diversas áreas. Assim ocorre tanto na esfera privada – como, por exemplo, em relação aos contratos não paritários e aos direitos do consumidor – quanto nas esferas pública e social. Com efeito, preocupa-se o legislador com o regramento das situações que tangenciam crianças, adolescentes, idosos e pessoas com deficiência. Na esfera penal, exemplifica-se com as alterações promovidas pela Lei nº 12.015/2009, que, prevendo, dentre outras figuras, a tutela sexual do vulnerável, delimitou-o por força de critérios biológicos e psíquicos.

Cumpre, então, indagar no que consiste a anunciada *vulnerabilidade* – Fermin Roland Schramm ensina que se trata de "característica ontológica de todos os seres vivos", cuidando-se tal da vulnerabilidade primária.[5] Em adição, há casos em que, em razão de dadas condições existenciais, os indivíduos estão especialmente expostos, tratando-se, desse modo, da vulnerabilidade secundária, ao que o Estado deve outorgar-lhes maior ou menor proteção, conforme o respectivo grau de exposição. Importa destacarmos que o raciocínio ora exposto decorre da tutela da dignidade da pessoa humana, o que, à evidência, reclama que se observe a igualdade substancial, de acordo com o grau de vulnerabilidade então verificado.

Convém assinalar que, ao lado da vulnerabilidade, verificam-se, de forma bastante correlata, eventuais ofensas à sua privacidade. Esses ilícitos, no que tangem a pessoas com deficiência, crianças, adolescentes e idosos, revelam-se bastante alarmantes, causando estigma, dificultando o desenvolvimento da personalidade, violando princípios e direitos, gerando exposições, exclusões e segregações e comprometendo a autonomia e noção de si próprio – leia-se, de sua identidade.

Com base em Erving Goffman, tem-se, por oportuno, que o estigma é a atribuição de traço desonroso a uma dada pessoa, diminuindo-a perante seus pares e em seu contexto social, o que é ainda mais sensível na era digital, em que nem mesmo a morte de uma pessoa extingue sua existência na Internet.[6]

Em um ambiente cada vez mais integrado e menos reservado, a privacidade ganha novos contornos e renovada posição de destaque, uma vez que não se trata de direitos somente negativos – ou seja, que devem ser respeitados

[5] SCHRAMM, Fermin Roland. Bioética da Proteção: ferramenta válida para enfrentar problemas morais na era da globalização. **Revista Bioética**, v. 16, n. 1, p. 11-23, 2008. Disponível em: https://revistabioetica.cfm.org.br/index.php/revista_bioetica/article/view/52 . Acesso em 11 set. 2020.

[6] GOFFMAN, Erving. **Estigma**: notas sobre a manipulação da identidade deteriorada. Tradução: Márcia Bandeira de Mello Leite Nunes. 4. ed. reimp. Rio de Janeiro: LTC, 2008. p. 11-17.

–, mas, sim, de direitos positivos. Estes devem ser aprimorados, com razoabilidade, justamente para que seja possível o desenvolvimento das personalidades dos envolvidos em um dado processo de convivência. Neste cenário, é certo que se está, em verdade, diante do direito de escolher livremente o próprio modo de viver.

Conforme Stefano Rodotà, a proteção de dados pessoais experimenta reinvenção, como um direito fundamental autônomo e também como forma de proporcionar o livre desenvolvimento da personalidade, moldando as relações sociais.[7] Nesse sentido, os dados protegidos pela lei o são não somente como forma de garantir a privacidade, mas, também, para viabilizar a comunicação em público sem risco de discriminação ou estigmatização sociais. Contudo, como aponta Bruno Bioni, a lei não foi pensada para endereçar as peculiaridades dos titulares de dados hipervulneráveis, justamente por focar no consentimento como elemento autorizador da coleta e tratamento de dados – o que pressupõe capacidade de compreensão, simetria informacional e autodeterminação:[8]

> É curioso notar, no entanto, que a estratégia regulatória dessa explosão normativa de proteção de dados pessoais segue uma lógica contrária à constatação da (hiper) vulnerabilidade do titular dos dados pessoais. Muito embora se dedique um diploma próprio para tratar dessa situação específica de vulnerabilidade, apostam-se todas as fichas normativas como se a parte mais fraca desse arranjo regulatório fosse um sujeito racional, livre e capaz para fazer valer a proteção de seus dados pessoais. O protagonismo do consentimento encerra, portanto, uma *contradição* (intrínseca) desse ambiente ou estratégia regulatória. (itálico no original)

É imprescindível, para analisar a disciplina da proteção de dados pessoais das crianças e adolescentes, dos idosos e das pessoas com deficiência, abordar os conceitos de dado pessoal e dado pessoal sensível, bem como os parâmetros

[7] RODOTÀ, Stefano. **Il diritto di avere diritti**. Roma: Laterza, 2012. p. 321.

[8] BIONI, Bruno Ricardo. **Proteção de Dados Pessoais**: a função e os limites do consentimento. 2. ed. Rio de Janeiro: Forense, 2020. p. 159.

para o tratamento de um e de outro. A LGPD destina a Seção I do Capítulo II à regulação do tratamento dos dados pessoais; e a Seção II do Capítulo II refere-se ao tratamento de dados sensíveis. Nota-se, desse modo, que dado pessoal é conceito mais amplo, alcançando todo tipo de informação sobre a pessoa natural: dos dados bancários aos dados genéticos. Ao receber o adjetivo sensível, o sentido da expressão se altera, passando a designar as situações existenciais descritas na norma.

A proteção de dados sensíveis revela-se necessária e imprescindível diante de situações de estigmatização, exclusão ou segregação, que, não raro, se verificam com o mau uso de informações sobre saúde, sexualidade, religião, etnia etc. É impossível elaborar um rol taxativo de dados sensíveis, assim como é inviável apontar uma lista exaustiva de direitos da personalidade.

Justamente nesse contexto, a proteção de dados das crianças e adolescentes, dos idosos e das pessoas com deficiência comporta análise e estudo, visando a lhes permitir inclusão social e desenvolvimento de personalidade e cidadania em ambiente de democracia participativa. Inclusive, não é sem razão que o legislador, em relação ao direito à privacidade, reafirmou a plena capacidade das pessoas com deficiência, conforme consta expressamente no art. 85, *caput* e § 1º, do respectivo Estatuto.

## 2. Proteção de dados de crianças e adolescentes

### 2.1. Evolução histórica e bases normativas

No sistema jurídico brasileiro, crianças e adolescentes são tutelados de modo especial por instrumentos normativos diversos, recebendo proteção constitucional no capítulo VII da Carta Magna de 1988, cujo *caput* do art. 227 assim dispõe:

> Art. 227. É dever da família, da sociedade e do Estado assegurar à criança, ao adolescente e ao jovem, com absoluta prioridade, o direito à vida, à saúde, à alimentação, à educação, ao lazer, à profissionalização, à cultura, à dignidade, ao respeito, à liberdade e à convivência familiar e comunitária, além de colocá-los a salvo de toda forma

de negligência, discriminação, exploração, violência, crueldade e opressão.[9]

Por meio de aludido dispositivo, recepciona-se, segundo Dias e Densa, o princípio da proteção integral da criança e do adolescente, "com vistas a lhes garantir o desenvolvimento físico, mental, moral, espiritual e social",[10] preceito também expresso no Estatuto da Criança e do Adolescente (ECA) – Lei nº 8.069, de 13 de julho de 1990 –, o qual estabelece, por oportuno, o direito "ao respeito e à dignidade como pessoas humanas em processo de desenvolvimento e como sujeitos de direitos civis, humanos e sociais".[11] Por sinal, o direito ao respeito, de acordo com o art. 17 do ECA, consiste "na inviolabilidade da integridade física, psíquica e moral da criança e do adolescente, abrangendo a preservação da imagem, da identidade, da autonomia, dos valores, ideias e crenças, dos espaços e objetos pessoais".

Direcionando-nos, desde já, ao tema do presente estudo, convém realçar que, para Cots e Oliveira, a privacidade e intimidade, aspectos importantes do direito da personalidade, "demonstram ainda maior relevância na fase mais vulnerável do desenvolvimento humano, que é a infanto-juvenil",[12] cabendo à sociedade como um todo o dever de "zelar para que o desenvolvimento do ser humano aconteça nas melhores condições",[13] inclusive no concernente ao tratamento de dados pessoais. Na mesma direção, Almada e Freitas, segundo as quais, se a matéria da violação da privacidade mostra-se

[9] BRASIL. **Constituição da República Federativa do Brasil de 1988**. Brasília, DF: Presidência da República. Disponível em: http://www.planalto.gov.br/ccivil_03/constituicao/constituicao.htm. Acesso em: 11 set. 2020.

[10] DIAS, Lucia Ancona Lopez de Magalhães; DENSA, Roberta. A Proteção dos Dados Pessoais de Crianças e Adolescentes na LGPD. *In*: CASCAES, Amanda Celli; BRESEGHELLO, Fabíola Meira de Almeida; TUTIKIAN, Priscila David Sansone (coord.). **Comentários à Lei Geral de Proteção de Dados à luz do Código de Defesa do Consumidor**. São Paulo: Editora Singular, 2019. p. 91.

[11] BRASIL. **Lei nº 8.069, de 13 de julho de 1990**. Dispõe sobre o Estatuto da Criança e do Adolescente e dá outras providências. Brasília, DF: Presidência da República. Disponível em: http://www.planalto.gov.br/ccivil_03/leis/l8069.htm. Acesso em: 11 set. 2020.

[12] COTS, Márcio; OLIVEIRA, Ricardo. **Lei Geral de Proteção de Dados Comentada**. São Paulo: Revista dos Tribunais, 2019. p. 146.

[13] COTS, Márcio; OLIVEIRA, Ricardo. *Id.*

preocupante para indivíduos capazes, "isso se amplia quando os dados coletados são de incapazes, sem conhecimento e discernimento necessário para fornecer o consentimento imprescindível para viabilizar a coleta, o tratamento e o armazenamento na forma da lei",[14] sendo recrudescidos os debates e desafios atinentes à temática com a "presença das crianças no meio ambiente virtual".[15]

## 2.2. Diretriz, consentimento e dispensa

Destaca-se, aliás, que a LGPD estipula regras e diretrizes para o tratamento de dados pessoais de pessoas naturais, visando, pelo artigo 1º, à salvaguarda dos "direitos fundamentais de liberdade e de privacidade e [d]o livre desenvolvimento da personalidade".[16] Para o texto legislativo, tratamento define-se como:

> [...] toda operação realizada com dados pessoais, como as que se referem a coleta, produção, recepção, classificação, utilização, acesso, reprodução, transmissão, distribuição, processamento, arquivamento, armazenamento, eliminação, avaliação ou controle da informação, modificação, comunicação, transferência, difusão ou extração.[17]

Mencionada lei dedica sua seção III ao tratamento de dados pessoais de crianças e de adolescentes, cuja realização, conforme estatui o *caput* do artigo 14, deve ocorrer "em seu melhor interesse" e, apenas no caso das crianças, "com o consentimento específico e em destaque dado por pelo menos um dos pais ou pelo responsável legal", mantendo-se "pública a informação sobre os tipos de dados coletados, a forma de sua utilização e os procedimentos para o exercício dos direitos" de acesso, correção, anonimização, bloqueio, elimi-

[14] ALMADA, Giovanna Michelato; FREITAS, Cinthia Obladen de Almendra. A Internet dos Brinquedos e a Proteção de Dados Pessoais das Crianças sob a Legislação Brasileira. **Revista de Direito do Consumidor,** vol. 126/2019, p. 179-200, nov./dez. 2019. p. 180.

[15] ALMADA, Giovanna Michelato; FREITAS, Cinthia Obladen de Almendra. *Id*, p. 183.

[16] BRASIL. **Lei nº 13.709, de 14 de agosto de 2018**. Lei Geral de Proteção de Dados Pessoais (LGPD). Disponível em: http://www.planalto.gov.br/ccivil_03/_ato2015-2018/2018/lei/L13709.htm. Acesso em: 11 set. 2020.

[17] BRASIL. **Lei nº 13.709, de 14 de agosto de 2018**. *Id.*

nação e todos os demais listados no artigo 18 da LGPD. O consentimento específico, no entanto, é dispensado pelo § 3º do artigo 14 nas coletas de dados necessárias para "contatar os pais ou o responsável legal, utilizados uma única vez e sem armazenamento", ou para proteção da criança e do adolescente, exigindo-se a anuência, assim mesmo, na hipótese de repasse dos dados a terceiros.

Anota-se, oportunamente, que, quanto ao "melhor interesse" previsto na LGPD, Dias e Densa defendem ser um princípio apresentado como "conceito aberto e, assim, enseja dificuldades de aplicação concreta",[18] podendo-se traduzir no intento de proteção da criança e do adolescente, de preservação de sua "autonomia progressiva e [...] [garantia de] seu desenvolvimento saudável"[19] e personalizado, respeitando-se sua essência e individualidade, além de considerar sua maior vulnerabilidade, motivo por que "a barganha aceita entre pessoas maiores e capazes não pode ser aqui exercida",[20] como se extrai do artigo 14, § 4º, da LGPD. Outra previsão que tem em conta a hipervulnerabilidade dos menores é a do § 5º do artigo 14, que atribui ao controlador um dever especializado de informação, atentando-se às características físico-motoras, perceptivas, sensoriais, intelectuais e mentais do usuário.

Ao tratar do termo "melhor interesse", Cots e Oliveira o reputam subjetivo e acastelam a imprescindibilidade de complementá-lo "com as diretrizes encontradas em outras normas jurídicas".[21] Posicionando a discussão em um plano mais prático, os autores doutrinam que "o tratamento de dados pessoais que preserva o 'melhor interesse' do menor é aquele que não apenas não o prejudica, mas lhe traz benefícios que a ausência de tratamento não poderia ou teria dificuldades de trazer".[22]

O conceito de melhor interesse é amplo, mas pode ser traduzido na ideia de que "devemos respeitar cada criança na sua essência e buscar o seu desenvolvimento de forma individual e personalizada".[23] Nessa linha, por exemplo,

[18] DIAS, Lucia Ancona Lopez de Magalhães; DENSA, Roberta. *Id.* p. 93.
[19] DIAS, Lucia Ancona Lopez de Magalhães; DENSA, Roberta. *Id.*
[20] DIAS, Lucia Ancona Lopez de Magalhães; DENSA, Roberta. *Id.* p. 101.
[21] COTS, Márcio; OLIVEIRA, Ricardo. *Id.* p. 145-146.
[22] COTS, Márcio; OLIVEIRA, Ricardo. *Id.* p. 147.
[23] DIAS, Lucia Ancona Lopez de Magalhães; DENSA, Roberta. *Id.* p. 93.

observada a preservação da identidade, os dados de crianças e adolescentes à espera de adoção poderiam ser objeto de tratamento – respeitada a finalidade e o melhor interesse daquele menor de idade.

No mais, cumpre destacar que, para os efeitos do ECA e consoante seu artigo 2º, concebe-se criança "a pessoa até doze anos de idade incompletos, e adolescente aquela entre doze e dezoito anos de idade", tendo sido adotado o critério cronológico para definição dos indivíduos a que se destinam suas proteções, medidas e garantias, constatando-se, de seu conteúdo normativo, que o estatuto "não considera o adolescente uma pessoa capaz de direitos e obrigações, mas o considera como alguém com um pouco mais de autonomia que a criança. Um indivíduo que consegue expressar parte de sua vontade".[24] É de afirmar, em acréscimo, que, segundo os artigos 3º e 4º do Código Civil brasileiro, "são absolutamente incapazes de exercer pessoalmente os atos da vida civil os menores de 16 (dezesseis) anos", sendo incapazes, relativamente a certos atos ou à maneira de exercer, "os maiores de dezesseis e menores de dezoito anos".

> A distinção torna-se importante justamente por entender que a pessoa menor de 18 (dezoito) anos não tem condição de exprimir a sua vontade de forma livre e consciente. A restrição do exercício da capacidade civil se justifica na medida em que o menor ainda não tem consciência de sua condição de vida, de suas escolhas e consequências.[25]

Reconhece-se, então, por meio da legislação civil, a posição de fragilidade das pessoas menores de dezoito anos "na assunção de obrigações, motivo pelo qual são representadas ou assistidas por pessoa capaz".[26] Ocorre que, "contrariando o sistema de capacidades do Código Civil, [a LGPD] não exige a representação ou assistência aos adolescentes"[27] para manifestação de consentimento ao tratamento de seus dados, tornando imprescindível a anuência de pelo menos um dos pais ou do responsável legal apenas para a criança (artigo 14, § 1º). Nada obstante, para Dias e Densa, é necessária cautela na

[24] DIAS, Lucia Ancona Lopez de Magalhães; DENSA, Roberta. *Id.* p. 96.
[25] DIAS, Lucia Ancona Lopez de Magalhães; DENSA, Roberta. *Id.* p. 97.
[26] COTS, Márcio; OLIVEIRA, Ricardo. *Id.* p. 147.
[27] DIAS, Lucia Ancona Lopez de Magalhães; DENSA, Roberta. *Id.* p. 98.

interpretação deste dispositivo, pois há casos em que a coleta e o tratamento de dados advêm de um negócio jurídico, sendo, portanto, acessórios ao contrato principal, cujos requisitos devem ser observados, como, por exemplo, em um contrato de prestação de serviços escolares, o qual "depende de representação ou assistência dos pais, sob pena de nulidade ou anulabilidade do ato".[28] Demais disso, o § 2º do artigo 14 da LGPD responsabiliza o controlador[29] pelo esclarecimento inequívoco, "aos pais e responsáveis, [...] [d]os dados que estão sendo coletados e de que forma serão utilizados".[30]

> Partindo novamente do pressuposto de que se trata de faixa etária crítica, demandante de maior atenção, e em que a percepção quanto aos riscos é ainda deficitária, o legislador determina que as informações deverão ser trazidas de forma simples, clara e acessível, não só visando a facilitar o entendimento das menores, mas também daqueles que devem consentir por eles.[31]

Nesse contexto, é importante destacar que a LGPD atribui ao controlador de dados a responsabilidade por certificar-se que o consentimento foi coletado de forma válida – o que é de especial importância, sobretudo em meio digital. Atualmente, as crianças e adolescentes navegam na internet e fornecem seus dados pessoais, o que torna a preocupação do legislador válida: "[o] controlador deve realizar todos os esforços razoáveis para verificar que o consentimento a que se refere o § 1º deste artigo foi dado pelo responsável pela criança, consideradas as tecnologias disponíveis.".

Ainda em relação ao consentimento, convém realçar que, caso haja divergência de consentimentos entre os pais em relação à coleta e tratamento de dados de seu filho, é recomendável que o tratamento dos dados seja suspenso até que "haja clareza jurídica sobre qual vontade deverá prevalecer".[32]

[28] DIAS, Lucia Ancona Lopez de Magalhães; DENSA, Roberta. *Id.* p.100.

[29] "Pessoa natural ou jurídica, de direito público ou privado, a quem competem as decisões referentes ao tratamento de dados pessoais" (Artigo 5º, inciso VI, da LGPD).

[30] DIAS, Lucia Ancona Lopez de Magalhães; DENSA, Roberta. *Id.*, p. 101.

[31] FEIGELSON, Bruno; SIQUEIRA, Antonio Henrique Albani (coord.). **Comentários à Lei Geral de Proteção de Dados**: Lei 13.709/2018. São Paulo: Thomson Reuters Brasil, 2019. p. 110.

[32] COTS, Marcio; OLIVEIRA, Ricardo. *Id.* p. 148.

De todo modo, ressalta-se que o artigo 7º da LGPD dispensa o consentimento do titular para o tratamento de seus dados nas hipóteses previstas em seus incisos II a X, previsões que também se aplicam aos direitos das crianças e adolescentes,[33] além da já citada exceção do § 3º do artigo 14. Com efeito, o consentimento representa apenas um dos fundamentos legais "para tratamento de dados pessoais e, no caso específico de menores, ao contrário do que ocorre no caso de dados sensíveis, não há reestruturação das bases legais, motivo pelo qual as demais hipóteses de tratamento além do consentimento se mantêm vigentes",[34] a exemplo do tratamento de dados para proteção da vida ou da incolumidade física do titular ou de terceiro (artigo 7º, inciso VII, da LGPD), ou quando necessário "à execução de políticas públicas previstas em leis ou regulamentos ou respaldadas em contratos, convênios ou instrumentos congêneres" (artigo 7º, inciso III, da LGPD).

"O mesmo vale aos casos de violência, desistência escolar, vacinação e outras informações de cunho pessoal".[35] Esses são dados que, de acordo com a LGPD, não dependem de consentimento para seu tratamento.

## 3. Proteção de dados de idosos

### 3.1. Evolução histórica e bases normativas

No que concerne aos idosos, a proteção de dados também é um assunto sensível e que merece adequada tutela jurídica. Existem, atualmente, no país, 211,8 milhões de habitantes, segundo dados do IBGE de 1º de julho de 2020.[36] De acordo com a última projeção da população brasileira, realizada em 2018[37]

[33] DIAS, Lucia Ancona Lopez de Magalhães; DENSA, Roberta. *Id.* p.99.

[34] COTS, Márcio; OLIVEIRA, Ricardo. *Id.* p. 148-149.

[35] DIAS, Lucia Ancona Lopez de Magalhães; DENSA, Roberta. *Id.* p. 94.

[36] BRASIL. IBGE. IBGE divulga estimativa da população dos municípios para 2020. **Agência IBGE Notícias**. 27 ago. 2020. Disponível em: https://agenciadenoticias.ibge.gov.br/agencia-sala-de-imprensa/2013-agencia-de-noticias/releases/28668-ibge-divulga-estimativa-da-populacao-dos-municipios-para-2020#:~:text=O%20IBGE%20divulga%20hoje%20as,77%25%20em%20rela%C3%A7%C3%A3o%20a%202019. Acesso em: 1 nov. 2020.

[37] BRASIL. IBGE. **Projeções da População do Brasil e Unidades da Federação por sexo e idade: 2010-2060**. Disponível em: https://www.ibge.gov.br/estatisticas/sociais/

– a qual indicava, aliás, que, no referido ano, haveria 211.755.692 habitantes, número muito próximo, como visto, do efetivamente verificado – em 2020 teríamos no país 30.197.077 de pessoas idosas (acima de 60 anos), ou seja, pouco mais de 14% do total. Em 2060, estima-se que a população brasileira alcançará 228.286.347, compreendidas, neste montante, 73.460.946 pessoas idosas, o que representará mais de 32% da população brasileira. Esses dados revelam, destarte, que o Brasil, em 40 anos, terá sua população composta de um terço de pessoas idosas. Considerado esse panorama, importa analisar como a LGPD enfocou essa população, partindo da proteção jurídica a ela conferida pelo ordenamento jurídico nacional e, em seguida, apresentando quais foram os acertos e quais foram as deficiências dessa lei quanto ao tratamento dos dados de idosos.

O sistema jurídico brasileiro confere salvaguarda às pessoas idosas, quer a nível constitucional, quer infra. No primeiro plano, além dos direitos e garantias fundamentais (artigos 5º a 16, CF), há proteção específica, prevista no capítulo VII, do título VII, da Constituição Federal, no artigo 229, o qual, além de estatuir a obrigatoriedade que os pais têm de cuidar dos filhos menores, prescreve que "os filhos maiores têm o dever de ajudar e amparar os pais na velhice, carência ou enfermidade". Afora tal mandamento direcionado aos membros do grupo familiar, o artigo 230 traz comando dirigido, igualmente, à sociedade como um todo e ao Estado, fixando "dever de amparar as pessoas idosas, assegurando sua participação na comunidade, defendendo sua dignidade e bem-estar e garantindo-lhes o direito à vida". Os dois parágrafos deste último dispositivo definem que, preferencialmente, os programas de amparo terão lugar nos lares das pessoas idosas, garantida, a estas, ainda, a gratuidade na utilização dos transportes coletivos urbanos.

Em 4 de janeiro de 1994, em consonância à senda constitucional, foi instituída, pela Lei nº 8.842, a Política Nacional do Idoso, cujo objetivo primordial, nos termos do artigo 1º, é o de assegurar os direitos sociais dessa população, "criando condições para promover sua autonomia, integração e participação efetiva na sociedade".

Quase dez anos depois, potencializando as previsões constitucionais e da política nacional, sobreveio o Estatuto do Idoso (Lei nº 10.741, de 1º de

populacao/9109-projecao-da-populacao.html?=&t=resultados. Acesso em: 1 nov. 2020.

outubro de 2003), microssistema jurídico de proteção integral aos idosos, tal como ocorre com as crianças e adolescentes (artigos 1º, do ECA e 2º, do Estatuto do Idoso), com respaldo, em seus artigos 8º a 42, a diversos direitos às pessoas que contam com idade igual ou superior a 60 (sessenta) anos (vida, liberdade, respeito, dignidade, alimentos, saúde, educação, cultura, esporte e lazer, profissionalização e trabalho, previdência e assistência sociais, habitação e transporte).

O amparo aos idosos, outrossim, vem contemplado no Fundo Nacional do Idoso, criado pela Lei nº 12.213/2010, cuja finalidade é o financiamento dos programas e ações voltados a esse grupo social. De se mencionar, ainda, o Conselho Nacional dos Direitos da Pessoa Idosa (CNDI), vinculado à estrutura da Presidência da República, no Ministério da Mulher, da Família e dos Direitos Humanos, e regulado pelo Decreto nº 9.893, de 27 de junho de 2019, que, conjuntamente com os Conselhos Estaduais, do Distrito Federal e Municipais, têm como função zelar "pelo cumprimento dos direitos do idoso (...)" (artigo 7º, Estatuto do Idoso).

Registre-se, ademais, a Estratégia Brasil Amigo da Pessoa Idosa, atualmente, disciplinada pelo Decreto nº 9.921/2019, cuja função é a de promover "ações destinadas ao envelhecimento ativo, saudável, sustentável e cidadão da população, principalmente das pessoas mais vulneráveis" (artigo 21). Nota-se, portanto, que, no Brasil, existe ampla e complexa rede de proteção às pessoas idosas, com diversos instrumentos jurídicos voltados a tal desiderato.

Por fim, importante trazer a lume um importante instrumento internacional em relação aos idosos, consistente na Convenção Interamericana sobre a Proteção dos Direitos Humanos dos Idosos, firmada em 15 de junho de 2015, em Washington, no âmbito da Organização dos Estados Americanos (OEA). Essa convenção, que tem o Brasil como signatário, ainda pende de internalização no ordenamento interno, o que se dará completamente com a conclusão da tramitação do projeto de decreto legislativo nº 863/2017. De qualquer sorte, tendo em vista que o Estado brasileiro aderiu à Convenção, esta passa a ter força normativa, devendo-se pontuar que seu objetivo primordial, nos termos de seu artigo 1º, é o de "promover, proteger e assegurar o reconhecimento e o pleno gozo e exercício, em condições de igualdade, de todos os direitos humanos e liberdades fundamentais do idoso, a fim de contribuir para sua plena inclusão, integração e participação na sociedade". Esse dispositivo, harmonicamente às disposições do direito interno, tem como fito evitar que a população idosa seja estigmatizada e excluída da convivência social.

Considerado o arcabouço jurídico exposto, necessário verificar, adiante, como se deu a disciplina da Lei Geral de Proteção de Dados a respeito da matéria.

### 3.2. LGPD e a previsão de seu art. 55-J, XIX

Originalmente, a LGPD não fez qualquer previsão específica aos dados pessoais de idosos, apenas com a Lei nº 13.853/2019 (convertida da Medida Provisória nº 869/2018) passando a existir tal menção. Com efeito, no bojo da recém-criada Autoridade Nacional de Proteção de Dados (ANPD), que passa a ser órgão integrante da administração pública federal (artigo 55-A, da LGPD), incluiu-se, dentre as matérias de sua competência, a do inciso XIX, do artigo 55-J, que define o dever de "garantir que o tratamento de dados de idosos seja efetuado de maneira simples, clara, acessível e adequada ao seu entendimento, nos termos desta Lei e da Lei nº 10.741, de 1º de outubro de 2003 (Estatuto do Idoso)". Esse é o único mandamento da LGPD direcionado às pessoas idosas, sem, contudo, maiores aprofundamentos. Restringe-se a disciplinar, genericamente, que o tratamento de dados pessoais envolvendo idosos se dê sem complexidade, obscuridade ou qualquer outra dificuldade, devendo ser adequada ao grupo social em referência, fazendo, a final, remissão às disposições da própria LGPD e do Estatuto do Idoso.

Muito provavelmente pela ausência de disposição mais detalhada, segundo nos foi possível constatar, inexistem estudos acadêmicos que abordem, de modo específico e direto, as disposições da LGPD no concernente ao tratamento dos dados pessoais de idosos. Assim é que, a título de exemplo, vale mencionar estudo de Cíntia Rosa Pereira de Lima e Newton de Lucca, que, ao tecerem comentários sobre a ANPD, limitam-se a alocar o inciso XIX, do artigo 55-J, da LGPD, como espécie de atribuição "fiscalizatória" da Autoridade, no sentido de "garantir que o tratamento de dados de idosos seja efetuado de maneira simples".[38] Parece evidente que a menção aos dados de pessoas

[38] LIMA, Cíntia Rosa Pereira de; LUCCA, Newton de. Autoridade Nacional de Proteção de Dados Pessoais (ANPD) e Conselho Nacional de Proteção de Dados Pessoais e da Privacidade.

idosas no Capítulo IX, da LGPD, no âmbito da competência da ANPD, não se mostra acertada, passando a temática a ser abordada de forma diluída, perdendo importância dentre as tantas outras hipóteses de atuação da Autoridade. Nesse prisma, o mais apropriado seria uma disciplina própria, tal como ocorreu com as previsões relativas às crianças e aos adolescentes (artigo 14 da LGPD), tendo em vista a vulnerabilidade da população idosa, o que mereceria tratamento especial.

Justamente pela ausência de tratamento autônomo quanto aos dados de pessoas idosas, sem que contempladas as idiossincrasias que existem no tocante às condições dessa população idosa no Brasil, a LGPD não enfrentou, satisfatoriamente, questões relevantes. No entanto, em alguns aspectos, por análise sistemática, é possível que se chegue a uma proteção efetiva aos idosos, evitando que seus dados pessoais, sensíveis ou não, sejam, ilicitamente, tratados.

## 3.3. Deficiências da LGPD no tocante à proteção dos dados de pessoas idosas

### 3.3.1. Consentimento, quanto aos dados pessoais simples, prestado por idoso no ambiente virtual

O artigo 21, § 1º, do Estatuto do Idoso, embora fazendo referência a cursos educacionais oferecidos aos idosos, pode ser visualizado como norma jurídica abrangente, haja vista dispor que, nos respectivos conteúdos programáticos, serão oferecidas "técnicas de comunicação, computação e demais avanços tecnológicos, para sua integração à vida moderna", em clara referência às relações sociais vivenciadas em ambiente virtual. A preocupação do Estatuto visa a proteger os idosos, dados os naturais entraves que impossibilitam a total inserção dessa população na atual sociedade tecnológica.

Essa é uma questão cada vez mais relevante, conforme se constata do último levantamento feito pelo IBGE na PNAD contínua, relativo à Tecnologia da Informação e Comunicação (TIC), ocorrido em 2018.[39] Nessa pesquisa,

*In*: LIMA, Cíntia Rosa Pereira de (coord.). **Comentários à Lei Geral de Proteção de Dados**: Lei n. 13.709/2018, com alteração da lei n. 13.853/2019. São Paulo: Almedina, 2020. p. 384.

[39] BRASIL. IBGE. PNAD Contínua TIC 2018: Internet chega a 79,1% dos domicílios do país. **Agência IBGE Notícias.** Disponível em: https://agenciadenoticias.ibge.gov.br/agencia-sala-

verificou-se que 79,1% dos domicílios do Brasil fazem uso da Internet, mormente, através de celulares, que foram encontrados em 99,2% das residências que possuem o serviço de acesso à rede mundial de computadores. Em relação às pessoas idosas, 38,7% afirmaram que fizeram uso da internet nos três meses que antecederam a pesquisa. A maior utilização da Internet por pessoas idosas, já expressiva, tende a se expandir, à medida que o processo de envelhecimento da população brasileira se consolidar, como expresso no início deste capítulo.

Por essa razão, é necessário cuidado redobrado no tratamento dos dados pessoais de idosos em ambiente virtual. Quer pela exposição a ofertas publicitárias que induzem ao consumo, quer no uso de redes sociais, cada vez mais frequentes por essa população, mostrava-se indispensável que fosse feita uma ressalva quanto ao consentimento prestado em âmbito telemático, considerado o desafio de inclusão digital dos idosos na atualidade, conforme assinalam Letícia Rocha Machado, Jozelina Silva da Silva Mendes, Laura Krimberg, Clóvis Silveira e Patrícia Alejandra Beharl: [40]

> [...] os idosos ainda possuem muitas limitações referentes aos conhecimentos e habilidades de Letramento e Fluência Digital da competência avaliada. No entanto, possuem atitude suficiente para buscar possíveis soluções para essas barreiras. Portanto, percebe-se a necessidade da criação e aplicação de novas estratégias pedagógicas que possam sanar essas dificuldades – como, por exemplo, a utilização de materiais educacionais digitais.

O artigo 55-J, XIX, da LGPD, por excessivamente genérico, não é suficiente para proteger os idosos no que toca ao consentimento prestado virtualmente. A concordância do titular com a utilização de seus dados pessoais é imprescindível ao tratamento (artigo 7º, I, LGPD), mas o essencial é que fossem

de-imprensa/2013-agencia-de-noticias/releases/27515-pnad-continua-tic-2018-internet-chega-a-79-1-dos-domicilios-do-pais. Acesso em: 1 nov. 2020.

[40] BEHARL, Patrícia Alejandra; KRIMBERG, Laura; MACHADO, Letícia Rocha; MENDES, Jozelina Silva da Silva; SILVEIRA, Clóvis. Competência digital de idosos: mapeamento e avaliação. **ETD – Educação Temática Digital**. Campinas, v. 21, n. 4, out./dez. 2019. p. 956.

criados mecanismos de esclarecimento aos idosos, a fim de que a prestassem de maneira informada, possibilitando que tenham plena ciência de como e por quem suas informações são tratadas, e de modo destacado, aplicando-se, nesse particular, as regras de consentimento previstas para os dados sensíveis (artigo 11, I, LGPD). Neste último caso, fundamental que sejam desenvolvidos termos de consentimento específicos aos idosos, a fim de que seja prestado do modo mais completo possível.

Não parece razoável, ainda, aplicar, automaticamente, a hipótese de dispensa de consentimento prevista no § 4º, do artigo 7º, pois, muita vez, a pessoa idosa não tem o discernimento para saber que tornou, voluntaria e manifestamente, público um dado pessoal na Internet. Ademais, como o § 4º faz menção aos princípios da LGPD, a autodeterminação informativa, expressamente prevista no artigo 2º, II, resta, induvidosamente, prejudicada, quando o ato de publicação voluntária por parte da pessoa idosa não é dotado de plena consciência. Por via de consequência, o tratamento, para novas finalidades, de dados tornados públicos pelo próprio titular, sem que prestado novo consentimento, autorizado pelo § 7º, do mesmo artigo 7º, também deve sofrer ressalvas quanto aos dados de pessoas idosas.

Forçoso reconhecer, destarte, que a LGPD poderia ter regulado – o que não fez – o consentimento prestado pelos idosos em sede virtual, visando a resguardar seus interesses, consideradas as limitações que possuem no tocante à inserção digital, e a obviar atentados à privacidade e à autodeterminação informativa, por meio da obtenção de consentimento prestado sem o pleno entendimento da situação fática, ocorrida em ambiente virtual.

### 3.3.2. Tratamento dos dados pessoais pelas entidades de atendimento aos idosos

O Estatuto do Idoso faz menção a informações de idosos no artigo 50, XV, especificamente quanto às entidades de atendimento, definindo que constitui obrigação dessas instituições:

> [...] manter arquivo de anotações onde constem data e circunstâncias do atendimento, nome do idoso, responsável, parentes, endereços, cidade, relação de seus pertences, bem como o valor de contribuições, e suas

alterações, se houver, e demais dados que possibilitem sua identificação e a individualização do atendimento.

Esses arquivos das entidades de atendimento, verdadeiros bancos de dados, representam cuidados necessários para com os idosos, com informações, inclusive, sobre terceiros que, com eles, tenham algum tipo de relação. Tal ocorre porque, não raras vezes, as pessoas idosas são acometidas por moléstias, mormente as mentais, que dificultam sua sociabilização e quebram os laços anteriormente existentes, inclusive, os familiares. Fundamental, portanto, que essas entidades controlem dados de outras pessoas, não apenas os dos idosos atendidos. Mas essa guarda dos dados não pode representar afronta à privacidade dos idosos nem de pessoas alheias ao atendimento prestado.

Nesse sentido, surge questão importante, quanto aos terceiros mencionados pelo artigo 50, XV: há necessidade de que outorguem consentimento, mesmo quando os dados não são, por eles, informados, mas pelos idosos? A nosso ver, tal consentimento poderia ser mitigado, justamente, pela relação especial existente entre essas entidades e os idosos. No entanto, à falta de previsão legal pela LGPD, é possível que se defenda, em sentido contrário, pela imprescindibilidade desse consentimento dos terceiros, que possuam dados em poder das instituições de acolhimento, chegando-se a tal entendimento por interpretação literal do artigo 7º, I, da referida lei. Essa ambiguidade revela o desacerto da LGPD em não ter procedido a uma abordagem mais detalhada quanto aos dados dos idosos, mormente com a adequação das previsões do Estatuto do Idoso.

Quanto aos idosos em si, dada a relação que firmam com as entidades de atendimento, caso não sejam estas de natureza médica, como se verá posteriormente, conforme disposições da LGPD, o consentimento por eles prestado obedeceria às regras respeitantes aos dados pessoais simples (artigo 7º, I), não aos sensíveis (artigo 11, I), o que, evidentemente, pode prejudicá-los, considerando a fragilização, já presente, quando necessitam de guarida nessas instituições. Dessa forma, mera assinatura do idoso em formulário de ingresso poderia acarretar tratamento de seus dados, por essas entidades de atendimento, sem que fosse necessário assentir de forma destacada e apenas para finalidades específicas, como deve ocorrer com os dados sensíveis. Por conseguinte, entende-se que essas entidades de atendimento devem obter consentimento específico do idoso, não apenas genérico, aplicável à disciplina dos dados considerados sensíveis, não a dos ordinários.

No que toca à relação dos pertences das pessoas idosas que estejam sob os cuidados dessas entidades, embora não se enquadre na definição legal de dado sensível, representando dado pessoal simples (artigo 5º, I, LGPD), é inegável que, em relação à população idosa, essa relação de bens possui importância maior do que para outros grupos, dada sua vulnerabilidade, merecendo proteção adequada. Não à toa, a previsão e tipificação de alguns crimes no Estatuto do Idoso visam a proteger, justamente, o patrimônio dos idosos (artigos 102, 104, 106 e 107). O fato de se tratar de relação de pertences pessoais, não diminui a importância do ora defendido, visto que podem consistir em bens móveis de valor considerável. Com o fito de se alcançar proteção integral aos idosos, essa lista de pertences não poderia ser tratada como dado comum, impondo-se, também nesta hipótese, que o consentimento obedeça às regras atinentes aos dados sensíveis, nos termos do artigo 11, I, da LGPD.

Pelas razões apontadas, a previsão do artigo 50, XV, do Estatuto do Idoso, deveria ter sofrido alterações à luz da LGPD, com adequação do dispositivo às novas regras de tratamento dos dados pessoais, a fim de proteger a privacidade dos idosos atendidos pelas instituições de acolhida, mormente no que se refere ao consentimento quanto aos dados dos idosos, de terceiros e relativos ao patrimônio, que ficam em poder dessas entidades.

### 3.3.3. Tratamento de dados previdenciários de idosos: o problema das práticas de mercado abusivas quanto aos empréstimos consignados

Remanesce, a despeito da entrada em vigor da LGPD, a preocupação existente quanto aos dados pessoais de idosos concernentes à previdência social, que são obtidos por instituições financeiras para oferta abusiva e invasiva de empréstimos consignados. A Instrução Normativa nº 100 do Instituto Nacional da Seguridade Social (INSS), de 28 de dezembro de 2018, promoveu modificação na instrução normativa nº 28, de 16 de maio de 2008, passando o §3º, do artigo 1º, a adotar a seguinte redação:

> Fica expressamente vedado às instituições financeiras e sociedades de arrendamento mercantil que mantenham Convênios e/ou Acor-

> dos de Cooperação Técnica com o INSS, diretamente ou por meio de interposta pessoa, física ou jurídica, qualquer atividade de marketing ativo, oferta comercial, proposta, publicidade direcionada a beneficiário específico ou qualquer tipo de atividade tendente a convencer o beneficiário do INSS a celebrar contratos de empréstimo pessoal e cartão de crédito, com pagamento mediante consignação em benefício, antes do decurso de 180 (cento e oitenta) dias contatos a partir da respectiva DDB.[41]

Muito embora a proibição de oferta de empréstimos consignados antes que decorridos 180 (cento e oitenta) dias da concessão do benefício previdenciário, essa prática, flagrantemente, abusiva (artigo 39, III, do CDC), não cessou. O Departamento de Proteção e Defesa do Consumidor, da Secretaria Nacional do Consumidor (SENACON), do Ministério da Justiça e da Segurança Pública da Presidência da República, em julho de 2019, sugeriu a instauração de dez processos administrativos, contra diversos bancos, privados e públicos, que atuam no Brasil,[42] com a finalidade de averiguar abusividade na oferta e concessão de empréstimos consignados, por meio de contato telefônico a idosos aposentados e outros pensionistas do INSS.[43]

Induvidosamente, considerada a atuação estatal para coibir tais práticas, a prática de vazamento de dados pessoais relativos aos idosos aposentados poderia ter sido coibida, de maneira explícita, no artigo 26, da LGPD. O § 1º desse dispositivo veda "ao Poder Público transferir a entidades privadas dados pessoais constantes de bases de dados a que tenha acesso (...)", não sendo,

[41] BRASIL. INSS. Instrução Normativa nº 100, de 28 de dezembro de 2018. Altera dispositivos da Instrução Normativa INSS/PRES nº 28, de 16 de maio de 2008. **Diário Oficial da União**: edição 250, seção 1, Brasília, DF, p. 151, 31 dez. 2018. Disponível em: https://www.in.gov.br/materia/-/asset_publisher/Kujrw0TZC2Mb/content/id/57496300/do1-2018-12-31-instrucao-normativa-n-100-de-28-de-dezembro-de-2018-57496089. Acesso em: 2 nov. 2020.

[42] Caixa Econômica Federal, os Bancos Safra, BMG, Bonsucesso Consignado, Itaú Consignado, Banrisul, Pan, Celetem, Bradesco Financiamentos e Bradesco.

[43] Todas essas notas técnicas, de nº 231 e 242 a 250, podem ser consultadas no sítio oficial da Secretaria Nacional do Consumidor, vinculada ao Ministério da Justiça e da Segurança Pública do Governo Federal. BRASIL. SENACON. **Notas Técnicas**. Biblioteca. Disponível em: https://www.defesadoconsumidor.gov.br/portal/biblioteca/95-notas-tecnicas. Acesso em: 2 nov. 2020.

contudo, suficiente. Por se tratar de fato notório, com a finalidade de melhor proteger os interesses das pessoas idosas, fundamental que houvesse previsão específica a respeito da transferência de dados a instituições financeiras, operada por órgãos públicos e, igualmente, a obtenção fraudulenta que porventura seja perpetrada pelas primeiras em relação aos últimos. Em hipótese alguma, deveria se permitir o acesso de instituições de crédito a informações previdenciárias e, por tal razão, a LGPD, ao não trazer disposição expressa a esse respeito no artigo 26, falha na proteção integral às pessoas idosas, mormente porque desconsiderada sua hipervulnerabilidade no mercado de consumo, amplamente, reconhecida em sede doutrinária.[44]

### 3.4. Interpretações quanto às disposições da LGPD que se coadunam com a proteção de dados de pessoas idosas

#### 3.4.1. Dados pessoais nos censos demográficos (artigo 116, do Estatuto do Idoso)

O art. 116 estabelece que "serão incluídos nos censos demográficos dados relativos à população idosa do País", encontrando amparo na LGPD. É fundamental que os dados da população idosa constem dos censos demográficos, a fim de melhor entender a realidade nacional e direcionar as políticas públicas de natureza social a esse grupo.

Os incisos III e IV, do art. 7º, da LGPD dão conta da hipótese prevista no mencionado artigo 116 do Estatuto do Idoso, pois permitem que a Administração trate dados pessoais com vistas à implementação de políticas públicas e à realização de estudos por órgão de pesquisa (como os censos demográficos realizados pelo IBGE). Especificamente quanto aos censos demográficos, poder-se-ia aplicar, por analogia, o art. 13, da LGPD, que disciplina os

[44] Por todos, confira-se: BERNARDES, Luana Ferreira; FÉLIX, Vinícius Cesar; ROSA, Luiz Carlos Goiabeira. O idoso como consumidor hipervulnerável na sociedade de consumo pós-moderna. **Revista Jurídica da Presidência**. Brasília, v. 18, n. 116, out. 2016/jan. 2017. p. 553: "É patente, pois, o reconhecimento da vulnerabilidade agravada do consumidor idoso como elemento de tutela jurídica diferenciada nas relações de consumo, especialmente para a contratação de crédito, o que demonstra respeito à dignidade da pessoa humana em sua amplitude e a busca de igualdade substancial sob a égide de uma sociedade de consumo que se caracteriza pelas diferenças".

estudos que envolvam dados de saúde. Dessa forma, com vistas à proteção integral do idoso, as disposições do referido artigo que impõem a necessidade de anonimização ou pseudoanonimização dos dados e a proibição de divulgação por parte dos institutos de pesquisa poderiam, perfeitamente, se aplicar aos censos demográficos, resguardados, em decorrência, os dados de idosos.

### 3.4.2. Dados pessoais sensíveis relativos à saúde

Embora de maneira indireta, a Lei Geral de Proteção de Dados confere tratamento adequado aos dados pessoais de saúde dos idosos. Diz-se indiretamente, porque a proteção especial que a LGPD confere ao tratamento de dados sensíveis (entre os quais os relativos à saúde, nos termos do artigo 5º, II, da LGPD), acaba por abranger, também, os idosos. Nesse sentido, o cadastramento da população idosa em base territorial como decorrência da efetivação de medidas protetivas e de manutenção da saúde da população idosa (artigo 15, §1º, I, do Estatuto do Idoso), encontra proteção nas disposições da LGPD. Esse cadastramento amplo e territorial mencionado pelo Estatuto do Idoso, realizado, na maioria das vezes, pelo Sistema Único de Saúde,[45] deve obedecer às regras mais rígidas de consentimento, previstas no artigo 11, I, da LGPD, tendo em vista que lida com dados sensíveis.

Ademais, por serem sensíveis os dados de saúde, a comunicação e o uso compartilhado entre controladores ficam vedados com finalidades econômicas, a não ser que ocorra em benefício do próprio titular, nos casos de portabilidade e de transações financeiras e administrativas, relativas à prestação de serviços dessa natureza (artigo 11, § 4º, LGPD). Inegavelmente, a proibição de benefício econômico contemplada neste último dispositivo mencionado, resguarda os interesses das pessoas idosas. Se, como visto, a população idosa, em sua maioria, utiliza, exclusivamente, os serviços do SUS, caso não

[45] De acordo com o Estudo Longitudinal da Saúde dos Idosos Brasileiros, realizado pelo Ministério da Saúde em 2018, 75% das pessoas idosas no Brasil fazem uso, apenas, do Sistema Único de Saúde Alguns dados desse estudo estão disponíveis no sítio oficial da Fundação Oswaldo Cruz. PENIDO, Alexandre. **Estudo aponta que 75% dos idosos usam apenas o SUS**. Fundação Oswaldo Cruz (Fiocruz). 4 nov. 2018. Disponível em: https://portal.fiocruz.br/noticia/estudo-aponta-que-75-dos-idosos-usam-apenas-o-sus. Acesso em: 2 nov. 2020.

fosse obstado o compartilhamento com finalidades econômicas, ficariam os idosos mais sujeitos a terem seus dados de saúde tratados, em seu prejuízo. A vedação impede esse cenário, conferindo proteção integral às pessoas idosas, em questão de extrema importância, que é a saúde.

Quanto aos idosos que se valem de planos privados de assistência à saúde, a previsão do § 5º, do artigo 11, obsta às operadoras "o tratamento de dados de saúde para a prática de seleção de riscos na contratação de qualquer modalidade, assim como na contratação e exclusão de beneficiários". Assim, não pode haver prejuízo aos idosos, que importem na supressão de seus direitos previstos em contratos de saúde, pelos estudos realizados pela própria seguradora, quer pela análise de banco de dados próprio, quer pela obtenção de dados com entidades parceiras, ou, até mesmo, com o Poder Público, aplicável, nesta última hipótese, o artigo 26, da LGPD. Não se proíbe, com essa norma, o tratamento dos dados em si, impedindo-se, na realidade, que seja dirigido a uma finalidade ilícita, com vistas e prejudicar os beneficiários.

Destaque-se, ainda, o artigo 13, da LGPD, que prevê como se darão os estudos em saúde pública:

> Na realização de estudos em saúde pública, os órgãos de pesquisa poderão ter acesso a bases de dados pessoais, que serão tratados exclusivamente dentro do órgão e estritamente para a finalidade de realização de estudos e pesquisas e mantidos em ambiente controlado e seguro, conforme práticas de segurança previstas em regulamento específico e que incluam, sempre que possível, a anonimização ou pseudonimização dos dados, bem como considerem os devidos padrões éticos relacionados a estudos e pesquisas.

O § 3º, do aludido artigo 13, da LGPD, afirma que a regulamentação do acesso aos dados para fins de pesquisa ocorrerá tanto pela ANPD, como pelas autoridades de saúde e sanitárias, no âmbito de suas respectivas competências, vedada a divulgação dos dados pessoais (artigo 13, § 1º). Como a própria LGPD faz menção a normativas infra legais, devem estas últimas regrar as pesquisas de saúde envolvendo pessoas idosas, o que se mostra, a princípio, bastante, na proteção aos idosos, considerada a obrigatoriedade de anonimização ou pseudonimização dos dados (artigo 13, *caput*) e a proibição de transferência a terceiro por parte do órgão responsável pela pesquisa (artigo 13, § 2º).

Em suma, é possível afirmar que a LGPD, em que pese através de previsões genéricas relativas aos dados sensíveis de saúde, para todas as faixas de idade, promoveu a proteção dos idosos nesse particular.

## 4. Proteção de dados de pessoas com deficiência

### 4.1. Evolução histórica e bases normativas

Por fim, faz-se realmente necessário perquirir a questão do ponto de vista das pessoas com deficiência. A obra "Holocausto Brasileiro", de Daniela Arbex, relata o formato, datado de passado recente, do tratamento dispensado a essas pessoas.[46] A autora desnuda, de forma humana e crua, o tratamento dispendido àqueles que demandavam tutela e proteção, justamente por estarem em situação de vulnerabilidade, ao arrepio dos mais elementares princípios constitucionais hoje tão alardeados. Tal fato foi agravado pela ausência de dados que pudessem subsidiar políticas públicas de cuidado e evitar que tais descalabros viessem a ocorrer, porquanto eles se encontravam escondidos sob o manto da invisibilidade.[47]

Em termos jurídicos, a Constituição Federal de 1988 é considerada um marco em nosso país no que tange à consolidação dos direitos fundamentais. E, em diversas passagens, a Carta Magna trata da proteção das pessoas com deficiência. Com efeito, os seus artigos 23, *caput*, inciso II, e 24, *caput*, inciso XIV, dispõem que:

[46] ARBEX, Daniela. **Holocausto Brasileiro**. 7. ed. São Paulo: Geração, 2013.

[47] ARBEX, Daniela. *Id.* p. 14: "Os pacientes do Colônia morriam de frio, de fome, de doença. Morriam também de choque. Em alguns dias, os eletrochoques eram tantos e tão fortes, que a sobrecarga derrubava a rede do Município. [...] Morriam de tudo – e também de invisibilidade. Ao morrer, davam lucro. Entre 1969 e 1980, 1.853 corpos de pacientes do manicômio foram vendidos para dezessete faculdades de medicina do país, sem que ninguém questionasse. Quando houve excesso de cadáveres e o mercado encolheu, os corpos foram decompostos em ácido, no pátio do Colônia, na frente dos pacientes, para que as ossadas pudessem ser comercializadas. Nada se perdia, exceto a vida."

> Art. 23. É competência comum da União, dos Estados, do Distrito Federal e dos Municípios: [...] II – cuidar da saúde e assistência pública, da proteção e garantia das pessoas portadoras de deficiência; [...]
> Art. 24. Compete à União, aos Estados e ao Distrito Federal legislar concorrentemente sobre: [...] XIV – proteção e integração social das pessoas portadoras de deficiência; [...].

Veja-se que, ao tratar da competência dos entes públicos, consignou-se expressamente a "proteção e garantia das pessoas portadoras de deficiência", bem como "a proteção e integração social das pessoas portadoras de deficiência", por força dos dispositivos colacionados acima. Logo, não se trata de ato discricionário do legislador infraconstitucional observar ou não tais disposições, devendo ele, ao editar leis, contemplar uma efetiva e adequada proteção desses indivíduos.

Assim, em nossa opinião, há omissão na LGPD quanto à não previsão e instrumentalização de uma proteção específica quanto aos dados de pessoas com deficiência, tal como o fez em relação a crianças e adolescentes (artigo 14). Registra-se, por oportuno, que tal lapso não é capaz de suprimir qualquer direito das pessoas com deficiência – porém, a lei poderia ir além e cumprir, de modo expresso, os mandamentos encartados na Constituição, reforçando, por consequência, o caráter inclusivo para permitir uma maior eficácia equitativa no assunto *sub examine.*

O Decreto nº 6.949, de 25 de agosto de 2009, promulgou a Convenção Internacional sobre os Direitos das Pessoas com Deficiência (CDPD) e seu Protocolo Facultativo, assinados em Nova York, em 30 de março de 2007. Tais diplomas buscam "promover, proteger e assegurar o exercício pleno e equitativo de todos os direitos humanos e liberdades fundamentais por todas as pessoas com deficiência e promover o respeito pela sua dignidade inerente" (artigo 1º). Na CPDP ainda se prevê expressamente o seguinte comando em seu artigo 22:

> Artigo 22 – Respeito à privacidade
> 1.Nenhuma pessoa com deficiência, qualquer que seja seu local de residência ou tipo de moradia, estará sujeita a interferência arbitrária ou ilegal em sua privacidade, família, lar, correspondência ou outros

> tipos de comunicação, nem a ataques ilícitos à sua honra e reputação. As pessoas com deficiência têm o direito à proteção da lei contra tais interferências ou ataques.
> 2.Os Estados Partes protegerão a privacidade dos dados pessoais e dados relativos à saúde e à reabilitação de pessoas com deficiência, em igualdade de condições com as demais pessoas.

Veja-se, conforme o item 2 do referido dispositivo, que o Brasil é obrigado a proteger, de forma específica, "a privacidade dos dados pessoais e dados relativos à saúde e à reabilitação de pessoas com deficiência, em igualdade de condições com as demais pessoas". Então, não se trata de mera faculdade dos poderes públicos, devendo haver uma efetiva proteção dos dados das pessoas com deficiência, inclusive com eficácia horizontal, perante particulares, sejam pessoas físicas, sejam pessoas jurídicas.

Na sequência, a Lei nº 13.146, de 6 de julho de 2015, instituiu a Lei Brasileira de Inclusão da Pessoa com Deficiência – Estatuto da Pessoa com Deficiência (EPD) –, que tem como escopo "assegurar e a promover, em condições de igualdade, o exercício dos direitos e das liberdades fundamentais por pessoa com deficiência, visando à sua inclusão social e cidadania" (artigo 1º, *caput*).

Nesse quadro, vislumbra-se um diálogo normativo entre a LGPD, a CDPD e o EPD, com o objetivo de conferir proteção específica aos dados das pessoas com deficiência. E, em razão da não previsão expressa dessa proteção na LGPD, também se aplicam aos citados dados, de forma analógica e no que for cabível, as disposições constantes no artigo 14 da LGPD, referentes à tutela dos dados de crianças e adolescentes.

### 4.2. Cadastro e objetivos

O artigo 3º da LGPD preocupa-se com a delimitação do seu âmbito de aplicabilidade, alcançando as pessoas jurídicas de direito público e de direito privado que realizem qualquer operação de tratamento de dados, independentemente do meio, do país de sua sede ou do país onde estejam localizados os dados. Para isso, as seguintes situações devem estar presentes: a operação de tratamento de dados ocorra em território nacional (inciso I); a atividade de tratamento tenha por objetivo a oferta ou o fornecimento de bens ou serviços ou o tratamento de dados de indivíduos localizados no território nacional (inciso II); os dados pessoais, objeto do tratamento, tenham sido coletados no território nacional (inciso III).

O EPD, por sua vez, prevê a criação e operacionalização do Cadastro-Inclusão, voltado à identificação, contextualização, e inclusão das pessoas com deficiência, nos termos de seu artigo 92. Faz-se importante que tal cadastro e dados correspondentes sejam trabalhados à luz da necessária anonimização, justamente como forma de resguardo dos envolvidos e cujos direitos se pretende tutelar. No mais, os §§ 3º e 4º do citado artigo 92 do EPD deixam assente a necessidade de se respeitarem os procedimentos e princípios éticos previstos em lei, evidenciando-se novo sistema de vasos comunicantes entre o EPD e a LGPD.

## 4.3. Inclusão e consentimento

Como já observado na presente exposição, é certo que as bases teórico-normativas que informam a tutela de dados de pessoas com deficiência trazem consigo justamente a noção de vulnerabilidade. E, no âmbito das deficiências intelectuais e cognitivas, demanda-se ainda maior cuidado em razão da ausência do necessário discernimento para compreender as complexas relações da vida e respectivas vicissitudes.

No afã de promover a igualdade e a não discriminação, o EPD informa, no artigo 6º, que a deficiência não afeta a plena capacidade civil da pessoa para diversos atos relacionados aos seus direitos existenciais, inclusive para: casar-se e constituir união estável (inciso I); exercer direitos sexuais e reprodutivos (inciso II); exercer o direito de decidir sobre o número de filhos e de ter acesso a informações adequadas sobre reprodução e planejamento familiar (inciso III); conservar sua fertilidade, sendo vedada a esterilização compulsória (inciso IV); exercer o direito à família e à convivência familiar e comunitária (inciso V); e exercer o direito à guarda, à tutela, à curatela e à adoção, como adotante ou adotando, em igualdade de oportunidades com as demais pessoas (inciso VI).

Nessa ordem de ideias, ao dispor sobre o exercício de direitos relacionados à esfera existencial das pessoas com deficiência, o EPD alterou profundamente a teoria das incapacidades, retirando do Código Civil de 2002 qualquer referência à deficiência física, sensorial, mental ou intelectual como causa de incapacidade relativa ou absoluta. A legislação civil, então, redefine as categorias jurídicas – plenamente capaz, relativamente capaz e absolutamente incapaz –, mas não tem – nem poderia ter – aptidão para atribuir discernimento aos seres humanos que, em razão de condições pessoais, não o tem ou o tem de forma limitada.

O consentimento livre e esclarecido é uma autorização, qualificada como um fato jurídico humano – mais especificamente, negócio jurídico unilateral. E a LGPD proíbe o tratamento de dados obtidos mediante vício de consentimento, prevendo a respectiva possibilidade de revogação a qualquer tempo. Justamente aí que se encontra o cerne da questão atinente ao discernimento: se tais pessoas são juridicamente capazes, mas de fato não o são, como equacionar tal hiato?

A pessoa com deficiência poderá necessitar de auxílio para exercer direitos. Para as questões negociais e patrimoniais, o EPD introduziu o instituto da curatela dessas pessoas. O curador pode atuar como assistente ou como representante, conforme o caso. Nas questões de natureza existencial, a participação do curador no assessoramento do curatelado foi complementarmente excluída (artigo 85 do EPD). Além da curatela, para a proteção das pessoas com deficiência, o EPD acrescentou o artigo 1.783-A ao Código Civil, que disciplina a tomada de decisão apoiada. A inovação legal tem por finalidade viabilizar apoio no exercício dos direitos da pessoa que, possuindo alguma deficiência, preserva sua autonomia para a prática de atos jurídicos.

A LGPD diferencia a forma exigida de consentimento segundo a natureza dos dados em tutela – pessoais, sensíveis ou de criança e adolescente. Quanto aos dados pessoais, o consentimento deve ser qualificado: prévio e livre; informado e específico; inequívoco e por escrito ou por outro meio capaz de demonstrar a vontade do titular. Em relação aos dados sensíveis, exige-se ainda que o consentimento seja específico e destacado. No que tange a crianças e adolescentes – aplicável, por analogia e no que couber, a pessoas com deficiência –, o artigo 14, § 1º, da LGPD determina que o "tratamento de dados pessoais de crianças deverá ser realizado com o consentimento específico e em destaque dado por pelo menos um dos pais ou pelo responsável legal".

Indaga-se, então, qual o formato do regramento da questão em relação a pessoas com deficiência intelectual ou mental. Destaca-se que, em se tratando de consentimento exercido no âmbito de direitos existenciais – e assim ocorre em relação a dados que envolvam a privacidade, justamente porque versam sobre questões relacionadas ao desenvolvimento dos direitos da personalidade –, são inaplicáveis os institutos da curatela e da decisão apoiada.

Assim, parte da doutrina aponta que, se a pessoa com deficiência não tem discernimento para consentir, o tratamento de seus dados somente será lícito se se verificar uma das hipóteses legais de dispensa do consentimento do titular para tratamento dos dados pessoais (artigo 7º, *caput*, incisos II a X, da LGPD) e do tratamento de dados sensíveis (artigo 11, *caput*, inciso II, da LGPD).

Ausentes tais hipóteses, se o consentimento para o tratamento de dados pessoais, sensíveis ou não sensíveis, for manifestado por quem não tem discernimento, tal manifestação não atenderá os requisitos legais. Ainda que a pessoa tenha recebido informações, isso não significa que ela as tenha compreendido, eivando de vício o consentimento, em razão, no mínimo, de erro, consistente em falsa representação da realidade.

Sucede que, em assim se entendendo, se acabará por tolher tais pessoas do exercício dos direitos da personalidade relacionados à privacidade e ao relacionamento que, muitas vezes, lhes resta com o mundo, em virtude das deficiências que lhes acometem. Então, deve-se, na realidade, não lhes negar o respectivo acesso e convívio, mas, sim, implementar mecanismos outros de proteção aptos a viabilizar segurança e resguardo. Citam-se, como exemplo, a anonimização dos dados, as ações regulatórias e as ferramentas tecnológicas de privacidade, de acordo com o grau de discernimento dos envolvidos, que poderá comprometer-lhes o entendimento em maior ou menor extensão, procurando-se, desse modo, concretizar o comando da adequação.

Um dos órgãos públicos responsáveis pela proteção dos direitos das pessoas com deficiência é o Ministério Público, o qual deve "zelar pelo efetivo respeito dos Poderes Públicos e dos serviços de relevância pública aos direitos assegurados nesta Constituição, promovendo as medidas necessárias à sua garantia", *ex vi* do artigo 129, *caput*, inciso II, da Carta Magna. A Constituição Federal qualifica-o como instituição permanente e essencial à função jurisdicional do Estado, com o objetivo de defender a ordem jurídica, o regime democrático e os interesses sociais e individuais indisponíveis (artigo 127, *caput*).

Para a referida proteção, o Ministério Público pode, nos termos do artigo 129, *caput*, da Constituição Federal: instaurar o inquérito civil e ajuizar a ação civil pública, visando à "proteção do patrimônio público e social, do meio ambiente e de outros interesses difusos e coletivos" (inciso III); "expedir notificações nos procedimentos administrativos de sua competência, requisitando informações e documentos para instruí-los, na forma da lei complementar respectiva" (inciso VI); entre outras medidas.

Aguarda-se, ainda, que a Autoridade Nacional de Proteção de Dados, por meio de sua atuação regulatória, atente-se para o tema em destaque, procurando, por óbvio, proporcionar a inclusão de tais sujeitos de direitos, assim como respeitar o respectivo grau de discernimento.

Para tanto, sugere-se, especialmente em ambientes virtuais, que o referido órgão regulador imponha aos provedores de Internet, sempre pela via da inclusão e à luz da não discriminação, o manejo de ferramentas de aferição do grau de discernimento para consentir, apontando-se a possibilidade do uso de sistema de *captcha,* sigla para "*completely automated public turing test to tell computers and humans apart*" (teste de *turing* público completamente automatizado para diferenciação entre computadores e humanos), e, se o caso, posterior questionário elaborado com base científica, e que viabilize a colheita do adequado consentimento, de acordo com o respectivo grau de viabilidade para consentir.

Cite-se neste cenário o disposto no artigo 12 do Estatuto da Pessoa com Deficiência, que trata justamente do consentimento externado para fins existenciais, conforme e infere de tal dispositivo, tal qual ocorre com o acesso aos dados pessoais, à luz do quanto exposto na presente resenha.

Em assim ocorrendo, pretende-se então viabilizar a inclusão das pessoas com deficiência, respeitando-se o respectivo grau de discernimento para consentir, além do princípio da isonomia, sem discriminação.

### 4.4. A AACD e a proteção de dados

Cumpre salientar que, no dia 24 de outubro de 2020, após um criterioso procedimento de aprovação, a AACD, por intermédio de sua gerente de Auditoria Interna e *Compliance,* Sra. V.S.M., concedeu[48] aos autores deste texto uma

[48] Intencionalmente anonimizado por esta obra coletiva versar sobre proteção de dados pessoais.

entrevista, que serviu de base para a elaboração dessa pesquisa de campo que não envolve seres humanos (mas, sim, uma pessoa jurídica de direito privado), cujo relatório foi estruturado como parte desse trabalho.

### 4.4.1. A Associação

A Associação de Assistência à Criança Deficiente (AACD) é uma organização sem fins lucrativos que realiza atendimento médico-terapêutico em ortopedia e a reabilitação de pessoas com deficiência de todas as idades, recebendo pacientes particulares, do Sistema Único de Saúde (SUS) e de planos de saúde.[49] Atualmente com nove unidades nos Estados de Minas Gerais, Pernambuco, Rio Grande do Sul e São Paulo,[50] a AACD conta com equipes especializadas e multidisciplinares, apresentando-se também comprometida com "a promoção do conhecimento científico e a evolução constante do atendimento",[51] motivo por que possui uma área de ensino e pesquisa que visa ao aprimoramento de processos, evolução de profissionais e disseminação de informações técnicas, reforçando, assim, seu engajamento com "a melhoria constante do tratamento oferecido aos pacientes e a qualidade de vida das pessoas com deficiência física".[52] A instituição trabalha ainda com a inclusão social dos indivíduos atendidos e de seus familiares, através de programas e práticas esportivas e culturais, estimulando a superação de limitações e o exercício do máximo potencial de cada indivíduo.[53] Em reconhecimento a seu trabalho, a AACD conquistou diversas certificações e premiações internacionais,[54] detendo, por exemplo, a Acreditação Internacional Qmentum, a qual "atesta padrões de excelência em Qualidade e Segurança

[49] AACD (Associação de Assistência à Criança Deficiente). **A AACD.** Disponível em: https://aacd.org.br/a-aacd. Acesso em: 18 set. 2020.
[50] AACD (Associação de Assistência à Criança Deficiente). **Unidades.** Disponível em: https://aacd.org.br/unidades. Acesso em: 18 set. 2020.
[51] AACD (Associação de Assistência à Criança Deficiente). **A AACD.** *Id.*
[52] AACD (Associação de Assistência à Criança Deficiente). **Ensino e Pesquisa.** Disponível em: https://aacd.org.br/ensino-e-pesquisa. Acesso em: 18 set. 2020.
[53] AACD (Associação de Assistência à Criança Deficiente). **AACD Esportes.** Disponível em: https://aacd.org.br/aacd-esporte. Acesso em: 18 set. 2020.
[54] AACD (Associação de Assistência à Criança Deficiente). **Certificações.** Disponível em: https://aacd.org.br/certificacoes. Acesso em: 18 set. 2020.

no atendimento ao paciente",[55] e a certificação do programa norte-americano Planetree, "focado na excelência no atendimento humanizado".[56]

De acordo com seu Estatuto Social, a associação é uma pessoa jurídica de direito privado, "de caráter beneficente e filantrópico, especializada em habilitação e reabilitação de pessoas com deficiência física, com atuação na área de saúde, da educação e assistência social, sem fins lucrativos ou econômicos".[57] Seu objeto social se resume em "promover a prevenção, habilitação e reabilitação de pessoas com deficiências físicas permanentes, temporárias ou decorrentes de outras patologias",[58] além da "assistência à saúde, educação, o esporte, pesquisa e inovações sempre em prol das pessoas com deficiência e sempre no limite de sua capacidade de infraestrutura, técnica e financeira".[59] Os recursos para desenvolvimento e manutenção de suas atividades são provenientes de "doações, campanhas, subvenções, contribuição de associados e mantenedores, receitas patrimoniais e financeiras, prestação de serviços e venda de próteses, órteses e aparelhos ortopédicos e outros serviços e produtos próprios",[60] podendo ainda celebrar, de forma direta ou através de terceiros, "termos de parceria, contratos, convênios e outros acordos com o Poder Público, entidades privadas e organismos nacionais e internacionais".[61]

A instituição foi fundada em 3 de agosto de 1950 pelo ortopedista Renato da Costa Bomfim em uma época em que o Brasil enfrentava a poliomielite,

[55] AACD (Associação de Assistência à Criança Deficiente). **A AACD.** *Id.*

[56] *Id.*

[57] AACD (Associação de Assistência à Criança Deficiente). **Estatuto Social**. Aprovado em Assembleia Geral de Associados em 27 de setembro de 2017. Registrado no 4º Ofício de Registro de Títulos e Documentos e Civil de Pessoa Jurídica da Capital sob o nº 671.003 (Registro 1071/A). Disponível em: https://aacd.org.br/wp-content/uploads/2019/10/Compliance-Diagramacao-do-Estatuto-Social-para-divulgacao-intranet-e-internet.pdf. Acesso em: 18 set. 2020. p. 4.

[58] *Ibid.*

[59] *Ibid.*

[60] AACD (Associação de Assistência à Criança Deficiente). **Estatuto Social**. Aprovado em Assembleia Geral de Associados em 27 de setembro de 2017. Registrado no 4º Ofício de Registro de Títulos e Documentos e Civil de Pessoa Jurídica da Capital sob o nº 671.003 (Registro 1071/A). Disponível em: https://aacd.org.br/wp-content/uploads/2019/10/Compliance-Diagramacao-do-Estatuto-Social-para-divulgacao-intranet-e-internet.pdf. Acesso em: 18 set. 2020. p. 7.

[61] *Id.* p. 8.

a qual deixou sequelas motoras em diversas pessoas, sobretudo crianças.[62] Apoiado por voluntários, Bomfim estabeleceu em São Paulo um centro de reabilitação com a utilização de modelos de assistência em ortopedia apreendidos em suas viagens ao exterior, dando foco "no tratamento e na inclusão social de crianças e adolescentes com deficiência física",[63] momento em que nasceu a associação, que, em 2019, realizou 880.798 atendimentos por 2.013 profissionais e 1.185 voluntários, tendo sido entregues 61.232 produtos ortopédicos e feitas 7.512 cirurgias.[64]

A estrutura organizacional da instituição se pauta pelo organograma a seguir:[65]

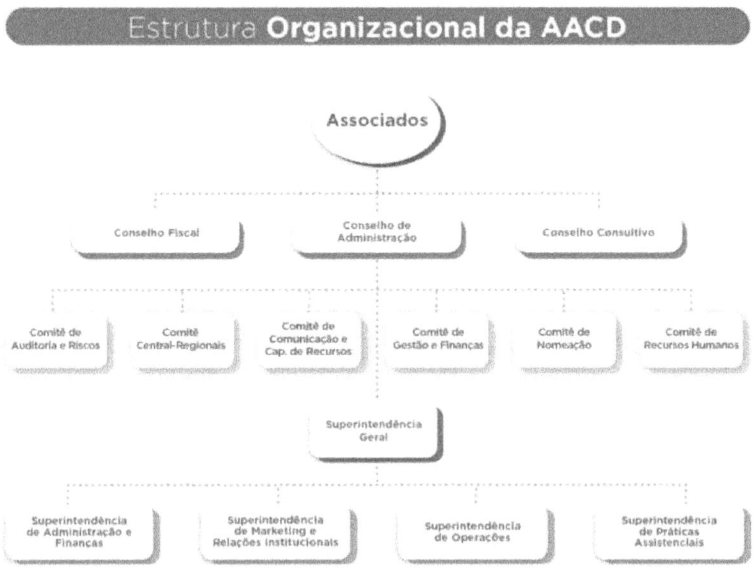


Os órgãos de governança são assessorados por áreas de Auditoria Interna e *Compliance*, "responsáveis por monitorar, avaliar e propor medidas aos órgãos

[62] AACD (Associação de Assistência à Criança Deficiente). **Relatório Integrado 2019**. Disponível em: https://aacd.org.br/Arquivos/Relato_integrado_AACD_2019_vers%C3%A3o_digital_interativo_reduce.pdf. Acesso em: 18 set. 2020. p. 9.

[63] *Ibid.*

[64] *Id.* p. 12.

[65] *Id.* p. 53-54.

de administração em temas como gerenciamento de riscos, conflitos de interesses, dilemas éticos e aderência a exigências legais".[66] E entre os mecanismos criados para assegurar a regularidade das atividades, processos e comportamentos, a AACD possui um Código de Ética que "orienta as ações e atitudes dos colaboradores, sejam eles membros da governança, funcionários, voluntários, terceiros e parceiros",[67] abordando "tópicos como relacionamento com o poder público, uso da imagem da AACD e publicações em redes sociais".[68] A organização ainda disponibiliza um canal virtual aberto para dúvidas, submissão de dilemas éticos, comunicação de situações e condutas ilícitas ou em desacordo com suas normas e princípios.[69]

Conforme o Relatório Integrado 2019 da instituição, emitido em 2020, em três anos, foram investidos R$ 45 milhões para promoção de melhorias e atendimento das necessidades de infraestrutura de suas unidades, tendo sido alocados 6,3% no desenvolvimento de profissionais (cursos, treinamentos e capacitação), 20,3% em tecnologia e pesquisa (aquisição e manutenção de equipamentos e atualização de *softwares*) e 73,3% em qualidade e segurança (melhorias de infraestrutura, modernização das instalações e aquisição de equipamentos).[70] Em 2019, a captação de recursos cobriu o déficit operacional e fez encerrar o ano fiscal com superávit de R$ 57 milhões de reais, destinados à priorização de investimentos, tendo sido as demonstrações financeiras auditadas pela ERNEST & YOUNG Auditores Independentes, recomendadas pelo Conselho Fiscal e aprovadas pelos associados em Assembleia Geral Extraordinária ocorrida em 28/04/2020.[71]

[66] AACD (Associação de Assistência à Criança Deficiente). **Relatório Integrado 2019**. *Id.* p. 60.

[67] AACD (Associação de Assistência à Criança Deficiente). **Governança**. Disponível em: https://aacd.org.br/governanca. Acesso em: 18 set. 2020.

[68] AACD (Associação de Assistência à Criança Deficiente). **Código de Conduta**. Disponível em: http://aacd.org.br/wp-content/uploads/2019/09/codigodeconduta.pdf. Acesso em: 18 set. 2020.

[69] AACD (Associação de Assistência à Criança Deficiente). **Central de Ética e Compliance**. Disponível em: https://www.compliance-office.com/aacd/. Acesso em: 18 set. 2020.

[70] AACD (Associação de Assistência à Criança Deficiente). **Relatório Integrado 2019**. *Id.* p. 61-62.

[71] *Ibid.*

### 4.4.2. A coleta de dados pela AACD

Para a prestação de seus serviços, a AACD realiza a coleta de dados pessoais fornecidos pelos pacientes ou responsáveis legais, pelos doadores, por colaboradores e por terceiros, tais como: a) dados cadastrais e de saúde para agendamento e realização de consultas, terapias, exames, cirurgias ou atendimento nas oficinas ortopédicas; b) dados cadastrais e de saúde para participar de projetos de pesquisa clínica conduzidos na AACD; c) dados cadastrais para registro de doações ou de intenções de doação pelo titular de dados; e) dados cadastrais para candidatar-se ou ocupar uma vaga de emprego na AACD; e) dados cadastrais para tornar-se um profissional credenciado; f) dados cadastrais para tornar-se um voluntário; g) dados cadastrais para ministrar ou inscrever-se em cursos; h) dados cadastrais e/ou biométricos para ingresso e permanência nas dependências das Unidades da AACD; i) dados cadastrais e de saúde compartilhados pelo SUS para agendamento de consultas, terapias, exames, cirurgias ou fornecimento de órteses, próteses ou meios auxiliares de locomoção; j) dados cadastrais e de saúde compartilhados pelo médico credenciado para processo de autorização e agendamento de cirurgias; l) dados cadastrais de empregados das empresas fornecedoras ou prestadoras de serviço, quando necessários para o desempenho das suas atividades.[72]

A instituição também realiza a coleta de dados de forma automática, obtendo-os em procedimentos específicos, nos quais não é necessária a ação do titular ou de terceiros, a exemplo da gravação de voz nas ligações realizadas em ramais, com aviso prévio ao interlocutor, das imagens captadas por câmeras de segurança e do IP (ou *Internet Protocol*) na confirmação da doação do titular.

Por meio de um Termo de Privacidade Geral, a AACD dá ciência aos pacientes, doadores, visitantes e colaboradores a respeito de quais informações são coletadas através de seu sítio eletrônico e dos canais digitais de marketing, além da forma como esses dados são utilizados e as alternativas relacionadas a tais informações.[73] De acordo com o aludido instrumento, os

[72] AACD (Associação de Assistência à Criança Deficiente). **Privacidade e Proteção de Dados Pessoais**: como funciona o tratamento de dados? *In*: Perguntas Frequentes. Disponível em: https://aacd.org.br/perguntas-frequentes-faq. Acesso em: 18 set. 2020.

[73] AACD (Associação de Assistência à Criança Deficiente). **Termo de Privacidade**. Disponível em: https://aacd.org.br/wp-content/uploads/2020/09/Termo-de-Privacidade-AACD.pdf.

dados coletados pela instituição subdividem-se em seis grupos, quais sejam: a) doação; b) contato para cooperação técnica; c) informações profissionais; d) voluntariado; e) dados de sessão; e f) dados de terceiros. O primeiro grupo refere-se às informações necessárias para o registro e processamento das doações, em que se incluem nome, CPF, e-mail, telefone e dados concernentes à forma de pagamento escolhida pelo doador, tais como número, validade e CVV (código de verificação/segurança) do cartão de crédito; número do banco, agência e conta para pagamentos em débito; e endereço para a opção de pagamento por boleto.[74]

Quanto ao segundo grupo, os dados atinem aos pedidos de cooperação técnica disponibilizada pela AACD, para o qual se faz necessária a coleta do nome, e-mail e telefone para retorno do contato. A terceira classe, sujeita a termos de privacidade específicos,[75] se destina às informações de pretensos colaboradores, os quais devem fornecer seus dados para concorrer às vagas inocupadas.[76] A quarta seção refere-se à coleta de dados imprescindíveis para se tornar um voluntário da instituição, e a quinta, de informações obtidas de navegadores do endereço eletrônico para melhoria da qualidade do *site* e a assertividade das campanhas em busca de doações. Por fim, a AACD pode receber informações de bases de dados públicas ou de terceiros e combinar tais informações com as de seu sistema. Esses dados são legalmente obtidos para os legítimos interesses relacionados ao objeto social da organização, para análise de dados, prevenção de fraudes, identificação de novos doadores ou parceiros e para marketing das ações de captação de recursos.

Ainda em conformidade com o Termo de Privacidade Geral da empresa, o uso e acesso dos dados podem ocorrer para: a) processamento de uma doação junto ao sistema bancário; b) realização de uma campanha de prospecção de novos mantenedores; c) marketing digital relacionado à divulgação da causa ou outras campanhas de captação de recursos; d) melhoraria dos serviços oferecidos; e) detecção, prevenção ou endereçamento de situações relacionadas à fraude, mau uso, segurança da informação ou questões técnicas; f) realização

Acesso em: 18 set. 2020. p. 1.

[74] AACD (Associação de Assistência à Criança Deficiente). **Termo de Privacidade.** *Id.* p. 2.

[75] AACD (Associação de Assistência à Criança Deficiente). **Política de Privacidade.** Disponível em: https://aacd.pandape.com.br/Privacy. Acesso em: 18 set. 2020.

[76] AACD (Associação de Assistência à Criança Deficiente). **Termo de Privacidade.** *Id.* p. 3.

de cadastros e estabelecimento de um relacionamento de interesse da AACD. A retenção de dados pessoais é limitada e de acordo com os propósitos a que se destinam, com o cumprimento de obrigações legais ou contratuais e com a resolução de dúvidas e conflitos, de modo que, após o período necessário, as informações são deletadas ou anonimizadas em consonância com os "procedimentos de Segurança da Informação da AACD e normas contratuais".[77]

Segundo o instrumento que ora se analisa, os doadores, pacientes, voluntários e fornecedores podem sempre atualizar suas informações pessoais por meio dos canais disponibilizados pela instituição, momento em que a AACD informará quais dados pessoais são processados, estão arquivados internamente ou tenham sido compartilhadas com terceiros. Dessa maneira, o solicitante pode requerer a razão para a guarda de suas informações pessoais, como elas foram obtidas, o que foi feito com elas, com quem foram compartilhadas, quais são as salvaguardas para sua proteção e por quanto tempo elas são retidas. As aludidas requisições são feitas ao Encarregado de Proteção de Dados (DPO) por meio de link específico disponibilizado no sítio eletrônico da instituição.

Para atendimento de telemedicina, os pacientes ou seus representantes legais, através do Termo de Consentimento e Privacidade elaborado pela instituição, autorizam, por meio eletrônico, o uso de seus dados pessoais e sensíveis e seu tratamento para a viabilização do teleatendimento, além de declarar ciência e concordância com o conteúdo do documento, no qual estão contidas informações gerais sobre o atendimento virtual, sobre sigilo e confidencialidade, segurança, atendimento a menores de idade e os direitos e escolhas envolvidos ao serviço.[78] Segundo o documento, o sigilo dos dados de pacientes e a integridade das informações são resguardados "pelos profissionais, nos termos de seus respectivos Códigos de Ética e regulamentações pertinentes",[79] podendo as informações prestadas pelo paciente ou seu representante ser gravadas e armazenadas pela AACD.

[77] AACD (Associação de Assistência à Criança Deficiente). **Termo de Privacidade.** *Id.* p. 6.

[78] AACD (Associação de Assistência à Criança Deficiente). **Termo de Consentimento e Privacidade: Telemedicina.** Disponível em: https://aacd.org.br/wp-content/uploads/2020/06/20200630-Termo-de-privacidade-e-consentimento-AACD-Telemedicina.pdf. Acesso em: 18 set. 2020. p. 1.

[79] AACD (Associação de Assistência à Criança Deficiente). **Termo de Consentimento e Privacidade: Telemedicina.** *Id.* p. 3.

### 4.4.3. Entrevista realizada para os fins deste artigo

Continuando com a entrevista realizada com a gerente de Auditoria Interna e Compliance, foram explicitados os processos concernentes aos tratamentos de dados realizados pela organização, com enfoque especial naqueles cujos titulares são os pacientes com menor idade e idosos. A propósito, segundo a representante da empresa, embora esteja em seu nome social a assistência a crianças deficientes, os atendimentos desenvolvidos pela AACD não se restringem apenas a esta parcela da população, restando praticamente igual o público infanto-juvenil e o adulto que se beneficia dos serviços disponibilizados, sendo significativa, ademais, a parcela de idosos acompanhados.

No mais, conforme a referida gerente, as fontes de obtenção de dados dos pacientes da organização são diversas, podendo as informações originar-se da base de dados do SUS, cujos gestores locais, através de uma demanda dita regulada, podem encaminhar os pacientes das Unidades Básicas de Saúde (UBS) para atendimento na AACD, com agendamento feito diretamente em seu sistema e transferência de um conjunto mínimo de informações à organização beneficente, a qual figura, neste momento, como operadora desses dados. Ocorre, no entanto, que, ao chegar à AACD, esses pacientes preenchem uma ficha para complementação das informações necessárias ao atendimento – muitas das quais, para cumprimento de obrigações decorrentes, por exemplo, do sistema CIHA (Comunicação de Informação Hospitalar e Ambulatorial) do Ministério da Saúde –, momento em que a associação passa a ser controladora das informações e os pacientes, a ter uma identidade dentro da instituição e a se submeter a um fluxo de tratamento de dados semelhante ao dos demais atendidos, exceto quanto ao faturamento dos serviços. No que tange aos pacientes particulares ou oriundos de convênios, a coleta inicial de seus dados é realizada quando da marcação do primeiro atendimento, sendo complementado o cadastro na medida em que o relacionamento se avança. Demandas cirúrgicas direcionadas aos hospitais administrados pela instituição também podem se originar de médicos conveniados, os quais transferem dados de seus pacientes à AACD para solicitação de autorização do plano de saúde, procedimento que, antes das modificações realizadas pela organização para cumprimento das exigências da LGPD, era realizado sem o consentimento do paciente. Atualmente, contudo, no momento do ingresso das informações vindas do médico conveniado, o paciente é contatado para manifestação de consentimento e, só então, a autorização é requerida. Vale realçar, por oportuno, que, no processo de faturamento e cobrança dos serviços e atendimentos prestados, é feito o compartilhamento de algumas informações contidas na base de dados da AACD com as administradoras de planos de saúde e o SUS, com os quais, neste momento, se estabelece uma relação de controlador-controlador do tratamento de dados.

Todo o trabalho realizado até essa altura é administrativo, operacionalizado através de um sistema chamado TASY (provido pela Philips) e amparado no consentimento dado pelo paciente ou seu representante legal e também na tutela de sua saúde. Quanto ao consentimento, vale dizer que, para todos os menores de idade, independente se crianças ou adolescentes, a AACD exige a devida representação ou assistência de seus pais ou responsáveis legais, requerendo ainda mecanismos de representação específicos para os demais pacientes com dificuldades de escrever ou de manifestar sua vontade, tudo em conformidade com os Estatutos da Pessoa com Deficiência, da Criança e do Adolescente e do Idoso. Nada obstante, observa-se que as atividades desenvolvidas pela organização no concernente ao tratamento de dados estão amparadas pelos incisos IV, V e VIII do artigo 7º da LGPD, aplicáveis, como já defendido em capítulo anterior, às pessoas analisadas na presente investigação, estando aí fundado o legítimo interesse da instituição.

Os dados dos pacientes são endereçados para a agenda do(s) médico(s) responsável(eis) pelo atendimento preliminar que encaminhará(ão) os atendidos às equipes multiprofissionais compostas por fisioterapeutas, fonoaudiólogos, psicólogos, terapeutas ocupacionais, musicoterapeutas, profissionais em arte-reabilitação e em outras especialidades oferecidas pela AACD e definidas em conformidade com os protocolos de cada patologia, desdobrando-se, assim, as agendas, cuja gestão é feita pelas áreas administrativa e de atendimento, nas quais somente transitam as informações imprescindíveis para essa atividade, o que significa que existem dados que ficam restritos apenas a alguns setores. Aliás, cada colaborador da AACD conecta-se ao sistema TASY por meio de *login* e senha, criados individualmente e de acordo com sua função dentro da instituição, limitando-se a permissão de acesso ao seu perfil e à atribuição desenvolvida, o que impossibilita o contato com informações incompatíveis com sua atividade, sistemática essa que representa um dos recursos utilizados pela organização para segurança da informação. Os profissionais de saúde que têm acesso aos prontuários dos pacientes, também coletam, produzem e registram dados baseados, por exemplo, nas análises, diagnósticos e evolução dos tratamentos disponibilizados. Por sinal, todos os dados são armazenados em um *data center* próprio, inexistente armazenamento em nuvem.

A própria instituição é identificada pela entrevistada como a controladora das informações administradas pela AACD, responsabilizando-se a Governança pelas decisões referentes ao tratamento de dados pessoais. Assim, o Conselho de Administração define políticas de segurança e proteção de dados e os procedimentos de trabalho são estabelecidos no nível executivo pelas Superintendências e gerências. A partir daí, são estipulados papeis e responsabilidades às diversas áreas da organização com delineamento de permissões de acesso e demais operações que serão realizadas pelos variados setores institucionais, cujos colaboradores, como já dito, são identificados no sistema e suas prerrogativas delimitadas e conduzidas pelas instruções de trabalhos e procedimentos e pelo Código de Conduta, o qual, desde sua primeira versão, sempre reservou capítulo à segurança da informação, o que mostra que a diligência e o cuidado com a conduta de tratamento de dados sempre esteve presente no ideal da associação, desde antes da LGPD.

Consigna-se que a gestão do banco de dados cabe à área de TI (Tecnologia da Informação), que se responsabiliza pelo armazenamento, resguardo e a operacionalização de eventuais eliminações de informações. Por falar nisso, a instituição mantém o acervo completo de prontuários de pacientes, nunca tendo eliminado qualquer um deles, mesmo depois de 20 anos do último atendimento registrado.

Convém ressaltar que existem diversos termos de consentimento no atendimento de saúde concedido pela AACD, os quais são submetidos aos pacientes em vários momentos do relacionamento, a exemplo do termo de adesão aplicado pelo serviço social da instituição no momento de ingresso dos atendidos no domínio ambulatorial. Por oportuno, quando apresentados os termos de consentimento, aos pacientes é oferecida uma assessoria técnica para esclarecimento de dúvidas que porventura surgirem, de modo que a ciência e autorização do tratamento de dados sejam feitas consciente, esclarecida, livre e transparentemente.

No que toca aos trabalhos de ensino e pesquisa realizados pela instituição, os dados de pacientes utilizados por essa frente, com respaldo na previsão do inciso IV do artigo 7º da LGPD, são, o quanto possível, anonimizados. Ocorre que, no estudo de algumas patologias, é feita o que a entrevistada chama de pseudo-anonimização, porque, em alguns casos, a própria doença pode ser capaz de identificar o titular dos dados. A despeito disso, a associação se empenha em adotar as mais variadas medidas de proteção da privacidade e sigilo dos dados dos pacientes, pautando-se nos mais diversos dispositivos encontrados no ordenamento jurídico, desde a Constituição até os códigos de ética profissionais. A propósito, a AACD possui um Comitê de Ética em Pesquisa, a quem são submetidos os projetos de pesquisa para análise e aprovação, sempre com vistas a garantir a proteção de dados.

Ao tratarmos das campanhas publicitárias produzidas pela instituição, foram identificadas, na entrevista, duas vertentes: a primeira, relativa à disseminação de informações sobre as patologias tratadas pela AACD, cujo conteúdo inclui, por exemplo, formas de conscientização, identificação e prevenção de algumas doenças; e a segunda, destinada à captação de doações. Nessas ações, todo uso de imagem, voz e dados é amparado em consentimentos específicos, em termos de autorização assinados pelos pacientes ou por seus representantes legais. Além do mais, qualquer projeto do gênero é submetido a uma verificação de conformidade do próprio *Marketing*, que também analisa as questões legais e bioéticas envolvidas. Impende sublinhar que, antes das medidas de adequação à LGPD, a AACD recebia uma demanda para realização de determinada campanha e a área de terapias identificava os pacientes com o perfil necessário. O *Marketing*, então, contatava os selecionados e, caso manifestassem interesse, eles assinavam o termo de autorização e consentimento aplicado à hipótese e participavam da campanha.

Todavia, atualmente, a associação publica uma campanha prévia de convocação de pacientes interessados em compartilhar suas histórias, os quais devem se inscrever e, só então, o *Marketing* entra em contato. A entrevistada evidenciou que, no termo de consentimento, são explicitados o período, o título e todas as demais informações da campanha, havendo, demais disso, a previsão de que, na hipótese de desistência, a AACD deixará de utilizar a imagem, voz e demais dados do titular, não sendo possível, operacionalmente, impedir toda e qualquer veiculação de conteúdos divulgados nas campanhas em redes sociais, por impossibilidade de controle nos compartilhamentos realizados por terceiros. Menciona-se, no entanto, que, no histórico da instituição, não se tem notícias de desistências de pacientes ou representantes legais que participaram de campanhas informativas ou de captação de recursos.

Percebeu-se, dos documentos analisados e da entrevista concedida, que a organização trabalha constantemente pela regulação e conformidade às leis e normas de órgãos regulamentadores, tendo, aliás, implantado um programa de adequação à LGPD, em que se inclui, entre outras medidas: a) o diagnóstico e o ajustamento de fluxos de trabalho; b) a análise, avaliação e eventual solicitação de regularização dos procedimentos adotados por conveniados e entidades com que é feito o compartilhamento de dados; e c) um pilar de comunicação e treinamento dos colaboradores, com disponibilização de cursos à distância e aplicação de avaliações para se averiguar o nível de aprendizagem e absorção do conteúdo, de modo a reforçar a cultura de segurança e proteção de dados.

A gerente de Auditoria Interna e *Compliance* aduziu que as informações concernentes à saúde de pacientes são extremamente valiosas e a importância de sua proteção se ampara na necessidade de preservação da dignidade da pessoa que tem esses dados armazenados na AACD e também de proteção da instituição, mitigando-se riscos de sanções civil e criminal e prejuízos a sua reputação, que impactariam na continuidade dos negócios, já que parcela considerável de seu sustento financeiro depende de doações e, portanto, de sua boa avaliação social, motivo por que o projeto de adequação à LGPD na AACD foi definido como estratégico, não operacional, o que demonstra a relevância do tema para a instituição.

Além de todo o exposto, foram assinalados, pela entrevistada, os seguintes recursos, procedimentos, ferramentas, *softwares* e práticas de segurança utilizados para proteção dos dados administrados pela instituição e para impedimento de acesso não autorizado, destruição acidental ou criminosa e alteração ou publicidade não autorizada de informações, além de adequação à LGPD: a) restrição e controle de acesso às áreas de arquivos físicos e ao *data center*, com uso de sistema de catraca, de reconhecimento eletrônico de crachá e de vigilância; b) atualização programada de *softwares* e sistemas operacionais, servidores, *desktops* e *notebooks* (o que reduz a vulnerabilidade a invasões); c) realização de *backups* diários, semanais e mensais em redes virtualmente apartadas da rede principal; d) Firewall Fortinet da Rede Lan; e) Firewall Sonicwall da Rede de Wi-Fi; f) discriminação da rede de Wi-Fi utilizada por colaboradores, pacientes e convidados da rede principal; g) antivírus da McAfee em desktops, notebooks, servidores *Storages* e *Blades*; h) sistema de defesa cibernética e de fraude digital; i) software de filtro de conteúdo na Rede Lan e Wi-Fi, para impedir o acesso de conteúdo impróprio e a sites de *download*; j) normas, regulamentos internos e publicações, como o Código de Conduta, a Política de Segurança da Informação, o Termo de Ciência do Uso de Correio Eletrônico, o Termo de Ciência do Uso da Internet e o Guia de Segurança da Informação; k) comunicação e treinamento a respeito da segurança da informação na integração de novos colaboradores, na admissão de credenciamento de corpo clínico e no programa de reciclagem do voluntariado; l) obrigatoriedade da realização de um curso à distância sobre LGPD; m) previsão de estabelecimento de controle, reportes e notificação de eventos e incidentes de segurança da informação; n) previsão de implantação de sistema de governança de dados, DLP (*Data Loss Prevention*), gestão de consentimento para os diversos públicos (pacientes, doadores, voluntários, colaboradores e outros titulares), testes de políticas e procedimentos, padronização do *Data Mapping* e vigilância de tráfego de informações nas redes.

Ao ser questionada a respeito da ocorrência de incidentes, culposos ou dolosos, concernentes à segurança da informação e das sanções coorporativas adotadas em cada caso, a entrevistada destacou o esforço da AACD em sensibilizar o corpo de colaboradores e conveniados no que toca à importância da proteção de dados, e também realçou a rigidez adotada em apurações de responsabilidades para marcação da cultura do sigilo da informação.

Importa convenientemente anotar que, quanto à responsabilidade civil do controlador e dos operadores da AACD, aplicam-se, além da legislação consumerista, os artigos 42 a 44 da LGPD, segundo os quais, se, em razão do exercício de atividade de tratamento de dados pessoais, for causado a outrem dano patrimonial, moral, individual ou coletivo, em violação à legislação de proteção de dados pessoais, é obrigatória a reparação, respondendo o operador solidariamente quando houver descumprimento legal ou quando não tiver seguido as instruções lícitas do controlador, hipótese em que se equipara a este, o qual também responde solidariamente pelos danos decorrentes de tratamento em que esteja diretamente envolvido, ressalvadas as exclusões do artigo 43, isto é, nos casos em que: a) for comprovado que não realizaram o tratamento de dados pessoais que lhes é atribuído; b) embora tenham realizado o tratamento de dados pessoais que lhes é atribuído, não houve violação à legislação de proteção de dados; ou c) o dano é decorrente de culpa exclusiva do titular dos dados ou de terceiro.

Destaca-se que, consoante o § 2º do artigo 42 da LGPD, no processo civil, o magistrado poderá inverter o ônus da prova a favor do titular dos dados se verossímil a alegação, houver hipossuficiência para fins de produção de prova ou quando a produção de prova pelo titular resultar-lhe excessivamente onerosa. A organização está sujeita, outrossim, às sanções previstas nos Estatutos da Criança e do Adolescente, do Idoso e da Pessoa com Deficiência, além das penalidades administrativas dos artigos 52 e seguintes da LGPD.

## Conclusões

Em perspectiva inclusiva, busca-se a tutela e o resguardo das posições jurídicas dos hipervulneráveis, bem como a sua acessibilidade aos meios de interação, tanto físicos quanto digitais. Por tais motivos e como forma de se tutelar a validade fática do correspondente consentimento, quando juridicamente viável, ante o reconhecimento da capacidade de tais pessoas para atos próprios dos direitos da personalidade, reclamam-se maior rigor e adequação por parte dos entes públicos e privados ao colherem tais consentimentos. Igualmente, sobrevêm alerta aos pais, responsáveis legais, curadores e apoiadores para eventual acompanhamento de tais situações, sempre se preservando, na medida do possível, a autonomia e a privacidade dos titulares de dados.

A LGPD dedicou proteção específica às crianças e adolescentes, em seu artigo 14, muito embora o tenha feito em desacordo com o critério cronológico previsto no ECA e com o regime de capacidades previsto no Código Civil. A proteção outorgada é louvável, mas cria insegurança jurídica e a necessidade de interpretação jurídica da norma à luz dos demais diplomas legais aplicáveis. De todo modo, a diretriz de que o tratamento de dados será realizado no "melhor interesse" do menor é norma ampla e que permite a sua aplicação efetivamente ao que, no caso em concreto, reputar-se em linha com o interesse da criança e do adolescente.

Por sua vez, à luz da proteção integral conferida às pessoas idosas pelo sistema jurídico brasileiro, tanto pela Constituição Federal, como pela legislação infraconstitucional, mormente pelo Estatuto do Idoso, forçoso concluir que os dados pessoais da população idosa, em alguns pontos da LGPD, foram abordados de forma devida, e, em outros, a disciplina poderia ter protegido os idosos de maneira explícita e com maior contundência.

A previsão geral do artigo 55-J, XIX, da LGPD, por deslocada e, demasiadamente, abstrata, poderia ter dado lugar a uma disciplina específica, tal como se deu com as crianças e os adolescentes, considerada a vulnerabilidade da população idosa. No referente ao consentimento prestado em ambiente virtual, ao tratamento de dados pelas entidades de atendimento aos idosos e aos de natureza previdenciária, mormente no tocante aos empréstimos consignados, deixou a LGPD de abordar tais temas, restando insuficientes os regramentos gerais, pois desconsideram a condição jurídica peculiar das pessoas idosas.

Os acertos da LGPD quanto ao tratamento dos dados das pessoas idosas dizem respeito, primeiramente, aos censos demográficos, que, por foça do artigo 116, do Estatuto do Idoso, devem contemplar informações sobre essa população e, em segundo, aos dados de saúde, devendo ser ressaltado, neste último caso, que a proteção se deu de forma oblíqua, tendo em vista que tais dados foram posicionados como sensíveis, o que terminou por englobar, igualmente, as pessoas idosas, importando em uma disciplina mais rígida, mormente no que tange ao consentimento especial e às restrições ao compartilhamento. De um modo geral, destarte, a LGPD poderia ter conferido disciplina mais efetiva às pessoas idosas, consideradas suas peculiaridades.

Em relação aos dados da pessoa com deficiência, após detida análise da LGPD, conclui-se que inexiste dispositivo tutelando tais dados de forma específica. Em razão disso, advém a necessidade de se realizar um diálogo entre diplomas normativos diversos – como, por exemplo, a Convenção Internacional sobre os Direitos das Pessoas com Deficiência e o Estatuto da Pessoa com Deficiência –, visando a dar concretude aos mandamentos constitucionais de estilo.

Para facilitar ao operador do direito o adequado resguardo e respeito de tais direitos, faz-se importante a inclusão de disposição expressa na LGPD com esse jaez, a exemplo do que se edificou por meio do artigo 14 da LGPD, que versa sobre o "Tratamento de Dados Pessoais de Crianças e de Adolescentes". Com essa medida, permitir-se-á uma aplicação direta e imediata das normas postas, sem dependência de integração por vezes não tão prontamente vislumbrada pelo operador do direito.

Assim, se no passado tais pessoas eram marginalizadas, muitas vezes com viés econômico e interesses monetários, almeja-se evitar, hodiernamente – diante da velocidade e digitalização das relações –, que tais pessoas sejam, consciente ou inconscientemente, exploradas e tenham suas privacidades devassadas, em situação de especial vulnerabilidade, sem que, ainda assim, lhes seja negada a acessibilidade.

Nesse diapasão, aguarda-se e espera-se que se faça viável tanto a inclusão quanto a proteção de tais indivíduos. Evitam-se, desse modo, a marginalização, a criação de estigmas e a indevida coleta de dados que possam lhes comprometer a intimidade, o desenvolvimento e o convívio, cumprindo, *in totum*, os desideratos encartados na Constituição Federal.

De toda sorte, impende anotar que a interpretação da LGPD à luz da Constituição da República, que traz como mote a proteção dos vulneráveis, além da menção, na própria LGPD aos cadastros das pessoas com deficiência, permite inferir e concluir pela tutela dos direitos de tal gama de pessoas, em relação aos seus dados pessoais e sensíveis.

## Referências

AACD (Associação de Assistência à Criança Deficiente). **A AACD**. Disponível em: https://aacd.org.br/a-aacd. Acesso em: 18 set. 2020.

______. **AACD Esportes**. Disponível em: https://aacd.org.br/aacd-esporte. Acesso em: 18 set. 2020.

______. **Central de Ética e Compliance**. Disponível em: https://www.compliance-office.com/aacd/. Acesso em: 18 set. 2020.

______. **Certificações.** Disponível em: https://aacd.org.br/certificacoes. Acesso em: 18 set. 2020.

______. **Código de Conduta**. Disponível em: http://aacd.org.br/wp-content/uploads/2019/09/codigodeconduta.pdf. Acesso em: 18 set. 2020.

______. **Ensino e Pesquisa**. Disponível em: https://aacd.org.br/ensino-e-pesquisa. Acesso em: 18 set. 2020.

______. **Estatuto Social**. Aprovado em Assembleia Geral de Associados em 27 de setembro de 2017. Registrado no 4º Ofício de Registro de Títulos e Documentos e Civil de Pessoa Jurídica da Capital sob o nº 671.003 (Registro 1071/A). Disponível em: https://

aacd.org.br/wp-content/uploads/2019/10/Compliance-Diagramacao-do-Estatuto-Social-para-divulgacao-intranet-e-internet.pdf. Acesso em: 18 set. 2020.

______. **Governança**. Disponível em: https://aacd.org.br/governanca. Acesso em: 18 set. 2020.

______. **Política de Privacidade**. Disponível em: https://aacd.pandape.com.br/Privacy. Acesso em: 18 set. 2020.

______. **Privacidade e Proteção de Dados Pessoais**: como funciona o tratamento de dados? *In*: Perguntas Frequentes. Disponível em: https://aacd.org.br/perguntas-frequentes-faq. Acesso em: 18 set. 2020.

______. **Relatório Integrado 2019**. Disponível em: https://aacd.org.br/Arquivos/Relato_integrado_AACD_2019_vers%C3%A3o_digital_interativo_reduce.pdf. Acesso em: 18 set. 2020.

______. **Termo de Consentimento e Privacidade: Telemedicina**. Disponível em: https://aacd.org.br/wp-content/uploads/2020/06/20200630-Termo-de-privacidade-e-consentimento-AACD-Telemedicina.pdf. Acesso em: 18 set. 2020.

______. **Termo de Privacidade**. Disponível em: https://aacd.org.br/wp-content/uploads/2020/09/Termo-de-Privacidade-AACD.pdf. Acesso em: 18 set. 2020.

______. **Unidades**. Disponível em: https://aacd.org.br/unidades. Acesso em: 18 set. 2020.

ALMADA, Giovanna Michelato; FREITAS, Cinthia Obladen de Almendra. A Internet dos Brinquedos e a Proteção de Dados Pessoais das Crianças sob a Legislação Brasileira. **Revista de Direito do Consumidor,** vol. 126/2019, p. 179-200, nov./dez. 2019.

ARBEX, Daniela. **Holocausto Brasileiro**. 7. ed. São Paulo: Geração, 2013.

BEHARL, Patrícia Alejandra; KRIMBERG, Laura; MACHADO, Letícia Rocha; MENDES, Jozelina Silva da Silva; SILVEIRA, Clóvis. Competência digital de idosos: mapeamento e avaliação. **ETD – Educação Temática Digital**. Campinas, v. 21, n. 4, out./dez. 2019.

BERNARDES, Luana Ferreira; FÉLIX, Vinícius Cesar; ROSA, Luiz Carlos Goiabeira. O idoso como consumidor hipervulnerável na sociedade de consumo pós-moderna. **Revista Jurídica da Presidência**. Brasília, v. 18, n. 116, out. 2016/jan. 2017.

BIONI, Bruno Ricardo. **Proteção de Dados Pessoais**: a função e os limites do consentimento. 2. ed. Rio de Janeiro: Forense, 2020.

BRASIL. **Constituição da República Federativa do Brasil de 1988**. Brasília, DF: Presidência da República. Disponível em: http://www.planalto.gov.br/ccivil_03/constituicao/constituicao.htm. Acesso em: 11 set. 2020.

BRASIL. IBGE. IBGE divulga estimativa da população dos municípios para 2020. **Agência IBGE Notícias**. 27 ago. 2020. Disponível em: https://agenciadenoticias.ibge.gov.br/agencia-sala-de-imprensa/2013-agencia-de-noticias/releases/28668-ibge-divulga-estimativa-da-populacao-dos-municipios-para-2020#:~:text=O%20IBGE%20divulga%20hoje%20as,77%25%20em%20rela%C3%A7%C3%A3o%20a%202019. Acesso em: 1 nov. 2020.

______. PNAD Contínua TIC 2018: Internet chega a 79,1% dos domicílios do país. **Agência IBGE Notícias.** Disponível em: https://agenciadenoticias.ibge.gov.br/agencia-sala-de-imprensa/2013-agencia-de-noticias/releases/27515-pnad-continua-tic-2018-internet-chega-a-79-1-dos-domicilios-do-pais. Acesso em: 1 nov. 2020.

______. **Projeções da População do Brasil e Unidades da Federação por sexo e idade: 2010-2060**. Disponível em: https://www.ibge.gov.br/estatisticas/sociais/populacao/9109-projecao-da-populacao.html?=&t=resultados. Acesso em: 1 nov. 2020.

BRASIL. INSS. Instrução Normativa nº 100, de 28 de dezembro de 2018. Altera dispositivos da Instrução Normativa INSS/PRES nº 28, de 16 de maio de 2008. **Diário Oficial da União**: edição 250, seção 1, Brasília, DF, p. 151, 31 dez. 2018. Disponível em: https://www.in.gov.br/materia/-/asset_publisher/Kujrw0TZC2Mb/content/id/57496300/do1-2018-12-31-instrucao-normativa-n-100-de-28-de-dezembro-de-2018-57496089. Acesso em: 2 nov. 2020.

BRASIL. **Lei nº 10.406, de 10 de janeiro de 2002**. Institui o Código Civil. Disponível em: http://www.planalto.gov.br/ccivil_03/leis/2002/l10406compilada.htm. Acesso em: 11 set. 2020.

______. **Lei nº 13.709, de 14 de agosto de 2018**. Lei Geral de Proteção de Dados Pessoais (LGPD). Disponível em: http://www.planalto.gov.br/ccivil_03/_ato2015-2018/2018/lei/L13709.htm. Acesso em: 11 set. 2020.

______. **Lei nº 8.069, de 13 de julho de 1990**. Dispõe sobre o Estatuto da Criança e do Adolescente e dá outras providências. Brasília, DF: Presidência da República. Disponível em: http://www.planalto.gov.br/ccivil_03/leis/l8069.htm. Acesso em: 11 set. 2020.

______. SENACON. **Notas Técnicas**. Biblioteca. Disponível em: https://www.defesadoconsumidor.gov.br/portal/biblioteca/95-notas-tecnicas. Acesso em: 2 nov. 2020.

COTS, Márcio; OLIVEIRA, Ricardo. **Lei Geral de Proteção de Dados Comentada**. São Paulo: Revista dos Tribunais, 2019.

DIAS, Lucia Ancona Lopez de Magalhães; DENSA, Roberta. A Proteção dos Dados Pessoais de Crianças e Adolescentes na LGPD. *In*: CASCAES, Amanda Celli; BRESEGHELLO, Fabíola Meira de Almeida; TUTIKIAN, Priscila David Sansone (coord.). **Comentários à Lei Geral de Proteção de Dados à luz do Código de Defesa do Consumidor**. São Paulo: Editora Singular, 2019.

FEIGELSON, Bruno; SIQUEIRA, Antonio Henrique Albani (coord.). **Comentários à Lei Geral de Proteção de Dados**: Lei 13.709/2018. São Paulo: Thomson Reuters Brasil, 2019.

GOFFMAN, Erving. **Estigma**: notas sobre a manipulação da identidade deteriorada. Tradução: Márcia Bandeira de Mello Leite Nunes. 4. ed. reimp. Rio de Janeiro: LTC, 2008.

LÉVY, Pierre. **O que é o virtual**. São Paulo: 34, 2006.

LIMA, Cíntia Rosa Pereira de; LUCCA, Newton de. Autoridade Nacional de Proteção de Dados Pessoais (ANPD) e Conselho Nacional de Proteção de Dados Pessoais e da Privacidade. *In*: LIMA, Cíntia Rosa Pereira de (coord.). **Comentários à Lei Geral de Proteção de Dados**: Lei n. 13.709/2018, com alteração da lei n. 13.853/2019. São Paulo: Almedina, 2020.

PENIDO, Alexandre. **Estudo aponta que 75% dos idosos usam apenas o SUS**. Fundação Oswaldo Cruz (Fiocruz). 4 nov. 2018. Disponível em: https://portal.fiocruz.br/noticia/estudo-aponta-que-75-dos-idosos-usam-apenas-o-sus. Acesso em: 2 nov. 2020.

RODOTÀ, Stefano. **Il diritto di avere diritti**. Roma: Laterza, 2012.

SCHRAMM, Fermin Roland. Bioética da Proteção: ferramenta válida para enfrentar problemas morais na era da globalização. **Revista Bioética**, v. 16, n. 1, p. 11-23, 2008.

Disponível em: https://revistabioetica.cfm.org.br/index.php/revista_bioetica/article/view/52 . Acesso em 11 set. 2020.

ZUBOFF, Shoshana. **The Age of Survellance Capitalism**: the flight for a human future at the new frontier of power. New York: Profile Affairs, 2019.

# 12.
# Transferência Internacional de Dados: *Compliance* de Acordo com a LGPD e Desafios Atuais

*Alaís Aparecida Bonelli da Silva*
*Carolina Lopes Scodro*
*Leticia Becker Tavares*
*Manouk Ekkerman Cesário de Souza*
*Natália Marques de Oliveira*
*Otto Eduardo Fonseca de Albuquerque Lobo*

## Introdução

A Lei nº 13.709, de 14 de agosto de 2018 – Lei Geral de Proteção de Dados (LGPD) – tem como principal objetivo proporcionar segurança ecossistema das informações pessoais ao estabelecer direitos e garantias aos titulares de tais dados sem que se torne uma barreira para o desenvolvimento da economia. Ou seja, a Lei não busca impedir o tratamento e a circulação dos dados pessoais, mas sim proporcionar meios seguros, claros e transparentes de tutela para que o titular tenha controle sobre os seus dados, tudo isso mediante o fornecimento de limites aos entes públicos e privados sobre as formas de sua utilização.

A crescente preocupação da sociedade brasileira com o tema e os escândalos internacionais de uso inadequado de dados pessoais, como as revelações de Edward Snowden[1] em 2013 e o caso do Facebook e Cambridge Analytica em 2018,[2] foram fatores importantes para a aprovação e promulgação da LGPD no Brasil, levando o país a ingressar no cenário mundial de proteção de dados pessoais.

Quando se fala em transferência internacional de dados, existem questões ainda mais inquietantes: para a utilização de redes sociais como o *Twitter* ou *Facebook* são inseridos dados pessoais, que acabam sendo transferidos e armazenados em bancos de dados localizados nos Estados Unidos, ou até em países onde a regulamentação referente à proteção dos dados é mais flexível, ou mesmo, inexistente. Qualquer pessoa, no mundo inteiro, poderá acessá-los.

Principalmente, na era digital, a coleta massiva e a circulação de dados no mundo inteiro têm crescido exponencialmente em todos os setores da economia. Em especial, dados relacionados a movimentações financeiras, dados pessoais incluídos em plataformas digitais em que a sede da empresa não se localiza necessariamente no local onde são coletados.

Todo o cenário pode levar a uma série de preocupações e já foi alvo de críticas e discussões, como é a reclamação apresentada pelo ativista austríaco Maximillian Schrems em face do *Facebook* da Irlanda que transferia os dados para os Estados Unidos, sem trazer a garantia à privacidade e proteção das informações.

Para contextualizar o tema, será apresentada uma breve análise sobre a economia digital global, que impacta diretamente no desenvolvimento das

[1] Edward Snowden era um funcionário terceirizado da Agência de Segurança Nacional dos Estados Unidos (NSA) que revelou as operações de vigilância promovidos pelo governo americano ao coletar dados pessoais de cidadãos por meio de empresas de tecnologia, suscitando um debate no mundo inteiro sobre segurança nacional e privacidade das informações. (THE GUARDIAN. Edward Snowden: the whistleblower behind the NSA surveillance revelations. 11 de junho de 2013. Disponível em: https://www.theguardian.com/world/2013/jun/09/edward-snowden-nsa-whistleblower-surveillance. Acesso em: 8 dez. 2020).

[2] A Cambridge Analytica era uma empresa de análise de dados contratada pela equipe do ex-Presidente americano Donald Trump, para atuar em suas campanhas nos Estados Unidos, nas eleições de 2016. A empresa teria utilizado os dados pessoais de usuários do *Facebook* para influenciar as escolhas dos eleitores americanos em favor de Donald Trump. (BBC NEWS. Entenda o escândalo de uso político de dados que derrubou valor do Facebook e o colocou na mira de autoridades. 20 de março de 2018. Disponível em: https://www.bbc.com/portuguese/internacional-43461751. Acesso em: 4 jan. 2021).

discussões sobre a regulamentação da transferência internacional de dados, levando em consideração os desafios subjacentes a essa regulamentação.

Ao apresentar o cenário atual, o presente artigo se propõe a traçar um panorama do cenário regulatório trazido pela legislação europeia de proteção de dados para, então, analisar a LGPD, ressalvada a incerteza causada pela pendente regulamentação pela Autoridade Nacional de Proteção de Dados (ANPD), sobre a transferência internacional de dados pela LGPD.

Assim, este estudo será dividido em quatro partes: introdução, seguida da apresentação de importância do tema no cenário atual. No terceiro tópico, serão explicados brevemente os mecanismos de transferência internacional de dados trazidos pela legislação europeia, que foi inspiração pela LGPD e os importados para a legislação brasileira. Na última seção, serão apresentados os desafios atuais que o tema enfrenta, seguida, por fim, pela conclusão.

## 1. A transferência internacional de dados no seio da economia digital

### 1.1. Relevância dos dados pessoais e da sua circulação para a economia global

As informações pessoais e a sua circulação estão se tornando cada vez mais necessários para o desenvolvimento de novas tecnologias e o fornecimento de serviços e entrega de produtos. Os dados pessoais são essenciais para que sejam desenvolvidas a análise de costumes, de cultura e de preferências e a construção de estratégias de vendas e de percepção de negócios, bem como o aprimoramento de tecnologias que compõem o seio da revolução digital: como a Internet das Coisas e a Inteligência Artificial.

Mayer e Thomas defendem que "uma reinicialização do mercado alimentada por dados levará a uma reconfiguração fundamental de nossa economia, que será indiscutivelmente tão importante quanto a Revolução Industrial, reinventando o capitalismo como o conhecemos".[3]

Como resultado das mudanças para um capitalismo movido a dados ou *"data driven"*, percebe-se notável aumento do fluxo de dados internacionais.

[3] MAYER-SCHONBERGER, Viktor; RAMGE, Thomas. **Reinventing capitalism in the age of big data.** New York: Basic Books, 2018. p.4.

Isso pode ser demonstrado por meio da análise do relatório *Digital Globalization: The New Era of Global Flows*, publicado pelo *McKinsey Global Institute*,[4] em que é apontado que o fluxo internacional de dados cresceu cerca de 99% ao ano em uma comparação de 2006 a 2014. Ainda, o relatório fez previsão de que o crescimento de 45 vezes se repete em 2021, estimativa que pode inclusive ter sido superada graças à pandemia da COVID-19 e a necessidade massiva de utilização de serviços digitais.

Importa esclarecer que há uma variedade de tipos e formas de uso de dados. Alguns dados são mais úteis quando agregados e, outros, quando isolados. Por exemplo, o histórico de navegação na Internet teria maior valor quando usado individualmente para selecionar a publicidade que deverá ser direcionada àquele usuário. Também há relevância quanto ao momento de coleta e análise dos dados. Assim, é possível fazer a previsão de vendas no varejo para o próximo ano e, assim, prever a demanda necessária. Nesse sentido, em que se tem visto a monetização dos dados, vem o contexto da regulamentação que busca justamente não trazer somente a visão de propriedade, mas, também, de que o titular poderia ter o direito de controlar o seu uso.

Por isso, deve-se pensar em soluções e modelos regulatórios em que se busque, conjuntamente, a proteção da privacidade dos indivíduos, como também a livre circulação de dados entre países e regiões. É fácil pensar que existe uma série de modelos de negócios em que os dados precisam ser transferidos internacionalmente, seja de uma maneira direta, como indiretamente – principalmente em se tratando de novas tecnologias e serviços ou produtos inovadores, em uma economia digital.

Dessa maneira, como conceituam Fernanda Marques e Theófilo Aquino,[5] o modelo direto de transferência significa que a empresa tem o contato direto com o titular – por exemplo, o usuário dos serviços da empresa que se uti-

[4] MANYIKA, James; LUND, Susan; BUGHIN, Jacques; WOETZEL, Jonathan; STAMENOV, Kalin; DHINGRA, Dhruv. Digital Globalization: The New Era of Global Flows. McKinsey Global Institute MGI, 2016. Disponível em: https://www.mckinsey.com/business-functions/mckinsey-digital/our-insights/digital-globalization-the-new-era-of-global-flows. Acesso em: 2 dez. 2020.

[5] AQUINO, Theófilo; MARQUES, Fernanda Mascarenhas. O Regime de Transferência Internacional de Dados da LGPD. *In*: BIONI, Bruno; DONEDA, Danilo; SARLET, Ingo Wolfgang; RODRIGUES JUNIOR, Otavio Luiz; MENDES, Laura Schertel (Coords.) **Tratado de proteção de dados pessoais**. Rio de Janeiro: Forense, 2020. p. 302.

liza da sua plataforma; enquanto que na transferência indireta, o tratamento dos dados pessoais ocorre a partir de outra empresa. Neste modelo direto, a empresa, como controladora, ou seja, a pessoa jurídica, de direito público ou privado, a quem competem as decisões referentes ao tratamento de dados pessoais, determina as finalidades e as maneiras de tratamento dos dados pessoais.

As três hipóteses de transferência indireta são quando a segunda empresa (i) tem relação direta com o titular dos dados pessoais; (ii) se relaciona com outra(s) empresa(s) que têm esse contato com o titular; ou (iii) obtém os dados por meio de acesso público, sem que seja da relação direta com o titular ou com outras empresas que o tenham. Nesse caso, é possível pensar nos serviços auxiliares à atividade do controlador, como é o caso do e-mail corporativo gerenciado por terceiros, o compartilhamento de dados pessoais de empregados com a matriz ou com as filiais estrangeiras, a utilização de software e recursos de computação em nuvem.

Para alguns setores da economia, a regulamentação da transferência internacional dos dados impacta diretamente o seu modelo de negócio e gestão empresarial. Afinal, se uma regulamentação ou lei de proteção de dados pessoais de um determinado país restringe o tratamento de dados pessoais em suas fronteiras, essa legislação poderia afetar diretamente as principais empresas de economia globalizada, uma vez que as impediria de operar neste país, ou, então, desenvolver os seus produtos.

Apenas para demonstrar a relevância do tema, a precariedade de uma regulamentação de proteção de dados em determinado país pode criar os chamados "paraísos de dados", ou seja, algumas empresas privadas que se valem de locais onde o tratamento de dados pessoais ainda não é disciplinado para criar os centros de processamento de informações – muito em razão da facilidade da circulação das informações na economia digital.

Finalmente, a geopolítica dos dados também deve ser mencionada. As grandes empresas da *internet,* em particular, presumiram que a economia digital dos dados é um assunto global. Assim, as chamadas "Big Techs"[6] que se valem dos dados para o desenvolvimento de seus negócios, decidem realizar o processamento por razões técnicas e de custo. No entanto, há uma divergên-

[6] "Big Tech" é um termo utilizado no mercado para definir as maiores empresas de tecnologia globais que criaram serviços inovadores e disruptivos na área de tecnologia. Exemplo de "Big Techs" atuais são a Google, Apple, Amazon e Facebook.

cia, uma vez que os governos estão afirmando cada vez mais sua "soberania digital", exigindo que os dados não saiam de seu país de origem, como será mais bem analisado adiante.

Já é possível encontrar endereçada a preocupação de autoridades regulatórias entre permitir a circulação de dados para desenvolvimento da economia digital e proteger, ao mesmo tempo, a privacidade dos indivíduos. Isso pode ser demonstrado na recente consulta pública publicada em 12 de novembro de 2020[7] pela Comissão Europeia que visa atualizar as cláusulas contratuais padrão (*standard contractual clauses*). No documento, a Comissão menciona que "os desenvolvimentos tecnológicos estão facilitando o fluxo de dados transfronteiriços necessários para a expansão do (...) comércio internacional. Ao mesmo tempo (...) deve ser garantido o nível de proteção das pessoas naturais (...)."

Passamos ao tópico adiante para esclarecer o que seria essa economia digital movida a dados e que surgiu com o desenvolvimento da internet que, em poucos anos, atingiu um nível global. Como será demonstrado, a *internet* propiciou esse aumento na circulação dos dados pessoais e se tornou objeto de preocupação no mundo inteiro.

## 1.2. Internet no âmbito global

Segundo o sociólogo Manuel Castells, o novo modelo econômico despontou a partir de 1975, passando a ser definido como informacional por transformar informações em conhecimento, global por se estender ao planeta todo e em rede por estar organizado em redes empresariais que concorrem globalmente.[8] O desenvolvimento deste novo modelo foi resultado do desenvolvimento tecnológico, especialmente ocorrido pela criação e desenvolvimento da Internet,[9] tornando a economia nascente digital.

[7] COMISSÃO EUROPEIA. **Proteção de dados – cláusulas contratuais-tipo para a transferência de dados pessoais para países terceiros (ato de execução)**. Disponível em: https://ec.europa.eu/info/law/better-regulation/have-your-say/initiatives/12741-Commission-Implementing-Decision-on-standard-contractual-clauses-for-the-transfer-of-personal-data-to-third-countries. Acesso em: 7 jan. 2021.

[8] CASTELLS, Manuel. **A era da informação: economia, sociedade e cultura.** São Paulo: Paz e Terra, 1999. p. 142.

[9] CASTELLS, Manuel. *Ibid.*

Nesse sentido, define-se economia digital como atividade econômica baseada em conexões diárias entre "pessoas, empresas, dispositivos, dados e processos", possibilitado pela alta conectividade à Internet.[10] Segundo relatório realizado pela Conferência das Nações Unidas para o Comércio e Desenvolvimento, alguns dos pontos positivos da economia global se referem a "melhorar os resultados econômicos e sociais, sendo uma força para o crescimento da produtividade e da inovação", "facilidade no intercâmbio de informações", promovido principalmente pelas plataformas, "transformação de setores e mercados por meio da digitalização de bens e serviços de maior qualidade a um custo reduzido", "desenvolvimento e resolução de problemas sociais, incluindo os relacionados aos objetivos do desenvolvimento sustentável".[11]

Para efetivação da economia digital, que depende da transferência internacional de dados, há necessidade de desenvolvimento de tecnologias como "internet das coisas", "economia de aplicativos", "terceirização de serviços", "e-commerce", "computação em nuvem", "big data", "serviços digitais e serviços de streaming", "redes sociais e sites em geral", "economia compartilhada" e "financiamento coletivo", exemplos esses que beneficiam o desenvolvimento econômico das nações envolvidas e também o avanço tecnológico.[12]

Com efeito, considerando que o impulso da economia digital e o acesso à Internet são importantes, inclusive, para desenvolvimento social e econômico, os temas transformação digital e aumento da conectividade são pautas em organizações de desenvolvimento mundiais, tal como a OCDE e as Nações Unidas.

Em relação à conectividade, requisito essencial para participação da economia global, pesquisa constatou que no Brasil, em 2019, havia 230 milhões de *smarphones* em uso, totalizando 324 milhões de dispositivos ao incorporar

[10] DELOITTE. **O que é economia digital? Unicórnios, transformação e a internet das coisas**. [s/a]. Disponível em: https://www2.deloitte.com/mt/en/pages/technology/articles/mt-what-is-digital-economy.html. Acesso em: 4 dez. 2020.

[11] UNITED NATIONS CONFERENCE ON TRADE AND DEVELOPMENT. **Digital Economy Report 2019 Value Creation and Capture: Implications for Developing Countries**. 4 de setembro de 2019. Disponível em: https://unctad.org/system/files/official-document/der2019_en.pdf. Acesso em: 6 dez. 2020.

[12] AHMED, Usman, CHANDER, Anupam. **Information Goes Global: Protecting Privacy, Security and the New Economy in a World of Cross-border Data Flows**, 2015. Disponível em: https://e15initiative.org/publications/information-goes-global-protecting-privacy-security-and-the-new-economy-in-a-world-of-cross-border-data-flows/. Acesso em: 8 jan. 2021.

os *notebooks* e *tablets,*[13] números estes que ainda precisam mudar e que resultam ainda do investimento insuficiente em inovação digital e capacitação digital de mão de obra.[14]

A conclusão da OCDE quanto à carência em desenvolvimento digital no Brasil foi complementada por recomendações de coordenação de políticas de transformação digital e maiores investimentos para a Estratégia Brasileira de Transformação Digital (E-Digital).[15] Uma das causas desta conclusão pode ser vislumbrada pelo número de indivíduos em 2019 com acesso à banda larga – assinatura de *internet* de alta velocidade – no país, que corresponde a 13,7 por 100 pessoas, enquanto que em países como Estados Unidos da América e China os números chegam a 33,85% e 26,86%, respectivamente.[16]

Assim, embora a economia digital oportunize o desenvolvimento dos países, não se pode deixar de se atentar a diferença de distribuição de recursos entre as nações.[17] No Brasil, a busca pela transformação digital pode resultar no impulsionamento da produtividade brasileira, baixa se comparada a países como Estados Unidos da América, Chile, México e Argentina. Nesse sentido, esclarece a OCDE que a eficiência da produtividade pode ser desenvolvida pelo uso de tecnologias digitais e da *internet*, que possui baixa adesão principalmente por parte das pequenas e médias empresas brasileiras.[18]

À vista disto esclarece-se que alguns dos benefícios trazidos pelo maior uso da *internet* em países em desenvolvimento, como o Brasil, poderia ser a diminuição dos números de pobreza, incremento do acesso à educação, maior facilidade na comunicação, aperfeiçoamento da produção de culturas agrícolas e aumento na participação global.[19]

[13] FGV EAESP. **30ª Pesquisa Anual do FGVcia do Uso de TI, FGV-EAESP,** 2019. Disponível em: https://eaesp.fgv.br/sites/eaesp.fgv.br/files/noticias2019fgvcia_2019.pdf. Acesso em: 4 dez. 2020.

[14] OCDE. **Capítulo 1. O Brasil na transformação digital: Oportunidades e desafios**, 2020. Disponível em: https://www.oecd-ilibrary.org/sites/0d4a61d4-pt/index.html?itemId=/content/component/0d4a61d4-pt#chapter-1. Acesso em: 4 dez. 2020.

[15] OCDE. *Ibid.*

[16] OUR WOLD IN DATA. **Internet.** 2020. Disponível em: https://ourworldindata.org/internet. Acesso em: 6 dez. 2020.

[17] UNITED NATIONS CONFERENCE ON TRADE AND DEVELOPMENT. *Id.*

[18] OCDE. *Id.*

[19] THE BORGEN PROJECT. **Top 5 benefícts of the internet in developing countries**, 2019. Disponível em: <https://borgenproject.org/top-5-benefits-of-the-internet-in-developing-countries/>. Acesso em: 5 dez. 2020.

A relevância da internet global e do fluxo informativo mundial resultam em mais de 4,66 bilhões de usuários da internet, com crescimento de quinze vezes entre os anos de 2005 e 2019.[20] Esses usuários podem ser denominados de população digital global, fazendo uso exclusivamente por meio dos *smartphones*, correspondendo à quantia de 4,28 bilhões.[21] Pelo número de usuários crescente, o tráfego global de informações vem aumentando, visto que enquanto no ano de 2002, tráfego global era de 100 gigabytes por segundo, evoluindo em 2007 para 2.000 gigabytes por segundo, e em 2017 para 46.600 gigabytes por segundo, a projeção é que no ano de 2022 o fluxo chegue ao volume de 150.700 gigabytes por segundo.[22]

A respeito do crescente fluxo informativo sobressai a questão da proteção de dados e privacidade,[23] por meio de instrumento que pendem com previsões sobre a regulamentação de transferência de dados e a questão de soberania entre as nações, considerando trânsito informativo global.

## 2. Regulamentação da transferência de dados

Com o crescente fluxo internacional de dados em todo o mundo, transpareceu a iminente necessidade de regulamentar como tais transferências devem ocorrer. Visando as adequações necessárias, os diplomas legais existentes e em elaboração voltaram-se ao tema, buscando soluções para a demanda.

Além de ser necessário normatizar os procedimentos adequados, é importante atentar-se ao combate dos chamados "paraísos de dados", mencionados no tópico 2.1 acima, lugares onde não há diretrizes ou punições para uso dos dados acessíveis naquela localidade.

Toda empresa que lida com tratamento e transferência de dados deve se atentar aos detalhes que buscam proteger a integridade das informações que

[20] STATISTA. **Número de usuários de internet em el mundo entre 2005 hasta 2019**, 2020. Disponível em: <https://es.statista.com/estadisticas/541434/numero-mundial-de-usuarios-de-internet/>. Acesso em: 6 dez. 2020.
[21] STATISTA. **Global digital population as of October 2020**, 2020. Disponível em: <https://www.statista.com/statistics/617136/digital-population-worldwide/>. Acesso em: 6 dez. 2020.
[22] UNITED NATIONS CONFERENCE ON TRADE AND DEVELOPMENT. *Id.*
[23] UNITED NATIONS CONFERENCE ON TRADE AND DEVELOPMENT. *Id.*

possuem. A partir do momento em que a transferência ultrapassa os limites do país de origem e atinge âmbitos internacionais, demanda responsabilidade muito maior e a observação das legislações de todos os países envolvidos.

## 2.1. Mecanismos de transferência de dados do GDPR

Na União Europeia, o assunto "proteção de dados" não é novo, mas o desenvolvimento do Regulamento Geral de Proteção de Dados (GDPR, na sigla em inglês) despertou para si todas as atenções. O GDPR é um regulamento que traz renovação à antiga Diretiva 95/46/EC de 1995. Antes mesmo da Diretiva, a União Europeia já contava com a Convenção 108, seguida pela Convenção 108. Anteriormente ao GDPR, portanto, já havia uma "lei geral", diferente do cenário do Brasil, que contava apenas com regulações específicas previstas no Código de Defesa do Consumidor (Lei nº 8.078, de 11 de setembro de 1990) e no Marco Civil da Internet (Lei nº 12.965, de 23 de abril de 2014), por exemplo.

Os artigos 45 a 49 do GDPR apontam as regras para transferência internacional de dados.

A primeira delas é a "decisão de adequação ou tratado". Trata-se de tratados entre a União e países terceiros, e as decisões de adequação que são dadas pela Comissão Europeia. Essas decisões de adequação servem para avaliar se o país terceiro tem o mesmo nível ou superior de proteção de dados. Dessa forma garante-se a continuidade da proteção caso os dados forem transferidos para aquele país. Atualmente, a Comissão publicou treze decisões de adequação.[24]

Um exemplo de tratado, que foi invalidado em 16 de julho de 2020 por uma decisão da Corte de Justiça da União Europeia do caso "*Schrems II*", era o *Privacy Shield* que permitia a transferência de dados de cidadãos europeus para o território americano. Vamos explicar melhor esse caso na seção 4. O Brasil ainda não foi considerado adequado pela Comissão Europeia. Isso pode mudar com a efetividade da ANPD, uma vez que a LGPD adota padrões inspirados pelo próprio GDPR.

[24] Até o fechamento deste artigo, os países/territórios que possuem decisões de adequação são: Andorra, Argentina, Canadá, Ilhas Faroé, Guernsey, Israel, Ilha de Man, Japão, Jersey, Nova Zelândia, Suíça e Uruguai. Lista atualizada disponível em: https://ec.europa.eu/info/law/law-topic/data-protection/international-dimension-data-protection/adequacy-decisions_en. Acesso em: 11 jan. 2021.

Outra opção é o uso de SCCs (*standard contractual clauses* – ou, em português, cláusulas-padrão) ou de BCR (*binding corporate rules* – ou em português: normais cooperativas globais). O artigo 46 (b) da GDPR trata sobre estes mecanismos e no artigo 47 tem mais detalhes sobre como isto pode ser feito na prática. A ideia dessas cláusulas é de ter um compromisso formal de respeitar os dados, já que no país onde a empresa que recebe os dados não apresenta um nível adequado de proteção de dados pessoais.

Não tendo nenhuma das duas opções supramencionadas, o controlador de dados ainda pode recorrer às chamadas "derrogações". Dentre elas, existe a possibilidade de obter o consentimento do sujeito de dados. Porém, como esclarece o art. 49, esse consentimento não pode ser um consentimento simples, porém tem que ser expresso. Um caso ainda a parte que é autorizado pelo GDPR, no âmbito das derrogações é a possibilidade de realizar a transferência dos dados com base no interesse legítimo do controlador.

Tendo em vista que o presente artigo pretende focar na LGPD, não vamos trazer todos os detalhamentos sobre a regulação da transferência de dados internacionais pelo GDPR. Os contornos feitos acima ajudam na comparação com os mecanismos previstos no GDPR. Além disso, considerando que a LGPD foi inspirada no modelo europeu, é possível que a ANPD traga interpretações condizentes, também com o GDPR. Por essa razão, também não abordamos outras normas estrangeiras de proteção de dados.

### 2.2. A aplicabilidade dos mecanismos de transferência de dados da LGPD

A LGPD trata em um artigo específico sobre as hipóteses em que a transferência internacional de dados pode ocorrer e dispõe detalhes sobre a forma como tal transmissão deve ser realizada. O art. 33 da referida Lei é responsável por estas atribuições, e entre outros detalhes, chama a atenção para a necessidade de proteção às informações que estão sendo transmitidas, não sendo permitida a transferência para país ou organização que não ofereça nível de proteção similar ou maior do que a própria LGPD.

No tocante à territorialidade, o art. 3º da LGPD determina a aplicação da lei a qualquer operação de tratamento de dados realizada por pessoa natural ou jurídica, pública ou privada, do país e sua sede ou do país onde estejam localizados os dados, desde que a operação de tratamento seja realizada no território nacional, tenha por objetivo o fornecimento de bens/serviços no território nacional ou, ainda, se os dados pessoais tratados houverem sido coletados em território nacional.

Foram excluídos do âmbito de aplicação da LGPD o tratamento de dados pessoais realizado por pessoa natural para fins particulares e não econômicos ou realizados para fins exclusivamente jornalísticos, artísticos ou acadêmicos, além de também excluir de sua abrangência o tratamento de dados com fins exclusivos de segurança pública, defesa nacional, segurança do Estado, ou atividades de investigação e repressão de informações penais.

Ademais, também não se encontram no âmbito de aplicação da lei os dados pessoais provenientes do exterior e que não sejam objeto de comunicação, uso compartilhado de dados com agentes de tratamento brasileiros ou objeto de transferência internacional de dados com outro país que não o de proveniência, com a condição de que tal país proporcione grau adequado de proteção aos dados pessoais conforme previsto na LGPD.

Essas exclusões existem com o objetivo de proteger a liberdade de expressão e de comunicação, sendo um outro ponto de conexão com o GDPR.

O conhecimento dos conceitos utilizados pela LGPD é relevante para o entendimento dos objetivos e âmbito de sua aplicação, pois delimitam o objeto do tratamento de dados e os sujeitos envolvidos na operação. Tendo essas informações sobre a delimitação material da vigência da Lei, pode-se estudar a transferência segundo a LGDP à luz de suas possíveis aplicações.

Dentre os requisitos para a transferência internacional de dados foi permitida a transferência de dados apenas para países ou organismos internacionais que proporcionem grau de proteção de dados pessoais adequado ao previsto na LGPD. Nesse aspecto, observa-se grande semelhança com a União Europeia que trabalha com decisões de adequação.

Identifica-se, neste dispositivo, um ponto de atenção, pois para fins de uma enorme gama de atos que fazem parte do funcionamento rotineiro do mercado e das instituições financeiras (tais como: pagamentos internacionais, operações de câmbio, importações, exportações e transferência de dados entre empresas de um mesmo grupo ou para o cumprimento de direitos e obrigações, etc.), essas transferências precisam ocorrer mesmo no caso de países que não ofereçam o mesmo nível de proteção de dados prevista pela LGPD.

É necessário apontar que a criação deste tipo de "trava" de proteção para as transferências internacionais de dados pode acabar por inviabilizar a execução destas operações internacionais entre o Brasil e países que não possuem mecanismos de proteção de dados pessoais.

Em relação a este ponto, houve manifestação expressa da FEBRABAN em Audiência Pública[25] no sentido da necessidade de análise pelo legislador quanto às hipóteses que limitam a transferência internacional de dados, oportunidade na qual essa entidade defendeu que seriam legítimas e necessárias as transferências realizadas pelos responsáveis que se pautem em motivos relevantes e que façam parte do funcionamento do mercado e do cumprimento de direitos e obrigações. No entender da FEBRABAN, obstar tais atividades ou limitar severamente seu desempenho significa criar entraves para o desenvolvimento econômico do país.

Tal como o GDPR, o art. 34 LGPD e define como será realizada a análise do nível de proteção de cada país e a importância deste fator perante a autoridade reguladora:

A avaliação do grau de proteção dos países será feita pela ANPD, que levará em consideração em sua análise:

> I – as normas gerais e setoriais em vigor no país ou organismo internacional;
> II – a natureza dos dados;
> III – a observância de princípios gerais de proteção de dados e direito dos titulares;
> IV – a adoção de medidas de segurança;
> V – a existência de garantias judiciais e institucionais para o respeito aos direitos de proteção de dados;
> VI – outras circunstâncias específicas que forem relevantes para transferência.

[25] FEBRABAN. Nota Técnica. Ref. Projeto de Lei nº 5.276/2016. Câmara dos Deputados: 2016. Disponível em: https://www2.camara.leg.br/atividade-legislativa/comissoes/comissoes-temporarias/especiais/55a-legislatura/pl-4060-12-tratamento-e-protecao-de-dados-pessoais/documentos/outros-documentos/FEBRABAN.pdf. Acesso em: 29 nov. 2020.

A ANPD analisará o cabimento da transferência pretendida, confirmar se ela está em conformidade com as legislações necessárias e validar ou não o ato. Nos casos em que estiver atestado o nível adequado de segurança do país de destino, a anuência da autoridade reguladora é dispensável, por já se considerar protegido o procedimento ansiado.

Embora já tenham artigos na Lei que mencionam a transferência internacional de dados, a legislação nacional é rasa em relação aos procedimentos e não oferece detalhes para que os comportamentos possam ser norteados de forma pormenorizada.

Tal contratempo não é exclusividade do Brasil. Diversos outros países também tinham tais lacunas, que foram solucionadas posteriormente cada um ao seu modo. Para superar as brechas legislativas existentes anteriormente, os Estados Unidos, por exemplo, realizou acordos específicos para transferência internacional com a União Europeia e com a Suíça (*Privacy Shield*), no qual determinavam que a transferência internacional de dados só poderia acontecer entre as empresas que aderiram ao *Privacy Shield Framework*, e que estão listadas em departamento próprio.

Até o momento, não é possível afirmar que a ANPD adotará postura semelhante ao que ocorreu nos Estados Unidos, uma vez que não é possível certificar de pronto que um modelo similar solucionaria os problemas decorrentes da aplicação da LGPD para as transferências internacionais envolvendo o Brasil. Ocorre, porém, que é inquestionável que toda experiência exterior tende a colaborar muito para o aprimoramento dos mecanismos utilizados nacionalmente.

Para os casos em que o nível de proteção do país envolvido na transferência não for o adequado como estipulado pela autoridade, diversas condutas são necessárias para a realização do procedimento, conforme estipulado na LGPD no art. 33, II, alíneas a, b, c, d, que dispõem:

> Art. 33. A transferência internacional de dados pessoais somente é permitida nos seguintes casos:
> (...)
> II – quando o controlador oferecer e comprovar garantias de cumprimento dos princípios, dos direitos do titular e do regime de proteção de dados previstos nesta Lei, na forma de:

a) cláusulas contratuais específicas para determinada transferência;
b) cláusulas-padrão contratuais;
c) normas corporativas globais;
d) selos, certificados e códigos de conduta regularmente emitidos;

Desta forma, é possível observar que são exigências da própria LGPD, que o controlador ofereça e comprove que cumprirá os princípios, respeitará os direitos do titular e o regime de proteção e dados de forma expressa, nas formas previstas.

Toda organização que consegue adequar-se rapidamente às indicações obtém êxito em suas atividades, como é o caso da Microsoft.[26] A empresa aderiu às recomendações da Comissão Europeia e assumiu o compromisso de não fornecer qualquer informação dos clientes para terceiros, além de contestar todas as solicitações governamentais de dados, sejam estes de setores públicos ou de clientes empresariais. No mais, a empresa reforçou a segurança dos dados com forte sistema de criptografia e transparência.

A partir deste pressuposto, aqueles que têm nível de proteção inferior ao já existente no Brasil, não poderão ser destinatários dos dados nacionais.

No mais, devem-se ressaltar as outras possibilidades de transferência que estão disciplinadas na lei e necessitam ser observadas pelos setores responsáveis pela análise de conformidade, quais sejam:

> Art. 33. A transferência internacional de dados pessoais somente é permitida nos seguintes casos:
> (...)
> III – quando a transferência for necessária para a cooperação jurídica internacional entre órgãos públicos de inteligência, de investigação e de persecução, de acordo com os instrumentos de direito internacional;
> IV – quando a transferência for necessária para a proteção da vida ou da incolumidade física do titular ou de terceiro;

[26] BRILL, Julie. **Assuring Customers About Cross-Border Data Flows**. Microsoft. 16 de julho de 2020. Disponível em: https://blogs.microsoft.com/eupolicy/2020/07/16/assuring-customers-about-cross-border-data-flows/. Acesso: 2 jan. 2021.

> V – quando a autoridade nacional autorizar a transferência;
> VI – quando a transferência resultar em compromisso assumido em acordo de cooperação internacional;
> VII – quando a transferência for necessária para a execução de política pública ou atribuição legal do serviço público, sendo dada publicidade nos termos do inciso I do caput do art. 23 desta Lei;
> VIII – quando o titular tiver fornecido o seu consentimento específico e em destaque para a transferência, com informação prévia sobre o caráter internacional da operação, distinguindo claramente esta de outras finalidades; ou
> IX – quando necessário para atender as hipóteses previstas nos incisos II, V e VI do art. 7º desta Lei.

Um dos principais, se não o principal requisito para que a transferência ocorra de maneira apropriada, é a existência de consentimento específico para este fim. Atualmente as cláusulas de consentimento são extremamente frágeis e não comportam da forma adequada a concordância dos usuários sobre os procedimentos que serão realizados com os dados coletados. A grande maioria vem sendo exposta via *pop-ups* que condicionam a utilização dos sites, funcionalidades ou ferramentas com a concordância das condições, que são expostas de forma sintetizada e em letras pequenas fazendo-as parecerem irrelevantes.

De modo algum se pode permitir que o termo de consentimento seja aceito quando proposto deste modo, muito menos ao envolver transferência internacional de dados, que demanda responsabilidade e cautela ainda maiores.

Para que não se deparem com problemas com as autoridades de proteção de dados, as empresas devem buscar a melhor maneira de lidar com tais práticas, que demanda em síntese os seguintes cuidados: (i) compreensão da base legal dos países envolvidos; (ii) observação de todas as obrigações acessórias; (iii) gerenciamento de todos os riscos; e (iv) elaboração de um relatório de impacto.

Possuir um setor específico para cuidar deste tipo de situação é imprescindível para garantir que todas as operações estarão em conformidade com o esperado.

O setor de *compliance* da empresa – responsável por todo este processo – tende a observar com detalhes cada fase, em respeito aos diplomas legais necessários e os princípios envolvidos para realização do procedimento necessário. Além disso é de extrema importância manterem-se atentos as mudanças que ocorrerão em virtude do aperfeiçoamento da prática.

No mais, tão importante quanto às leis já existentes, são os detalhes que ainda faltam ser disciplinados e requerem atenção especial da ANPD.

Marcel Leonardi chama atenção para a relevância do assunto:[27]

> É importante insistir que, no contexto atual, praticamente todo tipo de interação pode caracterizar, por si só, uma transferência internacional. Em nosso mundo interconectado, todo tipo de interação rotineiramente implica transferências internacionais de dados pessoais. Mesmo empresas brasileiras, que prestam serviços exclusivamente a brasileiros no território nacional, realizam constantemente transferências internacionais de dados pessoais dependendo da infraestrutura tecnológica que utilizam.

Em suma, interpretar de modo restritivo os dispositivos sobre transferência internacional de dados pessoais pode colocar a LGPD em completo descompasso com a dinâmica da economia moderna e do uso de serviços online pelos próprios titulares desses dados.

> **É por isso que se espera que a ANPD possa, de modo ágil: (i) definir quais países serão considerados adequados para a livre transferência internacional de dados pessoais; (ii) estabelecer cláusulas contratuais modelo com o mesmo objetivo; e (iii) estruturar-se adequadamente para aprovar normas corporativas globais em prazos razoáveis, tendo em vista que essas três hipóteses representam os mecanismos mais utilizados para a transferências internacionais de dados pessoais e são urgentes para o funcionamento da economia baseada em dados em que vivemos.** (grifo nosso)

[27] LEONARDI, Marcel. Transferência Internacional de Dados Pessoais. *In*: BIONI, Bruno; DONEDA, Danilo; SARLET, Ingo Wolfgang; RODRIGUES JUNIOR, Otavio Luiz; MENDES, Laura Schertel (Coords.). *Id.*p. 289-298

Nota-se que a ANPD surge com características de suma importância para a transferência internacional de dados, pois norteará, controlará, fiscalizará e autorizará a grande maioria das transmissões. Entre os receios dignos de serem levantados, está o tempo em que a ANPD levará para disponibilizar as orientações necessárias para que as transferências sejam realizadas de forma correta e segura.

Deste modo, toda empresa que deseja realizar a transferência internacional de dados pessoais, deve estar preparada para adequar-se às mudanças necessárias quando impostas pela autoridade, além de já cumprir de imediato as orientações existentes.

Constata-se, portanto, que a ANPD terá importante tarefa de adequação das estruturas normativas sobre essa atividade. Cabe às empresas realizarem os procedimentos que estão sob seu alcance até o momento (compreensão da base legal dos países envolvidos, observação de todas as obrigações acessórias, gerenciamento de todos os riscos, elaboração de um relatório de impacto para apresentar a ANPD quando necessário) para não sofrerem sanções desmedidas em virtude do descumprimento das balizas legais, além de manterem-se atentos a todas as alterações e recomendações que estão por vir.

## 3. Dilema: Internet global vs. Restrição de fluxos de dados

### 3.1. A inserção da transferência internacional de dados nos discursos políticos

Para compreender as balizas de construção e o porvir das regulações e respectivas interpretações relativas à transferência internacional de dados pessoais, é interessante refletir sobre o tema como a ponderação do dilema entre a promoção das vantagens da Internet, caracterizada como uma rede aberta distribuída (*open distributed network*) concebida para livre circulação de dados e tecnologias, e a restrição de fluxos de dados em nome do resguardo de determinadas concepções reputadas como significativas por dado país, tais como a proteção da privacidade, a segurança nacional e o desenvolvimento econômico e tecnológico interno.

Nesse sentido, as diversas formas de regulação e o grau de rigidez no *enforcement* das regras de transferência internacional de dados podem ser compreendidos como resultado do equacionamento entre esses dois vetores que, seguindo movimento pendular, tende a privilegiar um lado em detrimento do outro a depender dos recortes histórico, cultural, geopolítico e econômico sob análise.

Isso é dizer que, tal qual em áreas tradicionais do Direito, como o direito concursal, que ora pende em favor dos interesses do credor, ora dos interesses do devedor, estima-se que a regulação da transferência internacional de dados também será reflexo de períodos em que será conferido maior peso ora às características globais da internet para a economia digital, ora à proteção da privacidade, à segurança nacional e ao desenvolvimento econômico e tecnológico interno.

Hodiernamente, não obstante a vivência do ápice da economia digital, vislumbra-se que o resultado do equacionamento deste dilema pende em direção à restrição dos fluxos de dados. O fascínio inicial com as vantagens e as maravilhas da Internet globalizada e da economia movida a dados aparece nublado pelas inquietações com o preço pago por elas. Cada vez mais, percebe-se a inclusão do tema nos discursos políticos e legislativos ao redor do mundo por meio de expressões como "soberania digital ou de dados", "nacionalismo digital ou de dados", "protecionismo digital ou de dados", "soberania tecnológica", "colonialismo digital ou de dados" e "localização ou residência de dados".

São termos que desnudam a preocupação política oficial com a perda de controle sobre os usos e os efeitos decorrentes da livre e indiscriminada circulação de dados pessoais em nome do enriquecimento exponencial da economia digital globalizada e traduzem, em última instância, impulsos para retomada de algum grau de controle sobre os dados produzidos dentro das fronteiras geográficas.

A título exemplificativo, as autoras canadenses Stephane Couture e Sophie Toupin[28] pesquisaram a frequência das expressões "*data sovereignty*", "*technological sovereignty*" e "*digital sovereignty*" em textos acadêmicos e não acadêmicos. O resultado é assaz interessante ao apontar que, antes de 2011, isto é, do início da década, tais termos praticamente não existiam. Trata-se de considerável contraste com o cenário recente, visto que o ano de 2020 finaliza a década do outro lado do espectro ao confirmar a tendência em prol de medi-

[28] COUTURE, S.; TOUPIN, S. What Does the Notion of 'Sovereignty' Mean When Referring to the Digital?. **New Media & Society**, v. 21, n. 10, p. 2305–22, 2019. Disponível em: https://journals.sagepub.com/doi/abs/10.1177/1461444819865984. Acesso em: 6 dez. 2020.

das e discursos de restrição de fluxos internacionais de dados justamente por força do uso recorrente destas expressões e correlatas.

Dois documentos emanados de autoridades da União Europeia podem ser considerados como indicadores da preponderância da temática da restrição dos fluxos de dados e do *enforcement* das regras de transferência internacional de dados como pauta de discussão política, social e econômica. O primeiro deles, de autoria do Parlamento Europeu, é intitulado, sem maiores rodeios, *"Digital Sovereignty for Europe"*,[29] enquanto o segundo é documento atribuído ao *European Data Protection Supervisor* denominado *"Shaping Europe Digital Future: 2020-2024"*.[30]

Quando analisados em conjunto, ambos indicam precisamente que a fortificação do grau e do alcance da regulação e do *enforcement* das regras já existentes de transferência internacional de dados justifica-se pela necessária preservação de determinados valores e princípios reputados como dignos de tutela por dado país em detrimento da característica global da Internet. Os três objetivos oficialmente listados, não obstante oriundos de autoridades europeias, bem revelam a tônica por trás de diversos episódios ocorridos durante o ano de 2020 também em outras localidades, a saber:

(a) O primeiro objetivo em reforçar as regras e o *enforcement* para transferência internacional de dados consiste em assegurar que os titulares dos dados gozem de efetivo controle sobre suas informações pessoais, impedindo que paguem arbitrária e desproporcionalmente o preço do denominado "Capitalismo de Vigilância"[31] pela conveniência de determinadas tecnologias. Cuida-se de temor também acentuado pela opacidade dos algoritmos na base das soluções digitais, porquanto não há informações transparentes e precisas acerca de seu modo de funcionamento e efeitos concretos.[32]

[29] EUROPEAN PARLIAMENT. **Digital Sovereignty for Europe.** 2020. Disponível em: https://www.europarl.europa.eu/RegData/etudes/BRIE/2020/651992/EPRS_BRI(2020)651992_EN.pdf. Acesso em: 1 set. 2020.

[30] EUROPEAN DATA PROTECTION BOARD. **Shaping a Safer Digital Future**: The EDPS Strategy 2020-2024. 2020. Disponível em: https://edps.europa.eu/press-publications/publications/strategy/shaping-safer-digital-future_en. Acesso em: 5 set. 2020.

[31] ZUBOFF, S. **The age of surveillance capitalism:** The Fight for a Human Future at the New Frontier of Power. New York: Public Affairs, 2019.

[32] PASQUALE, F. **The Black Box Society:** The Secret Algorithms That Control Money. Cambridge: Harvard University Press, 2015.

O exemplo mais emblemático desta inquietação no ano de 2020 refere-se ao uso de aplicativos de *contact-tracing* para contenção do contágio da COVID-19, bem como o aumento da popularidade de *apps* de apoio à saúde, inclusive mental, durante o período de quarentena. A suspeita é de que, a despeito de apresentarem funcionalidades bem intencionadas, sejam desenvolvidos na realidade para a coleta de metadados que resultem em perfis comportamentais dos usuários com o intuito de prever e estimular condutas para fins de *marketing*, bem como a prática de "*digital phenotyping*" ou fenotipagem digital.[33]

Nesta esteira, é também importante ressaltar o relatório de janeiro de 2020 de título *"Out of Control"* de autoria do Conselho do Consumidor da Noruega (*Forbruker Rådet*), que descreve como dez dos *apps* investigados agem totalmente "fora de controle" na medida em que atuam à revelia de suas políticas de privacidade construídas supostamente em conformidade com o Regulamento Geral sobre Proteção de Dados, compartilhando indiscriminadamente dados pessoais, inclusive sensíveis, com uma rede de centenas de *adtechs*. Os *apps* observados incluem os de relacionamentos Tinder, OkCupid e Grindr, de jogos e entretenimento para crianças My Talking Tom, de maquiagem Perfect365, de monitoramento de ciclo menstrual MyDays e de religião muçulmana Muslim – Qibla Finder.[34]

(b) O segundo objetivo com o reforço das regras relativas à transferência internacional de dados é impedir que os dados pessoais sejam usados ou reutilizados para fins de *surveillance*, repressão e censura, minando os direitos e as liberdades individuais e universais, além de preceitos democráticos, sendo preocupação reforçada desde as revelações de Edward Snowden em 2013.

O exemplo mais emblemático neste item consiste na ordem de banimento dos aplicativos Tik Tok e WeChat pelo governo dos EUA em agosto de 2020, ambos controlados por empresas com sede na China, sendo episódio inserido

[33] TIMBERG, C.; HENDRIX, S.; KIM, M.J.; WEBER-STEINHAUS, F. Cellphone apps designed to track covid-19 spread struggle worldwide amid privacy concerns. **The Washington Post**, Washington, 2020. Disponível em: https://www.washingtonpost.com/technology/2020/08/17/covid-tracking-apps-cellphones/. Acesso em: 21 dez. 2020.

[34] FORBRUKERRADET. **Out of control:** how consumers are exploited by the online advertising industry. 2020. Disponível em: https://fil.forbrukerradet.no/wp-content/uploads/2020/01/2020-01-14-out-of-control-final-version.pdf. Acesso em: 21 dez. 2020.

na guerra fria digital que impera entre as duas potências.[35] A ordem executiva, assinada pelo então presidente Donald Trump, sustentava a necessidade de bloqueio do *download* dos aplicativos nas *appstores* como medida de emergência nacional tendo em vista a denúncia de coleta de diversas informações de seus usuários, como dados de navegação e de geolocalização.

De acordo com as justificativas oficiais, as informações extraídas dos usuários alimentariam dossiês sobre os cidadãos norte-americanos mantidos pelo Partido Comunista Chinês, especialmente sobre funcionários públicos federais, que poderiam ser alvos de chantagem ou espionagem industrial. É apontada, ainda, a suposta moderação de conteúdo pelo partido, que incentivaria mensagens favoráveis a seus interesses, como desinformações sobre a pandemia do novo coronavírus, e censuraria conteúdos, como protestos e outros eventos democráticos, compreendidos como inadequados pelo regime comunista.

No campo do endurecimento das diretrizes já atuantes na transferência internacional de dados, destaca-se o julgamento da *Court of Justice of the European Union* em julho de 2020 no caso conhecido como "Schrems II" (*Case C-311 – Data Protection Commissioner v. Facebook Ireland Ltd. and Maximillian Schrems*), que invalidou o acordo EU-US, conforme acima mencionado, o *Privacy Shield* que permitia desde 2016 a transferência de dados entre os EUA e a União Europeia. O argumento adotado é de que a Seção 702 do *US Foreign Intelligence Surveillance Act* (FISA) não garante nível de proteção equivalente àquele previsto no acordo, além de não indicar quaisquer limitações ao alcance dos programas de *surveillance* para propósitos de inteligência estrangeira no que diz respeito a usuários que não sejam norte-americanos, notadamente de origem europeia.

A necessária proteção da segurança nacional e da ordem pública também é empregada como argumento para a decisão da Índia, no contexto de diversos conflitos geopolíticos com a China, de banir mais 200 *apps* de origem chinesa de seu território durante o segundo semestre de 2020, tais como Tik Tok, We Chat, Aliexpress e Camscanner.[36]

[35] ESTADOS UNIDOS. THE WHITE HOUSE. **Executive Order on Addressing the Threat Posed by Tiktok.** 2020. Disponível em: https://www.whitehouse.gov/presidential-actions/executive-order-addressing-threat-posed-tiktok/. Acesso em: 5 jan. 2021.

[36] PHAM, S. India bans more Chinese apps as tensions remain high. **CNN**, Atlanta, 2020. Disponível em: https://edition.cnn.com/2020/11/25/tech/india-bans-chinese-apps-hnk-intl/index.html. Acesso em: 5 dez. 2020.

(c) O terceiro propósito relacionado ao reforço do grau de rigidez para transferência internacional de dados é o de estimular o desenvolvimento de tecnologias com selo nacional ou regional para diminuir a dependência de soluções tecnológicas importadas e, consequentemente, minorar o receio com a transformação destes países em colônias digitais controladas por intermédio de produtos que se tornam essenciais no seio da economia digital globalizada, incluindo cabos de fibra óptica, redes da tecnologia 5G, APIs para desenvolvimento de aplicativos etc.

Os próprios documentos indicam que o episódio de 2020 que marca a relevância deste objetivo reporta-se ao fracasso dos projetos iniciais dos governos inglês[37] e alemão[38] para desenvolvimento de *apps* de contenção e monitoramento do contágio da COVID-19 em ferramentas não baseadas nas APIs descentralizadas desenvolvidas pela Google e Apple.

O fiasco das tentativas de desenvolvimento de soluções funcionais e eficientes não dependentes daquelas provenientes das empresas sediadas nos EUA reavivou os ânimos e as preocupações quanto ao grau de sua "dependência tecnológica" e do controle exercido sobre o acesso e a coleta de dados por organizações estrangeiras, com o possível uso ou re-uso indevido dos dados internacionalmente.[39]

### 3.2. O porvir da restrição dos fluxos de dados: alertas de excessos

A temática da transferência internacional de dados pende em favor dos discursos em prol da restrição dos fluxos de dados em nome da proteção de determinados princípios e valores. Embora não se conteste sua relevância, uma vez que de fato legítimos e devem ser alvo do devido escrutínio, os episódios ocorridos tão somente no ano de 2020 despertam alertas quanto ao

[37] BURGESS, M. Why the NHS Covid-19 contact tracing app failed: Test, track and trace – just not with the NHS app. **Wired**, Reino Unido, 2020. Disponível em: https://www.wired.co.uk/article/nhs-tracing-app-scrapped-apple-google-uk. Acesso em: 21 dez. 2020.

[38] BUSVINE, D; RINKE, A. Germany flips to Apple-Google approach on smartphone contact tracing. **Reuters**, Londres, 2020. Disponível em: https://br.reuters.com/article/health-coronavirus-europe-tech-idUSL2N2CF0YE. Acesso em: 4 out. 2020.

[39] NHS tracing app in question as experts assess Google-Apple model. **Financial Times**, Londres, 2020. Disponível em: https://www.ft.com/content/d44beb06-5e3e-434f-a3a0-f806ce06576c. Acesso em: 4 out. 2020.

porvir da temática, mesmo em países que já contam com regras diretrizes destas transferências, incluindo o Brasil com a LGPD recentemente vigente.

Isso porque, contrariamente à maioria das áreas do direito que lidam com dilemas e cujas regras são resultado do equacionamento do pêndulo entre interesses conflitantes, há uma escalada da inclusão do tema da transferência internacional de dados em decisões políticas tomadas sem oportunidade de debate ao sabor de conveniências e interesses geopolíticos e econômicos camuflados sob o pretexto da defesa da "segurança nacional" e da "privacidade".

Os eventos relativos ao banimento de *apps*, por exemplo, escondem consequências e efeitos bastantes consideráveis que não deveriam ser resultado de decisões tomadas com leviandade. Apenas a título ilustrativo, o *app* WeChat, controlado pela empresa chinesa Tencent, é um *Super App* que, dentre outras funcionalidades, é baixado por aqueles que desejam se comunicar com residentes da China, incluindo familiares e parceiros de negócios. A função do *app* restou considerada pela juíza Laurel Beeler ao suspender a ordem presidencial no segundo semestre de 2020, tendo ressaltado, inclusive, o caráter discriminatório da medida visto que as comunidades chinesa e sino-americana dos EUA, com limitada proficiência em inglês, não têm alternativas de outros *apps* disponíveis em língua chinesa que sirvam ao mesmo propósito.[40]

Em relação ao bloqueio do Tik Tok, os desdobramentos do decreto presidencial também despertam alerta quanto à manipulação do tema da restrição do fluxo de dados como estratégica de pressão para nacionalização, apropriação ou interferência em negócios e tecnologias estrangeiras. Isso porque, antes das decisões judiciais que também suspenderam a ordem de bloqueio, a Byte Dance, controladora chinesa do Tik Tok, sinalizou a intenção de criar uma nova empresa com sede nos EUA, a Tik Tok Global, que teria como acionistas minoritários duas empresas norte-americanas, o Walmart e a Oracle, sendo proposta vista como interessante pelo presidente dos EUA.[41]

[40] Juíza dos EUA suspende decisão de Trump de banir WeChat. **O Estado de S. Paulo**, São Paulo, 2020. Disponível em: https://link.estadao.com.br/noticias/geral,juiza-dos-eua-suspende-decisao-de-trump-de-banir-wechat,70003445357. Acesso em: 9 out. 2020.

[41] RAY, S; SANDLER, R. Oracle e Walmart terão participação de 20% na TikTok. **Forbes**, New York, 2020. Disponível em: https://forbes.com.br/negocios/2020/09/oracle-e-walmart-terao-participacao-de-20-na-tiktok/. Acesso em: 5 out. 2020.

Por fim, em continuidade ao julgamento do Caso Schrems II, destaca-se a tensão entre o Facebook e a *Irish Data Commission* que, em setembro de 2020, notificou a *bigtech* para cessar as transferências de dados dos cidadãos europeus para os EUA,[42] ainda que pautadas em *standard contractual clauses* (SCCs).

Trata-se de episódio que desperta alerta e preocupação quanto às consequências à concorrência e ao acesso a mercados digitais. Enquanto empresas dominantes do setor, como o próprio Facebook, têm recursos para manejar diversas ferramentas jurídicas para defesa de seus interesses e, em último caso, efetuar as adaptações necessárias para cumprir as determinações estatais, as pequenas e médias empresas, que se apoiaram na característica global da internet para inovar e se desenvolver, podem vir a ser prejudicadas. O endurecimento das regras de transferência de dados sem a devida parcimônia e temperança pode ter o condão de criar obstáculos de acesso aos mercados digitais e potencializar a concentração de um setor já extremamente concentrado.

Por todo o exposto, percebe-se que o ano de 2020, encerrando a década com a confirmação da tendência à restrição dos fluxos de dados, também nos confere alertas sobre o possível estiramento do pêndulo e as consequências daí advindas. É imperativa a ponderação de que, como todo debate jurídico que encerra desafio dilemático, o objetivo deve ser o equacionamento *equilibrado* dos vetores de natureza conflitante *(Internet global vs. restrição de fluxos de dados*), sob pena de ferir conquistas e vantagens imensamente valiosas para o desenvolvimento social e econômico sob o pretexto da proteção – destemperada – de princípios e valores em destaque em dado momento histórico, político, social e cultural.

## Conclusões

Conforme acima esclarecido sobre os modelos de transferência pelos tipos de negócio e como a regulamentação pode impactar os fluxos, esperamos

[42] SCHECHNER, S; GLAZER, E. Ireland to Order Facebook to Stop Sending User Data to U.S: Privacy regulator's order to suspend the company's data transfers to the U.S. cites concerns over American government surveillance practices. **The Wall Street Journal**, New York, 2020. Disponível em: https://www.wsj.com/articles/ireland-to-order-facebook-to-stop-sending-user-data-to-u-s-11599671980. Acesso em: 5 out. 2020.

que, operacionalmente, a ANPD adote modelos flexíveis para viabilizar, de uma maneira prática, rápida e eficaz, a transferência internacional de dados.

A lógica de adequação deve ser aplicável à natureza global e atual dos fluxos de dados pessoais, principalmente em um país como o Brasil, que não tem o mesmo peso da União Europeia para impor o modelo restritivo ao resto do mundo.

No modelo atual, a economia global depende cada vez mais dos fluxos contínuos de informações. As condutas mais triviais do dia-a-dia implicam, em certa medida, a transferência internacional de dados.

No entanto, existe uma disparidade entre modelos de transferência de dados, a depender do grau de regulamentação da proteção de dados e privacidade. Sendo assim, podemos notar que as maiores concentrações das normas estão em países industrializados. Dessa maneira, o fluxo maior de dados acaba se dando entre os referidos países e, ao considerarmos a economia digital global, a disparidade econômica se acirra ainda mais por quem pode ter o controle dos dados e de seu fluxo.

Por isso, é importante pensar em soluções e modelos regulatórios em que se busquem, de maneira conjunta, a proteção da privacidade dos indivíduos, como também a livre circulação de dados entre países e regiões. Dessa forma, toda essa realidade, já existente, de diferentes regulações quanto ao tratamento e transferência de dados abre um leque de possibilidades e oportunidades quanto a práticas de planejamento de tratamento e transferência internacional de dados. É possível defender que os modelos de normativas de proteção de dados, para facilitar o fluxo internacional, começarão a convergir.

O presente artigo não se propôs a trazer todas as soluções para endereçar os desafios apresentados. Assim sendo, poderemos identificar futuros desafios do Direito Internacional Privado e Direito Internacional Público que, ainda que não tenham sido tratados neste artigo, merece destaque quando pensar em um patamar global de proteção de dados pessoais.

## Referências

AHMED, Usman, CHANDER, Anupam. **Information Goes Global: Protecting Privacy, Security and the New Economy in a World of Cross-border Data Flows**, 2015. Disponível em: https://e15initiative.org/publications/information-goes-global-

-protecting-privacy-security-and-the-new-economy-in-a-world-of-cross-border-data--flows/. Acesso em: 8 jan. 2021.

AQUINO, Theófilo; MARQUES, Fernanda Mascarenhas. O Regime de Transferência Internacional de Dados da LGPD. *In*: BIONI, Bruno; DONEDA, Danilo; SARLET, Ingo Wolfgang; RODRIGUES JUNIOR, Otavio Luiz; MENDES, Laura Schertel (Coords.) **Tratado de proteção de dados pessoais**. Rio de Janeiro: Forense, 2020.

BBC NEWS. Entenda o escândalo de uso político de dados que derrubou valor do Facebook e o colocou na mira de autoridades. 20 de março de 2018. Disponível em: https://www.bbc.com/portuguese/internacional-43461751. Acesso em: 4 jan. 2021.

BRILL, Julie. **Assuring Customers About Cross-Border Data Flows**. Microsoft. 16 de julho de 2020. Disponível em: https://blogs.microsoft.com/eupolicy/2020/07/16/assuring-customers-about-cross-border-data-flows/. Acesso: 2 jan. 2021.

BURGESS, M. Why the NHS Covid-19 contact tracing app failed: Test, track and trace – just not with the NHS app. **Wired**, Reino Unido, 2020. Disponível em: https://www.wired.co.uk/article/nhs-tracing-app-scrapped-apple-google-uk. Acesso em: 21 dez. 2020.

BUSVINE, D; RINKE, A. Germany flips to Apple-Google approach on smartphone contact tracing. **Reuters**, Londres, 2020. Disponível em: https://br.reuters.com/article/health-coronavirus-europe-tech-idUSL2N2CF0YE. Acesso em: 4 out. 2020.

CASTELLS, Manuel. **A era da informação: economia, sociedade e cultura.** São Paulo: Paz e Terra, 1999.

COMISSÃO EUROPEIA. **Proteção de dados – cláusulas contratuais-tipo para a transferência de dados pessoais para países terceiros (ato de execução)**. Disponível em: https://ec.europa.eu/info/law/better-regulation/have-your-say/initiatives/12741-Commission-Implementing-Decision-on-standard-contractual-clauses-for-the-transfer-of--personal-data-to-third-countries. Acesso em: 7 jan. 2021.

COUTURE, S.; TOUPIN, S. What Does the Notion of 'Sovereignty' Mean When Referring to the Digital?. **New Media & Society**, v. 21, n. 10, p. 2305–22, 2019. Disponível em: https://journals.sagepub.com/doi/abs/10.1177/1461444819865984. Acesso em: 6 dez. 2020.

DELOITTE. **O que é economia digital? Unicórnios, transformação e a internet das coisas**. [s/a]. Disponível em: https://www2.deloitte.com/mt/en/pages/technology/articles/mt-what-is-digital-economy.html. Acesso em: 4 dez. 2020.

ESTADOS UNIDOS. THE WHITE HOUSE. **Executive Order on Addressing the Threat Posed by Tiktok.** 2020. Disponível em: https://www.whitehouse.gov/presidential--actions/executive-order-addressing-threat-posed-tiktok/. Acesso em: 5 jan. 2021.

EUROPEAN DATA PROTECTION BOARD. **Shaping a Safer Digital Future**: The EDPS Strategy 2020-2024. 2020. Disponível em: https://edps.europa.eu/press-publications/publications/strategy/shaping-safer-digital-future_en. Acesso em: 5 set. 2020.

EUROPEAN PARLIAMENT. **Digital Sovereignty for Europe.** 2020. Disponível em: https://www.europarl.europa.eu/RegData/etudes/BRIE/2020/651992/EPRS_BRI(2020)651992_EN.pdf. Acesso em: 1 set. 2020.

FEBRABAN. Nota Técnica. Ref. Projeto de Lei nº 5.276/2016. Câmara dos Deputados: 2016. Disponível em: https://www2.camara.leg.br/atividade-legislativa/comissoes/

comissoes-temporarias/especiais/55a-legislatura/pl-4060-12-tratamento-e-protecao-de-dados-pessoais/documentos/outros-documentos/FEBRABAN.pdf. Acesso em: 29 nov. 2020.

FGV EAESP. **30ª Pesquisa Anual do FGVcia do Uso de TI, FGV-EAESP**, 2019. Disponível em: https://eaesp.fgv.br/sites/eaesp.fgv.br/files/noticias2019fgvcia_2019.pdf. Acesso em: 4 dez. 2020.

FORBRUKERRADET. **Out of control:** how consumers are exploited by the online advertising industry. 2020. Disponível em: https://fil.forbrukerradet.no/wp-content/uploads/2020/01/2020-01-14-out-of-control-final-version.pdf. Acesso em: 21 dez. 2020.

JUÍZA dos EUA suspende decisão de Trump de banir WeChat. **O Estado de S. Paulo**, São Paulo, 2020. Disponível em: https://link.estadao.com.br/noticias/geral,juiza-dos-eua-suspende-decisao-de-trump-de-banir-wechat,70003445357. Acesso em: 9 out. 2020.

LEONARDI, Marcel. Transferência Internacional de Dados Pessoais. *In*: BIONI, Bruno; DONEDA, Danilo; SARLET, Ingo Wolfgang; RODRIGUES JUNIOR, Otavio Luiz; MENDES, Laura Schertel (Coords.) **Tratado de proteção de dados pessoais**. Rio de Janeiro: Forense, 2020.

MANYIKA, James; LUND, Susan; BUGHIN, Jacques; WOETZEL, Jonathan; STAMENOV, Kalin; DHINGRA, Dhruv. Digital Globalization: The New Era of Global Flows. McKinsey Global Institute MGI, 2016. Disponível em: https://www.mckinsey.com/business-functions/mckinsey-digital/our-insights/digital-globalization-the-new-era-of-global-flows. Acesso em: 2 dez. 2020.

MAYER-SCHONBERGER, Viktor; RAMGE, Thomas. **Reinventing capitalism in the age of big data.** New York: Basic Books, 2018.

NHS tracing app in question as experts assess Google-Apple model. **Financial Times**, Londres, 2020. Disponível em: https://www.ft.com/content/d44beb06-5e3e-434f-a3a0-f806ce06576c. Acesso em: 4 out. 2020.

OCDE. **Capítulo 1. O Brasil na transformação digital: Oportunidades e desafios**, 2020. Disponível em: https://www.oecd-ilibrary.org/sites/0d4a61d4-pt/index.html?itemId=/content/component/0d4a61d4-pt#chapter-1. Acesso em: 4 dez. 2020.

OUR WOLD IN DATA. **Internet.** 2020. Disponível em: https://ourworldindata.org/internet. Acesso em: 6 dez. 2020.

PASQUALE, F. **The Black Box Society:** The Secret Algorithms That Control Money. Cambridge: Harvard University Press, 2015.

PHAM, S. India bans more Chinese apps as tensions remain high. **CNN**, Atlanta, 2020. Disponível em: https://edition.cnn.com/2020/11/25/tech/india-bans-chinese-apps-hnk-intl/index.html. Acesso em: 5 dez. 2020.

RAY, S; SANDLER, R. Oracle e Walmart terão participação de 20% na TikTok**. Forbes**, New York, 2020. Disponível em: https://forbes.com.br/negocios/2020/09/oracle-e-walmart-terao-participacao-de-20-na-tiktok/. Acesso em: 5 out. 2020.

SCHECHNER, S; GLAZER, E. Ireland to Order Facebook to Stop Sending User Data to U.S**:** Privacy regulator's order to suspend the company's data transfers to the U.S. cites concerns over American government surveillance practices. **The Wall Street Journal**, New York, 2020. Disponível em: https://www.wsj.com/articles/ireland-to-order-facebook-to-stop-sending-user-data-to-u-s-11599671980. Acesso em: 5 out. 2020.

STATISTA. **Global digital population as of October 2020**, 2020. Disponível em: <https://www.statista.com/statistics/617136/digital-population-worldwide/>. Acesso em: 6 dez. 2020.

______. **Número de usuários de internet em el mundo entre 2005 hasta 2019**, 2020. Disponível em: <https://es.statista.com/estadisticas/541434/numero-mundial-de-usuarios-de-internet/>. Acesso em: 6 dez. 2020.

THE BORGEN PROJECT. **Top 5 benefits of the internet in developing countries**, 2019. Disponível em: <https://borgenproject.org/top-5-benefits-of-the-internet-in-developing-countries/>. Acesso em: 5 dez. 2020.

THE GUARDIAN. Edward Snowden: the whistleblower behind the NSA surveillance revelations. 11 de junho de 2013. Disponível em: https://www.theguardian.com/world/2013/jun/09/edward-snowden-nsa-whistleblower-surveillance. Acesso em: 8 dez. 2020.

TIMBERG, C.; HENDRIX, S.; KIM, M.J.; WEBER-STEINHAUS, F. Cellphone apps designed to track covid-19 spread struggle worldwide amid privacy concerns. **The Washington Post**, Washington, 2020. Disponível em: https://www.washingtonpost.com/technology/2020/08/17/covid-tracking-apps-cellphones/. Acesso em: 21 dez. 2020.

UNITED NATIONS CONFERENCE ON TRADE AND DEVELOPMENT. **Digital Economy Report 2019 Value Creation and Capture: Implications for Developing Countries**. 4 de setembro de 2019. Disponível em: https://unctad.org/system/files/official-document/der2019_en.pdf. Acesso em: 6 dez. 2020.

ZUBOFF, S. **The age of surveillance capitalism:** The Fight for a Human Future at the New Frontier of Power. New York: Public Affairs, 2019.

# 13. Autoridades Nacionais de Proteção de Dados: Um Panorama Internacional

*Ana Luisa Pereira Agudo Romão*
*Cícero Dantas Bisneto*
*Éverton Willian Pona*
*Sirley Claus Prado Tonello*
*Victor Auilo Haikal*

## Introdução

Desde que Warren e Brandeis inauguram a preocupação com o direito à privacidade em 1890,[1] as relações sociais humanas mudaram muito. Dentre as múltiplas transformações passíveis de afetar a esfera privada dos indivíduos, talvez a mais impactante tenha sido o surgimento e desenvolvimento da Internet. Hoje, um sem número de transações ocorre pela rede mundial de computadores e uma avassaladora quantidade de dados é coletada, armazenada e compartilhada, de modo que se tem uma nova economia, dita informacional, com a propriedade das coisas substituída pelo controle de informações.[2]

[1] WARREN, Samuel Dennis; BRANDEIS, Louis Dembitz. The right of privacy. **Harvard Law Review**, v. 4, n. 5, p. 193-220, dec. 1890.
[2] LIMA, Cíntia Rosa Pereira de. **Autoridade Nacional de Proteção de Dados e a efetividade da lei geral de proteção de dados**. São Paulo: Almedina, 2020, p. 47 e 58.

Devido ao volume de informações processadas já se indaga sobre o rumo a um novo 1984, em alusão à obra de George Orwell.[3]

Esse cenário demandou regulamentação. O fluxo transnacional de dados pessoais impulsionou um movimento de âmbito global que culminou na adoção de leis de proteção de dados[4]. Em 2019, mais de 130 países já haviam adotado leis relacionadas à privacidade e à proteção de dados.[5] Muitas dessas leis estão estruturadas a partir de princípios gerais para garantir que a norma tenha aplicabilidade aos mais diversos casos sem demandar alteração legislativa, evitando-se que as normas de proteção de dados tenham duração efêmera.[6]

Para interpretar a normativa e fiscalizar o cumprimento de suas disposições, as leis de proteção de dados em geral preveem a criação de um ente específico. Essa figura pode ser denominada, de forma genérica, como Autoridade de Proteção de Dados e asemelha-se, no contexto brasileiro, às conhecidas agências reguladoras, caracterizando-se como

> [...] entes ou órgãos públicos dotados de substancial independência do governo caracterizados pela sua autonomia de organização, financiamento e contabilidade; da falta de controle e sujeição ao poder Executivo, dotadas de garantias de autonomia através da nomeação de seus membros, dos requisitos para esta nomeação e da duração de seus mandatos; e tendo função de tutela de interesses constitucionais em campos socialmente relevantes.[7]

Uma Autoridade de Proteção de Dados, portanto, refere-se ao órgão criado para fiscalizar e dar efetividade à legislação de proteção de dados. Sua relevân-

[3] TOMASEVICIUS FILHO, Eduardo. Em direção a um novo 1984? A tutela da vida privada entre a invasão da privacidade e a privacidade renunciada. **Revista da Faculdade de Direito da Universidade de São Paulo**, São Paulo, v. 109, p. 129-169, jan./dez 2014.

[4] WIMMER, Miriam. Autoridades de proteção de dados pessoais no mundo: fundamentos e evolução na experiência comparada. *In:* PALHARES, Felipe (Org.). **Temas atuais de proteção de dados**. São Paulo: RT, 2020.

[5] WIMMER, Miriam. *Id.* p. 2.

[6] LIMA, Cíntia Rosa Pereira de. *Id.* p. 195. Ressalta a autora que as Autoridades de Proteção desempenham papel interpretativo importante por meio da edição de provimentos e resoluções.

[7] CARINGELLA, Francisco; GAROFOLI, Roberto *apud* DONEDA, Danilo. **Da privacidade à proteção de dados pessoais**. 2.ed. São Paulo: RT, 2019. p. 310-311.

cia é tamanha que se afirma ser falho o modelo regulatório que não preveja tal entidade.[8] Em relação às agências reguladoras, importante destacar que o foco de suas ações não é regulação do mercado, mas a proteção dos direitos fundamentais dos indivíduos no que concerne aos dados pessoais.

Nesse contexto, o estudo oferta um panorama sobre autoridades de proteção em diversos países, apontando para detalhes de sua estrutura, o modo de escolha de seus membros (um dos elementos, como visto, que lhe garante a independência e necessária) além de, pontuar momentos relevantes da atuação dessas entidades. Assim, serão estudadas autoridades da Europa (Autoridade Europeia e da França, Alemanha, Itália e Reino Unido) e América (Estados Unidos e Uruguai). Encerra a abordagem a Autoridade Nacional de Proteção de Dados, criada no Brasil pela Lei Geral de Proteção de Dados e ainda em vias de implantação.

## 1. O avanço do "Velho Continente" na fiscalização da proteção de dados

A Europa iniciou seus primeiros estudos sobre a proteção de dados na década de 1960, a partir da evolução das primeiras tecnologias da informação, por conta de normas expedidas por organismos internacionais, dentre as quais se destacam as Diretrizes sobre Proteção da Privacidade e Circulação Transfronteiriça de Dados Pessoais da Organização para a Cooperação e Desenvolvimento Econômico (OCDE), lançada em 1980.[9]

No ano seguinte foi celebrada a Convenção para a Proteção das Pessoas Relativamente ao Tratamento Automatizado de Dados de Caráter Pessoal (Convenção 108). A convenção atentava para a necessidade de se estabelecerem processos de coleta e tratamento de dados de forma lícita, defendendo uma finalidade específica para o tratamento e maior proteção para os dados considerados sensíveis. Conferem-se direitos de informação e de controle dos usuários sobre os seus dados, aventando a possibilidade de criação de uma entidade de fiscalização e controle independente.[10]

[8] LIMA, Cíntia Rosa Pereira de. *Id.* p. 196.

[9] LIMA, Cíntia Rosa Pereira de. *Id.* p. 130-133.

[10] COUNCIL OF EUROPE. **Convention 108 – Convention for the protection of individuals with regard to the processing of personal data.** Strasbourg, June 2018. Disponível em:

Em 1995, o Parlamento e o Conselho Europeus aprovaram a Diretiva de Proteção de Dados Pessoais (Diretiva 95/46), texto normativo que ampliou a abordagem do tema, visando a eliminar os entraves na circulação de dados pessoais entre os Estados Membros como forma de fortalecimento do mercado interno. Para isso, estabelecia o princípio de que deveria ser equivalente o nível de proteção dos dados entre os países.[11] Em 2002, aprovou-se a Diretiva 2002/58, batizada *ePrivacy Directive*, que, além de reforçar conceitos da Diretiva anterior, estabeleceu regras específicas da proteção de dados no âmbito das telecomunicações, incluindo pela primeira vez as comunicações eletrônicas, focando no sigilo dessas e na garantia dos direitos dos usuários do serviço.[12]

Em 2012, a Carta dos Direitos Fundamentais da União Europeia foi revista, incluindo-se o art. 8º, o qual eleva a proteção de dados pessoais ao patamar de liberdade fundamental. A regulação sobre o tema foi reformada, aprovando-se em 2016 o Regulamento Geral de Proteção de Dados (RGPD). Em vigor desde 2018, a norma passou a ser aplicada a todos os agentes que realizam o tratamento de dados pessoais de europeus, prevendo uma série de direitos aos titulares dos dados e a figura da Autoridade de Proteção de Dados Independente, encarregando cada Estado-Membro da criação de pelo menos uma autoridade responsável pela fiscalização do cumprimento do RGPD. Nesse sentido, o RGPD teve o cuidado de instituir sanções pecuniárias com valores elevados, de até 4% do faturamento anual do agente ou 20 milhões de Euros, e previu a criação de um órgão de controle independente supranacional.

https://rm.coe.int/convention-108-convention-for-the-protection-of-individuals-with-regar/16808b36f1. Acesso em: 16 nov. 2020.

[11] THE EUROPEAN PARLIAMENT AND THE COUNCIL OF THE EUROPEAN UNION. **Directive 95/46/EC of the European Parliament and of the Council of 24 October 1995 on the protection of individuals with regard to the processing of personal data and on the free movement of such data.** Official Journal of the European Communities, No L 281/31. Luxembourg, November 23th, 1995. Disponível em: https://eur-lex.europa.eu/legal-content/EN/TXT/?uri=celex%3A31995L0046 . Acesso em: 16 nov. 2020.

[12] THE EUROPEAN PARLIAMENT AND THE COUNCIL OF THE EUROPEAN UNION. **Directive 2002/58/EC of the European Parliament and of the Council of 12 July 2002 concerning the processing of personal data and the protection of privacy in the electronic communications sector (Directive on privacy and electronic communications)**. Official Journal of the European Communities nº L201/37. Luxembourg, July 31st, 2002. Disponível em: https://eur-lex.europa.eu/legal-content/EN/ALL/?uri=CELEX%3A32002L0058 . Acesso em: 16 nov. 2020.

## 2. Uma Autoridade continental: o Comitê Europeu de Proteção de Dados

Em observância aos arts. 63-76 do RGPD, o Comitê Europeu de Proteção de Dados (*European Data Protection Board* – EDPB) foi criado em maio de 2018 como órgão comunitário independente, destinado à garantia e promoção da cooperação entre países membros na aplicação consistente das normas de proteção de dados na União Europeia.

O Comitê é formado por representantes das Autoridades Nacionais de Proteção de Dados e pelo Supervisor Europeu de Proteção de Dados, apontados por uma decisão conjunta do Parlamento e Conselho Europeus para mandato de cinco anos. Além desses, participam das reuniões, sem direito a votos, países da Área Econômica Europeia (EEA), da Associação de Livre Comércio Europeia (EFTA), Islândia, Liechtenstein e Noruega. Dentre suas competências estão: dar orientações gerais (incluindo diretrizes, recomendações e boas práticas) esclarecendo a aplicação da legislação europeia de proteção de dados; aconselhar a Comissão Europeia em questões relacionadas à matéria fornecendo pareceres sobre projetos legislativos; emitir decisão final em procedimentos de controle de coerência em casos transfronteiriços de proteção de dados; promover a cooperação e troca de informações entre as Autoridades Nacionais de Proteção de Dados.[13]

Apesar de sua criação recente, o EDPB tem atuado significativamente, adotando diretrizes gerais de orientação para aplicação do RGPD em temas como a elaboração de códigos de conduta das Autoridades Nacionais, critérios de aplicação para as avaliações de impacto sobre a proteção de dados e o direito ao esquecimento.[14]

A fim de ilustrar a atuação do EDPB, destaca-se recente caso entre a Autoridade Nacional de Proteção de Dados Irlandesa e o *Twitter*, o qual desencadeou o primeiro procedimento de resolução de litígios decidido pelo EDPB, em conformidade com o rito do art. 65, do RGPD.

[13] EUROPEAN DATA PROTECTION BOARD. **Who we are.** Disponível em: https://edpb.europa.eu/about-edpb/about-edpb_en. Acesso em: 5 jan. 2021.

[14] EUROPEAN DATA PROTECTION BOARD. **2019 Annual Report**, Working together for stronger rights. Brussels. Disponível em: https://edpb.europa.eu/sites/default/files/files/file1/edpb_annual_report_2019_en.pdf . Acesso em: 5 jan. 2021.

Eis o caso. Em 2019, o *Twitter* notificou a *Irish Data Protection Commission* (DPC) da ocorrência de uma falha da proteção de dados que expôs ao público geral *tweets* privados de usuários Android da plataforma entre os anos de 2014 e 2019. A DPC iniciou suas investigações elaborando, ao final, minuta de decisão sancionatória à empresa. Em conformidade com o previsto no art. 60 (3), do RGPD, a DPC compartilhou a minuta com as Autoridades Nacionais interessadas, as quais apresentaram objeções quanto ao papel do *Twitter International* como único controlador responsável pelos dados e ao valor da multa aplicada.[15]

A rejeição dessas objeções pela DPC deu origem ao procedimento de resolução de litígios perante o EDPB, o qual emitiu uma decisão vinculante em novembro de 2020. O Comitê ponderou que a DPC seria a autoridade competente para o processamento da demanda, determinando, contudo, que houvesse a revisão da metodologia de cálculo da multa a ser imposta à empresa em observação aos critérios apresentados pelo art. 83 (1) e (2) do RGPD, de forma a elevar seu valor a um patamar que cumpra a finalidade da medida pecuniária de correção, efetividade, dissuasão e proporcionalidade.[16]

Em dezembro de 2020, a DPC publicou sua decisão final sobre o caso, relevando em consideração as instruções do EDPB. A Autoridade Nacional manteve a condenação pelas violações ao RGPD, adotando como base para o cálculo da multa o faturamento total da *Twitter International* (e não apenas da filial irlandesa) de forma a impor uma multa administrativa no valor de 450.000 Euros, representando um aumento de 67% em relação ao valor inicialmente estipulado.[17]

[15] EUROPEAN DATA PROTECTION BOARD. **EDPB adopts first Art. 65 decision**. Brussels, 10 November 2020. Disponível em: https://edpb.europa.eu/news/news/2020/edpb-adopts-first-art-65-decision_en . Acesso em: 5 jan. 2021.

[16] EUROPEAN DATA PROTECTION BOARD. **Decision 01/2020 on the dispute arisen on the draft decision of the Irish Supervisory Authority regarding Twitter International Company under Article 65(1)(a) GDPR**. Brussel, 9 November 2020. Disponível em: https://edpb.europa.eu/our-work-tools/our-documents/binding-decision-board-art-65/decision-012020-dispute-arisen-draft_en . Acesso em: 5 jan. 2021.

[17] IRELAND. Data Protection Commission. **DPC Case Reference: IN-19-1-1.** In the matter of Twitter International Company. Dublin, 9 December 2020. Disponível em: https://edpb.europa.eu/sites/default/files/decisions/final_decision_-_in-19-1-1_9.12.2020.pdf . Acesso em: 5 jan. 2021.

## 3. Do "SAFARI" à *Commission Nationale Informatique et Libertés* (CNIL) – o caso da França

A discussão sobre a proteção de dados pessoais foi impulsionada em território francês em resposta à reportagem publicada pelo jornal *Le Monde*, em 1974, que expunha um projeto governamental secreto, o chamado projeto SAFARI, que visava a criação de uma ficha de identificação única e universal de cada cidadão francês por meio de seu número INSEE na Administração Pública, utilizando os supercomputadores denominados IRIS-80 para reunir os diferentes arquivos de diferentes setores da administração.[18]

O jornal chamou o projeto de caça aos franceses (*chasse aux Français*), gerando forte resposta social. Comparou-se a empreitada às práticas comuns no regime de Vichy, durante o período da Segunda Guerra Mundial de compilar informações sobre os indivíduos para fins de persecução e repressão.[19] O projeto foi abandonado e a discussão deu origem à publicação da Lei nº 78/17, de 6 de janeiro de 1978 (*Loi Informatiques et Libertés*),[20] a primeira a regular a proteção do que se convencionou chamar "informações nominativas", prevendo a criação da Comissão Nacional de Proteção de Dados a fim de lhe conferir efetividade.

Em 2004, a proteção foi ampliada pela introdução do conceito de dados pessoais por meio da Lei nº 2004/801,[21] responsável pela transposição da Diretiva 95/46 da União Europeia para o território francês. O regime jurídico de

[18] BOUCHER, Philippe. Safari ou la chasse aux français. **Le Monde**, Paris, 21 mars 1974. Disponível em : https://www.lemonde.fr/archives/article/1974/03/21/une-division-de-l-informatique-est-creee-a-la-chancellerie-safari-ou-la-chasse-aux-francais_3086610_1819218.html . Acesso em: 5 jan. 2021.

[19] MANACH, Jean Marc. Safari et la (nouvelle) chasse aux Français. **Le Monde**, Paris, 23 de dezembro de 2010. Disponível em : https://www.lemonde.fr/blog/bugbrother/2010/12/23/safari-et-la-nouvelle-chasse-aux-francais/ . Acesso em: 5 jan. 2021.

[20] FRANCE. **Loi nº 78-17** du 6 janvier 1978 relative à l'informatique, aux fichiers et aux libertés. Paris, 6 janvier 1978. Disponível em : https://www.legifrance.gouv.fr/loda/id/JORFTEXT000000886460/ . Acesso em: 16 nov. 2020.

[21] FRANCE. **Loi nº 2004-801** du 6 août 2004 relative à la protection des personnes physiques à l'égard des traitements de données à caractère personnel et modifiant la loi nº 78-17 du 6 janvier 1978 relative à l'informatique, aux fichiers et aux libertés. Paris, 6 août 2004. Disponível em : https://www.legifrance.gouv.fr/loda/id/JORFTEXT000000441676/ . Acesso em: 16 nov. 2020.

proteção foi simplificado, reforçando-se os poderes investigativos e punitivos da Autoridade Nacional.

Em 2016, a Lei nº 2016/1321[22] – conhecida como *Loi Lemaire* – introduziu novos direitos digitais, reafirmando o princípio do controle do titular sobre seus dados: o direito ao esquecimento para os menores de idade, a possibilidade de organizar o destino dos dados pessoais após a morte e a possibilidade de exercer seus direitos por meios eletrônicos. O RGPD entrou em vigor em 2018, transposto para o direito francês por meio da ordenação 2018-1125.[23]

A Autoridade Nacional de Proteção de Dados francesa (CNIL) foi instituída em 1978 pela *Loi Informatique et Libertés*, com a finalidade de garantir a proteção dos dados dos cidadãos contra o uso indevido pelo Estado.

Atualmente, é composta por uma diretoria colegiada de 18 membros, que se reúnem semanalmente, assim distribuídos: 6 representantes de Cortes Judiciais, 5 representantes da sociedade civil qualificados, 4 parlamentares, 2 membros do Conselho Econômico, Social e Ambiental e 1 Membro da Comissão de Acesso aos Documentos Administrativos. 12 dos membros são eleitos ou designados pelos órgãos a que pertencem. A autoridade conta com 215 agentes e o seu orçamento anual é de 18,5 milhões de Euros.

Suas competências podem ser agrupadas em quatro missões:[24] i) Informar e proteger os direitos dos particulares: informar as pessoas dos seus direitos e responder às demandas dos particulares que encontrarem dificuldades no exercício dos seus direitos. Em 2019, a CNIL recebeu 8.360 queixas, das quais 27% tratavam sobre a difusão de dados pessoais na internet. Foram feitas 8.297 verificações nos arquivos policiais, de inteligência e de institui-

[22] FRANCE. **Loi nº 2016-1321** du 7 octobre 2016 pour une République numérique. Paris, 7 octobre 2016. Disponível em : https://www.legifrance.gouv.fr/jorf/id/JORFTEXT000033202746/ . Acesso em: 16 nov. 2020.

[23] FRANCE. **Ordonnance nº 2018-1125** du 12 décembre 2018 prise en application de l'article 32 de la loi nº 2018-493 du 20 juin 2018 relative à la protection des données personnelles et portant modification de la loi nº 78-17 du 6 janvier 1978 relative à l'informatique, aux fichiers et aux libertés et diverses dispositions concernant la protection des données à caractère personnel. Paris, 12 Décembre 2018. Disponível em : https://www.legifrance.gouv.fr/loda/id/JORFTEXT000037800506/ . Acesso em: 16 nov. 2020.

[24] FRANCE. Comission Nationale Informatique et Libertés. **Les missions de la CNIL.** Disponível em : https://www.cnil.fr/fr/les-missions-de-la-cnil. Acesso em : 5 jan 2021.

ções financeiras;[25] ii) Acompanhar e aconselhar: a Autoridade é competente para regular o setor da proteção de dados, publicando linhas diretrizes, recomendações e referenciais, dando suas recomendações em casos específicos, incluindo projetos de lei e decretos relevantes ao tema (art. 8.4 da *Loi Informatique et Libertés*). Há poder de controle sobre as operações de tratamentos de dados, com poderes investigativos para tanto, sendo-lhe garantido acesso a documentos e estabelecimentos (art. 19). Foram emitidas 4.124 decisões e deliberações em 2019. Desses, 177 foram pareceres sobre projetos normativos e 101 autorizações;[26] iii) Antecipar e inovar*:* a CNIL tem como meta construir e participar do debate público acerca das questões éticas dos dados e da inovação informativa e contribuir com o desenvolvimento tecnológico em uma lógica de *privacy by design* e iv) Controlar e sancionar: a CNIL realiza o controle *a posteriori* do tratamento de dados para verificação do cumprimento das normas de proteção no campo concreto. Apurada uma violação dos direitos previstos no regulamento e na lei nacional, a CNIL pode notificar o agente para sua readequação à regulação e, em caso negativo, sancioná-lo por meio de multas, retirada de certificação, limitação ou vedação do tratamento de dados, dentre outras sanções (art. 20 da *Loi Informatique et Libertés*).

A CNIL caracteriza-se por uma atuação sancionatória firme em relação aos agentes de tratamento, tendo aplicado em 2019 multa no valor de 50 milhões de Euros ao *Google LLC*, valor mais alto até o momento em território europeu (*Google LLC Vs. Commission Nationale Informatique et Libertés (CNIL.)*[27]

A fim de ilustrar a sua atuação, destaca-se caso entre o Google e a Autoridade, em relação ao direito ao esquecimento. Em 2015, a CNIL impôs uma multa de 100 mil Euros ao Google em resposta ao não *compliance* com o exercício do direito ao esquecimento, apagando as referências aos usuários demandantes apenas no território francês. A defesa do Google alegava que a exclusão

[25] FRANCE. Comission Nationale Informatique et Libertés. **40emme Rapport d'activité 2019.** Paris, juin 2020. Disponível em : https://www.cnil.fr/sites/default/files/atoms/files/cnil-40e_rapport_annuel_2019.pdf. Acesso em 5 jan. 2021.

[26] FRANCE. Comission Nationale Informatique et Libertés. **40emme Rapport d'activité 2019.** *Id.*

[27] FRANCE. Comission Nationale Informatique et Libertés. **40emme Rapport d'activité 2019.** *Id.* p. 97.

de referências em nível global abriria um precedente para uso abusivo de demandas de remoção de informações por países de regime autoritário.[28]

A empresa recorreu ao Conselho de Estado francês, que por sua vez levou o caso à Corte de Justiça da União Europeia (CJUE) em 2017. A CJUE se pronunciou no sentido de que a regulação europeia seria silente quanto aos limites territoriais do direito ao esquecimento, mas que, a princípio, a exclusão das referências deveria ser feita no âmbito dos países membros, permitindo, contudo, que as Cortes e órgãos relevantes em cada Estado decidissem um alcance maior para a determinação, com base na competência dos Estados Membros para instituir níveis de proteção de direitos fundamentais mais elevados que os comunitários.[29]

Em março de 2020, o Conselho de Estado decidiu que seria necessária uma norma legislativa autorizando as Cortes nacionais e a CNIL a determinar tal medida. Essa não seria sistemática, devendo a CNIL analisar no caso a caso a adequação e proporcionalidade da exclusão global de referências.[30] Assim, tem-se que o precedente da CJUE abriu uma exceção à pretensão uniformizante do RGPD, permitindo que cada país estabelecesse seu nível de proteção em relação ao direito ao esquecimento, o que pode gerar consequências relevantes no futuro.[31]

[28] FRANCE. Comission Nationale Informatique et Libertés. **40emme Rapport d'activité 2019**. *Id.* p. 50-53.

[29] CORTE DE JUSTIÇA DA UNIÃO EUROPEIA. *Processo C507/17.* Grande Secção. Luxemburgo, 24 de setembro de 2019. Disponível em: https://op.europa.eu/pt/publication-detail/-/publication/b1b3ff34-0f5d-11ea-8c1f-01aa75ed71a1 . Acesso em: 5 jan. 2021.

[30] FRANCE. Conseil d'État. Contentieux n. 399922. Rapporteur Mme Christelle Thomas (10ª Chambre). Publié Paris, 27 mars 2020. Disponível em : https://www.cnil.fr/sites/default/files/atoms/files/decision_du_conseil_detat_-_dereferencement_-_27_mars_2020.pdf . Acesso em: 5 jan. 2021.

[31] ZALNIERIUTE, Monica. International Decisions: Google LLC V. Commission Nationale de L'informatique et des Libertés (CNIL): Case C-507/17. **The American Journal of International Law,** v. 114, n. 2, p. 261-267, april 2020. Disponível em: https://www.cambridge.org/core/journals/american-journal-of-international-law/article/google-llc-v-commission-nationale-de-linformatique-et-des-libertes-cnil/AF7235FDDA7059C2418166C4612597CD . Acesso em: 16 nov. 2020.

## 4. O Comissário Federal Alemão – o exemplo da Alemanha

A Alemanha é reconhecida como país pioneiro na proteção de dados pessoais. De fato, o primeiro reconhecimento legislativo deu-se com a entrada em vigor, em 7 de outubro de 1970, da Lei de Proteção de Dados do Estado-membro de Hesse (*Hessisches Datenschutzgesetz – HDSG*),[32] que tratou do processamento eletrônico de dados pessoais no setor público.[33] Em 12 de outubro de 1970, foi regulamentado, no Estado da Baviera, a organização de tratamento eletrônico de dados (*Gesetz über die Organisation der elektronischen Datenverarbeitung im Freistaat Beyern – bayrisches EDVG*).[34] Essa primeira geração de leis[35] vai redundar na Lei Federal de Proteção de Dados de 1977 como resultado de uma preocupação vanguardista da sociedade alemã com os efeitos para a liberdade individual, em sua acepção de autodeterminação, oriundos do desenvolvimento de sistemas técnico-informáticos.[36]

[32] O §1 da citada legislação previa a criação de um centro de processamentos de dados na forma de uma corporação de Direito Público, enquanto §2 declarava que o trabalho do escritório central não poderia violar o direito de autogoverno das autoridades locais (BÜCKMANN, Walter. **Verfassungsfragen bei den Reformen im örtlichen Bereich.** Berlin: Duncker & Humblot, 1972. p. 166).

[33] KOSTA, Eleni. **Consent in European Data Protection Law**. Leiden/Boston: Martinus Nijhoff Publishers, 2013. p. 36.

[34] Afirma-se que alguns Estados alemães elaboraram leis para regulamentar o processamento de dados eletrônico de dados no campo do Direito Público, visando a criação de instituições e o estabelecimento de deveres. Além da legislação de Hesse, também são citadas a *Gesetz über die Datenzentrale Schleswig-Holstein*, de 02 de abril de 1968, *Gesetz über die Errichtung der Hessischen Zentrale für Datenverarbeitung (HZD) und Kommunaler Gebietsrechnenzentren (KGRZ)*, de 16 de dezembro de 1969, *Gesetz über die Organisation der elektronischen Datenverarbeitung im Freistaat Beyern,* 12 de outubro de 1970 e a *Gesetz über die Datenzentrale Baden-Württemberg*, de 17 de novembro de 1970 (GÖTTLINGER, Franz. **EDV-Planung in der Öffentlichen Verwaltung**. Berlin: De Gruyter, 2020. p. 23).

[35] Danilo Doneda sustenta que a primeira geração de leis de proteção de dados "era composta por normas que refletiam estado da tecnologia e a visão do jurista à época, pretendendo regular um cenário no qual centros elaboradores de dados, de grande porte, concentrariam a coleta e gestão dos dados pessoais (DONEDA, Danilo. A proteção dos dados pessoais como direito fundamental. **Espaço Jurídico,** v. 12, n. 2, p. 91-108, jul./dez. 2011. Disponível em: https://portalperiodicos.unoesc.edu.br/espacojuridico/article/view/1315 . Acesso em: 16 nov. 2020. p. 96).

[36] MARTINS, Leonardo. Interpretação e controle judicial de violação da Lei de Proteção de Dados e de sua constitucionalidade: possibilidades normativas e limites de um novo ramo

Seis anos após a edição de Lei Federal de Proteção de Dados, é julgado o célebre caso do censo popular (*Volkszählungsurteil* – BVerfGE 65, 1).[37] Em 1983, motivado por questionamentos referentes à constitucionalidade da Lei do Censo (*Volkszählungsgesetz*), no que toca à coleta de dados pessoais pelo Poder Público, o Tribunal Constitucional Federal (TCF) alemão declarou o direito fundamental à autodeterminação informativa[38] (*Grundrecht auf informationelle Selbstbestimmung*), aplicando conjuntamente o art. 2 (I) e o art. 1 (I) da Lei Fundamental. O TCF entendeu que a coleta de dados, tal como realizada, não conferia adequadas garantias de uso das informações às únicas finalidades da lei e de anonimato dos indivíduos participantes, asseverando ainda que a autodeterminação informacional corresponde ao direito do "indivíduo saber quem, por que, com qual propósito etc. tem acesso a uma informação relativa à sua pessoa, independentemente da chamada 'sensibilidade' do dano".[39] O reconhecimento deste novo direito, emanado dos princípios da dignidade humana e do livre desenvolvimento da personalidade, vai influenciar diretamente a Lei Federal de Proteção de Dados (*Bundesdatenschutzgesetz – BDSG*), alterada em 1990, bem assim a legislação de proteção de dados dos Estados-membros alemães.

Após as modificações empreendidas em 1990 e 2001,[40] entrou em vigor a nova legislação europeia de proteção de dados (RGPD), substitutiva da Dire-

jurídico-objetivo. **Revista de Direito Civil Contemporâneo,** São Paulo, a. 6, v. 21, p. 57-116, out.-dez 2019, p. 61, nota 4.

[37] GENZ, Alexander. **Datenschutz in Europa und in den USA: Eine Rechtsvergleichende Untersuhung unter besonderer Berücksichtigung der Safe-Harbor-Lösung**. Wiesbaden: Deutscher Universitäts-Verlag, 2004. p. 4.

[38] Atribui-se a Wilhelm Steinmüller a criação da expressão "autodeterminação informativa" (*informationelle Selbstbestimmung*). O termo teria sido cunhado no parecer *Grundfragen des Datenschutzes*, elaborado em 1971 a serviço do Ministério do Interior da Alemanha (JAKSCH, Christian. **Datenschutzrechtliche Fragen des IT-gestützten Arbeitsplatzes: Grundrechtsschutz in einem Konzern vor dem Hintergrund neuer Technologien**. Wien: Springer, 2020. p. 6).

[39] MARTINS, Leonardo. *Id*. p. 85.

[40] Sobre as mudanças empreendidas em 1990 e 2001 na Lei Federal de Proteção de Dados, já se afirmou: "The BDSG enacted in 1977was amended in 1990 as a reaction to the new techniques. With a delay of a few years the EU directive was transposed into German Law by the Gesetz zur 'Änderung des Datenschutzund andere Gesetze'. The plan to modernize the whole BDSG in connection with this transformation has not be successful, and its not expected soon as the latest events in the USA and also Spain demonstrate" (HOEREN, Thomas;

triz 95/46/E, e com eficácia imediata em toda a União Europeia.[41] A BDSG atualmente vigente, aplicável desde 25 de maio de 2018, mesma data da vigência da RGPD, tendo sido oficialmente denominada de "Lei de Adequação do Direito de Proteção de Dados ao Decreto (EU) 2016/679 e Execução da Diretriz (EU) 2016/680 *(Gesetz zur Anpassung des Datenschutzrechts an die Verordnung (EU) 2016/679 und zur Umsetzung der Richtlinie (EU) 2016/680)*, passou a ter uma função de proteção subsidiária, diversamente de suas antecessoras BDSG-1977, 1990 e 2001.[42] Com a RGPD, as legislações nacionais perderam o escopo de implementação da norma europeia, prevalecendo a função de complementação.[43]

A BSDG previu a existência, na Alemanha, de um Comissário Federal para a Proteção de Dados (*Bundesbeauftragte für Datenschutz*).[44] Essa autoridade tem por objetivo principal supervisionar os órgãos públicos federais, também se eles tomarem parte de concorrências como empresas de direito público, bem como empresas que processam dados de pessoas físicas ou jurídicas para a prestação comercial de serviços de telecomunicações, a menos que a responsabilidade pela supervisão já esteja indicada na Seção 115 (4) da Lei de Telecomunicações. Tal disposição também é aplicável caso os processadores sejam órgãos privados nos quais a Federação detém a maioria abso-

EUSTERGERLING, Sonja. Privacy and Data Protection at the Workplace in Germany. *In*: NOUWT, Sjaak; VRIES, Berend R. de; PRINS, Corien. **Reasonable Expectations of Privacy?**: Eleven country reports on camera surveillance and workplace privacy. The Hage: T.M.C. Asser Press, 2005. p. 213).

[41] "Como a vasta literatura de comentários a esse estatuto de proteção de dados pessoais firmado em um assim chamado 'Decreto Fundamental de Proteção de Dados' (do inglês *general data protection regulation*) comprova, foram nele sedimentados muitos dos dispositivos e concretizações jurisprudenciais calcados na Lei Federal de Proteção de Dados alemã (a seguir: BDSG), que sofreu reflexamente o impacto do desenvolvimento europeu" (MARTINS, Leonardo. *Id*. p. 60).

[42] MARTINS, Leonardo. *Id*. p. 61, nota 8.

[43] A tentativa de harmonizar a legislação europeia de proteção de dados e os direitos nacionais resta clara em razão da existência de mais de 70 cláusulas de abertura em prol da competência dos legisladores locais (BUCHNER, Benedikt. Comentários ao art. 1 e ao art. 4, n. 4. *In*: KÜHLING, Jürgen; BUCHNER, Benedikt. **Datenschutz-Grundverordnung**. 2 ed. München: Beck, 2018. p. 93).

[44] Desde janeiro de 2019 exerce esta função o Prof. Ulrich Kelber, membro do *Bundestag* alemão de 2000 a 2018, ocupando, de 2005 a 2013, a vice-presidência do grupo parlamentar do Partido Social-Democrata (*Sozialdemokratische Partei Deutschlands* – SPD), bem como, de 2013 a 2018, o cargo de Secretário de Estado Parlamentar do Ministério Federal da Justiça e do Interior.

luta das ações ou controla a maioria absoluta dos votos e processam os dados em nome de um órgão público da Federação. Interessante notar, entretanto, que o Comissário Federal não será competente para supervisionar as operações de processamento dos tribunais federais atuando em sua atividade judicial (*Teil 1, Kapitel* 4, §9, BSDG).

Registre-se ainda que o Comissário Federal deve agir com total independência no desempenho de suas tarefas e no exercício de seus poderes, permanecendo livre de qualquer influência externa, direta ou indireta, não buscando nem aceitando instruções de ninguém.[45] Está sujeito, entretanto, à auditoria do Tribunal de Contas Federal (*Bundesrechnungshof*), desde que isso não afete sua independência (*Teil 1, Kapitel* 4, §10, BSDG).

Após proposta do Governo Federal, o *Bundestag* alemão elege, sem debate, o Comissário Federal, devendo contar com mais da metade do número estatutário de seus membros, sendo nomeado posteriormente pelo Presidente. O Comissário Federal deve ter pelo menos 35 anos de idade no momento da eleição e qualificações, experiência e habilidades, em particular na área de proteção de dados pessoais, necessárias para desempenhar suas funções e exercer seus poderes. Em particular, exige-se que o Comissário Federal tenha conhecimento da lei de proteção de dados, em razão de experiência profissional relevante e esteja qualificado para o cargo judicial ou serviço administrativo superior. O mandato do Comissário Federal é de cinco anos e pode ser renovado uma vez (*Teil 1, Kapitel* 4, §11, BSDG).

Dentre as funções exercidas pelo Comissário Federal, além daquelas listadas no Regulamento (UE) 2016/679, destacam-se: i) promover a conscientização e a compreensão pública dos riscos, regras, salvaguardas e direitos em relação ao processamento de dados pessoais; ii) aconselhar o *Bundestag* alemão, o *Bundesrat*, o Governo Federal e outras instituições e órgãos sobre medidas legislativas e administrativas relacionadas à proteção dos direitos e liberdades das pessoas físicas no que diz respeito ao processamento de dados pessoais; iii) tratar as reclamações apresentadas por um envolvido, ou por um órgão, organização ou associação de acordo com o art. 55 da Diretiva (UE) 2016/680, e investigar, na medida apropriada, o objeto da reclamação; iv) con-

[45] Interessante previsão do *Kapitel* 4, §14 (2), do BSDG, preceitua que o Comissário Federal deve informar o Presidente do *Bundestag* sobre quaisquer presentes recebidos em conexão com seu cargo. O Presidente do *Bundestag* decidirá como tais presentes serão utilizados.

duzir investigações sobre a aplicação da BSDG e outras legislações de proteção de dados; v) monitorar desenvolvimentos relevantes, na medida em que tenham impacto sobre a proteção de dados pessoais, em particular o desenvolvimento de tecnologias de informação e comunicação e práticas comerciais; vi) contribuir para as atividades do Conselho Europeu de Proteção de Dados (*Teil* 1, *Kapitel* 4, §14, BSDG).

O Comissário Federal deve ainda produzir um relatório anual de atividades que deve conter uma lista dos tipos de violações relatadas e os tipos de medidas tomadas, incluindo sanções e medidas adotadas em conformidade com o art. 58º, nº 2, do RGPD. Este relatório deve ser remetido ao *Bundestag* alemão, ao *Bundesrat* e ao Governo Federal e colocado à disposição do público, da Comissão Europeia e do Conselho Europeu de Proteção de Dados (*Teil* 1, *Kapitel* 4, §16, BSDG).

O último relatório anual foi enviado ao *Bundestag* alemão no dia 17 de junho de 2020. O Comissário Federal Ulrich Kelber ressaltou como iniciativas e projetos de lei apressados abalam a confiança dos cidadãos, reafirmando a importância de uma consulta ampla pelos legisladores no que tange a temas relacionados à proteção de dados. Afirmou ainda que a digitalização de dados no setor da saúde, por exemplo, só pode ser bem sucedida com um alto nível de proteção e segurança dos dados, pois é voltada ao processamento de inúmeros dados sensíveis sobre saúde. Neste ponto, as leis devem garantir que os dados digitalizados de saúde não sejam mal utilizados por agências privadas ou governamentais e não levem à estigmatização ou à criação de perfis de saúde.

Ulrich Kelber traçou ainda um balanço positivo da proteção de dados em solo alemão, sustentando que os principais objetivos da RGPD foram alcançados. Além da harmonização da lei de proteção de dados, houve uma maior conscientização sobre a temática entre empresas, autoridades e cidadãos. As autoridades supervisoras têm recebido ainda, segundo o Comissário Federal, opções de sanções mais eficazes, das quais estão fazendo um uso crescente. Por exemplo, a Autoridade Federal Alemã de Proteção de Dados (*Der Bundesbeauftrage für den Datenschutz und die Informationfreiheit – BfDI*) impôs multas pela primeira vez no final de 2019.[46]

[46] BfDI. **BfDI stellt Tätigkeitsberichte vor.** Disponível em: https://www.bfdi.bund.de/DE/Infothek/Pressemitteilungen/2020/13_T%C3%A4tigkeitsberichte.html. Acesso em: 16 nov. 2020.

Em dezembro de 2019, o Comissário Federal constatou que o provedor de serviços de telecomunicações 1 & 1 Telecom GmbH não adotou medidas adequadas para impedir que terceiros não autorizados obtivessem informações sobre os dados pessoais de seus clientes. Após apuração de denúncias, a Autoridade Nacional alemã verificou que o serviço de atendimento telefônico da empresa fornecia diversas informações pessoais de clientes após a simples menção do nome e da data de nascimento do requerente. Em razão de tal prática afrontar o art. 32 do RGPD, que dispõe sobre medidas técnicas para que se assegure um nível de segurança apto a proteger os dados pessoais de acessos não autorizados, foi aplicada multa no importe de €9.550.000,00.[47]

A aplicação da multa, no entanto, restou contestada judicialmente. O Tribunal de Bonn (LG Bonn – Urt. v. 11.11.2020 Az. 29 OWi 1/20) entendeu que a multa imposta era justificada no mérito, mas ao mesmo tempo excessivamente alta. O montante foi reduzido, portanto, para € 900.000,00. Como o ilícito praticado durante anos não havia sido contestado até a cominação da multa, o tribunal asseverou que faltava a consciência necessária do problema. Além disso, em que pese a falha cometida pela empresa fosse evitável, era também compreensível, pois não havia diretrizes vinculativas para os sistemas de *call centers*.[48]

A BDSG prevê ainda que as autoridades, nos termos da normatização estadual, devem controlar a aplicação por entidades privadas da legislação em matéria de proteção de dados no âmbito do Regulamento (UE) 2016/679. Se o controlador ou processador tiver mais de um estabelecimento na Alemanha, o art. 4, nº 16, do RGPD deverá ser aplicado para determinar qual autoridade de supervisão é competente. Se mais de uma autoridade se considerar

[47] Em outro caso, a empresa Rapidata GmbH, provedora de serviços de telecomunicações, foi multada em €10.000,00, por não ter atendido os sucessivos pedidos realizados pela Autoridade Nacional para que a empresa nomeasse um encarregado para o tratamento de seu banco de dados pessoais. Não tendo sido os pleitos atendidos, acabou a empresa por violar o art. 37 do RGPD. No cálculo do valor da multa, levou-se em consideração o fato de a GmBh ser uma microempresa (BfDI. **BfDI verhängt Geldbußen gegen Telekommunikationsdienstleister**. Disponível em: https://www.bfdi.bund.de/DE/Infothek/Pressemitteilungen/2019/30_BfDIverh%C3%A4ngtGeldbu%C3%9Fe1u1.html. Acesso em: 16 nov. 2020.

[48] LG Bonn zum Verstoß gegen die DSGVO: Bußgeld gegen 1&1 rechtens, aber zu hoch. **Legal Tribune Online**. Disponível em: https://www.lto.de/recht/nachrichten/n/lg-bonn-29owi120lg-bussgeld-1und1-datenschutzverstoss-dsgvo-millionen-herabgesetzt/. Acesso em: 16 nov. 2020.

competente ou não competente, ou quando a competência não for clara por outros motivos, as autoridades de supervisão tomarão uma decisão conjunta (*Teil* 2, *Kapitel* 4, § 40, BSDG).

Se a autoridade de supervisão determinar que a legislação de proteção de dados foi violada, ela terá o poder de informar as pessoas em questão, de comunicar a violação a outros órgãos responsáveis pelo processo ou punição e, no caso de violações graves, de notificar a autoridade de supervisão comercial para tomar medidas de acordo com a legislação comercial e industrial. Além disso, os órgãos sujeitos à fiscalização e as pessoas responsáveis por sua gestão deverão fornecer à autoridade fiscalizadora, mediante solicitação, as informações necessárias para o desempenho de suas tarefas (*Teil* 2, *Kapitel* 4, §40, BSDG).

Assim, também nos Estados existe uma estrutura de supervisão e controle de processamento de dados. Em Berlim, exemplificativamente, o Comissário local[49] (*Berliner Beauftragte für Datenschutz und Informationsfreiheit – BInBDI*) tem a tarefa de monitorar o cumprimento das normas de proteção de dados no Estado, fornecendo informações e conselhos sobre questões de proteção de dados e, assim, salvaguardando o direito básico à autodeterminação informativa. As autoridades e outros órgãos públicos do Estado de Berlim, bem como os órgãos não públicos (privados) (por exemplo, empresas, associações) sediados em Berlim, estão sujeitos a seu controle e supervisão.

Em 30 de outubro de 2019, o Comissário de Berlim para a Proteção de Dados e Liberdade de Informação aplicou multa de cerca de 14,5 milhões de euros à Deutsche Wohnen SE, por violações ao RGPD. Durante inspeções realizadas em junho de 2017 e março de 2019, a autoridade supervisora constatou que a empresa utilizava um sistema de armazenamento de dados pessoais dos inquilinos que não previa a possibilidade de remoção das informações que não eram mais necessárias. Tratava-se de dados sobre as circunstâncias pessoais e financeiras dos inquilinos, tais como declarações salariais, trechos de contratos de emprego e treinamento, dados fiscais, informações previdenciárias, além de extratos bancários. O principal efeito negativo na quantificação

[49] Maja Smoltczyk foi eleita Comissária de Proteção de Dados e Liberdade de Informação de Berlim em 28 de janeiro de 2016. O Comissário de Berlim para a Proteção de Dados e Liberdade de Informação é eleito por cinco anos pela Câmara dos Deputados de Berlim e nomeado pelo Presidente da Câmara dos Deputados, podendo ser reeleito.

da multa foi o fato de que a Deutsche Wohnen SE criou deliberadamente a estrutura de armazenamento em questão e os dados em causa foram processados de forma inadmissível durante um longo período de tempo. Para mitigar as multas, no entanto, foi levado em consideração que a empresa tomou medidas iniciais com o objetivo de sanar a situação ilegal e cooperou formalmente com a autoridade de fiscalização.[50]

## 5. *Autorità Garante della Privacy* e *dei Dati Personalli* – o modelo italiano[51]

Por fazer parte da União Europeia, a Itália se submete à normas editadas pelo Conselho da Europa. Assim, a Diretiva 95/46/CE foi internalizada por meio da Lei nº 675, de 31 de dezembro de 1996, que tratava da proteção das pessoas e outros sujeitos relativamente ao tratamento de dados pessoais. Em 2003, a Lei nº 675/96 foi substituída pelo *Codice in Materia di Protezione dei Dati Personalli* ou *Codice della Privacy* (Decreto Legislativo nº 196/03).[52] Apesar de publicado em 29 de julho de 2003, entrou em vigor apenas em 1º de janeiro de 2004, era composto por 186 artigos e revogou a normativa anterior.

Quando a Diretiva 95/46/CE foi revogada pelo RGPD, a Itália optou por, ao invés de revogar sua normativa interna, atualizá-la. Assim, aprovou o Decreto Legislativo nº 101, de 10 de agosto de 2018, revogando parte dos artigos do *Codice* e incorporando o arcabouço normativo europeu.

No Capítulo VII da Lei nº 675/96 (artigos 30 a 33) institui-se a autoridade *Garante per la tutela dele persone e di altri soggeti rispetto al tratamento dei dati personali.* O Decreto Legislativo nº. 123/97 alterou a denominação para a atual *Autorità Garante Della Privacy e Dei Dati Personalli,* que permanece até os dias atuais. Assim, o órgão de controle italiano foi instalado em 1997 e sua previ-

[50] BERLINER BEAUFTRAGTE FÜR DATENSCHUTZ UND INFORMATIONSFREIHEIT. Berliner Datenschutzbeauftragte verhängt Bußgeld gegen Immobiliengesellschaft. Disponível em: https://www.datenschutz-berlin.de/fileadmin/user_upload/pdf/pressemitteilungen/2019/20191105-PM-Bussgeld_DW.pdf. Acesso em: 16 nov. de 2021.

[51] As informações não expressamente referenciadas foram retiradas da página da *Autorità Garante della Privacy e dei Dati Personalli* e podem ser acessadas em: https://www.garanteprivacy.it.

[52] O *Codice* foi elaborado com a participação da Autorità, consoante destaca Cíntia Rosa Pereira de Lima (*Id.* p. 169).

são se manteve nas posteriores alterações da legislação. Atualmente, os artigos 153 a 160 do *Codice* tratam da matéria.

A Autoridade Garante trata-se de órgão colegiado, composto do *Collegio* (formado por 4 membros, sendo 2 eleitos pela Câmara dos Deputados e 2 pelo Senado) e do *Ufficio* (Gabinete) (artigo 153, §1º). O presente e o vice-presidente são eleitos entre os membros do colegiado e todos detêm mandatos não renováveis de sete anos. O presente tem o voto de minerva em caso de desempate (artigos 153, §2º).

Os membros eleitos pelo Senado e pela Câmara dos Deputados devem participar de uma seleção pública, cujo edital deve ser divulgado na internet pelo menos 30 dias antes da eleição, sendo requisito a independência e a comprovada experiência na seara da proteção de dados pessoais, seja na área da ciência do computador ou no direito (artigos 153 §1 º).

A atuação como membro da Autoridade Garante exige exclusividade. Por isso, durante seu mandato, nenhum membro pode exercer qualquer atividade profissional ou de assessoramento (ainda que não remunerada), deter cargo público ou privado ou, ainda, exercer mandato eletivo (artigo 153, § 3º). Desse modo, ao assumirem a função, os membros da Autoridade devem ser, ao aceitarem a nomeação, afastados de suas funções públicas (incluindo os membros do Judiciário), colocados em licença sem vencimento (se professores).[53] Seus postos de trabalho, entretanto, não podem ser ocupados (artigo 153, § 5º).[54] Guardar sigilo trata-se de dever inerente à função (artigo 153, §4º).

Os deveres atribuídos à Autoridade Garante envolvem: i) verificar se os tratamentos de dados são realizados em conformidade com as normas aplicáveis, também no caso de sua extinção e no que se refere à conservação de dados de tráfego; ii) tratar as reclamações apresentadas, porém com a prerrogativa de definir anualmente as prioridades de investigações em relação às queixas apresentadas; iii) promover a adoção de normas éticas; iv) denunciar os factos que possam ser considerados infrações puníveis de ofício que tenham conhecimento no exercício ou devido às funções; v) transmitir o relatório anual

[53] Há, ainda, previsão de uma quarentena para atuarem perante a Autoridade Garante após deixarem seus cargos de 2 anos (art. 153, §8º).

[54] O presidente recebe a indenização equivalente ao valor pago ao Primeiro Presidente de um Tribunal de Casssação (*Corte di Cassazione*). Os membros recebem 2/3 do valor pago ao presidente (art. 153, §5º).

ao Parlamento e ao Governo até 31 de maio do ano seguinte a que se refere; vi) garantir a proteção dos direitos e liberdades fundamentais das pessoas, mediante a prestação adequada implementação do Regulamento Europeu e do *Codice*; g) também desempenhar as funções que lhe são atribuídas pelo direito da União Europeia ou do Estado e desempenhar as funções adicionais previstas na lei (artigo 154, § 1º). Também é dever da Autoridade Garante o exercício da cooperação internacional com outras autoridades administrativas independentes (artigo 154, § 4º).

Sua atuação não pode interferir com as atividades judiciárias (artigo 154, § 7º) e também se encontram entre suas funções a adoção de diretrizes para a implementação técnica e organizacional das medidas previstas tanto no código italiano aqui mencionado quanto nas normativas supranacionais. Assim, lhe compete aprovar as normas deontológicas de condutas relativas a diferentes setores.[55]

Em relação à submissão dos ditos códigos deontológicos à Autoridade Garante, Stefano Rodotà destaca que ela desempenha não apenas uma função de certificação, mas "de sujeito a cuja substancial aprovação, e não uma simples condução na elaboração, foi subordinada a própria emanação do específico código de deontologia e de boa conduta".[56] Essa atuação atribui à Autoridade Garante a função de garantir que os códigos deontológicos estejam em conformidade com o *Codice*, evitando a formação de "codificação corporativa". Contudo, dada a relevância do tema destaca-se que os cidadãos podem ter alguma nuance de um direito fundamental alterada a partir de um procedimento simples de aprovação de um código deontológico. Por isso, a Autoridade Garante figura como o sujeito institucionalmente mais bem posicionado caso seja necessário a transferência de normas deontológicas para a legislação primária.[57]

No exercício de suas atribuições, a Autoridade Garante pode dar início a procedimentos legais contra os responsáveis pelo tratamento inadequado de dados, ocasião em que é representada pela Advocacia-Geral da União (*Avvocadura dello Stato*). Se houver conflito de interesses, entretanto, ela pode ser

[55] Já foram aprovadas, por exemplo, normas deontológicas relativas à atividade jornalística, de investigação defensiva, pesquisa histórica, atividade estatística e pesquisa cientifica.

[56] RODOTÀ, Stefano. **A vida na sociedade de vigilância:** a privacidade hoje. Tradução: Danilo Doneda e Luciana Cabral Doneda. Rio de Janeiro: Renovar, 2008. p. 204.

[57] RODOTÀ, Stefano. *Id*. p. 205-206.

representada em juízo por um de seus funcionários (desde que seja advogado) ou por um advogado externo (artigo 154-b).

A Autoridade Garante pode requerer ao titular, ao controlador ou processador dos dados (ou aos seus representantes) ou mesmo a um terceiro para fornecer informações e exibir documentos também com referência ao conteúdo das bases de dados (artigo 157).

São consideráveis os poderes atribuídos à Autoridade. Ela pode ter acesso a bases de dados, arquivos e realizar inspeções e verificações nos locais onde se realiza o tratamento de dados ou onde seja necessária a realização de diligências, em qualquer caso, úteis para verificar o cumprimento da regulamentação sobre o tratamento de dados pessoais (artigo 158, §1º). Para isso, ela deve se utilizar do pessoal do Gabinete (*Ufficio*). Membros ou pessoal de outra autoridade independente de membros da União Europeia podem participar das diligências e a Autoridade Garante ainda pode solicitar o auxílio de outras agências do Estado (artigo 158, §§2º e 3º).

Se o local de execução das diligências for uma residência é necessário o consentimento ou uma ordem judicial que poderá ser concedida liminarmente se houver demonstração da imprescindibilidade da medida (artigo 158, §4º).

Há, por certo, limites de ação, que se encontram no artigo 159 do Código e dizem respeito à necessidade de apresentação da identificação dos agentes responsáveis pelas diligências, de apresentação de eventual ordem judicial antes do início de qualquer procedimento, do limite temporal (entre as 7 e as 20 horas, exceto se autorizado judicialmente).

Se o tratamento não obedecer ao disposto no Regulamento ou ao disposto na lei ou no Regulamento, o Fiador indica ao proprietário ou gestor as modificações e complementos necessários e verifica a sua aplicação. Caso a avaliação tenha sido solicitada pelo interessado, este recebe, em todo o caso, feedback sobre o respetivo resultado, desde que não prejudique as ações ou operações de proteção da ordem e segurança públicas ou de prevenção e repressão crimes ou motivos de defesa ou segurança do Estado. (artigo 160, §2º)

Pode-se destacar que a Autoridade Garante já atuou para impedir que dados de saúde dos cidadãos fossem utilizados pelo Estado para fins de luta contra evasão fiscal;[58] investigou sites que ofereciam testes genéticos pela

[58] RODOTÀ, Stefano. *Id.* p. 247.

Internet para verificar a proteção de dados, o consentimento e a forma de comunicação dos resultados;[59] aprovou um provimento sobre vigilância por vídeo em que se combina a liberdade das pessoas, exigências de controle e eficiência administrativa.[60] Ainda, entendeu ilícito o envio de propaganda de partido político para usuários que haviam cadastrado seus e-mails para receberem informações sobre culinária, esportes e *hobbies*,[61] que o nome do condômino devedor não pode fixar exposto em mural de visibilidade ampla por violação à proporcionalidade e adequação da medida.[62]

Por fim, relevante apontar dois casos recentes. O primeiro diz respeito às chamadas de telemarketing silenciosas (também muito comuns no Brasil). A Autoridade Garante, após constatar a ocorrência das chamadas estabeleceu uma metodologia para minimizar a repetição e diminuir o incômodo ao consumidor, incluindo a proibição de uma segunda chamada dentro de 5 dias e exigindo que a segunda chamada não seja silenciosa. O prazo de implementação para as empresas de telemarketing foi de 180 dias.[63]

O segundo caso se trata da multa aplicada ao Google em decorrência de não respeitar a privacidade do não-usuário cuja imagem era capturada juntamente com as imagens das ruas para arquivos do *Google Street View*. Esse indivíduo não tinha a opção de exercer seu consentimento e, mesmo após uma decisão de 2010 determinando a adequação da empresa, não houve atendimento das exigências. A Autoridade Garante então multou o Google em 1 milhão de Euros.[64]

## 6. Reino Unido – *Information Commissioner's Office*

A experiência jurídica no Reino Unido revela características na regulação do direito à privacidade e conseguinte proteção de dados pessoais similar nos

[59] RODOTÀ, Stefano. *Id.* p. 251.
[60] RODOTÀ, Stefano. *Id.* p. 269.
[61] LIMA, Cíntia Rosa Pereira de. *Id.* p. 198.
[62] LIMA, Cíntia Rosa Pereira de. *Id.* p. 199.
[63] ITALIA. Garante della Privacy e dei Dati Personalli. **Provvedimento generale a carattere prescrittivo sulle c.d. 'chiamate mute'**. Roma, 20 febbraio 2014. Disponível em: https://www.garanteprivacy.it/home/docweb/-/docweb-display/docweb/3017499 . Acesso em: 5 jan. 2021.
[64] ITALIA. Garante della Privacy e dei Dati Personalli. **Ordinanza di ingiunzione nei confronti di Google Inc**. Roma, 18 dicembre 2013.

demais países que adotam o *common law* e que, ao menos por um momento, já fizeram parte do *Commonwealth*.

Dizer que no Reino Unido se reconhece o direito à privacidade é discutível pois, embora já tenha havido a utilização da inteligência do conceito na decisão de *Prince Albert v. Strange, 2 DeGex & Sm. 652,695 (1849)*[65] e julgados recentes da Corte Suprema,[66] a doutrina[67] e posições majoritárias do judiciário Reino Unido[68] seguem propugnando a ideia de não existir direito à privacidade. Todavia, a legislação do Reino Unido já consagra a proteção de dados pessoais há tempos, sendo ao primeiro texto de 1984 (*Data Protection Act*) com posteriores adequações à Diretiva 95/46/EC, em 1998 e com o RGPD, de 2018.

Cabe mencionar, também, o *Computer Misuse Act* de 1990, que visava à proteção de dados de forma ampla com a penalização de condutas que os acessassem indevidamente, o *Freedom of Information Act* de 2000, cujo objetivo era indicar o dever de revelação de informações ligadas ao Poder Público e reforçando expressamente que os assuntos ligados ao tratamento de dados

[65] UNITED KINGDOM. High Court of Chancery Prince Albert v. Strange, 2 DeGex & Sm. 652,695 (1849). London, 8 February 1849. Disponível em: https://www.bailii.org/ew/cases/EWHC/Ch/1849/J20.html . Acesso em: 5 jan. 2021.

[66] Destes se extrai o entendimento da Baroness Hale of Richmond, em Campbell v. MGN [2004] UKHL, "Examined more closely, however, this case is far from trivial. What is the nature of the private life, respect for which is in issue here? The information revealed by the article was information relating to Miss Campbell's health, both physical and mental. (...). It has always been accepted that information about a person's health and treatment for ill-health is both private and confidential. This stems not only from the confidentiality of the doctor-patient relationship but from the nature of the information itself".

[67] STALLARD, Hayley. The right of publicity in the United Kingdom. **Loyola of Los Angeles Entertainment Law Review**, v. 18, p. 565-588, 1 mar. 1988. Disponível em: https://digitalcommons.lmu.edu/cgi/viewcontent.cgi?article=1368&context=elr . Acesso em; 5 jan. 2021; BEVERLEY-SMITH Huw et. al., **Privacy, property and personality**. Cambridge: Cambridge University Press, 2005, p. 75-76; DWORKIN, Gerald. The Common Law protection of privacy. **University of Tasmania Law Review.** v. 2, n. 4, p. 418-445, 1967, p. 442. Disponível em: http://classic.austlii.edu.au/au/journals/UTasLawRw/1967/4.html. Acesso em: 5 jan. 2021. BENTLY, Lionel. Identity and the Law. *In:* WALKER, Giselle; LEEDHAM-GREEN, Elisabeth (Ed.) **Identity**. Londres: Cambridge University Press, 2010. p. 33.

[68] Assim entendeu o Lord Nicholls of Birkenhead da House of Lords no caso *Campbell v. MGN Limited [2004] UKHL 22* "The essence of the tort is better encapsulated now as misuse of private information.", em tradução livre: "A essência do ato ilícito é melhor compreendida agora como uso indevido de informações privadas", cujo esforço argumentativo se reconhece para rechaçar a existência do direito à privacidade na Inglaterra.

pessoais estariam dispostos no *Data Protection Act*, e, por fim, as *Environmental Information Regulations* de 2004, que dispunham das obrigações de fornecimento de dados sobre o meio ambiente do Reino Unido.

Dos textos legais anteriores restam obrigações ao *Information Commissioner* que possui o *Office* próprio, cuja organização é similar ao das Autoridades Nacionais de Proteção de Dados, que é essencialmente cumprir e fazer cumprir o regime de tratamento de dados na jurisdição respectiva, sendo particularidade da *Information Commissioner's Office* (ICO) a responsabilidade sobre dados do meio ambiente em comparação com as demais já estudadas.

A instituição, que teve fundação em 1984 juntamente com o primeiro *Data Protection Act*, possui independência e autonomia em relação ao Governo. Conta com 726 funcionários e tem orçamento anual de 54 milhões de libras esterlinas (2020),[69] sendo suas instalações físicas presentes em Wilmslow (Inglaterra), Edinburgh (Escócia), Cardiff (País de Gales) e Belfast (Irlanda do Norte).

Seguindo o já adotado em outros países já estudados, o *Information Commissioner* possui mandato de 7 anos não renováveis e o cargo é apontado pela Coroa, podendo ser destituído com seu aval ao requerimento de ambas as casas legislativas.[70] Dentre os casos notáveis que a ICO atuou, destacam-se:

i) *Equifax* em 2017: A partir de falha de segurança pela falta de atualização do sistema utilizado pela empresa, houve o comprometimento dos dados pessoais de aproximadamente 15 milhões de cidadãos do Reino Unido, teve a aplicação de pena de multa pelo máximo permitido pela legislação então vigente de 1998, 500 mil libras esterlinas;[71]

[69] UNITED KINGDOM. Information Commissioner's Office. **Information Commissioner's Annual Report and Financial Statements 2019-20.** London, 16 July 2020. Disponível em: https://ico.org.uk/media/about-the-ico/documents/2618021/annual-report-2019-20-v83-certified.pdf . Acesso em: 5 jan. 2021.

[70] Schedule 12 do *Data Protection Act* de 2018, 1 (2); 2 (1) a (4) e 3 (1) a (3).

[71] UNITED KINGDOM. **Information Commissioner's Office. ICO issues maximum £500,000 fine to Facebook for failing to protect users' personal information**. London, 25 October 2020. Disponível em: https://ico.org.uk/facebook-fine-20181025#:~:text=The%20Information%20Commissioner's%20Office%20(ICO,breaches%20of%20data%20protection%20law.&text=Even%20after%20the%20misuse%20of,timely%20remedial%20action%2C%20including%20deletion. . Acesso em: 5 jan. 2021.

ii) *Cambridge Analytica* em 2018: Este escândalo de mau uso dos dados pessoais de diversos indivíduos ocorrido entre 2007 e 2014 com a falta de consentimento específico para o tratamento empregado teve impactos nas eleições dos Estados Unidos da América em 2016 teve a aplicação de pena de multa pelo máximo permitido pela legislação então vigente de 1998, 500 mil libras esterlinas;[72]
iii) *British Airways* em 2020: Falhas de segurança em seus sistemas permitiu que os dados pessoais de aproximadamente 400 mil titulares do Reino Unido tivessem sido comprometidos entre junho e agosto de 2018. Dentre esses, 244 mil tiveram o nome, endereço, cartão de crédito e código de segurança acessados indevidamente e 612 contas do clube de benefícios potencialmente violadas.

Já na vigência do *Data Protection Act* de 2018, houve a imposição de multa no valor de 20 milhões de libras esterlinas, sopesada pelos efeitos da crise econômica proveniente do COVID-19, já que a empresa teve sensível redução de seus lucros.[73]

## 7. A atuação da *Federal Trade Comission* nos Estados Unidos

De modo similar ao Reino Unido, os Estados Unidos da América não têm total reconhecimento dos direitos de personalidade em seu sistema jurídico. Contudo, o direito à privacidade já faz parte do tecido social do país, seja pela promulgação da Quarta Emenda Constitucional em 1792, que denota a proteção individual do que está sob sua guarda fora do alcance de terceiros

[72] UNITED KINGDOM. Information Commissioner's Office. **Credit reference agency Equifax fined for security breach.** London, 20 September 2018. Disponível em: https://ico.org.uk/about-the-ico/news-and-events/news-and-blogs/2018/09/credit-reference-agency-equifax-fined-for-security-breach/ . Acesso em: 5 jan. 2021.
[73] UNITED KINGDOM. Information Commissioner's Office. **ICO fines British Airways £20m for data breach affecting more than 400,000 customers.** London, 16 October 2020. Disponível em: https://ico.org.uk/about-the-ico/news-and-events/news-and-blogs/2020/10/ico-fines-british-airways-20m-for-data-breach-affecting-more-than-400-000-customers/#:~:text=The%20Information%20Commissioner's%20Office%20(ICO,a-dequate%20security%20measures%20in%20place.. Acesso em: 5 jan. 2021.

e inviolabilidade de seu asilo domiciliar, ou pela publicação do importantíssimo artigo Warren e Brandeis,[74] complementado pelas ideias de William Lloyd Prosser em 1960.[75]

Todavia, em vez de o país possuir um texto geral sobre a proteção de dados pessoais, a previsão legal se dá de forma pulverizada, havendo textos federais que cuidam da matéria em alguns aspectos, a saber: o tratamento de dados pessoais pelo Poder Público (*Privacy Act* de 1974); a proteção dos cadastros de quem assina serviços de televisão à cabo (*Cable Communications Act* de 1988), ou de quem locava fitas VHS, DVDs e afins (*Video Privacy Protection Act* de 1988) ou de quem tem permissão para dirigir (*Driver's Privacy Protection Act* de 1994), além das informações de saúde de pacientes em atenção aos serviços de cobertura hospitalar contratada (*Health Insurance Portability and Accountability Act* de 1996).

Situações específicas também podem ser encontradas com a proteção do tratamento de dados pessoais de crianças menores de treze anos pelo *Children's Online Privacy Protection Act* de 1998, ou ainda pela necessidade de divulgação de certos dados por parte de algum provedor de aplicação quando existe a violação de copyright pelo *Digital Millenium Copyright Act* de 1998, § 512, c), (2), A) e B).

Legislações estaduais também são encontradas com escopo de proteção do titular pelo tratamento de dados pessoais (*Massachussets State Law* 201 CMR 17 de 2009, *New York Stop Hacks and Improve Electronic Data Security (SHIELD) Act* de 2019 e *California Consumer Privacy Act* de 2020) e é possível também encontrar textos municipais com tal intento (*Chicago Personal Data Collection and Protection Ordinance* de 2018).

A despeito de iniciativas federais para consolidação de um texto nacional, em 2012 o ex-presidente Barack Obama impulsionou iniciativa conhecida como *Privacy Bill of Rights*[76] contando com sete princípios para aumentar

[74] WARREN, Samuel Dennis; BRANDEIS, Louis Dembitz. *Id.*

[75] PROSSER, William Lloyd. Privacy. **California Law Review**, v. 48, n. 3, p. 383-423, ago 1960.

[76] UNITED STATES. The White House. **We can't wait: Obama administration unveils blueprint for a "Privacy Bill of Rights" to protect consumers online**. Washington, 23 February 2012. Disponível em: https://obamawhitehouse.archives.gov/the-press-office/2012/02/23/we-can-t-wait-obama-administration-unveils-blueprint-privacy-bill-rights . Acesso em: 12 jan. 2021.

a proteção dos titulares em atividades online e que sob idêntico nome tramita projeto de lei no Congresso para finalmente se estabelecer legislação específica, ampla e geral sobre o tema nos Estados Unidos da América.

Em meio à pulverização de textos legais sobre o tratamento de dados pessoais, se identifica a *Federal Trade Commission* como sendo o órgão mais próximo ao que se conhece dos demais países como Autoridade Nacional, pois figura como entidade de proteção máxima dos interesses dos consumidores dos Estados Unidos da América, tanto de práticas enganosas quanto desleais.

Assim, a entidade se pauta na legislação já vigente e fiscaliza a efetividade das políticas de privacidade ou documentos de valor legal similar publicadas pelos tratadores de dados dentre as atividades programadas para assegurar que os consumidores do país estejam sob atividades em conformidade com a lei estabelece e alinhadas com as promessas feitas pelos fornecedores.

Fundada em 1914 pela *Federal Trade Commission Act*, a entidade é regida por 5 *Commissioners* nomeados pelo presidente dos Estados Unidos e aprovados pelo Senado para mandato de 7 anos com a restrição de não poder haver 3 nomeados pertencentes a mesmo partido político, buscando-se evitar a partidarização da entidade. Dentre eles, um será designado pelo presidente como *Chairman* da instituição.[77]

Conta com mais de mil funcionários e possui investimentos anuais na ordem de 341 milhões de dólares para ano exercício 2021,[78] a instituição foi responsável pela formação de dois pacotes de princípios para garantir a segurança no tratamento de dados que seriam trocados com a União Europeia: *Safe Harbor*, que vigeu de 1998 a 2015[79] e o *Privacy SHIELD*, que durou de 2016 a 2020,[80] não havendo um padrão estabelecido para assegurar a confiabilidade das novas transações de dados pessoais.

[77] Informação disponível em: UNITED STATES. Federal Trade Commission. **Commissioners**. Disponível em: https://www.ftc.gov/about-ftc/commissioners. Acesso em: 11 jan. 2021.

[78] UNITED STATES. House Committee on Appropriations. **Appropriations Committee releases fiscal year 2021 financial services and general government funding bill**. Washington, 7 July 2020.

[79] MYERS, Anna. FTC enforcement of the U.S.-EU Safe Harbor framework. **IAPP**. Disponível em: https://iapp.org/resources/article/ftc-enforcement-of-the-u-s-eu-safe-harbor-framework/ . Acesso em: 12 jan. 2021. p. 2.

[80] UNITED STATES. Federal Trade Commission. **Privacy Shield**. Washington, 21 July 2020. Disponível em: https://www.ftc.gov/tips-advice/business-center/privacy-and-security/

Dos casos sancionados pela *FTC*, elencam-se pela repercussão no mercado:

i) Google em 2011 e 2012: Aberto processo para investigar violações de privacidade cometidas pela empresa com o lançamento do 'Buzz' em 2010 sem consentimento dos usuários e revelando contatos a terceiros por padrão.[81] Foi feito acordo para que fosse respeitada a intenção positiva dos usuários para que tais práticas não voltassem a acontecer, além de estender o compromisso para outros serviços e funcionalidades e exigir auditoria independente pelos 20 anos seguintes;
ii) Em 2012 a FTC fechou acordo com o Google para encerrar investigação de *tracking-cookies* nos dispositivos Apple instalados sem notificação ao usuário enquanto utilizava o navegador Safari em 22,5 milhões de dólares, pois descumpriu o que havia se comprometido anteriormente;[82]
iii) Facebook em 2012 e 2019: Em 2012 foi firmado acordo com o Facebook com severas medidas para se assegurar a privacidade dos usuários, pois a empresa não estava cumprindo com os termos presentes em sua Política de Privacidade, a exemplo de auditoria por terceiros independentes até 2032 ao menos uma vez a cada 2 anos, confirmação positiva para limitação de opções de privacidade, não violar os próprios documentos legais etc;[83]

privacy-shield . Acesso em: 12 jan. 2021.

[81] MYERS, Anna. *Id.* p. 6-7 e UNITED STATES. Federal Trade Commission. **FTC gives final approval to settlement with Google over Buzz Rollout**. Washington, 24 October 2011. Disponível em: https://www.ftc.gov/news-events/press-releases/2011/10/ftc-gives-final-approval-settlement-google-over-buzz-rollout . Acesso em: 12 jan. 2021.

[82] UNITED STATES. Federal Trade Commission. **Google will pay $22.5 million to settle FTC charges it misrepresented privacy assurances to users of apple's safari internet browser**. Washington, 9 August 2012. Disponível em: https://www.ftc.gov/news-events/press-releases/2012/08/google-will-pay-225-million-settle-ftc-charges-it-misrepresented . Acesso em: 12 jan. 2021.

[83] UNITED STATES. Federal Trade Commission. **Facebook settles FTC charges that it deceived consumers by failing to keep privacy promises.** Washington, 29 November 2011. Disponível em: https://www.ftc.gov/news-events/press-releases/2011/11/facebook-settles-ftc-charges-it-deceived-consumers-failing-keep. Acesso em; 12 jan. 2021; UNITED STATES. Federal Trade Commission. **FTC approves final settlement with Facebook**.. Washington, 10 August 2012. Disponível em: https://www.ftc.gov/news-events/press-releases/2012/08/ftc-approves-final-settlement-facebook . Acesso em: 12 jan. 2021.

iv) Em 2019 houve aditamento do acordo feito, com multa de 5 bilhões de dólares, pois a empresa não cumpriu o que havia sido estabelecido, mais especificamente com a possibilidade de o titular controlar a privacidade dos próprios dados;

v) Novas medidas para controle de privacidade por parte do Facebook, o que inclui a responsabilização dos executivos da empresa pelas decisões que desrespeitarem os direitos de privacidade e controle de dados que prometem em relação aos usuários e um comitê apartado e independente para tratar de questões ligadas à privacidade dos usuários, além da auditoria de terceiros.[84]

## 8. *Unidad reguladora y de control de datos personales* – a autoridade Uruguaia

A proteção aos dados pessoais no Uruguai é implicitamente reconhecida como direito pelo art. 72 da Constituição da República, onde a Lei nº 18.331/2008 – *Ley de Proteccion de Datos Personales*, busca seu fundamento. Com o objetivo de assegurar a efetividade da lei, o art. 31 cria a *Unidad Reguladora y de Control de Datos Personales* – URCDP, órgão de controle vinculado ao governo federal.

A legislação de proteção de dados do Uruguai é inspirada no modelo europeu, e seu sistema foi certificado como adequado àquele padrão, conforme Diretiva 95/46/CE. Destaca-se por ter sido o primeiro país não europeu a firmar o Convênio 108 do Conselho da Europa para Proteção das Pessoas com relação ao Tratamento Automatizado de Dados de Caráter Pessoal, situando-o em posição privilegiada no cenário internacional.[85]

Em busca da manutenção de seu *status* internacional, o Uruguai vem promovendo mudanças legislativas para adaptação ao RGPD, de modo a obter a revalidação de seu certificado de conformidade, consoante previsto nas alte-

[84] UNITED STATES. Federal Trade Commission. FTC imposes $5 billion penalty and sweeping new privacy restrictions on Facebook. Washington, 24 July 2019. Disponível em: https://www.ftc.gov/news-events/press-releases/2019/07/ftc-imposes-5-billion-penalty-sweeping-new-privacy-restrictions . Acesso em: 12 jan. 2021.

[85] NOUGRÈRES, Ana Brian. Uruguay y La Protección de Datos Personales. *In:* LUCCA, Newton de; SIMÃO FILHO, Adalberto; LIMA, Cinta Rosa Pereira de; MACIEL, Renata Mota (Coords.). **Direito & Internet IV:** sistema de proteção de dados pessoais. São Paulo: Quartier Latin, 2019. p. 578.

rações ocorridas a partir de 2016 nas decisões da Comissão Europeia acerca da Diretiva 95/46/CE. Decorrência desse esforço adaptativo foi a edição da Lei nº 19.670/2018, contendo disposições legais que aproximam a legislação uruguaia do RGPD.

Corroborando o destaque na área de proteção de dados, o Uruguai é o único país sul-americano a integrar grupo de nações conhecido como *Digital Nations,* que atualmente reúne dez nações autodenominadas como as mais digitalizadas do planeta.[86] Ainda, a URCDP é membro da GPA – *Global Privacy Assembly,* formada por autoridades de proteção de dados ao redor do mundo, tendo participado de grupo de trabalho para formulação de orientações relativa à pandemia do COVID-19.[87]

Quanto à sua natureza jurídica, a URCDP é vinculada ao governo federal, mas dotado de ampla autonomia, conforme art. 31 da Lei nº 18.331/08. A direção do órgão é colegiada, composta por três conselheiros nomeados pelo chefe do Executivo, com notório saber na área de proteção de dados, destacando-se o não recebimento de instruções no campo técnico, enfatizando-se a independência da autoridade.

As atribuições da URCDP estão estabelecidas no art. 34, e podem ser descritas, em linhas gerais, como de assistência e assessoramento, de regulação, monitoramento e controle da aplicação da lei. Para desempenhá-las são conferidos à URCDP poderes de investigação, inspeção e sanção, cabendo-lhe também registrar e processar autorizações de transferência internacional de dados.[88] No art. 34 são previstas sanções de caráter orientativo, advertência, multa e suspensão ou fechamento dos bancos de dados.

No site da URCDP[89] pode-se constatar sua atuação mediante relatórios anuais consolidados, e pela recorrente expedição de atos normativos conhecidos como *Dictámenes* e *Resoluciones.* Os primeiros consistem em pareceres técnicos sobre consultas formuladas ao órgão e os segundos

[86] Para maiores informações sobre *Digital Nations* acessar https://www.digital.govt.nz/digital-government/international-partnerships/digitalnations/.

[87] Conforme informação disponível em: https://globalprivacyassembly.org/covid19/covid19-taskforce/. Acesso em: 23 dez. 2020.

[88] NOUGRÈRES, Ana Brian. *Id.*

[89] Cf. URUGUAY. Unidad Reguladora y de Control de Datos Personales. Disponível em: https://www.gub.uy/unidad-reguladora-control-datos-personales/. Acesso em: 10 dez. 2020.

expressam o resultado de análise de denúncias e imposição das respectivas sanções.[90]

Observa-se dos relatórios apresentados a ênfase na atuação preventiva da URCDP, destacando-se a diminuição do número de denúncias e consultas ao órgão no ano de 2017, em comparação aos anos iniciais da vigência da lei. Esse movimento revela a crescente introjeção das normas de proteção de dados na rotina dos indivíduos e negócios, tornando as infrações e dúvidas quanto à aplicação da lei menos frequentes.

Conclui-se, portanto, que a URCPD tem exercido suas atribuições com autonomia e independência, inclusive possibilitando o reconhecimento de seu sistema de proteção de dados como adequado às diretrizes europeias, a despeito de sua constituição como órgão da estrutura do Executivo.

## 9. Autoridade Nacional de Proteção de Dados no Brasil

A promulgação da LGPD frustrou expectativas dos que ansiavam por um sistema jurídico robusto de proteção de dados no Brasil. Ao serem vetados os arts. 55 a 59 da Lei nº 13.709/18, que criavam a Autoridade Nacional de Proteção de Dados, incumbida de fiscalizar e regulamentar a lei e impor sanções pelo seu descumprimento, colocou-se em dúvida a própria efetividade do diploma legal. O protagonismo das autoridades nacionais europeias, reputado fundamental para o êxito da legislação naquela comunidade, corroboraria o prognóstico pessimista quanto à lei brasileira, claramente inspirada no RGPD.[91] A justificativa para os vetos fundou-se na alegação de vício de iniciativa, pois a atribuição para propositura de lei implicando criação de despesas com pessoal incumbiria privativamente ao Presidente da República.

[90] A título exemplificativo, citam-se: Dictamen nº 02/020, expedido no início da pandemia do COVID-19, com orientações para conciliação da proteção de dados pessoais e necessidade de compartilhamento de informações sobre saúde; Resolución nº 48/019, impondo multa pecuniária a rede de telecomunicações descumpridora de dever de veracidade na coleta de informações pessoais.

[91] PFEIFFER, Roberto Augusto Castellanos. A saga da autoridade nacional de proteção de dados: do veto à lei n. 13.853/2019. In: LUCCA, Newton de; SIMÃO FILHO, Adalberto; LIMA, Cinta Rosa Pereira de; MACIEL, Renata Mota (Coords.). *Id.* p. 450.

Para suprir a lacuna gerada pelo veto, em 27 de dezembro de 2018 foi editada a Medida Provisória nº 869, posteriormente convertida na Lei nº 13.853/2019, reestabelecendo a Autoridade Nacional de Proteção de Dados no Brasil, incluindo-se na LGPD os arts. 55-A a 55-L. Os dispositivos foram alvo de duras críticas, pois instituíram a ANPD como órgão do governo federal, vinculado à Presidência República, diversamente do que previa a versão da LGPD levada à sanção presidencial, a qual conferia à ANPD a natureza de autarquia especial. A configuração em tal molde, como componente da administração indireta, conferiria a imprescindível autonomia técnica e decisória, consoante exigência da normativa europeia, de modo a garantir a independência essencial aos órgãos de controle e fiscalização da legislação de proteção de dados.

A opção por se instituir a ANPD como órgão da administração direta, contudo, explica-se pela conjuntura nacional de então, marcada por crise político-econômica e intensa pressão para contenção de gastos públicos. Tratava-se de momento bastante desfavorável ao anúncio de qualquer medida que implicasse aumento de despesas, tal como seria a criação de autarquia, pois demandaria contratação de pessoal, criação de estruturas física e administrativa próprias.[92]

À luz daquele cenário político, decidiu-se pela criação da ANPD como órgão da administração pública direta, sinalizando-se nos parágrafos 1º e 2º do art. 55-A da LGPD a transitoriedade de sua natureza jurídica, sujeita à reavaliação e mudança no prazo de dois anos. Para atendimento ao parâmetro europeu acerca da independência da autoridade, assinalaram-se no art. 55-B as características de autonomia técnica e decisória da ANPD, o que significa não estarem suas decisões sujeitas a revisão pelo chefe do Executivo, a despeito de se tratar de órgão integrante da Presidência da República.

A composição da ANPD é prevista no art. 55-C, da LGPD, tendo como órgão máximo de direção o Conselho Diretor, composto por cinco conselheiros. O dispositivo prevê a existência de Conselho Nacional de Proteção de Dados, Corregedoria, Ouvidoria, órgão de assessoramento jurídico próprio, unidades administrativas e especializadas.

[92] PARENTONI, Leonardo. Autoridade Nacional de Proteção de Dados brasileira: uma visão otimista. *Revista do Advogado*, São Paulo, a. XXXIX, n. 144, p. 209-219, nov. 2019.

Para garantia de autonomia à ANPD, determinou-se que a forma de nomeação dos conselheiros diretores ocorra por ato complexo, sujeitando-se a indicação do Chefe do Executivo a aprovação pelo Senado. Ainda, para exoneração de seus membros é exigido processo administrativo ou decisão judicial transitada em julgado.

Considerando as atribuições impostas à ANPD brasileira, Danilo Doneda[93] a qualifica como autoridade de garantia, dada a elevada importância que lhe é conferida na defesa de direitos fundamentais das pessoas, cujo exercício individual seria dificultado por hipossuficiência técnica. Não obstante, destaca a presença da feição regulatória na autoridade, suficiente para classificá-la também como autoridade de regulação.

A ampla gama de atribuições da ANPD é listada no art. 52-J, da LGPD, cujos incisos estabelecem funções que podem ser agrupadas, consoante classificação de Cintia Rosa Pereira de Lima em: preventivas (inc. III, VI, VII, XIV,XXI e XXII; fiscalizatórias (incisos I, II, IV, XI, XVI e XIX), regulatórias (inc.VIII, IX, X, XIII,XVIII, XX e XXIII), sancionatórias e reparatórias (incisos IV, V, XVII, XXIV) e de gestão (inc. XII e XV).[94]

Quanto às atribuições regulatórias, a ANPD diferencia-se pela exigência de prévia oitiva da sociedade para edição de regulamentos, mediante realização de consultas e audiências públicas, conforme art. 55-J, XIV. Impõe-se, pois, à ANPD uma atuação atenta aos reclamos externos. E já antevendo o excesso de demandas que surgirão, consta do art. 55-J, § 6º, a viabilidade de resolução de pedidos de forma padronizada, medida salutar para celeridade na atuação do órgão e garantia de segurança jurídica.

Outra função marcante conferida à ANPD é a de articulação, ressaltada no parágrafo único do art. 55-K da LGPD, segundo a qual sua atuação deve ocorrer de forma coordenada com os demais entes reguladores. A articulação é necessária para possibilitar compartilhamento de informações e evitar

[93] DONEDA, Danilo. Rumo à Autoridade Nacional de Proteção de Dados. In: LUCCA, Newton de; SIMÃO FILHO, Adalberto; LIMA, Cinta Rosa Pereira de; MACIEL, Renata Mota (Coords.). *Id.* p. 488.

[94] LIMA, Cintia Rosa Pereira de; PEROLI, Kelvin. Desafios para a atuação independente da autoridade nacional de proteção de dados pessoais brasileira à luz das exigências internacionais para a adequada proteção dos dados pessoais. In: LUCCA, Newton de; SIMÃO FILHO, Adalberto; LIMA, Cinta Rosa Pereira de; MACIEL, Renata Mota (Coords.). *Id.*

sobreposições de regulamentos e de sanções. Miriam Wimmer destaca que no ambiente institucional extremamente complexo no qual surge a ANPD, há situações onde não é possível "recortar claramente as competências, porque muitas vezes esses órgãos vão operar sobre um mesmo objeto da realidade, ainda que estejam perseguindo bens jurídicos distintos".[95]

Ainda que haja conflito de atribuições, decorre expressamente da lei que a competência para imposição das sanções referentes à LGPD não poderá ser delegada a outro ente, e na hipótese de eventual conflito com outro órgão, prevalecerão a interpretação e as sanções impostas pela ANPD (art. 55-K). A implementação prática de tal comando, entretanto, vislumbra-se desafiadora, pois já deflagrada disputa, no cenário brasileiro, entre agências reguladoras, órgãos de proteção ao consumidor e Ministério Público acerca da efetivação dos direitos à proteção de dados pessoais.[96]

Em mais um passo na direção da efetividade da LGPD, o Decreto nº 10.474, de 26 de agosto de 2020, que aprovou a estrutura regimental da ANPD, dispõe no art. 1º de seu Anexo I acerca do ambicioso objetivo de "proteção de direitos fundamentais de liberdade e privacidade e o livre desenvolvimento da personalidade da pessoa natural".

De modo geral, além de esmiuçar a estrutura de cada órgão da ANPD, o Anexo I do Decreto reproduz o teor dos art. 55-A a 58-B, da LGPD. Estabelece em seu art. 11 conjunto de incompatibilidades e vedações para o exercício da função de diretor, garantindo-se a isenção e imparcialidade dos membros do órgão diretivo.

Finalmente, em 20 de outubro de 2020, foram aprovadas pelo Senado Federal as indicações, feitas pelo Presidente da República, dos cinco conselheiros que formarão a primeira diretoria da ANPD[97]. Dispõe o art. 55-D, § 4º que

[95] WIMMER, Miriam. Entrevista concedida a Erico Oyama. Especialistas dizem que ANPD precisará de autonomia e terá papel de coordenação. **Portal Jota**, 20 de agosto de 2020. Disponível em: https://www.jota.info/casa-jota/especialistas-dizem-que-anpd-precisara-de-autonomia-e-tera-papel-de-coordenacao-20082020 . Acesso em: 5 jan. 2021.

[96] PINHEIRO, Guilherme Pereira; SOUTO, Gabriel Araújo; MORAES, Thiago Guimarães. ANPD: uma necessidade de convergência entre CADE, Anatel e Senacon. **Portal Jota**, 20 de outubro de 2019. Disponível em: https://www.jota.info/opiniao-e-analise/artigos/anpd-uma-necessidade-de-convergencia-entre-cade-anatel-e-senacon-20102019 . Acesso em: 5 jan. 2021.

[97] BRASIL. Senado Federal. Agência Senado. **SENADO confirma primeira diretoria da Autoridade Nacional de Proteção de Dados**. Brasília, 20 de outubro de 2020. Disponível

os mandatos dos primeiros conselheiros indicados terão prazos distintos de duração, garantindo que a alternância de conselheiros não seja fator desestabilizador da condução do órgão.

Tão logo noticiada a composição da primeira diretoria da ANPD, a Associação Data *Privacy* Brasil de Pesquisa[98] expressou sua estranheza quanto à presença majoritária de militares no Conselho Diretor, havendo três membros oriundos das Forças Armadas, situação não verificada nas autoridades congêneres das vinte maiores economias do mundo. Também foi emitido relatório da OCDE recomendando às autoridades brasileiras que enfatizem a independência na atuação da ANPD e lhe garantam orçamento "adequado e previsível", mediante atuação transparente.[99] Verifica-se, portanto, que a ANPD brasileira vem à luz carregada de expectativas e igual intensidade de críticas. Concebida em período de crise política, econômica e social, em cultura na qual ainda não consolidada a proteção de dados pessoais como direito fundamental, ambiciona atingir o elevado paradigma europeu.

## Conclusões

As variegadas experiências abordadas demonstram não haver forma única para uma Autoridade de Proteção de Dados. Podem corporificar entidades colegiadas ou concentrarem as funções em apenas uma pessoa. Uma característica permeia a composição e atuação de todas, entretanto: a independência. Somente uma Autoridade de Proteção com autonomia para a tomada de decisões pode realizar uma fiscalização efetiva e proteger adequadamente os direitos fundamentais.

em: https://www12.senado.leg.br/noticias/materias/2020/10/20/senado-confirma-primeira-diretoria-da-autoridade-nacional-de-protecao-de-dados . Acesso em: 5 jan. 2021.

[98] DADOCRACIA. Episódio 33.A hora e a vez da ANPD. Portal Dataprivacy, 27 de outubro de 2020. Disponível em: https://dataprivacy.com.br/dadocracia-episodio-33-a-hora-e-a-vez-da-anpd/ . Acesso em: 5 jan. 2021.

[99] BARBIÉRI, Luiz Felipe. OCDE pede que governo brasileiro garanta 'independência' de órgão de proteção de dados. *Globo*, Brasília, 26 de outubro de 2020. Disponível em: https://g1.globo.com/politica/noticia/2020/10/26/ocde-pede-que-governo-brasileiro-garanta-independencia-de-orgao-de-protecao-de-dados.ghtml. Acesso em: 5 jan. 2021.

No Brasil, a Autoridade Nacional de Proteção de Dados nasceu vinculada ao Governo Federal (como órgão da Presidência da República), o que por certo não é o recomendado. Calibrando as expectativas, contudo, confiando na pluralidade da composição de seu órgão consultivo e na permeabilidade da ANDP às intervenções da sociedade civil, aguarda-se que dentro de suas limitações possa contribuir, ainda que em horizonte mais distante, para o estabelecimento de cultura de proteção de dados no Brasil.

## Referências

BARBIÉRI, Luiz Felipe. OCDE pede que governo brasileiro garanta 'independência' de órgão de proteção de dados. *Globo*, Brasília, 26 de outubro de 2020. Disponível em: https://g1.globo.com/politica/noticia/2020/10/26/ocde-pede-que-governo-brasileiro-garanta-independencia-de-orgao-de-protecao-de-dados.ghtml. Acesso em: 5 jan. 2021.

BENTLY, Lionel. Identity and the Law. In: WALKER, Giselle; LEEDHAM-GREEN, Elisabeth (Ed.) **Identity**. Londres: Cambridge University Press, 2010.

BERLINER BEAUFTRAGTE FÜR DATENSCHUTZ UND INFORMATIONSFREIHEIT. Berliner Datenschutzbeauftragte verhängt Bußgeld gegen Immobiliengesellschaft. Disponível em: https://www.datenschutz-berlin.de/fileadmin/user_upload/pdf/pressemitteilungen/2019/20191105-PM-Bussgeld_DW.pdf. Acesso em: 16 nov. 2020.

BEVERLEY-SMITH Huw et. al., **Privacy, property and personality**. Cambridge: Cambridge University Press, 2005, p. 75-76; DWORKIN, Gerald. The Common Law protection of privacy. **University of Tasmania Law Review.** v. 2, n. 4, p. 418-445, 1967, p. 442. Disponível em: http://classic.austlii.edu.au/au/journals/UTasLawRw/1967/4.html. Acesso em: 5 jan. 2021.

BfDI. **BfDI verhängt Geldbußen gegen Telekommunikationsdienstleister.** Disponível em: https://www.bfdi.bund.de/DE/Infothek/Pressemitteilungen/2019/30_BfDIverh%C3%A4ngtGeldbu%C3%9Fe1u1.html. Acesso em: 16 nov. 2020.

______. **BfDI stellt Tätigkeitsberichte vor**. Disponível em: https://www.bfdi.bund.de/DE/Infothek/Pressemitteilungen/2020/13_T%C3%A4tigkeitsberichte.html. Acesso em: 16 nov. 2020.

BOUCHER, Philippe. Safari ou la chasse aux français. **Le Monde**, Paris, 21 mars 1974. Disponível em : https://www.lemonde.fr/archives/article/1974/03/21/une-division-de-l-informatique-est-creee-a-la-chancellerie-safari-ou-la-chasse-aux-francais_3086610_1819218.html . Acesso em: 5 jan. 2021.

BRASIL. Senado Federal. Agência Senado. **SENADO confirma primeira diretoria da Autoridade Nacional de Proteção de Dados**. Brasília, 20 de outubro de 2020. Disponível em: https://www12.senado.leg.br/noticias/materias/2020/10/20/senado-confirma-primeira-diretoria-da-autoridade-nacional-de-protecao-de-dados . Acesso em: 5 jan. 2021.

BUCHNER, Benedikt. Comentários ao art. 1 e ao art. 4, n. 4. *In*: KÜHLING, Jürgen; BUCHNER, Benedikt. **Datenschutz-Grundverordnung**. 2 ed. München: Beck, 2018.

BÜCKMANN, Walter. **Verfassungsfragen bei den Reformen im örtlichen Bereich.** Berlin: Duncker & Humblot, 1972.

CARINGELLA, Francisco; GAROFOLI, Roberto *apud* DONEDA, Danilo. **Da privacidade à proteção de dados pessoais.** 2.ed. São Paulo: RT, 2019.

CORTE DE JUSTIÇA DA UNIÃO EUROPEIA. *Processo C507/17.* Grande Secção. Luxemburgo, 24 de setembro de 2019. Disponível em: https://op.europa.eu/pt/publication-detail/-/publication/b1b3ff34-0f5d-11ea-8c1f-01aa75ed71a1 . Acesso em: 5 jan. 2021.

COUNCIL OF EUROPE. **Convention 108 – Convention for the protection of individuals with regard to the processing of personal data.** Strasbourg, June 2018. Disponível em: https://rm.coe.int/convention-108-convention-for-the-protection-of-individuals-with-regar/16808b36f1. Acesso em: 16 nov. 2020.

DADOCRACIA. Episódio 33.A hora e a vez da ANPD. Portal Dataprivacy, 27 de outubro de 2020. Disponível em: https://dataprivacy.com.br/dadocracia-episodio-33-a-hora-e-a-vez-da-anpd/ . Acesso em: 5 jan. 2021.

DONEDA, Danilo. A proteção dos dados pessoais como direito fundamental. **Espaço Jurídico,** v. 12, n. 2, p. 91-108, jul./dez. 2011. Disponível em: https://portalperiodicos.unoesc.edu.br/espacojuridico/article/view/1315 . Acesso em: 16 nov. 2020.

______. Rumo à Autoridade Nacional de Proteção de Dados. *In:* LUCCA, Newton de; SIMÃO FILHO, Adalberto; LIMA, Cinta Rosa Pereira de; MACIEL, Renata Mota (Coords.). **Direito & Internet IV:** sistema de proteção de dados pessoais. São Paulo: Quartier Latin, 2019.

EUROPEAN DATA PROTECTION BOARD. **2019 Annual Report**, Working together for stronger rights. Brussels. Disponível em: https://edpb.europa.eu/sites/default/files/files/file1/edpb_annual_report_2019_en.pdf . Acesso em: 5 jan. 2021.

______. **Decision 01/2020 on the dispute arisen on the draft decision of the Irish Supervisory Authority regarding Twitter International Company under Article 65(1)(a) GDPR**. Brussel, 9 November 2020. Disponível em: https://edpb.europa.eu/our-work-tools/our-documents/binding-decision-board-art-65/decision-012020-dispute-arisen-draft_en . Acesso em: 5 jan. 2021.

______. **EDPB adopts first Art. 65 decision**. Brussels, 10 November 2020. Disponível em: https://edpb.europa.eu/news/news/2020/edpb-adopts-first-art-65-decision_en . Acesso em: 5 jan. 2021.

______. **Who we are.** Disponível em: https://edpb.europa.eu/about-edpb/about-edpb_en. Acesso em: 5 jan. 2021.

FRANCE. Comission Nationale Informatique et Libertés. **40emme Rapport d'activité 2019.** Paris, juin 2020. Disponível em : https://www.cnil.fr/sites/default/files/atoms/files/cnil-40e_rapport_annuel_2019.pdf . Acesso em 5 jan. 2021.

______. **Les missions de la CNIL.** Disponível em : https://www.cnil.fr/fr/les-missions-de-la-cnil. Acesso em : 5 jan 2021.

FRANCE. Conseil d'État. Contentieux n. 399922. Rapporteur Mme Christelle Thomas (10ª Chambre). Publié Paris, 27 mars 2020. Disponível em : https://www.cnil.fr/

sites/default/files/atoms/files/decision_du_conseil_detat_-_dereferencement_-_27_mars_2020.pdf . Acesso em: 5 jan. 2021.

______. **Loi nº 2004-801** du 6 août 2004 relative à la protection des personnes physiques à l'égard des traitements de données à caractère personnel et modifiant la loi nº 78-17 du 6 janvier 1978 relative à l'informatique, aux fichiers et aux libertés. Paris, 6 août 2004. Disponível em : https://www.legifrance.gouv.fr/loda/id/JORFTEXT000000441676/ . Acesso em: 16 nov. 2020.

______.**Loi nº 2016-1321** du 7 octobre 2016 pour une République numérique. Paris, 7 octobre 2016. Disponível em : https://www.legifrance.gouv.fr/jorf/id/JORFTEXT000033202746/ . Acesso em: 16 nov. 2020.

______.**Loi nº 78-17** du 6 janvier 1978 relative à l'informatique, aux fichiers et aux libertés. Paris, 6 janvier 1978. Disponível em : https://www.legifrance.gouv.fr/loda/id/JORFTEXT000000886460/ . Acesso em: 16 nov. 2020.

______.**Ordonnance nº 2018-1125** du 12 décembre 2018 prise en application de l'article 32 de la loi nº 2018-493 du 20 juin 2018 relative à la protection des données personnelles et portant modification de la loi nº 78-17 du 6 janvier 1978 relative à l'informatique, aux fichiers et aux libertés et diverses dispositions concernant la protection des données à caractère personnel. Paris, 12 Décembre 2018. Disponível em : https://www.legifrance.gouv.fr/loda/id/JORFTEXT000037800506/ . Acesso em: 16 nov. 2020.

GENZ, Alexander. **Datenschutz in Europa und in den USA: Eine Rechtsvergleichende Untersuhung unter besonderer Berücksichtigung der Safe-Harbor-Lösung**. Wiesbaden: Deutscher Universitäts-Verlag, 2004.

GÖTTLINGER, Franz. **EDV-Planung in der Öffentlichen Verwaltung**. Berlin: De Gruyter, 2020.

HOEREN, Thomas; EUSTERGERLING, Sonja. Privacy and Data Protection at the Workplace in Germany. *In*: NOUWT, Sjaak; VRIES, Berend R. de; PRINS, Corien. **Reasonable Expectations of Privacy?**: Eleven country reports on camera surveillance and workplace privacy. The Hage: T.M.C. Asser Press, 2005.

IRELAND. Data Protection Commission. **DPC Case Reference: IN-19-1-1.** In the matter of Twitter International Company. Dublin, 9 December 2020. Disponível em: https://edpb.europa.eu/sites/default/files/decisions/final_decision_-_in-19-1-1_9.12.2020.pdf . Acesso em: 5 jan. 2021.

ITALIA. Garante della Privacy e dei Dati Personalli. **Ordinanza di ingiunzione nei confronti di Google Inc**. Roma, 18 dicembre 2013.

______. **Provvedimento generale a carattere prescrittivo sulle c.d. ´chiamate mute´**. Roma, 20 febbraio 2014. Disponível em: https://www.garanteprivacy.it/home/docweb/-/docweb-display/docweb/3017499 . Acesso em: 5 jan. 2021.

JAKSCH, Christian. **Datenschutzrechtliche Fragen des IT-gestützten Arbeitsplatzes: Grundrechtsschutz in einem Konzern vor dem Hintergrund neuer Technologien**. Wien: Springer, 2020.

KOSTA, Eleni. **Consent in European Data Protection Law**. Leiden/Boston: Martinus Nijhoff Publishers, 2013.

LG Bonn zum Verstoß gegen die DSGVO: Bußgeld gegen 1&1 rechtens, aber zu hoch. **Legal Tribune Online**. Disponível em: https://www.lto.de/recht/nachrichten/n/lg-

-bonn-29owi120lg-bussgeld-1und1-datenschutzverstoss-dsgvo-millionen-herabgesetzt/. Acesso em: 16 nov. 2020.

LIMA, Cíntia Rosa Pereira de. **Autoridade Nacional de Proteção de Dados e a efetividade da lei geral de proteção de dados.** São Paulo: Almedina, 2020.

LIMA, Cintia Rosa Pereira de; PEROLI, Kelvin. Desafios para a atuação independente da autoridade nacional de proteção de dados pessoais brasileira à luz das exigências internacionais para a adequada proteção dos dados pessoais. In: LUCCA, Newton de; SIMÃO FILHO, Adalberto; LIMA, Cinta Rosa Pereira de; MACIEL, Renata Mota (Coords.). **Direito & Internet IV:** sistema de proteção de dados pessoais. São Paulo: Quartier Latin, 2019.

MANACH, Jean Marc. Safari et la (nouvelle) chasse aux Français. **Le Monde**, Paris, 23 de dezembro de 2010. Disponível em : https://www.lemonde.fr/blog/bugbrother/2010/12/23/safari-et-la-nouvelle-chasse-aux-francais/ . Acesso em: 5 jan. 2021.

MARTINS, Leonardo. Interpretação e controle judicial de violação da Lei de Proteção de Dados e de sua constitucionalidade: possibilidades normativas e limites de um novo ramo jurídico-objetivo. **Revista de Direito Civil Contemporâneo,** São Paulo, a. 6, v. 21, p. 57-116, out.-dez 2019.

MYERS, Anna. FTC enforcement of the U.S.-EU Safe Harbor framework. **IAPP**. Disponível em: https://iapp.org/resources/article/ftc-enforcement-of-the-u-s-eu-safe-harbor-framework/ . Acesso em: 12 jan. 2021.

NOUGRÈRES, Ana Brian. Uruguay y La Protección de Datos Personales. *In:* LUCCA, Newton de; SIMÃO FILHO, Adalberto; LIMA, Cinta Rosa Pereira de; MACIEL, Renata Mota (Coords.). **Direito & Internet IV:** sistema de proteção de dados pessoais. São Paulo: Quartier Latin, 2019.

PARENTONI, Leonardo. Autoridade Nacional de Proteção de Dados brasileira: uma visão otimista. *Revista do Advogado*, São Paulo, a. XXXIX, n. 144, p. 209-219, nov. 2019.

PFEIFFER, Roberto Augusto Castellanos. A saga da autoridade nacional de proteção de dados: do veto à lei n. 13.853/2019. In: LUCCA, Newton de; SIMÃO FILHO, Adalberto; LIMA, Cinta Rosa Pereira de; MACIEL, Renata Mota (Coords.). **Direito & Internet IV:** sistema de proteção de dados pessoais. São Paulo: Quartier Latin, 2019.

PINHEIRO, Guilherme Pereira; SOUTO, Gabriel Araújo; MORAES, Thiago Guimarães. ANPD: uma necessidade de convergência entre CADE, Anatel e Senacon. **Portal Jota**, 20 de outubro de 2019. Disponível em: https://www.jota.info/opiniao-e-analise/artigos/anpd-uma-necessidade-de-convergencia-entre-cade-anatel-e-senacon-20102019 . Acesso em: 5 jan. 2021.

PROSSER, William Lloyd. Privacy. **California Law Review**, v. 48, n. 3, p. 383-423, ago 1960.

RODOTÀ, Stefano. **A vida na sociedade de vigilância:** a privacidade hoje. Tradução: Danilo Doneda e Luciana Cabral Doneda. Rio de Janeiro: Renovar, 2008.

STALLARD, Hayley. The right of publicity in the United Kingdom. **Loyola of Los Angeles Entertainment Law Review**, v. 18, p. 565-588, 1 mar. 1988. Disponível em: https://digitalcommons.lmu.edu/cgi/viewcontent.cgi?article=1368&context=elr . Acesso em; 5 jan. 2021.

THE EUROPEAN PARLIAMENT AND THE COUNCIL OF THE EUROPEAN UNION. **Directive 95/46/EC of the European Parliament and of the Council of 24 October**

**1995 on the protection of individuals with regard to the processing of personal data and on the free movement of such data.** Official Journal of the European Communities, No L 281/31. Luxembourg, November 23th, 1995. Disponível em: https://eur-lex.europa.eu/legal-content/EN/TXT/?uri=celex%3A31995L0046. Acesso em: 16 nov. 2020.

______. **Directive 2002/58/EC of the European Parliament and of the Council of 12 July 2002 concerning the processing of personal data and the protection of privacy in the electronic communications sector (Directive on privacy and electronic communications**). Official Journal of the European Communities nº L201/37. Luxembourg, July 31st, 2002. Disponível em: https://eur-lex.europa.eu/legal-content/EN/ALL/?uri=CELEX%3A32002L0058 . Acesso em: 16 nov. 2020.

TOMASEVICIUS FILHO, Eduardo. Em direção a um novo 1984? A tutela da vida privada entre a invasão da privacidade e a privacidade renunciada. **Revista da Faculdade de Direito da Universidade de São Paulo**, São Paulo, v. 109, p. 129-169, jan./dez 2014.

UNITED KINGDOM. High Court of Chancery Prince Albert v. Strange, 2 DeGex & Sm. 652,695 (1849). London, 8 February 1849. Disponível em: https://www.bailii.org/ew/cases/EWHC/Ch/1849/J20.html . Acesso em: 5 jan. 2021.

UNITED KINGDOM. Information Commissioner's Office. **Credit reference agency Equifax fined for security breach.** London, 20 September 2018. Disponível em: https://ico.org.uk/about-the-ico/news-and-events/news-and-blogs/2018/09/credit-reference-agency-equifax-fined-for-security-breach/ . Acesso em: 5 jan. 2021.

______. **ICO fines British Airways £20m for data breach affecting more than 400,000 customers.** London, 16 October 2020. Disponível em: https://ico.org.uk/about-the-ico/news-and-events/news-and-blogs/2020/10/ico-fines-british-airways-20m-for-data-breach-affecting-more-than-400-000-customers/#:~:text=The%20Information%20Commissioner's%20Office%20(ICO,adequate%20security%20measures%20in%20place.. Acesso em: 5 jan. 2021.

______. **ICO issues maximum £500,000 fine to Facebook for failing to protect users' personal information**. London, 25 October 2020. Disponível em: https://ico.org.uk/facebook-fine-20181025#:~:text=The%20Information%20Commissioner's%20Office%20(ICO,breaches%20of%20data%20protection%20law.&text=Even%20after%20the%20misuse%20of,timely%20remedial%20action%2C%20including%20deletion.. Acesso em: 5 jan. 2021.

______. **Information Commissioner's Annual Report and Financial Statements 2019-20.** London, 16 July 2020. Disponível em: https://ico.org.uk/media/about-the-ico/documents/2618021/annual-report-2019-20-v83-certified.pdf . Acesso em: 5 jan. 2021.

UNITED STATES. Federal Trade Commission**. Commissioners**. Disponível em: https://www.ftc.gov/about-ftc/commissioners. Acesso em: 11 jan. 2021.

______. **Facebook settles FTC charges that it deceived consumers by failing to keep privacy promises.** Washington, 29 November 2011. Disponível em: https://www.ftc.gov/news-events/press-releases/2011/11/facebook-settles-ftc-charges-it-deceived-consumers-failing-keep. Acesso em; 12 jan. 2021.

______. **FTC approves final settlement with Facebook**.. Washington, 10 August 2012. Disponível em: https://www.ftc.gov/news-events/press-releases/2012/08/ftc-approves-final-settlement-facebook . Acesso em: 12 jan. 2021.

______. **FTC gives final approval to settlement with Google over Buzz Rollout**. Washington, 24 October 2011. Disponível em: https://www.ftc.gov/news-events/press-releases/2011/10/ftc-gives-final-approval-settlement-google-over-buzz-rollout . Acesso em: 12 jan. 2021.

______. FTC imposes $5 billion penalty and sweeping new privacy restrictions on Facebook. Washington, 24 July 2019. Disponível em: https://www.ftc.gov/news-events/press-releases/2019/07/ftc-imposes-5-billion-penalty-sweeping-new-privacy-restrictions . Acesso em: 12 jan. 2021.

______. **Google will pay $22.5 million to settle FTC charges it misrepresented privacy assurances to users of apple's safari internet browser**. Washington, 9 August 2012. Disponível em: https://www.ftc.gov/news-events/press-releases/2012/08/google-will-pay-225-million-settle-ftc-charges-it-misrepresented . Acesso em: 12 jan. 2021.

______. **Privacy Shield**. Washington, 21 July 2020. Disponível em: https://www.ftc.gov/tips-advice/business-center/privacy-and-security/privacy-shield . Acesso em: 12 jan. 2021.

UNITED STATES. House Committee on Appropriations. **Appropriations Committee releases fiscal year 2021 financial services and general government funding bill**. Washington, 7 July 2020. Disponível em: https://appropriations.house.gov/news/press-releases/appropriations-committee-releases-fiscal-year-2021-financial-services-and . Acesso em: 11 jan. 2021.

UNITED STATES. The White House. **We can't wait: Obama administration unveils blueprint for a "Privacy Bill of Rights" to protect consumers online**. Washington, 23 February 2012. Disponível em: https://obamawhitehouse.archives.gov/the-press-office/2012/02/23/we-can-t-wait-obama-administration-unveils-blueprint-privacy-bill-rights . Acesso em: 12 jan. 2021.

URUGUAY. Unidad Reguladora y de Control de Datos Personales. Disponível em: https://www.gub.uy/unidad-reguladora-control-datos-personales/. Acesso em: 10 dez. 2020.

WARREN, Samuel Dennis; BRANDEIS, Louis Dembitz. The right of privacy. **Harvard Law Review,** v. 4, n. 5, p. 193-220, dec. 1890.

WIMMER, Miriam. Autoridades de proteção de dados pessoais no mundo: fundamentos e evolução na experiência comparada. In: PALHARES, Felipe (Org.). **Temas atuais de proteção de dados**. São Paulo: RT, 2020.

______. Entrevista concedida a Erico Oyama. Especialistas dizem que ANPD precisará de autonomia e terá papel de coordenação. **Portal Jota**, 20 de agosto de 2020. Disponível em: https://www.jota.info/casa-jota/especialistas-dizem-que-anpd-precisara-de-autonomia-e-tera-papel-de-coordenacao-20082020 . Acesso em: 5 jan. 2021.

ZALNIERIUTE, Monica. International Decisions: Google LLC V. Commission Nationale de L'informatique et des Libertés (CNIL): Case C-507/17. **The American Journal of International Law**, v. 114, n. 2, p. 261-267, april 2020. Disponível em: https://www.cambridge.org/core/journals/american-journal-of-international-law/article/google-llc-v-commission-nationale-de-linformatique-et-des-libertes-cnil/AF7235FDDA7059C2418166C4612597CD . Acesso em: 16 nov. 2020.